AF252913

LA

TRIBUNE JUDICIAIRE.

Paris. — Imprimerie de L. Martinet, rue Mignon, 2.

LA
TRIBUNE JUDICIAIRE

RECUEIL

DES PLAIDOYERS ET DES RÉQUISITOIRES

LES PLUS REMARQUABLES

DES TRIBUNAUX FRANÇAIS ET ÉTRANGERS

PAR

J. SABBATIER,

Ancien sténographe des Chambres législatives pour le *Moniteur universel.*

———

TOME TROISIÈME.

———

PARIS

BORRANI ET DROZ, LIBRAIRES-ÉDITEURS,

RUE DES SAINTS-PÈRES, 9.

———

1856

PROCÈS

J.-P. PESCATORE.

Paris. — Imprimerie de L. MARTINET, rue Mignon, 2.

PROCÈS

J.-P. PESCATORE

RECUEILLI

PAR J. SABBATIER,

Ancien sténographe des Chambres législatives pour le *Moniteur universel*,
Directeur de la *Tribune judiciaire*.

Mariage religieux célébré en Espagne.
Effets civils réclamés en France à la suite du décès.

PARIS

BORRANI ET DROZ, LIBRAIRES-ÉDITEURS,
RUE DES SAINTS-PÈRES, 9.

1856

LA
TRIBUNE JUDICIAIRE.

TRIBUNAL CIVIL DE LA SEINE.

(1re CHAMBRE.)

PRÉSIDENCE DE M. DE BELLEYME.

SUCCESSION DE J.-P. PESCATORE.

MARIAGE RELIGIEUX CÉLÉBRÉ EN ESPAGNE. — EFFETS CIVILS RÉCLAMÉS EN FRANCE
A LA SUITE DU DÉCÈS.

M. J.-P. Pescatore, né en 1793, à Luxembourg, servit dans les armées françaises pendant les guerres de l'Empire. En 1814 il retourna dans son pays natal et devint l'associé de son frère aîné Antoine Pescatore, qui dirigeait une importante manufacture de tabacs; en 1834, il vint se fixer à Paris, où il établit le siége de ses affaires et où il se fit naturaliser Français en 1846. Négociant habile, actif, il vit en peu d'années sa fortune se développer dans des proportions considérables; sa situation sociale suivait le même accroissement, et en 1852 il fut nommé consul général des Pays-Bas. Il recevait dans son hôtel de la rue Saint-Georges, dans sa magnifique terre de la Celle-Saint-Cloud, et dans sa résidence de Giscours, près de Bordeaux, la plus haute société.

Dès 1839, une dame Anne-Catherine Weber, originaire du canton de Zurich, était venue s'établir dans la maison de M. Pescatore; elle parut d'abord y occuper une situation modeste, mais s'élevant par degrés, elle arriva à faire les honneurs du salon à une partie de la société parisienne qui la croyait unie à M. Pescatore par un mariage secret.

En 1852 M. Pescatore et madame Weber, cédant aux exhortations d'un vénérable prélat, voulurent faire cesser ce que leur situation avait d'irrégulier et de répréhensible aux yeux de la morale.

Munis de dispenses de bans de l'archevêque de Paris et de l'évêque de Versailles et d'une autorisation de l'archevêque de Bordeaux, ils se rendent à Renteria, petite ville d'Espagne à deux lieues de la frontière française, y reçoivent la bénédiction nuptiale du curé, et retournent en France dans la même journée. Ce mariage n'avait pas été précédé en France des publications légales et ne fut pas transcrit sur les registres de l'état civil; il fut transcrit seulement à la paroisse de la Celle-Saint-Cloud.

M. Pescatore mourut en 1855, laissant par testament à madame Weber un capital de 500,000 fr., 40,000 fr. de rente, des usufruits et d'autres avantages considérables. Il disposait en faveur de sa famille du surplus de la succession, presque entièrement mobilière, et qui s'élève à 10 ou 12 millions. Madame Pescatore forme aujourd'hui une demande en partage de la communauté de biens qu'elle prétend avoir existé entre elle et M. Pescatore et en délivrance de legs. Les héritiers (1) refusent de voir dans le mariage de Renteria autre chose qu'une union de conscience qui ne peut produire des effets civils, et ils attaquent, au surplus, le mariage comme célébré en violation du Concile de Trente qui régit les mariages en Espagne et en violation du Code Napoléon et du Concordat.

Ce procès, à raison des grands intérêts qui sont en jeu, des grandes questions qu'il soulève et du talent des éminents avocats chargés des plaidoiries, attire à l'audience une affluence considérable et préoccupe au plus haut degré l'opinion publique.

Des consultations remarquables sont produites de part et d'autre.

Celles que produit madame Pescatore sont signées de MM. Odilon Barrot, Marie, Béthmont, avocats; de MM. Demolombe et Bugnet, professeurs de droit, et de MM. Crooke, Hernandez, Cortina, Morphy et Serrano, avocats à Madrid.

Les héritiers produisent des consultations de M. Laboulaye, pro-

---

(1) Ces héritiers sont :

1° M. Guillaume-Bonaventure PESCATORE, propriétaire, demeurant à Luxembourg.

2° Madame Élisabeth PESCATORE, épouse de M. Joseph-Auguste DUTREUX, receveur général du grand-duché de Luxembourg.

3° Madame Marie-Marguerite-Suzanne PESCATORE, épouse de M. Paul-Frédéric-Auguste-François de SCHERFF, administrateur général des travaux publics du grand-duché de Luxembourg.

4° M. Constantin-Joseph-Antoine PESCATORE, propriétaire, ancien négociant à Luxembourg, tuteur de mademoiselle Marie-Madeleine dite Émilie Pescatore.

5° Madame Marguerite-Séraphine BEVING, veuve de M. Pierre-Antoine PESCATORE, tutrice de M. Marie-Antoine-Dominique PESCATORE, demeurant à Luxembourg.

6° Madame Marguerite-Angélique PESCATORE, épouse de M. François-Charles MUNCHEN, avocat-avoué à Luxembourg.

7° Madame Marie-Barbe-Julie PESCATORE, épouse de M. Sigisbert-Léon LAMORT, fabricant de papier à Seiningen, près Luxembourg.

8° Madame Wilhelmine PESCATORE, épouse de M. Alphonse NOTHOMB, ministre de la justice de Belgique.

9° Madame Marie-Séraphine PESCATORE, épouse de M. Jean-Antoine-Marie-Alexis POULMAIRE, demeurant à Steinsel, canton de Luxembourg.

fesseur de législation comparée au Collége de France, membre de l'Institut; de M. Freslon, avocat; de la Faculté de théologie de l'Université catholique de Louvain; de M. Bravo Murillo, ancien ministre de la justice et Président du conseil des ministres de S. M. la reine d'Espagne, et de MM. Valette, Demante, Machelard et de Valroger, professeurs à la Faculté de droit de Paris.

Madame Pescatore est défendue par Me Chaix d'Est Ange, avocat, assisté de Me Laperche, avoué.

La défense des héritiers Pescatore est confiée à Me Dufaure, avocat, assisté de Me Péronne, avoué.

La ville de Luxembourg, qui intervient comme légataire, est représentée par Me Sénard, avocat, assisté de Me Denormandie, avoué.

Audience du 20 juin 1856.

M. LE PRÉSIDENT. — Me Chaix d'Est Ange, êtes-vous prêt à plaider?

Me CHAIX D'EST ANGE. — C'est à mon adversaire de plaider le premier, puisqu'il est demandeur.

Me DUFAURE. — Mais pas du tout, c'est vous qui êtes demandeur.

Me CHAIX D'EST ANGE. —Non, puisque vous demandez la nullité du mariage.

Me DUFAURE. — Vous avez pris l'initiative. Vous avez formé une demande en délivrance de legs et en partage de communauté.

Me CHAIX D'EST ANGE. — Au surplus, voici mes conclusions :

Attendu que les légataires universels n'ont pas conclu à la nullité du mariage célébré à Renteria (Espagne), le 8 novembre 1851, entre Jean Pierre Pescatore et Anne-Catherine Weber, et que, dès lors, madame veuve Pescatore demeure avec son acte de mariage et sa possession d'État;

Subsidiairement, attendu qu'en thèse générale, les publications prescrites par l'art. 63 du Code Napoléon n'ont jamais été considérées comme une formalité essentielle du mariage;

Attendu que, lorsqu'il s'agit d'un mariage contracté à l'étranger, aux termes de l'art. 170 du même Code, la nullité n'en est pas expressément prononcée par la loi, et que la nullité dans ce cas ne peut être suppléée;

Attendu d'ailleurs qu'elle ne pourrait être prononcée que si l'absence de publication avait été calculée pour échapper à des empêchements ou à des consentements nécessaires pour la validité du mariage; qu'il s'agit ici d'un mariage contracté avec une entière liberté et une incontestable bonne foi;

Attendu que ce mariage a été célébré conformément aux lois et usages du pays où il a été contracté, qu'il l'a été en vertu d'une licence délivrée par l'ordinaire compétent et avec des dispenses régulièrement octroyées;

Attendu que depuis sa célébration en novembre 1851, ce mariage a été constamment suivi de la possession d'état la plus éclatante; que madame Pescatore a toujours été traitée, même par les parents qui l'attaquent aujourd'hui, comme épouse légitime de M. Pescatore ;

Par ces motifs et tous autres à suppléer de droit et d'équité, sans s'arrêter ni avoir égard aux moyens et prétentions des légataires universels de Jean-Pierre

Pescatore, adjuger à madame veuve Pescatore les conclusions de sa demande ;

En conséquence dire et ordonner qu'aux requête, poursuite et diligence de la dame Anne-Catherine Weber, épouse légitime, et aujourd'hui veuve de Jean-Pierre Pescatore, il sera procédé aux opérations de compte, liquidation et partage de la communauté ayant existé entre elle et ledit sieur son mari et à la vente par licitation des acquêts de communauté ; donner acte des consentements respectifs donnés par les parties quant à la délivrance des legs.

C'est tout ce que j'ai à dire, messieurs ; je m'en rapporte à la sagesse du tribunal en qui j'ai toute confiance. (Mouvement de surprise. — Sourires.)

Me DUFAURE. — J'ai tout autant de confiance que vous dans la sagesse du tribunal, cependant il me semble qu'une affaire de cette gravité doit être discutée.

M. LE PRÉSIDENT. — Eh bien ! à quinzaine, Me Dufaure.

Me DUFAURE. — Il est bien entendu que les rôles ne seront pas intervertis.

M. LE PRÉSIDENT. — C'est entendu. A quinzaine.

—

Audience du 4 juillet 1856.

PLAIDOIRIE DE Me DUFAURE.

Messieurs,

Je ne me dissimule pas la situation désavantageuse et embarrassante dans laquelle on m'a placé. Je suis obligé de répondre par une longue plaidoirie à une demande qui a été fort peu developpée. Je suis obligé de chercher dans le laconisme des conclusions de la demanderesse et dans l'habile sobriété de paroles de son honorable défenseur les moyens par lesquels elle juge à propos de soutenir sa demande. Je risque, dans la plaidoirie pour laquelle je sollicite l'attention du tribunal, de discuter longuement des moyens qu'on abandonnera, et peut-être d'omettre l'examen de moyens sur lesquels s'appuiera l'adversaire.

Quoi qu'il en soit, je ferai ce qui sera en moi pour exposer les vraies difficultés du procès ; cette tâche accomplie, j'imiterai mon contradicteur, et comme lui, je m'en rapporterai à la sagesse du tribunal, bien persuadé qu'il appréciera mieux que personne les faits quand il les connaîtra, et nos moyens de défense, quand ils auront pu lui être soumis.

Le procès sur lequel le tribunal est appelé à statuer concerne la succession de Jean-Pierre Pescatore, de son vivant banquier à Paris. M. Pescatore était né en 1793, à Luxembourg. Dans sa jeunesse, à l'époque des dernières guerres de l'Empire, il avait pendant quelque temps servi sous nos drapeaux, puis en 1814 il était rentré dans sa ville natale, et s'était associé à une manufacture de tabacs qu'avait fondée son frère aîné, Antoine Pescatore. Il était devenu en 1816 seul gérant de cette entreprise ; dans la même année, il s'était marié, il avait épousé Marguerite Beving. Cette jeune femme était tombée malade peu de temps après son mariage ; elle était venue à Montpellier pour tâcher d'y rétablir sa santé, et elle était retournée dans sa ville natale pour y mourir en 1821. Elle était sœur de la femme d'Antoine Pescatore, et ce lien nouveau, qui s'était établi entre les deux frères, n'avait fait que resserrer une amitié qui ne s'est jamais démentie.

En 1819, l'établissement que Jean-Pierre Pescatore dirigeait à Luxembourg le mit en rapport avec l'administration des tabacs de France. C'est par là que commença sa grande fortune.

Vers 1834, ses relations, comme fournisseur, avec le Gouvernement français devinrent considérables; M. Jean-Pierre Pescatore, pour les suivre, sentit le besoin de s'établir à Paris. Il y prit d'abord un appartement modeste, plus tard il acquit trois immeubles importants : un hôtel rue Saint-Georges, qui avait appartenu à M. de Girardin; le château de la Celle-Saint-Cloud, propriété qu'il a achetée de la succession de M. Morel de Vindé; le château et la terre de Giscours, dans le Médoc.

Il se fit naturaliser Français en 1846, et en 1852, il devint consul général des Pays-Bas. Il avait fondé à Paris une maison de banque considérable qui l'avait mêlé au grand monde financier de notre époque : il fit de son château de Celle-Saint-Cloud une résidence princière dans laquelle il recevait une nombreuse et opulente société. Il demeurait l'hiver à Paris, l'été à la Celle, et il allait passer quelques journées d'automne en Médoc pour y faire ses vendanges. Il conserva toujours, dans les diverses phases de sa vie, les relations les plus affectueuses avec la plupart des membres de sa famille.

Sous ces dehors brillants, messieurs, et lorsque le premier chagrin que lui avait causé la mort de sa jeune et charmante épouse fut à peu près effacé et ne le défendit plus contre les séductions auxquelles sont exposés tous les hommes opulents comme lui, il forma une de ces liaisons irrégulières qui, un jour ou l'autre, viennent ronger le cœur de celui qui s'y livre et jeter le trouble dans sa famille.

En 1839, une femme, alors âgée de trente-cinq ans environ, entra dans la maison de Jean-Pierre Pescatore, en qualité de femme de charge. Ceux qui fréquentaient alors la maison se rappellent qu'elle habitait une petite chambre à côté de la cuisine. En peu de temps, sa fortune fut évidente. Elle s'éleva bientôt de l'humble condition dans laquelle elle était entrée chez M. Pescatore. Elle entra d'abord modestement dans la salle à manger au moment du repas, prenant place au bout de la table et sortant aussitôt que le repas était terminé; peu après, elle s'assit en face de M. Pescatore, et fit les honneurs de la table avec assurance et en femme sûre de son empire; elle se nommait Catherine Weber.

A cette époque, un neveu de M. Pescatore, le fils de son frère Antoine, vivait à Paris, associé avec son oncle et son père. Pierre Pescatore était un jeune homme au cœur pur, à l'âme ardente, qui avait été récemment frappé d'un grand malheur, il avait perdu une jeune femme qu'il adorait; elle lui avait laissé une petite fille qu'il entourait de soins et de tendresse. Il fut vivement blessé des relations que son oncle, qu'il aimait, établissait avec Catherine Weber; il raconte très naïvement et en termes très vifs, dans des lettres qu'il a écrites à sa mère et à sa sœur, les progrès que faisait cette femme dans la maison de Jean-Pierre Pescatore. Ces lettres, messieurs, je ne les lirai pas, je les ai communiquées à mon adversaire, parce que j'ai l'intention de les faire passer sous les yeux du tribunal, mais je m'abstiendrai de les lire publiquement ; je me bornerai à dire que le tribunal, en les parcourant, y verra l'histoire des premiers progrès que faisait madame Weber dans la maison de M. Pescatore. Il y verra exprimée l'indignation de ce jeune homme qui la voit un jour s'asseoir à la même table où s'assied sa mère ; et puis plus tard, les reproches qu'il se fait d'avoir trop méprisé dans les premiers moments les desseins de cette femme, et de n'avoir pas compris l'incomparable adresse avec laquelle elle s'emparait peu à peu de l'esprit de son oncle ; enfin, la résolution qu'il a prise d'abandonner la France et de se retirer en Belgique, dans sa famille, pour ne pas continuer les luttes qu'il était obligé de soutenir chez son oncle. Cette résolution, il l'a exécutée, il s'est retiré en Belgique, où il est mort en 1844. Dans plusieurs de ses lettres, vous verrez jusqu'où allèrent ses prévisions et comment il écrivait à sa mère le 10 avril 1841 : « Nos sentiments sont les mêmes sur madame Weber, mais vous croyez trop à l'énergie d'un oncle qui n'en a jamais montré ; il cédera, et un jour cette femme lui fermera les yeux, après s'être fait reconnaître pour son épouse devant le maire et devant l'Église. » Il se trompait de moitié, comme le Tribunal le verra bientôt ; mais le Tribunal sera frappé de ces prédictions qui remontent à 1841.

Quoi qu'il en soit, madame Weber, aussitôt qu'elle eut brouillé l'oncle et le neveu et que Pierre fut parti, régna sans contestation ; elle exerça un empire absolu sur M. Pescatore.

Parmi les amis de M. Pescatore qui recherchaient ses réceptions brillantes de la Celle-Saint-Cloud, les uns s'habituèrent à ce spectacle d'une vie commune dont ils ne cherchaient pas à pénétrer le mystère ; quelques-uns, plus scrupuleux, pour rassurer leur conscience, crurent à un mariage secret, d'autres enfin, plus flatteurs, commencèrent à nommer Catherine Weber madame Pescatore, et à la traiter comme l'épouse légitime du maître de la maison.

Les frères et la plupart des neveux de M. Pescatore conservèrent avec lui leurs bonnes relations. Ils ne jugèrent pas à propos de rompre avec lui pour cette habitude qu'il avait prise ; ils comprirent qu'il n'était plus maître de la rompre, et ils continuèrent de le voir.

Cependant les femmes qui composaient cette très honorable famille ne pouvaient pas se défendre d'un sentiment d'humiliation pendant le temps qu'elles passaient avec lui, et quelquefois elles ne savaient pas le dissimuler. Dans la société même qui fréquentait la Celle-Saint-Cloud, des mères de famille s'abstenaient d'y conduire leurs filles, et madame Weber ne manquait pas de faire remarquer à M. Pescatore ces vides importuns qui se faisaient dans leur entourage. Cette situation dura longtemps, et aurait peut-être duré toujours, sans l'intervention d'un vénérable prélat, qui fit cesser, en partie du moins, cette irrégularité.

Les faits que je vais raconter ont été longtemps ignorés des personnes pour lesquelles je plaide, elles ne les ont appris que depuis peu ; elles ne les ont su définitivement qu'en exécutant le jugement que vous avez bien voulu rendre à leur demande, au mois de mai dernier, pour leur permettre de rechercher à Renteria et à Pampelune quels actes s'étaient passés ; grâce à ces investigations, je puis raconter au tribunal, avec pleine certitude, les faits qui se sont passés en novembre 1851.

Ainsi que je l'ai dit, M. Pescatore avait l'habitude chaque année, dans l'automne, au moment des vendanges, d'aller passer quelques semaines dans son domaine de Giscours. Il emmenait toujours avec lui madame Weber. En 1851, le 22 septembre, il y alla comme d'habitude. Lorsqu'il y arriva, on s'occupait beaucoup dans la paroisse de la Barde, où est situé le domaine de Giscours, d'un baptême de cloche auquel monseigneur l'archevêque de Bordeaux devait présider. On demanda à M. Pescatore d'être le parrain. Il répondit qu'il y consentirait volontiers, et même il ajouta gracieusement que le clocher avait besoin de réparations, qu'il allait le faire réparer, si mieux on n'aimait qu'il le fît reconstruire. L'archevêque de Bordeaux se rendit à la Barde le 5 octobre pour assister au baptême ; il fit une visite au château de Giscours, où il était déjà allé les années précédentes. M. Pescatore lui demanda de consentir à dîner et à coucher au château le jour du baptême. Monseigneur Donnet répondit que l'état d'irrégularité dans lequel vivait M. Pescatore ne lui permettait pas d'accepter une invitation de cette nature. Là-dessus, longs pourparlers, dans lesquels monseigneur Donnet indiqua ce qu'il y avait à faire pour faire cesser cette irrégularité : c'était de se marier. Il n'y avait aucun obstacle à cette union ; pourquoi ne le faisait-on pas ? M. Pescatore fit plusieurs objections ; madame Weber était protestante, et il ne se souciait pas d'épouser une protestante. Qu'à cela ne tienne, dit l'archevêque, madame Weber abjurera sa religion entre mes mains, et le mariage pourra se faire. Alors M. Pescatore ajouta qu'il ne lui convenait en aucune manière de contracter un mariage civil ; qu'il ne le pouvait pas, parce que depuis assez longtemps plusieurs de ses amis le croyaient marié, et qu'il ne voulait pas leur avouer qu'il les avait trompés. Il objecta encore ses relations avec sa famille et la crainte qu'elle ne vît ce mariage de mauvais œil ; il fit observer enfin qu'il était négociant, et que, s'il se mariait, il faudrait déposer son contrat de mariage au greffe du tribunal de commerce ; d'autres raisons se joignirent à celles-là, et M. Pescatore opposa une résistance absolue.

C'est alors que monseigneur l'archevêque de Bordeaux proposa à M. Pescatore de faire un pur mariage de conscience, qui ne recevrait que la sanction de l'Église et qui transformerait en un lien religieux cette union illégitime qui durait depuis trop longtemps.

Mais comment faire ? Nos lois interdisent le mariage religieux lorsqu'il n'est pas précédé du mariage civil, et monseigneur Donnet n'aurait jamais conseillé une infraction au concordat et à l'un des principes essentiels de notre droit public français.

Il n'y avait qu'une ressource, se marier dans un pays où le ministre du sacrement était en même temps officier de l'état civil. Rien ne pourrait faire obstacle à ce que M. Pescatore et madame Weber reçussent ainsi la bénédiction nuptiale. On jeta les yeux sur l'Angleterre, mais l'Angleterre était trop loin. Mgr Donnet proposa l'Espagne et déclara se charger de tous les préparatifs du mariage. Il fut bien convenu qu'il n'y aurait en France aucune publication civile, aucun acte civil, aucune inscription sur les registres de l'état civil, on ne ferait absolument qu'un mariage religieux. Pour cela deux choses seulement étaient nécessaires : faire les publications religieuses et recevoir la bénédiction nuptiale des mains d'un prêtre compétent.

Faire les publications religieuses, M. Pescatore ne voulut pas en entendre par-
ler, et alors on demanda des dispenses aux évêques dans le diocèse desquels M. Pes-
catore et madame Weber avaient leur domicile ; je suis obligé de vous lire les
dispenses qui furent accordées par monseigneur l'archevêque de Paris et par
l'évêque de Versailles. L'archevêque de Paris, à la date du 21 octobre 1851,
donna, sur une demande qui lui en fut faite, dont nous n'avons pu avoir copie,
une dispense conçue dans les termes suivants :

« Marie-Dominique-Auguste Sibour, par la miséricorde divine et la grâce du
» Saint-Siége apostolique, archevêque de Paris.
» Au bien-aimé pasteur ou vicaire de l'église du lieu appelé Sainte-Marie, dans
» le diocèse de Bordeaux, salut et bénédiction.
» Vu, par nous, le témoignage de l'illustrissime et révérendissime Mgr l'arche-
» vêque de Bordeaux, constatant qu'il n'a été fait aucune publication de bans du
» mariage projeté entre Jean-Pierre Pescatore, fils majeur, demeurant sur la pa-
» roisse Notre-Dame-de-Lorette à Paris, et Julie Weber, fille majeure, votre parois-
» sienne ;
» Nous vous donnons la permission de célébrer leur mariage, et nous dispensons
» ledit J.-P. Pescatore et ladite J. Weber des trois publications de bans, *s'ils sont*
» *dans le cas d'une dispense légitime,* s'ils sont pourvus du consentement de leurs
» parents respectifs, que l'on est en droit d'exiger, et si d'ailleurs vous ne recon-
» naissez aucun empêchement canonique ou civil pouvant faire obstacle ; le tout
» dans les circonstances telles qu'elles se présentent, avec l'observation des rites
» de l'Église et sauf le droit d'autrui. *Mais nous entendons que la présente dis-*
» *pense soit nulle, si une des conditions ci-dessus fait défaut.*
» Donné à Paris, sous la signature, etc.

Voici la dispense donnée par monseigneur l'évêque de Versailles, le 28 oc-
tobre :

« Jean-Nicaise Gros, par la miséricorde divine et la grâce du Saint-Siége aposto-
» lique, évêque de Versailles.
» Vu la supplique à nous adressée le 28 octobre 1851, en faveur de Jean-Pierre
» Pescatore, de la paroisse de notre diocèse, dite Celle-de-Saint-Cloud, et de Julie-
» Anne-Catherine Weber, de la même paroisse, à l'effet d'obtenir, pour les raisons
» qui sont exposées, de contracter prochainement mariage devant l'Église ;
» Ayant égard aux motifs indiqués dans la supplique, après avoir mûrement
» examiné et pesé devant Dieu toutes choses, nous dispensons les suppliants sus-
» nommés des trois publications de bans, *pourvu qu'il n'existe aucun autre em-*
» *pêchement canonique,* à la charge de se conformer aux règles prescrites, et sauf
» en tout cas le droit d'autrui.
» Donné à Versailles, etc. »

Enfin, quelques jours plus tard, monseigneur l'archevêque de Bordeaux
donnait lui-même une dispense dans les termes suivants :

« Ferdinand-François-Auguste Donnet, par la miséricorde divine et la grâce du
» Saint-Siége apostolique, archevêque de Bordeaux, primat d'Aquitaine, au

» maître-recteur, soit de notre diocèse, soit d'un diocèse étranger, qui doit célé-
» brer le mariage entre les parties ci-après nommées, salut et bénédiction.

» Si vous êtes assuré que Jean-Pierre Pescatore et Julie-Anne-Catherine Weber
» sont libres et capables de contracter mariage entre eux, nous vous donnons la
» permission de célébrer leur mariage sans aucune publication de bans ; nous les
» avons dispensés et dispensons par ces présentes de toutes publications de bans,
» et de toute prohibition de lieu, pourvu que le mariage ait lieu du consentement
» de leurs parents respectifs, que l'on est en droit d'exiger, *et que d'ailleurs vous*
» *ne connaîtrez aucun empêchement canonique ou civil pouvant faire obstacle* ; le
» tout sauf le droit d'autrui, et avec l'observation des rites de l'Église.

» Nous entendons que la présente dispense soit nulle, si une seule des conditions
» ci-dessus fait défaut.

» Donné à Bordeaux, etc. »

Le Tribunal remarque que, dans la dispense de l'archevêque de Paris, M. Pescatore est indiqué comme demeurant sur la paroisse de Notre-Dame-de-Lorette, ce qui était exact, et madame Weber, comme demeurant sur la paroisse de Sainte-Marie, diocèse de Bordeaux. Dans les dispenses émanant de monseigneur de Versailles, M. Pescatore est indiqué comme domicilié à la Celle-Saint-Cloud, où il faisait sa résidence une partie de l'année, et madame Weber comme demeurant avec lui ; et enfin l'archevêque de Bordeaux n'indique le domicile ni de l'un, ni de l'autre des futurs époux.

Quoi qu'il en soit, les voilà dispensés des publications par les trois prélats, et pendant qu'on se mettait en mesure de ce côté, les choses d'ailleurs marchaient avec une grande rapidité ; en quelques jours madame Weber était convertie à la religion catholique, et l'archevêque recevait son abjuration. Il écrivait à l'évêque de Pampelume une lettre que nous n'avons pas, mais dont j'aurai occasion de parler, par laquelle il le priait de marier deux personnes qui voulaient, disait-il, *ne s'unir que religieusement.* Il accordait en même temps au curé d'une petite paroisse, située sur la frontière franco-espagnole appelée Renteria, permission ou délégation à l'effet de marier les deux personnes qui se présenteraient chez lui quelques jours après la lettre. Il annonçait qu'un prêtre les accompagnerait.

Le 6 novembre, M. Pescatore et madame Weber partent en poste du château de Giscours, sous prétexte d'aller voir à Biarritz un ami, M. O'Shea, banquier à Madrid. Ils sont accompagnés d'un seul domestique ; ils arrivent à Biarritz où ils laissent ce domestique que remplace M. O'Shea. Ils se rendent à Renteria, demandent le curé, prient le maître de poste de l'endroit de leur servir de témoin, avec M. O'Shea, et à la date du 8 novembre 1851, ils reçoivent la bénédiction nuptiale dans la chambre du curé. Après avoir passé en tout une heure et demie à Renteria, ils montent en voiture, et repartent pour la France. Ils se reposent quelques jours à Giscours, et reviennent à Paris.

Je n'ai pas besoin de dire au tribunal que de même qu'on n'avait voulu remplir aucune formalité civile pour ce mariage, de même on ne passa aucunes conventions matrimoniales.

Cependant M. Pescatore voulut faire connaître le mariage qu'il venait de contracter aux membres de sa famille, avec lesquels, je le répète, ses relations d'amitié n'ont jamais été interrompues. Il avait écrit, avant de partir pour Renteria, une lettre à celle de ses nièces pour laquelle il avait une affection particulière ; c'était une des filles de son frère Antoine, madame Dutreux.

Cette lettre n'existe plus, je n'en ai qu'une copie qui a été communiquée dans le temps à d'autres membres de la famille... On m'a exprimé l'intention de contester l'exactitude de cette copie, cela me suffit pour ne pas la lire au tribunal, puisque je ne puis pas lui présenter l'original ; je me bornerai à la réponse que madame Dutreux fit à son oncle, réponse qui a été retrouvée dans les papiers de ce dernier.

« Scheid, 3 novembre 1851.

» Mon cher oncle,

» La nouvelle que vous m'annoncez dans votre dernière lettre m'a causé une
» joie très vive, en venant réaliser une espérance qui s'est mêlée bien souvent
» aux prières que j'adressais à Dieu pour ceux qui me sont chers. C'est donc dans
» toute la sincérité de mon cœur que je vous offre, ainsi qu'à madame Weber, mes
» félicitations sur une résolution qui ne pourra qu'augmenter le bonheur et la
» prospérité de votre maison, comme tout ce qui se conclut avec la bénédiction
» du ciel.

» Que de fois, étant près de vous, mon cher oncle, j'ai eu le désir de vous parler
» de ce mariage ; mais ma position de nièce ne me permettait pas de vous donner
» un conseil que vous ne me demandiez pas, et qui aurait pu vous sembler un
» blâme pour le passé ; mais, lorsque la discrétion me fermait la bouche, je faisais
» des vœux intérieurement, qui sont exaucés en ce moment, je l'espère.

» Ce qui m'affermit dans la conviction que j'ai qu'en remettant entre les mains
» de la Providence le soin de nos destinées, nous marchons dans la voie la plus
» sûre vers le grand but de la vie.

» Si l'on traversait l'espace sur les ailes de l'imagination, je serais en ce moment
» auprès de vous pour vous embrasser de tout mon cœur ; mais de si loin je ne
» puis le faire qu'en pensée, en vous priant de recevoir les assurances d'affection
» et d'estime qu'il ne m'a jamais été plus doux de vous témoigner qu'en ce moment.

» Votre affectionnée nièce,

» Lilie DUTREUX,

» (Elisabeth PESCATORE, femme DUTREUX.) »

De ces sentiments si délicatement exprimés dans la lettre que je viens de lire, il n'en est aucun, messieurs, que madame Dutreux désavoue au moment où nous plaidons contre madame Weber ; il est parfaitement certain que lorsqu'on apprit par M. Pescatore lui-même qu'il allait faire cesser par le mariage les relations irrégulières qu'il entretenait depuis douze ans avec madame Weber, il est parfaitement certain que ce fut une joie pour les cœurs si délicats et si pieux de cette famille : c'est un sentiment parfaitement sincère que madame Dutreux exprimait dans la lettre dont je viens de vous donner lecture.

Le mariage contracté, M. Pescatore écrivit à son frère Antoine et à sa belle-sœur la lettre suivante à la date 12 novembre 1851.

« Le 12 novembre 1851.

» Mes chers amis, frère et sœur,

» Une fois mon parti pris, j'en ai fait part à la personne de la famille à laquelle

» j'étais sûr d'avance qu'il ferait le plus de plaisir. Je ne me suis pas trompé, car
» j'ai reçu de celle-ci une lettre remplie de sentiments aussi nobles que délicats.
» Mais je m'étais réservé de vous en écrire en quelque sorte officiellement à tous
» les deux, dès que ledit projet aurait reçu son exécution, car il pouvait encore
» s'opposer une foule d'obstacles à sa réalisation. Il n'en a rien été, grâce aux
» mesures prises par l'archevêque d'ici et son confrère de Pampelune, et nous
» sommes revenus hier dimanche, mariés à l'église de Renteria. J'ai rempli avec
» autant de plaisir que de satisfaction ce devoir de chrétien et d'homme d'honneur,
» et en donnant satisfaction à la morale publique et aux sentiments religieux de
» ceux qui ont le bonheur d'en être imbus, je fais d'abord le bonheur de celle qui
» m'a été si dévouée et qui est appelée, dans l'ordre de la nature, à me fermer les
» yeux, et je rends ma maison plus agréable et plus accessible aux personnes, aux
» dames et aux mères surtout, qu'un sentiment, que je ne saurais blâmer, pouvait
» en éloigner. Je fais cesser de plus un mensonge officieux, en ce que maintes
» personnes supposaient ou avouaient un mariage clandestin pour faire taire leurs
» propres scrupules.

» Cet acte ne pouvait, du reste, se célébrer qu'en Angleterre ou en Espagne, où
» il n'existe pas d'autres officiers des actes civils que le clergé, et je suis bien aise
» que les choses se soient ainsi faites promptement et à proximité. L'archevêque
» d'ici m'a d'ailleurs déjà évité ce qui pouvait paraître le plus difficile à mon âge et
» dans notre position, la publicité venant de nous-mêmes. Pour sa propre satis-
» faction, il a eu à cœur de faire connaître la régularisation de notre position, et
» lorsque nous reviendrons dans ce pays, que nous quitterons sous peu, nous trou-
» verons une situation normale toute faite, qui nous en rendra encore le séjour
» plus agréable, et personne n'en doutera quand on verra le premier pasteur,
» alors cardinal, parmi nos amis et nos visiteurs.

» La même chose a déjà eu lieu à Paris et à la Celle, par les dispenses qu'il a
» fallu obtenir des chefs diocésains, qui n'ont eu rien de plus pressé, de leur côté,
» que d'en instruire les curés de leurs paroisses, et ceux-ci, à leur tour, donnent
» volontiers de la publicité à un acte qu'ils considèrent avec raison comme une
» satisfaction morale et personnelle.

» Il ne me reste donc plus qu'à souhaiter que la famille, vous surtout, voyiez cette
» nouvelle phase dans ma vie du même œil de satisfaction que les intéressés, c'est-
» à-dire nous-mêmes et les nombreux amis qui le désiraient toujours. Je vous prie
» d'en faire part aux membres de la famille que vous voyez, sans oublier la tante
» Angélique. Il ne me convient pas, par les raisons ci-dessus développées, d'écrire
» à chacun en particulier, et je ne veux pas davantage recevoir des compliments qui
» ne seraient peut-être pas sincères chez tous. Quant à vous et à vos enfants, je
» me tiens assuré d'avance que tout ce qui peut contribuer à mon bien-être ne
» saurait que vous être agréable, et que cet événement ne changera rien aux senti-
» ments d'affection réciproque et de famille qui ont fait jusqu'ici le lien entre nous,
» qui a résisté à toutes les épreuves, et qui durera aussi longtemps que nous, et
» même encore après, j'espère.

» C'est dans cet espoir, et avec ces sentiments, que je vous renouvelle à tous
» deux ceux de ma sincère et inaltérable affection.

                » Votre dévoué frère,

                                    » J.-P. »

M. Antoine Pescatore répondit, le 22 novembre, dans les termes que voici :

        « Mon cher frère,
» Tout ce qui est dans l'ordre des idées qui ne contrarient en *rien* un nom

» sans tache, en même temps que cela ajoute à ta somme de bien-être, me convient
» aussi.

    » Je puis me dispenser d'être long, puisqu'il est plus que probable que le voyage
» de la Hollande me conduira à Paris. L'un et l'autre étaient arrêtés à la fin du
» mois dernier.

    » Je veux aller en Hollande pour terminer mes affaires moi-même, et je dois y
» aller au point de vue de ma femme, pour répondre à une lettre de Dalin, qui
» touche fortement une question qu'il m'importe de résoudre.

    » Lorsque ma résolution était quasi prise sur le premier point, le second est venu
» s'y ajouter inopinément et très récemment.

    » Il faudrait que le voyage me fatiguât infiniment pour ne pas y ajouter celui de
» Paris.

    » Il est donc probable que, dans la première semaine de décembre, je te verrai,
» et *cela suffit avec ce que j'ai dit en commençant cette lettre.*

» Antoine PESCATORE, frère aîné. »

Se conformant aux désirs de son frère, Antoine Pescatore fit part du ma-
riage aux autres membres de la famille. La plupart écrivirent à Jean-Pierre
Pescatore des lettres dans lesquelles ils le félicitaient du parti qu'il avait pris
et de l'acte qu'il venait d'accomplir.

Le tribunal ne s'étonnera pas de ces lettres ; le premier sentiment de ces
âmes honnêtes était de se réjouir de voir cesser un scandale chez un oncle
qu'ils aimaient.

S'il avait pu, à ce moment, se glisser chez eux quelque pensée d'intérêt, ils
auraient écrit de la même manière ; ils n'ignoraient pas qu'après les longues
années que M. Pescatore et madame Weber avaient passées ensemble, une
partie de la fortune de M. Pescatore devait revenir à cette dernière, et qu'en
pareille occasion, une épouse légitime est ce qu'on a le moins à redouter.
Pendant toute la vie de M. Pescatore, ses relations avec sa famille continuèrent
à être bonnes, affectueuses, et durèrent ainsi jusqu'à son décès, arrivé le
9 décembre 1855.

Messieurs, je ne sais pas ce qu'on dira dans la plaidoirie, que la demande-
resse fera peut-être entendre après moi, de la fortune laissée par M. Pesca-
tore ; mais madame Weber et ses amis ont répandu sur cette fortune de
telles légendes, semé de tels bruits, qu'il me paraît nécessaire de dire au tri-
bunal ce qu'elle a été, à quel taux on peut l'évaluer.

M. Pescatore a laissé en mourant une fortune composée de trois éléments :
1° des immeubles ; 2° des meubles, créances et actions qui lui appartenaient
personnellement ; et 3° enfin un intérêt considérable dans la maison de com-
merce qui portait son nom. Les trois immeubles dont j'ai parlé au tribunal au
commencement de ma plaidoirie ont été évalués par les hommes d'affaires de
la famille : le château de la Celle-Saint-Cloud, un million ; l'hôtel de la rue
Saint-Georges, 500,000 francs ; la terre de Giscours, 500,000 francs ; total :
2 millions en propriétés immobilières.

Les meubles, créances et actions appartenant à M. Pescatore sont évalués
dans l'inventaire même à 5,192,556 francs.

Je n'aurai, à l'égard de cette partie de la fortune, qu'une objection à faire.
C'est qu'il s'en faut de beaucoup que toutes ces valeurs soient également assu-

rées ; les relations que M. Pescatore avait établies avec les États-Unis à raison de ses fournitures de tabacs au gouvernement français l'avaient conduit à prendre une quantité considérable d'actions et d'obligations sur les chemins de fer américains ; ce sont là des titres dont la valeur réelle est difficilement appréciable, qui, un jour ou l'autre, pourraient s'évanouir dans les mains des héritiers de M. Pescatore.

Le troisième élément dont se composait sa succession était sa part dans la maison de commerce qui porte son nom ; cette part, dans l'inventaire dressé à l'époque de son décès, était représentée par un solde de compte courant de 6,174,294 francs. On y ajoute, à la vérité, les bénéfices recueillis pour 1855 ; mais je dois dire au tribunal que ces bénéfices sont d'une nature particulière qui oblige mes clients à n'en tenir aucun compte.

Ces bénéfices sont de ceux qu'un négociant qui a été déclaré en faillite, et dont la faillite a été rapportée dans ces derniers temps, promettait ou assurait à toutes les personnes qui étaient en relations avec lui, et le tribunal sait peut-être que, dans la première réunion des créanciers de ce négociant, réunion dans laquelle se trouvait le gérant de la maison Pescatore, la première mesure qui fut prise par les créanciers fut de renoncer à tous les bénéfices qui leur avaient été promis ; ils s'élevaient, pour la part de M. Pescatore, à plus de 2 millions, et doivent être considérés comme non avenus. Nous croyons faire une chose juste, en retranchant de la succession de M. Pescatore la somme de bénéfices portée pour l'année 1855. Nous arrivons ainsi à trouver que la fortune de M. Pescatore se compose de 2 millions en immeubles, de 5,192,556 francs en valeurs ou créances mobilières, de 6,174,294 francs dans sa maison de commerce ; ce qui porte l'ensemble de l'actif à 13,366,000 fr. De cet actif, il y a à retrancher un passif de 2,989,668 francs, dans lesquels sont compris les frais de succession mis tout entiers à la charge de la succession. Il reste donc pour l'actif net de la succession de M. Pescatore, 10,377,133 francs, en chiffre rond 10,380,000 fr. Je ne prétends certes pas que ce soit là une fortune à dédaigner, je tiens seulement à dire au tribunal la vérité complète sur la fortune qu'a laissée M. Pescatore.

Il avait pour héritiers légitimes trois frères : Antoine, l'aîné, son ancien associé dont j'ai déjà parlé ; son second frère était Guillaume ; le troisième, Ferdinand ; mais on a trouvé dans les papiers deux testaments par lesquels il a voulu disposer de sa fortune tout entière : l'un, olographe, à la date du 5 octobre 1853 ; l'autre, authentique, à la date du 8 décembre 1855, veille de sa mort. Le testament du 5 octobre 1853 est le plus long. Il est tellement étendu, que je m'interdis de le lire entièrement au tribunal ; mais je crois devoir seulement (et c'est surtout pour que le tribunal apprécie en même temps les moyens que pourra invoquer la demanderesse et les réponses des défendeurs) lire de ce testament la portion qui concerne madame Weber ; je dirai ensuite sommairement quel est le reste de ces dispositions testamentaires. Voici en quels termes, dans son testament olographe du 5 octobre 1853, M. Pescatore s'exprime, et les legs qu'il fait à madame Weber.

« Ceci est mon testament, etc.

« Je soussigné Jean-Pierre-Pescatore, né à Luxembourg, le 10 mars 1793, né-

» gociant à Paris, 13, rue Saint-Georges, ai fait mon testament ainsi qu'il suit :

» En confirmant les dons manuels que j'ai pu faire antérieurement à ce jour à
» Anne-Catherine Weber, que j'ai épousée en Espagne, suivant les lois du pays, et
» ceux que je pourrai encore lui faire jusqu'à mon décès, je déclare lui donner
» et léguer par les présentes :

» 1° Une rente annuelle et viagère de 20,000 francs, qui commencera à courir
» du jour de mon décès, et lui sera payée de six mois en six mois, sa vie durant.

» Il sera prélevé sur les premiers deniers de ma succession, par les soins de mes
» exécuteurs testamentaires ci-après nommés, somme suffisante pour assurer le
» service de ladite rente, et le placement en sera fait par leurs soins, de la ma-
» nière qu'ils jugeront la plus sûre et la plus convenable, mais de façon que le
» titre soit remis entre les mains de ladite Anne-Catherine Weber, et qu'elle puisse
» percevoir par elle-même les arrérages de ladite rente.

» 2° Usufruit et jouissance, sa vie durant, de ma propriété de la Celle avec toutes
» les circonstances et dépendances, sans en rien excepter ni réserver, et en y com-
» prenant la totalité des meubles meublants, tableaux, dessins, statues et objets
» d'art qui s'y trouvent, ainsi que la bibliothèque et tous les livres.

» L'usufruitière, dame Anne-Catherine Weber, pourra, quand elle voudra, se
» désister de cet usufruit, en prévenant, six mois d'avance, le légataire ci-après
» nommé de la nue propriété de cet immeuble, et du jour où son droit d'usufruit
» viendra à cesser, par l'effet de sa volonté, ladite dame Anne-Catherine Weber
» aura droit à la rente de 10,090 francs que ma succession sera ci-après chargée
» de servir et payer, comme équivalent à cet usufruit, au légataire de la nue pro-
» priété, et ce, de la même manière qu'au légataire et pendant la vie durant de dame
» Anne-Catherine Weber.

» 3° Tous les meubles meublant sa chambre à coucher, tant à Paris qu'à la
» Celle, et tous ceux qui pourraient lui être nécessaires pour meubler convenable-
» ment l'appartement qu'elle ira occuper lorsqu'elle quittera l'hôtel, ainsi que le
» linge de table et de ménage nécessaire à ses besoins, entendant la laisser entiè-
» rement libre dans le choix qu'elle fera et l'importance de ce qu'elle voudra avoir;

» Pour par elle disposer du tout en toute propriété.

» 4° Et le droit d'occuper pendant une année, à partir du jour de mon décès,
» mon hôtel de la rue Saint-Georges, tel qu'il existera alors, sans y rien changer
» quant à la disposition et quant à l'ameublement, et sans avoir à supporter et ac-
» quitter, pendant cette année, ni impôts, ni gages de concierge, ni réparations, ni
» aucune charge quelconque, le tout devant être payé par ma succession.

» Je donne enfin à ladite dame Anne-Catherine Weber une des cinq parts qui
» devront être faites des divers objets d'argenterie et de vermeil que je laisserai à
» mon décès ; elle aura le droit de prendre pour sa part ceux des objets qui lui con-
» viendront, préférablement aux quatre autres destinataires ci-après.

» Il me reste à exprimer le désir qu'il ne soit élevé aucune réclamation contre
» ladite Anne-Catherine Weber au sujet des diverses sommes qui ont pu lui être
» remises pour mon compte et qu'elle a employées pour tenir ma maison, approu-
» vant complétement l'usage qu'elle en a fait, et lui faisant, en tant que de besoin,
» et pour prévenir toutes difficultés, don et legs de toutes celles qu'elle pourrait
» devoir à ma succession à ce sujet et à tous autres ; il est bien entendu, au con-
» traire, que ma succession aura à acquitter toutes dettes que ladite dame Anne-
» Catherine Weber aura pu contracter, et toutes sommes qui seraient encore dues
» pour la tenue de ma maison. »

Dans le cours du testament se trouvent encore deux autres passages dans
lesquels madame Weber est mentionnée :

« Comme je l'ai déjà dit plus haut, il sera fait de mon argenterie et vermeil
» cinq parts égales, autant que possible, dont l'une pour dame Anne-Catherine
» Weber, et chacune des quatre autres pour mes nièces Élisabeth Dutreux, née
» Pescatore ; Victorine Pescatore, née Gerike ; Marie de Scherff, née Pescatore, et
» Séraphine Pescatore, née Beving.

» Quant aux chevaux, voitures, harnais, selles et objets d'écurie et de sellerie,
» je les donne et lègue comme suit : Une voiture et deux chevaux, avec accessoires,
» à la dame Anne-Catherine Weber, à son choix, ainsi que ceux de mes chiens
» qu'elle voudra garder ; un brougham, un cheval et accessoires, à Frédéric Grie-
» ninger ; deux chevaux de selle et une voiture, avec selles et harnais, à Guillaume
» Pescatore, mon neveu ; deux chevaux et une voiture, toujours avec accessoires,
» à ma nièce Élisabeth Dutreux, née Pescatore.

» Outre les deux chevaux légués ci-dessus, dame Anne-Catherine Weber gardera
» celui des chevaux de selle qu'elle monte habituellement ou celui qu'elle préfère ;
» ce qui restera de mon écurie, de ma sellerie et des voitures, ces legs acquittés,
» appartiendra à mon neveu Guillaume Pescatore, à qui j'en ai fait don et legs.

» Je mets encore à la disposition de dame Anne-Catherine Weber une somme de
» 25,000 fr. pour réparer les injustices involontaires ou les omissions que je pour-
» rais avoir faites dans la distribution des legs, dons, gratifications, secours et
» pensions et même des souvenirs que je laisse après moi. Ladite dame n'aura
» aucun compte à rendre de l'emploi de cette somme ou ne le fera que si bon lui
» semble ; à cet effet je lui en fais don et legs comme à elle appartenant. »

Voilà, messieurs, la portion du premier testament qui concerne madame
Weber. Le second, reçu le 8 décembre, la veille de la mort de M. Pescatore,
après qu'il eut reçu les derniers sacrements de la religion, est conçu en ces
termes :

« M. Jean-Pierre Pescatore, banquier, demeurant à Paris, en son hôtel, rue
» Saint-Georges, 13,

» Trouvé par les notaires et témoins susnommés, dans son lit, malade de corps,
» mais sain d'esprit, mémoire, jugement et entendement, ainsi qu'il est apparu par
» ses discours et entretien ;

» Lequel a dicté audit Mᵉ Fould, notaire, en présence des témoins, les disposi-
» tions suivantes :

» En confirmant les legs et avantages que j'ai faits, par mon testament, en faveur
» de madame Pescatore, mon épouse, je lui donne et lègue :

» 1° La somme nécessaire pour, avec le capital qui lui appartient déjà, compléter
» un capital de 500,000 francs, dont elle aura l'entière disposition ;

» 2° Et une rente de 20,000 francs par an, qui devra lui être payée par ma suc-
» cession, tant qu'elle aura la jouissance de la Celle, et lui sera servie comme celle
» que je lui ai faite par mon testament.

» Ce fut ainsi fait et dicté par le testateur audit Mᵉ Fould, en présence des témoins,
» et le tout a été écrit par ledit Mᵉ Fould comme la dictée en a eu lieu.

» Lecture ayant été faite de ce qui précède par ledit Mᵉ Fould au testateur, celui-
» ci a déclaré le bien entendre et y persévérer, comme étant l'expression de sa
» volonté.

» Fait à Paris, en la chambre à coucher de M. Pescatore, située au deuxième étage
» de son hôtel, sur la rue, le 8 décembre 1855.

» Et a, M. Pescatore, signé, avec les notaire et témoins, ces présentes, écrites en

» entier de la main dudit Mᵉ Fould, après une nouvelle lecture du tout par ce der-
» nier, le tout en présence des témoins.

        » Signé : Pescatore, Ernest Maigre, Roland Gosselin,
              » L. Malin, Leclaire et Fould. »

Voici maintenant, messieurs, le résumé de ces deux testaments qui ont été laissés par M. Pescatore. Il donne ses trois immeubles : l'un, le domaine de Giscours à M. Guillaume Pescatore, son neveu, fils d'Antoine ; l'autre, l'hôtel de Paris, situé rue Saint-Georges, à madame Marie de Scherff, fille d'Antoine Pescatore ; et enfin le troisième, le château de la Celle Saint-Cloud, à madame Dutreux, autre fille de son frère aîné, mais à dater seulement du décès de madame Weber, à laquelle il réserve l'usufruit. Il évalue l'usufruit à une rente viagère de 10,000 francs pour le cas où l'usufruitière, en prévenant six mois d'avance, jugerait à propos de se désister au profit de la nue propriétaire. Il constitue pour 54,100 fr. de rentes viagères et ordonne de placer un capital de 1,082,000 fr. qui servira à les payer. Il distribue une somme de 4,800,000 fr., en meubles ou argent, soit à la ville de Luxembourg, sa ville natale, soit à ses exécuteurs testamentaires, soit à ses neveux ou à d'autres parents, soit à ses amis, soit à des serviteurs. Ainsi, par son testament, M. Pescatore dispose de 5,880,000 fr., dont 1,080,000 fr. resteront libres à l'extinction des rentes viagères.

Après ces dispositions, il nomme pour légataires universels, non pas ses trois frères, mais les enfants de ses trois frères. Les quatre enfants d'Antoine, son frère aîné, ont reçu des legs particuliers, indépendamment du legs universel qui leur est fait ; les quatre enfants de Ferdinand et de Guillaume n'ont que le titre de légataires universels.

Vous voyez que si l'on retranche de l'actif net de la succession qui est, comme je l'ai dit, de 10,380,000 fr., les 5,800,000 francs dont M. Pescatore dispose par ses testaments, il reste aux huit légataires universels à se partager entre eux 4,500,000 francs, c'est-à-dire à peu près 560,000 francs pour chacun, les enfants d'Antoine Pescatore, son frère aîné, ayant, je le répète, indépendamment de ces 560,000 francs, des legs particuliers qui leur ont été faits par le testament de leur oncle.

Les huit légataires universels nommés dans le testament de Jean-Pierre Pescatore se firent représenter à Paris à l'inventaire de la succession de leur oncle. L'inventaire fut ouvert le 2 janvier 1856.

Il est nécessaire de faire connaître dès à présent au tribunal des circonstances de l'inventaire qui seront probablement rappelées dans la réplique de mon adversaire, s'il juge à propos de répliquer, et qu'il vaut mieux que je rappelle.

Le 2 janvier, intervient M. Louis-Désiré Bernard (de Rennes), conseiller à la Cour de cassation, comme fondé de pouvoir de Mme Weber.

Il prend les qualités suivantes :

« Au nom et comme mandataire de madame Anne-Catherine Weber, veuve de
» mondit sieur Jean-Pierre Pescatore, demeurant à Paris, rue Saint-Georges, 13,
» aux termes de la procuration qu'elle lui a donnée, etc.

» Madame veuve Pescatore, agissant à cause des droits, reprises, créances et
» actions de toute nature qu'elle a et peut avoir à exercer contre son défunt mari,
» à tel titre et pour quelque cause que ce soit.

» Et de plus, à cause des legs particuliers qu'il lui a faits, aux termes tant de
» son testament sus-énoncé que d'un autre testament reçu par ledit M⁰ Fould, qui
» en a la minute, en présence de quatre témoins, le 8 décembre dernier, enre-
» gistré. »

Dans l'énonciation de ces qualités, le tribunal voit qu'on ne parle pas
encore de communauté ; l'honorable mandataire n'agit que pour les droits et
reprises que sa mandante peut avoir à exercer contre la succession de M. Pes-
catore ; mais dans la conversation, on ne dissimula pas que Mme Weber en-
tendait aller jusqu'à se faire déclarer commune en biens avec M. Pescatore.

C'est dans cette vue que le notaire déclara que les qualités ne portaient
aucun préjudice aux intérêts des parties, et qu'elles faisaient toutes réserves
à cet égard. Puis le lendemain, dans la séance du 3 janvier, les légataires font
consigner les lignes suivantes :

« A cet endroit, M. Guillaume-Bonaventure Pescatore et autres légataires uni-
» versels de M. Pescatore, en réponse à la prétention verbalement annoncée au
» nom de la requérante désignée sous le n° 5 du procès-verbal à la date d'hier,
» d'exercer les droits d'épouse commune en biens, déclarent, en maintenant les
» réserves déjà insérées en ce procès-verbal, contester dès à présent à ladite dame
» les noms et qualités sous lesquels elle y figure, ainsi que tous les droits qu'elle
» voudrait induire de la qualité contestée d'épouse de M. J.-P. Pescatore.

» Cette déclaration est faite tant pour les opérations de ce jour que pour toutes
» celles qui suivront et sous réserve de toutes autres contestations.

» Contre lesquelles réserves et protestations il est fait par M. Bernard (de
» Rennes), toutes réserves et protestations contraires dans l'intérêt de madame Pes-
» catore, déclarant être prête à justifier de la célébration de son mariage par la
» production de l'acte régulier qui en a été dressé. »

Ceci s'écrivait le 3 janvier ; l'inventaire se continue, et le tribunal com-
prend qu'il a été long. Des pourparlers s'engagent entre les parties, car des
contestations étaient annoncées par ces premières réserves. Mes clients se
rendent le témoignage d'avoir tout fait, plus peut-être qu'ils n'auraient dû faire,
pour éviter ces contestations ; ils ne l'ont pas pu. A la fin de l'inventaire, ils
ont fait insérer la nouvelle énonciation que je vais lire :

« Jeudi 21 février 1856.

» A cet endroit, MM. Dutreux, de Scherff, Munchen, etc., ont fait la déclaration :
» Qu'ainsi qu'ils l'ont déjà déclaré verbalement, avant, lors et depuis les réserves
» insérées au présent procès-verbal, dans la vacation du 2 janvier dernier et dans
» celle du lendemain, ils sont prêts encore aujourd'hui et offrent :
» 1° De reconnaître à la dame représentée ici par M. Bernard (de Rennes) le
» nom et la position de veuve de feu M. J.-P. Pescatore, comme conséquence de
» l'acte religieux passé à Renteria, le 8 novembre 1851 ;
» 2° De renoncer à tous moyens de nullité à l'encontre des actes de dernière
» volonté de feu M. Pescatore ; en conséquence, et sous les conditions établies par
» les actes :
» A. D'assurer à ladite dame une rente viagère de 40,000 francs ;

» B. De lui payer la somme nécessaire pour parfaire avec celle qui lui appar-
» tient déjà par suite des libéralités antérieures de M. Pescatore, un capital de
» 500,000 francs ;

» C. De lui accorder pendant une année l'habitation de l'hôtel rue Saint-
» Georges, et, sa vie durant, l'usufruit de la Celle-Saint-Cloud ;

» D. De lui délivrer les autres legs en meubles, argenterie, chevaux et voitures,
» mentionnés dans le testament ;

» Le tout sous la condition expresse que ladite dame, de son côté, respecte les
» volontés de feu M. Pescatore, et consente, par conséquent, en abandonnant toute
» prétention à la communauté des biens, à prendre pour base unique du règle-
» ment de ses intérêts pécuniaires les actes de dernière volonté.

» Après lecture, requis de signer, ont déclaré inutile.»

Par M. Bernard (de Rennes), au nom qu'il agit, a été répondu :

« Qu'il est heureux de voir MM. Dutreux et consorts reconnaître et proclamer de
» leur propre mouvement la légitimité du titre de madame Pescatore;

» Qu'il s'étonne seulement de la forme insolite donnée à cette reconnaissance ;

» Qu'il est contraire, en effet, aux principes du droit, de faire dépendre la vali-
» dité d'un acte de mariage de l'acceptation de certaines conditions imposées à
» l'époux survivant dont on conteste l'état ;

» Qu'un acte de mariage est valable ou nul par lui-même et ne saurait être l'ob-
» jet d'une stipulation postérieure à la célébration ;

» Qu'on ne peut admettre qu'il dépende des héritiers de subordonner la validité
» du mariage à l'acceptation, par l'époux survivant, des conditions qu'il leur plaît
» de lui imposer, en telle sorte que, suivant son acceptation ou son refus de ces
» conditions, son mariage serait valable ou nul ;

» En conséquence, M. Bernard (de Rennes) prend acte de la reconnaissance faite
» par MM. Dutreux et consorts, mais en protestant contre la forme conditionnelle
» qu'ils ont donnée à cette reconnaissance, et, après lecture, M. Bernard (de Rennes)
» a signé sous toutes réserves.

» BERNARD (de Rennes). »

Cette manière de prendre acte, de la part du mandataire de madame Weber
était trop habile pour que les légataires universels n'y répondissent pas im-
médiatement : « Déclarent qu'ils protestent contre l'interprétation en tous
points erronée que M. Bernard donne à leur déclaration, ainsi que contre les
inductions tout aussi erronées que l'on veut tirer de cette interprétation. Leur
déclaration n'est pas une reconnaissance, mais une simple offre, restreinte
dans ses termes, subordonnée à une condition, indivisible, et qui ne peut être
faussée par une interprétation arbitraire et tout aussi étrangère à son texte
qu'à son esprit. »

C'est à la suite, messieurs, de ces différentes explications engagées devant
le notaire, qu'a été donnée l'assignation sous laquelle nous comparaissons de-
vant vous. Elle a été donnée par la demanderesse à double fin : 1° la déli-
vrance des legs particuliers que lui a faits M. Pescatore; 2° la liquidation et
le partage de la communauté qui aurait existé entre elle et M. Pescatore.

Sur le premier point, nous avons répondu que nous ne contestions pas les
legs faits par M. Pescatore, mais à condition que l'on abandonnât une préten-
tion à laquelle M. Pescatore lui-même n'a jamais pensé. Si une partie de sa

fortune était attribuée à Mme Weber à titre de communauté, les legs devraient certainement être annulés comme étant le résultat d'une erreur. Quant à la seconde demande, quelque ruineuse que fût pour mes clients la préten tion de Mme Weber, ils n'hésiteraient pas à s'y résigner, s'ils pensaient qu'elle fût conforme à la volonté de leur oncle. Je dis quelque ruineuse qu'elle fût : que le tribunal me permette de lui montrer, maintenant qu'il connaît le montant de la succession et le chiffre des legs particuliers, quelle serait la situation du legs universel, si la prétention de Mme Weber pouvait être accueillie.

J'ai dit que l'actif de la succession était de 10,380,000 fr. Or, de l'état de la communauté dressé par le notaire de Mme Weber, il résulte qu'il faudrait ajouter pour former la communauté, à toute la fortune mobilière de M. Pescatore, acquise dans le cours de sa vie et qui serait en 1851 entrée dans la communauté, une partie des immeubles acquis depuis le mois de novembre 1851 ; ce qui porterait l'actif de la communauté à 13,000,000 fr. Nous croyons devoir retrancher de cet actif, comme nous l'avons déjà fait, les 2,000,000 fr. portés pour les bénéfices de 1855, plus 1,000,000 fr. de passif : il reste un actif de communauté de 10,000,000 de fr., moitié pour la demanderesse, soit 5,000,000 fr., et alors si vous voulez savoir ce que devient la succession de M. Pescatore, après que la communauté aura été ainsi partagée, vous trouverez que ce qui reste des valeurs mobilières, ajouté à la portion des immeubles qui composent la fortune personnelle, représentera pour la succession un actif réduit à 7,000,000 de fr., sur lesquels il faudra retrancher 5,880,000 fr. de legs particuliers portés dans les deux testaments, plus environ 820,000 fr. de passif et de droits de succession ; il restera à partager entre les huit héritiers. dans le cas où, par impossible, la demande de Mme Weber serait accueillie, une somme nette de 300,000 fr., en supposant encore que toutes les valeurs de la succession, dans lesquelles il y en a de bien aventurées, puissent se réaliser.

Ainsi, ne l'oubliez pas, tandis que d'un côté la femme qui se prétend commune en biens aura, en vertu des testaments, des valeurs qui peuvent représenter 80,000 fr. de rente, et pour sa part dans la communauté 5,000,000 fr., chaque légataire universel aura un huitième de 300,000 fr. ou 37,000 fr. Quatre d'entre eux auront des legs particuliers ; les quatre autres, parents au même degré, neveux de M. Pescatore, auront, pour toute valeur dans la succession opulente de leur oncle, 37,000 fr. C'est là ce que M. Pescatore leur aura laissé, lui qui leur écrivait des lettres si affectueuses ! — « Comptez sur moi, ma fortune relèvera un jour la vôtre, » au moment où il faisait son testament (le testament est du 5 octobre 1853, et la lettre que je vais lire est du 11 janvier 1854) :

« Paris, le 11 janvier 1854.

» Lorsqu'il s'agit d'obliger, mon cher Alphonse, on n'y regarde pas d'aussi près » que lorsqu'il est question d'affaires ; cependant j'ai toujours pour principe de » mettre de l'ordre en toutes choses, et du moment que vous, jurisconsulte, m'as- » surez que l'acte proposé équivaut à une vente, avec moins de frais et d'inconvé- » nients pour vous, j'y souscris. L'usufruit devra cesser à mon décès, *attendu que*

» ma succession pourvoira au sort des parents et vous mettra à même de rentrer
» dans la possession de l'immeuble. »

Veuillez vous le rappeler, messieurs, c'est un homme qui connaissait admirablement l'état de ses affaires, qui manifestait ses intentions bienveillantes pour ses parents, qui, à l'époque où il partageait sa fortune, en octobre 1853. leur annonçait que la partie qu'il leur en laissait leur permettrait de rentrer dans leurs propriétés qu'ils étaient obligés momentanément d'abandonner ; c'est cet homme-là qui, faisant son testament et manifestant tant de bienveillance pour ses neveux, leur aurait donné 37,000 fr., et encore si toutes les valeurs qui composaient l'actif de sa succession venaient à être réalisées. Mais ce résultat est dû à ce que l'on veut imposer aux légataires universels de M. Pescatore une communauté à laquelle certainement il n'a jamais pensé. Sur ce point important des intentions de M. Pescatore, je m'en rapporte aux réflexions que le tribunal pourra puiser dans les faits que nous racontons et dans les actes que nous produisons. Je suis convaincu qu'il pensera comme moi, que jamais M. Pescatore n'a songé à constituer cette communauté dont on réclame l'avantage. S'il s'était marié civilement, il est indubitable qu'il aurait fait quelque acte civil par lequel il aurait mesuré le degré de libéralité qu'il voulait faire à Mme Weber. Il avait, lui, une fortune considérable acquise à la sueur de son front, par le travail de toute sa vie ; elle n'avait rien. Aurait-il contracté un mariage dans lequel il aurait englobé toutes les valeurs mobilières qu'il avait gagnées jusqu'à cette époque, et n'aurait-il pas, par un contrat quelconque, réglé ce qu'il entendait donner par stipulations matrimoniales à Mme Weber ? Si quelque doute pouvait exister à cet égard dans l'esprit du tribunal, il serait levé par ce que je vais dire. En 1852, un an après le mariage, M. Pescatore donne à Mme Weber une somme de 210,000 fr. Il la donne ainsi : il était créancier pour cette somme sur ce M. O'Shea qui fut l'un des témoins de son mariage à Renteria. Sur ses livres, il la passe au nom de la demanderesse. Croyez-vous que s'il y avait eu communauté de biens entre eux, il lui aurait fait ce don ? Quel sens peut avoir une telle donation, entre époux communs en biens ? Est-ce que cette somme de 210,000 fr. serait sortie de la communauté ? Est-ce qu'elle aurait été plus à Mme Weber après qu'avant ? Ce don postérieur au mariage n'est-il pas une preuve certaine que Mme Weber n'était pas commune en biens avec lui ?

Mais il y a des titres invoqués par Mme Weber elle-même, qui sont plus significatifs encore ; ce sont les deux testaments dont j'ai parlé. Je n'ai pas voulu les lire en entier, mais le tribunal les lira avec attention, et il voudra bien se demander si M. Pescatore a pu croire qu'il laissait après lui une femme commune en biens. Je ne parle pas de tous les legs qu'il a faits. Ainsi il donne à Luxembourg, sa ville natale, indépendamment d'un legs de 500,000 fr., tous les tableaux, dessins, statues, bibliothèque et objets d'art qu'il laissera après lui ; et il ne serait propriétaire que de la moitié de ces objets ! Il y aurait une femme commune en biens qui en aurait l'autre moitié, et il n'en parle pas, et il ne le soupçonne même pas, et par un legs qu'il fait il dispose du tout comme s'il était seul propriétaire !

Et vis-à-vis de Mme Weber que signifient toutes ces dispositions qu'il fait à son profit ! Il lui donne le cinquième de toute son argenterie à partager avec quatre neveux ou nièces qu'il laissera après lui. Mais elle en a déjà la moitié. Il ne le soupçonne pas : Mon argenterie, dit-il, sera partagée en cinq parts ; Mme Weber en aura une, elle choisira celle qu'elle voudra. Ne croyez-vous pas que toute pensée de communauté est étrangère à cette disposition ?

Je trouve ensuite qu'il lui donne les meubles qui garnissent sa chambre à Paris et au château de la Celle-Saint-Cloud, et il ajoute que si elle ne trouve pas ce mobilier suffisant, elle pourra prendre dans le reste du mobilier de la maison de quoi le compléter. Qu'est-ce à dire, puisqu'elle a la moitié du mobilier qui garnit tous les immeubles? Il prend la peine bien inutile, comme vous voyez, de lui donner les meubles qui garnissent sa chambre à l'hôtel Saint-Georges, au château de la Celle. Et puis plus tard il la dispense de rendre aucun compte des sommes qu'elle aura dépensées pour son ménage, et dans le cas où l'on viendrait les lui réclamer, il lui en fait un don spécial par son testament. Mais de qui parle-t-il ? Est-ce d'une femme commune en biens avec lui : Depuis quand une femme commune en biens aurait-elle à rendre compte après la mort de son mari des dépenses faites pour le ménage commun ? Le tribunal ne voit-il pas que M. Pescatore n'a jamais cru qu'il y eût communauté de biens entre elle et lui?

Enfin, dans le dernier testament du 8 décembre 1855, il rappelle les dons qu'il a déjà confirmés par son testament olographe du 5 octobre 1853 ; il les confirme et il dit qu'il lui donne en outre de quoi compléter un capital de 500,000 fr. dont il veut qu'elle soit propriétaire.

C'est très bien, en supposant qu'elle ne soit pas commune en biens ; mais, commune en biens, comprenez-vous bien qu'il veuille lui compléter un capital de 500,000 fr. ? elle aura 5,000,000 fr. à réclamer dans sa succession ! le comprendra-t-on ? Vous réfléchirez à l'ensemble des deux testaments, et vous y verrez écrit dans les termes les plus énergiques que M. Pescatore n'a pas cru un moment qu'il y eût communauté de biens entre Mme Weber et lui, et j'en reviens à ce que je disais tout à l'heure : mes clients, en soutenant qu'il n'y a jamais eu communauté entre Mme Weber et M. Pescatore, sont convaincus qu'ils défendent les volontés de leur oncle, qu'ils en demandent l'exécution, bien loin de la méconnaître ; qu'ils sont fidèles à ses pensées sur la répartition de sa fortune, et qu'ils résistent à une réclamation qu'on n'aurait jamais osé faire de son vivant, qu'on n'a pu faire qu'après sa mort.

Maintenant que j'ai expliqué quelles ont été les intentions de M. Pescatore, examinons en droit cette communauté qu'on réclame. D'où vient-elle ? Elle ne vient pas d'un contrat qui la constitue, il n'y a pas eu de contrat contenant les conventions matrimoniales, je l'ai déjà dit au tribunal. Mais on peut, dit-on, la faire dériver des articles 1393 et 1399 du Code Napoléon. Voyons ces articles :

« ART. 1393. — A défaut de stipulations spéciales qui dérogent au régime de la » communauté ou le modifient, les règles établies dans la première partie du cha- » pitre II formeront le droit commun de la France. »

« ART. 1399. — La communauté, soit légale, soit conventionnelle, commence
» du jour du mariage contracté devant l'officier de l'état civil ; on ne peut stipuler
» qu'elle commencera à une autre époque.»

Je n'ai pas besoin de dire sur quels principes reposent ces articles. A défaut d'une convention que les parties n'ont pas faite, la loi a senti le besoin d'en établir une par présomption ; elle a présumé la communauté. C'est là le régime que les articles 1393 et 1399 font résulter de l'acte du mariage passé devant l'officier de l'état civil.

Nous l'avons cherché cet acte, nous nous sommes demandé où il était. Mes clients ont parcouru tous les registres de l'état civil en France, tous ceux du moins où il pouvait se trouver, et ils ne l'ont rencontré nulle part. Au moins y aurait-il eu des publications qui l'annonceraient ? Pas le moins du monde, il n'y a eu nulle part de publications civiles ; je parlerai plus tard de publications religieuses. Comment cette communauté aurait-elle pu commencer, lorsque nous ne trouvons nulle part, dans les archives de l'état civil, l'acte solennel d'où la loi fait dériver la communauté !

On nous dit alors : Si la communauté ne résulte pas d'un mariage civil contracté en France, nous la faisons sortir de la bénédiction nuptiale qui a été accordée, le 8 novembre 1851, dans la chambre du curé de Renteria. Cette cérémonie a constitué un mariage qui peut être reconnu par nos lois aux termes de l'article 170 du Code Napoléon.

Ma première réponse est celle-ci, je la prends dans l'intention même des parties dont je vous parlais tout à l'heure. La première condition du mariage, c'est le consentement ; la première loi du mariage civil, c'est que les parties aient prétendu faire un mariage civil. Eh bien ! nous soutenons, et nous sommes convaincu que c'est le fond et la vérité du procès, que les parties n'ont jamais entendu faire un mariage civil.

A l'époque où M. Pescatore et madame Weber sont allés en Espagne, M. Pescatore avait 58 ans, madame Weber en avait 47. Ils n'avaient pas eu d'enfants de leur union illégitime, il n'y avait par conséquent aucun enfant à légitimer. Ils ne pouvaient avoir aucune idée d'unir leurs fortunes, puisque l'un en avait une grande et que l'autre ne possédait rien ? Ils n'avaient qu'un but, très énergiquement indiqué dans la lettre du 12 novembre, dont j'ai donné la lecture au tribunal : c'était de rendre leur maison accessible à ces mères de famille qui s'en retiraient par des motifs que M. Pescatore déclarait très bien comprendre ; accessible à ces pieux prélats qui déclaraient ne pas pouvoir y mettre les pieds tant que durerait l'union irrégulière de M. Pescatore et de madame Weber. Ils ne se sont adressés, pour contracter leur union, à aucun officier de l'état civil, en aucun lieu, ni à Paris, où était la résidence d'hiver de M. Pescatore et de madame Weber, ni à la Celle Saint-Cloud, où était la résidence d'été. Ils n'ont eu de rapports qu'avec monseigneur l'archevêque de Bordeaux ni d'autres conseils que les siens.

Il y a un document dont nous n'avons pas pu obtenir la remise, et sur le contenu duquel le tribunal aura, s'il le veut, des renseignements très précis.

C'est une lettre que monseigneur Donnet écrivait à l'évêque de Pampelune orsqu'il le priait de souffrir qu'un des prêtres de son diocèse donnât la bénédiction nuptiale à M. Pescatore et à madame Weber. Cette lettre a été longtemps dans les mains de l'évêque de Pampelune, elle a été lue par le subrogé-tuteur des enfants de M. Pierre Pescatore; ce dernier même a été autorisé à copier la phrase que je vais rappeler. Dans cette lettre l'archevêque de Bordeaux disait à l'évêque de Pampelune :

« Je vous prie de permettre dans votre diocèse le mariage de deux paroissiens » qui ne veulent que s'unir religieusement. »

Je le répète, la lettre n'est pas dans nos mains ; quand nous en avons demandé copie en vertu du jugement du tribunal, elle avait été retirée. Elle est entre les mains de monseigneur l'archevêque de Bordeaux, qui est prêt à en dire le contenu au tribunal. J'affirme, sans crainte d'être démenti par qui que ce soit, que la lettre indiquait à l'évêque de Pampelune, que le mariage qu'on allait contracter à Renteria était un mariage purement religieux ; et c'est pour cela que, dans sa lettre du 12 novembre, M. Pescatore dit à son frère Antoine :

« Le mariage ne pouvant être contracté qu'en Angleterre ou en Espagne, pays » dans lesquels le ministre du culte est en même temps officier de l'état civil. »

Et pourquoi cherchait-il un des deux pays dans lesquels le ministre du culte est en même temps officier de l'état civil ? Pour un seul motif : dans ces pays seuls il pouvait obtenir la bénédiction nuptiale sans que l'officier civil vînt lui imposer préalablement le mariage civil.

Aussi, quelles dispenses a-t-on demandées ? de quelles publications s'est-on occupé ? Exclusivement de dispenses et de publications religieuses. L'archevêque de Paris, l'évêque de Versailles, l'archevêque de Bordeaux, ont donné des dispenses purement religieuses, et l'on n'a pas pensé un seul moment à des publications civiles.

Et puis, quand cet acte de bénédiction nuptiale a été accompli à l'étranger, on a bien songé qu'il fallait le faire transcrire en France. Quelle transcription a-t-on faite ? A-t-on fait transcrire sur le registre de l'état civil du deuxième arrondissement de Paris ou sur celui de la Celle-Saint-Cloud ? Pas le moins du monde ; c'est sur le registre de l'état religieux tenu par le curé de cette dernière paroisse. On a donc omis la formalité de transcription sur le registre de l'état civil ; on ne l'a accomplie que sur le registre de l'état religieux. Pourquoi ? Par un seul motif : c'est qu'on avait entendu contracter en Espagne un mariage exclusivement religieux. Vous le voyez, ce n'est qu'un mariage religieux qu'on a songé à célébrer à Renteria, et qu'il n'est pas entré dans la pensée des contractants d'y faire un mariage civil.

Mais, objectera-t-on, que voulez-vous dire avec votre mariage religieux ? Dégagé du mariage civil, quelle force, quel caractère pouvait-il avoir ? Comment aurait-on donc songé à le contracter.

Ah ! messieurs, si l'on me parle au nom du droit civil, je suis d'accord avec tout ce qu'on pourra dire ; un mariage ainsi contracté n'a et ne peut avoir

aucune valeur. Il en est autrement aux yeux du droit canonique ; et sans que
je rappelle à ce sujet les opinions des anciens docteurs, le tribunal me per-
mettra de lui lire, dans le *Commentaire du Code Napoléon*, par monseigneur
Gousset, ce passage sur l'article 144 du Code, page 68 :

« Nous ajouterons que les rédacteurs du Code qui nous régit, *tout en séculari-*
» *sant* notre législation et tout en se croyant dispensés comme législateurs d'obser-
» ver les lois du législateur suprême et de son Église, ont néanmoins reconnu qu'ils
» ne pouvaient porter atteinte, ni au sacrement, ni au contrat qui en est la base.
» Le contrat naturel du mariage, dit M. Tronchet, n'appartient qu'au droit naturel.
» Dans le droit civil, on ne connaît que le contrat civil, et l'on ne considère le ma-
» riage que sous le rapport des effets civils qu'il doit produire. Il en est du
» mariage du mort civilement, comme de celui qui a été contracté au mépris des
» formes légales.

» Il faut, disait un autre législateur, que la loi sépare du contrat civil tout ce qui
» touche à un ordre plus relevé, et qu'elle ne considère dans le mariage que le
» contrat civil. M. Carrion Nisas parlait dans le même sens : Aujourd'hui, disait-il,
» il peut y avoir contrat civil et nul pacte religieux, pacte religieux et nul contrat
» civil. On peut vivre avec la même femme, épouse selon la loi et concubine selon
» la conscience, épouse selon la conscience et concubine selon la loi.

» Concluons donc qu'il peut y avoir dans le mariage contrat naturel et sacre-
» ment, sans qu'il y ait contrat civil, c'est-à-dire sans qu'il y ait un acte légal qui
» assure les effets civils ; que ce n'est point le contrat naturel et civil, mais le con-
» trat naturel et ecclésiastique, qui est, comme on s'exprime dans l'école, la ma-
» tière du sacrement de mariage : *Non contractus civilis*, dit M. Bailly, d'après
» Tournely et nos meilleurs théologiens, même parmi les Français, *sed contractus*
» *naturalis legibus ecclesiasticis ordinatus, sacramenti matrimonii materia et*
» *fundamentum est.* » (*Tract. de matrimonio, cap.* IV, *act.* 1, § 1, *prop.* 2.)

» D'après ces principes, il est manifeste que les époux qui ont contracté ma-
» riage conformément aux lois de l'Église ne peuvent se prévaloir pour un second
» mariage de la sentence du juge qui annule leur premier mariage civil à raison de
» l'omission de certaines formalités prescrites par le Code à peine de nullité.

» Cependant on ne saurait trop recommander aux pasteurs de ne donner la
» bénédiction nuptiale aux parties contractantes que lorsqu'ils peuvent juger
» qu'elles ont rempli les formalités nécessaires au contrat civil ; ce serait un grave
» inconvénient que le mariage ne fût pas reconnu par la loi. »

Vous voyez, messieurs, les principes des théologiens, et parmi eux je cite
un des plus éminents de notre époque ; vous voyez quelle est leur opinion.

Je n'ai pas fait une vaine supposition en vous parlant d'un mariage de con-
science purement religieux ; c'est, à mon avis, la vérité, elle est toute là, il
n'y a rien de plus ; pendant toute la durée du mariage, il n'y a rien eu autre
chose, et cela vous explique encore comment, soit à l'époque où l'acte reli-
gieux s'est accompli, soit à l'époque où M. Pescatore a fait don de 210,000 fr.
à madame Weber, soit à l'époque où il a fait son premier testament, le 5 oc-
tobre 1853, soit à l'époque où il a dicté son second testament, la veille de sa
mort, rien n'a laissé entrevoir un mariage civil ni communauté entre ma-
dame Weber et lui. Je pourrais peut-être aller plus loin et dire que les amis
de madame Weber le savaient parfaitement, et que, dans les derniers jours de

la vie de M. Pescatore, quelques démarches furent faites pour arriver au mariage civil. On ne réussit pas, soit qu'il fût trop tard, soit que la résistance du mourant fût encore invincible. Nous n'avons pas en mains la preuve de ce fait, mais nos clients en ont l'intime conviction, et peut-être un jour, s'il en était besoin, demanderaient-ils à le prouver.

J'arrive maintenant à une hypothèse que je suis obligé de faire. Je suppose que les parties sont allées en Espagne pour contracter un mariage à la fois civil et religieux, priant bien le tribunal de ne pas oublier un instant, dans la discussion à laquelle je vais me livrer, que je tiens cela pour une pure hypothèse qui, à mon sens et dans ma conviction, est contraire à la vérité.

Je me demande si le mariage ainsi contracté à Renteria, le 8 novembre 1851, est un mariage valable, aux termes de nos lois. On me cite, pour soutenir sa validité, les articles 170 et 171 du Code Napoléon, qui permettent aux Français de se marier à l'étranger.

Il est vrai qu'un Français peut aller se marier à l'étranger et que son mariage doit être considéré comme valable. A trois conditions cependant : 1° Que le mariage ait été célébré selon les formes usitées dans le pays où il aurait été contracté, première condition résultant de la règle *locus regit actum ;* 2° qu'il ait été précédé en France de toutes les publications prescrites par l'article 63 du Code Napoléon ; 3° qu'après le retour du Français en France, il ait été transcrit sur les registres de l'état civil. Voilà les trois conditions sans lesquelles le mariage à l'étranger n'existe pas.

Or, je dis qu'aucune de ces trois conditions n'a été remplie dans le prétendu mariage de Renteria. On a choisi l'Espagne pour aller se marier, et le tribunal sait que l'Espagne est sous l'empire des décrets du Concile de Trente. Je me borne à rappeler très brièvement les conditions auxquelles le Concile de Trente permettait le mariage ; c'est le chapitre Iᵉʳ, section IV : *Decretum de reformatione matrimonii :*

« Sacri lateranensis concilii, sub Innocentio III celebrati, vestigiis inhærendo
» præcipit, ut in posterum antequam matrimonium contrahatur, ter à proprio
» contrahentium parocho, tribus continuis diebus festivis, in ecclesia inter missa-
» rum solemnia publicè denuntietur, inter quos matrimonium sit contrahendum.
» Nisi ordinarius ipse expedire judicaverit, ut prædictæ denuntiationes remittantur;
» quod illius prudentiæ et judicio sancta synodus relinquit. Qui aliter, quam præ-
» sente parocho, vel alio sacerdote, de ipsius parochi seu ordinarii licentia, et
» duobus vel tribus testibus matrimonium contrahere attentabunt ; eos sancta
» synodus ad sic contrahendum omnino inhabiles reddit, et hujusmodi contractus
» irritos et nullos esse decernit, prout eos præsenti decreto irritos facit et annulat. »

Ainsi, trois publications à l'église, faites *proprio parocho*, c'est-à-dire par le propre curé des parties, à moins que l'ordinaire, c'est-à-dire l'évêque, ne les ait dispensées de ces publications ; et puis le mariage doit être célébré, la bénédiction nuptiale doit être donnée *proprio parocho*, le propre curé de l'une des parties ; sans quoi le Concile déclare que le mariage est vain, non avenu, n'a jamais existé. Ainsi, aux termes des décrets du Concile de Trente : « Deux conditions pour que le mariage soit véritablement célébré, pour qu'il ait une existence. » La première condition, ce sont les trois publications. Je m'empresse de convenir, pour ne pas jeter dans le procès des questions qui ne pourraient avoir une solution utile, que le Concile de Trente n'a pas attaché la même nullité au défaut de publication qu'au défaut de présence du propre curé des parties. Cependant je ne puis m'empêcher de faire remarquer au tribunal comment les dispenses de publication ont été données. L'archevêque de Paris, par exemple, croyant les donner pour un mariage à contracter dans le diocèse de Bordeaux, croyant que madame Weber résidait dans la paroisse de Sainte-Marie, et ajoutant qu'il y aurait nullité de la présente dispense si quelqu'une des conditions qu'elle indique venait à manquer.

Mais, au reste, ce n'est pas là qu'est la fondamentale irrégularité de la cérémonie qui a eu lieu le 8 novembre à Renteria. Vous savez quelle est la principale condition, celle sans laquelle il ne peut pas y avoir de mariage : c'est la présence du propre curé ou bien d'un autre curé avec sa délégation ou celle de son évêque. Ce principe est admis en Espagne avec toute la rigueur possible, il était admis dans notre ancienne jurisprudence; et pour montrer l'importance qu'on y attachait et qu'on y attache encore en Espagne, je me bornerai à vous lire ce passage de d'Aguesseau, tiré de son cinquante-septième plaidoyer. Il est ainsi conçu :

« Venons à la grande et importante nullité qui fait le nœud de toute la difficulté » de cette première partie de la cause ; nous voulons parler du défaut de la pré- » sence du propre curé, défaut essentiel dans le droit ; mais est-il véritable dans le » fait ? C'est l'unique question qui nous reste à examiner par rapport au mariage, » considéré dans son principe et dans son commencement.

» Ne nous arrêtons pas ici à prouver ce qui n'a pas été contesté dans cette cause ; » il n'y a pas de loi plus sainte, plus salutaire, plus inviolable dans tout ce qui re- » garde la célébration des mariages que la nécessité de la présence du propre curé, » loi qui fait en même temps et la sûreté des familles et le repos des législateurs. » Unique conservatrice de la sagesse du contrat civil et de la sainteté du sacre- » ment, elle a mérité d'être reçue avec soumission par les pays qui ont accepté la » discipline du Concile de Trente, et d'être enfin imitée avec joie par les États qui » ne l'ont point reçue ; et nous pouvons justement l'appeler une règle du droit des » gens dans les mariages des chrétiens. »

Je n'en dirai pas plus sur l'importance de cette condition, la présence du propre curé des parties.

Passons aux faits.

Le curé de Renteria était-il le propre curé ou de M. Pescatore ou de madame Weber? Il ne les connaissait pas, il ne les a vus qu'un moment; ils ont passé une heure et demie dans sa paroisse, et je ne sache pas que, pour les y avoir vus passer en courant, il ait jamais pu les considérer comme ses paroissiens. Aux termes des lois canoniques observées en Espagne, il faut six mois de domicile dans la paroisse pour être considéré comme paroissien. Vous savez qu'aux termes de nos lois civiles, il faut le même délai pour être considéré comme domicilié. M. Pescatore ni madame Weber ne pouvaient donc en aucune façon considérer le curé de Renteria comme leur curé paroissial.

Mais ce n'est pas sur ce point qu'on insistera, on dira : S'il est vrai que le curé de Renteria ne fût pas notre curé paroissial, s'il est vrai que, d'après la loi espagnole, il lui fût interdit de nous marier; si cela est vrai, il y a une chose qui a relevé de son incapacité le curé de Renteria, c'est la délégation qui lui a été donnée par l'archevêque de Bordeaux. En effet, vous n'avez pas oublié les mots du Concile de Trente : *Vel ipso parocho, vel ordinarii licentia,* et l'archevêque de Bordeaux a donné au curé de Renteria cette délégation par la lettre qu'il lui a écrite le 5 novembre 1851, et qui est ainsi conçue :

         « Monsieur le curé,

» Le porteur de cette lettre est M. Pescatore, mon diocésain, à l'occasion duquel » ont dû vous écrire, et Mgr l'évêque de Pampelune, et le Révérend père général » des Augustins, qui réside en ce moment à Libourne.

» M. Pescatore vous remettra :

» 1° Les dispenses de publications des diocèses de Paris, de Versailles et de » Bordeaux;

» 2° Un billet de confession signé de moi, pour lui et sa future;

» Par cette lettre, je vous donne délégation pour agir comme prêtre, à l'égard » de M. J.-P. Pescatore et de Anne-Catherine Weber, mes diocésains. Je déclare » qu'ils ne sont liés par aucun empêchement canonique, et j'assume devant Dieu » toute la responsabilité de l'acte que vous allez faire, en leur donnant la bénédiction » nuptiale, et vous offre, monsieur le curé, l'assurance de ma haute considération.

» Signé : Ferdinand, archevêque de Bordeaux, primat d'Aquitaine, grand'croix » de Charles III d'Espagne.

» Je me suis assuré du baptême des deux époux, et j'ai reçu l'abjuration solen- » nelle de la future, qui était née au sein du protestantisme.   Signé : FERDINAND.

» A monsieur le curé de Renteria, diocèse de Pampelune, en Espagne. »

On invoquera cette délégation; on dira que le curé de Renteria, incapable par lui-même d'assister au mariage de M. Pescatore et de madame Weber, est devenu capable, aux termes des lois canoniques, en vertu de la délégation qui lui a été donnée par l'archevêque de Bordeaux.

Messieurs, je ne conteste pas le principe de la délégation, il est incontestable en droit canonique; je n'ai pas besoin de citer les autorités en vertu desquelles on peut le soutenir, je me borne à dire : 1° que la délégation doit être donnée par le curé des parties ou par l'ordinaire, c'est-à-dire l'évêque dans le diocèse duquel les parties ont leur domicile; 2° que M. Pescatore et madame Weber n'ont jamais eu leur domicile dans le diocèse de Bordeaux, que par conséquent ce n'était pas l'archevêque de Bordeaux qui devait donner une délégation au curé de Renteria, ce ne pouvait être que l'archevêque de Paris ou l'évêque de Versailles.

Vous savez ce qui constitue la qualité de curé ou d'ordinaire. Quel était le domicile de M. Pescatore et celui de madame Weber, qui, depuis douze ans, n'en avait pas eu d'autre que le sien? Ils habitaient l'hiver à Paris; pendant l'été, à la Celle-Saint-Cloud, diocèse de Versailles. Voilà leurs deux domiciles. Aussi ne trouvez-vous pas étonnant que, dans les dispenses accordées par l'archevêque de Paris, ce prélat dise : « M. Pescatore, mon diocésain; » et puis, induit en erreur par une supplique qui lui avait été adressée, dont nous n'avons pas pu avoir la copie, il ajoute : « Anne-Catherine-Julie Weber, votre paroissienne, » la croyant domiciliée à Sainte-Marie, diocèse de Bordeaux, ce qui était inexact, car madame Weber n'avait pas d'autre domicile et n'appartenait par conséquent pas à un autre diocèse que M. Pescatore lui-même. L'évêque de Versailles, mieux éclairé quand il donne les dispenses à M. Pescatore et à madame Weber, demeurant au château de la Celle-Saint-Cloud, indique pour l'un et pour l'autre le diocèse de Versailles. Si l'archevêque de Bordeaux, dans sa dispense, n'indique la demeure ni de l'une ni de l'autre partie, c'est parce qu'il savait très bien qu'aucune d'elles n'était domiciliée dans le diocèse de Bordeaux ; il n'avait par conséquent pas à l'indiquer.

Dira-t-on que M. Pescatore et madame Weber étaient domicilés dans le diocèse de Bordeaux, parce qu'ils allaient passer le temps des vendanges au château de Giscours? On irait contre tous les principes du droit canonique qui ne reconnaissent comme domicile que le lieu où l'on réside le plus habituellement, où l'on fait son séjour ordinaire. Et pour ne citer entre mille autorités qu'une seule, mais très importante, je citerai celle du pape Benoît XIV, qui dit dans une de ses décrétales :

« Parochum ruralem non esse proprium, quando rus itur causâ recreationis vel
» pro rusticanis negotiis, ideoque matrimonium valide coram hujusmodi parocho
» celebrari non posse. »

Il semble que les paroles de Benoît XIV aient été écrites pour la cause qui nous occupe. On va à Giscours passer quelques jours de l'année *pro recreationis causâ vel pro rusticanis negotiis*, ce qui veut dire ici, faire ses vendanges. On y va un moment, on revient toujours à Paris ou à la Celle-Saint-Cloud ; là est le domicile. Les diocèses sont donc Paris et Versailles, et, par conséquent, Mgr l'archevêque de Bordeaux n'avait aucun titre pour donner au curé de Renteria la délégation qu'il lui a donnée ; le curé de Renteria a procédé sans délégation régulière.

Mais, indépendamment de ces motifs, il y en a d'autres. Suivant nos anciennes ordonnances, conformes en cela aux règles du droit canonique, la délégation est admise ; mais à quel titre? Elle est admise comme un mandat. L'ordinaire ou le curé qui fait la délégation est le mandant, le curé qui la reçoit est le mandataire, et le mandat dans le cas particulier n'a pas d'autre caractère que le mandat ordinaire du droit civil, c'est-à-dire que ce n'est pas le mandataire qui assiste au mariage, qui donne la bénédiction nuptiale, c'est le mandant.

J'aime dans ces questions à sortir des auteurs canoniques pour revenir à nos anciens et grands jurisconsultes si parfaitement éclairés sur ces matières, et qui, dans leur examen, ont si bien su allier l'indépendance d'esprit au respect de la foi catholique.

Voici ce que dit Pothier :

« Un prêtre qui a la permission de l'évêque ou du curé des parties pour célébrer
» le mariage est très compétent pour le célébrer. Le mariage étant célébré par la
» permission du curé ou de l'évêque, c'est comme si l'évêque ou le curé l'eussent
» eux-mêmes célébré. »

Vous voyez notre mandat civil avec son principe et sa conséquence ; et dans tous les auteurs qui ont écrit sur notre ancienne jurisprudence, vous retrouverez la même chose. Ce n'est pas le délégué qui fait le mariage, c'est le déléguant par l'intermédiaire du délégué.

De cette vérité, tirons deux conséquences : lorsque le mariage a été célébré à Renteria, quel était l'ecclésiastique qui assistait le mariage et qui donnait la bénédiction nuptiale? Etait-ce le mandataire, le curé de Renteria qui n'était pas le curé des parties? Non, c'était le mandant, l'archevêque de Bordeaux. Aussi la confession des parties a-t-elle été reçue par Mgr l'archevêque de Bordeaux, et la communion leur a-t-elle été donnée par lui. Les informations canoniques, qui, aux termes de la loi religieuse, doivent précéder tout mariage, ont été faites par l'archevêque de Bordeaux. Aussi, dans la lettre contenant délégation que j'ai lue tout à l'heure, après avoir indiqué au curé de Renteria qu'il lui donne délégation, il dit : « Et j'assume devant Dieu toute la responsabilité du mariage que vous allez bénir. »

Vous le voyez, c'est le mandant qui sait très bien que le mariage qui va être béni, c'est lui-même qui le bénira par l'intermédiaire de son délégué. C'est donc monseigneur l'archevêque de Bordeaux qui a marié les parties dans la chambre du curé de Renteria.

Maintenant qu'en résulte-t-il? Monseigneur l'archevêque de Bordeaux avait-il le droit, en supposant qu'il fût l'ordinaire des parties, leur archevêque diocésain, de les marier, de leur impartir la bénédiction nuptiale? L'avait-il aux yeux de nos lois civiles? Remarquez bien que, respectueux pour tout ce qu'il y a de religieux dans le fait que je raconte, je ne demande pas s'il avait ce droit aux termes des lois canoniques. Non. Je demande si, aux termes de la loi civile, il avait le droit de faire cette délégation? Je dis qu'il ne l'avait pas ; que pour lui il y avait un obstacle invincible à ce qu'il la fît; cet obstacle est écrit dans l'art. 254 du Concordat de 1801.

Il y avait prohibition absolue à l'archevêque de Bordeaux comme à l'archevêque de Paris, comme à l'évêque de Versailles, comme au curé de Notre-Dame-de-Lorette, comme au curé de Saint-Cloud, de donner aucune délégation pour faire le mariage tant qu'il n'y avait pas de mariage civil contracté ; et ils ne pouvaient faire par mandataire ce qui leur était personnellement impossible.

Si l'on veut que le mariage passé à Renteria n'ait été qu'une cérémonie religieuse, nous n'avons rien à dire, ma critique tombe, je n'ai pas même le droit d'examen. Si l'on veut prétendre que le mariage doit avoir des effets civils en France, je dis que l'archevêque de Bordeaux n'avait pas le droit de faire par délégation ce qu'il n'aurait pas pu faire lui-même, qu'il n'avait pas le droit d'aller faire à l'étranger ce qu'il ne pouvait faire en France, tant qu'il n'y avait pas de mariage civil.

D'un autre côté, le curé de Renteria ne pouvait créer, en donnant la bénédiction à M. Pescatore et à madame Weber, un lien civil entre eux. Il ne le pouvait pas, parce que M. Pescatore et madame Weber n'étaient pas ses paroissiens. Est-ce qu'il l'aurait pu par délégation? Le comprendriez-vous, messieurs? Voilà un mariage civil qui va être contracté en Espagne, de par l'autorité de monseigneur l'archevêque de Bordeaux, en vertu de la délégation qu'il a donnée. Mais réfléchissez-y un moment, cela est absolument impossible. Ce n'est pas d'un étranger que peut venir à l'étranger la consécration d'un mariage civil. Qu'au point de vue religieux tout soit régulier et complet, je n'ai pas à l'examiner, mais la loi civile n'y peut rien voir de régulier ; de manière que, de quelque côté, sous quelque point de vue que le tribunal l'examine, la cérémonie de Renteria n'a pas constitué un mariage civil, un mariage espagnol dans la forme que la loi espagnole prescrivait. La première condition de l'art. 170 du Code Napoléon, pour que la loi française reconnaisse la validité d'un mariage contracté à l'étranger, manque donc complétement. Il n'y a pas de mariage, il n'y en a jamais eu. Il peut y avoir eu la bénédiction nuptiale, le lien religieux dont parle monseigneur l'archevêque de Reims dans son commentaire, mais certainement il n'y a pas eu mariage civil valable contracté en Espagne.

Je passe maintenant à la deuxième et à la troisième condition indiquées par les art. 170 et 171 du Code Napoléon ; je veux dire la publication préalable en France, aux termes de l'art. 63, et en même temps la transcription sur les registres de l'état civil.

Et d'abord, il n'y a pas de contestation possible sur le fait. Il n'y a eu aucune publication préalable en France à une époque antérieure, il n'y a eu postérieurement aucune transcription sur les registres de l'état civil. Les dispositions des art. 170 et 171, qui permettent aux Français de se marier à l'étranger, en leur imposant ces deux conditions, ont été négligées, volontairement violées. Je le comprends très bien, si, comme j'en suis convaincu, on n'a pas voulu faire autre chose qu'un mariage religieux ; je ne le comprendrais, pas si l'on voulait faire un mariage civil.

Maintenant quelle est la conséquence et quelle peut-elle être ? A la simple lecture de l'art. 170, on ne comprend pas qu'il puisse s'élever de discussion sur ce point. En voici les termes :

« Art. 170. — Le mariage contracté en pays étranger entre Français et entre Fran-
» çais et étrangers, sera valable, s'il a été célébré dans les formes usitées dans le
» pays, pourvu qu'il ait été précédé des publications prescrites par l'article 63, au
» titre des actes de l'état civil, et que le Français n'ait point contrevenu aux dispo-
» sitions contenues au chapitre précédent. »

Vous savez que, d'après nos anciennes ordonnances, les Français ne pouvaient aller se marier à l'étranger qu'avec la permission expresse du roi. Les législateurs modernes sont moins sévères ; ils permettent d'aller se marier à l'étranger. Toutefois ils prévoient les grands inconvénients qui peuvent en résulter. Les motifs de la prohibition des anciennes ordonnances, c'était qu'on faciliterait de cette manière des mariages clandestins qui amèneraient inévitablement des désordres dans la famille et la société. Ce motif était aussi vrai pour nos législateurs modernes. Néanmoins ils ont voulu être plus indulgents, mais ils ont dit, en termes formels : « Le mariage sera valable pourvu que telles conditions soient accomplies. » Comment le mariage serait-il valable, si ces conditions n'ont pas été accomplies, et par quelle interprétation de l'art. 170 pourrait-on soutenir sa validité ? Aussi, à la première lecture du Code civil, les commentateurs n'ont pas hésité, ils ont dit qu'il n'y avait pas mariage. C'est l'opinion de M. Delvincourt, et il n'est pas le seul. Le tribunal est bien persuadé que je ne veux pas abuser de la bienveillance qu'il m'accorde en m'écoutant. Je ne veux pas multiplier les citations, je le supplie cependant de me permettre de lui donner lecture de l'opinion exprimée par M. Marcadé ; c'est une opinion très réfléchie et très bien justifiée.

Marcadé, tome I, page 429.

« 583. — C'est une question des plus controversées que celle de savoir quel doit
» être l'effet du défaut des publications en France, pour le mariage contracté par
» des Français en pays étranger. Delvincourt le croit nul ; Merlin, Vazelle et Za-
» charie le disent valable. MM. Fœlix, Duranton, Valette, Duvergier et Demolombe,
» procédant plutôt en législateurs qu'en jurisconsultes, créent, en dehors des textes
» et l'on ne sait trop sur quelles bases, une règle mitoyenne d'après laquelle il serait
» tantôt nul, tantôt valable, d'après une appréciation de fait pour laquelle les tri-
» bunaux jouiraient d'une entière latitude.

» Quant à nous, la nullité du mariage dans tous les cas nous paraît admissible
» en présence de notre article.

» En effet, cet article a eu pour but de décider si l'on permettrait aux Français
» de se marier en pays étranger, devant l'officier du pays. La question que l'article
» résout est donc celle-ci : L'officier d'un pays étranger sera-t-il compétent pour
» le mariage d'un Français ? A ceci la loi répond que « le mariage contracté en
» pays étranger dans la forme du pays, sera valable, pourvu qu'il ait été précédé des
» publications voulues en France, et que le Français n'ait pas contrevenu aux dis-
» positions du chapitre précédent.

» Quoi de plus précis et de plus positif ? L'officier étranger, procédant d'après
» les formes étrangères, sera compétent, et le mariage sera valable, POURVU que le
» Français ait fait faire des publications en France, et accompli toutes les pres-
» criptions du chapitre 1ᵘʳ. Donc si le Français n'a pas fait faire ces publications,
» ou s'il a contrevenu à l'une des prescriptions du chapitre 1ᵉʳ, l'officier est incom-
» pétent et le mariage nul. L'article, ce nous semble, n'a pas DEUX sens possibles,
» car le mot *pourvu que* n'a jamais eu *deux* significations.

» Les conjonctions *si*, *quand*, *lorsque*, qui peuvent parfois avoir la même énergie
» que la conjonction *pourvu que*, ne l'ont pas nécessairement, en sorte que,
» quand le premier cas d'une alternative est marqué par l'une des premières con-
» jonctions, le second ne se trouve pas pour cela résolu d'une manière certaine.
» Quand je dis : *Si* vous partez, je partirai, je n'indique pas nécessairement par là
» ce que je ferai dans le cas contraire, et si la pensée que je garde alors *in mente*
» peut être celle-ci : Si vous ne partez pas, je partirai encore. C'est pour cela
» qu'on a eu raison de dire qu'il ne faut pas toujours se fier aux arguments *a con-
» trario* ; mais il n'en est pas ainsi de la conjonction *pourvu que*, puisqu'elle
» exprime un moyen rigoureusement nécessaire, une condition *sine quâ non*.

» A ceci on n'a jamais fait une réponse directe. »

L'auteur examine ensuite les objections qui ont été faites, et puis, en note, il s'explique sur la jurisprudence elle-même, ses divergences.

La même divergence se remarque dans la jurisprudence. Toutefois, des cinq arrêts rendus sur la question par la Cour suprême depuis 1830, quatre proclament la nullité du mariage, et l'un d'eux est un arrêt de cassation annulant par des considérants énergiques un arrêt de renvoi qui avait admis la validité dans les circonstances les plus favorables, ce qui lui donne la plus grande force qu'un arrêt puisse avoir. Sans un dernier arrêt de la chambre des requêtes, qui se prononce en sens contraire, la Cour suprême aurait aujourd'hui une jurisprudence constante dans le sens de la nullité.

Les quatre premiers arrêts sont des 9 mars 1831, 6 mars 1837, 17 août 1841. Le dernier est du 18 août 1841.

Ce dernier arrêt rendu, malgré les conclusions contraires de M. l'avocat général Pascalis, est d'autant plus étrange, que la veille, la même chambre des requêtes avait prononcé la nullité sur les conclusions du même magistrat...

Je voudrais, messieurs, mettre sous les yeux du tribunal les arrêts qui ont été rendus sur cette question. Il y en a un de la Cour de Paris, à la date du 10 décembre 1827, dans l'affaire Hope, très nettement formulé.

Il y en a un autre de la Cour de cassation, du 8 mars 1831, dont les termes sont aussi nets que possible ; un troisième de la Cour de Montpellier du 15 janvier 1839.

Je veux seulement vous donner lecture des motifs de celui du 6 mars 1837, cassant l'arrêt de la Cour de Rennes, qui avait admis la validité du mariage :

« La Cour,
» Après délibération en chambre du conseil :
» Vu les articles 62, 151 et 170 du Code civil ;
» Attendu qu'aux termes de l'article 170 du Code civil, le mariage contracté en
» pays étranger entre Français et entre Français et étrangers est *valable* s'il a été
» célébré dans les formes usitées dans le pays, *pourvu qu'il* ait été précédé des
» publications prescrites par l'article 63, et que le Français n'ait point contrevenu
» aux dispositions du chapitre précédent ;
» Attendu qu'au nombre de ces dispositions se trouve celle (article 148) qui
» interdit au fils, âgé de moins de vingt-cinq ans, la faculté de se marier sans le
» consentement de ses père et mère, et qui, lorsque le fils a accompli cet âge,
» exige qu'il demande leur conseil par un acte respectueux ;
» Attendu que l'article 170 du Code civil, en disposant que le mariage contracté
» en pays étranger *serait valable, pourvu qu'il* eût été précédé des publications
» prescrites et de la notification d'actes respectueux aux père et mère, lorsque le
» fils est majeur de vingt-cinq ans, a, par ces termes mêmes, déclaré que tout ma-
» riage qui aurait été contracté sans l'accomplissement de ces formalités serait nul ;
» Attendu qu'on ne peut pas interpréter l'article 170 du Code civil sur les ma-
» riages contractés à l'étranger par les dispositions du même Code relatives aux
» mariages célébrés en France ; que si ces derniers peuvent être déclarés valables,
» lorsqu'il n'y a eu ni publications ni actes respectueux, c'est parce que la loi
» trouve sa sanction dans les peines qu'elle prononce contre les officiers de l'état
» civil qui auraient procédé à la célébration, tandis que, pour les mariages con-
» tractés à l'étranger, comme les mêmes dispositions pénales ne pourraient atteindre
» les officiers publics, la loi n'avait d'autre moyen de donner une sanction à ses
» prescriptions qu'en frappant le mariage lui-même d'invalidité ;
» Que s'il en était autrement, il suffirait à des Français de passer à l'étranger
» pour affranchir leur mariage de toutes les conditions imposées par les lois fran-
» çaises, et pour, en s'abstenant des publications et des actes respectueux exigés,

» se soustraire soit aux oppositions des tiers, soit à l'autorité de la puissance
» paternelle ;
    » Attendu que l'arrêt attaqué, après avoir constaté que le mariage du sieur P...
» fils, âgé de vingt-huit ans, avec la demoiselle Emma Wal, Anglaise, avait été
» célébré dans l'île de Jersey sans avoir été précédé des publications prescrites par
» l'article 63 du Code civil, et des actes respectueux exigés par l'article 151, a
» cependant déclaré ce mariage valable ;
    » Qu'en ce faisant, il a ouvertement violé lesdits articles, ainsi que l'article 170
» du même Code :
    » Casse. »

Vous le voyez, messieurs, il n'y a pas de doute sur la vérité des motifs sur
lesquels la Cour de cassation s'est fondée. Plusieurs fois elle avait rejeté des
pourvois contre des arrêts qui annulaient des mariages, cette fois elle casse un
arrêt qui avait déclaré la validité du mariage.

Je fais remarquer au tribunal que l'article 170 met sur la même ligne la
nécessité de faire des publications et d'observer toutes les règles prescrites au
chapitre précédent, c'est-à-dire les règles relatives à l'âge des époux, à leur
degré de parenté, au consentement de leurs parents, etc. Pour que le mariage
fait à l'étranger soit valable, il faut que toutes ces prescriptions y soient ob-
servées. Les publications prescrites en France ne sont pas, comme le dit la
Cour de cassation, toujours exigées à peine de nullité, parce que la loi a une
autre sanction ; mais elles doivent être plus rigoureusement observées pour le
mariage contracté à l'étranger que pour le mariage contracté en France. Le
mariage contracté en France l'est, après tout, devant un officier de l'état ci-
vil ; il a une certaine solennité, il est difficile qu'on ne le connaisse pas ; la
clandestinité est moins à craindre, et les tribunaux peuvent bien dire que,
quand la loi exige des publications quelconques, les publications légales peu-
vent être suppléées par d'autres modes de publicité.

Mais remarquez-le. Pour un mariage contracté à l'étranger, dans un pays où
l'on n'est connu de personne, où l'on passe une heure et demie, où le mariage
s'accomplit devant deux témoins étrangers, et plus tard n'est pas transcrit sur
les registres de l'état civil en France, comment n'exigeriez-vous pas les pu-
blications en France avec plus de sévérité que vous ne les exigeriez pour un
mariage purement français qui, de toute nécessité, est transcrit sur les re-
gistres de l'état civil ? Le tribunal voit donc combien la Cour de cassation a eu
raison de considérer les prescriptions imposées par l'article 170 du Code Na-
poléon comme exigibles à peine de nullité, et de dire que le mariage n'a
aucune existence quand il n'a pas été précédé de ces formalités.

Je ne dissimule pas que la Cour de cassation n'a pas toujours été aussi sé-
vère ; qu'il y a un arrêt par lequel la nullité du mariage par défaut de publi-
cation a été repoussée ; qu'indépendamment de cet arrêt il y en a plusieurs
de Cours d'appel qui ont tranché la question dans le même sens. Le tribunal
les verra, les examinera. Je crois que, dans la rigueur des principes, ils sont
erronés, qu'ils donnent ouverture à des abus, qu'ils facilitent les mariages
clandestins. J'aime mieux cent fois la décision vraie que la Cour de cassation
a rendue et que je citais tout à l'heure.

Le tribunal verra quels sont les motifs sur lesquels les Cours se sont fondées pour admettre la validité de ces mariages sans publications. C'étaient des parties demeurant depuis longtemps à l'étranger, n'ayant plus de domicile en France ; voilà pourquoi elles n'avaient pas songé à faire de publications en France. Il y avait, dans toutes les espèces, quelques raisons qui pouvaient excuser l'inobservation de la loi française.

Tels sont les motifs tout exceptionnels pour lesquels, à différentes reprises, on a jugé à propos de s'écarter de la rigueur des principes, des véritables dispositions de l'article 170 du Code Napoléon. A mon avis, on a eu tort. Mais enfin on l'a fait par des considérations respectables, en vue de situations dignes d'intérêt. Sommes-nous, messieurs, dans une de ces situations pour lesquelles vous jugeriez convenable d'être indulgents à l'égard d'un mariage qui n'a pas été publié en France, qui n'a pas été transcrit sur les registres de l'état civil, et qui a été contracté à l'étranger ?

Qui a poussé M. Pescatore et Mme Weber à se mettre dans cette situation ? Toujours la pensée qu'ils ne voulaient faire qu'un mariage purement religieux. S'ils n'ont voulu faire qu'un mariage purement religieux, je comprends très bien pourquoi ils sont allés en Espagne. Mais s'ils voulaient contracter un mariage civil et un mariage religieux en même temps, pourquoi sont-ils allés en Espagne ? Qui les y forçait ? Y avait-il une raison, quelque chose qui les contraignît à franchir la frontière et à se marier dans la chambre du curé de Renteria ? Il n'y en avait aucune, aucune de celles surtout pour lesquelles les tribunaux ont cru pouvoir, dans certains cas, valider des mariages qui n'avaient pas été précédés des publications légales. Il n'y a eu qu'une intention bien arrêtée, celle de se soustraire à notre loi civile, d'y échapper, et d'aller demander à l'étranger le moyen d'y échapper.

Et maintenant, quel est l'étrange abus auquel vous donneriez naissance si vous pouviez un moment approuver un mariage de cette nature ?

Messieurs, mes clients sont de très fervents catholiques. Je me déclare, moi aussi, un enfant dévoué de l'Église catholique. Mais cependant je ne craindrai pas de dire au tribunal l'abus que je redoute et qui serait la conséquence du jugement qui validerait un mariage contracté dans les conditions que vous connaissez maintenant. Vous savez comme moi, vous qui, comme moi, ne demandez pas mieux que de voir la paix, une paix digne et sincère régnant entre l'État et l'Église, vous savez qu'il y a dans notre société moderne des esprits peu éclairés, mais qui, se croyant les défenseurs d'une sainte et noble cause, considèrent comme un malheur la grande transaction qui, au commencement de notre siècle, a uni l'Église et l'État et posé entre eux des conditions de vie commune si parfaitement acceptables pour l'un et pour l'autre ; qui considèrent le Concordat comme une loi funeste qu'on peut à volonté éluder, et qui, au nombre des conditions du Concordat qui les blessent le plus, signalent précisément celles qui subordonnent le mariage religieux au mariage civil, et ne demanderaient pas mieux que de les voir abolir. Croyez-moi, messieurs, si vous déclariez qu'il est si facile de se passer du mariage civil en recevant à l'étranger une simple bénédiction religieuse ; si, sans égard pour notre loi civile, sans publication, sans transcription sur les registres, on pouvait aller à quelques pas de la frontière se présenter devant un ecclésiastique et lui demander de bénir un mariage que vous accepteriez ensuite comme un mariage civil, vous verriez, n'en doutez pas, des troupes de pieux pèlerins délaisser leur commune avec une délégation de leur curé ou de l'ordinaire, et aller demander à quelque curé étranger une bénédiction nuptiale qui leur permettrait de se passer de notre loi civile et les affranchirait du joug du Concordat. Et ce que je vous dis là, cette prédiction que je vous fais, mon Dieu ! ce qui m'autorise à la faire, c'est le passé, c'est que la chose s'est présentée après la double promulgation du Concordat et du titre du Code Napoléon relativement au mariage. Si vous voulez savoir l'opinion qu'en avait et qu'en a exprimée l'homme le plus capable d'interpréter ce titre du Code civil et le Concordat, je veux parler de M. Portalis, qui avait été rapporteur de l'un et de l'autre, voici une lettre qu'il adressait à l'Empereur à la date du 26 juin 1807 : que le tribunal veuille bien l'écouter.

« 26 janvier 1807.

» Sire,

» J'ai été instruit d'un abus qui s'était glissé dans le département du Haut-Rhin » sur le fait des mariages. Ce département est sur les frontières de l'Empire. Des » personnes qui sont bien aises de secouer le joug de nos lois civiles passent quel- » ques heures sur la rive droite du Rhin et s'y marient en fraude de nos lois. De » pareils mariages sont essentiellement nuls ; ils compromettent l'état des époux et » celui des enfants ; ils menacent la sûreté des familles.

» Les lois du bon voisinage exigent que dans les États alliés de la France on ne » reçoive pas légèrement des Français qui viennent, en fraude des lois de leur » patrie, contracter des unions que ces lois ne peuvent avouer.

» Plusieurs faits m'ont été dénoncés, et ces faits ont été attestés par M. le mi- » nistre de la police générale et par M. le préfet du Haut-Rhin. De prétendus » époux, dont l'union n'avait pu être approuvée par les officiers civils de leur » commune, se sont transportés subitement sur la commune étrangère la plus » voisine, et y ont trouvé des magistrats et des curés assez complaisants ou assez » peu éclairés pour recevoir leurs contrats sans aucune espèce de formes.

» J'ai écrit à M. le procureur général impérial relativement aux faits particuliers » dont on m'avait donné connaissance. Le devoir de ce fonctionnaire est, d'après le » Code civil, d'ordonner la séparation des époux qui se sont unis en fraude de nos » lois.

» Mais j'ai cru qu'il fallait aller à la source du mal ; en conséquence, j'ai écrit à » M. le ministre des relations extérieures pour qu'il puisse prendre les ordres de » Votre Majesté, et se faire autoriser par elle à demander que les princes voisins et » alliés de la France prissent des mesures contre la complaisance de leurs officiers, » en prohibant à ces officiers civils ou ecclésiastiques de recevoir aucun mariage » de Français sans qu'il leur conste de l'observation des formes prescrites par les » lois de France.

» Sans doute la forme extérieure des actes doit être réglée par les lois du lieu où » on les passe ; mais tout ce qui concerne la capacité de la personne doit être régi » par les lois du lieu où la personne est domiciliée. Ainsi, toutes les lois françaises » sur l'âge auquel on peut contracter mariage, sur la nécessité du consentement » des pères et mères, sur les prohibitions entre parents, sur les publications des » bans, suivent la personne partout, et l'obligent partout, à peine de nullité ; il » importe donc que l'on ne puisse faire fraude à ces lois par des mariages con- » tractés en pays étrangers. »

Voilà quelle était l'opinion de Portalis; vous voyez ce qu'il pensait des mariages contractés précisément dans les mêmes circonstances où a été contracté celui de M. Pescatore. Ce sont, dit-il, des mariages nuls. Vous l'avez vu dans la lettre que je viens de vous lire.

J'en aurais fini avec cette cause que j'ai déjà plaidée trop longtemps, si je n'entrevoyais, dans les conclusions d'un admirable laconisme qui ont été lues l'autre jour à votre audience, deux moyens que sans doute la demanderesse nous opposera. Ces deux moyens sont, d'une part, la possession d'état; de l'autre, sa bonne foi. Le tribunal comprend que, pour le moment, je ne m'en explique pas à fond, que j'attends mon adversaire, et que je me réserve d'user de mon droit pour lui répondre. J'en dirai seulement quelques mois.

On invoque la possession d'état, on dit : Depuis 1851, Mme Weber a eu la possession d'état ; cette possession d'état doit remplacer le mariage civil, elle doit être considérée comme légitimement mariée et commune en biens.

Messieurs, le tribunal voudra ne pas confondre la possession d'état de la femme avec celle des enfants, prévue par l'article 197. En ce qui touche la possession d'état de la femme, l'article 194 s'exprime ainsi :

« Nul ne peut réclamer le titre d'époux et les effets civils du mariage, s'il ne
» représente un acte de célébration inscrit sur les registres de l'état civil, sauf les
» cas prévus par l'article 46, au titre des *Actes de l'état civil*. »

Vous le voyez, la possession d'état dans le mariage n'a aucune autorité quand l'acte de célébration n'a pas été transcrit sur le registre de l'état civil, et ici nous avons montré au tribunal qu'il n'y a pas eu d'acte passé devant l'officier civil. Il serait vraiment par trop commode que la possession d'état vînt sanctionner des mariages qui auraient été accomplis en dehors de toutes les conditions légales; le tribunal voit les conséquences que l'on ferait sortir d'une telle tolérance.

En droit, la possession d'état n'est pas soutenable; en fait, j'aurai à examiner d'où elle résulterait en faveur de Mme Weber. Remarquez d'abord qu'elle prétend à une possession d'état, comme épouse civile de M. Pescatore, ayant le droit de réclamer tous les effets civils du mariage. Je le comprendrais si, dans le cours de ce mariage, il y avait eu entre elle et M. Pescatore quelque chose de semblable ; si, à un jour donné, il se fût passé quelque événement à l'occasion duquel elle eût exercé de véritables droits de femme commune en biens. S'est-il présenté une circonstance de cette nature ! Non, pendant quatre ans, elle n'a pas plus songé que M. Pescatore à se présenter devant un notaire ou tout autre officier ministériel, comme ayant droit à la communauté de biens avec M. Pescatore. Bien loin de là, lorsqu'elle a reçu le don de 210,000 fr. dont j'ai parlé dans le récit des faits, il est bien évident qu'elle n'a pas fait acte de femme commune en biens, mais de femme recevant un don, parce qu'elle n'était pas commune en biens.

Indépendamment de cela, en quoi consisterait cette possession d'état? Ce n'est pas dans la résidence commune, non ; et, par une raison décisive, c'est que la cohabitation durait depuis 1841, et qu'elle n'a pas changé de caractère en 1851. Je comprendrais très bien qu'une femme qui se marie, même inva-

lidement, et qui veut invoquer la possession d'état dît : « Immédiatement
après mon mariage, je suis allé demeurer avec mon époux, et ma cohabitation
a constitué ma possession d'état; » mais quand la cohabitation qui durait de-
puis longtemps n'a fait que continuer, cela ne signifie plus absolument rien.
Elle a commencé avant le mariage, lorsque madame Weber n'avait pas le titre
d'épouse; par conséquent, elle a continué avec aussi peu d'efficacité qu'au-
paravant.

Dira-t-elle : Mais on m'a appelée madame Pescatore? A quoi je répondrai :
Avant 1851, il ne serait pas difficile de montrer qu'on vous appelait madame
Pescatore; ce n'est pas le mariage qui vous a fait appeler de ce nom, avant
le mariage on vous le donnait déjà; et si nous consultons ce qu'a fait M. Pes-
catore lui-même, dans son testament de 1853, nous y voyons ceci d'étrange,
qu'il ne vous y appelle pas madame Pescatore, lui! Il rappelle bien le mariage
accompli en Espagne, mais il ne vous donne pas son nom dans cet acte solen-
nel. On le trouve, à la vérité, dans le dernier testament signé la veille de la
mort; mais ce mot est bien de ceux que le notaire a pu écrire sans que le
testateur l'ait nettement formulé.

Il serait même difficile de trouver dans ces circonstances la possession d'état.
Et quant il serait vrai que l'union religieuse qu'elle avait contractée en Espa-
gne eût suffi pour qu'on lui donnât le nom de madame Pescatore, y aurait-il
lieu à en tirer la conséquence qu'elle a contracté un mariage avec tous les
effets civils que la loi y a attachés?

Mais, dira-t-on, les parents de M. Pescatore lui ont écrit; ils l'ont appelée
leur tante, ils l'ont reconnue comme l'épouse légitime. Je l'ai dit moi-même
au tribunal, il est vrai que les parents de M. Pescatore ont été avertis de son
mariage par le frère aîné; ils n'ont pas recherché comment ce mariage avait été
contracté, ils n'ont pas eu à s'en expliquer. Était-il purement religieux?
était-il conforme, en tous points, à la loi française? C'est une question qu'ils
n'ont pas posée.

On a vu que l'état de la maison allait devenir plus régulier et plus accessible;
on s'en est réjoui, voilà tout. Plusieurs des parents ont écrit; quelle consé-
quence voulez-vous en tirer? Est-ce qu'il en résulte aucune conséquence?
Voici en quels termes s'exprime Pothier dans son *Traité sur le contrat de
mariage*, chap. 1er, sect. 4, n° 448 :

« Lorsque les circonstances rendent le mariage susceptible d'être attaqué par les
» parents collatéraux de l'une des parties, on ne peut leur opposer comme fin de
» non-recevoir qu'ils ont paru donner quelque signe d'approbation de son mariage.
» Par exemple, la veuve à qui ils forment contestation sur la validité de son ma-
» riage ne peut pas les y prétendre non recevables, sur le prétexte que du vivant
» de leur parent elle a reçu des lettres où ils la traitaient de leur cousine. L'ap-
» probation donnée à un acte ne rend non recevable à l'attaquer que lorsqu'elle a
» été donnée dans un temps où le droit de l'attaquer était ouvert; on est censé, en
» ce cas, renoncer à son droit; mais, en ce cas-ci, les parents collatéraux n'ayant
» eu aucun droit de critiquer, ni même d'examiner le mariage de leur parent de
» son vivant, les signes d'approbation qu'ils paraissent y avoir donnés alors ne
» peuvent opérer contre eux aucune fin de non-recevoir pour l'attaquer après sa
» mort! »

C'est, messieurs, ce qui s'est passé dans l'espèce. Les parents de M. Pescatore n'ont pas jugé à propos de critiquer le mariage; ils n'avaient aucune raison de le critiquer, ils l'ont accepté; aujourd'hui même ils lui reconnaissent encore la force d'un lien religieux qu'ils respectent et devant lequel ils s'inclinent, et il n'y a procès entre eux et madame Weber que parce que madame Weber a voulu aller beaucoup au delà et faire de ce mariage religieux un mariage civil.

Quoi qu'il en soit, pas de possession d'état dans les faits, pas de possession d'état en droit; il n'y a possession d'état qu'autant qu'il y a mariage. Or, ici, le mariage n'existe pas, donc l'argument tiré de la possession d'état ne peut avoir aucune force.

On parlera de la bonne foi de madame Weber, et l'on dira qu'aux termes du Code Napoléon le mariage déclaré nul peut cependant avoir des effets civils à l'égard de l'époux qui a été de bonne foi.

Messieurs, j'admets la vérité du principe pour un mariage qui est atteint de quelques-uns des vices ordinaires pour lesquels on pourrait l'attaquer aux termes de nos lois; mais je ne l'admets en aucune manière pour un mariage qui n'a pas été contracté devant l'officier de l'état civil, alors que nos lois exigent qu'il soit préalablement reçu par cet officier.

Je l'ai dit au tribunal, je n'insiste pas sur ces objections, qui n'ont pas encore été faites; j'aurai probablement l'occasion d'y insister plus tard, mais cependant, dès à présent, j'indique deux arrêts qui ont statué sur la matière. Un de ces arrêts a été rendu par la Cour de Bruxelles, le 23 avril 1812, sur les conclusions conformes de l'avocat général. Voici en quels termes il est conçu :

L'intimé attaquait de nullité le mariage que l'appelant prétendait avoir contracté avec la demoiselle Delcourt, et ce mariage avait eu lieu devant le curé d'Ellezelles, postérieurement à l'époque où la loi française du 20 septembre 1792 avait été publiée dans les départements belges.

« Attendu, dit l'arrêt, qu'ainsi le mariage contracté à cette époque, sans l'in-
» tervention de l'officier de l'état civil que cette loi désignait, doit être envisagé
» comme non-existant aux yeux de la loi civile ;

» Que la nullité ou la non existence qui en est résultée tient à l'ordre public et
» résiste a toute fin de non-recevoir ;

» Que c'est donc en vain que l'appelant a allégué une possession d'état du côté
» des prétendus époux et différents actes de reconnaissance de la part de l'intimé ;

» Que l'acte du 15 novembre 1796 ne présentant, quant aux effets civils, qu'un
» simulacre de mariage, il n'en a pu produire aucun, ni même à cause de la bonne
» foi des parties ;

» Qu'à cet égard, la jurisprudence était constante et a été confirmée par l'ar-
» ticle 194 du Code civil... »

Vous le voyez, le mariage avait été contracté exclusivement devant l'autorité religieuse. Cela suffit pour que la Cour de Bruxelles déclarât que ce mariage ne pouvait avoir aucun effet civil, qu'il devait être considéré comme non existant, et que même la bonne foi des parties ne pouvait lui donner une force qu'il n'avait jamais eue.

Dans une position semblable, la Cour de Bourges, à la date du 17 mars 1831, a rendu un arrêt analogue. C'est la dernière lecture que je ferai au tribunal :

« Considérant que le mariage, quoique tirant son principe du droit des gens,
» est subordonné aux effets civils de chaque pays ; que son importance a mérité
» l'attention particulière du législateur, et qu'il n'y a de mariages valables, à ses
» yeux, que ceux où les contractants se sont conformés aux règles qu'il a cru de-
» voir prescrire ; que, depuis la loi du 20 septembre 1792, l'officier de l'état civil
» est le seul agent reconnu par la loi qui puisse donner le sceau légal à l'union
» contractée sur le territoire français ; que les curés qui, jusque-là, avaient rempli
» cette fonction de ministres de la loi civile et de ministres de la religion, réduits
» à la dernière qualité, ne peuvent plus constater l'union civile et légale, mais seu-
» lement la bénir et lui imprimer le caractère religieux ;
     » Considérant que, pour qu'un mariage de bonne foi, quoique nul, obtienne les
» effets d'un mariage valable, il faut d'une part qu'il soit prouvé qu'il y a eu un ma-
» riage réellement célébré ; de l'autre, que, lors de ce mariage, les formalités essen-
» tielles aient été observées ; que la nullité tienne à des circonstances ignorées des
» parties ou de l'une d'elles, telles, par exemple, que des empêchements dirimants
» dont elles n'auraient aucune connaissance, en telle sorte qu'elles aient cru con-
» tracter une union légale ; mais que nul ne peut ignorer la loi sous l'empire de
» laquelle il contracte ;
     » Que la demoiselle Trautmann, en supposant qu'elle soit effectivement venue
» se marier devant le desservant de Mothern, n'a pu ignorer que la loi française ne
» reconnaissait pas les mariages faits sans le ministère de l'officier public ; que si le
» desservant ne rédigeait point l'acte de mariage, c'est parce que l'acte qu'il aurait
» pu faire n'était point reconnu par la loi ; que l'intervention d'un prêtre, si elle
» pouvait tranquilliser la conscience, ne pouvait donc assurer ni l'état des enfants
» qui pourraient naître, ni produire aucun effet civil ; qu'ainsi ni elle ni le sieur
» de Saxy ne pouvaient se dire de bonne foi dans le sens légal de cette expres-
» sion... »

Voilà la véritable doctrine, et ce sont les raisons que je vous indique. D'ailleurs, si l'on voulait invoquer cette exception, je ne me bornerais pas à la contester en droit, j'aurais aussi à l'examiner en fait. C'est probablement d'après les arguments auxquels la demanderesse pourra s'attacher que j'aurai à examiner le fait ; mais quant à présent je puis dire que madame Weber ne pourrait pas faire croire au tribunal qu'elle a été de bonne foi, qu'elle est restée dans l'ignorance absolue de l'invalidité, ou plutôt de la non-existence, au point de vue civil, du mariage qu'elle a contracté en Espagne. En effet, sous quel rapport pourrait-elle prétendre qu'elle ignorait que son mariage ne valait rien, absolument rien ? Pourrait-elle ignorer que le mariage devait être précédé des publications ? Madame Weber est née en Suisse, dans le canton de Zurich, mais elle habite la France, nous ne savons pas au juste depuis combien de temps ; elle l'habite au moins depuis 1837, époque à laquelle elle avait loué une maison à Strasbourg : c'était donc depuis quatorze ans environ qu'elle habitait la France. Elle avait vécu au milieu d'un monde très nombreux, dans lequel elle avait certainement entendu parler quelquefois du mariage français et des formalités exigées par les lois françaises.

Bien plus, elle-même, en 1839, quelques jours avant d'entrer comme femme de charge chez M. Pescatore, elle avait eu ses bans de mariage avec une autre personne publiés à Strasbourg. Un an avant son mariage religieux avec M. Pescatore, elle avait vu se marier à Paris sa sœur Anne Weber ; le mariage avait été très régulièrement accompli ; elle savait donc très bien qu'un mariage doit être précédé de publications. Il lui sera impossible de faire croire au tribunal qu'elle ignorait absolument qu'elle avait besoin de faire publier son mariage en France pour que ce mariage fût valable.

D'ailleurs que voulez-vous ? Elle devient Française par ce mariage avec M. Pescatore, dit-elle ; elle a la prétention d'être devenue Française, il faut bien qu'elle invoque la loi française et qu'elle l'accepte. La loi française, elle ne peut l'invoquer qu'autant qu'elle l'aura observée elle-même, elle ne peut pas ignorer l'article qu'elle invoque. Vous le voyez donc, il est impossible qu'elle prétende qu'elle ignorait absolument que son mariage en Espagne dût être précédé de publications faites en France. Elle n'ignorait pas plus que le mariage qu'elle avait contracté en Espagne devait être transcrit sur les registres de l'état civil. Enfin, pour avoir la prétention de profiter des avantages qu'assure la loi civile en France, elle devait bien croire que son mariage avait besoin d'être connu de l'administration en France, et que, par conséquent, elle ne pouvait pas le tenir secret.

Dira-t-elle qu'elle ignorait que le curé de Renteria ne pouvait la marier qu'autant qu'il aurait été son propre curé ? Elle le savait très bien. C'est, comme le dit d'Aguesseau, une règle du droit des gens, en fait de mariage, qu'il n'y a que le propre curé des parties qui puisse les marier ; et d'ailleurs, à ce compte, toutes les personnes qui iraient se marier à l'étranger vous diraient la même chose. Elles vous diraient : Je ne suis pas Espagnole, je ne suis pas Anglaise ; je ne connais pas les lois espagnoles ou anglaises, et quand j'ai été me marier, je ne savais pas que le curé de telle paroisse n'avait pas le droit de me marier.

Messieurs, quand on a choisi le curé de Renteria, on l'a choisi par le motif que j'ai dit, sachant très bien qu'il ne pouvait pas faire de mariage civil, mais croyant qu'il pouvait donner la bénédiction nuptiale et contracter un mariage religieux.

Dira-t-on encore : l'archevêque de Bordeaux m'a trompée, il m'a fait croire que j'allais contracter un véritable mariage ?

Mgr l'archevêque de Bordeaux ne vous a pas trompée, il a fait ce que dit l'arrêt de Bourges que j'ai cité, il vous a donné un conseil de nature à tranquilliser votre conscience. Il a écrit à l'évêque de Pampelune : « Vous recevrez deux personnes qui ne veulent se marier que religieusement. » Voilà ce que vous a dit le vénérable prélat, que vous alliez vous marier religieusement ; il ne vous a pas fait croire un seul instant que vous alliez accomplir une union civile. Vous ne l'avez jamais cru ; vous l'auriez cru, que cela ne changerait pas la nature de votre mariage : mais la bonne foi même n'a pas existé sous ce rapport, cette objection ne peut pas être sérieusement présentée.

Voilà toute la cause, messieurs. Mes clients résistent de toute leur énergie aux prétentions de madame Weber, parce qu'ils ont l'intime conviction qu'elles sont contraires à la pensée, à la volonté de M. Pescatore, depuis 1851 jusqu'au moment de sa mort. Ils en ont l'intime conviction. En effet, cet homme, devenu riche par son travail, songe, avant de mourir, à faire le partage de ses biens entre les parents et les amis qu'il laissera après lui; il ne veut s'en rapporter à la loi sous aucun rapport; il fait la distribution de toute sa fortune, et, par son testament du 5 octobre 1853, dans lequel le tribunal verra un monument de sa rectitude d'esprit, de sa sagesse et de ses bons sentiments, à qui laisserait-il sa fortune? Il la laisse aux pauvres, à ses serviteurs, car il est plein de bienveillance pour eux; à ses amis, dont il veut conserver le souvenir le plus affectueux; à cette femme qui depuis douze ans demeure avec lui et à laquelle il veut témoigner sa reconnaissance, il lui fait de larges, de magnifiques présents, et nous ne les lui reprochons pas, à Dieu ne plaise!

Il songe à sa ville natale; il avantage les enfants de son frère Antoine, son ancien associé, son ami de tous les temps; et puis cet homme, dont tous les actes respirent le sentiment de la famille, fait ses neveux ses légataires universels, et comme il le leur avait dit dans ses lettres, il leur abandonne une large part de sa fortune pour relever ceux que des revers ont atteints. Vous le voyez, dans le partage de sa fortune, faisant la part à tous les sentiments honorables dont son cœur est rempli. La veille de sa mort, il détruit un peu l'équilibre qu'il avait établi; il donne 500,000 fr. à Catherine Weber, il lui donne une rente viagère nouvelle de 20,000 fr., soit; nous, légataires universels, nous nous inclinons devant cette volonté du mourant. Mais que vous demande-t-on? de détruire cette distribution de ses biens que M. Pescatore avait voulu faire. Si vous rendez le jugement qu'on vous demande, tout est changé à son insu; il a donné des millions à Catherine Weber, et pour peu qu'il y ait du déficit dans le produit de sa succession, il n'a rien laissé à quatre de ses légataires universels, lui qui leur prodiguait dans ses lettres les témoignages de la plus sincère affection et qui se faisait une joie de relever pour quelques-uns leur fortune atteinte par des revers immérités : non, rien peut-être pour eux, et près de six millions, indépendamment des dons et des legs, pour madame Weber! La demanderesse le sait comme ses adversaires, sa prétention est contraire aux intentions de son bienfaiteur; le tribunal ne saurait l'accueillir.

PLAIDOIRIE DE M° CHAIX D'EST ANGE.

Messieurs,

Le 8 novembre 1854, dans la petite ville de Renteria, en Espagne, et dans le diocèse de Pampelune, fut célébré le mariage de Jean-Pierre Pescatore avec Anne-Catherine Weber. C'est le mariage dont on vous demande de prononcer aujourd'hui la nullité.

Qu'était-ce que Jean-Pierre Pescatore? Il était né en 1793 dans le grand-duché de Luxembourg. Marié autrefois pendant quelques années, il était veuf depuis 1821, c'est-à-dire depuis l'âge de vingt-huit ans. En 1837, ayant fait quelques affaires dans son pays, il était venu se fixer à Paris. Là il avait établi une maison de commerce, dont les commencements, comme tous les commencements, avaient été médiocres, mais elle avait successivement grandi. Il s'était fait naturaliser Français en 1846. Au moment de se remarier, il avait cinquante-huit ans ; c'était un homme d'habitudes tranquilles, d'un caractère évidemment absolu, exact, négociant dans l'âme, aimant les comptes, et les comptes parfaitement établis.

Quant à sa femme, elle était Suisse d'origine ; née dans le canton de Zurich, en 1804, elle avait par conséquent quarante-sept ans en 1851, au moment où elle se mariait. Elle avait passé presque toute sa vie en Suisse, puis elle était venue à Paris. Elle avait peu de fortune, mais une éducation distinguée ; aussi désirait-elle utiliser son temps et trouver une place. Elle avait pour y parvenir les meilleures lettres de recommandation ; elle en avait pour la maison Pescatore, elle les produisit et fut reçue chez M. Pescatore, où elle demeura. Quant à son caractère et à sa personne, j'hésiterai beaucoup à vous en faire le portrait. Si je disais ce que je pense d'elle, ce que j'ai appris à en penser depuis six mois, la voyant chaque jour, je pourrais dire à chaque heure, au milieu des plus rudes épreuves, dans les moments les plus difficiles où elle était en butte aux menaces les plus affreuses, pouvant juger ainsi sa distinction, son courage, sa fermeté, sa faiblesse de femme en même temps, mon adversaire dirait que c'est un portrait fantastique et que je cède à ces illusions si faciles et si habi- -tuelles aux avocats. Si je lui disais de consulter la clameur publique, d'interroger ce monde qui l'a reçue, qu'elle a reçu à son tour, de consulter ceux qui l'ont approchée de plus près, qui sont entrés dans son amitié, dans son intimité et qui lui rendent témoignage ; si je lui disais de consulter la population au milieu de laquelle elle vit, ce que mon adversaire pourrait faire mieux que personne, car il vit au milieu de cette même population, il verrait qu'elle la chérit, qu'elle la bénit, qu'elle la suit, qu'elle l'entoure de ses respects jusque devant vous ; et un de ses plus illustres représentants (1) est venu s'asseoir à mes côtés.

Mon adversaire dirait : La voix du peuple s'est souvent trompée, et peut souvent s'égarer ; soit, je le veux bien. Ce que je consulterai, c'est la famille, ce sont nos adversaires eux-mêmes ; je leur demanderai l'opinion qu'ils ont d'elle, ou du moins celle qu'ils en avaient avant le procès.

La première personne que je rencontre dans cette famille, c'est un neveu ; l'adversaire a paru en faire grand état, mais il vous a dit qu'il ne lirait pas ses lettres, qu'il les produirait à votre délibéré, que le tribunal les lirait, qu'il verrait là ses soupçons, l'opinion qu'il avait conçue de cette femme et le mépris avec lequel la famille en parlait. Mon adversaire a raison, ces lettres, qu'il n'a pas voulu lire à l'audience, je les ai dans mon dossier, je les ai lues et je ne veux vraiment pas les lire toutes non plus.

Qu'était-ce donc que ce neveu ? C'était M. Pierre Pescatore, que la mort

---

(1) Odilon Barrot.

est venue surprendre peu de temps après qu'il eut écrit ces lettres. Il les écrivait en 1841, il mourait en 1844. C'était un jeune homme dont la légèreté doit faire attacher peu de prix aux lettres dont je parle. Il habitait la maison de son oncle, il avait été élevé par lui, et, comblé de ses bienfaits, il était arrivé à la fortune, grâce à lui ; et quand il parle de lui, voici en quels termes :

« J'ai vu que pour rester aux affaires il faut en prendre à son aise et ne faire
» que ce qui nous convient ; d'après ce principe, l'oncle est à la recherche d'un
» premier commis ficelé pour tenir bureau et caisse conjointement avec Wagner.
» C'est à ma demande qu'il le fait ; car je préfère payer 6,000 fr. de ma poche
» pour un pareil commis que de me soumettre à la galère d'un bureau ; il suffit
» d'imaginer et d'exécuter les opérations sans être embêté de travail en sous-œuvre.
» Passer deux heures au bureau par jour, c'est agréable de temps à autre, une
» bonne journée de travail ne fait pas de mal, mais voilà aussi tout ce que j'en-
» tends faire: monter à cheval, faire des armes, de la musique, voilà l'emploi du
» temps des vacances que me laisseront mes voyages. »

Voilà l'homme dont on vous oppose l'opinion, voilà comment il parlait de celui qui l'avait conduit à la fortune. Il écrivait à sa mère :

« Si je me retire, je voudrais continuer à travailler pour mon compte, et natu-
» rellement j'exploiterai les affaires de Hollande et d'Italie, ne laissant à mon oncle
» que ce qu'il y a de plus précaire. »

S'il parle ainsi de son oncle qui l'a comblé de biens, faut-il s'étonner de la façon dont il va parler de madame Weber ?

Il dit encore de son oncle :

« Je l'aime bien, mais je ne me fais aucune illusion sur son compte. La W..., qui
» se faisait intéressante et malade, presque mourante au début, se porte comme
» l'an 40. et elle enterrera l'oncle comme son légitime époux par-devant M. le maire
» et l'Église. »

Mais laissons M. Pierre Pescatore, et voyons l'opinion de la famille, des personnes honorables qui la composent : vous pourrez en juger par les quelques lettres que je vais lire sans commentaire.

M. de Scherff, qui est président du tribunal de Luxembourg, disait dans une lettre qu'il écrivait, non pas à M. Pescatore, non pas à madame Pescatore, mais à son fils qui habitait Paris :

« Francfort,·27 décembre 1854.

» Mon cher Paul,

» ...... Je désirerais bien voir Paris, et surtout passer quelque temps avec lui
» (M. Pescatore), dans sa belle propriété de la Celle et dans l'aimable compagnie de
» *la tante.*

» Dis-lui, enfin, que c'est mon plus vif désir et en même temps chez moi un
» parti pris d'aller les voir exprès tous les deux à Paris, quand ils ne seront plus à
» la veille d'un nouveau départ, et que je pourrai voir Paris bien tranquillement.

» Adieu, mon cher.   *Ton papa,*

» DE SCHERFF père. »

M. Charles Munchen écrivait dans ces termes à M. Pescatore :

« Luxembourg, 8 décembre 1851.

» Mon cher oncle,

» L'oncle Antoine vient de nous annoncer votre mariage avec madame Weber,
» et quoique je sache fort bien que mon approbation vous est assez indifférente, je
» ne puis cependant, à cause des circonstances particulières dans lesquelles nous
» nous trouvons, m'empêcher de vous les exprimer.

» Vous êtes de ces hommes qui savent toujours où ils vont, et ce qu'ils entrepren-
» nent. La décision prise par vous doit contribuer à votre bonheur, et à ce titre,
» je la salue avec joie.

» Je dois même dire que je l'ai pressentie, il y a un an, comme étant le résultat
» auquel la nécessité de votre bonheur domestique vous conduirait.

» Vous avez bien fait, il faut du reste et en définitif une récompense à chaque
» dévouement.

» Pour moi, qui ai toujours entouré madame Weber des égards et de l'attache-
» ment dus à la femme qui était l'objet de vos sympathies, de votre confiance et de
» vos propres égards, j'offre les sentiments d'affection et de respect à la tante Pes-
» catore, dans la prévision qu'elle les recevra avec la bienveillance et la bonté avec
» laquelle madame Weber les a reçus.

» Veuillez lui exprimer cet espoir. Je suis l'interprète d'Angélique et de Julie,
» qui vous félicitent toutes deux et se recommandent à vos bons souvenirs.

» Votre dévoué neveu,

» C. MUNCHEN, avocat. »

Voilà la lettre de M. Charles Munchen, c'est l'avocat.

M. Nothomb (c'est celui qui est ministre de la justice en Belgique) écrivait
le 19 décembre 1851 :

« Étant allé voir dimanche ma famille, ma belle-mère m'a annoncé, de la part de
» l'oncle Antoine, votre mariage avec madame Weber.

» Je suis sans doute le dernier à vous exprimer des félicitations au sujet de cet
» événement : c'est que j'ai été le dernier probablement aussi à le connaître.

» Elles n'en sont pas moins vives et sincères, car j'ai reçu et je reçois encore de vous
» trop de marques de bonté pour que je puisse rester indifférent à tout ce qui tou-
» che à votre bonheur. L'acte que vous venez de poser doit le consolider d'une
» manière durable et digne de votre grande position, en liant par un nœud sacré
» à votre destinée une personne dont vous avez dû apprécier le profond attache-
» ment.

» Pour ma part, je témoigne à madame Weber, aussi cordialement que je le
» puis, par une lettre, la satisfaction que son union avec vous m'inspire. Elle,
» aussi, a toujours été pour moi bonne et affectueuse ; mes sentiments d'affection
» lui étaient depuis longtemps acquis, et la position nouvelle qu'elle occupe dans
» votre vie ne fera que les augmenter.

» Veuillez, mon cher oncle, les exprimer à madame Weber en lui présentant
» mes respects. Ma femme s'associe à ma pensée et me charge de vous présenter
» ses devoirs...

» Veuillez, mon cher oncle, agréer l'expression de mon respectueux dévoue-
» ment.

» A. NOTHOMB. »

Madame Nothomb écrivait dans les mêmes termes :

« Veuillez, mon cher oncle, présenter mes respects les plus affectueux à ma
» tante. En écrivant ce titre pour la première fois, il me semble l'avoir toujours
» fait, car elle m'a souvent témoigné les sentiments d'affection qu'il comporte. »

Sa sœur Thérèse s'exprimait ainsi :

« Beaufort, 7 décembre 1851.

» Mon cher frère,

» Le frère Antoine nous a fait part de votre mariage avec madame Weber, je
» vous en félicite, et je suis heureuse de voir que, par cette union, vous vous êtes
» assuré pour toujours un dévouement qu'une circonstance ou l'autre pouvait vous
» enlever, et il est un âge où rien ne remplace cette sympathie du cœur, qui est si
» indispensable au bonheur de la vie intérieure ; indépendamment de cela, cette
» dame, ayant tout fait pour vous rendre la vie heureuse, méritait une position
» plus franche dans votre maison : tout cœur bien placé ne peut donc que vous
» approuver. Il ne me reste plus qu'à désirer de faire la connaissance d'une belle-
» sœur que je ne connais que par les éloges que tous les miens m'ont faits d'elle,
» et j'ai l'espoir que vous désirerez également lui faire faire la connaissance de
» toute la famille. J'aurai donc ma petite part du plaisir de vous recevoir chez moi.

» Votre toute attachée sœur.

» Thérèse PESCATORE (femme de l'aveugle),

» Mon mari étant absent, je remplis son intention en le rappelant à votre bon
» souvenir. »

M. Guillaume Pescatore :

« Luxembourg, 12 décembre 1851.

» Mon cher frère,

» J'ai reçu communication de ton mariage avec madame Weber. Cette communi-
» cation a été accueillie par tous les miens avec les mêmes sentiments d'affection et
» de dévouement pour ta personne.

» Quoique je sois bien persuadé, cher frère, que la sincérité de cette nouvelle
» expression de mes sentiments pour toi, à l'occasion de ce mariage, ne sera pas
» suspectée, je la bornerai à ces quelques lignes, parce que je suis dans de mau-
» vaises conditions vis-à-vis de toi pour me livrer à un plus grand épanchement.
» Les membres de la famille qui peuvent le faire sans réserve sont doublement
» heureux ; mais tu ne recevras pas moins avec plaisir, avec une confiance frater-
» nelle, l'expression simple et toute naturelle que je donne, en ma qualité de frère,
» à un acte qui identifie encore davantage à ta propre existence celle d'une per-
» sonne dont tu as ainsi reconnu dignement les soins et un dévouement incontestés,
» et qui sont aujourd'hui, pour toi, la condition essentielle d'une existence tran-
» quille et heureuse.

» Bien convaincu de cela, je ne puis, mon cher frère, que te féliciter de la déter-
» mination que tu as prise, et, en me recommandant à ton amitié et à celle de ta
» femme, je te réitère à cette occasion, ou plutôt je vous réitère à tous deux l'as-
» surance de mes sentiments affectueux.

» Guillaume PESCATORE (l'aveugle).

» Le secrétaire salue avec les mêmes sentiments.

» MUNCHEN, avocat. »

M. Dutreux :

« Luxembourg, 3 novembre 1851.

» Mon cher oncle,

» Je partage avec Lilie (madame Dutreux) le plaisir que nous a fait l'annonce
» que renferme votre lettre du 28 écoulé, et vous prie d'agréer mes félicitations les
» plus sincères, que je vous adresse du fond de mon cœur, ainsi qu'à madame
» Weber, pour votre résolution, ainsi que les vœux que je fais pour votre bonheur
» futur.

» Vous trouverez dans votre conscience une satisfaction sans pareille, qui ira en
» augmentant de jour en jour.

» Votre affectionné neveu,

» Auguste DUTREUX. »

Lilia Dutreux (c'est sa femme) :

« Scheid, 3 novembre 1851.

» Mon cher oncle,

» La nouvelle que vous m'annoncez dans votre dernière lettre m'a causé une
» joie très vive, en venant réaliser une espérance qui s'est mêlée bien souvent aux
» prières que j'adressais à Dieu pour ceux qui me sont chers. C'est donc dans toute
» la sincérité de mon cœur que je vous offre, ainsi qu'à madame Weber, mes féli-
» citations sur une résolution qui ne pourra qu'augmenter le bonheur et la pros-
» périté de votre maison, comme tout ce qui se conclut avec la bénédiction du ciel.

» Que de fois, étant auprès de vous, mon cher oncle, j'ai eu le désir de vous
» parler de ce mariage ; mais ma position de nièce ne me permettait pas de vous
» donner un conseil que vous ne demandiez pas, et qui aurait pu vous sembler un
» blâme pour le passé ; mais, lorsque la discrétion me fermait la bouche, je fai-
» sais des vœux intérieurement, qui sont exaucés en ce moment, je l'espère !

» Ce qui m'affermit dans la conviction que j'ai, qu'en remettant entre les mains
» de la Providence le soin de nos destinées, nous marchons dans la voie la plus sûre
» vers le grand but de la vie.

» Si l'on traversait l'espace sur les ailes de l'imagination, je serais en ce moment
» auprès de vous pour vous embrasser de tout mon cœur ; mais, de si loin, je ne
» puis le faire qu'en pensée, en vous priant de recevoir les assurances d'affection
» et d'estime qu'il ne m'a jamais été plus doux de vous témoigner qu'en ce mo-
» ment.

» Votre affectionnée nièce,

» Lilie DUTREUX. »

Voilà ce qu'elle écrit le 3 novembre 1851, sur l'annonce du mariage qui va
se faire, mais n'est pas encore fait.

Enfin, M. Ferdinand Pescatore (et c'est l'expression, dit l'adversaire, des
sentiments parfaitement sincères éprouvés par toute la famille) :

« Luxembourg, 27 décembre 1851.

» Mon cher frère,

» D'abord que j'ai reçu la nouvelle de ton mariage comme une chose à laquelle
» je m'attendais, qui était devenue une nécessité pour toi, et une chose désirable
» pour tous tes parents, qui ont véritablement le désir de voir leur famille honorée
» et aimée ; puisque j'ai eu beaucoup de satisfaction de l'accomplissement de vos
» devoirs religieux, ce qui vous rendra la vie plus heureuse et votre existence plus
» adaptée à votre situation dans le monde.

» Je puis te féliciter sincèrement, d'accord avec les principes qui dirigent au-
» jourd'hui mes sentiments religieux, de ce que tu as réglé *civilement* et *religieu-*
» *sement* un acte qui vous unit par le mariage que je vous souhaite heureux et de
» longue durée.

» En vous présentant ces souhaits, j'ajoute ceux de la nouvelle année et vous
» embrasse de bon cœur.

» Votre affectionné frère,

» Ferdinand PESCATORE. »

Voilà, messieurs, le témoignage de la famille. Madame Pescatore a toujours
été entourée par elle des sentiments d'une affection, d'un dévouement au moins
apparent et d'une reconnaissance très vivement exprimée, avant comme après
son mariage. Elle acquiert aussi la possession d'état la mieux établie qu'elle
puisse désirer, *nomen, tractatus, fama*. Cette possession d'état ne peut pas
être plus évidente que dans la cause actuelle ; elle l'a été d'une manière aussi
éclatante qu'elle puisse l'être et n'a jamais été interrompue ; car remarquez-le,
on voyait dans son salon les femmes du rang le plus élevé, les familles les plus
dignes d'estime. Tout ce qu'il y a de plus considérable en France, l'a reçue,
tout ce qu'il y a de plus considérable en France a été reçu chez elle. Elle a
fait des voyages ; partout elle a été environnée d'estime et de respect. Elle a été
l'année dernière passer une quinzaine de jours à Luxembourg ; elle y était
conviée par la famille. On lui a fait le plus magnifique accueil ; elle a été pré-
sentée à tous ceux qu'elle ne connaissait pas, on a donné des fêtes pour elle, elle
a été la reine de ces réceptions, elle a été traitée en un mot comme la femme
légitime de M. Pescatore.

Aujourd'hui, messieurs, vous savez le portrait qu'on vous en a fait et vous
avez remarqué l'amertume qui régnait au fond des paroles en apparence
modérées dont se servait, il y a huit jours, mon adversaire ; on vous la mon-
trait comme une femme animée d'une convoitise ardente, venant frapper à la
porte d'un homme qui jouissait d'une immense fortune, se glissant chez lui,
s'insinuant timidement, femme de ménage, vous a-t-on dit, reçue en cette
qualité, entrant à la cuisine, passant furtivement au salon, quand personne n'y
était, et ayant pour chambre une petite pièce qui était en effet à côté de la
cuisine. Mes adversaires n'ont pas réfléchi au rôle qu'ils lui faisaient jouer et
qu'ils jouaient eux-mêmes, en racontant de pareils faits. Comment ! c'est cette
femme égoïste, cette femme de ménage à laquelle, avant son mariage et
depuis vous avez prodigué toutes les marques d'estime et de respect ! Mes
adversaires n'ont donc pas compris que c'était contre eux-mêmes une espèce
d'opposition, une contradiction difficile à expliquer. Je rétablirai la vérité, et la
vérité la voici.

Quand M. Pescatore est-il arrivé à Paris? C'est en 1837 et c'est en 1838
que madame Weber est entrée chez lui. Quand il est arrivé à Paris, mes
adversaires l'ont dit, il avait une apparence modeste, et une fortune modeste
aussi. Il avait un appartement au 2e étage dans la rue de la Chaussée-d'Antin.
Là étaient ses bureaux, là était le siége de ses affaires. Il ne vivait pas chez
lui ; cependant il n'en était pas réduit à demander une femme de ménage ; il
avait un domestique qui le servait, et puis il avait ce que dans le langage de la

vie ordinaire on appelle une bonne, une servante. Cependant il ne mangeait pas chez lui, il fréquentait une pension bourgeoise tenue par une dame Maréchal, dans la rue Traversière-Saint-Honoré. Il était associé avec son frère, ils avaient une fortune qu'on peut évaluer à 500,000 francs chacun. Il était dans les affaires, il en courait tous les hasards.

Quant à elle, elle demeurait rue Monthabor, dans un très petit et très simple appartement. Ils firent, c'est l'origine de leurs relations, un voyage ensemble ; ils revinrent à Paris, elle retourna rue Monthabor, lui, rue de la Chaussée-d'Antin.

En 1839, il acheta de M. Emile de Girardin un petit hôtel que nous connaissons tous, que j'ai peut-être quelque raison de connaître mieux que personne (1). Ce petit hôtel est situé rue Saint-Georges, n° 11 ; il est joint à une plus grande maison qu'il a achetée depuis. Il fallait faire arranger cette maison qui était bouleversée, envahie par les ouvriers. C'est alors, pour la première fois, que madame Weber vint demeurer avec lui. Elle occupa dans l'hôtel, c'est vrai, mais provisoirement, une petite chambre, en attendant que l'appartement qui lui était désigné fût en état de la recevoir. Une petite chambre, dit-on, à côté de la cuisine, je n'en disconviens pas ; mais quand son appartement a été réparé et qu'elle a quitté cette petite chambre, elle a été occupée par un homme qui était dans la maison de banque, qui y était intéressé ; c'est vous dire que la petite chambre n'était pas aussi humble qu'on voudrait vous le faire croire.

C'était ainsi que madame Weber est entrée chez M. Pescatore. C'est au deuxième étage de cet hôtel qu'était l'appartement qui lui était destiné ; M. Pescatore occupait le premier, où étaient ses bureaux. Le deuxième étage était considérable : madame Weber avait un salon à côté de sa chambre, et puis plus loin se trouvaient d'autres pièces destinées à la famille de M. Pescatore, lorsqu'elle venait à Paris, et qu'elle lui faisait l'honneur de descendre chez lui.

Depuis 1851, depuis leur mariage, leur union n'a jamais été troublée ; impossible de dire qu'elle l'ait été un seul jour, un seul instant. Madame Pescatore montrait le zèle et l'assiduité qu'elle avait montrés jusque-là, se pliant à toutes les volontés, à tous les caprices de son mari, l'éclairant quelquefois, cela est vrai, de ses conseils, le retenant quand elle le voyait sur une pente qui aurait pu le conduire à un abîme ; apportant à la conduite des affaires, ou du moins aux conseils qu'elle lui donnait habituellement, le sens droit, l'esprit d'ordre qui la distinguaient, et M. Pescatore profitait toujours des conseils qu'elle lui donnait. En 1855, il fit une maladie grave, bien grave, puisqu'il devait y succomber. On vous a parlé des efforts, des démarches qui auraient été faites auprès de lui pour lui faire régulariser son mariage, *in extremis*. En effet, un de ses amis s'inquiétait de sa situation et de l'attitude d'une famille qu'il devait soupçonner hostile. Il demandait si le mariage était parfaitement régulier, si les publications avaient été faites, et il disait que ce pourrait être l'occasion d'un procès, dans lequel on exploiterait peut-être jusqu'au scandale.

L'inquiétude qu'il avait fut partagée par M. Pescatore qui, encore à son lit de mort, se déclarait rassuré sur la validité de son mariage. Il avait consulté,

---

(1) C'est une partie de l'hôtel dont M. Chaix d'Est Ange a acheté l'autre partie.

le jurisconsulte de sa famille, et le jurisconsulte lui avait répondu qu'il n'y avait rien à craindre, que son mariage était bon. Cependant, alarmé à la vue de l'inquiétude qu'on lui témoignait et désirant prévenir toute difficulté, tout scandale, il voulait tout régler, tout réparer en faisant les publications. Il le disait... ses heures étaient comptées, les publications ne pouvaient être faites ou plutôt être complétées qu'après sa mort.

Voilà dans quel état il était quand il demanda les secours de la religion, et après avoir tout mis en ordre, il se passa une scène dont il faut que je vous dise les détails ; ces détails m'ont été appris, je pourrais presque dire à l'instant même, et je les ai puisés dans la mémoire de ceux qui les avaient entendus.

Il s'y trouvait en très grande partie nos adversaires, ceux qui sont aujourd'hui nos ennemis. Cette scène a eu trop de retentissement et d'éclat, elle a été connue de trop de monde, elle a fait une trop forte impression, pour qu'il soit possible de la contester. Après avoir reçu les derniers sacrements et avoir mis ses affaires en ordre, M. Pescatore réunit toute sa famille, sa femme, son associé, et d'un esprit ferme, d'une voix affaiblie, mais nette : « Quand on vient de faire un acte comme celui que je viens d'accomplir, dit-il, il faut avoir le courage de son opinion et oser dire la vérité. » Alors ayant fait approcher sa femme, qui était à genoux au milieu de sa famille dont il devinait les soupçons, étendant les mains sur elle : « Je recommande ma femme, ma bonne, ma légitime femme à toute ma famille et à chacun en particulier. Si je laisse de la fortune, c'est à ma femme que je la dois et que vous la devez ; c'est à elle que je dois tout, et je vous déclare que c'est bien ma femme, ma bien légitime femme, et qu'il n'y aurait pas un grand d'Espagne bien marié si mon mariage n'était pas bon. »

Elle était là tout auprès, à côté de lui, à genoux ; la faisant relever, lui prenant la main et la plaçant dans celle de madame Dutreux, il ajouta ces paroles : « C'est à toi que je recommande ma femme en particulier, c'est toi qui m'en rendras compte. » Et se tournant vers son frère Antoine qui était là, il lui dit : « Il y a deux ans, je voulais faire faire les publications de mon mariage, et tu m'as répondu que ce n'était pas nécessaire, que mon mariage était bon, très bon, que je ne devais pas m'en occuper. Je t'ai dit encore au mois d'août 1855 que je voulais faire publier mon mariage, tu m'as répondu qu'il était inutile de m'en occuper, que mon mariage était parfaitement bon. Tu es jurisconsulte, je croyais que tu ne pouvais me donner que de bons conseils. Aujourd'hui, je vois avec regret que les amis de ma femme s'en préoccupent, mais ils ont tort, car mon mariage est très bon. » Voilà la scène... et il mourut.

Il laissait un testament, j'aurai occasion plus tard d'en examiner l'économie. Il laissait une fortune ; quelle en est l'importance ? Qu'importe au procès ? Est-ce que c'est là la question qui doit nous occuper ? Est-ce qu'il n'est pas question, et avant tout, de la validité du mariage ? M. Pescatore laisserait 50 millions ou 50,000 fr. seulement, que la question serait la même. Nous n'avons pas à nous inquiéter de cette question subalterne au procès ou plutôt parasite. Cependant les adversaires s'empressent d'en faire sortir une considération qu'il faut que je constate immédiatement. Tous leurs efforts tendent à diminuer la fortune ; nous en avons l'état dressé par le notaire lui-même, et cette fortune s'élève (je demande la permission d'arrondir les chiffres) à près de 17 millions. La communauté est environ de 13 millions. La part de communauté est par conséquent de 6,500,000 fr. pour madame Pescatore. Les adversaires veulent faire croire que le désordre s'est mis dans les affaires de M. Pescatore, que toutes les créances de sa succession sont mauvaises, qu'il n'y a aucune amélioration à attendre ; ils prétendent qu'en mettant tout au mieux, les légataires universels, qui n'ont pas été nommés particulièrement dans le testament et qui n'ont pas été l'objet de faveurs spéciales, n'auront chacun pour leur part qu'une somme de 17,500 fr. Ils trouvent que ce n'est pas assez, et afin d'exercer plus d'influence sur l'opinion et sur les magistrats, comme s'ils pouvaient leur faire illusion, ils ont eu le courage, car c'en est un, d'accepter la succession de M. Pescatore sous bénéfice d'inventaire. C'était autrefois, chez nos aïeux, une note d'infamie que de mourir *ab intestat* et que de laisser une succession acceptée sous bénéfice d'inventaire. Eh bien ! cette note d'infamie, ils l'ont imprimée à M. Pescatore en présence d'une succession de 17 millions ; et dans le but de se faire un argument à l'audience, ils ont accepté sa succession sous bénéfice d'inventaire !

Depuis que le notaire a dressé l'état dont je viens de vous parler, quelque mouvement s'est fait sentir dans l'ensemble de cette fortune, ainsi qu'il arrive toujours, M. Pescatore se trouvait engagé jusqu'à concurrence d'un million dans les affaires d'un homme dont la faillite a causé une véritable révolution dans le monde des affaires ; mais le jugement de faillite a été rapporté et l'on espère qu'avec du temps et une bonne gestion, des entreprises aujourd'hui peu brillantes finiront par s'améliorer, et que les créanciers ne perdront rien. Cependant le notaire a voulu faire une rectification à l'actif. Cette rectification est à peine d'un million sur l'état estimatif qu'il avait dressé d'abord. Et quel en est le résultat pour ceux que M. Pescatore a appelés à recueillir sa succession ? Ceux qui n'ont pas été avantagés, ceux qui n'ont pas reçu de legs particulier auront une part, non pas de 17,500 fr., mais de 213,811 fr. immédiatement, et, plus tard, après l'extinction de divers usufruits, ils recueilleront une autre somme de 135,250 fr., c'est-à-dire que leur part totale sera de 349,061 fr. Ils trouvent que ce n'est pas assez, qu'ils sont des collatéraux bien mal partagés, ils veulent avoir plus encore. En conséquence, il faut augmenter cet actif, et pour l'augmenter il faut attaquer le mariage.

Cependant il y a eu quelque hésitation ; on envoyait de Luxembourg des lettres de condoléance à madame Pescatore ; sa nièce Joséphine, notamment, lui écrivait à la date du 10 décembre :

  « Ma chère tante ,
» Je reçois à l'instant la triste nouvelle du malheur qui vient de vous frapper.
» Je sais trop quelle perte irréparable vous faites en perdant un aussi bon époux.
» Nous perdons un oncle excellent qui s'est toujours montré bon et paternel pour
» moi, et jamais je ne pourrai l'oublier. Je suis heureuse de penser que vous êtes
» entourée de votre famille dans ces tristes moments et que ses bons soins ne vous
» font pas défaut.

  » Mon père est à la campagne : il sera bien affecté d'apprendre cette triste nou-
» velle. Je vais aussi l'écrire à Poulinaire. Nous nous étions flattés que le mieux
» qu'on nous avait annoncé se soutiendrait, et j'ai été d'autant plus péniblement
» surprise.

» Adieu, ma chère tante, prenez courage, et croyez que je prends la part la plus
» vive à votre douleur.

» Veuillez me rappeler au souvenir de mon oncle Antoine et de ses enfants, et
» recevoir pour vous l'assurance de mes bons sentiments.

» JOSÉPHINE. »

L'avocat Munchen lui écrivait aussi et lui disait :

« Ma chère tante,

» La perte que vous venez de faire a posé malheureusement un terme aux soins
» assidus dont vous entouriez notre brave oncle.

» Je comprends l'étendue des regrets que vous devez éprouver, et je les partage.
» L'oncle a toujours été bon pour moi, et j'avais pour lui une affection d'autant
» plus sincère, qu'elle était moins obséquieuse. Je suis convaincu qu'il l'a jugé
» ainsi.

» Vous avez besoin de fermeté pour supporter une perte qui doit vous secouer
» si rudement, mais le temps est un calmant pour toutes les douleurs, et l'homme
» est heureusement organisé de façon que le chagrin le plus amer perd son amer-
» tume avec le temps.

» Il est vrai que le règlement de certains intérêts matériels n'est pas de nature
» à hâter le retour du calme de l'âme, mais ces soins prosaïques et désagréables
» sont une conséquence inséparable de toute succession. C'est dans cette circon-
» stance que l'on recueille toujours ce que l'on a semé, en d'autres temps, d'affec-
» tion autour de soi.

» L'absence complète de nouvelles de Paris, le départ précipité d'Auguste et
» ses renseignements vagues nous ont empêché d'aider les amis de Paris à rendre
» les derniers honneurs à l'oncle. L'oncle Ferdinand s'en plaint et le regrette.
» Cependant nous nous sommes joints d'esprit et de cœur au deuil que vous
» portez.

» Votre dévoué neveu,
» MUNCHEN.

» Lux, le 17 décembre 1855. »

Cependant parmi les héritiers il y en avait deux qui se trouvaient à Paris et
qui avaient quelque embarras sur la conduite qu'ils devaient tenir. Fallait-il
reconnaître le mariage comme ils l'avaient fait jusque-là ? Fallait-il l'accepter
comme autrefois, lorsqu'ils en avaient félicité l'oncle (c'est ainsi qu'ils appe-
laient M. Pescatore) ? Ils hésitaient. Alors ils imaginent de rédiger des lettres
de faire part dans lesquelles le nom de madame Pescatore serait omis. Ensuite
on procéda à l'inventaire qui se fit devant un homme dont on a prononcé le
nom, M. Bernard (de Rennes), conseiller à la Cour de cassation, qui s'était
chargé de représenter madame Pescatore. Comment lui, magistrat, avait-il
accepté ce mandat ? Il avait connu M. Pescatore à la Société d'horticulture ;
c'est lui qui le premier lui avait parlé de la difficulté légale qui pourrait s'éle-
ver au sujet de son mariage et donner lieu à un procès scandaleux, et M. Pes-
catore, s'attachant à lui dès ce premier moment, lui avait serré la main avec
confiance. M. Pescatore lui avait fait promettre de servir de tuteur, de patron,
de protecteur à sa femme ; s'il y avait quelque difficulté, de la soutenir, de
l'encourager. M. Bernard (de Rennes) l'avait promis, l'avait juré, et je ne
sache pas qu'il y ait de dignité au monde qui puisse affranchir d'un pareil ser-

ment. M. Bernard (de Rennes) l'a ainsi compris; il s'est chargé d'elle; il a reçu son blanc seing; il l'assiste au milieu de ses plus cruelles épreuves; lorsqu'on la menaçait, lorsque de toutes parts on lui faisait entendre qu'elle serait attaquée, traînée dans la boue, lorsqu'on répandait dans le monde les notes qu'on publiait contre elle, lorsqu'elle était épouvantée de ce que la défense des droits les plus légitimes pouvait contenir de bruit, de scandale et de calomnie, lorsque dans son chagrin, dans son désespoir, pour arranger l'affaire et éviter le procès, elle allait au-devant des sacrifices, elle offrait de renoncer à une grande partie de cette fortune; elle qui n'était pas irréprochable, elle qui avait une faute dans sa vie qu'elle voulait cacher au prix de millions, qu'est-ce qu'on lui a dit? Ces paroles pleines d'ironie que vous avez encore présentes à la mémoire: Oui, vous êtes la femme légitime de M. Pescatore, vous voulez les honneurs de la légitimité du veuvage, le deuil de veuve, le voile de veuve; nous ne vous refuserons pas ces honneurs, ces hommages, nous nous prosternerons devant vous; oui, nous vous reconnaîtrons, nous vous reconnaissons, au nom de la famille, le nom et la position de femme légitime de Jean-Pierre Pescatore, comme conséquence de l'acte religieux passé à Renteria, le 8 novembre 1851, mais à la condition que vous renoncerez à combattre les moyens que nous pouvons faire valoir contre le testament de notre parent. On lui disait que le testament était nul, qu'il n'y avait qu'à souffler dessus pour le faire tomber, mais que cependant on lui délivrerait les legs qui paraissaient résulter de la volonté expresse de M. Pescatore. Oui, disait-on, vous êtes une digne femme, nous vous avons toujours tenue pour telle, traitée comme telle, nous offrons de continuer à vous reconnaître pour la plus honnête femme du monde, comme la veuve de M. Pescatore, mais à la condition que vous nous abandonnerez les 6,500,000 fr. de la communauté.

Voilà quelle était l'alternative qui lui était offerte. A mon avis il n'y avait pas à hésiter, plus les menaces étaient vives, plus il fallait résister avec énergie. C'est alors que le procès est entamé. De quelle façon commence-t-il? Je vous demande par un mot la permission de le préciser, car il faut fixer la position des parties. Il y a un malentendu que je ne comprends pas et que personne ne comprend. Je croyais que les adversaires étaient demandeurs, ils s'obstinent à jouer le rôle de défendeurs. Voyons donc ce qui s'est passé. J'ai un acte, c'est un acte de mariage; je m'appelle madame Pescatore, j'ai la possession d'état; elle est incontestable, j'ai la reconnaissance de vous tous; j'aurais pu m'en passer, mais enfin je l'ai. Eh bien, je demande la liquidation de la communauté, voilà tout. Vous ne voulez pas? — Non. — Pourquoi? — Parce que votre mariage est nul. — Mon mariage est nul? Dites-m'en la raison. — Je ne veux pas la dire, je ne la dirai que quand il me conviendra. — Ce sont là, messieurs, des moyens de procédure que je m'étonne de trouver dans un si grand procès, sous le patronage d'un si honorable adversaire.

Je demande la liquidation en vertu de mon titre, je n'ai pas autre chose à demander. Vous me répondez que je suis mal fondée, attendu que je ne suis pas mariée; il est évident que c'est la nullité de mon mariage que vous invoquez et que c'est vous par conséquent qui êtes demandeurs au procès.

On demande la nullité du mariage. Pourquoi? C'est ce que je vais examiner devant vous, et ici deux questions se présentent. La première est de savoir si le mariage en lui-même est valable ou s'il ne l'est pas. La seconde est celle de savoir si dans le cas où le mariage serait nul, les adversaires seraient recevables à l'attaquer. Telles sont les deux questions que je vais successivement examiner devant vous.

La nullité du mariage est demandée en vertu de l'article 170 du Code Napoléon, qui est ainsi conçu :

« Le mariage contracté en pays étranger entre Français et étrangers sera valable » s'il a été célébré dans les formes usitées dans le pays, pourvu qu'il ait été précédé » des publications prescrites par l'article 63, au titre des actes de l'état civil, et que » le Français n'ait pas contrevenu aux dispositions contenues dans le chapitre » précédent. »

Voilà deux conditions pour que le mariage contracté à l'étranger soit valable. Je ne parle pas de l'article 171, qui ordonne la transcription de l'acte de mariage sur les registres de l'état civil, dans les trois mois du retour des nouveaux époux ; je n'en parle pas, parce que mon adversaire n'en a pas parlé, et il a bien fait : il est évident que d'après la jurisprudence l'omission de cette prescription de l'article 171 n'entraîne pas nullité.

Aux termes de l'article 170, le mariage sera valable à deux conditions : 1o qu'il soit précédé des publications prescrites par l'article 63 ; 2° qu'il soit célébré avec les formes usitées dans le pays où il aura lieu. Or, dit-on, la première condition ne se rencontre pas dans l'espèce : le mariage de M. et de Madame Pescatore n'a pas été précédé des publications prescrites par l'art. 63 et exigées par l'art. 170. Mais, est-ce là une cause de nullité, lorsque nous voyons tous les jours des Français allant se marier à l'étranger sans publications préalables et rentrant en France sans qu'on leur conteste la validité de leur mariage ? Je pourrais dire qu'à cet égard la controverse est épuisée, que la question ne se plaide plus, et qu'il existe sur ce point tant de documents de jurisprudence que s'il s'agissait d'une affaire ordinaire, je ne me présenterais pas pour soutenir qu'il n'y a pas là une cause de nullité ; car je serais interrompu à l'instant par le tribunal, qui me dirait que cela est jugé tous les jours. Voulez-vous qu'à cause de la gravité de cette affaire nous remontions aux principes ? Je le veux bien, et vous allez voir que si ces principes semblent écrits dans la loi, ils sont abandonnés par la jurisprudence.

Qu'est-ce que la publication des bans ? Est-ce une forme substantielle, essentielle à l'acte ? Non, c'est une forme purement accessoire, ce n'est qu'une précaution exigée pour déjouer la fraude, pour avertir les tiers, les parents par exemple, et mettre en demeure tous ceux qui auraient le droit de faire opposition au mariage, en justifiant d'une cause légitime d'empêchement. Voilà évidemment le but : prévenir un mal possible. Mais s'il n'y a pas de mal possible, s'il n'y a pas de cause d'empêchement au mariage, si les parties sont maîtresses d'elles-mêmes, si personne ne peut s'opposer à leur union, comment ! vous allez déclarer nul ce mariage parce qu'on aura oublié une précaution qui avait pour unique objet d'empêcher le mal qui aurait pu être commis, mais qui dans l'espèce ne saurait l'être ! Ce serait absurde.

Permettez-moi de vous rappeler ce qui se passait sous l'ancienne jurisprudence. L'ordonnance de Blois, de 1579 était plus impérative que l'art. 170. « Nos sujets, disait-elle dans son article 40, ne pourront valablement contracter mariage sans publications précédées de bans. » Qu'est-ce qui arriva à la suite de la publication de cette ordonnance de Blois ? Ce qui arrive toujours quand une loi nouvelle est promulguée ; on l'applique d'abord à la lettre, on n'en consulte pas l'esprit ; ce n'est que plus tard qu'on apporte dans la pratique des tempéraments que le texte ne semble pas toujours comporter et que l'expérience a rendus nécessaires. Ce qui s'est passé pour l'ordonnance de Blois, ce qui s'est passé depuis pour le Code Napoléon, c'est ce que remarque d'Aguesseau en ce qui concerne l'ordonnance de Blois.

Voilà qui est clair ; le défaut de publications des bans ne peut être une cause de nullité de mariage qu'autant qu'il y a eu une cause irritante de la validité. Si le mariage a été innocent, s'il a été pur, exempt de tout vice, il est évident que l'omission de cette formalité ne peut pas en faire prononcer la nullité.

Les casuistes ont été du même avis, et je vous demande la permission de vous lire ce passage de Sanchez (*De matrimonio*) :

« *Tenendum est denuntiationes non esse de essentia matrimonii, et subindè, illis injuste omissis, initum matrimonium validum esse.* »

Ainsi les dénonciations, c'est-à-dire les bans, quoique prescrites par la loi, ne sont cependant pas de l'essence même du mariage, et sans publications on peut se marier, le mariage sera valable ; voilà ce que disaient les casuistes. L'ancienne jurisprudence avait consacré ce principe. D'Aguesseau, dans son trentième plaidoyer, dont je vous demande de citer un passage, s'exprime ainsi dans l'affaire du mineur Fleury contre la dame de Razac :

« Personne n'ignore que la publication des bans n'est pas considérée comme » une cérémonie qui soit de l'essence du contrat ou du sacrement; qu'elle n'a été » introduite que comme une précaution nécessaire pour obvier aux abus des ma- » riages clandestins : ce sont les propres termes du législateur.

» Mais quel est l'abus que l'ordonnance a eu principalement en vue, lorsqu'elle » a défendu ces mariages ? Que l'on parcoure non-seulement cette ordonnance, » mais encore celle de 1639, et toutes celles qui ont été faites sur cette dernière, » on trouvera partout que les enfants de famille et les mineurs ont été pres- » que l'unique objet de leurs dispositions, que c'est par rapport à leur intérêt » qu'elles ont prescrit toutes ces solennités différentes : et pour prouver ce prin- » cipe, il suffit d'observer la distinction que vos arrêts ont faite entre les mariages » des majeurs auxquels le défaut de publication de bans ne porte pas atteinte, et » ceux des mineurs que vous avez souvent déclarés nuls par la seule omission de » cette formalité essentielle.

» Nous devons donc distinguer deux choses dans la loi qui inspire la nécessité » de la publication des bans :

» La première est le mal et l'inconvénient qu'on a voulu prévenir et qui a été le » principal objet du législateur. »

C'est en vue de la fraude, de la clandestinité, et uniquement par précaution contre la fraude et la clandestinité, que la publication a été établie. Mais il faut distinguer le mal et l'inconvénient qu'on a voulu prévenir. D'Aguesseau continue :

« La seconde est le remède et la précaution qu'on a crus capables d'en arrêter le
» progrès.
» L'inconvénient que la loi a eu en vue est le mépris de la puissance paternelle
» et les suites funestes que pourrait avoir un engagement condamné par le père.
» La précaution qu'on a voulu opposer à ce désordre est la proclamation des
» bans.
» Pourra-t-on soutenir que la peine de nullité soit prononcée contre l'un et non
» contre l'autre ? que la loi venge plus sévèrement l'omission de cette formalité
» que le crime même que l'on a voulu prévenir par l'observation de cette formalité ?
» En un mot, peut-on prétendre, sans tomber dans une contradiction manifeste,
» que ceux qui attaquent l'esprit de la loi, qui violent son intention, qui renversent
» son principe et son fondement, sont moins coupables que ceux qui n'attaquent
» que la lettre et l'extérieur de la loi ?
» Ajoutons même que non-seulement la juste autorité des pères a été le véritable
» motif de la loi qui ordonne les publications des bans à peine de nullité ; mais
» qu'il est impossible de prononcer cette peine établie par la loi, si ce défaut de so-
» lennité ne se trouve joint avec le défaut de consentement du père.
» Sans cela qui pourrait croire que l'esprit de l'ordonnance eût été de déclarer
» un mariage nul par la seule omission de la publication des bans, quand le père
» aurait approuvé le mariage ?
» C'est donc la puissance paternelle qui fait toute la force de ce moyen, c'est elle
» qui a inspiré cette précaution au législateur. C'est par rapport à elle que l'on dé-
» déclare nuls les mariages qui n'ont point été précédés de la publication des bans.
» Toutes les fois que l'intérêt du père a cessé, la rigueur de la loi a cessé en même
» temps ; et toutes les fois que l'on a déclaré un mariage nul par ce seul défaut, on
» ne l'a fait que pour venger l'injure qui avait été faite au nom et à la qualité
» du père.
» Ces deux défauts sont donc inséparablement unis aux termes de l'ordonnance
» et de la jurisprudence de vos arrêts. Ils sont tous deux de la même force ; ils se
» prêtent un secours mutuel, on ne peut plus les diviser. Il faut alléguer en même
» temps et le défaut de publication de bans et celui du consentement du père. Si le
» père a consenti au mariage, c'est en vain qu'on prétend l'attaquer par omission
» de cette formalité. »
(D'Aguesseau, 30ᵉ plaidoyer du 27 avril 1694, dans la cause de Fleury père et
fils, et dame de Razac et sa fille.)

Voilà, messieurs, ce qui se pratiquait sous l'ancienne jurisprudence. Il est certain, il est évident, il est incontestable que la formalité des publications pour les mariages contractés en France n'a jamais été rigoureusement exécutée, quoique écrite dans la loi. Telle est, telle a toujours été l'interprétation sous les canonistes, sous l'ancienne jurisprudence ; il en est de même aujourd'hui sous le Code Napoléon.

Soit, dit mon adversaire ; mais quand il s'agit de mariages célébrés à l'étranger, il doit en être autrement.

Pourquoi ? Est-ce que le même motif ne doit pas entraîner la même déci-sion ? Quoi ! la loi, à titre de précaution, vous dit : Comme je ne veux pas valider des mariages entachés de claudestinité, comme je veux qu'on respecte l'autorité paternelle, j'entends que quand on se mariera en France, on fasse des publications. Mais ce n'est qu'une simple précaution ; il n'y aura pas nullité du mariage, s'il n'y a pas eu fraude. Je veux la même précaution pour les mariages contractés à l'étranger. Émanant du même principe, ces formalités doivent être l'objet d'une même appréciation. Puisque la prescription des publications n'est faite qu'à titre de précaution, et non de formalité essentielle, puisque c'est uniquement pour empêcher la fraude, puisqu'il n'y a pas d'autre intérêt que celui-là, pourquoi voulez-vous que le mariage ne soit pas valable s'il n'a pas été entaché de fraude, si l'acte n'a pas été clandestin, si d'ailleurs les formalités imposées par la loi ont été remplies, si l'autorité paternelle a été respectée? Pourquoi voulez-vous rendre les mariages plus difficiles à l'étranger qu'en France? Où puisez-vous la raison de cette exigence? Si la loi avait voulu la prescrire, elle l'aurait exprimée d'une manière si claire qu'il n'y aurait pas de doute possible. En présence de la faveur due au mariage, de cette grande institution sur laquelle la famille repose, il faut que les nullités ne puissent pas se suppléer, qu'elles soient écrites dans la loi en termes positifs, formels.

Mais vous dites qu'il y a là des termes équipollents. Pourquoi ? parce que la loi dit que le mariage est valable *pourvu qu'il ait été précédé de publications.* Permettez, vous n'avez pas le droit, si vous argumentez de la lettre de la loi, de vous mettre au-dessus et de n'en tenir compte qu'à votre fantaisie. Or, l'article 170 ajoute : « Et qu'on ait rempli toutes les formalités prescrites par le chapitre premier. » Mais il est bien certain que l'inobservation d'un certain nombre de ces formalités n'est pas de nature à entraîner la nullité du mariage ; « pourvu qu'on ait rempli toutes les formalités contenues au chapitre premier. » Si l'expression a quelque valeur, si elle équivaut à une nullité expressément prononcée, elle devra emporter aussi nullité à raison de l'inexécution des formalités prescrites par le chapitre premier. Voulez-vous aller jusque-là? En avez-vous le courage? Non. Pourquoi? Par une raison bien simple, parce que vous n'attachez pas sérieusement la nullité à ces mots : « Pourvu qu'on ait rempli toutes les formalités contenues au chapitre premier. » Examinons de plus près encore le texte de la loi, Mon Dieu ! je demande pardon au tribunal d'entrer ici dans des détails qu'il ne me permettrait pas d'aborder dans une affaire ordinaire ; mais je suis bien obligé de suivre mon adversaire sur le terrain qu'il lui a plu de choisir.

La matière a paru assez grave au législateur pour qu'il ait fait un chapitre spécial des demandes en nullité de mariage ; tel est son titre. Vous le consulterez, vous l'examinerez.

Si le législateur avait voulu que l'absence de publications entraînât la nullité du mariage contracté à l'étranger, c'est au chapitre des nullités qu'il aurait dû le dire ; il aurait dû comprendre cette cause d'annulation parmi les autres, il ne l'aurait pas sous-entendue ; car vous le savez bien, il faut des énormités pour anéantir un mariage. Le législateur est resté muet ; donc, il est de toute évidence qu'il n'a pas entendu considérer cette formalité comme entraînant par son inobservation la nullité du mariage.

Il y a déjà une jurisprudence qui n'est plus douteuse. Dans l'interprétation de l'article 170 du Code Napoléon, comme autrefois pour l'article 40 de l'ordonnance de Blois, elle s'était d'abord renfermée dans la rigueur du texte, mais elle s'est relâchée depuis ; c'est ce qui arrive toujours quand les textes sont trop absolus. Voici d'abord un arrêt de la Cour de cassation du 9 novembre 1846 ; je pourrais en citer vingt autres, je cite celui-là parce qu'il est important, parce qu'il s'agit d'un mariage célébré à Cuba. Il a été rendu sur les conclusions conformes de M. l'avocat général Delapalme :

« Sur le moyen relatif à la prétendue clandestinité du mariage :
» Attendu, en droit, qu'à cet égard en Espagne et à Cuba, les formalités à suivre
» pour les mariages ne sont autres que les règles canoniques tracées par le concile
» de Trente ;
» Que ce concile ne déclare nuls que les mariages qui n'ont pas été contractés
» en présence du propre curé des époux ou d'un prêtre du consentement de ce der-
» nier, et en présence de deux ou trois témoins, et qu'aucune autre formalité, sans
» en excepter la publication des bans, n'est exigée à peine de nullité ;
» Que son omission ne peut par conséquent présenter un empêchement diri-
» mant.
» . . . .
» Attendu que sans s'occuper de la question de savoir si les demandeurs en
» cassation, simples collatéraux de Louis Augu, étaient recevables à attaquer en
» nullité son mariage, il est certain que l'article 170 ne prononçant pas expressé-
» ment la peine de nullité, il est permis aux juges de ne pas regarder le défaut des
» publications du mariage en France comme empêchement dirimant, toutes les
» fois qu'ils reconnaissent que ce défaut ne provient pas d'un concert frauduleux
» au préjudice soit de la loi, soit des parties qui auraient eu droit d'y former oppo-
» sition, mais qu'il est le résultat innocent et quelquefois nécessaire des circon-
» stances particulières où se sont trouvées les parties ; . . . . . Rejette. »

Voici un autre arrêt de la Cour de Paris, en date du 14 mai 1853, rendu sous la présidence de M. le premier président Delangle, et confirmatif d'un premier jugement ; il maintient le mariage contracté à Saint-Pétersbourg entre M. Alexandre Michel et mademoiselle Louise Mayer :

« La Cour :
» Considérant qu'il est constaté que, le 19 avril 1841, Louise Mayer, majeure, a
» contracté mariage avec Alexandre Michel devant le pasteur Hormann, à Saint-
» Pétersbourg ;
» . . . .
» Considérant que le moyen puisé dans la disposition de l'article 170 du Code
» Napoléon n'est pas admissible ;
» Que si, en effet, il est interdit au père de provoquer l'annulation du mariage
» contracté par un enfant mineur, au mépris de son autorité, dès qu'une année
» s'est écoulée sans qu'il réclamât depuis le jour où le fait a été porté à sa connais-
» sance, à plus forte raison ne peut-il exciper de l'inobservation de l'article 170 ;
» Que les publications imposées par cet article n'ayant d'autre but que d'avertir
» la famille du mariage qui se fait à l'étranger, afin qu'elle puisse l'empêcher s'il
» y échet, il serait contraire à la saine interprétation de la loi que le défaut de con-
» sentement fût couvert par le silence de plus d'un an, et que cette ratification ne
» s'appliquât point à l'omission d'une simple formalité ;
» . . . .
» Qu'en supposant même l'irrégularité de l'acte de célébration, la possession
» d'état interdirait à Louise Mayer le droit d'en provoquer la nullité ;... Confirme. »

Enfin voici un autre jugement de cette chambre, également confirmé à la Cour, à la date du 21 janvier 1854. Il s'agissait d'un mariage contracté à Londres devant le chapelain de Sainte-Marie, sans publications, sans transcription, sans consentement préalable des parents, et par un homme qui n'avait pas l'âge.

« Le tribunal :

» Attendu que Delamarre et la demoiselle Visse se sont mariés à Londres, le » 12 décembre 1840 ;

» Que l'acte de mariage a été dressé dans la forme reconnue par la loi du pays ;

» Attendu que cet acte n'a pas été précédé des publications prescrites par la loi » française ni transcrit sur les registres de l'état civil.

» Mais attendu qu'il n'est pas établi que ce mariage ait été contracté dans le but » de faire fraude à la loi française ;

» Que la mère de l'époux, dont le consentement était requis, en a eu pleinement » connaissance et ne l'a jamais attaqué ;

» Que Delamarre n'en a contesté la validité qu'après sept années, pendant les- » quelles la demoiselle Visse n'a pas cessé d'être traitée par lui comme femme » légitime, de porter son nom, et d'avoir, soit dans la famille, soit vis-à-vis des tiers, » la possession de cet état ;

» Que lorsque Delamarre a soulevé pour la première fois cette contestation il » s'était écoulé plus d'une année depuis que Delamarre avait atteint l'âge compé- » tent pour consentir lui-même au mariage ;

» Attendu que, dans ces circonstances, l'action de la demoiselle Jubin, procédant » en qualité de légataire universelle de Delamarre, est mal fondée comme le serait » celle de Delamarre lui-même ;

» Déboute la demoiselle Jubin de sa demande. »

Voulez-vous me permettre en finissant de vous citer un autre arrêt, rendu en audience solennelle, à la date du 28 janvier 1841, dans une affaire de Commailles contre de Brancas? M. de Commailles, qui était extrêmement majeur (c'était mon client), avait enlevé mademoiselle de Brancas à la surveillance de son père, qui ne la surveillait pas du tout. Elle était mineure ; elle avait besoin du consentement de ses parents ; le consentement n'était pas donné ; elle va avec M. de Commailles se marier à Londres. Ils reviennent en France ; le mariage n'est pas heureux... Je dis là des trivialités, car tout le monde sait que le mariage des époux Brancas a été l'objet de procès incessants. Enfin, les parties se mettent d'accord sur un point (c'est la seule fois qu'elles aient été d'accord), elles demandent l'une et l'autre la nullité de leur mariage, attendu qu'il n'avait pas été procédé aux publications voulues en France, qu'il n'y avait pas eu transcription sur les registres de l'état civil, attendu que ces formalités avaient été frauduleusement omises pour éviter le consentement du père, qu'on n'avait pas voulu demander ; attendu, disait-on encore, qu'on n'avait pas observé les formalités de la loi anglaise... La loi anglaise, je suis bien aise de le dire pour mon adversaire, qui considère que tout est perdu et que la société est mise en péril si la plus petite formalité a été omise, la loi anglaise n'exige pas de formalités. Ah ! elle est bien loin d'être aussi rigoureuse que le concile de Trente, dont les prescriptions sont célébrées même par Pothier. Non, on n'est pas exigeant en Angleterre, et voici ce qu'on demande. Vous arrivez dans ce pays n'importe à quel âge, et l'on vous dit : Vous serez obligé de prendre ici un domicile de sept jours. Après ces sept jours vous faites votre déclaration à l'officier désigné ; vous lui affirmez sur l'honneur qu'il y a sept jours que vous demeurez à Londres. Il vous dit d'y demeurer encore sept jours ; cela fait quatorze ; vous vous mariez, et le mariage est bon. M. de Commailles disait : Je n'ai pas fait sincèrement la déclaration prescrite devant l'officier ; j'étais arrivé à Londres la veille, je n'y avais donc pas demeuré depuis sept jours ; en conséquence, la loi anglaise avait été violée en même temps que la loi française. Nous étions d'accord... Nous avons tous les deux perdu notre procès ; la Cour a jugé dans les termes que voici :

« En ce qui touche l'appel de Commailles :
» Considérant que le mariage contracté en pays étranger entre deux Français,
» qui n'aurait point été précédé des publications exigées par l'article 170 du Code
» Napoléon, ne pourrait être attaqué de nullité que dans les cas où les formes
» usitées dans ce pays n'auraient pas été observées, et dans celui où l'omission
» aurait eu lieu dans l'intention formelle de faire fraude à la loi ; — Que dans la cause,
» la violation de la loi anglaise, qui exige la déclaration d'une résidence en Angle-
» terre pendant un certain espace de temps, ne pourrait être invoquée par Com-
» mailles, si la déclaration était fausse, puisque cette déclaration étant son ouvrage,
» il ne peut se prévaloir d'un mensonge dont il serait l'auteur ;
» Considérant que si l'omission des publications légales a eu lieu de la part de
» l'appelant dans le but d'échapper à la nécessité de demander le consentement de
» Brancas père, il ne peut par le même motif invoquer un moyen de nullité qui
» n'appartiendrait qu'au père seul de la femme ; mais que ce moyen a été couvert
» par le consentement donné postérieurement par Brancas. . . . .
» . . . .
» sans qu'il soit besoin de statuer sur les conclusions subsidiaires, déclare Com-
» mailles et la dame de Commailles non recevables dans leur demande. »

Voilà l'arrêt. J'en pourrais citer un autre du 2 mars 1856, confirmatif d'un autre de vos jugements. Je pourrais citer un jugement que vous avez rendu dans une espèce remarquable, sans débats, il y a un mois. Vous avez validé un premier mariage que les parties n'avaient pas cru bon, et qu'elles avaient fait suivre d'un second. Vous avez déclaré qu'elles avaient eu tort, qu'elles étaient bien mariées la première fois, quoiqu'elles n'eussent pas fait de publications. Je pourrais citer beaucoup d'autres exemples, je ne veux pas multiplier les ci-tations ; j'en veux seulement tirer une conséquence, et cette conséquence la voici :

L'absence de publication à elle seule, sans fraude, est-elle une cause de nullité ? Incontestablement non. Et quand elle est frauduleuse ? Quand elle est frauduleuse, la nullité du mariage est prononcée. Pourquoi ? Elle est pro-noncée, non pas parce qu'on n'a pas fait les publications, puisqu'il n'y a pas nullité de ce chef, mais parce que l'omission des publications a eu pour objet d'éluder la loi. Vous n'avez pas fait les publications parce que vous avez voulu vous marier avant l'âge et sans le consentement de vos parents. Dans ce cas, la loi vous dit que le mariage est nul, non pas, je le répète, à cause de l'absence des publications, mais à cause de cette omission d'une formalité devenue une

condition irritante du mariage. Telle est, messieurs, la conséquence des
arrêts que j'ai cités. La conséquence de ces arrêts est aussi qu'il peut y avoir,
même dans le cas de publications, une cause irritante. C'est ce qu'expliquait
parfaitement d'Aguesseau dans une cause célèbre, le mariage du duc de Guise
avec la comtesse de Bossu. Il l'expliquait très énergiquement, et voici dans
quels termes :

« Supposons que la dispense de la publication des bans soit ou fausse ou abusive,
» et par le défaut de cause légitime et par le défaut de pouvoir de celui qui l'ac-
» corde ; quand même cette supposition serait véritable, que pourrions-nous en
» conclure par rapport à la validité du mariage ?
» Nous nous élèverions, à la vérité, contre la surprise des contractants, contre
» la prévarication d'un ministre des autels : nous dirions que la célébration du ma-
» riage est illicite, téméraire, criminelle, mais ne pourrions pas aller jusqu'à sou-
» tenir qu'elle est nulle, abusive, illégitime.
» Vos arrêts arrêteraient notre zèle et nous apprendraient que, depuis longtemps,
» vous ne regardez plus le défaut de publication de bans entre majeurs comme un
» défaut qui, par lui-même et dégagé de toute autre circonstance, puisse mériter
» le nom d'empêchement dirimant. »

Voilà la doctrine de d'Aguesseau :

« L'absence de toute publication ne suffit pas pour entraîner la nullité du ma-
» riage. Il faut examiner le caractère, les raisons de cette omission. Il ne suffit pas
» même que les motifs d'une dispense soient simulés, qu'il y ait mensonge indigne,
» abus énorme; il ne suffirait pas de prouver que les publications qu'on allègue
» n'ont pas eu lieu, que le certificat qu'on en rapporte est faux ; l'action serait
» blâmable, coupable, criminelle, mais elle ne constituerait pas nécessairement une
» cause d'annulation du mariage.»

Vous en avez la preuve dans les espèces que j'ai eu l'honneur de rappeler :
les affaires Commailles et Lamarre. Par exemple, Lamarre va se marier en
Angleterre; il ne remplit pas les formalités prescrites par la loi, il ne fait pas
les publications, pour échapper à la nécessité d'obtenir le consentement de sa
mère. Il va se marier en fraude de la loi; l'absence de publications est frau-
duleuse, c'est une fraude irritante. Le mariage était radicalement nul à l'ori-
gine ; mais la nullité résultant du défaut du consentement et du défaut d'âge
ayant été couverte, le vice résultant de l'absence de publications disparaît éga-
lement : *uno avulso ac deficit alter.*
Quand M. de Commailles enlève mademoiselle de Brancas et va l'épouser
en Angleterre, il est évident qu'il viole une loi, ou plutôt il en viole deux, la
loi française et la loi anglaise ; la fraude est patente, l'empêchement dirimant,
et vous savez ce qui a été jugé. Je vous demande pardon, messieurs, d'être
entré dans ces détails, qui dans une affaire ordinaire n'auraient pas pu être
tolérés, et je reviens à l'examen de l'art. 170 du Code Napoléon. En voici le
texte que j'ai déjà lu, mais qu'il faut remettre sous vos yeux :

« Le mariage contracté en pays étranger entre Français et entre Français et
» étrangers, sera valable s'il a été célébré dans les formes usitées dans le pays. »

Il est indispensable, surtout en présence des observations de mon adversaire, que je m'arrête un instant sur les dispositions de cet article et que j'en examine la conséquence et la portée : « S'il a été célébré dans les formes usitées dans le pays. » Ainsi, en quelque pays qu'un Français se trouve, que le pays soit sauvage ou civilisé, quelles que soient les formes plus ou moins protectrices, plus ou moins conservatrices du mariage, qu'elles soient solennelles comme les nôtres ou expéditives et promptes comme dans certains pays, ridicules comme dans certains autres, peu importe, le mariage sera bon. On ne vous demandera même pas que les formes en soient consacrées par une loi, mais on vous dira qu'il faut qu'il ait été célébré dans les formes usitées, c'est-à-dire dans les formes en usage dans un pays qui n'est même pas civilisé et qui vit sous la foi de ses traditions et de ses usages. Vous comprenez à merveille la portée, la conséquence de l'art. 170. Partout où vous irez, conformez-vous à la loi du pays ; qu'elle soit prudente ou imprudente, peu importe, le mariage sera bon et inattaquable. Que cette disposition soit sage et à l'abri de tout reproche, c'est ce que je n'ai pas à examiner ; je n'y vois qu'une chose, c'est qu'elle est ancienne, c'est qu'elle a existé de tout temps et qu'elle est universelle ; c'est l'application banale faite au mariage de l'adage *Locus regit actum.* Elle est ancienne en fait de mariage : *Cum agitur de solemnitate...*

J'ai dit qu'elle était universelle, qu'elle existait dans tous les pays.... Mon Dieu ! elle a toujours existé en France, elle y existait sous notre ancienne jurisprudence, elle y existe sous notre droit actuel, et voici dans quels termes elle a été présentée par Portalis, dont j'aime à citer les paroles, parce que je suis, comme mon adversaire, plein de respect pour son autorité :

« La terre a été donnée en partage aux enfants des hommes. Un citoyen peut
» se transporter partout, et partout il peut exercer les droits attachés à sa qualité
» d'homme. Dans le nombre de ces droits, le plus naturel est incontestablement
» celui de contracter le mariage. Cette faculté n'est pas locale ; elle ne saurait être
» circonscrite par le territoire ; elle est pour ainsi dire universelle comme la na-
» ture, qui n'est absente nulle part. Nous ne refusons donc pas aux Français le
» droit de contracter mariage en pays étranger, ni celui de s'unir à une personne
» étrangère. La forme du contrat est réglée par les lois des lieux où il est passé. »
(Portalis, *Exposé des motifs de la loi relative au mariage,* séance du 16 ventôse an VI).

Cependant ils sont possibles, les abus que mon adversaire a fait valoir et que je vais examiner tout à l'heure : c'est vrai ; qu'on me permette cependant de distinguer. Il peut y avoir des abus en ce qui concerne la forme du mariage, il n'y en a pas sur ce qui constitue le fond même du mariage. L'accessoire du mariage peut prêter à des abus possibles. Mais le consentement, qui est l'âme du mariage, mais toutes les grandes conditions du mariage, nous les voyons observées partout ; dans les pays sauvages comme dans les pays civilisés, comme en France, le mariage est soumis à cette loi du consentement : tout ce qui compose les éléments essentiels de l'union conjugale s'attache à la personne et la suit ; tout ce qui tient à la sainteté du mariage est observé partout ; il n'y a que la forme qui soit abandonnée au hasard, à la législation ou aux usages du pays où le mariage est célébré. Ainsi, par exemple, nos lois règlent avec une économie parfaite tout ce qui touche à l'état, à la situation des personnes. Nous avons des registres, des officiers de l'état civil. On a pris des garanties pour que cet état civil demeurât stable; on a voulu qu'il fût possible d'y recourir toujours; or, toutes ces prescriptions sont laissées de côté : vous pouvez naître à l'étranger, vous marier à l'étranger, mourir à l'étranger, tous ces actes si importants de la vie seront confiés au hasard d'une feuille volante ou à la tradition; le mariage pourra être constaté de la manière la plus frivole.

En Orient, par exemple, les lois du pays, intolérantes, comme on voudrait faire les nôtres, disent que les chrétiens ne pourront pas se marier, ou du moins qu'on ne pourra pas dresser d'acte de leur mariage. Un Français se marie donc dans ce pays, sans acte, sans preuve; il arrive en France, on lui demande son titre, un de ces actes si essentiels, si indispensables chez nous, il répond : Je n'en ai pas, parce que je viens d'un pays où je ne pouvais pas en obtenir. Alors qu'arrive-t-il? Le Français marié en Orient se fonde sur ce qu'on appelle une preuve vocale, c'est-à-dire la présomption que son mariage a été célébré avec les formes usitées dans le pays d'où il vient. Deux arrêts de la Cour de cassation valident deux mariages contractés dans cette forme, c'est-à-dire sans titre, sans autre preuve que la preuve vocale. Un arrêt du 20 décembre 1841 a reconnu en principe comme valables les mariages contractés en Pensylvanie où, à ce qu'il paraît, aucun acte n'est nécessaire, où la réputation, la cohabitation suffisent. L'arrêt rendu sur les conclusions conformes de M. Delangle est ainsi conçu :

« La Cour :
» Attendu, en droit, qu'afin que le mariage contracté en pays étranger, entre
» Français et entre Française et étrangers soit valable, quoique non revêtu de toutes
» les formes exigées en France par les lois françaises, il faut nécessairement qu'il
» ait été célébré dans celles voulues par les lois du même pays étranger....;
» Attendu que la loi pensylvanienne (ou l'usage consacré par une jurisprudence
» constante), pour prouver le mariage légitime et en constater légalement l'exis-
» tence, n'exige ni acte civil, ni acte religieux, ni acte authentique, ni même acte
» privé, mais qu'elle se contente de deux éléments, savoir, de la cohabitation et
» de la réputation, etc. »

Peut-il y avoir au monde une violation plus grande de la loi française, un abus plus considérable? Voilà cependant jusqu'où va la jurisprudence française. Vous venez d'un pays où il n'y a ni actes authentiques, ni preuves d'aucune espèce; vous vous prétendez mariés et vous manquez à toutes les prescriptions de nos lois : votre mariage est bon, cependant; il suffit de prouver la cohabitation. C'est s'attacher à un fait vague et souvent insaisissable; néanmoins la cohabitation vous tient lieu d'acte de mariage. Voilà ce qui a été jugé. Je pourrais multiplier les citations, en rappelant les arrêts intervenus dans des questions de même nature; mais il suffit. Vous voyez, en ce qui touche la forme de l'acte et la présence de l'officier civil, jusqu'où peut conduire l'interprétation légale de l'art. 170.

En Espagne, c'est le concile de Trente qui est la règle : le concile de Trente, qui n'a pas toute la sagesse de nos lois, mais qui du moins peut prendre sa part des éloges que nos anciens jurisconsultes ont donnés aux dispositions respectables du droit canonique. Cependant ces vieux auteurs, que nous admirons tous, combattaient l'introduction en France du concile de Trente, et la combattaient avec raison comme trop favorable aux mariages clandestins, à cause de ses formes expéditives.

Et pourtant ! on pourra se marier avec des formes bien autrement expéditives. On va se marier en Écosse sans formalité aucune, sans une seule des conditions imposées par le concile de Trente. Vous faites venir le forgeron, qui est à l'ouvrage ; il baisse ses manches qu'il avait relevées pour son travail ; il commence un autre travail, il va chercher deux témoins, deux marchands de gin, que sais-je ? Et vous voilà marié. Comment marié ? Oui, vraiment ; il se fait quatre cents mariages par an de la sorte. C'est ainsi que se marient non pas les pauvres gens, mais les grands seigneurs ; c'est ainsi que se sont mariés des pairs d'Angleterre, deux chanceliers, lord Erskine, lord Eldon, lord Westmoreland. L'Angleterre trouve que c'est un abus, elle a raison ; elle veut y mettre ordre, elle a raison ; elle demande qu'on justifie au moins de quinze jours de résidence préalable, comme à Londres, ce n'est pas trop exiger. Elle ne l'a pas encore obtenu, elle l'obtiendra peut-être, c'est son affaire. Mais enfin ces mariages sont bons, très bons, et les Anglais ne crient pas à la prostitution, à la profanation, et les Anglais, autant que nous, comprennent la dignité du mariage. Ces sortes de mariages, faits au cabaret, ont été souvent attaqués ; j'en pourrais citer vingt ou trente exemples, toujours ils ont été validés. Si le mariage qui nous occupe avait été célébré devant le forgeron de Gretna-Green, si M. et madame Pescatore avaient voulu jouer cette comédie, ils se présenteraient maintenant avec l'acte du forgeron ; ce serait une affaire finie, nos adversaires n'y trouveraient rien à redire ; le mariage aurait été fait dans les formes légales de l'Écosse. Et parce que nous nous sommes mariés dans un pays catholique, avec les formalités prescrites par la loi catholique, nos adversaires osent crier à la prostitution, à la profanation ; tout est perdu, les flammes vont dévorer l'empire ! Ils remplissent des mémoires de leurs doléances, et vous savez dans quels termes ils font entendre ces doléances. Et pourquoi donc, s'il vous plaît ? Ah ! l'Église catholique que vous accusez d'intolérance, est moins exclusive et moins intolérante que vous ; elle admet les mariages contractés en pays schismatique, devant un prêtre schismatique ; pour elle ces mariages sont valables, parfaitement valables. Du haut de sa tolérance que vous méprisez, que vous méconnaissez, elle déclare ces mariages bons et excellents. Voilà l'exemple que nous donne l'Église catholique. Et l'Église anglicane !... je la respecte ; mais enfin cette Église si absolue, si jalouse, si intolérante, l'Église anglicane, qui redoute tant de voir le papisme pénétrer dans son sein, qui prend contre lui tous les jours des précautions si sévères, si exorbitantes, si inquisitoriales en quelque sorte ; eh bien ! l'Église anglicane est moins intolérante cependant que mon sage adversaire ; elle permet, elle valide, elle consacre, tout en les méprisant comme l'œuvre du démon ou du papisme, les mariages contractés chez elle ou au dehors avec d'autres formes que les siennes. Elle a raison ; car parmi tous ces prêtres qui couvrent la face du monde, il n'y en a pas un seul qui ne puisse faire un mariage selon les usages de son pays, et ce mariage, la maxime *Locus regit actum* défend de l'attaquer. Il faudrait respecter un mariage célébré dans un désert par un fakir ; et quand on se présente appuyé sur le concile de Trente, qui longtemps a été la loi et la clarté du monde, quand on invoque la solennité qu'il prescrit, la prudence qu'il commande, ses formes protectrices, que Pothier, cité par vous, trouvait très sages ; quand on vient ici, fort d'un mariage célébré avec toute la solennité catholique par un prêtre catholique, par un prêtre de notre religion, de cette sainte religion dont je suis autant que vous un serviteur, vous criez : Arrière ! vous repoussez les époux comme des intrus , avec hauteur et dédain. Voilà jusqu'où va votre intolérance ! Vous écrivez dans des *factum* que, si l'on n'y prend garde, tout est perdu, que l'État est mis en interdit, la société civile confisquée, et que ces grandes guerres qui ont si longtemps existé entre l'État et l'Église vont renaître, et vous invoquez l'autorité de Portalis, la lettre qu'il écrivait à l'empereur. Ah ! permettez, je ne veux pas la relire , mais je vous dirai que vous en faites une fausse application : Portalis flétrissait à juste titre ces gens qui passaient la frontière pour aller se marier au mépris de nos lois. Relisez-la cette lettre, et vous y verrez que ces mariages ainsi contractés ne l'étaient pas par sentiments religieux, mais pour échapper aux prescriptions de la loi civile, à la présence de l'officier public, parce qu'on n'avait pas l'âge, parce qu'on n'avait pas le consentement de ses parents : c'est pour cela qu'on passait la frontière ; c'était probablement aussi pour éviter les règles sévères de la conscription. Dans ces mariages ainsi contractés hors de la France au mépris de nos lois, il ne s'agissait pas de la forme, il s'agissait du fond.

Il est vrai que Portalis ajoute que l'absence de publications est une cause de nullité. Il parle avec son temps, avec son siècle, avec ses lumières, avec son autorité, tout le monde le croyait alors : les Cours de l'empire étaient persuadées que l'absence de publications entraînait la nullité du mariage. On était dans les premiers temps du Code civil et l'on en appliquait rigoureusement les termes, au lieu d'en pénétrer l'esprit, au lieu d'admettre les tempéraments que son interprétation comporte. Voilà ce que disait Portalis, mais Portalis n'avait pas prévu ces pèlerinages dont vous avez parlé. Laissez donc de côté tous vos fantômes imaginaires. La France, soyez-en sûrs, a reçu avec soumission et joie ce concordat, qui a été, en effet, un traité d'alliance entre l'État et l'Église ; ce concordat, qui rétablissait l'union chez nous, la France l'exécute avec soumission. Rome l'a accepté dans ses dispositions mêmes qui prescrivent que le mariage civil doit précéder le mariage religieux ; et ceux qui sont chargés de l'enseignement religieux en France, ceux qui dans cette célèbre école de Saint-Sulpice forment des élèves, une pépinière au clergé français, ceux-là enseignent que cette doctrine est respectable et sacrée, et que tout le monde doit y obéir.

Je sais bien qu'au milieu de cette foule religieuse et respectueuse, de temps en temps il s'élèvera contre cette législation respectable et sacrée un cri de malédiction et d'anathème ; une voix isolée protestera en effet contre la sagesse de ces dispositions qui rendent à Dieu ce qui est à Dieu, mais aussi à César ce qui est à César. Je sais bien que vous entendrez un homme vous dire :

« Chez toutes les nations même les plus barbares, le mariage eut toujours un
» caractère sacré : jamais il ne fut, dans aucun pays, un simple acte civil, une pure
» convention humaine garantie par l'État. Le souvenir, partout conservé, de son
» institution primitive apprit aux hommes qu'à Dieu seul appartient le pouvoir de
» former le lien mystérieux, indissoluble qui doit unir l'époux à l'épouse, comme
» il unit originairement le père et la mère du genre humain.

» Pour nous, peuple sans Dieu, nous avons chargé un adjoint de village d'ac-
» complir loin de l'autel l'œuvre de la toute-puissance, de lier à jamais les destins
» de l'homme à ceux de la compagne qu'il s'est choisie, d'enchaîner les caprices de
» son cœur, de soumettre sa volonté à une règle immuable, de créer la famille, la
» puissance paternelle, et de voir des enfants ; car, s'il ne fait toutes ces choses, le
» mariage, dont il est le ministre, n'est qu'un concubinage légal, une véritable
» prostitution. »

Telles sont les voix qui de loin en loin s'élèvent ; mais celui qui a prononcé
ces paroles, entraîné par la violence de son esprit, a brûlé de ses propres mains
l'autel qu'il avait adoré, renié le Dieu qu'il avait servi. Ce Dieu l'a frappé ; il
est mort en blasphémant dans l'impénitence finale. Arrêtons-nous ; il est
devant la face de celui qui l'a jugé : *Pervenit judicium ejus usque ad cœlum.*

Voilà, messieurs, ce que j'avais à vous dire sur ce point du procès, sur les
inconvénients qui peuvent surgir de l'application d'une loi que je n'ai pas à
justifier, dont j'ai purement et simplement à demander l'application, confor-
mément aux principes consacrés dans tous les pays du monde, que l'art. 170
du Code Napoléon s'est contenté de formuler. Voici en définitive le principe
de cet article : Tout mariage est bon sous quelque forme qu'il ait été contracté,
quelque abus qui puisse en découler, quelque désordre même qui puisse en
résulter, pourvu qu'il ait été revêtu des formes usitées dans le pays où il a été
contracté. Maintenant que nous savons cela et que je n'ai plus à vous deman-
der que l'application d'une loi ancienne, universelle, dont la sagesse est
reconnue par tous, en dépit des inconvénients qu'elle peut entraîner quelque-
fois , examinons comment nous devons l'appliquer.

Quel est l'usage à Renteria ? Vous savez à merveille qu'en Espagne le con-
cile de Trente est en vigueur, et qu'il a été confirmé, en ce qui concerne le
mariage, par les Cortès sous le régime parlementaire. Vous savez aussi ce que
veut le concile de Trente ; il exige la célébration du mariage par le propre
curé. Le mariage ne sera valable qu'autant qu'il sera célébré en présence du
curé. Le concile de Trente ne dit pas le propre curé ; mais il est évident que
c'est ce qu'il veut dire ; il faut la présence du propre curé ou la permission
du propre curé. Voici le texte :

« *Non aliter quam præsente parocho vel alio sacerdote de ipsius parochi
vel ordinarii licentia.* »

C'est en face même de ce texte que je veux combattre les objections cap-
tieuses de mon adversaire ; mais, permettez-moi de le dire, malgré le déve-
loppement qu'il leur a donné, il y a huit jours, et malgré une consultation
délibérée par un très savant professeur, ces objections n'ont pas à mon avis
la moindre portée.

Supposons, dit-on, que la licence ait été régulièrement donnée par l'ordi-
naire ; quel sera l'effet de la licence ? C'est une délégation. Le cardinal Don-

net, archevêque de Bordeaux, a donné délégation du pouvoir qu'il avait comme propre curé. Il pouvait faire le mariage lui-même, il ne l'a pas voulu, et alors il a délégué ses pouvoirs au curé de Renteria. C'est donc en vertu des pouvoirs qui lui ont été donnés par l'archevêque de Bordeaux que le curé de Renteria a marié M. et madame Pescatore. Eh bien ! qu'en résulte-t-il ? c'est que ce n'est pas le curé de Renteria qui, en définitive, a fait le mariage. Le curé de Renteria n'a été que la main qui a béni le mariage ; celui qui l'a réellement fait, c'est l'archevêque de Bordeaux, car c'est avec sa délégation qu'il a été accompli. Or, si c'est l'archevêque de Bordeaux qui a fait le mariage, ce n'est plus un mariage espagnol, c'est un mariage français. Ce raisonnement est un peu confus, je tâche de l'éclaircir de mon mieux. Or, si c'est un mariage français, il a été fait en violation de la loi française, car l'archevêque de Bordeaux n'avait pas le droit de procéder au mariage religieux avant le mariage civil. Il y a nullité en droit civil, au point de vue du concordat ; il y a nullité même au point de vue de notre loi pénale, qui s'exprime ainsi :

« Art. 199.— Tout ministre d'un culte qui procédera aux cérémonies religieuses » d'un mariage, sans qu'il lui ait été justifié d'un acte de mariage préalablement » reçu par les officiers de l'état civil sera pour la première fois puni d'une amende » de 16 francs à 100 francs. »

Voulez-vous me permettre de vous dire que dans cette objection il y a autant d'erreurs que de mots, et qu'il faut vraiment avoir confondu tous les principes ordinaires de la raison, tous les principes ordinaires du droit civil, et n'avoir aucune notion du droit canon pour faire un pareil argument et pour en tirer une pareille conclusion ? Je vais tâcher de le démontrer.

Et d'abord, quelle est la nature de l'acte qui a été adressé par le propre curé au curé qui a fait le mariage ? On dit : c'est une délégation, c'est un mandat. Ah ! permettez, c'est que dans le langage ordinaire, dans la pratique, on emploie souvent des expressions fort impropres ; on n'y fait d'abord pas attention, et ensuite on s'étonne. C'est ce qui nous arrive à nous-mêmes à chaque instant ; nous avons l'habitude des lois, c'est vrai ; mais dans la pratique nous employons, par exemple, en dehors de son vrai sens, le mot *délégué* pour désigner l'acte par lequel le propre curé permet à un autre de célébrer le mariage. Nous voyons même dans notre affaire que monseigneur de Bordeaux, envoyant sa permission au curé de Renteria, l'a substitué à sa place. Mais ce n'est pas là une délégation telle que nous l'entendons dans le langage ordinaire. Il faut bien comprendre le caractère et l'étendue des pouvoirs qui sont donnés. La compétence du prêtre n'est pas restreinte comme celle d'un officier de l'état civil qui, maire ou adjoint ici, redevient simple bourgeois à quelques pas plus loin ; il change de place et son caractère s'évanouit ; le caractère du prêtre, au contraire, est universel comme l'Église, il est indélébile ; son pouvoir n'a donc ni limite ni frontière. Point d'entrave pour le prêtre, parce qu'il est le représentant de l'Église universelle, c'est-à-dire catholique. Il sera donc habile à administrer les sacrements partout ; partout il sera habile à marier. Je sais bien que pour maintenir l'ordre dans la discipline ecclésiastique, et non pas pour constituer au prêtre des pouvoirs qui lui manqueraient, je sais bien, dis-je, que pour régler la part de chacun dans l'administration des choses religieuses de chaque diocèse, on exige que chaque prêtre ait une permission particulière pour exercer son ministère, non pas *defectu mandati*, mais, je le répète, dans l'intérêt du bon ordre et de la discipline. C'est ainsi qu'il lui sera défendu par son évêque de faire ce qui lui était permis en vertu de sa divine institution, c'est-à-dire d'exercer son ministère ici et là sans en avoir obtenu la permission ; voilà comment les choses se passent. Mais, en cas de nécessité, le prêtre retrouve son pouvoir universel, ce qui prouve bien que sa compétence n'est pas la compétence limitée et spéciale d'un officier civil. C'est précisément ce que dit Mgr le cardinal Gousset, archevêque de Reims, dont mon adversaire a fait l'éloge, et que j'ai le droit de louer encore plus que lui, car je le connais davantage.

« L'Église assigne à ses différents ministres certaines limites, certains territoires ou certaines personnes à l'égard desquels ils doivent exercer leur ministère sacré ; d'où il résulte que, hors le cas de nécessité, aucun prêtre ne doit donner les sacrements à d'autres que ceux qui lui sont désignés ; mais en cas de nécessité, etc. »

Pourquoi, en cas de nécessité? Parce qu'alors la discipline disparaît, et la loi de Dieu reprend son pouvoir.

Est-ce que l'officier civil de Corbeil qui se trouve à Meaux peut procéder à un acte de son ministère? Voilà quelqu'un qui veut se marier ; le maire n'y est pas, l'adjoint est également absent, est-ce que le maire de Corbeil pourra revêtir son écharpe et procéder au mariage? Non, il n'aura pas compétence, il n'aura pas pouvoir, il n'aura pas plus d'autorité que moi pour le faire. Mais le prêtre, au contraire, comme il a un pouvoir universel sur toute la surface de la terre, et un pouvoir qui ne peut lui être enlevé, le prêtre pourra marier partout, sauf les convenances de la discipline qui lui dit : Vous n'exercerez que dans telle église, que dans tel diocèse.

Voilà le caractère du prêtre. En sorte qu'il ne reçoit pas un pouvoir en vertu d'une délégation ; il tient sa puissance de Dieu même et non pas des hommes. Quand il marie, c'est au nom de Dieu ; c'est au nom de Dieu qu'il dit : *Ego vos conjungo in nomine Patris et Filii et Spiritus Sancti.*

Je vous marie, au nom de Dieu, au nom du pouvoir qu'il m'a donné, au nom du Père, du Fils et du Saint-Esprit. Il ne marie pas au nom de tel ou tel ordinaire, au nom de tel ou tel propre curé ; il donne sa bénédiction avec le pouvoir qui lui appartient à lui, sous sa propre responsabilité. C'est lui seul qui agit, non en vertu d'une délégation, mais en vertu du droit que Dieu lui a conféré.

Et maintenant, messieurs, ce n'est pas au langage vulgaire de la conversation, au style des chancelleries religieuses, aux expressions des officialités dans une dispense qu'il faut s'attacher ; cette langue est impropre, il la faut écarter, pour s'en tenir aux expressions mêmes de la loi. Que dit le concile de Trente? « *Non aliter quam præsente parocho, vel alio sacerdote de ipsius parochi vel ordinarii* LICENTIA. » C'est-à-dire qu'il faut la permission du propre curé, parce que la loi canonique a imposé cette condition, la permission, *licentia*. Et ne croyez pas, messieurs, que ce mot ait échappé à l'attention du secrétaire du concile de Trente: ce mot, les conciles antérieurs l'ont employé ; les Pères du concile de Narbonne, cité par mon adversaire, se sont également servis du mot *licentia*.

Il y a mieux ; ce n'est pas seulement le langage de l'Église, c'est celui des édits royaux, des édits du roi Louis XIV :

« Une permission spéciale et par écrit du curé des parties qui contractent. »

Remarquez de plus que dans les édits du royaume on exigeait la permission par écrit, tandis que le concile de Trente ne l'exige pas et que dans les pays qui ont reçu ce concile comme foi, comme doctrine, il suffit de la licence verbale.

Pothier se sert également du mot *permission* :

« Un prêtre, dit-il, qui a permission de l'évêque. »

Ce n'est donc pas une délégation, et vous voyez ce que devient l'argumentation de mon adversaire dont la délégation était la pierre angulaire. Le prêtre qui bénit le mariage, disait-il, n'est pas celui qui marie ; lorsqu'il a reçu une *licentia*, il n'est plus qu'un agent subalterne qui représente une autorité dont il n'est pas en possession. Or, quel est le prêtre qui a agi dans l'affaire qui nous occupe ? Ce n'est pas le curé de Renteria, c'est l'archevêque de Bordeaux. Examinons encore ce raisonnement : L'archevêque de Bordeaux n'a pas donné ses propres pouvoirs, mais la simple permission de marier, une permission pareille à celle qui serait donnée à un prêtre étranger à un diocèse qui demanderait à y faire un acte de son ministère. Mais dans ce cas, pensez-vous que l'ordinaire, parce qu'il donne une permission, accomplisse lui-même l'acte qu'il autorise ? Croyez-vous que la personnalité de celui qui agit réellement disparaisse complétement ? Comment ! lorsque nous avons marié nos filles à Saint-Roch, et qu'un prêtre, ami de notre famille, est venu à Paris pour leur donner la bénédiction nuptiale, avec la permission du curé, ce sera le curé qui aura marié nos filles, et non le prêtre qui aura fait cent lieues pour présider à cette cérémonie. Ce ne sera pas lui, mais bien l'ordinaire à qui il aura demandé la permission de bénir cette union ! En vérité, je n'avais jamais entendu dire pareille chose, et j'en demeure confondu !

S'il en était ainsi, si l'agent délégué ne faisait rien, et que le déléguant fît tout, si le délégué était sans pouvoir, sans responsabilité, l'archevêque de Bordeaux aurait pu donner sa licence au premier venu, à un laïque quelconque. Il n'aurait pas été embarrassé pour trouver un bras pour bénir, une bouche pour prononcer les paroles sacramentelles. Un passant aurait pu lui servir d'instrument et prononcer ces mots en son lieu et place : *Ego conjungo vos in nomine Patris et Filii et Spiritus Sancti.* Eh bien ! une telle conséquence n'est pas possible, et personne ne peut l'admettre.

Voilà ce que dit le bon sens, voilà ce que dit la raison ; mais que vous dirai-je du droit canonique ? Il n'est pas un ecclésiastique qui en ait la plus petite notion qui ne se révolte en entendant une pareille théorie, en entendant confondre la licence usitée en pareil cas avec la délégation ou le mandat.

Il y a un savant professeur qu'on appelle l'abbé Carrière ; c'est un des hommes les plus instruits de l'Église de France, qui a professé la théologie au séminaire de Saint-Sulpice ; il est auteur d'un livre intitulé : *Prælectiones theologicæ*, à l'usage du séminaire. Dans son traité spécial sur le mariage, il examine les effets de la licence et il dit : « *Illa licentia non est actus juridic-*

tionis, » comme s'il avait prévu qu'il se rencontrerait un laïque qui viendrait dire que la délégation est un acte de *juridictio,* et qui interpréterait à sa manière le droit canon en matière de juridiction comme s'il avait prévu l'objection qu'on nous fait, il ajoute : « *Ratio est quod illa licentia, non est actus juridictionis sed mera designatio personæ.* » Quant au droit lui-même, le prêtre le tient du concile : « *Jus ipsum seu concilium tribuit facultatem assistendi matrimonio.* »

Ce n'est pas moi, cardinal Donnet, qui vous donne un pouvoir, je vous donne la permission d'exercer le pouvoir qui vous appartient, de l'exercer en Espagne, avec le caractère indélébile et universel du prêtre. Est-ce que vous en faites usage en vertu de la permission? Non! vous en faites usage, non pas en vertu de mon autorité à moi, prélat, mais en vertu du pouvoir que vous a donné le concile.

Il y a un auteur qui explique peut-être mieux encore le point qui nous occupe : c'est Fagnan qui, en droit canon, a une autorité immense; sa réputation est de notoriété publique. Fagnan était secrétaire de la sacrée congrégation établie à Rome pour interpréter le concile de Trente ; il occupa le même poste que Benoît XIV, dont mon adversaire invoquait l'autre jour une constitution. Il y fut appelé par le pape Paul V, et il vit se succéder sur le trône de saint Pierre sept pontifes. Eh bien ! Fagnan parle de la licence; il examine si c'est en droit canon une délégation ou une simple permission, et voici ce qu'il dit :

« Quamvis idem concilium subjecerit de parochi vel ordinarii licentia, non
» propterea sequitur, *quin sacerdos sit deputatus à concilio et proprio jure ma-*
» *trimonii celebratione interesse valeat.* Nam licentia supponit potestatem in eo
» cui conceditur.... et ideo concilium non dixit, coram alio sacerdote per parochum
» delegando, quo casu vice delegati fungeretur ; sed dixit coram alio sacerdote de
» parochi licentia, ut ostenderet à concilio quidem sacerdotem deputari, eique hanc
» facultatem legis vigare competere.»

Est-ce clair, ceci? Le concile n'a pas dit *« avec la délégation, »* mais *« avec la permission du propre curé,* » afin d'indiquer que le prêtre agit en vertu de ses propres pouvoirs et d'une simple permission. Et si l'on examine de près, pour ainsi dire, le mécanisme de cette institution, on voit que ce n'est pas en vertu de la permission donnée par le propre curé qu'agit le célébrant, mais au nom du concile même: voilà ce que nous apprend Fagnan, ce que son autorité nous commande de croire ; je ne puis rien ajouter.

Mais! dit l'adversaire, vous violez le concordat : un prélat français ne peut pas donner la *licentia,* c'est-à-dire la permission qui, au nom de la loi et du concile, constitue le pouvoir de celui qui agit en Espagne ; c'est contraire au concordat.

Comment! le concordat défend qu'un prêtre français donne à un prêtre espagnol, non pas le pouvoir, mais la permission de marier deux Français en Espagne? Eh bien ! je vous dis moi que, non-seulement il n'est pas défendu au prélat français de donner cette permission, mais que lui-même aurait pu, sans violer le concordat, célébrer le mariage en Espagne, et que le mariage aurait été parfaitement régulier et valide. Pourquoi donc? Je vais vous le dire :

Il existe en France une loi qui doit être obéie et qui dit au prêtre, qui a raison de lui dire : Tu ne donneras pas la bénédiction nuptiale sur l'étendue de mon territoire, avant qu'on ne te représente la preuve d'un mariage contracté devant l'officier de l'état civil. Voilà la loi, il faut la respecter. Mais si le prêtre n'est plus en France, s'il est dans un autre pays où la loi française n'a plus d'empire, il reprend son indépendance, sa liberté; son pouvoir n'est plus subordonné à la préexistence d'un mariage civil. Je vous demande en vertu de quelle loi, de quel principe on pourrait lui appliquer les dispositions de notre Code pénal ; car la loi civile a une sanction, et cette sanction est écrite dans le Code pénal. Or, il faut aller jusque-là, jusqu'à appliquer la pénalité écrite dans les art. 199 et 200, et il faut dire au prêtre : Je te punis parce que tu as violé la loi. Mais, vous dira-t-il, puis-je violer la loi française sur un territoire étranger, en faisant un mariage religieux que la loi du pays m'autorisait à faire? Allons donc ! c'est tout confondre, c'est brouiller toutes les notions du droit, tous les principes de la sagesse, toute l'économie de nos lois. Si la loi française doit être obéie en France, la loi espagnole doit être obéie en Espagne ; et, sachez le bien, ce qui serait un délit ici est parfaitement licite là-bas. La forme des actes a été réglée dans tous les pays. Si je suis en France, je dois exercer mon ministère en restant dans les limites que me tracent les lois françaises, c'est incontestable ; mais si je suis en pays étranger, j'ai le droit de faire tous les actes permis dans ce pays étranger, alors même qu'ils seraient interdits par la loi française.

C'est ainsi que tombe l'échafaudage de raisonnements qu'a élevé mon adversaire, et dont il tirait deux conséquences : la première, que c'était l'archevêque de Bordeaux qui avait fait le mariage, parce qu'il avait délégué ses pouvoirs ; or, j'ai prouvé qu'une permission ne se pouvait comparer à une délégation, à un mandat ; la seconde, qu'il n'avait pas même le droit de donner cette permission sans violer le concordat. Et je suis allé plus loin ; je prétends que non-seulement l'archevêque de Bordeaux avait le droit de donner la *licentia*, mais même de célébrer le mariage en personne, non pas en France, bien entendu, mais en Espagne, en se conformant à la loi espagnole.

La plaidoirie de mon adversaire s'appuyait, qu'il me permette l'expression, sur deux épouvantails qui se sont évanouis l'un et l'autre. Le premier consistait à nous dire qu'on allait voir des pèlerinages, des croisades de gens qui iraient au delà de nos frontières se marier religieusement pour se soustraire au mariage civil que nos lois prescrivent... Je ne sais pas pour mon compte prévoir les malheurs d'aussi loin. Il y a vingt ans que la jurisprudence que j'ai invoquée est fixée, et nous n'avons pas vu ces calamités que vous voulez conjurer, et d'ailleurs, quel est le fanatique que la nécessité de faire des publications préalables aurait arrêté. Je le répète : il est écrit qu'on peut se marier à l'étranger, dans toutes les contrées, en se conformant aux formes établies dans le pays, en Espagne, en Italie, en Angleterre. Je vous en prie, où sont-elles vos troupes de pèlerins ? où sont-elles ces croisades dont vous nous menaciez ? Pourquoi chercher à nous épouvanter avec ces vains fantômes qui ne sauraient effrayer que des enfants ?

Il y avait un autre épouvantail, c'est le système de la délégation qui nous présentait un prélat français manquant à tous ses devoirs, violant le concordat, toutes les lois de son pays et célébrant lui-même de son palais archiépiscopal de Bordeaux un mariage à Renteria, en Espagne. Tous ces arguments tombent ; ces objections habilement édifiées s'écroulent ; il faut faire disparaître vos terreurs du procès et nous restons en face de notre affaire.

S'il se fût agi d'un minime intérêt, il me semble qu'il n'y aurait pas eu de difficulté, et la voix de nos adversaires n'aurait pas rempli votre audience. Mais le procès a eu lieu, examinons-le.

Ai-je été marié selon les prescriptions du concile de Trente? C'est vraiment la seule question. Sur ce point nous avons demandé une consultation aux hommes les plus haut placés dans le barreau espagnol. Nous avons cru que c'était notre devoir pour éclairer la religion du tribunal, et MM. Manuel Cortina, Hernandez, Murphy, Ramon Crooke et Serrano, nous ont envoyé cette consultation. Ce sont des jurisconsultes estimés en Espagne. Ils disent que cette question ne saurait soulever de doutes sérieux en Espagne ; en soulèvera-t-elle en France? c'est ce qu'il faut examiner, malgré l'autorité des jurisconsultes espagnols. Je pourrais, il est vrai, m'en tenir à la doctrine d'un arrêt de la Cour de cassation, du 16 juin 1829, dans lequel la Cour, se contentant d'une attestation donnée par un évêque, déclarait le mariage qui lui était déféré parfaitement conforme aux lois de l'Église. Voici son arrêt :

« Attendu que l'arrêt attaqué reconnaît qu'il résulte d'une déclaration de l'évêque
» diocésain et des pièces jointes, que l'acte de mariage et l'acte de naissance réu-
» nissent dans leurs formes et leur substance toutes les conditions requises et ont
» été précédés et suivis de toutes les exigences légales établies dans le pays, et
» qu'aucune loi française n'ayant déterminé la manière de connaître et d'appliquer
» les lois et une jurisprudence étrangères, l'appréciation de la déclaration de l'évê-
» que diocésain et des autres pièces produites était dans le domaine exclusif de la
» cour royale : d'où il résulte que l'acte de mariage et l'acte de naissance devaient
» être maintenus, même dans le cas où le concile de Trente n'aurait pas été re-
» connu la loi des parties, et où toutes les prescriptions du concile n'auraient pas
» été littéralement observées comme elles l'ont été dans la cause.... »

Faisons plus, je le veux bien, et ne nous contentons pas seulement de la consultation des avocats d'Espagne, des certificats délivrés par plusieurs évêques ; mais n'oubliez pas que c'est une affaire espagnole. Jugez-la comme la jugeraient des juges espagnols. Voyez si la législation espagnole, c'est-à-dire si les règles du concile de Trente ont été observées. Tout d'abord, permettez-moi de vous signaler la difficulté de cet examen. Elle n'existe, il est vrai, que parce que nos adversaires ont tout fait pour obscurcir la question qui en elle-même est fort claire. Quand on plaide devant vous, messieurs, des questions de donations, d'hypothèques, de contrats de mariage, de validité de mariages contractés en France, quels que soient les ambages et la subtilité que l'on essaie d'y mettre, vous ne vous laissez guère embarrasser. Mais quand on vient vous parler d'une législation étrangère et du concile de Trente, vous sentez que vous n'avez pas donné à cette étude le même temps, la même attention qu'à l'étude de la législation française. Alors vous doutez, vous éprouvez une inquiétude toute naturelle. Il y a une deuxième raison de défiance que je vous dois signaler, car la plus sérieuse attention est nécessaire sur ce point : vous savez à merveille que le concile de Trente n'a pas été reçu en France et que son introduction a donné lieu autrefois à de grandes controverses. Ainsi, l'indépendance du pouvoir temporel a été conservée par nos lois, qui n'ont pas voulu sous ce rapport se mettre sous la tutelle de l'Église. Le concile de Trente a été admis en France, suivant l'expression de Bossuet, quant à la foi, jamais quant à la discipline. La législation française est restée en désaccord avec la législation canonique. Il en est résulté que, tandis que la législation canonique se contentait de deux témoins, les édits royaux en demandaient quatre ; que quand la législation canonique n'exigeait qu'un domicile d'un mois, la législation royale exigeait six mois ; il est résulté de là aussi des luttes ardentes entre le gouvernement et les ultramontains. Vous vous rappelez comment, en 1776, l'ouvrage du docteur Jacques Lhuillier mettait la Sorbonne en émoi. Pourquoi cela ? C'est qu'il s'agissait de savoir s'il appartenait au roi d'apporter au mariage des empêchements dirimants, ou si c'était un privilége de l'Église. Sur cette question le docteur Lhuillier a fait une thèse que je n'ai pas lue, j'en conviens, même pour le besoin du procès. Talon, avocat du roi, s'émut, cita Lhuillier à la barre du parlement, et le président de Lamoignon se joignant à lui, déclara :

« Que les rois ont le pouvoir de faire des lois irritantes sur le sujet du mariage ; » que les rois tiennent ce pouvoir de Dieu seul, comme faisant partie de la puis-» sance souveraine qui regarde le temporel de leurs royaumes. »

Ainsi, le désaccord est complet, et permettez-moi de vous le dire, vous pouvez trouver à cet égard un assez grand embarras, et vous devez vous mettre en garde contre la jurisprudence canonique française.

Si par exemple vous voulez appliquer la législation française, qu'est-ce que vous trouverez ? Vous trouverez qu'elle exigeait quatre témoins, et que le concile de Trente se contentait de deux. Vous trouverez que le concile de Trente, quelquefois appliqué, n'a jamais été reçu en cette matière, qu'il a été remplacé par les édits royaux. Or, n'oubliez pas une chose : vous n'avez pas à examiner si le mariage dont il s'agit est conforme au concile de Trente, tel qu'il a été expliqué ou remplacé par la législation, la jurisprudence françaises ; aussi je m'inquiète quand je vois mon adversaire qui prend Pothier pour guide et pour interprète du concile de Trente.

Il faut donc se mettre en garde contre nos auteurs les meilleurs, les plus autorisés, nos auteurs favoris. Si je les suis dans leurs luttes, si je trouve qu'ils ont raison, si je marche avec eux, je ne marche pas avec le concile de Trente. C'est ce que disait d'Aguesseau. Mais enfin il faudrait pourtant bien s'entendre sur un point : Un mariage contracté à l'étranger doit être jugé, non pas d'après nos maximes et nos usages, mais d'après les maximes et les usages du pays où il a été contracté. Il ne s'agit pas ici des Pays-Bas ou de toute autre contrée, mais de l'Espagne ; il s'agit ici du concile de Trente, il ne s'agit pas des édits royaux tels que les entendait Pothier ; cela est incontestable. Je vous ai mis en garde, et il n'y a pas un canoniste français, même parmi les moins gallicans, qui ne vous dise aussi : « Il faut prendre garde. Les canonistes, même gallicans, n'entendent pas le concile de Trente comme le canonistes espagnols. » Eh bien ! où sommes-nous ? En Espagne ; tâchons de connaître la loi espagnole. Nous nous demandons quel doit être le domicile pour que le mariage soit valable. C'est là une question du procès. Si nous considérons le droit français, les édits sont formels, il faut six mois ou un an, six mois pour celui qui a changé de paroisse, un an pour celui qui a changé de diocèse. Jusque-là le prêtre est incompétent. J'ai demeuré dans une paroisse, je l'ai quittée depuis cinq mois et quinze jours pour aller habiter la paroisse voisine ; mon nouveau curé est incompétent. J'ai quitté son diocèse pour aller dans un autre, où j'ai passé onze mois quinze jours, le curé de ma nouvelle paroisse est incompétent.

Maintenant, quel temps faut-il, non pas d'après la loi française, mais d'après le concile de Trente, tel qu'il est appliqué en Espagne ?... Mon Dieu ! on nous cite un avis de Benoît XIV, un des plus grands papes de la chrétienté et l'un des auteurs les plus féconds qui se puisse imaginer ; il a trouvé le temps de mettre au jour un nombre si prodigieux d'ouvrages que je ne sais quel auteur lui comparer. Il m'est impossible de ne pas penser quelquefois qu'au milieu des occupations dont il était accablé, il n'ait pas pu comme rapporteur, par exemple, de la sacrée congrégation, laisser glisser quelque erreur dans ses œuvres, c'est-à-dire treize volumes in-4° d'un côté, et je ne sais combien de l'autre. Je n'ai pas eu, je l'avoue en toute humilité, la patience de les lire ; six mois ne m'auraient pas suffi pour un tel travail : mais il m'est impossible de croire que ce grand pape, qui a tant écrit, n'ait pas écrit quelquefois des choses contradictoires. Il dit cependant une chose qui est vraie, c'est qu'il ne faut pas pour le domicile matrimonial compter ces quelques jours que l'on vient passer à la campagne pour s'y livrer, si j'ai bonne mémoire, *rusticanis negotiis*. Il a raison ; la question du domicile, vous allez le voir, est une question d'intention surtout. Quand vous allez à la campagne pour vous y livrer *rusticanis negotiis*, si tout en taillant votre vigne ou tout en faisant votre vin, vous vous dites : Si je me mariais ! et si vous allez trouver votre curé, le curé de la paroisse où vous vous livrez *rusticanis negotiis*, et que vous lui disiez : J'ai envie de me marier, il vous répondra : Il y a à peine un mois que vous êtes ici, je ne suis pas votre pasteur. Il aura raison, et pour qu'il fût votre pasteur, il faudrait que vous eussiez fixé votre domicile près de votre vigne. Il faut reconnaître cependant qu'il y a des actes de la sacrée congrégation, j'en pourrais citer trois, qui semblent contraires à l'opinion de Benoît XIV, et quand la sacrée congrégation et Benoît XIV sont en désaccord, c'est évidemment l'opinion de la sacrée congrégation qui doit l'emporter. Eh bien ! d'après le concile de Trente, on distingue trois domiciles : le domicile proprement dit, le quasi-domicile et la simple habitation. M. l'abbé Carrière nous l'explique dans ses controverses théologiques, et voici ce qu'il dit dans son traité *De matrimonio*.

« Domicilium dicitur locus in quo quis versatur cum intentione perpetuo ma-
» nendi. Igitur domicilium non acquiritur ullo tempore ab eo qui habet intentio-
» nem discedendi : dum e contra, statim, absque ullo temporis intervallo, acqui-
» ritur ab eo qui vult perpetuo permanere : illud omnino dicendum esse secundum
» leges et canones expresse docet Fagnanus n° 44... Est quasi domicilium, quando
» adest intentio commorandi saltem per majorem anni partem, facto externo suffi-
» cienter manifestato : tunc, quemadmodum diximus domicilium statim vel a

» prima die acquiri, ita pariter dicendum est de quasi domicilio ; statim acquiritur
» et fit parochianus. Ita Sanchez, d. xxiii ; Billuart, Diss. vii, art. 12, § 2, etc. Est
» autem simplex habitatio quando non adest quidem intentio commorandi etiam
» per majorem anni partem, sed de facto quis commoratur per tempus satis nota-
» bile, id est, per spatium saltem unius mensis : nec sufficiet intentio sola, nisi
» reipsa adfuerit habitatio. »

Ainsi, la simple habitation s'établit par un mois de résidence. Et mainte-
nant la question du procès est de savoir combien il faut de temps pour établir
le domicile conjugal. La simple habitation suffit-elle ? Oui, sans contredit, et
voici ce que dit encore à cet égard M. l'abbé Carrière, en citant des déci-
sions, des règlements canoniques :

« Colligi potest ex decisione S. Congregationis quam refert Fagnanus : cum vir
» et mulier Trajectenses, timentes impedimentum a parocho, ad vicinam urbem
» Aquisgranénsem se contulissent et ibi aliquandiu morati matrimonium con-
» traxissent, S. Congregatio consulta super validitate, censuit exprimendum tempus
» quo contrahentes Aquisgranæ manserunt : quod si fuerit saltem unius mensis,
» dandam esse decisionem pro validitate, alias de novo referendum in congrega-
» tionem. Idem fere a Sacra Congregatione declaratum videmus, anno 1572, Acta
» Sacræ Congregationis, de matrim. Holland., p. 103 et 104 ; et anno 1769, apud
» Zamboni inter conclusiones v° Matrimonium, § v, t. VII, p. 212, ubi legimus
» ad matrimonium valide ineundum satis esse, ut conjuges unius saltem mensis
» spatio habitaverint, in loco ubi fuit celebratum. »

Voilà le sens du concile de Trente, tel que l'entendent les canonistes. Cela
change nos habitudes et nos idées, pas autant sans doute que les mariages
d'Écosse, mais enfin cela les change. C'est une entorse donnée à notre loi
française, c'est vrai, mais les choses sont ainsi. Si vous avez demeuré un mois
dans un endroit, la sacrée congrégation vous dit que vous y avez domicile
conjugal. Ses décisions ne sont pas niées par Benoît XIV ; en voici la preuve :

« Non inficiamur, dit-il, non semel decrevisse valida illorum matrimonia, qui ad
» evitandos cum parentibus altercationes et parochia domicilii in alium locum de-
» migrantes, ibi matrimonium contraxerunt. »

Ainsi, quand il s'agit pour nous de nous fixer sur l'esprit du concile de
Trente, et que nous allons frapper à la porte de la sacrée congrégation, gar-
dienne du concile et de ses interprétations, elle nous dit : La question a été
jugée en 1572 et en 1769, c'est-à-dire pendant deux cents ans. M. l'abbé
Carrière adopte ce système. Il dit :

« Ad matrimonium valide ineundum satis est, ut conjuges unius saltem mensis
» spatio habitaverint, in loco ubi fuit celebratum. »

Voilà, messieurs, l'interprétation du concile de Trente. Je pourrais multi-
plier les citations, mais c'est inutile. J'en ai dit assez.

Je le répète, cette solution choque toutes nos idées, tous nos principes, de
même que nous sommes choqués quand nous voyons un homme qui nous

dit : J'ai été passer quinze jours en Angleterre, je m'y suis marié au bout de ce temps, et je suis bien marié. Cela nous choque, nous qui avons dans nos lois des principes tout autres. Eh bien ! ici, nous voyons un homme qui arrive d'Espagne, et qui nous dit : J'ai été en Espagne, j'y ai passé non pas deux heures comme en Écosse, mais un mois, *saltem spatium unius mensis*, et je m'y suis marié devant celui qui est devenu ainsi mon propre curé.

Voyons, y suis-je resté un mois en effet ? Voici ce qui s'est passé : Le domaine de Giscours a été acheté par M. Pescatore en 1849. Depuis cette époque il allait y passer deux mois, trois mois de l'arrière-saison. En 1851, M. et madame Pescatore y sont arrivés le 10 ou le 12 septembre, et ils y sont restés jusqu'au mois de novembre pour aller se marier à Renteria. Ils y ont fait un séjour de deux mois ; y sont-ils restés *pro rusticanis negotiis ?* Dans ce cas, nous serions en désaccord avec l'opinion du pape Benoît XIV, mais nous aurions pour nous l'opinion de la sacrée congrégation ; mais ils n'y étaient pas pour cela seulement, ils y étaient pour quelque chose de plus sérieux dont il faut que je parle.

M. Pescatore était catholique, mais madame Pescatore était née dans la religion protestante. A la suite de ses voyages à Bordeaux, elle avait eu l'occasion de voir monseigneur Donnet ; elle en avait reçu des instructions. Au mois de janvier, elle avait éprouvé un accident cruel ; sa vie avait été en péril, elle avait été sauvée miraculeusement. Elle avait été à deux doigts de la mort, et alors elle avait pensé à une religion, je ne dirai pas plus indulgente, je dirai, qu'on me le permette sans vouloir rien juger ni offenser personne, une religion plus tendre que celle dans laquelle elle était née, une religion dans laquelle on croit non-seulement à Dieu, mais à l'efficacité de la prière pour les morts. Quand on avance dans la vie, quand on se rapproche de ce terme fatal où nous devons arriver tous , alors il semble qu'on a besoin d'être soulagé, de penser qu'on laissera après soi un souvenir dans le cœur de ceux qui croient que la prière est quelque chose, et qui viendront prier Dieu sur notre tombe... Elle était dans ces idées ; la mort l'avait touchée de son aile ; elle avait vu l'archevêque de Bordeaux ; elle lui avait parlé de sa religion, de la nôtre ; elle était disposée, et c'était une terre préparée à recevoir cette semence divine. C'est pour continuer ces bons entretiens, ces saintes conversations, ces salutaires instructions que monseigneur de Bordeaux lui avait données à Giscours et aussi à Paris, qu'elle avait prolongé son séjour à Giscours, afin d'y consommer sa conversion. Le mariage devait se faire quelques jours après. Elle n'était donc pas allée à Giscours *pro rusticanis negotiis*. Nous nous trouvons, par conséquent, dans les conditions du concile de Trente, tel qu'il est compris et appliqué en Espagne et en Italie, tel qu'il est interprété partout, excepté par quelques auteurs français.

Cette question de domicile dépend en effet de diverses circonstances dans le droit civil, et à plus forte raison dans le droit canonique. En effet, il y avait dans le droit civil, sous l'ancienne jurisprudence, des édits extrêmement rigoureux qui prescrivaient les six mois de domicile à peine de nullité. J'ai lu dans Merlin, je crois, un arrêt qui annulait un mariage parce qu'il s'en fallait de deux jours ou trois jours que le domicile eût eu la durée nécessaire ; mais, en même temps, Merlin ajoute qu'il faut être moins sévère envers les majeurs

qu'envers les mineurs. C'est qu'en effet , malgré la rigueur des édits , alors
même qu'il n'y avait pas six mois de résidence, on admettait des tempéraments,
et Merlin enregistre trois arrêts qui, malgré la lettre des édits, valident des ma-
riages que mon adversaire, à coup sûr, tiendrait pour nuls.

Eh bien ! aujourd'hui, nous ne nous trouvons pas en présence d'une or-
donnance qui exige six mois de résidence, nous avons devant nous les pres-
criptions du concile de Trente qui dit seulement que le mariage doit être
célébré par le propre curé. C'est donc une question de fait plutôt qu'une
question de droit. Ceci, je le soutiens avec l'autorité des docteurs. Voici ce
que je lis dans un savant traité *De matrimonio* :

« Ex vulgari æstimatione et loquendi modo multum dependet ut definiatur, ubinam
» quis domicilium dicendus sit habere, ut coram parocho loci matrimonium valide
» contrahere queat et quidem in particularibus casibus ex circumstantiis concurren-
» tibus facilius et securius id determinari potest, quam per generalem aliquam
» regulam definiri aut describi. »   (SANCHEZ.)

Vous demandez à la sacrée congrégation chargée d'interpréter le concile
de Trente, quel temps faut-il? Elle vous répond un mois. Vous demandez aux
docteurs quel temps faut-il? Ils vous répondent tous que cela dépend des cir-
constances, et nous ne pouvons pas, nous, les préciser. Il y a cependant un
point fort important, et c'est le bon sens qui l'indique, c'est d'avoir son pro-
pre curé. Or, quel est votre propre curé? celui qui vous administre les sacre-
ments, celui qui entend votre confession, celui de qui vous recevez la com-
munion pascale ; voilà votre propre curé. Pourquoi? Parce qu'il vous connaît,
parce qu'il sait qui vous êtes, et si vous remplissez ou non vos devoirs reli-
gieux. A merveille ; mais permettez : est-ce que votre curé vous connaîtra?
est-ce qu'il saura si vous êtes un bourgeois, un ouvrier ou un domestique, si
jamais vous ne mettez le pied à l'église? Évidemment non. Qu'est-ce que nous
cherchons d'après le concile de Trente? Celui qui nous connaît. Mon curé est
celui qui me confesse et qui me donne la communion pascale. Il y a un auteur
qui a eu le bonheur ou le malheur de faire dix-huit volumes in-folio, dix-huit
volumes que je m'étais contenté, jusqu'à ces derniers temps, de conserver
dans une bibliothèque, c'est le cardinal de Luca. Il a fait aussi son traité *De
matrimonio*. Il explique très bien toute cette matière, et voici ce qu'il dit :

« Verum tamen est ut tanquam in quæstione quæ facti et voluntatis potius est
» quam juris, nulla desuper statui valeat regula certa et generalis, cuicumque
» casui applicabilis. Cum totum pendeat ex facti qualitate ac particularibus cir-
» cumstantiis eam probantibus voluntatem quod illa ovis, discedendo ab alterius
» pastoris ovili, alteri ovili se addixerit ejusque pastoris subdita sit effecta, adeo ut
» illa novum pastorem agnoscat ut suum, isteque agnoscat ut suam ovem...»

Fort bien ! voilà quelque chose que je comprends, c'est là qu'est la vérité.
Vous cherchez mon propre curé? Eh bien, voyons. J'ai changé de paroisse?
j'en ai changé parce que j'ai voulu changer de troupeau ; j'ai choisi celui-ci
au lieu de celui-là. Or, me dit le cardinal de Luca, votre propre curé est le
pasteur du troupeau que vous avez choisi : « *Adeo ut illa novum pastorem
agnoscat ut suum, isteque agnoscat ut suam ovem.* »

Voilà la tradition, voilà le bon sens, et voyons, maintenant que nous connais-sons tout ceci, si nous devons nous en rapporter au cas cité par Denizart et rapporté dans la consultation produite par mon adversaire. Il est question de paroissiens qui allaient marchander avec le curé de leur paroisse. Des gens étaient domiciliés à Sedan, où ils se présentent devant leur curé pour se ma-rier : leur curé s'y refuse ; alors ils s'en vont à Liége où ils font une abjura-tion, et se marient. On prétend que dans ce mariage les parties avaient une intention sérieuse, je l'ignore ; et d'ailleurs, vous savez avec quelle sévérité Louis XIV avait défendu, dès 1685, de se marier à l'étranger sans une per-mission du roi.

Mais est-ce que dans l'affaire qui nous occupe il n'y a pas, sans contredit, une intention sérieuse, une abjuration sérieuse ? Vous cherchez quel est mon pasteur, vous cherchez de qui je suis la brebis. De pasteurs je n'en ai pas à choisir, car je ne suis pas même dans la position décrite par le cardinal de Luca ; je ne suis pas une brebis qui abandonne son troupeau pour aller de propos délibéré me mêler au troupeau d'un autre pasteur. Je suis une brebis égarée au milieu des ténèbres, errante dans les bois, sans pasteur, par consé-quent. Monseigneur l'archevêque de Bordeaux vient à moi ; il me prend sur ses épaules et me ramène à son bercail ; est-ce que je puis choisir un autre que lui ; est-ce que vous pouvez me désigner un autre pasteur ? est-ce que vous ne voyez pas que c'est par mon abjuration que j'ai faite sous les inspi-rations du vénérable prélat, que je suis entrée dans son troupeau, que je suis devenue sa brebis ? Voilà, messieurs, la circonstance que je tenais principale-ment à relever dans une question où le fait est bien plus puissant que le droit. Je devrais m'arrêter sur ce point, car d'autres arguments seraient vrai-ment surabondants ; mais, ne l'oubliez pas, nous sommes jetés sur des rivages étrangers ; nous interrogeons un droit que nous connaissons à peine, nous sommes plus ou moins forts dans le nôtre, en droit canon notre savoir est bien borné ; nous devons donc plaider à toutes fins.

Ainsi, je suppose un moment qu'il ne résulte pas de mon abjuration et du temps qu'a duré mon instruction préalable, que je n'ai eu qu'un seul pasteur, l'archevêque de Bordeaux ; que s'est-il passé en outre ? Avant de me marier, j'ai demandé et obtenu des dispenses, et de Mgr l'archevêque de Paris, qui était le pasteur de mon domicile de Paris, et de Mgr l'évêque de Versailles, qui était le pasteur de mon domicile de la Celle-Saint-Cloud. J'en ai demandé également à Monseigneur de Bordeaux, parce que évidemment il était mon propre curé, mon pasteur. J'ai fait à Mgr l'archevêque de Bordeaux et à Mgr l'évêque de Versailles, non pas une demande de licence, mais de dispense de bans. Que résulte-t-il de tout ceci ? Les dispenses peuvent-elles suppléer aux publications ? Je m'adresse à Mgr l'archevêque de Paris et je lui dis : Je vou-drais aller me marier à l'étranger, mais je ne voudrais pas faire publier de bans, et Mgr l'archevêque de Paris me répond : Je vous autorise à vous marier sans publications de bans. M'autorise-t-il à me marier ? me donne-t-il la li-cence de me marier ? cette licence n'est-elle pas la conséquence nécessaire de la dispense qu'il m'accorde quand il me dit : Je vous permets de vous marier sans publications ? Est-ce qu'il ne me dit pas par cela même : Je vous permets de vous marier ? Comment ! il m'accorderait le plus et il ne m'accorderait pas le moins? Il me permettrait de me marier sans publications de bans, et il ne me permettrait pas de me marier? Mais vous voyez bien que ce serait aller jusqu'à l'absurdité. Eh bien! non; si nous consultons le simple bon sens, nous verrons que le prélat qui donne permission de se marier sans dispenses, donne *à fortiori* permission de se marier. Si je prends les *Conférences de Paris*, j'y lis ceci :

« Le certificat de publications de bans en la paroisse où les parties ont demeuré
» est, selon l'usage et la pratique presque générale du royaume, une permission
» au curé de celles où elles sont depuis peu pour les marier. »

Si je consulte les *Rituels* de Metz, de Blois, d'Évreux, etc. (vous comprenez que je ne puis pas citer tous les rituels), vous voyez qu'ils s'expriment dans les mêmes termes :

« Le certificat de publication des bans, suivant l'usage présent de la plupart des
» diocèses, tiendra lieu au nouveau curé qui fait le mariage, de la permission par
» écrit que demande l'édit. »

Comment! l'édit exige même une permission *par écrit* du propre curé que n'exige pas le concile de Trente quand on n'a pas acquis le domicile nécessaire au lieu où l'on veut se marier. Eh bien! malgré cette prescription formelle, tous les auteurs sont d'accord pour dire que, suivant l'usage du royaume, le certificat constatant que les bans ont été publiés, et par conséquent les dispenses équivalent à la *licence* de marier. Dans l'affaire La Bédoyère, célèbre procès du XVIIIe siècle sur une question de validité de mariage, l'avocat général qui portait la parole et qui concluait à l'annulation, mais qui n'y concluait cependant pas sur tous les motifs qui avaient été soulevés, disait :

« Comme le mariage est un établissement que l'on doit favoriser dans l'ordre po-
» litique, on n'a pas voulu le charger de formalités trop difficiles à remplir. Ainsi,
» par un usage universel établi dans la plupart des diocèses de France et surtout
» dans celui de Paris, le concours des deux curés s'induit par la remise du certificat
» de publication des bans. »

Ainsi, messieurs, le concile de Trente a été parfaitement obéi; le mariage a été contracté avec l'observation de toutes les formes qu'il prescrit, et par conséquent suivant les formes usitées dans le pays où il a été célébré. Il n'y a qu'une difficulté que je vais vous signaler; on pourrait objecter : Vous rapportez pour la publication des bans des dispenses de l'archevêque de Paris, de l'évêque de Versailles et de l'archevêque de Bordeaux; mais ces dispenses ont dû être obtenues frauduleusement. En effet, vous allez vous marier en Espagne, et l'archevêque de Paris, croyant que vous alliez vous marier en France, vous avait accordé des dispenses pour un mariage qui devait être célébré dans le diocèse de Bordeaux.

C'est vrai; mais l'archevêque de Paris, averti de ce qui se passait par une lettre de l'archevêque de Bordeaux qui s'était mis en communication avec lui et qui lui avait dit : Il s'agit d'un mariage qui va être célébré à l'étranger, l'archevêque de Paris avait répondu : Faites ce que vous voudrez, je m'en rapporte pleinement à votre sagesse. Cette correspondance, qui n'était pas officielle, ne se retrouve pas, c'est vrai ; j'ai fait toutes les démarches possibles pour l'obtenir, mais c'étaient des lettres de prélat à prélat, elles n'ont pas été conservées. Pour suppléer à leur représentation, nous nous sommes adressé à l'archevêque de Paris. Le Concile de Trente n'exige pas de permission donnée par écrit, le concile de Trente n'exige pas même de permission exprimée avant le mariage, il se contente d'une attestation même postérieure au mariage, par laquelle le propre curé déclarerait qu'il a, en effet, été consulté et qu'il a consenti ; or nous n'avons pas seulement la dispense de l'archevêque de Paris, nous avons encore (la fraude ne se présume pas, mais enfin, pour le cas où vous craindriez quelque fraude), nous avons la note suivante qui nous a été envoyée par Mgr l'archevêque de Paris :

ARCHEVÊCHÉ DE PARIS. — « La question de validité du mariage de M. Pescatore
» et de mademoiselle Anne-Catherine de Weber a été soumise à monseigneur l'ar-
» chevêque de Paris en son conseil. Cette question, évidemment, ne pouvait être
» envisagée que relativement aux lois ecclésiastiques. Or, *sous ce rapport*, il ne
» peut pas y avoir de doute sérieux, et l'on ne peut attaquer la validité de cet acte.
» La condition essentielle était que le mariage fût célébré devant un prêtre qui fût
» *autorisé par le propre évêque* des contractants. Rien ne s'oppose à ce que plu-
» sieurs évêques puissent accorder cette autorisation, lorsque les contractants ont
» un domicile, ou un quasi-domicile, ou une habitation prolongée dans différents
» diocèses. Mais toute difficulté est levée lorsque l'évêque du domicile principal de
» l'un des époux accorde la délégation nécessaire. C'est ce qui a eu lieu dans l'espèce
» présente. Quoique l'acte de mariage ne parle que de la dispense de toute publi-
» cation de bans accordée par monseigneur l'archevêque de Paris, il est certain
» que ce prélat a donné son plein consentement à ce que le mariage fût célébré
» hors de son diocèse. Monseigneur l'archevêque de Bordeaux lui avait écrit pour
» lui exposer les circonstances spéciales où se trouvaient les futurs époux, et il avait
» répondu qu'il s'en rapportait à la sagesse de cet éminent et vénérable collègue. »

Le mariage est bon, il est canonique, sous ce rapport il ne peut pas y avoir de doute sérieux et l'on ne peut attaquer la validité de cet acte. Cependant je me suis adressé à un homme qui a une grande autorité : il n'en est pas de plus savant en France ; il est parvenu aux derniers honneurs que puissent conférer aujourd'hui l'État et l'Église, non pas par sa naissance, non pas même par l'éloquence de sa parole, plus rustique même qu'élégante, mais par la fermeté de son jugement, l'élévation de son caractère et par sa profonde expérience, je veux parler de Mgr Gousset, archevêque de Reims. Il a fait un traité que je citais tout à l'heure en vous parlant des pouvoirs que le prêtre porte partout avec lui. Eh bien, j'ai voulu avoir son sentiment sur le mariage de M. Pescatore ; il m'avait permis de le lui demander, mais j'ai attendu : je ne voulais pas être accusé de surprendre sa religion et de lui dissimuler une seule des objections de nos adversaires. Quand nous avons connu leurs conclusions, je les lui ai envoyées, en lui écrivant la lettre dont voici les premiers mots :

« Monseigneur,
» Votre Éminence m'a permis de l'entretenir du procès Pescatore et des ques-
» tions que ce procès soulève. Dans une affaire de cette nature, je suis trop heureux

» de pouvoir joindre à l'avis des jurisconsultes les plus éclairés l'opinion d'un
» prélat jouissant d'une si grande autorité dans toutes les questions qui touchent
» à la fois au droit civil et au droit canonique.

» Je n'ai pas voulu prendre pour base de cet examen un exposé qui, fait par moi,
» aurait pu ne pas être complet et ne pas reproduire exactement les objections de
» nos adversaires. J'ai donc attendu leurs propres conclusions qui viennent de nous
» être remises, et que j'ai l'honneur d'adresser à votre Éminence, avec toutes
» les pièces qui se rattachent à l'affaire. C'est d'après ces conclusions que je puis
» aujourd'hui embrasser l'ensemble de leur système et relever chacune de leurs
» objections, etc., etc. »

M. Gousset m'a répondu en ces termes :

Réponse de Mgr le Cardinal Archevêque de Reims à M. Chaix d'Est Ange, avocat.

« Monsieur,
» J'ai reçu la lettre que vous m'avez fait l'honneur de m'écrire pour me de-
» mander mon avis sur une question de droit canonique. A la lecture de cette
» lettre et des *conclusions pour M. Guillaume-Bonaventure Pescatore*, etc., que
» vous avez bien voulu me communiquer, j'ai compris qu'il s'agissait de savoir si
» le mariage de M. J.-B. Pescatore avec la dame Anne-Catherine Weber était
» canoniquement valable ou sans valeur. Or, après avoir examiné les faits tels
» qu'ils sont rapportés dans votre lettre et les pièces justificatives qui l'accompa-
» gnent, je suis demeuré convaincu qu'on ne peut soulever aucune difficulté grave,
» aucun doute sérieux contre la validité et même la licité dudit mariage ; car il a
» été contracté suivant les règles et les formes prescrites par le concile de Trente,
» qui seul régit la matière dans toutes les paroisses et communes d'Espagne.
» Je me dispense de prouver ici ce que j'avance, parce que je n'aurais qu'à répéter
» ce que vous avez dit dans votre lettre, où les preuves m'ont paru surabondantes.
» Les objections qui ont été ou qui pourraient être faites contre vos conclusions
» seraient sans valeur aucune aux yeux mêmes de ceux qui ne connaissent que les
» éléments du droit canon : on ne pourrait attaquer le susdit mariage qu'en détrui-
» sant les faits rapportés dans votre lettre et consignés dans les lettres de Mgr l'ar-
» chevêque de Paris et de Mgr le cardinal Donnet, archevêque de Bordeaux, faits
» qui seraient, au besoin, confirmés par la correspondance entre M. Pescatore et
» ses parents.
» Agréez, Monsieur, l'assurance de ma parfaite considération,
» Le Cardinal GOUSSET, archevêque de Reims.
» Paris, le 27 juin 1858. »

Cette lettre, messieurs, vous sera distribuée, mais retenez-en la conclusion :
*Le mariage est valable ; il suffit de connaître les éléments du droit canon
pour en être convaincu.* Telle est l'opinion du cardinal Gousset, d'accord sur
ce point avec quatre autres vénérables prélats. Voilà cinq prélats éminents
unanimes sur cette interprétation du droit canon ; en est-ce assez pour faire
présumer la validité du mariage ?

Maintenant je suppose que ce mariage soit nul, et j'examine la seconde
question : vous vous rappelez que je vous ai dit en commençant qu'il y en
avait deux. Le mariage est-il valable ? voilà la première. Si le mariage n'était
pas valable, ceux qui l'attaquent seraient-ils recevables à l'attaquer ? voilà la
seconde.

Eh bien, je suppose que le mariage ne soit pas valable, je suppose qu'il soit nul, les collatéraux seraient-ils recevables à l'attaquer? Mon Dieu ! vous savez ce qu'on a dit des collatéraux ; ils sont souvent *avides*. C'est une épithète banale, vulgaire, dit-on ; je la défendrais, si elle était de moi, mais j'emprunte cette qualification à un homme moins suspect qu'un avocat qui plaide contre des collatéraux. Voici ce que disait d'Aguesseau :

« Lorsque vous voyez des collatéraux avides et intéressés venir après la mort de
» l'un ou de l'autre, troubler le repos de ses cendres, et déshonorer sa mémoire en
» attaquant un mariage qui a éclaté pendant longtemps aux yeux de la famille et du
» public, et qu'ils ont peut-être eux-mêmes approuvé par leur conduite, vous rejetez
» alors leurs plaintes avares avec une juste indignation, et, par un de ces jugements
» qu'une souveraine équité dicte souvent dans ce tribunal, vous leur imposez un
» perpétuel silence.... »

C'est ainsi que d'Aguesseau s'exprimait sur le compte des collatéraux. Quand donc est-il permis de les déclarer non recevables? C'est ce qu'il faut savoir. Dans l'ancien droit on distinguait entre la nullité absolue et la nullité relative. Cette distinction de nos anciens jurisconsultes est peut-être un peu subtile. Sous le rapport légal, c'est une question facile à trancher ; dans la pratique, c'est une question complexe. D'Aguesseau le déplore aussi ; c'est pourquoi il foule la règle aux pieds, en disant nettement qu'il n'y a pas de règle, que ce sont les faits et les circonstances qui doivent décider ; il n'était pas seul de cet avis ; et les traditions de l'ancienne jurisprudence n'ont pas été perdues quand on a préparé une nouvelle législation. On a voulu alors changer cette règle. Portalis a dit à ce sujet :

« Les différentes nullités d'un mariage ne sont pas toutes soumises aux mêmes
» règles ; dans l'école on les a distinguées en nullités absolues et en nullités
» relatives. On a attribué aux unes et aux autres des effets différents. Mais l'em-
» barras était de suivre dans la pratique une distinction qu'il était si facile de
» suivre dans la théorie. De nouveaux doutes provoquaient à chaque instant de
» nouvelles décisions ; les difficultés étaient interminables. On a compris que le
» langage de la loi ne pouvait être celui de l'école. En conséquence, dans le projet
» que nous présentons, nous avons appliqué à chaque nullité les règles qui lui sont
» propres. »

On a donc dérogé à l'ancien droit. Autrefois il appartenait aux collatéraux d'invoquer les nullités absolues ; dans le droit actuel on a spécialement déterminé les diverses nullités qui leur appartiennent ; le législateur l'a fait dans les articles 184 et 191. Ces nullités sont : le défaut d'âge, l'existence d'un précédent mariage, la parenté à un degré prohibé et le cas où le mariage n'aurait pas été contracté publiquement ou aurait été célébré devant un officier civil incompétent.

Ici, messieurs, je n'ai pas besoin de vous faire remarquer qu'il ne faut pas confondre la publicité dont parle l'article 165 avec la publication des bans. La cour de Caen a parfaitement distingué ceci par un arrêt de 1850 que voici :

« Considérant qu'il ne faut pas confondre les publications de mariage avec la pu-
» blicité qui est de l'essence de ce contrat ; que l'absence des publications, qui ont

» pour objet spécial d'avertir les personnes ayant intérêt et droit pour s'opposer au
» mariage, ne constitue pas une nullité absolue, tandis que la publicité, qui consiste
» dans la solennité même dont cet acte est entouré, est toujours une formalité
» essentielle pour sa validité... »

Ainsi les collatéraux ont le droit d'attaquer le mariage pour défaut de publi-
cité, mais non pour défaut de publication; cela est certain, incontestable.
L'article 184 n'a pas mentionné parmi les causes de nullité l'article 170, qui
est relatif à l'omission des publications; et l'article 191 est spécial au défaut de
publicité.

Les collatéraux sont également recevables à attaquer le mariage en se fon-
dant sur l'incompétence de l'officier de l'état civil qui l'aurait célébré. Si M. et
madame Pescatore s'étaient mariés devant un autre curé que le leur, il y
aurait incompétence et les collatéraux pourraient attaquer le mariage comme
clandestin; rappelez-vous les articles 165 et 191.

Qu'en résulte-t-il? Un mariage n'a pas été accompagné de toutes les for-
malités nécessaires, je ne dirai pas quant à sa publication, mais quant à sa
publicité. Un mariage a été contracté en contravention à l'article 165 qui règle
les conditions de la publicité; il peut sous ce rapport être considéré comme
clandestin, et dans ce cas être attaqué par tous ceux qui y ont intérêt, par les
collatéraux, par exemple. Mais même dans ce cas les magistrats sont souverains,
ils ne sont pas liés par le droit; la violation de l'art. 191 n'entraîne pas néces-
sairement la nullité du mariage. Vous êtes appréciateurs et appréciateurs absolus
des circonstances qui doivent faire annuler ou maintenir un mariage qui n'au-
rait pas eu la publicité prescrite par l'article 191. Or la violation même de
l'article 191 n'étant pas suffisante pour vous forcer à prononcer la nullité,
quelle raison auriez-vous de la prononcer dans l'espèce?

Serait-ce pour défaut de résidence, pour une résidence insuffisante? Si vous
jugiez avec vos idées françaises une loi étrangère, la loi espagnole, si vous vous
laissiez aller à cette pente de votre esprit, contre laquelle il faut bien vous pré-
munir, parce que vous êtes Français, juges français, jurisconsultes français,
comment feriez-vous? Vous nous diriez: vous êtes restée six semaines entre les
mains de Mgr l'archevêque de Bordeaux; ce n'est pas assez pour que vous soyez
devenue sa paroissienne, il n'était pas le ministre compétent, votre mariage
manque donc d'une formalité nécessaire non pas *defectu auctoritatis*, mais
defectu temporis. Prenez-y garde, messieurs, lorsque je vais en Ecosse, dans
la chambre du forgeron ou dans sa boutique et que je lui dis de me marier, je
comprends à peine que mon mariage puisse être déclaré clandestin par la jus-
tice. Mais quand je me présente devant l'officier qui est compétent et qui ne
pourrait manquer de l'être que *defectu temporis*, permettez-moi de vous
le dire: eussiez-vous la faculté de prononcer la nullité de mon mariage que
vous ne devriez pas la prononcer. C'est ce que dit Merlin:

« L'incompétence sera moindre, et elle pourra, suivant l'expression de l'art. 193,
» n'être pas suffisante pour faire prononcer la nullité de mariage, si c'est un officier
» de l'état civil qui procède à la célébration, s'il y procède dans le territoire de sa
» commune, et s'il ne manque à la plénitude de ses pouvoirs que le fait de l'habita-
» tion continue de l'une des parties dans ce même territoire depuis six mois. »

C'est tout à fait notre espèce. L'officier qui avait procédé au mariage n'était pas tout à fait compétent, mais il n'était pas non plus tout à fait incompétent, et le mariage a été reconnu valable.

Nous ne nous trouvons dans le cas ni de l'article 165, ni de l'article 193 ; de plus nous avons joui d'une possession d'état qu'il n'est pas possible de méconnaître.

Est-ce que je ne suis pas madame Pescatore ? y a-t-il un doute là-dessus ?

J'ai un acte de l'officier civil, je vous le présente. Quel est-il ? Mon acte de mariage délivré en Espagne par celui qui l'a bénit. Est-ce que celui qui va se marier en Allemagne, en Écosse devant le forgeron de Gretna-Green, ou en Angleterre après une résidence de quinze jours, est-ce que celui-là n'a pas un acte de l'état civil ? Il est délivré par celui qui a rempli les fonctions d'officier civil. Qui fait en Espagne, je vous prie, sous le régime du concile de Trente, les fonctions d'officier de l'état civil ? C'est le curé. Toutes les fois donc qu'un Français sera marié à l'étranger, il lui suffira de présenter l'acte dressé par l'officier, quel qu'il soit, que la loi du pays où il s'est marié aura commis ; et ce sera un acte parfaitement régulier de l'état civil.

Je n'ai pas besoin de vous dire que ma possession d'état est inattaquable en elle-même par vos reconnaissances dont j'ai donné lecture au commencement de ma plaidoirie. Bien évidemment, quand vous m'écriviez : *Ma tante* ou *ma cousine*, vous ne pouviez créer contre vous des fins de non-recevoir. Je ne veux pas, messieurs, insister sur ces points-là ; ils sont secondaires, et il faut vraiment que l'affaire ait une pareille solennité pour que je vous fatigue en m'y arrêtant quelques moments. J'écarte pour un instant cette volumineuse correspondance, mais s'il était besoin j'y reviendrais ; je montrerais combien toutes ces lettres me sont favorables, et je dirais qu'il y en a eu même d'écrites après la dissolution du mariage.

L'article 191 dit que le mariage contracté en contravention de l'article 165 pourra être attaqué par tous ceux qui y ont un intérêt né et actuel. Les collatéraux se présentent et disent : Nous avons un intérêt né et actuel à faire disparaître la communauté. Un intérêt né, actuel ; pour des collatéraux, il n'est qu'un intérêt, la question d'argent. C'est donc dans un intérêt d'argent que vous demandez la nullité du mariage de M. et madame Pescatore.

Eh bien ! je vous demande pardon ; vous n'avez pas d'intérêt dans la cause, et, par conséquent, je pourrais vous opposer une fin de non-recevoir. Voici pourquoi : Je suppose le mariage nul, entaché d'une nullité absolue ; je suppose aussi que vous soyez, en règle générale, recevables à attaquer ce mariage, vous, collatéraux, je vous dirais : Vous ne le pouvez pas parce que vous n'avez pas d'intérêt à le faire, car il a été contracté de bonne foi, et cette bonne foi lui donne tous les effets civils. Or, un des effets civils d'un mariage célébré sans contrat préalable, c'est la communauté de biens. Ceci est de principe, ceci a été jugé, et par conséquent, si le mariage a produit ses effets civils, la communauté de biens en est une conséquence incontestable. Vous n'avez donc pas le droit de le critiquer, vous n'avez pas le droit d'en demander la nullité. Voilà mon raisonnement, et ce raisonnement est fondé sur la bonne foi ; il est fondé sur l'article 201 du Code Napoléon. Qu'est-ce que la bonne foi ? Ce n'est pas une ignorance invincible. On ne peut pas dire à un homme : Vous êtes de bonne foi, mais vous avez eu tort ; et si vous vous étiez donné beaucoup de peine, beaucoup de souci ; si vous aviez été chercher partout, dans tous les registres, dans tous les actes de l'état civil, peut-être auriez-vous découvert ce qui aujourd'hui cause la nullité de votre mariage. La Cour de cassation a décidé que, même la légèreté et la précipitation n'étaient pas exclusives de la bonne foi et n'empêchaient pas le mariage nul en lui-même de valoir comme putatif. Cela a été jugé dans une affaire, sur les conclusions conformes de Merlin. Voici la note qui accompagne cet arrêt :

« C'est là une question d'appréciation ; si les époux de l'un d'eux était de bonne
» foi, les enfants issus de cette union, bien que nulle dans son essence, obtiennent
» tous les effets civils du mariage. »
Arrêt du 21 mai 1810.

Ainsi, madame Pescatore aurait agi imprudemment, légèrement, avec précipitation, je n'ose pas dire avec la précipitation qu'aurait apportée cette femme si pressée de se jeter dans les bras d'un nouveau mari, je n'ose pas aller jusque-là ; mais enfin elle aurait agi avec précipitation, la bonne foi n'en serait pas moins hors de doute. Or, si elle a agi avec bonne foi, le mariage a produit tous ses effets.

Oh ! me dit-on, mais il y a eu erreur de droit ; l'erreur de droit ne s'excuse jamais. Il y a à ce sujet un arrêt de la Cour de Bruxelles. A la bonne heure ; mais l'ancienne jurisprudence disait le contraire ; elle disait qu'il y avait des cas où l'erreur pouvait être excusée. Merlin cite un arrêt du conseil souverain de Frise du 4 avril 1630, où l'erreur avait été excusée. Merlin ajoute :

« Le principe général est que la bonne foi ne se présume pas dans celui qui en-
» freint la disposition des lois... Il peut cependant se présenter des circonstances
» assez favorables pour déterminer les juges à s'écarter de cette rigueur. »

Merlin dit dans un autre passage :

« La bonne foi de l'un des contractants est extrêmement considérée en fait de ma-
» riage ; vous sentez avec quelle force et quelle justesse ce motif s'applique au cas
» où, comme ici, la capacité des contractants n'est pas mise en question et où la
» difficulté ne porte que sur les formalités intrinsèques du contrat. »

Voilà ce que pense Merlin, et son opinion est bien applicable à la cause. A la suite des arrêts anciens j'en pourrais citer un grand nombre de nouveaux. Permettez-moi de vous rappeler celui de la Cour de Paris, du 18 décembre 1837. Dans quelle circonstance avait-il été rendu ? Le voici : Il y avait un nommé Sch... qui se trouvait en France, et qui, en 1819, avait épousé à Paris Marie Ernouf. Comment l'avait-il épousée ?... devant un ministre protestant purement et simplement.

Voilà une erreur de droit évidemment. Il s'agissait de savoir jusqu'à quel point l'ignorance de la loi est permise et jusqu'où la bonne foi peut être invoquée. La Cour de Paris se prononce dans les termes suivants :

« Attendu que Sch... et sa femme ont contracté mariage de bonne foi... ;

» Attendu, en droit, que l'art. 201 ne distingue pas entre la nullité résultant
» d'un empêchement dirimant ou la nullité résultant d'un vice de forme dont aurait
» été entaché le mariage annulé pour ne faire produire qu'au premier les effets civils,
» lorsque les contractants ont été de bonne foi ;

» Que la bonne foi ne résulte pas seulement d'une erreur de fait, mais qu'une
» erreur de droit peut, dans certaines circonstances, en présenter également le
» caractère ;

» Que les tribunaux sont les appréciateurs équitables en pareil cas, des limites
» que la raison doit apporter dans l'application de cette fiction respectable, il est
» vrai, mais si rarement équivalent à la réalité, que nul n'est censé ignorer la loi... »

Voilà un arrêt de Bordeaux de 1850 ; en voilà un de Bastia de 1849, un de Limoges de 1841. Il y en a encore d'autres qui jugent que l'erreur de droit est aussi excusable que l'erreur de fait, et que l'erreur de droit suffit à faire déclarer le mariage putatif.

En se mariant, en allant devant le curé de Renteria, madame Pescatore croyait-elle se marier et se marier régulièrement ? Comment ! si elle le croyait ? mais elle le croyait à merveille. D'abord, elle est femme, et par conséquent ignorante de la loi ; ensuite elle est étrangère, c'est une considération qui prévaut dans beaucoup de cas. Elle n'est pas présumée ignorer la loi du pays qu'elle habite. Permettez. Est-ce que sa bonne foi ne la rassurait pas ? Il s'agit de savoir si ce mariage est valable ; quand quatre prélats qui s'en occupent disent qu'il est bon, quand tout le monde dit qu'il est bon, il s'agit de savoir si moi, étrangère, je ne puis pas croire qu'il est bon. Je me serais mariée précipitamment quelques jours après la mort de mon premier mari, j'aurais commis une erreur de droit énorme, il y aurait cependant mariage putatif. Devais-je sur cette question de droit consulter Sanchez, Zamboni, Fagnan, et surtout le pape Benoît XIV ? Et quand Sanchez, Zamboni, Fagnan et Benoît XIV me donnent raison, me direz-vous qu'il y a un autre avis de Benoît XIV qui me condamne, et qu'en conséquence mon mariage est nul ? Me direz-vous que je devais faire ce que n'ont pas fait quatre prélats ? Me direz-vous qu'il fallait que je fusse de force à éclaircir, non pas même le Code Napoléon, mais les édits royaux, mais la loi espagnole et les obscurités du concile de Trente ? Est-ce que c'était possible ? est-ce que ma bonne foi peut être contestée ? est-ce qu'il a quelqu'un qui ose en douter ? Mais si quelqu'un en doutait, permettez-moi de lui dire que je ne connais pas de question plus difficile ou plutôt que je n'en connais pas de plus facile que celle qui nous occupe. Depuis six mois que je l'étudie, je le déclare, je n'ai aucun doute ; mais si j'avais des doutes, il faut convenir qu'il serait à coup sûr permis à une pauvre femme d'ignorer tout cela. Du doute ? L'archevêque de Reims n'en a pas, lui qui a connu toutes les objections, lui qui a été consulté sur tous les points difficiles, lui qui a tout examiné et qui a dit : *L'affaire n'est pas douteuse.* Il aurait fallu que d'avance madame Pescatore eût compris que le mariage était mauvais pour qu'on pût dire qu'elle était de mauvaise foi. Ce n'est pas tout, nous avons eu recours aux lumières du barreau : j'ai dans les mains une consultation dans laquelle les plus éminents de mes confrères se sont rendus compte de l'affaire. C'est Odilon Barrot qui l'a rédigée en plusieurs séances, qui en a examiné tous

les points ; c'est Bethmont, c'est Marie, c'est Demolombe, le savant auteur,
qui y ont adhéré. Ils ont été consultés tous, il n'y a pas eu un doute, et nous
avons dit : *Le mariage est très bon.* Il est conforme au concile de Trente,
par conséquent à la loi espagnole et à l'article 170 du Code Napoléon. Voilà
ce que nous avons dit ; madame Pescatore est donc de bonne foi, et si sa
bonne foi est incontestable, mes adversaires sont non recevables, leur intérêt
disparaît de la cause.

C'est ici que nous touchons à une question que je ne comprends pas bien,
ou du moins je ne m'explique pas l'objection soulevée par l'adversaire. Mais,
dit-il, ce mariage-là n'est pas un mariage valable. Pourquoi, s'il est conforme
aux lois du pays où il a été célébré ? « C'est parce que M. Pescatore n'a en-
» tendu contracter qu'un mariage nul. En conséquence, nous ne pouvons pas
» lui jouer le mauvais tour de déclarer que son mariage est bon quand il a cru
» faire un mariage nul. En effet, il a contracté un mariage religieux, il n'a
» entendu faire qu'un mariage religieux, et il faut que ce soit un mariage
» purement religieux. »

Je vous assure que je suis confondu d'une pareille doctrine. J'en suis con-
fondu en morale et en droit. Je me souviens que dans Portalis, que vous m'a-
vez cité, il y a sur l'article du concordat concernant le mariage civil et reli-
gieux une observation qui a été faite par lui à propos des suborneurs qui
trompaient des jeunes filles par le simulacre d'un mariage religieux ; celles-ci
se croyant ainsi réellement mariées, vivaient avec eux jusqu'au jour où dé-
goûtés d'elles, ils leur disaient : Nous ne sommes pas mariés, nous ne l'avons
jamais été. Je comprends cela ; mais est-ce que c'est là le rôle que vous voulez
faire jouer à M. Pescatore ? Est-ce que c'est là la spéculation qu'il a faite,
l'infamie qu'il aurait osé commettre, et comment ! Il y avait une femme qui,
en effet, avait à se reprocher une faute grave qui avait compromis son exis-
tence tout entière ; elle voulait revenir à une existence plus régulière, elle
était fatiguée de la vie pleine de périls, pleine de difficultés qu'elle menait ;
alors vous l'avez retenue : vous n'aviez pas l'excuse de la jeunesse, vous n'a-
viez pas l'excuse des tentations qu'elle soulève ; vous n'aviez pas l'excuse de
ces ardeurs dans lesquelles quelquefois elle se précipite ; non, vous aviez cin-
quante-huit ans, et vous abusiez cette femme qui vous avait donné tant de
preuves de ce dévouement dont vous vous montrez vous-même reconnaissant
dans vos propres lettres quand vous annoncez votre mariage ; vous abusiez
cette femme qui a été avec vous un modèle d'attachement, de bonne conduite,
de désintéressement et d'honneur ; vous ne contractez qu'un semblant de ma-
riage quand vous allez la conduire à Renteria ; et là, en présence du curé, en
présence des quatre évêques catholiques, en présence de Dieu, quand vous
jurez que vous voulez vous marier, que vous voulez vous lier d'un lien in-
dissoluble, vous la trompez ; il suffira de souffler sur ce lien le jour où vous
ne voudrez plus d'elle ! Cet homme qui se vante d'être rentré dans le giron de
l'Église, qui laisse 20,000 fr. à l'archevêque de Bordeaux pour le service
qu'il lui a rendu en l'amenant à se marier, vous direz qu'il a fait un mariage
de comédie ! C'est un rôle infâme que vous lui faites jouer, et voilà ce que
sont les pieux collatéraux !

Oh ! dites tout ce que vous voudrez contre cette femme, elle m'a désarmé.

Criez au scandale, allez dans je ne sais quel ruisseau chercher de ces arguments qui produisent toujours quelque effet. Allez! ce que je veux, moi, pardessus tout, c'est la dignité de langage, et ce que demande cette femme c'est le respect pour son mari, pour celui dont elle porte le nom. Tous tant que nous sommes, et vous autant que nous, nous avons dans notre vie des pages que nous voudrions bien jeter au vent et ne pas livrer au public. Si madame Pescatore en connaissait de ces pages dans l'existence de son mari, elle ne me permettrait pas de dire un mot qui pût souiller sa mémoire. Mais ici quand on vient jeter sur sa cendre, sur son nom une note d'infamie ; quand vous lui faites jouer un rôle odieux ; quand vous lui faites prêter un serment auquel il aurait su mentir et que vous invoquez cette restriction mentale, quand vous dites que lorsque, de sa bouche, il affirmait la prendre pour sa femme, au fond du cœur il s'est joué d'elle et des prélats qui l'assistaient, je ne sais pas ce qu'un pareil acte peut être en morale, je ne sais non plus ce qu'il est en droit.

Malheureux! vous n'avez pas vu où de telles hypothèses conduisent. Comment! M. Pescatore pouvait se marier le lendemain à une autre ; il pouvait prendre légalement une autre femme. Comment! M. Pescatore écrit dans sa correspondance, dans toutes ses lettres, vous le savez bien : « J'ai contracté une union indissoluble, » et il lui suffirait cependant de souffler sur ce mariage pour le dissiper ! Il n'a voulu contracter qu'un mariage religieux.

Qu'est-ce que c'est qu'une pareille union? Quelle est sa valeur? Voyons : je suppose que M. Pescatore ait écrit de la manière la plus claire, la plus formelle, à tous ses amis, à toute sa famille : « Je ne contracterai qu'un mariage religieux. » Je suppose mieux qu'il l'ait écrit à ma cliente elle-même, je suppose aussi qu'il l'ait voulu ; quelle conséquence en tirer? Sans doute, le consentement est l'âme du mariage ; et encore faut-il qu'il soit librement donné, librement exprimé. C'est ce qu'indique le plus vulgaire bon sens. Mais devra-t-on écouter l'homme qui, dans un intérêt d'argent et dans des vues cupides, prétendrait n'avoir donné qu'un consentement simulé et menteur? On m'apporterait la preuve la plus formelle que M. Pescatore jouait la comédie en se mariant, qu'il voulait feindre de se marier, et non se marier, je n'en tiendrais aucun compte en cette occasion, le fait l'emporterait sur l'intention.

Est-ce que vous croyez que je vais maintenant me livrer à la curieuse recherche de savoir si, quand un homme est marié, bien marié en vertu d'un acte régulier, il a eu vraiment l'intention de se marier, de former un lien durable, indissoluble, éternel, ou s'il n'y avait pas quelque secret dessein, quelque arrière-pensée dans son esprit? Allons donc, vous ne me le permettriez pas, messieurs, car la justice n'admet pas les restrictions mentales.

Vous êtes marié, vous aviez l'intention de vous mal marier, vous vous êtes trompé ; votre mariage est bon, vous êtes bien marié, voilà tout.

Vous avez été à une municipalité que vous ne croyiez pas la vôtre, ou bien vous avez pensé qu'en amenant un témoin étranger, cette irrégularité pourrait faire prononcer la nullité de votre mariage. Vous venez dire devant la justice : Mais je ne suis pas marié, je ne voulais pas me marier, j'ai amené un témoin étranger pour me prévaloir plus tard d'une cause de nullité; on vous répondra : Ce n'est pas une cause de nullité, vous êtes marié ; vous ne le vouliez pas, mais vous êtes lié, il n'y a plus à revenir sur ce qui est fait ni à vous en dédire.

Le législateur a bien soin de déterminer à quelles conditions un mariage pourrait être annulé, pour vice dans le consentement, défaut de liberté, erreur sur la personne; mais la restriction mentale, nulle part elle n'est signalée comme vice de consentement. Jamais on n'a vu d'exemple d'une semblable cause de nullité.

Quand je dis qu'on n'a jamais vu d'exemple d'une pareille hypothèse, je me trompe. J'en ai vu un; mais enfin, un exemple ne fait pas loi... Quand l'empereur Napoléon voulut faire prononcer le divorce entre lui et l'impératrice Joséphine, le divorce fut prononcé par un acte du sénat; on y voyait un très grand intérêt public qui faisait fléchir les règles ordinaires. L'impératrice Joséphine parla alors d'un mariage religieux qui avait été célébré à Saint-Cloud par le cardinal Fesch, son oncle; elle produisit un certificat constatant ce mariage religieux. L'empereur, vous le comprenez aisément, fut fort irrité de ce que ce certificat avait été délivré par le cardinal Fesch, mais il sentit la nécessité de briser ce mariage religieux ainsi qu'il avait fait du mariage civil. Alors s'éleva la question de savoir si le mariage était bon ou mauvais d'après la loi canonique. On alla devant l'officialité de Paris. Le promoteur diocésain était alors un brave homme qu'on appelait l'abbé Rudemare; il est mort, je crois, curé des Blancs-Manteaux. On s'adressa à lui, il répondit que c'était une monstruosité; que d'ailleurs, annuler un mariage n'était pas un acte du ressort de l'officialité, qu'il faudrait s'adresser au pape. « — Il est trop loin (il était à Savone), et puis nous avons des raisons pour ne pas nous adresser à lui; c'est pour cela que nous nous adressons à l'officialité. — L'officialité ne peut pas résoudre la question; mais il y a un collége de cardinaux (le pauvre homme faisait tout ce qu'il pouvait pour s'esquiver), il pourra peut-être prononcer sur la question. — Non, non, nous voulons que ce soit l'officialité. — Mais, enfin... permettez, les formes. — Quoi! dit le prince archichancelier, vous voulez suivre les formes; tout cela va traîner en longueur. J'ai été jurisconsulte, elles tuent le fond. » Et alors l'affaire s'engage devant l'officialité, au grand déplaisir de ce pauvre abbé Rudemare, qui rend compte de la délibération. On demandait la nullité du mariage religieux par des raisons qui nous semblent des plus graves. Par exemple, ce mariage avait été contracté sans témoins; mais on ne voulut pas se prononcer sur ce motif, ou du moins on y en adjoignit un autre. On fit ce que mon adversaire voudrait que l'on fît aujourd'hui; on dit : Mais l'impératrice n'a jamais entendu se marier que religieusement. Du côté de l'empereur on tenait le même langage. Il est évident, disait-on, que ce mariage n'a été qu'une satisfaction donnée à la conscience. Et alors l'abbé Rudemare rend compte de ceci :

« On se réunit dans le prétoire de l'officialité; là après que M. Guyeu eut extra-
» vagué pendant une demi-heure et plus sur le non-consentement de l'empereur,
» disant qu'il n'avait jamais eu l'intention de contracter, et faisait valoir en faveur
» d'un homme qui nous fait tous trembler un moyen de nullité qui ne fut jamais
» invoqué utilement que par un mineur surpris ou violenté, je fis mon rapport et
» mes conclusions. »

On sait la fin de cette procédure.

Je le répète, messieurs, je ne connais pas d'autre exemple d'un expédient pareil, et l'on n'y a recouru que dans une circonstance solennelle et pour un grand intérêt. Si l'on avait voulu, faisant je ne sais quel rapprochement, dire à M. Pescatore : Ce que Napoléon, ce qu'un héros a fait, vous pouvez bien l'avoir fait, il aurait répondu : Je ne suis pas un héros, moi, et j'ai entendu me marier. Voilà, messieurs, tout ce que j'avais à vous dire sur ce prétendu mariage religieux.

Maintenant, pourquoi M. Pescatore est-il allé se marier à l'étranger? Vous le comprenez à merveille, et M. Pescatore le dit lui-même dans une de ses lettres, c'est pour ne pas s'exposer à une publicité fâcheuse à son âge et à l'âge de madame Pescatore.

On dit encore, et c'est une considération plutôt qu'un moyen, on dit que M. Pescatore n'a jamais entendu donner à sa femme la moitié de ses biens ; que jamais il n'a entendu se marier sous le régime de la communauté, et que le soutenir c'est aller contre ses intentions.

Permettez-moi de vous dire que je n'ai pas à examiner cette objection. On produirait des lettres de M. Pescatore, contemporaines de son mariage, qui indiqueraient sa volonté, la question demeurerait la même. La pensée de M. Pescatore est ici sans importance, entendez-le bien, c'est la loi qui est tout. Il n'aurait pas voulu accorder la communauté à sa femme, que cette dernière aurait néanmoins le droit de la revendiquer. Il est donc surabondant d'examiner la question de communauté, de savoir si M. Pescatore a voulu ou non la donner. Ce n'est pas lui qui l'a donnée, c'est la loi. M. Pescatore pouvait parfaitement ignorer les prescriptions du concile de Trente et ses subtilités ; il ne pouvait pas ignorer la loi du pays dans lequel il s'était fait naturaliser, à ce point de ne pas savoir que quand on se marie avec de la fortune, il faut régler cette fortune et faire un contrat. S'il n'a pas fait de contrat, c'est qu'il a voulu se marier sous le régime de la communauté. C'était là son intention.

On nous répond : Non, et la preuve qu'il ne l'a pas voulu, c'est qu'il avait promis à sa famille de lui laisser sa fortune. Je vous prie de faire attention à ceci, c'est que des promesses de ce genre sont souvent faites par des vieillards et ne sont pas toujours tenues ; d'ailleurs, ces promesses, où les trouvez-vous? Nos adversaires, qui produisent des lettres, et même les copies, à défaut des originaux, ont oublié de publier celles qui contiennent les engagements de M. Pescatore envers ses collatéraux. Quel jour, quelle année, à quelle heure M. Pescatore a-t-il promis sa fortune à sa famille? J'ai beau chercher dans les monceaux de papier qu'il a laissés une semblable promesse, je ne la trouve pas ; mais je trouve une lettre dans laquelle M. Nothomb lui demandait 10,000 francs pour faire réparer la maison paternelle. Il désirait qu'on lui avançât cette somme sans intérêts, et vous allez voir dans quels termes M. Pescatore lui répond :

Paris, 11 janvier 1854.

« Lorsqu'il s'agit d'obliger, mon cher Alphonse, on n'y regarde pas d'aussi près
» que lorsqu'il est question d'affaires. Cependant j'ai pour principe de mettre de

» l'ordre en toutes choses, et du moment que vous, jurisconsulte, m'assurez que l'acte
» proposé équivaut à une vente, avec moins de frais et d'inconvénients pour vous,
» j'y souscris. L'usufruit devra cesser à mon décès, attendu que ma succession
» pourvoira au sort des parents et vous mettra à même de rentrer dans la possession
» de l'immeuble, ou mieux encore laissez subsister la double condition...

» Mais vous ne dites pas quelle est la somme que vous fixez à l'usufruit ; cela doit
» dépendre de celle dont vous avez besoin vous-même, car vous comprenez que
» pour moi, moins elle sera élevée, plus cela me conviendra, *puisque j'en perds les*
» *intérêts, à moins que je ne les défalque de la pension que je fais.* En tout état de
» choses, elle ne doit pas dépasser 10,000 francs, et si elle peut rester au-dessous,
» tant mieux pour les parents et pour moi... »

Vous n'êtes pas contents ? vous êtes difficiles. La succession, réduite par la communauté, vous donne aujourd'hui 250,000 francs ; elle vous donnera un jour 350,000 francs, après l'extinction des usufruits, et vous trouvez que vous n'êtes pas encore assez avantagés ? Comment ! vous trouvez que M. Pescatore, votre oncle, qui veut que ce prêt des 10,000 francs soit bien réglé, vous déshérite quand il vous laisse 250,000 francs. Voilà pourtant, messieurs, la seule lettre qu'on produise, la seule promesse que M. Pescatore ait faite. Vous voyez d'ailleurs comment il procède avec sa famille ; il prend les intérêts des 10,000 francs qu'il prête, et il oblige M. Nothomb à rapporter l'immeuble à sa succession.

Et sa femme, avec laquelle il a vécu dans la plus tendre affection, soit avant, soit après son mariage, depuis le jour où il l'a connue jusqu'au jour de sa mort, il la déshériterait, suivant mon adversaire ; il laisserait tout à sa famille et rien à celle qu'il a aimée, qu'il devait aimer par-dessus tout ? Il se marie en 1851, il ne lui donne rien, pas un sou ; il est à la tête d'une fortune, non pas énorme, mais déjà belle, et il ne lui fait pas même un de ces cadeaux que demande ou désire une femme ; il ne lui donne pas un bijou, pas une épingle, rien, rien ! S'il meurt, c'est la thèse de mon adversaire, elle n'aura rien, pas un denier, car M. Pescatore a voulu faire un mariage frauduleux, un mariage purement religieux ; il n'a pas compté, ou du moins il n'a pas dû compter sur la communauté, et, en conséquence, il laisse cette femme sans un sou ! En 1852, un an après son mariage, le voilà soumis aux caprices des événements politiques, menacé comme tant d'autres d'être ruiné et chassé comme un misérable (ceux qui l'accusent, qui le font monter sur la sellette, ont oublié cela) ; alors un banquier, M. O'Shea, lui dit : « Il vous est dû à Madrid
» 200,000 francs, vous devriez les placer en lieu sûr, vous voyez ce qui se
» passe. » Et en effet, M. Pescatore, redoutant le hasard des événements, se dit : Je vais placer cet argent sur la tête de ma femme ; si je suis ruiné, si je suis obligé de m'enfuir, j'aurai ce morceau de pain assuré. C'était là, comparativement à sa fortune, un très petit capital qu'il plaçait au nom de sa femme, non pas pour le lui donner exclusivement, mais pour en faire une ressource pour tous les deux s'ils venaient à être obligés de se sauver.

Et plus tard ?

Plus tard, il la laissa dans cette situation. Depuis 1851 jusqu'en 1852, s'il meurt, elle n'a pas un sou. Depuis 1852 jusqu'en 1853, s'il meurt, lui qui a 16,000,000 de francs, il lui laissera 200,000 francs. En 1853, il veut mettre ordre à ses affaires, il lui laisse par testament 20,000 francs de rente viagère, la jouissance du château de la Celle-Saint-Cloud, une voiture, des chevaux... Ah çà mais ! il est fou, et cependant il n'a jamais passé pour l'être. Comment pouvez-vous supposer qu'il va lui donner la jouissance du château de la Celle-Saint-Cloud, qu'il va lui laisser des voitures et des chevaux, et qu'il va lui assurer pour tout cela, quoi ? 20,000 francs de rente viagère ? Voulez-vous savoir ce que rapporte la propriété de la Celle-Saint-Cloud, j'en ai le compte ? Elle rapporte, maintenant qu'elle est bien administrée et qu'on y a joint des bois, 10,000 francs. Si l'adversaire se récriait, je lui répondrai par le testament même, qui porte que si madame Pescatore veut renoncer à la jouissance de la Celle, elle aura 10,000 francs de rente de plus. Eh bien ! savez-vous ce que coûte ce domaine ? 80,000 francs d'entretien ; quelque surprenant que cela puisse paraître, c'est incontestable. Ainsi, voilà un homme qui a fait ses délices de la Celle-Saint-Cloud, qui veut y avoir son tombeau, qui veut que sa femme s'y fasse ensevelir à côté de lui, qui dit que sa famille pourra également y trouver place, voilà un homme qui sait que cette propriété coûte 80,000 francs, et qui dit à sa femme : Tu ne m'as donné toute la vie que des preuves de tendresse et d'affection ; je te donne en mourant, comme marque de ma libéralité, je te donne la Celle-Saint-Cloud et 20,000 francs de rente viagère, mais j'y ajoute des voitures, des chevaux de trait, des chevaux de selle, etc.

Quelle amère dérision ! Et vous croyez M. Pescatore capable d'une conduite pareille ?...

Voilà comment il fit jusqu'au dernier jour, c'est-à-dire jusqu'à la veille de sa mort, jusqu'au moment où le notaire vint et lui dit : « Donnez-vous quelque chose à madame Pescatore ? » C'est à cette question qu'il aurait répondu : « Je lui ai donné 20,000 francs de rente viagère, je les double. C'est tout ce que je veux faire pour celle qui a été mon épouse. » Voyons, M. Pescatore n'a pas d'enfant ; il a des collatéraux ; il les aime, je le veux bien ; il les adore, soit ; il les porte dans son cœur, il n'y a pas le moindre doute, jusqu'à concurrence de 10,000 francs, qu'il leur prête en prenant ses sûretés ; il meurt en laissant une fortune de 16,000,000 de francs. D'autre part, il a une femme à laquelle il s'est attaché, une femme qui lui a donné mille preuves de dévouement, une femme qui, dans sa maladie, a été assise nuit et jour au chevet de son lit, à ce point que tout le monde en a été attendri ; il meurt possédant toute sa raison et dit : Écrivez, je lui donne 40,000 francs de rente viagère, je lui constitue un capital de 500,000 francs, et puis je lui donne la jouissance de la Celle-Saint-Cloud, qui coûte 80,000 francs d'entretien par année. Écrivez cela, monsieur le notaire.

Est-ce que c'est possible ? Et pourquoi cette parcimonie ? Pour laisser sa fortune à des collatéraux dont les moins bien partagés auront 250,000 fr. ; je me trompe, 350,000 fr. ! Pour eux de magnifiques moyens d'existence, pour sa femme une situation médiocre ! Non, non, cela n'est pas possible.

S'il avait fait un contrat, comment l'aurait-il traitée ? Certes, il ne l'aurait pas traitée de cette manière. Il y a des notes qui établissent qu'au moment de son mariage il avait 4 millions de fortune. Supposons qu'il fût marié sous le régime de la communauté réduite aux acquêts. Quand il est mort, sa fortune était de 16 millions, les acquêts auraient donc été de 12 millions; ainsi, quand il ne lui aurait rien donné par son contrat de mariage, elle aurait eu 6 millions, voilà qui est clair. Il y a quelque chose de plus clair encore. M. Pescatore était inquiet de savoir ce qui arriverait si sa femme le précédait au tombeau; il éloignait cette idée, il se disait que c'était à elle à lui fermer les yeux; mais enfin il prévoyait le cas où madame Pescatore mourrait la première, et il prévoyait des complications, des désordres dans ses affaires, car il ne pouvait ignorer qu'il était marié sous le régime de la communauté et que la moitié de ce qu'il laisserait reviendrait à sa femme. Mais enfin il était préoccupé. Si elle meurt, disait-il, ses héritiers viendront recueillir ce qui lui appartient, et me susciteront mille difficultés. Qu'y avait-il à faire? ce qui a été fait, et voici ce qu'on a trouvé sous les scellés: c'est le testament de madame Pescatore qui vous montre bien que la communauté était au fond de la pensée des deux époux.

« Ceci est mon testament.

» Je soussignée, Anna-Catherine Pescatore, née Weber, ai fait mes dispositions » dernières ainsi qu'il suit.

» Voulant donner à M. Pescatore, mon mari, une dernière preuve de mon affec- » tion, et surtout lui éviter tous les ennuis, embarras et réclamations lorsque je » viendrai à mourir, je lui donne et lègue la totalité des biens, meubles et im- » meubles de toute nature que je pourrai laisser et qui composeront ma succession, » à l'effet de quoi je l'institue mon légataire universel et en toute propriété.

» Je le prie de conserver, pour remettre à mon bien-aimé fils adoptif, Adolphe- » Albert Weber, lorsqu'il viendra à se marier, tous les objets en linge, vêtements, » dentelles et bijoux qui auraient été à mon usage personnel; c'est une prière et » non une volonté que j'entends exprimer, et je laisse mon mari entièrement » maître et libre d'agir à cet égard ainsi qu'il le jugera convenable, tenant d'une » manière expresse à ne donner à qui que ce soit des droits contre lui.

» Anna-Catherine PESCATORE, née WEBER.

» Château de la Celle-Saint-Cloud, 1ᵉʳ août 1853. »

« Par les motifs exprimés ci-dessus, je n'ai pas fait de dispositions particulières » en faveur de mon fils adoptif, Adolphe Weber, ayant la plus grande confiance » dans les sentiments d'affection de mon mari, pour être certaine qu'il remplira » après moi tous les devoirs d'un père envers Albert, et aidera à l'établir hono- « rablement dans le monde. Je désire que mon mari conserve Albert près de lui, » pour lui faire une société dans ses vieux jours.

» Je recommande à mon mari mes vieux domestiques, madame Alix, lingère; » Smith et sa femme, Constant, Lecomte et sa femme, et les pauvres de la ville.

» Je désire être enterrée à la Celle, et qu'un même tombeau nous réunisse un » jour.

» Anna-Catherine PESCATORE, née WEBER.

» Celle-Saint-Cloud, 15 septembre 1853. »

Je demande s'il n'est pas évident que M. Pescatore a cru qu'il était marié sous le régime de la communauté, s'il n'est pas évident qu'il s'est dit: Je veux que ma femme ait non-seulement la communauté qui lui appartient, mais de quoi entretenir la Celle-Saint-Cloud qui coûte 80,000 fr., qui n'en rapporte que 10,000. Je veux lui assurer 40,000 fr. de rente viagère et que toutes ses dépenses soient couvertes ; il en restera toujours assez. N'est-ce pas là le sentiment que nous aurions tous eu pour une femme qui aurait passé vingt ans avec nous, qui aurait contribué à notre fortune, qui nous aurait fortifié dans nos faiblesses, soigné dans nos maladies, consolé dans nos afflictions ? Est-ce que ce n'est pas là le précepte même de la religion ? Est-ce que ce n'est pas le législateur divin qui nous en a fait une loi en nous ordonnant de quitter notre père et notre mère pour nous attacher à notre compagne : *Homo derelinquet patrem et matrem et adhærebit uxori suæ?* Nous ne lui disons pas d'abandonner ceux qui lui sont unis par les liens du sang, ses parents collatéraux ; mais enfin, quand il s'est souvenu d'eux, quand il leur a fait leur part, n'est-il pas juste qu'il témoigne aussi son affection, sa tendresse de mari qui ne s'est jamais démentie à celle qui l'a tant aimé à son tour? n'est-il pas juste qu'il lui laisse la moitié d'une fortune que ses conseils l'ont aidé à acquérir ?

J'ai fini, messieurs ; vous savez maintenant ce qu'il faut penser de la prétention de ces collatéraux, lorsqu'ils se disent les interprètes de la volonté de M. Pescatore. Eux, les interprètes de sa volonté ! Oh ! grand Dieu ! lorsque je vois la sollicitude qu'il avait pour sa femme, l'affection qu'il lui portait, lorsque je songe à ces vingt années passées ensemble, à cette vie commune que la mort seule pouvait briser, lorsque ensuite je me trouve en face de ce procès, je me demande si c'est possible ?.... Mais permettez, est-ce que la volonté de M. Pescatore vous était inconnue? est-ce qu'il ne vous a pas répété sans cesse : Je suis uni par un lien indissoluble à celle que je vous présente comme ma femme? Est-ce qu'il ne vous l'a pas dit en des termes qui ne pouvaient vous laisser aucun doute, car vous lui avez envoyé des lettres de félicitations, dans lesquelles vous lui disiez : « Vous êtes marié civilement et reli- » gieusement, vous êtes lié par un lien indissoluble. » Vous l'avez écrit, tout le monde l'a cru, ainsi que vous ; il vous a dit : C'est ma femme, ma femme que j'aime, ma femme légitime. N'a-t-il pas tenu ce langage jusqu'au dernier jour. Vous a-t-il laissé ignorer ses intentions à son lit de mort? Est-ce que vous n'avez pas assisté à cette scène si solennelle que j'ai essayé de retracer devant vous? N'est-ce pas à vous, madame Dutreux, qu'il a dit : « Je m'en » rapporte à tes sentiments religieux. » N'est-ce pas à vous, madame Dutreux, que prenant la main de sa femme et la mettant dans la vôtre, il a dit: « C'est » à toi que je recommande ma femme en particulier, tu m'en rendras compte. » Quel compte lui en rendrez-vous, quand vous serez en face de celui qui nous jugera tous un jour? quel compte lui en rendrez-vous, lorsqu'il vous rappellera ces paroles que vous avez dites, les promesses que vous avez faites, lui répondrez-vous : J'ai tenu mes promesses ; cette femme que tu me présentais comme ta femme légitime, car si je ne suis pas marié, disais-tu, il n'y a pas un grand d'Espagne qui le soit, cette femme que tu me confiais, je l'ai soutenue, aimée, protégée. Et vous, Antoine Pescatore, vous ne l'avez pu oublier cette voix défaillante qui vous disait : « C'est toi, Antoine, qui m'as dit que la publication de nos bans était inutile, que j'étais bien marié ; je m'en suis rapporté à toi ; je t'ai confié aussi ma femme, en mettant sa main dans la tienne, en vous liant l'un à l'autre. » Oserez-vous répondre : « J'ai rempli ma promesse, car la première chose que j'ai faite quand tu as eu les yeux fermés, a été de la traîner dans la boue, de l'insulter, de la menacer, de déclarer qu'elle n'était qu'une concubine et d'affronter le scandale d'un procès pour faire tomber ton mariage. » Et vous tous, parents si respectueux pour sa mémoire, s'il vous interrogeait, lui répondriez-vous l'un après l'autre : « J'ai dit à la face du monde que toi, qui étais mon frère, que vous qui étiez mon oncle, vous aviez vécu avec cette femme dans un mauvais commerce, dans des liens illégitimes... Ah ! oui, nous avons bien rempli notre promesse ! Vous aviez dit que vous ne vouliez qu'une tombe, qu'elle fût creusée à la Celle, que votre femme y fût placée à côté de vous, réunis dans la mort comme vous l'aviez été dans la vie... Ah ! oui, nous avons bien rempli notre promesse. Sur cette tombe où devaient dormir aussi tous les membres de la famille que la mort entassera un jour les uns sur les autres, nous avons placé une pierre, et sur cette pierre, à côté du testament de M. Pescatore, nous avons fait inscrire ces mots :

« Ci-gît celle qui fut pendant vingt ans la concubine de Jean-Pierre Pescatore. »

Voilà le procès, messieurs. Examiné en fait et en droit, examiné aussi au point de vue de la moralité, il ne me paraît pas laisser prise au doute et à l'hésitation.

Pour moi, messieurs, je me sentirai dégagé d'une grande responsabilité et je serai profondément heureux quand, après avoir défendu avec toute l'énergie de ma conviction la légitimité d'un mariage auquel il n'est pas possible de porter atteinte, j'entendrai le jugement par lequel vous proclamerez le succès de notre cause.

Audience du 18 juillet 1856.

RÉPLIQUE DE Me DUFAURE.

Messieurs,

Les deux plaidoiries de mon éloquent et habile confrère, principalement la seconde, je l'avoue, ma plaidoirie, les consultations que nous vous avons distribuées de part et d'autre, vous ont déjà indiqué toutes les questions de fait, de droit civil et de droit canonique, soulevées par ce procès. Ces deux éléments de solution que nous vous avons fournis, fécondés par vos méditations, vous ont déjà probablement indiqué l'opinion que vous devez adopter pour résoudre cet important débat. Néanmoins j'ai voulu user de mon droit de réponse. La marche suivie par la demanderesse est telle que je n'ai pu encore apprécier un certain nombre de faits qu'elle affirme et un certain nombre de documents qu'elle produit, pour justifier ses injustifiables prétentions. Toutefois, messieurs, je n'ai pas l'intention de répondre à toutes les inexactitudes qui ont été semées dans le cours d'une longue et habile plaidoirie. Il en est dans le nombre que je tiens pour indifférentes ; elles peuvent répondre aux vues d'une petite passion ou à de petits calculs, mais je ne les crois pas de nature même du procès. Le tribunal verra qu'ils ne sont pas nombreux, et que je pourrai promptement arriver à l'examen et à la discussion des principes sur lesquels son jugement reposera.

Vous avez dû remarquer, messieurs, que madame Weber s'est attachée à se présenter comme une victime. L'hostilité des légataires universels de M. Pescatore aurait été déclarée dès le lendemain de sa mort. On va rechercher jusqu'aux circonstances les plus frivoles, et, je le montrerai tout à l'heure, les plus insignifiantes, pour prétendre que dès cette époque mes clients songeaient à attaquer celle qu'ils appelaient leur tante. On a pris en particulier une lettre de faire part qui avait été adressée à tous les amis de M. Pescatore pour les inviter à son service funèbre. Le nom de madame Weber n'y ayant pas été porté, on a considéré cette lacune comme une manœuvre de nos clients. Si l'on avait voulu y regarder de plus près, on aurait vu que dans la lettre dont je parle, ne se trouvait le nom d'aucune femme, que madame Antoine Pescatore, belle-sœur de M. Pescatore, que mesdames Dutreux et de Scherff n'y sont pas plus nommées que la demanderesse. Si l'on avait voulu éclaircir ces faits, qu'on exagère et qu'on dénature pour le besoin du procès, on aurait su que, plongés dans la douleur d'une perte récente, mes clients ne s'étaient pas occupés de la lettre de faire part ; qu'elle avait été rédigée par les anciens associés de M. Pescatore, qui se sont conformés à un usage assez généralement suivi. S'il y avait eu faute à l'égard de quelqu'un, elle ne pourrait être imputable qu'à eux ; madame Weber le sait aussi bien que personne.

Si, je voulais, moi, invoquer des faits qui ne seraient pas contestables et rechercher ceux qui ont amené la réclamation que nous combattons devant vous, je me permettrais de demander comment M. Pescatore étant mort le 9 décembre 1855, dès le 4 janvier, à Madrid, trois avocats étaient appelés à rédiger une consultation pour donner leur avis à madame Weber sur la validité de son mariage. Il y a une assez grande distance de Paris à Madrid. La consultation devait avoir été sollicitée depuis quelque temps. Nous avons demandé communication de ce mémoire rédigé par trois jurisconsultes d'Espagne, on ne nous l'a pas communiqué, et nous soupçonnons fort que pendant que d'un côté les parents de M. Pescatore s'abandonnaient à leur douleur, on organisait d'un autre côté la grande spéculation judiciaire que nous combattons aujourd'hui.

On ne s'est pas arrêté là, messieurs. Madame Weber, vous a-t-on dit, a été attaquée, injuriée, menacée, traînée dans la fange des ruisseaux ; on a répété cela trois fois. Calomniée, attaquée, injuriée, par qui, au nom du ciel ? Nous avons eu à défendre à la demande portée devant le tribunal, nous l'avons discutée, j'ose le dire, avec réserve et modération. Sans doute, nous étions obligés de rappeler que pendant de longues années il y avait eu entre M. Pescatore et madame Weber une liaison très irrégulière ; mais par cela seul que le nom de notre oncle y était mêlé, nous ne pouvions rien avoir d'amer dans nos paroles, et nous nous sommes expliqués avec modération et réserve à cause du respect que nous avons pour sa mémoire. Madame Weber a été attaquée, menacée, outragée ! Menacée par qui ? Ces menaces, à quelle époque ont-elles été faites ? De quelles injures a-t-elle été l'objet ? Elle a été traînée dans la fange des ruisseaux ! Que voulez-vous dire ? Qu'entendez-vous par là ? De toute sa vie passée antérieure à sa liaison avec M. Pescatore, je n'ai rappelé qu'un fait qui était dans la nécessité de cette cause, à savoir, qu'en 1838, tenant une maison garnie à Strasbourg, elle avait fait publier ses bans de mariage avec un autre que M. Pescatore. Je n'ai pas rappelé autre chose, mais je devais rappeler cela pour vous demander après s'il y avait réellement bonne foi quand on voulait se marier sans publications en France, à passer la frontière et à aller demander à un prêtre espagnol la bénédiction nuptiale. Cependant elle a été calomniée ! et je dirai que c'est à mon grand étonnement que dans la consultation délibérée à son profit, j'ai vu cette accusation dirigée contre mes clients. En quoi aurions-nous calomnié madame Weber ? À l'époque où elle est venue chez M. Pescatore, elle amenait avec elle un jeune enfant qui pouvait avoir cinq à six ans, et dans les conclusions signifiées au procès, nous avons dit qu'il était bien possible que l'existence du père de ce jeune enfant eût mis pendant longtemps un obstacle au mariage de M. Pescatore avec madame Weber, et sur cela on s'indigne, et l'on nous répond que c'est le comble de l'injure. Je lis dans le mémoire de l'adversaire : *Que si au contraire, comme l'affirme la dame Pescatore, avec la juste indignation de l'honneur outragé, l'insinuation des collatéraux est une calomnie, si elle n'a jamais été mariée..... »*

Que voulez-vous dire ? Elle avait un enfant qu'elle a toujours appelé son fils, qui l'a appelée sa mère. Elle lui donne ce nom dans des lettres nombreuses qui ont été trouvées à l'inventaire, sous les scellés ; nous avons supposé qu'elle avait été mariée ; soit, nous l'avons calomniée, elle n'a jamais été mariée ! Nous sommes, il faut en convenir, d'étranges calomniateurs, et madame Weber a d'étranges manières de se défendre contre nos calomnies. Je me demande encore une fois pourquoi se présenter comme victime ; quel était le motif, le but ? Était-ce pour exciter votre intérêt ? On sait bien que l'intérêt qu'on peut vous inspirer ne dicte pas vos jugements. A-t-on voulu reproduire à la barre ce qui se publie depuis six mois dans les salons de Paris pour se rendre l'opinion favorable ? N'est-ce pas plutôt pour se donner le droit d'être vif et d'attaquer à son tour en ayant l'air de se défendre ?

La plaidoirie que vous avez entendue a été vive et cruelle pour mes clients. Il y a en particulier un point qui leur a été directement au cœur ; c'est ce qu'on a dit de Pierre Pescatore, de ce jeune homme qui en 1841 jeta le premier cri d'alarme, lorsqu'il vit la maison et l'affection de son oncle envahies par la nouvelle venue. Que n'a-t-on pas dit sur ce jeune homme ? C'était un jeune homme léger, insouciant, ingrat envers son oncle, frappé dans sa raison et qui a fini par mourir fou. Il est triste d'avoir à défendre ses enfants contre une vengeance qui se réveille après quinze ans pour attaquer une tombe. Voyons cependant. Pierre Pescatore est mort fou ! Mon Dieu ! c'est le sort de beaucoup de vives et belles intelligences. Oui, dans les derniers jours de sa vie, il fut atteint d'une fièvre cérébrale et il y a succombé ! Voilà la vérité. Est-ce là ce qui vous donne le droit de dire qu'il est mort fou ? D'un autre côté, vous prétendez que c'était un jeune étourdi. J'en appelle à tous ceux qui l'ont connu ; c'était une haute intelligence, et il avait le cœur à la hauteur de cette intelligence. On a trouvé dans les lettres que j'ai communiquées quelques phrases qu'on a lues au tribunal ; il faudrait les lire en entier, et j'espère que le

tribunal le fera ; il verra partout l'empreinte des sentiments les plus hono-
rables, de son dévouement pour sa mère, pour sa sœur, de son affection pour
son oncle, mais aussi de la honte et de l'humiliation qu'il éprouvait en le
voyant sous une domination peu digne de lui. On vous a dit: Mais lisez ses
lettres et vous y verrez les calculs odieux que Pierre Pescatore faisait contre
la fortune de son oncle. Oui, lisons ensemble cette lettre, dont on ne vous a
lu que des fragments, et vous verrez qu'elle dit tout autre chose que ce
qu'on lui a fait dire :

« Plus j'examine cette position, plus je répugne à quitter la maison. Si je me
» retire, je voudrais continuer à travailler pour mon compte, et naturellement
» j'exploiterais les affaires de Hollande et d'Italie, ne laissant à mon oncle que ce
» qu'il y a de plus précaire. La position alors ne serait plus tenable. Si je me retire
» de la maison et des affaires, alors je crains pis encore et je me ferais d'éternels
» reproches s'il arrivait par là quelque accroc à la famille. Il n'y a donc de choix
» qu'entre deux partis : nous séparer entièrement, ou rester comme nous sommes.
» C'est à vous et au père de décider. »

Voilà ce qu'il écrit. Veut-il dire que quand il travaillera pour son compte,
il accaparera les affaires dans son intérêt et ne laissera à son oncle que ce
qu'il y a de plus précaire? C'est au contraire l'inconvénient qu'il redoute s'il
se retire ; aussi n'est-ce pas à ce moment qu'il se retirera. Ce n'est donc pas
par calcul personnel qu'il agit, et quand il quittera la maison, il abandonnera
complétement les affaires.

Ce jeune homme, au surplus, savez-vous quelle a été sa vie? A cet âge où
les jeunes gens sont encore sur les bancs du collége, il était déjà associé avec
son oncle : il parcourait l'Italie, la Hollande, la Belgique, les États-Unis; il y
fondait ces grandes relations qui ont fait plus tard la fortune de la maison
Jean-Pierre Pescatore. Voilà ce qu'il faisait, ce jeune homme léger et étourdi
dont vous avez parlé avec tant d'amertume à la dernière audience. J'avais
besoin de le dire au tribunal et de rétablir, au nom d'une famille cruellement
blessée, l'honneur d'un de ses membres, dont le seul crime est d'avoir mis
obstacle pendant quelque temps à la domination que madame Weber cherchait
à exercer sur l'esprit de M. Pescatore.

On ne s'est pas borné à attaquer Pierre Pescatore, on a attaqué tous les au
tres parents. Ce sont d'*avides collatéraux ;* il n'y a qu'une question d'argent
dans leur pensée, il n'y a pas autre chose.

Voyons ce qu'il y a de vrai dans ce reproche. J'entends ces mots *avide
collatéraux;* ce sont des expressions banales dont je comprends l'application
lorsqu'il s'agit d'hommes qui viennent contester les dernières volontés de leur
auteur, en vertu de liens de parenté qu'ils tiennent de la loi; je comprend
très bien qu'on leur reproche de la convoitise, de l'avidité, quand ils veulen
empêcher que les volontés de leur auteur soient exécutées. Est-ce la situation
de nos clients? Ils sont neveux et nièces de M. Jean-Pierre Pescatore; ils
viennent au nom de la loi, ils viennent surtout comme légataires en vertu
de la volonté du défunt, de sa volonté bien déterminée, bien persistante jus-
qu'à sa mort. Voilà en vertu de quel titre ils réclament; leur titre est le même

que celui en vertu duquel madame Weber demande la délivrance des legs qui lui ont été faits; mais je puis le dire, ils ont de plus qu'elle les liens antérieurs et bien autrement respectables du sang et de la parenté. Ce sont des légataires universels demandant que l'attribution de leur legs leur soit faite suivant la volonté de leur auteur, n'aspirant pas à autre chose, s'interdisant de contredire en quoi que ce soit la volonté connue de celui de qui ils tiennent leur droit. Que devient donc cet étrange reproche de convoitise?

Ceci me conduit malgré moi, mais nécessairement, à examiner de nouveau l'effectif véritable de la succession laissée par M. Jean-Pierre Pescatore. J'avais dit au tribunal que l'ensemble total de la succession de M. Pescatore était de 13,366,000 fr. On m'a répondu : Vous vous trompez, c'est 17 millions qui forment l'ensemble de sa succession. Les documents que j'avais recueillis étaient tels, que j'ai été surpris de voir cette différence entre les calculs de mon honorable confrère et les miens. Je lui ai demandé communication des pièces sur lesquelles reposaient les calculs qu'il avait présentés au tribunal. J'ai là cette communication; c'est un état qui n'est pas suspect à madame Weber, il est intitulé : *Aperçu préparé dans l'étude de Me Fould, notaire, sur la communauté qui a existé entre M. et Madame Pescatore.* Quel est le résultat de cette liquidation de la communauté préparée en l'étude de Me Fould? Si je la consulte, je trouve que l'actif net de la communauté est porté à 13,043,646 fr. 81 cent. Qu'avons-nous à y ajouter pour faire la fortune personnelle de M. Pescatore? Trois choses :

1° Le domaine de Giscours.	500,000 fr.
2° L'hôtel de la rue Saint-Georges	500,000 fr.
3° La propriété de la Celle-Saint-Cloud, prise non dans son entier, mais déduction faite d'une somme de 340,000 fr., montant d'une partie de cet immeuble acquis pendant le cours de la communauté	640,000 fr.
Total	14,683,686 fr. 81 c.
Ou en chiffres ronds.	14,700,000 fr.

Nous ne sommes donc pas aussi loin de la vérité qu'on le disait, et le chiffre de 17,000,000 me semble déjà quelque peu imaginaire, car en adoptant le premier calcul de l'état, je trouve que l'actif total de la succession s'élèverait à 14,000,000 environ.

Mais ce n'est pas tout; dans l'état qu'on m'a communiqué, l'auteur du calcul s'est aperçu que pour trouver le chiffre exact de l'actif de la succession de M. Pescatore, il fallait en déduire les legs particuliers et la part de la communauté, et il trouve après cette double déduction que l'actif total s'élève à 13,724,836 fr. 21 c.

Il prend le huitième de cette somme, qui est de 465,604 fr. 56 c.; il y ajoute le huitième du capital qui restera libre à l'extinction des rentes viagères, c'est-à-dire 135,250 francs, et il trouve que chaque légataire universel aura 600,854 fr.

Voilà le premier calcul. L'auteur de ce calcul a bien compris qu'il était incomplet, qu'il y avait des rectifications à y faire, soit pour la communauté, soit pour la succession.

Quant à la communauté, il retranche, par suite de réductions à opérer sur les bénéfices de l'année dernière, une somme de 990,000 fr., plus le passif, et il arrive ainsi à trouver que la succession de M. Pescatore n'est plus que de 1,710,492 fr., dont le huitième pour chaque légataire universel est de 213,611 fr.

Voilà le résultat de l'aperçu qui nous est communiqué. Eh bien, cet aperçu n'est pas exact. La réduction de 990,000 fr. est incomplète et insuffisante, elle doit être portée beaucoup plus haut. Nous avons dans les mains le compte de M. Pescatore avec un négociant que je nai pas besoin de nommer, et nous voyons par le premier article que sur le capital de 3,500,000 fr. on a déduit spontanément 2,079,994 fr., ce qui réduit la créance à 1,420,006 fr. La succession de M. Pescatore, qui a deux tiers d'intérêt dans la maison, supportera les deux tiers de cette réduction de 2,079,994 fr., ce qui déjà dépasse de beaucoup les 990,000 fr. au retranchement desquels s'est borné l'auteur de l'aperçu.

Ce n'est pas le seul retranchement à faire, et je donne ces chiffres en gros pour ne pas me livrer à des calculs difficiles à faire dans une plaidoirie. On porte à l'actif de la communauté des indemnités pour des réparations qui auraient été faites à deux immeubles de M. Pescatore. Ces deux immeubles sont la Celle et Giscours, et ces indemnités peuvent s'élever à 200,000 fr. ; il faut retrancher ces 200,000 fr. Et puis que le tribunal veuille bien se rappeler que dans la succession Pescatore, ainsi que je le lui ai dit, et l'on ne m'a pas répondu à cet égard, se trouvent de très nombreuses obligations sur une vingtaine de chemins de fer américains. Or, au nombre de ces obligations il y en a qui ne paient même plus de dividende, par conséquent il y a à peu près certitude que la succession de M. Pescatore éprouvera, de ce chef, une perte considérable. Que le tribunal veuille se rappeler encore ceci : nous admettons que le capital dû par le négociant auquel j'ai fait allusion sera remboursé en entier à la maison Pescatore. Or, rien n'est moins certain. Messieurs, je ne vous donne pas de chiffre précis, j'ai dit pourquoi au tribunal ; mais le tribunal a vu que d'après l'état même qu'on produit, la part de chacun des légataires universels se réduirait à 213,600 fr. Que le tribunal veuille tenir compte d'abord des réductions nécessaires que nous lui indiquons, et puis de celles que nous ne prévoyons pas, mais que les événements peuvent amener, et il pourra apprécier à quelle somme serait réduit le huitième auquel chacun des légataires universels a droit dans la succession de leur oncle commun.

Messieurs, si cela est vrai, est-ce que les légataires universels n'ont pas le droit de faire remarquer le singulier résultat que produirait, contre la volonté de leur oncle, l'admission des prétentions de madame Weber ? Ainsi, par exemple, madame Poulmaire recevrait 80,000 fr. pour son huitième et elle devrait rapporter à la succession 233,000 fr. de capital. Trois autres légataires universels, les enfants de M. Guillaume Pescatore, devraient tenir compte à la succession de 615,000 fr. dus par leur père, c'est-à-dire chacun de plus de 200,000 fr., et leur legs universel ne représenterait pas moitié de cette somme. Était-ce bien là la volonté de M. Pescatore, lui qui, dans sa correspondance, témoignait l'intention de relever par ses bienfaits la fortune de sa famille ? A-t-il pu entendre que ses héritiers, ses légataires universels resteraient ses débiteurs ? Il y a plus, il laissait à son frère Guillaume, devenu aveugle et frappé dans sa fortune par les événements de 1848, une pension viagère de 6,000 fr. que ses enfants doivent lui servir sur les legs qu'il leur fait : Comment se paiera cette rente ? Le testateur aurait-il imposé une pareille obligation à des légataires qui ne recueilleraient absolument rien ?

Ah ! dit mon adversaire, vous vous êtes abusés sur les sentiments de ce vieillard ; il vous a trompés. Il disait qu'il voulait vous laisser une partie de sa succession ; c'était pour se débarrasser de vous et des obsessions dont il était accablé ; en réalité il n'en avait aucune envie, ne le croyez pas.

Nous l'avons cru, nous le croyons encore, et tout ce que madame Weber pourra dire pour représenter M. Pescatore comme un homme qui cherchait à tromper sa famille, tout cela disparaîtra devant le témoignage éclatant de toute sa vie. M. Pescatore a donné des preuves non équivoques d'attachement à tous les siens ; s'il y a quelque chose qui soit demeuré vivant dans la pensée de cet homme jusqu'à son dernier moment, c'est le sentiment profond de la famille, c'est son affection sincère pour tous ceux avec lesquels il avait passé sa vie ou qui avaient concouru à ses affaires. Toutes les fois qu'il y avait dans sa famille un événement douloureux ou joyeux, M. Pescatore quittait Paris, se rendait à Luxembourg et allait partager la peine ou la joie de ceux qui lui étaient unis par les liens du sang. J'ai entre les mains une foule de lettres qui parlent de cette affection, je demande au tribunal la permission de lui en lire une seule, je lui ferai grâce des autres, celle-là suffira pour montrer ce qu'étaient les sentiments de la famille dans le cœur de cet homme. Après la mort de Pierre Pescatore, de celui-là même qui avait été obligé de quitter la maison de son oncle, d'où le chassait la présence de madame Weber, il va mêler sa douleur à celle du père et de la mère, il essaie de les consoler, et quand ses affaires le rappellent à Paris, voici la lettre qu'il écrit à sa belle-sœur :

« Paris, le 19 décembre 1844.

« Je n'ai rien de plus pressé, ma chère Marie, que de vous exprimer la satisfac-
» tion que m'a laissée mon voyage, quoiqu'il fût occasionné et accompagné de sou-
» venirs bien douloureux, et comme il n'a eu en vue que votre personne et ceux
» qui vous entourent, il va de soi-même que c'est l'accueil que j'ai reçu qui en
» a fait le charme. C'est ainsi qu'on doit se retrouver après un naufrage, même quand
» on y a perdu une personne chère à tous, et c'est en resserrant les liens de famille
» qu'on parvient à opposer la seule résistance possible aux coups du sort.
» Les petits intérêts, les contrariétés journalières doivent disparaître devant un
» malheur commun ; celui-là seul est digne d'occuper notre cœur et nos pensées,
» et c'est en élevant les unes et l'autre à la hauteur des devoirs qui restent à
» remplir, qu'on acquiert le courage nécessaire dans les circonstances difficiles
» et douloureuses. Ce courage, vous l'aurez, parce que vous avez l'âme haut
» placée, et quand vous aurez payé le tribut à la nature, vous vous élèverez au-
» dessus des douleurs communes pour vous occuper derechef du bonheur de vos
» petits enfants, ainsi que vous l'avez fait pendant trente ans pour leurs père et
» mère.

» Pour ce qui concerne les intérêts matériels, qui ne sont pas à négliger en pareil
» cas, vous serez parfaitement secondée par Antoine ; il les comprend mieux que
» personne ; il y porte toute l'attention qu'ils méritent. Vos enfants, avec des ca-
» ractères divers, mais également bons, avec un dévouement et un amour sans
» bornes pour vous, vous aideront également ; et pourvu que de votre côté vous
» portiez vos regards sur l'avenir autant que sur le passé, vous ne manquerez pas
» de trouver dans l'un et l'autre le courage et les forces nécessaires aux devoirs qui
» vous restent encore à remplir ici-bas. Après quoi nous prendrons le chemin com-
» mun, et en jetant un dernier regard en arrière, nous trouverons que nous ne se-
» rons pas encore les plus à plaindre dans ce monde et dans les revers inséparables
» des nombreuses familles... Je voulais m'entretenir plus longtemps avec vous,
» mais le temps me manque, et force m'est d'écrire à la hâte et de finir en vous
» réitérant l'expression d'un attachement sincère et dévoué qui ne finira qu'avec
» les jours de votre frère et ami.

J.-P. PESCATORE.

» Mes amitiés à toute la famille. »

Je pourrais prolonger ces lectures : j'ai lu beaucoup d'autres lettres ; elles
sont toutes empreintes des mêmes sentiments ; on y trouve le même caractère,
le même style du cœur. Je m'arrête, quelque soit le plaisir que je trouve à
lire ces lettres qui montrent M. Pescatore sous un jour nouveau, tel qu'il était,
non pas tel que Paris l'a connu. Le monde parisien, messieurs, n'a pas connu
M. Pescatore. Quand il allait se retremper aux sources salutaires et sacrées
de la famille, c'était un autre homme ; le caractère devenait plus serein,
l'esprit plus élevé, l'âme plus pure, le cœur plus tendre. Vous le voyez par ses
lettres ; à peine revenait-il à Paris, il y recommençait sa vie d'affaires et de
préoccupations, il y reprenait la lourde chaîne que faisait peser sur lui sa liaison
irrégulière avec madame Weber ; ce n'était plus le même homme. Triste,
mais utile expiation, peut-être imposée à ceux qui se placent en dehors des
règles de la société et au-dessus des lois sévères de la morale.

Ce que M. Pescatore était pour sa famille, vous le savez, messieurs ; demandez-
vous maintenant si, lorsqu'il disait à ses neveux : Ne soyez pas inquiets de l'a-
venir, les événements m'ont donné une grande fortune, elle sera à vous, vous
pouvez y compter, demandez-vous s'il voulait alors se jouer de leur crédulité.
Ceux pour lesquels je me présente n'ont pas douté un moment que la volonté
de leur oncle et de leur frère ne fût tout entière dans les testaments de 1853
et de 1855. Tout leur appartenait en vertu des testaments, et cependant ces
héritiers si avides, si pleins de convoitise, se sont-ils montrés si rebelles à toute
transaction ? Non, messieurs, et je dois le dire, dès le premier moment ils ont
compris ce qu'avait de fâcheux pour une mémoire qui leur était chère un
procès de la nature de celui que nous discutons publiquement devant vous ; ils
l'ont compris, et ils ont fait tout ce qui était en leur pouvoir pour arriver à
une transaction.

Oui, nous a-t-on dit, ils voulaient permettre à madame Pescatore de porter
le deuil, le voile de veuve, et de garder le nom de Pescatore. Oui, ils le vou-
laient en effet, ils y consentaient ; mais ce n'était pas tout. Ils lui disaient :
Vous avez un capital de 500,000 fr., qui vous est assuré par le testament du
8 décembre 1855, nous consentons à le doubler ; vous aurez un million de

capital. Ils lui disaient : Vous avez 40,000 fr. de pension viagère, nous y en ajoutons 60,000 fr. Vous aurez 1,000,000 fr. de capital et 100,000 fr. de rentes viagères. Vous aurez de plus la jouissance de la Celle-Saint-Cloud, et toutes les valeurs que les testaments vous donnent. Voilà leur convoitise. Ils avaient pu croire que ces propositions seraient acceptées, elles ne l'ont pas été, ils se sont arrêtés. On ne peut pas faire tomber sur eux la responsabilité de ce procès ; ils étaient disposés à faire des sacrifices, ils en ont proposé de considérables ; ils n'ont pas pu laisser consommer leur ruine, et c'est pour cela que nous plaidons.

Voilà, messieurs, les reproches qui avaient été adressés d'une manière générale dans le cours de la plaidoirie de mon adversaire, à ceux pour lesquels je plaide ; j'avais à cœur d'y répondre, et maintenant je puis approcher de plus près la véritable question du procès, non que je veuille aborder immédiatement les discussions de droit civil et de droit canon dans lesquelles nous sommes engagés ; il y a un point que je veux examiner auparavant. Je sais très bien, que quand je viens dire au tribunal : Ce mariage contracté en Espagne est nul aussi bien devant notre droit civil et notre droit public que devant la loi canonique, je raisonne sur une hypothèse, je sens très bien qu'il n'y a jamais eu mariage civil, dans l'intention des parties ; par conséquent, lorsque j'aborderai ce côté de la cause, il y aura en moi quelque chose qui me dira que je raisonne dans une pure hypothèse, qu'en réalité je sors de la vérité et que la vérité tout entière est dans cette proposition : Personne n'a jamais songé à un mariage selon la loi civile, ni M. Pescatore, ni madame Weber, ni monseigneur l'archevêque de Bordeaux. Ce qu'ils ont voulu nous le savons, c'est faire cesser une situation irrégulière, jeter sur des relations déjà anciennes un voile religieux, faire en un mot un mariage de conscience, et rien de plus. Ce point est important, et il m'importe, puisque c'est là la vérité, que le tribunal me permette d'y revenir en peu de mots pour m'expliquer sur le silence qu'on a opposé à quelques-unes de mes raisons, et pour examiner les moyens par lesquels on a cherché à les éluder.

J'avais dit au tribunal qu'il y avait eu un mariage de conscience ; je craignais qu'on ne vînt me dire : Qu'entendez-vous par un mariage de conscience ? On ne m'a pas fait cette question. J'ai cité le passage si énergique de monseigneur l'archevêque de Reims ; non-seulement je ne l'ai pas combattu, mais je me suis incliné devant cette autorité. On ne m'a pas répondu. J'avais dit : C'est un mariage de conscience, et nous pouvons en apporter la preuve.

Ce mariage, par qui a-t-il été préparé ? Par monseigneur l'archevêque de Bordeaux. On savait qu'il devait être précédé de publications ; on y a songé, mais on a voulu avoir des dispenses, et l'on a dû demander ces dispenses à monseigneur l'archevêque de Paris et à monseigneur l'évêque de Versailles. On a demandé des dispenses pour des publications religieuses ; quant à des publications civiles, on n'y a pas songé, ou si l'on y a songé, on n'a pas voulu les faire. Ce n'était pas le but que l'on s'était proposé. Monseigneur l'archevêque de Bordeaux comprend bien que ce mariage ne peut pas être célébré dans son diocèse. Pourquoi ? Est-ce qu'on ne marie pas à Bordeaux comme ailleurs ? C'est qu'on ne veut contracter qu'un mariage religieux, et que la loi interdit (nous verrons tout à l'heure ce que la loi dit), sur le territoire français, tout mariage religieux qui n'est pas précédé du mariage civil. Monseigneur l'archevêque de Bordeaux écrit à monseigneur l'évêque de Pampelune. Lui donne-t-il l'autorisation de célébrer un mariage civil ? Non. Que lui écrit-il ? Le voici : « Permettez-moi de vous adresser deux personnes *qui ne veulent s'unir que religieusement.* » Quoi de plus clair, de plus précis ! Je n'ai pas cette lettre, à la vérité, mais si l'on doutait de son existence, je la ferais certifier par des autorités que vous ne récuseriez pas. Le subrogé tuteur de deux de mes clients l'a vue, l'a touchée, monseigneur l'évêque de Pampelune la lui a fait lire. Si depuis on l'a retirée de ses mains, on ne peut pas dire qu'elle n'ait pas été écrite. Comment aurait-il sans cela envoyé au curé de Renteria la permission de procéder au mariage ? Eh bien, vous le voyez, ils ne voulaient s'unir que religieusement. Cela est clair, précis ; il n'y a pas de dénégation possible. Je continue.

Si l'on songeait à faire un mariage civil, si l'on croyait en avoir fait un, on comprend très bien que ce mariage civil ne doit pas échapper aux regards de l'administration française, qu'il doit être transcrit sur les registres de l'état civil. Le transcrit-on quelque part ? Oui, on transcrit le mariage religieux sur le registre de la paroisse de Notre-Dame de Lorette ; quant aux registres de l'état civil, on n'y a pas pensé ; on ne le pouvait pas : ce n'était pas un mariage civil. Vous voyez que depuis le premier moment on a conçu la pensée de régulariser une situation anormale ; jusqu'après l'accomplissement de la dernière formalité qui a suivi la célébration, on n'a eu en vue qu'un mariage religieux. Fera-t-on ressortir un droit de communauté de ce mariage religieux ? Jamais on n'y pensera, nul n'y pensera. J'avais dit qu'en 1852, un don considérable avait été fait par M. Pescatore à madame Weber. Comment ? Que signifie le don d'une chose mobilière, si les époux sont communs en biens ? Cela est impossible, et à celui qui le fait et à celui qui l'accepte. Mais cela se comprend très bien s'il n'y a pas entre eux communauté.

J'avais dit encore : Lisez les testaments (je les ai fait imprimer pour qu'ils fussent constamment sous les yeux du tribunal) et recherchez-en l'esprit. J'affirme que leurs dispositions sont telles qu'elles excluent toute idée de communauté. Interrogeons ces testaments dans leurs différentes parties, et nous n'y verrons aucune trace de communauté, pas plus dans celui de 1855 qu'en celui de 1853. Dans le premier, vous trouverez une clause singulière. Il y a deux ans que le mariage est fait ; s'il a été fait régulièrement, la première chose qu'on y trouvera, ce sera le nom de madame Pescatore. Le mari doit être le premier à donner à son épouse le nom qui lui appartient légitimement. Eh bien, non, on n'y trouvera que le nom de madame *Weber*, et le testateur dira : *madame Weber*. Il ne dira *ma femme* qu'une fois. Dans quelle disposition ? Dans la disposition qui concerne monseigneur l'archevêque de Bordeaux :

« Je donne et lègue à S. E. Mgr Donnet, cardinal archevêque de Bordeaux, une
» somme de 20,000 francs en reconnaissance des bontés qu'il a eues pour ma
» femme et pour moi-même, en nous ramenant dans le giron de l'Église et en con-
» seillant et facilitant notre mariage. Si je ne donne pas de destination spéciale à

» cette somme, c'est que je sais d'avance que Son Éminence en fera l'emploi le plus
» utile et le plus charitable. »

Vient ensuite le legs qu'il fait à ses domestiques, et sur lequel j'appelle
votre attention :

« Je donne et lègue à chacun de mes domestiques des deux sexes, y compris
» les concierges et garçons de recette, une somme égale à leur salaire annuel s'ils
» sont à mon service depuis trois ans au jour de mon décès, et le double dudit trai-
» tement s'ils y sont depuis cinq ans et au delà.
» Par exception et sur la proposition de dame Anne-Catherine Weber, *que je*
» *désigne ainsi au lieu de ma femme, pour éviter toutes contestations de ce chef,*
» mes exécuteurs pourront augmenter quelques-unes de ces pensions, sans que
» leur maximum dépasse mille francs et sans que le nombre eu aille au delà de
» trois ou quatre. »

Que veut-il dire par ces mots : « pour éviter toute contestation, » s'il l'a
nommée sa femme? Pourquoi des contestations s'il est légitimement marié,
s'il y a eu un mariage complet? Je comprends ces expressions s'il n'y a eu
qu'un mariage religieux, nul aux termes de la loi civile ; mais si le mariage a
été régulier, on ne peut comprendre les craintes et les précautions de M. Pes-
catore.

Et lorsque dans son dernier testament, celui qui a été fait la veille de sa
mort, à huit heures du soir, celui dans lequel il dictait au notaire ces deux
dispositions au profit de madame Pescatore, l'une par laquelle il lui donne
20,000 francs de rente viagère, l'autre 500,000 francs de capital, pour-
quoi ajoute-t-il que la rente de 20,000 francs devra lui être payée par sa
succession, *tant qu'elle aura la jouissance de la Celle?* Le comprenez-
vous? Comprenez-vous encore qu'il dise : la somme nécessaire pour, avec le
capital *qui lui appartient déjà*, compléter un capital de 500,000 fr.? Puisqu'elle
est en communauté, elle n'a pas besoin qu'on lui donne un capital qui lui
appartient déjà. Mais vous le comprenez très bien s'il n'y a pas communauté,
si la communauté n'a jamais existé dans la pensée de personne ; vous com-
prenez très bien que madame Weber étant déjà propriétaire d'un capital de
200,000 francs, le dernier testament élève ce capital à 500,000 francs.

Et remarquez, messieurs, que ce testament, fait en présence de la famille,
de madame Weber, des associés de M. Pescatore, des témoins instrumen-
taires, est une espèce de pacte de famille solennel, qui est contracté le 8 dé-
cembre, veille de la mort du testateur. Or ce pacte de famille exclut toute idée
de communauté ; la pensée du testateur s'en dégage aisément ; il veut assurer
à madame Weber, en sus des dons qui lui ont été faits, un capital suffisant
avec une rente viagère, mais rien de plus.

Le tribunal voit que dans tous les faits qui se sont passés, comme dans
tous les actes émanés de M. Pescatore, il n'y a eu aucune pensée d'attribuer
les avantages d'une communauté à madame Weber. Le comprendrait-on?
Voyez comment cet homme, dont vous connaissez les sentiments de famille
si prononcés, procède dans ses testaments. Que donne-t-il à madame Weber?
Songe-t-il à lui donner des valeurs considérables en toute propriété? Non, il
lui donne la jouissance de la Celle, une rente viagère de 20,000 fr., qu'il

porte plus tard à 40,000 fr. Tout ce qu'il avait donné dans le premier testa-
ment, il le confirme dans le second, et il y ajoute 500,000 fr. de capital ;
mais, toujours fidèle aux sentiments de la famille, il entend que le fond de sa
fortune appartienne à ses parents, à ses héritiers légitimes. Quant à madame
Weber, il lui laisse des rentes viagères, des jouissances et non des capitaux.
Il n'a pas pensé un moment à lui laisser 5 à 6 millions par l'établissement
d'une communauté.

Que nous a-t-on répondu sur ces faits que je rapporte sommairement ?
Nous a-t-on indiqué la manifestation d'une opinion contraire ? Non, on ne
la trouverait nulle part. Mais on argumente et l'on nous dit : Si M. Pesca-
tore était venu à mourir le lendemain de son mariage ou quelques jours après,
le premier testament qu'il a fait n'étant que du 8 octobre 1853, madame
Weber n'aurait rien eu, il l'eût laissée sans ressources.

A quoi je réponds : Mon Dieu ! ce qu'elle aurait eu, c'est ce qu'elle avait
avant le mariage. Sa situation eût été la même ; elle aurait eu le nom de plus,
voilà tout. Mais j'ai une autre réponse à vous faire, et madame Weber la
connaît tout aussi bien que moi : c'est que M. Pescatore avait depuis long-
temps, et particulièrement depuis 1841, déposé son testament dans les mains
de son collaborateur M. Wagner. Ce testament a été modifié trois ou quatre
fois ; celui de 1853 n'est qu'une des dernières modifications de la volonté de
M. Pescatore ; le testament qu'il a remplacé contenait déjà sans doute quelque
libéralité en faveur de madame Weber.

Prenez garde d'ailleurs que votre argument ne tourne contre vous. Ne
puis-je pas dire à madame Weber : Mais, si vous-même vous étiez décédée le
lendemain de ce mariage, mariée en communauté, à qui donc serait passée la
moitié de cette opulente fortune ? à qui ? A cet enfant, à cet Albert auquel
M. Pescatore n'a rien donné dans son testament, n'a rien voulu donner. A qui
encore ? A votre famille. Mais M. Pescatore n'avait pour elle aucune affection.
La connaissait-il seulement ? Et vous supposez que M. Pescatore, homme
rompu aux affaires, homme d'une grande intelligence, aurait accompli avec
vous un acte de cette nature, un acte par lequel, dans le cas où vous viendriez
à mourir quelques jours après, la moitié de sa fortune lui aurait été enlevée à
lui, pour aller à vos héritiers, inconnus de lui, vos héritiers avec lesquels il
est bien certain qu'il n'avait aucune relation ? Est-ce admissible, et cette pré-
somption n'est-elle pas cent fois plus forte que celle que vous tiriez de ce que
madame Weber n'aurait rien trouvé dans la succession de M. Pescatore ?

Vous vous demandez alors comment madame Weber, réduite à une misé-
rable rente de 40,000 francs, pourrait conserver la jouissance de la Celle,
dont vous portez l'entretien annuel à 80,000 francs. Je vous réponds d'abord
que le testateur ne vous a pas imposé l'obligation de demeurer dans ce
domaine. Vous pourriez, y restant, n'y pas mener la vie dont M. Pescatore
avait l'habitude. Pourquoi auriez-vous même train, même luxe ? Rien ne
vous forcerait à calculer vos dépenses sur les siennes, et à maintenir cette
propriété en l'état où, avec sa fortune, il lui était loisible et agréable de l'en-
tretenir. Mais d'ailleurs, et j'y reviens, que ne l'abandonnez-vous ? M. Pesca-
tore n'a jamais entendu que vous n'exerciez pas ce droit ; loin de là, il espère
cet abandon, car voici ce que je lis dans ses deux testaments.

Dans le premier, dans celui de 1852, le testateur, après avoir constitué au profit de madame Weber l'usufruit de sa propriété de la Celle avec toutes les circonstances et dépendances, les meubles meublant et objets d'art qui s'y trouvent, ajoute :

« L'usufruitière, dame Anne-Catherine Weber, pourra, quand elle voudra, se
» désister de cet usufruit en prévenant six mois d'avance le légataire ci-après nommé
» de la nue-propriété de cet immeuble, et du jour où son droit d'usufruit viendra à
» cesser par l'effet de sa volonté, ladite dame Anne-Catherine Weber aura droit
» à la rente de 10,000 francs que ma succession sera ci-après chargée de servir et
» payer comme équivalent à cet usufruit au légataire de la nue-propriété, et ce de la
» même manière qu'au légataire et pendant la vie de dame Anne-Catherine Weber.»

Dans le dernier testament, il est dit que la pension de 20,000 francs par an devra être payée par la succession à madame Weber « tant qu'elle aura la jouissance de la Celle ».

Ainsi donc, l'objection disparaît. Madame Weber peut renoncer à la jouissance de la Celle. Est-ce à dire qu'elle sera dans la situation précaire dont parlait l'adversaire? Non, elle aura de quoi vivre honorablement avec 500,000 francs de capital et 50,000 francs de rente ; elle ne manquera pas du nécessaire ; elle aura même le superflu. Qu'elle se rappelle son passé, qu'elle interroge ses souvenirs, qu'elle se demande ce qu'était autrefois sa situation ; si elle est juste, elle n'aura pas le droit de se plaindre.

Je réponds à un dernier reproche. On nous a dit que nous calomniions M. Pescatore, que nous l'accusions d'avoir agi comme un suborneur et d'avoir abusé de la confiance d'une femme. Dieu m'est témoin que jamais nous n'avons tenu ce langage, et aujourd'hui encore, loin d'accuser sa mémoire, je prends en main sa défense. M. Pescatore, je le proclame, ne s'est pas joué des sacrements ; il n'a pas commis la violation de la promesse donnée ; il n'a pas leurré madame Weber pour la faire tomber dans un piége. Voilà ce que j'avais dit déjà et je le répète ; car tout le monde savait qu'on n'allait faire à Renteria qu'un mariage religieux, et quand je dis tout le monde, j'entends madame Weber elle-même comme monseigneur l'archevêque de Bordeaux.

Est-ce qu'en effet ce mariage a été préparé par le prélat à l'insu de madame Weber? Comment pourriez-vous le soutenir, vous qui, dans votre plaidoirie, avez parlé et des visites de monseigneur Donnet à Giscours, et des entretiens avec votre cliente, et de l'abjuration précédant de quelques jours le voyage d'Espagne?

Mais en présence de tout cela, pouvez-vous dire que M. Pescatore vous aurait trompée? Est-ce un reproche sérieux qu'on veut lui faire adresser par ma bouche? Examinons-le. Quel intérêt, quel motif, pouvaient porter M. Pescatore à ce mariage, en avait-il besoin? Ce mariage était-il nécessaire pour déterminer madame Weber, pour la faire consentir à avoir une vie commune avec lui?

Et comment prouve-t-on qu'il a trompé madame Weber, qu'il lui a fait croire à un mariage sérieux?

Mais pensez-y : M. Pescatore n'aurait pas commis cette fraude seul ; il aurait eu un complice : ce prélat respectable qui avait dirigé toutes ces démarches, qui l'avait adressé à l'évêque de Pampelune, au curé de Renteria, qui a tout préparé, tout fait pour faciliter ce mariage, aurait donc, lui aussi, trempé dans une œuvre dolosive et frauduleuse? Non, cela ne se peut pas : chacun a su ce qu'il faisait ; personne n'a été trompé, n'a pu être trompé, sur la valeur de l'acte dont il s'agit.

Mais ce n'est pas tout : on a eu recours à je ne sais quelle scène funèbre. Dans la dernière journée de sa vie, M. Pescatore aurait fait approcher son frère Antoine et lui aurait dit : « Tu es le jurisconsulte de la famille, et tu m'as dit que mon mariage était bon, qu'il était inutile de faire des publications. Les amis de ma femme s'en préoccupent ; ils ont tort, car le mariage est bon. »

Messieurs, mes clients me chargent de vous dire qu'il leur répugne de traduire devant vous les paroles d'un mourant ; ils ont, ils auront toujours présent à leur souvenir ce moment solennel ; il leur répugne de faire de cela un moyen de plaidoirie. Mais quand on a fait de cette scène un aussi étrange récit, ils ont senti qu'il fallait la démentir. Je la démens en leur nom : jamais J.-P. Pescatore n'a prononcé de pareilles paroles ! Mais comment ! elles sont absurdes ! Mais jamais J.-P. Pescatore n'a pu dire à son frère Antoine : « Tu es le jurisconsulte de la famille. » Antoine n'a jamais été jurisconsulte ; il s'est contenté d'être un très habile manufacturier ; il a fondé une manufacture de tabacs. Jamais son frère n'a songé à le consulter. Il lui a écrit quelques lettres pour l'informer de sa situation ; voilà tout. Ce récit qu'on vous a fait est entièrement inexact.

Mais quoi ! il aurait dit encore à sa nièce, madame Dutreux :

« C'est à toi que je recommande ma femme en particulier, c'est toi qui m'en
» rendras compte. »

Madame Dutreux proteste de toute sa force contre ces dernières paroles, contre le compte à rendre que son oncle lui aurait imposé : les derniers mots de son oncle ont été pour elle, pour elle seule. Ils étaient empreints de cette affection dévouée que son oncle lui a toujours témoignée. Rien de pareil à ce que raconte madame Weber n'a été dit.

Mais à cette époque s'est placé un fait à propos duquel je n'avais rien voulu affirmer : on aurait parlé d'un mariage civil *in extremis*. Mon habile confrère a été plus positif ; il a affirmé, et il a attribué à M. Pescatore la pensée de ce mariage. Cela est inexact : on y a songé pour lui, voilà la vérité.

Mais la fin de M. Pescatore approchait ; il fallait des dispenses de publication. On s'est adressé à M. l'adjoint du II⁰ arrondissement. L'adjoint a répondu : Remplissez les formalités légales, et je ferai ce que je pourrai. Alors on a tourné les yeux plus haut : un ami s'est adressé à M. le garde des sceaux lui-même pour être dispensé de toute publication. Le garde des sceaux a dignement répondu : « Il y en a un exemple dans mon ministère, je me le rappelle, je ne l'imiterai pas. »

Voilà ce qui s'est passé, messieurs. Et enfin, M. Antoine Pescatore affirme que le notaire Fould ayant parlé du mariage civil, lui, Antoine, aurait répondu : « Je me permettrai de rendre mon frère attentif aux conséquences d'un mariage civil qui n'aurait pas été précédé d'un contrat. » M. Fould repartit : « J'aurais moi-même prévenu M. Pescatore des effets légaux du mariage civil et j'aurais préparé un contrat de mariage. »

Tous ces faits pourraient être prouvés au besoin, si le tribunal le jugeait utile. Mais je me demande pourquoi tous ces bruits, ces murmures autour du lit de ce mourant ; pourquoi ces préoccupations d'un mariage civil ? pourquoi toutes ces inquiétudes ? Il n'y avait donc pas de mariage contracté ! car on ne songe pas à se marier quand on l'est déjà. Permettez-moi d'adopter pour un moment votre version, tout inexacte qu'elle est. Vous prétendez que Jean-Pierre Pescatore était inquiet, qu'il craignait que l'on contestât le mariage qu'il avait contracté avec madame Weber, qu'il avait peur qu'on lui enlevât sa part de communauté ? Mais le 8 décembre au soir, quand il fait son dernier testament, s'il est inquiet, s'il craint qu'on enlève à sa femme les cinq à six millions qu'il voulait lui assurer, dites-vous, quoi de plus facile que d'insérer dans son testament une clause qui aurait mis madame Weber à l'abri. Rien n'était plus aisé, il était temps encore. Eh bien ! a-t-il rien fait de semblable ? a-t-il dit un mot de communauté ? Non, au lieu de cela il a donné ce que vous savez.

Enfin, messieurs, puisqu'on a parlé de ses derniers moments, je suis obligé de dire au tribunal un fait que je tiens, non de mes clients, mais d'une respectable personne qui assistait à la confection du testament. Voici le fait, et si le tribunal en faisait dépendre la solution du procès, il serait aisément prouvé. Avant que le dernier testament fût écrit, le 8 décembre au soir, M. Pescatore passa une demi-heure dans son lit de douleur, à expliquer à ceux qui l'environnaient (ses parents gardaient un profond silence) comment, par le testament de 1853, il avait fait pour madame Weber tout ce qu'il était possible de faire. Madame Weber, debout au pied de son lit, lui dit alors : « Eh bien, il faudra que j'aille demeurer dans une mansarde ! » C'est sur ces mots que M. Pescatore, touché, entraîné, autorisa le notaire à faire le testament qui complétait à madame Weber 500,000 francs de capital et lui donnait 40,000 francs de rente viagère. Songez-y donc ! quand on est en communauté et que de cette communauté on doit retirer 6 millions, est-on menacé d'aller habiter une mansarde ?

Le tribunal voit ce qu'il peut induire de ce dernier jour dont on a voulu reproduire les scènes lamentables ; je n'ai plus à répondre qu'à un seul fait, qu'à la vérité je n'ai pas bien compris.

On a produit deux testaments, non plus de celui qui est mort, mais d'une personne vivante, madame Weber ; elle a fait deux testaments qui n'ont aucun caractère sérieux, ils sont sur papier libre et avec des dates qu'on a pu mettre hier comme en 1853. Ces deux testaments ont été trouvés, dit-on, sous les scellés à l'époque de l'inventaire. J'ai là l'inventaire, je l'ai lu tout entier, il n'en dit rien, et pourtant une séance tout entière fut consacrée à l'appartement de madame Weber. Les héritiers disaient, il est vrai, qu'il n'y avait pas lieu d'inventorier les objets appartenant à madame Weber ; mais madame Weber insista, et alors on inventoria des robes, des châles, etc., mais de ces testaments que je tiens dans mes mains, pas un mot.

Et puis quand on les aurait trouvés sous les scellés, qu'importe ? Que disent ces testaments ? y est-il parlé de communauté ? En aucune façon. Je ne les lis pas, le tribunal les a sous les yeux, il peut voir s'il s'y trouve une seule fois le mot communauté. Madame Weber ne suppose même pas qu'elle soit commune en biens ; elle lègue à M. Pescatore toute la fortune qu'elle laissera après sa mort ; elle la lui lègue par un seul testament. Et puis par un second elle lui recommande le jeune Albert qu'elle le prie de traiter comme son fils ; j'ai donc le droit de me demander quelle preuve on veut tirer de ces testaments, relativement à la question.

Je crois par conséquent que je puis répéter ce que je disais dans ma première plaidoirie, que l'éclatante vérité qui ressort de tous les faits est celle-ci : Jamais ni M. Pescatore ni madame Weber n'ont cru un instant qu'ils étaient mariés civilement ; jamais ils n'ont cru ni l'un ni l'autre qu'il y eût entre eux communauté de biens. Et par conséquent ce que demande aujourd'hui madame Weber, la somme de 5 à 6 millions, ou toute autre dont je ne sais pas le chiffre, et qu'elle réclame à titre de femme commune en biens, c'est une somme qu'elle aurait obtenue de M. Pescatore sans qu'il le sût, qu'il lui aurait donnée sans s'en douter ; c'est une prétention que le tribunal n'accordera pas, car la première condition de l'existence d'une donation, c'est l'intention de donner.

Maintenant j'aborde la deuxième partie de ma discussion. Il faut que je raisonne sur une hypothèse, que j'accepte un instant une pure fiction. Cette fiction, cette hypothèse, la voici :

Le 8 novembre 1851, M. Pescatore et madame Weber auraient voulu contracter en Espagne un mariage civil ; ils seraient allés pour cela à quelques pas de la frontière, à Renteria, au lieu de passer ce mariage en France.

Ce mariage est-il valable? Voilà la question que nous sommes obligés d'examiner à présent.

Cela nous mène à examiner si les conditions que l'article 170 exige pour la validité du mariage ont été remplies. Je rappelle sommairement qu'il y en a trois : compétence de l'officier de l'état civil, publications en France, transcription sur les registres de l'état civil français.

Je m'attache d'abord à la compétence de l'officier public qui aurait reçu l'acte de mariage de M. Pescatore et de madame Weber. Ils se sont mariés dans un pays soumis au concile de Trente. Ils ne pouvaient donc être mariés que par un curé, cela est indubitable, et, aux termes formels du concile, par leur propre curé. Ont-ils été mariés à Renteria par leur propre curé? Je ne poserais pas cette question qui n'a pas même été contestée par mon adversaire, si l'on ne m'avait communiqué depuis ma plaidoirie deux consultations délibérées par des jurisconsultes espagnols : l'une à la date du 4 janvier, et l'autre à la date du 6 juillet 1856. La première a un caractère extraordinaire. Je conviens qu'elle porte un nom considérable, celui de M. Manuel Cortina. Si c'est le nom de M. Cortina qui a fait partie longtemps des chambres législatives d'Espagne, et qui s'y est fait remarquer autant par l'énergie de son caractère que par l'élévation de son talent, je professe pour ce nom un profond respect. A côté de lui, je trouve un M. Crooke, qui ne me paraît guère, par le nom, être un jurisconsulte espagnol, et puis je trouve un autre nom, celui de M. Serrano. Quoi qu'il en soit, ce document est assez étrange ; on nous en donne la fin, le commencement manque; c'est un lambeau.

Comme ce lambeau est reproduit à peu près textuellement dans la consultation imprimée, c'est à celle-ci que le tribunal me permettra de m'attaquer; elle a été délibérée par MM. José Morphy, Crooke et Serrano, nous n'y trouvons plus le nom de M. Manuel Cortina.

Que résulte-t-il de cette consultation délibérée par ces trois jurisconsultes dont les noms me sont complétement inconnus, ce qui m'oblige à peser leurs raisons plutôt que l'autorité de leur nom. Je commence par lire :

« Quelle est la législation espagnole? Le concile de Trente, et le décret des cor-
» tès du 23 février 1823, rétabli par la loi du 7 janvier 1837; et il est entendu que
» toutes nos lois civiles, y compris celle précitée, qui concernent le mariage, ne
» font autre chose que copier les dispositions de la séance 24, *De reformatione*
» *matrimonii* dudit concile, ou en ordonner l'étroite et rigoureuse observation. »

Mᵉ CHAIX : La session 24 et non la séance 24.

Mᵉ DUFAURE : Je lis comme il y a; c'est une faute de M. José Morphy ou de l'imprimeur.

Bien, c'est le concile de Trente qui est la loi d'Espagne, que les cortès n'ont fait que copier, comme le dit M. José Morphy. Nous sommes tous d'accord, et il n'y a rien de nouveau sur ce point de la consultation des jurisconsultes espagnols. Maintenant entrez plus avant dans cette consultation ; au milieu des observations incohérentes, sans ordre et sans suite, qui la composent, savez-vous ce que vous trouverez? Le tribunal me permettra de lui lire quelques passages. Voici le premier, page 37 :

« En effet, pour consacrer l'union de M. Pescatore et madame Weber, étrangers
» dans notre pays, et dont la résidence y est inconnue, les lois espagnoles exigent :
« Parochis autem præcipit ne illorum (multi qui vagantur et incertas habent sedes)
» matrimoniis intersint nisi prius diligentem inquisitionem fecerint, et re ad ordi-
» narium delata, ab eo licentiam id faciendi obtinuerint. » (*Chapitre 7ᵉ, déc. De ref.*
» *mât., sess. 24 conc. Trid.*). « Mais ils (les curés) exigeront précisément ladite
» permission (celle de l'ordinaire) lorsque les contractants sont étrangers, errants,
» d'un autre diocèse, etc. » (Décret des Cortès du 23 février 1823, et loi du
» 7 janvier 1837.)
» Telles sont les règles qui, en Espagne, régissent les noces entre étrangers ou
» inconnus sans domicile certain.
» Est-il valide le mariage célébré à Renteria entre M. Pescatore et madame We-
» ber, étrangers sans domicile en ce lieu ni dans aucun autre d'Espagne ? Si ce ma-
» riage a été célébré après la plus minutieuse information sur les personnes et avec
» la permission de l'évêque de Pampelune, ordinaire de Renteria, et par-devant
» deux témoins, il est clair que l'on ne saurait en attaquer la validité. Nous l'avons
» déjà dit, le décret du 23 février 1823, et la loi qui l'a rétabli, en date du 7 jan-
» vier 1837, lesquels ne font autre chose que de prescrire l'observation des chapitres
» conciliaires premier et septième du décret *De reformatione matrimonii*, et le
» chapitre septième précité de ce décret, ordonnent cela expressément. »

Ainsi, veuillez bien le remarquer, c'est le chapitre 7 de la session 24 du concile de Trente que les jurisconsultes espagnols invoquent pour prouver que le curé de Renteria était le propre curé de M. Pescatore et de madame Weber. Nous trouvons la même pensée à la page 5 de la consultation :

« Le but des publications n'est pas celui d'éviter la clandestinité, car depuis le
» concile celle-ci n'existe pas, et elle ne peut pas exister en droit espagnol ; mais le
» but des publications est de faire connaître les circonstances des contractants, leur
» aptitude, leur liberté de tout empêchement, comme l'indiquent ces paroles mêmes
» du concile. »

Je ne lis pas toute la consultation, je m'arrête au principe. Quel est le
principe ? Il est dans le chapitre 7 de la session 24 du concile de Trente, et
c'est de ce chapitre 7 que les honorables jurisconsultes espagnols ont tiré
cette conséquence, que personne n'avait aperçue, que le curé de Renteria était
le propre curé de M. Pescatore et de madame Weber. Est-ce bien là ce qui
se trouve dans ce chapitre ? Le tribunal va le voir bientôt, et il va comprendre
la méprise.

Le chapitre 7 du concile est intitulé : *Vagi matrimonio cautè jungendi.*
« Des précautions à prendre pour marier les vagabonds. » Et puis voici ces
dispositions :

« Multi sunt qui vagantur et incertas habent sedes, et ut improbi sunt ingenii,
» primâ uxore relictâ, aliam, plerumque plures, illâ vivente, diversis in locis du-
» cunt ; cui morbo cupiens sancta synodus occurrere, omnes ad quos spectat
» paternè monet ne hoc genus hominum vagantium ad matrimonium facilè reci-
» piant ; magistratus etiam seculares hortatur ut eos coerceant. Parochis autem
» præcipit ne illorum matrimoniis intersint, nisi prius diligentem inquisitionem
» fecerint, et re ad ordinarium delatâ, ab eo licentiam id faciendi obtinuerint. »

Que le tribunal me permette de lui lire la traduction littérale de ce pas-
sage :

« Il est bien des gens vagabonds et sans domicile connu, qui, méchants comme
» ils sont, abandonnent une première épouse et en prennent une ou plusieurs au-
» tres en différents lieux, auquel fléau le saint synode voulant porter remède, aver-
» tit paternellement tous ceux que cela regarde de ne pas admettre aisément au
» mariage cette espèce d'hommes vagabonds. Il avertit même les magistrats sécu-
» liers pour qu'ils les répriment sévèrement. Il prescrit aussi aux curés paroissiaux
» de ne pas intervenir à leur mariage avant d'avoir fait une diligente enquête et d'en
» référer à l'ordinaire pour avoir la permission de les marier. »

Voilà les dispositions du chapitre 7, qui ont fait croire aux jurisconsultes
espagnols que M. Pescatore et madame Weber, dont la condition était si
élevée, ont été mariés par leur propre curé.

Eh bien, messieurs, est-ce sérieusement qu'on a considéré M. Pescatore
et madame Weber comme deux vagabonds, deux bohémiens, errants sur le
territoire espagnol, se trouvant par hasard dans la paroisse de Renteria, et
demandant au curé de cette paroisse de bénir leur union ? Voilà pourtant, je
le répète encore, la disposition sur laquelle repose la consultation de nos
honorables confrères de Madrid.

Et qu'on ne dise pas que le mot *vagi* peut signifier autre chose que bohé-
mien ou vagabond ; qu'il peut s'appliquer aussi bien à un étranger qui vien-
drait pour la première fois dans un pays. Tous les docteurs canoniques s'élè-

veraient contre une telle interprétation; ils vous diraient que *peregrinus*, qui veut dire étranger, n'a jamais été synonyme de *vagus*, qui veut dire vagabond.

Je n'ose pas citer à mon confrère la plus grande autorité canonique, je veux dire le cardinal Lambertini, devenu pape sous le nom de Benoît XIV, il me répondrait que c'est une nouvelle erreur qui peut s'être glissée dans les volumes nombreux de Benoît XIV, et je craindrais bien qu'avec ce raisonnement la plus grande autorité que nous ayons ne fût détruite en entier. Mais, enfin, s'il ne veut pas que je lui montre le passage où Benoît XIV fait la différence entre *vagus* et *peregrinus*, il me permettra peut-être de lui citer Carrière qu'il a cité lui-même, et d'appeler son attention sur ce passage du chapitre *de matrimonio*.

« Nomine vagorum illi intelliguntur qui non habent domicilium aut quasi domi-
» cilium, sed hinc inde vagantur. »

Eh bien, messieurs, vous le voyez, certaines gens n'ont pas de domicile : les jurisconsultes disent avec raison qu'il est difficile à ces gens-là d'indiquer leur propre curé; cela est très vrai pour des vagabonds; mais quand deux personnes se présentent avec une double autorisation, avec une délégation et des dispenses de l'archevêque de Bordeaux comme diocésains de ce prélat; quand elles viennent chez le curé de Renteria avec des dispenses de l'archevêque de Paris et de l'évêque de Versailles, indiquant leur domicile de Paris et leur domicile dans le diocèse de Versailles; comment peut-on les considérer comme des vagabonds sans domicile connu, et dont le premier curé venu pourrait être le *parochus*?

Je n'ai pas besoin d'insister d'avantage sur cette bizarre consultation. Personne n'a cru au principe sur lequel elle se fonde; personne, pas même le curé de Renteria. Il n'a pas cru un instant qu'il allait marier deux vagabonds; il n'a pas cru davantage qu'il fût le propre curé de M. Pescatore et de madame Weber. Je vous lirai tout à l'heure l'acte de mariage qu'il a dressé le 8 novembre 1851. Non, le curé de Renteria n'était pas le propre curé des parties, celui qui, aux termes du Concile, pouvait les marier.

En quelle qualité, s'il n'était pas leur propre curé, les a-t-il mariés? Lui-même nous le dit dans l'acte de mariage :

« Le huit novembre de l'année mil huit cent cinquante et un, moi soussigné,
» prêtre vicaire de la paroisse de Sainte-Màrie-de-l'Assomption de cette noble et
» loyale ville de Renteria, autorisé par l'illustrissime et révérendissime archevêque
» de Bordeaux, Mgr Ferdinand-François-Auguste Donnet, à l'effet d'assister au
» présent mariage; ayant aussi reçu la permission de l'excellentissime et illustris-
» sime évêque de Pampelune au même effet (que le tribunal remarque ces mots :
» autorisé par l'un, ayant reçu la permission de l'autre), après dispenses des trois
» publications prescrites par le Concile, donnée, tant par l'illustrissime et révéren-
» dissime archevêque de Paris, Mgr Dominique-Auguste Sibour, à cause de la rési-
» dence des contractants dans la ville de Paris, que par le susdit illustrissime et
» révérendissime archevêque de Bordeaux, en raison de ce qu'ils sont ses parois-
» siens; lesdits contractants ayant reçu les saints sacrements de la confession et de
» la communion des mains de leur prélat, ainsi que le tout est établi par les docu-
» ments que les intéressés ont présentés et qui sont restés en mon pouvoir, ai

» assisté au mariage, qu'avec les paroles d'usage, et comme l'ordonne notre sainte
» mère l'Église catholique romaine, ont contracté entre eux M. Jean-Pierre Pes-
» catore, etc. »

Il comprend donc bien qu'il ne fait pas le mariage comme le propre curé des deux personnes qui se présentent devant lui; il n'observe aucune des injonctions si minutieuses du chapitre VII de la session 24 du concile de Trente; il a reçu l'autorisation de monseigneur l'archevêque de Bordeaux, et en vertu de cette autorisation, il marie, et l'autorisation reste annexée à l'acte de mariage.

Maintenant, j'avais dans ma plaidoirie, appelé *délégation* cette autorisation adressée par monseigneur l'archevêque de Bordeaux au curé de Renteria. Mais je suis obligé de convenir humblement que j'ai très étonné, presque scandalisé mon honorable confrère en employant le mot de *délégation*. Il m'a même dit, je crois, qu'il fallait venir ici pour entendre prononcer des mots pareils qui sont la confusion de tous les éléments du droit canon. Voyons si cela est exact, si j'ai été aussi barbare qu'il a dit que je l'étais : et, d'abord, ce que j'ai de mieux à faire, c'est de lire les termes de l'autorisation de monseigneur l'archevêque de Bordeaux; si je me trompe avec lui, je me tromperai au moins en bonne compagnie. Voici cette autorisation :

« Monsieur le curé,
» Le porteur de cette lettre est M. Pescatore, mon diocésain, à l'occasion du-
» quel ont dû vous écrire, et Mgr l'évêque de Pampelune et le révérend père
» général des Augustins, qui réside en ce moment à Libourne.
» M. Pescatore vous remettra :
» 1° Les dispenses de publications des diocèses de Paris, de Versailles et de
» Bordeaux ;
» 2" Un billet de confession signé de moi pour lui et sa future ;
» 3° Par cette lettre, je vous donne *délégation* pour agir comme propre prêtre
» à l'égard de M. J.-P. Pescatore et de Anne-Catherine Weber, mes diocésains.
» Je déclare qu'ils ne sont liés par aucun empêchement canonique, et j'assume
» devant Dieu toute la responsabilité de l'acte que vous allez faire en leur donnant
» la bénédiction nuptiale. »

Mais voilà monseigneur l'archevêque de Bordeaux aussi barbare que moi : « Je vous donne *délégation* pour agir comme propre prêtre à l'égard de M. J.-P. Pescatore, et de Anne-Catherine Weber, mes diocésains. » C'est donc une véritable délégation que monseigneur l'archevêque de Bordeaux lui-même entend donner au curé de Renteria, pour marier M. Pescatore et madame Weber !

Allons plus loin, et voyons si, en effet, nous nous sommes trompés et sur le mot et sur les conséquences qu'il convient de tirer de l'expression que j'ai employée.

Messieurs, il y a un premier point sur lequel je suis obligé de m'entendre avec mon confrère et avec le tribunal. J'avais invoqué des autorités que nous avons l'habitude de respecter ; c'étaient des noms comme ceux de Pothier, de Domat, de d'Aguesseau. Repoussez tous ces noms, vous a dit mon adversaire, je frémis quand j'entends invoquer Pothier dans une question pareille. Et pourquoi frémissez-vous? Parce que Pothier était gallican, et qu'il ne peut pas faire autorité sur l'interprétation du concile de Trente. En effet, le concile de Trente n'a pas été reçu en France. Les jurisconsultes français sont ses ennemis. Comment voulez-vous leur demander l'interprétation d'un concile qu'ils ont combattu, combattu à outrance !

Voyons ce qu'il y a de vrai dans cette réflexion qui fait si facilement litière des gloires les plus pures, les plus morales, les plus religieuses de la jurisprudence française.

Le concile de Trente n'a pas été reçu en France; mais, vous le savez tout aussi bien que moi, ce n'est pas à cause du titre contre la clandestinité du mariage; c'est pour un tout autre motif. C'est parce que dans le concile de Trente se trouvaient des dispositions multipliées qui portaient atteinte à l'autorité civile des rois de France. Voulez-vous que je vous en cite des exemples ? J'ai entre les mains la liste qui en a été dressée en 1593 par le président Leprestre et les autres députés aux États de la Ligue; une assemblée qui, certes, n'avait aucune répugnance pour l'autorité de Rome; et dans cette liste très nombreuse vous trouvez les cas suivants :

« Session 6, chap. I.
» Le concile donne au pape le pouvoir de nommer des évêques en la place
» de ceux qui ne résident pas, ce qui est encore contre le droit commun du
» royaume.

» Session 7.
» Le concile donne la disposition des hôpitaux, des colléges, des fabriques et des
» confréries des laïques, aux évêques, avec la disposition des fruits et la reddition
» des comptes, et les fait exécuteurs des testaments, toutes lesquelles choses appar-
» tiennent, en France, aux juges royaux.

» Session 22.
» On donne aux évêques le pouvoir d'examiner les notaires royaux et de les
» priver de la fonction de leurs charges. Ce qui est contre l'autorité du roi et de
» ses officiers. »
» Dans la session 24, on donne aux évêques la connaissance des concubinages et
» adultères, ce qui a toujours été réservé aux juges royaux. »

J'en passe et beaucoup d'autres; vous voyez donc pourquoi le concile de Trente a été repoussé; c'est parce qu'il s'y trouve une foule de cas dont la connaissance, qui appartient à l'autorité civile, avait été attribuée à l'autorité ecclésiastique. C'est pour cela que malgré toutes les instances que la cour de Rome n'a cessé de faire jusqu'à Louis XIV, le concile de Trente n'a jamais pu être admis en France.

Mais il fut admis en Espagne, nous dit-on : Mon Dieu! sauf des différences de forme, ce qui s'est passé en Espagne ressemble à ce qui s'est passé en France. Le roi Philippe II prit soin que l'acceptation en eût lieu par son autorité seule, sans faire mention de celle du pape, nonobstant les plaintes de la cour de Rome; et il eut soin de faire des réserves de fait sur tous les points qui concernaient des empiétements de l'Église sur l'autorité royale : ces points étaient les mêmes que ceux dont on n'avait pas voulu en France. Voilà ce qui s'est passé pour le concile de Trente.

Quant à la session 24, contre la clandestinité du mariage, est-ce qu'elle a été refusée en France? Voici ce que disent à cet égard les *Conférences de Paris*, t. III, p. 222 :

« Quoique nous ne voyions pas que le corps de la discipline du saint concile de
» Trente y ait été reçu ni publié, le décret des mariages clandestins y est en usage
» et y a été reçu et publié par l'Église avec l'autorité de nos rois. Le rituel de Paris
» le marque expressément.

» Henri III, art. 40 de l'ordonnance de Blois ; Henri IV, art. 12 de l'ordonnance
» de 1606 ; Louis XIII, dans les édits de 1629 à 1639 ; et Louis XIV, par son édit
» de 1697, veulent que l'on observe les solennités et les cérémonies qui ont été
» prescrites par les saints conciles. »

Vous voyez que la session 24 a été admise en France alors que le Concile de Trente entier n'y était pas reçu, et elle a été observée jusqu'en 1792, jusqu'à l'époque où l'autorité civile, où la distinction du contrat et du sacrement a été nettement tranchée. Jusque là le Concile de Trente, en ce qui touche le mariage, a été aussi respecté en France qu'en Espagne.

Il y avait une bonne raison pour cela, et vous allez la comprendre immédiatement. Si vous voulez vous reporter à l'histoire du Concile de Trente, vous verrez les luttes considérables qui s'élevèrent au moment où l'on aborda la session 24, qui avait pour but d'empêcher la clandestinité du mariage. Qui soutenait les dispositions nouvelles portées dans le projet en discussion? C'étaient les ambassadeurs de France et d'Espagne. Qui les combattait énergiquement? C'était à la suite du père Lainez, général des jésuites, tout le parti ultramontain qui prenait part aux délibérations du Concile. Ainsi, tandis que le parti ultramontain combattait les nouveaux articles sur la clandestinité du mariage, nos jurisconsultes français les soutenaient, ces mêmes jurisconsultes dont on a fait si bon marché à la dernière audience.

Qui croirez-vous donc des jurisconsultes français qui ont fait adopter la législation du Concile de Trente, ou des ultramontains qui se sont défendus contre elle (Sanchez, par exemple, que mon confrère admirait tant l'autre jour); de ces hommes qui, par des commentaires subtils, ont tout fait pour énerver, pour infirmer les énergiques prescriptions de la session 24? J'ai donc le droit de dire que pour l'interprétation du décret du Concile de Trente, nous ne pouvons pas repousser ces grands noms, ces grands hommes, qui ont tant fait pour fonder chez nous la jurisprudence, les Pothier, les d'Aguesseau, les Domat, etc. Ce n'est pas que je cherche à repousser en tout point l'autorité des canonistes que mon confrère a invoqués ; je tenais seulement à montrer au tribunal que je suis dans mon droit et dans le vrai, lorsque je me permets d'invoquer Pothier et d'Aguesseau. J'ai cité Pothier, je pourrais citer aussi Michel Duperrey et l'abbé Fleury dans son *Histoire ecclésiastique*. Il en est un surtout dont je tiens à vous parler, qui est revenu plus d'une fois sur ces questions de propre curé et de délégation : c'est d'Aguesseau.

Que le tribunal me permette de replacer sous ses yeux un passage de ce plaidoyer de d'Aguesseau que l'on a cité deux fois contre nous, à la dernière audience ; c'est le cinquante-septième plaidoyer, sur le mariage du duc de Guise. Vous savez que ce mariage avait été contracté à Bruxelles, en territoire étranger. Eh bien, prenez d'Aguesseau, et vous y verrez appliqués tous les principes que nous invoquons. Vous y lirez que rien ne peut couvrir des irrégularités pareilles à celles que nous reprochons au mariage du 8 novembre.

« Sans emprunter, dit-il, l'autorité de ces grandes maximes, tant de fois répé-
» tées en votre audience, que l'abus ne se couvre point, que l'on ne peut prescrire
» contre la pureté de la discipline des mariages ; que la nullité du titre réclame
» perpétuellement contre ceux qui veulent s'en servir et qu'elle pousse toujours
» une voix éclatante qui excite dans tous les temps la sévérité de la justice. »

Dans un autre passage du célèbre jurisconsulte vous trouverez le jugement qu'il porte sur les canonistes que mon adversaire a pris pour auxiliaires dans toute sa plaidoirie :

« Les docteurs les plus relâchés soutiennent ce sentiment comme les plus
» sévères : et celui même que vous n'avez jamais souffert que l'on citât en cette
» audience, et qui mériterait de ne l'être en aucun endroit, Sanchez, dont nous
» prononçons le nom avec peine dans la place que nous avons l'honneur de rem-
» plir, n'a pu s'empêcher, en cette occasion, d'être dans le parti de la règle, et de
» s'attacher à la seule opinion qui puisse paraître légitime. »

Messieurs, je l'ai dit, les jurisconsultes français n'admettent pas le moindre doute sur ce point. Et maintenant tous les canonistes, tous, un seul excepté, emploient le mot de *délégation* ou un mot semblable. Benoît XIV, par exemple, s'est servi du mot *commission*. On a cité contre moi l'ouvrage de Carrière, adopté dans tous les séminaires de France, et l'on vous a lu un passage dans lequel il paraîtrait employer un autre mot, le mot *Licence* : ce passage ne s'applique pas du tout à la matière qui nous occupe, c'est un cas tout particulier. L'auteur recherche la qualité du curé qui assiste au mariage, il se demande si le curé excommunié peut y assister, et c'est là qu'il dit non, il ne peut pas.

Mais Carrière lui-même, à la page suivante, parle de cette autorisation qui doit être donnée par le propre curé à un autre curé, pour que ce dernier puisse marier à sa place ; et en quels termes s'exprime-t-il ? Mon adversaire croirait à peine à la vérité de ce que je vais dire :

« Potest episcopus inconsulto aut etiam invito parocho, alium sacerdotem dele-
» gare..... Quinam possint delegare..... Quis delegare possit ?.... Qualis debet esse
» delegatio ? »

Il y a donc partout *delegatus, delegatio*, dans le livre qui est entre les mains de nos séminaristes. Qu'en dit encore mon honorable adversaire ? Maintenant voici le livre de M. Bouvier, l'ancien évêque de Mans ; j'y trouve les mêmes expressions ; et Mgr Gousset, qu'on invoque contre nous ? J'ouvre son livre de *Théologie morale*; voyons si ce mot proscrit va s'y trouver? Je lis à la page 204 :

> « On peut se marier, non-seulement devant le curé de la paroisse où l'on a
> » acquis le domicile, quant au mariage ; mais encore devant tout autre prêtre dé-
> » légué ou par le curé de cette paroisse, ou par l'évêque, ou par le Souverain-
> » Pontife. Un évêque peut marier ses diocésains ou déléguer un autre prêtre que
> » le curé pour leurs mariages. Le vicaire même d'un curé pouvant, en vertu d'une
> » commission générale, faire dans la paroisse ce que le curé n'y fait pas, a droit
> » de déléguer un autre prêtre pour les mariages qu'il doit faire : *Delegatus ad*
> » *universalitatem causarum delegare potest...* »

Je crains que le tribunal ne trouve que monseigneur Gousset répète trop souvent cette expression. Je pourrais citer vingt, trente canonistes, je vous épargne ces citations, je n'y rencontrerais pas d'autre expression que les mots *delegare, delegatio, delegatus ;* c'est toujours délégation. Vous voyez que nos jurisconsultes français n'avaient pas tout à fait tort, et qu'ils étaient d'accord avec tout le monde en déclarant positivement que lorsque le propre curé ne mariait pas, il pouvait faire faire le mariage par un curé qu'il déléguait à l'effet d'y assister ; vous voyez enfin que monseigneur l'archevêque de Bordeaux, dans la lettre qu'il écrit au curé de Renteria, n'a pas d'autre mot que celui-là : « Je vous donne délégation pour faire le mariage de M. Pescatore et de madame Weber. »

Messieurs, s'il y a eu délégation, la conséquence va toute seule. Que dit Pothier avec lequel je vous suppose réconcilié ? Une délégation, c'est un mandat. Monseigneur l'archevêque de Bordeaux était le mandant, le curé de Renteria n'était que le mandataire ; c'est pour cela qu'il dit : « J'assume sur moi devant Dieu et devant les hommes la responsabilité du mariage que vous allez faire. » Ce sont les derniers mots de la lettre qu'il écrit.

Eh bien, si ce mariage est fait par délégation, monseigneur l'archevêque de Bordeaux étant le mandant, le propre curé, c'est lui qui fait le mariage. Monseigneur l'archevêque de Bordeaux pouvait-il donner à Bordeaux, sur le territoire français, d'après la règle *Locus regit actum*, une délégation au curé de Renteria pour faire en Espagne ce que la loi ne lui permettait pas de faire lui-même en France? Pouvait-il faire contracter ainsi un mariage religieux? Première question. Reste la seconde : Pouvait-il faire contracter ainsi un mariage civil? Le pouvait-il? Je réponds : Non. Par conséquent, le mariage passé en Espagne par monseigneur l'archevêque de Bordeaux est nul, comme s'il eût été passé en France.

On aborde de front la difficulté et l'on nous dit : Monseigneur l'archevêque de Bordeaux ne pouvait-il pas prendre ses deux paroissiens par la main, aller à une demi-lieue de la frontière, et là les marier ?

Je n'examine pas la question au point de vue canonique : ce serait une discussion trop subtile et oiseuse, dont nous aurions de la peine à faire ressortir la vérité ; mais au point de vue de nos lois civiles, j'accepte votre hypothèse ; elle est excellente : elle fera parfaitement comprendre le véritable caractère du mariage qui a été passé. Oui, monseigneur l'archevêque de Bordeaux, en donnant sa délégation, aurait fait parfaitement ce que vous supposez. Il aurait pris ses deux paroissiens par la main ; il aurait été les marier à une demi-lieue de la frontière. Le tribunal appréciera aisément, et je lui montrerai plus spécialement tout à l'heure, les conséquences de cette prétention singulière et hardie qu'on vient soutenir devant lui, et qui permettrait d'aller faire en Espagne des mariages interdits en France.

Quant à présent, bornons-nous à ce que nous avons dit. C'est monseigneur l'archevêque de Bordeaux qui fait le mariage. Ce n'est point un mariage espagnol qui est fait ; il ne suffit pas pour cela qu'il soit fait sur le territoire d'Espagne ; il est contracté entre deux Français, c'est suivant les lois françaises qu'il faut en apprécier la validité, et il n'aurait pas plus de valeur à cet égard qu'un mariage contracté en France.

Mais enfin si c'était un mariage espagnol, s'il fallait l'apprécier au point de vue de la loi espagnole, serait-il valable pour cela ? Monseigneur de Bordeaux, qui a donné sa délégation pour que le curé de Renteria pût y procéder, avait-il, aux termes de la jurisprudence canonique, le droit de la donner ? Vous savez qu'elle peut être donnée ou par le propre curé ou par l'ordinaire à deux diocésains. Or, M. Pescatore et madame Weber étaient-ils les diocésains de monseigneur l'archevêque de Bordeaux ?

Messieurs, c'est ici une question de domicile. En droit canonique, c'est le domicile qui vous constitue paroissien ou diocésain. En fait, vous le savez, M. Pescatore et madame Weber avaient deux domiciles, l'un à Paris, l'autre à Saint-Cloud, dans le diocèse de Versailles ; ils passaient ici l'hiver, là l'été, et ils ne faisaient qu'un séjour momentané à Giscours pour leurs vendanges. On a dit qu'en 1851, M. Pescatore y était allé au mois d'avril. Oui, il y est allé au mois d'avril pour affaires ; il y est resté huit à dix jours, puis il est reparti pour Paris ou pour la Celle. Il y est retourné le 22 septembre, et il y est demeuré jusqu'au 11 novembre, c'est-à-dire jusqu'à l'époque du mariage qu'il a contracté avec madame Weber. Voilà le fait ; il n'y a pas autre chose. Eh bien, un mois, un mois et demi passés à Giscours, sur dix mois et demi, onze mois passés à Paris et à la Celle-Saint-Cloud, cela constitue-t-il le domicile matrimonial? Nous avons distribué, messieurs, un document que le tribunal voudra bien consulter dans la chambre du conseil, précisément sur cette question de domicile ; c'est une consultation émanée d'une des corporations les plus savantes de l'Europe, de l'Université de Louvain. Je ne vous en lirai que la conclusion qui se trouve à la page 40 :

Conclusion. — « Quoiqu'il n'y ait rien de décidé sur la question générale, que
» nous avons traitée, néanmoins tous les documents qui renferment la doctrine ap-
» pliquée par Benoît XV dans sa constitution *Paucis abhinc*, nous autorisent à dire
» qu'il ne faut pas prendre le séjour d'au moins un mois, dont ils parlent, abstrac-
» tion faite de toutes circonstances et de l'intention. Il faut le combiner avec les dé-
» cisions qui rejettent comme insuffisant le séjour fait pour cause de récréation ou
» d'opérations rurales, et avec celles qui excluent la qualité de paroissien pour ceux
» qui se rendent dans un endroit dans le but de s'y marier et de retourner aussitôt
» après au lieu de leur habitation ordinaire. Dans ces deux cas exceptionnels, le
» séjour d'au moins un mois perd l'idée d'habitation, et il ne constitue pas un quasi-
» domicile. Dès lors, ceux qui viennent dans le but de se marier après le court sé-
» jour indiqué, et de quitter aussitôt après le mariage, sont censés célébrer ce ma-

» riage en fraude de leur propre curé ou ordinaire ; car il n'est aucunement néces-
» saire qu'eux-mêmes aient eu l'intention explicite de fraude ; cette fraude se trouve
» toujours *de fait* dans l'acte même de ceux qui se marient devant un curé, dans
» la paroisse duquel ils n'ont ni domicile ni quasi-domicile, et qui ne sont pas de
» ceux qu'on appelle *vagi*. Il suffit, pour qu'il y ait la fraude dont parlent les dé-
» cisions du Saint-Siége et les auteurs, que, n'étant pas *vagi*, les parties aient con-
» tracté mariage dans un endroit où chacune d'elles n'avait domicile ni quasi-
» domicile, soit que ce mariage ait été célébré clandestinement dans un endroit où
» la loi du Concile de Trente n'oblige pas, soit qu'il l'ait été devant le curé de l'en-
» droit, où cette loi est obligatoire.

» Si les deux exceptions indiquées sont fondées, comme nous le croyons, et si,
» par conséquent, pour voir si le quasi-domicile est acquis pour un ou deux mois
» de séjour, il faut faire attention à certaines circonstances et à certaine intention ;
» on comprend aisément la circonspection, la réserve avec lesquelles Benoît XIV
» parle de ce mois de séjour dans sa constitution *Paucis abhinc*. On comprend
» également la même circonspection, la même réserve, employée dans une cause
» très récente par le Saint Office.

» On avait demandé la réponse au doute suivant : « *Joannes et Maria Mechliniæ*
» *domicilia habentes Londinum veniunt, et sine auctoritate vel licentiá suorum*
» *parochorum, uno solummodo mense elapso, Londini matrimonium contrahunt.*
» *Quæritur utrum hoc matrimonium invalidum sit propter supradictum decre-*
» *tum Concilii Tridentini* (sess. XXIV, cap. I, DE REF. MATR.) *necne?* » Or, que
» fait le Saint-Office ? dit-il que le mariage est valable à cause du mois de séjour,
» formellement exprimé dans la demande ? Rien n'était plus simple, s'il ne fallait
» que le séjour d'un mois quel qu'il fût. Et cependant le Saint-Office renvoie à la
» Const. *Paucis abhinc* de Benoît XIV. « *Feria IV, die 6 decembris* 1843 *SSmus*
» *D. N. Div. Prov. Gregorius PP. XVI, in solitá audientiá R. P. D. assessori*
» *S. Officii impertitá, auditá relatione suprascriptæ epistolæ una cum Emi-*
» *nentissimorum et RR. DD. Cardinalium Gener. Inquis. suffragiis dixit : Stet*
» *Epistolæ Benedicti XIV ad Archiepiscopum Goanum. Angelus Argenti, S. Rom.*
» *et Univ. Inquis. Notarius.* » Grégoire XVI, au lieu de répondre affirmativement
» ou négativement au doute proposé, dit qu'il faut suivre la Constitution *Paucis*
» *abhinc* ; il veut qu'on décide d'après celle-ci. Mais quel en est le sens ? nous
» l'avons vu plus haut ; et ici nous trouvons la même réserve dans la réponse de
» Grégoire XVI, que dans la Constitution *Paucis abhinc*. C'est que le séjour d'un
» mois peut être suffisant, mais aussi, il peut ne pas l'être ; cela dépend de cer-
» taines circonstances d'après lesquelles il y aura ou il n'y aura pas acquisition de
» quasi-domicile. »

Les auteurs de cette consultation, que je ne lis pas en entier, examinent la
question de savoir si M. Pescatore et madame Weber avaient le domicile ma-
trimonial dans le diocèse de Bordeaux, et ils la résolvent négativement. Ils
examinent ensuite la question suivante : L'évêque de Z. (Bordeaux) était-il
devenu le propre curé de la dame Weber, par suite de son abjuration :

« La réponse, disent-ils, est nécessairement négative. La qualité de paroissien ne
» s'acquiert que par le domicile ou le quasi-domicile, et ceux-ci ne se règlent que
» d'après l'habitation. Or, l'abjuration du protestantisme est évidemment étran-
» gère à toute idée d'habitation. Il est vrai que, d'après de graves auteurs, un in-
» fidèle, qui se convertit au christianisme, peut recevoir les ordres de l'évêque dans
» le diocèse duquel il a reçu le baptême, mais ils enseignent explicitement que

» c'est à cause de sa naissance spirituelle, qu'il a alors l'évêque de ce diocèse comme
» évêque d'origine, de naissance.

» Ainsi, voulût-on même appliquer la même doctrine d'une manière tout à fait
» impropre à notre cas, elle n'aurait aucune influence sur la solution à donner, car
» les ordres peuvent être reçus de l'évêque du diocèse dans lequel on est né, ou
» plutôt, on peut être sujet d'un évêque à cause de l'origine, de la naissance, dans
» son diocèse, mais jamais on ne devient sujet d'un évêque à l'effet de contracter
» mariage devant lui par l'habitation, domicile ou quasi-domicile.

» Ce dernier point a été formellement décidé par les souverains pontifes ou par
» la congrégation du concile. Dans tous leurs décrets sur la matière, ils se préoc-
» cupent uniquement de l'habitation. (Voyez à ce sujet Benoît XIV, dans son
» *Instit. ecc.* 33, n. 6.) D'ailleurs, sous ce rapport, les auteurs sont unanimement
» d'accord. »

Voilà, messieurs, l'opinion très arrêtée de la Faculté de théologie de Lou-
vain. L'abjuration est indifférente ; la question de domicile est la seule question
à examiner pour savoir si un évêque est l'ordinaire des parties ou ne l'est pas,
s'il peut par conséquent les autoriser ou ne pas les autoriser à contracter ma-
riage. Pour acquérir le domicile il faut au moins six mois de résidence : à
moins qu'on ne change de diocèse ou de paroisse et qu'on n'aille dans un
autre diocèse, dans une autre paroisse avec l'intention d'y demeurer. Oui, je
conviens qu'il y a des cas, où le séjour d'un mois dans un diocèse ou dans
une paroisse peut donner un domicile suffisant à l'effet de contracter mariage ;
c'est lorsqu'on est venu s'installer sans fraude, *sans esprit de retour, cum
animo perpetuo manendi.* Que le tribunal me permette de lui citer sur ce
point une autorité que mon confrère ne contestera pas ; c'est l'autorité de
Mgr le cardinal Gousset :

« Quand un particulier a deux domiciles différents, dit la *Théologie morale*,
» c'est dans la paroisse où il passe la plus grande partie de l'année qu'il doit être
» marié... On demande combien de temps il faut avoir résidé dans une paroisse
» pour y acquérir domicile relativement à la célébration du mariage. Suivant notre
» ancienne jurisprudence, que l'on suit encore dans la plupart des diocèses de
» France, un curé ne peut marier que ceux de ses paroissiens qui demeurent ac-
» tuellement et publiquement dans sa paroisse au moins depuis six mois, à l'égard
» de ceux qui demeuraient auparavant dans une paroisse du même diocèse, et depuis
» un an pour ceux qui demeuraient dans un autre diocèse. Aujourd'hui, d'après
» le Code civil, le domicile, quant au mariage, s'établit par six mois d'habitation
» continue dans la même paroisse, de quelque diocèse qu'on soit venu... Il est im-
» portant de remarquer qu'aujourd'hui, comme autrefois, ceux qui demeurent
» présentement dans une paroisse *cum animo perpetuo manendi* doivent être re-
» gardés comme paroissiens du curé de cette paroisse pour la célébration de leur
» mariage, quoiqu'il n'y ait pas encore six mois ou un an qu'ils y résident... Les
» personnes qui quitteraient leur paroisse en fraude de la loi, conservant l'intention
» d'y rentrer après avoir contracté dans une autre paroisse, ne pourraient se ma-
» rier en présence du curé de cette dernière paroisse, à moins qu'ils n'y eussent
» résidé six mois ou un an. »

Veuillez le remarquer, ce sont là les règles de nos canonistes actuels, et
des diocèses français, que nous interrogeons pour savoir si M. Pescatore et

madame Weber avaient acquis un domicile dans le diocèse de Bordeaux. Vous le voyez, il faut six mois quand on change de paroisse, un an quand on change de diocèse ; seulement ce terme n'est pas exigé à la rigueur quand on est venu sans fraude, sans esprit de retour, *cum perpetuo animo manendi.*

Que résulte-t-il de là ? que si M. Pescatore et madame Weber sont allés le 22 septembre 1851, à Giscours pour y demeurer *cum animo perpetuo manendi,* on pourra me dire qu'un mois leur a suffi pour acquérir le domicile et que Mgr l'archevêque de Bordeaux était devenu leur ordinaire. Mais s'ils y sont allés sans avoir l'intention d'y demeurer et au contraire, avec l'intention bien arrêtée de revenir après les vendanges faites, à la Celle ou à Paris, comme ils faisaient tous les ans, vous le voyez, c'est Mgr le cardinal Gousset qui le dit, ils n'ont pas le domicile, car il suffit pour cela qu'ils ne soient pas venus *cum animo perpetuo manendi;* dans ce cas on devait exiger d'eux une résidence, non pas de six mois, mais d'un an, car ils changeaient de diocèse. Mgr l'archevêque de Bordeaux n'était donc pas l'ordinaire de M. Pescatore et de madame Weber.

A la vérité on a dit qu'il l'était par une autre raison ; par la raison qu'il avait été délégué par Mgr l'archevêque de Paris, qui était l'ordinaire de M. Pescatore ; que par conséquent en vertu de la délégation qui lui avait été donnée, il avait pu donner à son tour une délégation au curé de Renteria, lequel avait pu être l'agent des deux personnages délégants. Examinons d'abord, messieurs, les dispenses de publications données par Mgr l'archevêque de Paris, en nous rappelant qu'aux termes de toutes les lois canoniques, de la jurisprudence canonique attestées par Carrière, la délégation doit être expresse ; c'est une de ses premières conditions. Voyons si Mgr l'archevêque de Paris a donné autre chose à Mgr de Bordeaux qu'une dispense de publication de bans ; s'il lui a donné une délégation en termes exprès, comme cela était nécessaire. Voici les termes de la dispense :

« Au bien-aimé pasteur ou vicaire de l'église du lieu appelé Sainte-Marie, dans
» le diocèse de Bordeaux, salut et bénédiction.

» Vu par nous le témoignage de l'illustrissime et révérendissime Mgr l'archevêque
» de Bordeaux, constatant qu'il n'a été fait aucune publication de bans du mariage
» projeté entre Jean-Pierre Pescatore, fils majeur, demeurant sur la paroisse de
» Notre-Dame-de-Lorette, à Paris, et Julie Weber, fille majeure, votre parois-
» sienne.

» Nous vous donnons la permission de célébrer leur mariage, et nous dispensons
» ledit Jean-Pierre Pescatore et ladite J. Weber de trois publications de bans,
» s'ils sont dans l'un des cas de dispense légitime, s'ils sont pourvus du consen-
» tement de leurs parents respectifs, que l'on est en droit d'exiger, et si, d'ailleurs,
» vous ne connaissez aucun empêchement canonique ou civil pouvant faire obstacle,
» le tout dans les circonstances telles qu'elles se présentent, avec l'observation des
» rites de l'Église, et sauf le droit d'autrui. Mais nous entendons que la présente
» dispense soit nulle si une seule des conditions ci-dessus fait défaut.

» Donné à Paris, sous la signature de notre vicaire général, sous notre seing et le
» contre-seing du secrétaire de notre archevêché, l'an de Notre Seigneur 1851, le
» 21 octobre ; signé : Lequeux, vicaire général par ordre de l'illustre et révérend
» Mgr l'archevêque de Paris ; signé Reneau, chanoine honoraire, secrétaire. »

Vous le voyez, messieurs, c'est une simple dispense et nullement une délégation pour procéder au mariage. Mais arrêtons-nous là. Supposez qu'au lieu d'une simple dispense il y eût eu délégation, à qui serait-elle adressée ? au curé du lieu appelé Sainte-Marie et non à l'ordinaire, Mgr l'archevêque de Bordeaux, et une délégation ne se transmet pas du curé auquel on la donne dans le ressort où il se trouve, à un autre curé. Ce serait contraire à tous les principes du droit canonique ; c'est donc le curé de Sainte-Marie qui l'a reçue :

« Nous vous donnons la permission de célébrer le mariage de M. Pescatore et » de madame Weber... »

M. Pescatore est le paroissien de Mgr l'archevêque de Paris ; et ce dernier croit sans doute que Julie Weber est la paroissienne du curé de Sainte-Marie, diocèse de Bordeaux. Comme le mariage doit être célébré par le curé ou l'ordinaire des époux ou de l'un d'eux; comme d'après la jurisprudence canonique française, lorsque les époux sont de paroisses différentes ou de diocèses différents, le curé ou l'ordinaire de l'un des époux doit donner permission ou licence au curé ou à l'ordinaire de l'autre époux, à l'effet de procéder au mariage, Mgr l'archevêque de Paris, en même temps qu'il accorde les dispenses de faire les publications du mariage déclare qu'il donne au propre curé de Julie Weber la permission de marier Julie Weber et M. Pescatore ; cela est parfaitement conforme au droit canonique. Mais si Julie Weber n'est pas la paroissienne du curé de Sainte-Marie, ce curé ne peut pas la marier en vertu de la délégation de l'archevêque de Paris, qui n'est pas son ordinaire : il lui faut la délégation de l'archevêque de Bordeaux.

On objecte que Monseigneur l'archevêque de Bordeaux, délégué, a pu déléguer à son tour le curé de Renteria ? Mais quoi ! cela est encore contraire aux principes que je trouve écrits à toutes les pages des ouvrages que j'ai dans mes mains, ou que j'ai consultés sur vos indications. C'est un principe élémentaire que celui qui est délégué ne peut pas subdéléguer : *Delegatus subdelegare non potest.* Vous trouverez cela dans Carrière, dans monseigneur Gousset, partout, *delegatus non potest subdelegare*, de manière que dans le cas même où monseigneur l'archevêque de Bordeaux aurait été délégué, le mariage serait encore nul sous ce rapport.

Mais il n'était pas délégué, mais il n'était pas l'ordinaire, je l'ai montré au tribunal, et par conséquent des délégations données sans pouvoir ne pouvaient transmettre aucun pouvoir au curé délégué.

Ainsi, pour nous résumer sur le premier point, il fallait que l'officier public fût compétent, conformément aux termes de l'article 170. Nous avons cherché si le curé de Renteria l'était : nous avons trouvé que non. Il fallait un propre curé ; il n'y en a pas eu. Il aurait fallu une délégation donnée par quelqu'un ayant pouvoir de la donner : il n'y a pas eu de délégation de cette nature. Par conséquent, on n'a pas été marié par un officier compétent, ou plutôt on n'a pas été marié du tout d'après nos lois civiles. C'est là une nullité radicale aux termes de l'article 170, et cette violation des règles invaliderait le mariage de Renteria, si tant est qu'il y eût eu mariage.

Je passe à la seconde question, je veux parler de la publication. Le tribunal comprend que je ne reviendrai pas à la discussion de l'autre jour relativement aux publications exigées par le Code Napoléon. Je sais que la jurisprudence, qui a été très sévère dans de certains cas, a été dans d'autres plus indulgente. J'ai cité au tribunal quatre arrêts de la Cour de cassation de 1831, 1837 et 1841, conçus dans des termes aussi absolus que possible, qui ont décidé que toutes les fois qu'un mariage fait à l'étranger n'avait pas été précédé des publications en France, ce mariage était nul. Mais je sais en même temps que la jurisprudence, très rigide dans le principe, a faibli, et que depuis 1841, il y a eu des décisions plus molles, plus indulgentes. A quoi l'attribuer ? Adopterai-je la thèse soutenue par mon honorable confrère, que les auteurs des lois sont habituellement ceux qui les comprennent le moins ; que ce n'est que plus tard, lorsque la jurisprudence les a réformées, qu'éclate l'intelligence des lois, et qu'ainsi, à mesure que la lumière se ferait, les premières décisions devraient être écartées? Messieurs, je ne crois pas qu'une thèse pareille puisse être soutenue. Je ne crois pas, par exemple, que les auteurs de l'édit de Blois fussent ceux qui le comprenaient le moins ; que Portalis, l'illustre rédacteur du Code civil, n'en ait pas saisi la portée, et qu'il en ait mal interprété la pensée. Mais pour ne pas être exagéré de mon côté, comme on l'a été d'un autre, je dirai qu'il est vrai que les lois qui sont faites à un point de vue absolu au moment où le législateur les rédige, se rencontrent dans la pratique en présence de circonstances qui obligent à les adoucir, à les affaiblir plus tard dans leur application. Je le reconnais, et c'est ce qui est arrivé à la législation dont nous parlons. Oui, on a décidé quelquefois que, malgré le défaut de publication, le mariage pouvait, en certains cas, ne pas être annulé. Mais l'a-t-on décidé sans motifs graves, imposants, de manière à se jouer de la législation violée avec préméditation ? Non, jamais. C'est toujours dans des circonstances impérieuses que la jurisprudence a décidé que l'inobservation des dispositions de l'article 170 n'entraînerait pas d'une manière absolue la nullité du mariage.

On nous a parlé de l'arrêt rendu par la Cour de Bordeaux, le 14 janvier 1852, dans l'affaire de Gères. Prenez cet arrêt, vous verrez que de Gères était depuis sept ans en Italie, qu'il s'y était marié avec toute la solennité qu'on pouvait requérir, que seulement il avait omis les publications en France. Eh bien, on a eu égard à cette circonstance qu'il était depuis longtemps en Italie, et qu'il avait pu omettre de bonne foi la publication de son mariage, et la Cour de Bordeaux a déclaré que dans une circonstance pareille, il y avait de puissantes raisons pour ne pas annuler le mariage malgré l'article 170 ; qu'il fallait réserver la sévérité de son application pour les cas où les parties n'étant pas obligées de se marier à l'étranger ont volontairement, systématiquement, pris le parti d'aller se marier hors de leur pays, et n'ont pas fait de publications en France où était leur domicile. Permettez-moi de vous citer l'arrêt de la Cour de cassation du 12 mars 1854, dans l'affaire Dubouchage :

Cour de cassation, 28 mars 1854. — Dalloz, 54-1-202 :

« ..... Attendu qu'aux termes de l'article 191 du Code Napoléon, la publicité est
» la condition essentielle de tout mariage contracté par tout Français ; que cette

» condition, fondée sur des motifs d'ordre public, est absolue ; qu'elle n'est sub-
» ordonnée à aucune autre, et que le vice résultant de son absence constitue par
» lui-même une nullité ; que si le législateur, dans l'intérêt des Français *domiciliés*
» *ou résidant à l'étranger*, a pu admettre, suivant la disposition de l'article 170
» du même code, que les publications faites en France auraient pour effet de satis-
» faire à la condition de publicité, et si l'on doit admettre, avec la jurisprudence,
» *que même l'absence de ces publications pourrait, en certains cas*, ne pas être
» considérée comme entraînant la nullité du mariage, il appartient aux juges fran-
» çais d'examiner et d'apprécier les circonstances dans lesquelles le mariage a été
» contracté, et de rechercher si la conduite des époux présente un caractère de
» bonne foi, ou si cette conduite n'a eu d'autre but que *de les soustraire ouverte-*
» *ment et à dessein aux obligations de la loi*, et de faire impunément à l'étran-
» ger ce qu'il *eût été impossible de faire en France*. »

Vous voyez le principe. Les publications peuvent, dans certaines circon-
stances, être omises sans que le mariage soit annulé, mais non pas quand c'est
à dessein qu'elles ont été omises. Lorsque l'on n'a été se marier à l'étranger,
où l'on n'habitait pas, que pour se soustraire à ce que la loi prescrit, dans ces
cas la jurisprudence annule et avec raison. Ceci dit, que faut-il penser du
mariage civil que M. Pescatore aurait contracté en Espagne? Quand je dis
mariage civil, je le répète, c'est une pure fiction ; mais enfin, en supposant la
volonté de faire un mariage civil, pourquoi est-on allé le contracter en
Espagne? Parce qu'en Espagne on pouvait échapper à l'œil de l'administration
française, et qu'en France il aurait fallu se marier devant l'officier civil. On
est donc allé en Espagne pour éluder la loi française, pour échapper à son
application, et le tribunal voit que nous entrons ici précisément dans le cas
jugé par l'arrêt de la Cour de cassation du 12 mars 1854, qui a décidé qu'il
n'y avait pas lieu de valider un mariage accompli dans des conditions pareilles.

On me dit, à la vérité : Mais, attendez, dans l'affaire Dubouchage, on vou-
lait éluder la loi qui prescrit les actes respectueux, et ici rien de pareil, nous
n'avions pas de sommations respectueuses à faire.

C'est vrai, il y avait eu atteinte à la puissance paternelle, je ne le conteste
pas. Mais est-ce que l'article 54 du Concordat qui prescrit le mariage civil
avant le mariage religieux n'a pas une valeur égale à l'article 170 qui pres-
crit les publications, et une valeur supérieure à la loi qui exige les actes
respectueux des enfants à l'égard du père et de la mère?

Ah! messieurs, voyez un peu les conséquences où l'on nous entraîne!

Cette loi du Concordat dont vous prétendriez qu'on peut se jouer à volonté,
n'est-elle pas une des bases de notre ordre public? S'il est vrai que l'institu-
tion du mariage soit le fondement de la famille ; si l'État a intérêt à ce que la
famille soit fondée sous ses auspices ; si l'État a intérêt à ce que tous les actes
qui constatent les événements de la vie civile restent dans ses archives, l'État
peut-il souffrir que des familles aillent se former à l'étranger, et reviennent
ensuite jouir de tous les droits, de toutes les prérogatives des citoyens français?

Où en viendra-t-on avec les théories de l'adversaire? Admettrez-vous qu'on
pourra à l'avenir en France se marier de deux manières : les uns religieuse-
ment, laissant leur acte de mariage dans une petite ville étrangère, à la condi-
tion de franchir la frontière, d'aller à une demi-heure des limites de la

France, pour y contracter ce mariage ; c'est là que resteront leurs titres de famille ; et puis, revenant sur le territoire de France après s'être affranchis de toutes les prescriptions légales, ils jouiront des mêmes priviléges que ces Français qui seront restés fidèles observateurs de la loi de leur pays, qui auront demandé aux officiers de l'état civil d'intervenir à tous les événements de leur vie de famille !

Et qu'en résultera-t-il, messieurs ? Ne craignez-vous pas que, guidé par je ne sais quel esprit antipathique à nos lois actuelles, on ne favorise les premiers aux dépens des seconds ? Admettrez-vous que notre France, qui ne vit que d'unité, qui veut l'unité partout et toujours, soit composée de familles de deux ordres différents, nourrisse dans son sein un pareil élément de division ? La loi a été sage quand elle n'a pas permis que l'on pût la violer impunément. Voyez ce qui arriverait après qu'on aurait réclamé pour Mgr l'archevêque de Bordeaux, ce que lui-même n'a jamais réclamé, le droit de prendre ses paroissiens par la main et d'aller les marier où il voudrait : mais tous les curés pourraient réclamer le même droit, vous les verriez faire des voyages, faciles quand ils se trouveraient sur la frontière, plus difficiles lorsqu'ils se trouveraient à l'intérieur ! Tous pourraient emmener leurs paroissiens à la frontière pour contracter, en fraude de nos lois, des mariages religieux, et c'est ainsi que nos lois civiles, que le Concordat, cette grande transaction entre l'État et l'Église, c'est ainsi que tout cela serait mis de côté, serait oublié, disparaîtrait de la mémoire, que rien ne resterait bientôt plus de ce grand monument que l'on croyait impérissable. Non, ce n'est pas possible, le tribunal ne le permettra pas !...

Mais je sors de ces considérations générales, quelque puissantes qu'elles soient dans la cause, et examinant ce prétendu mariage au moment même où il se serait célébré à Renteria, je dis qu'il est entaché d'un vice essentiel, du vice de clandestinité: ce vice est manifeste, il éclate de tous côtés. Je lis dans la consultation délibérée en faveur de Mme Weber, le passage suivant :

« Les héritiers de M. Pescatore seraient encore moins autorisés à invoquer » l'art. 191 du Code, pour justifier leur demande. Cet article est ainsi conçu :

» Tout mariage qui n'a point été contracté publiquement et qui n'a point été » célébré devant l'officier public compétent, peut être attaqué par les époux eux-» mêmes, par les pères et mères, par les ascendants, par tous ceux qui y ont un » intérêt né et actuel, ainsi que par le ministère public.

» Nous l'avons déjà fait remarquer, il s'agit, dans cet article, non de cette pu-» blicité spéciale, restreinte, officielle, qui résulte de la publication prescrite par » l'article 170 du Code civil, mais de la publicité en général, de la publicité réelle » du mariage. En un mot, dans l'article 170, le législateur prescrit une simple » formalité ; dans l'article 191, il proscrit la clandestinité, laquelle constitue un » vice bien autrement radical que le simple inaccomplissement d'une forme extrin-» sèque.

» Ou il faut renoncer à toute législation sur les mariages, disait M. Portalis, dans » son discours si justement célèbre sur le mariage, ou il faut proscrire la clandes-» tinité, car, d'après la définition des jurisconsultes, les mariages clandestins sont » ceux qui n'ont été célébrés devant aucun officier public et qui ont été constam-» ment ensevelis dans le mystère et les ténèbres..... La nullité des mariages clan-» destins est évidente. »

« Arrêtons-nous sur cette citation », disent les jurisconsultes. Mais, permettez, ne nous arrêtons pas et continuons la citation ; voici ce qu'on lit à la ligne suivante :

« On place encore parmi les mariages clandestins ceux qui n'ont point été précédés
» des publications requises *ou qui n'ont point été célébrés devant l'officier de l'état*
» *civil que la loi indiquait aux deux époux...* Comme toutes ces précautions ont
» été prises pour éviter la clandestinité, il y a lieu au reproche de clandestinité
» quand on a négligé ces précautions.
» La nullité des mariages clandestins est évidente. »

Vous voyez comment Portalis, lu tout entier, indique les caractères auxquels on reconnaît les mariages clandestins, et vous voyez qu'au nombre il place ceux qui n'ont pas été précédés des publications requises ou qui n'ont point été célébrés devant l'officier public que la loi désignait aux époux.

Les jurisconsultes continuent :

« Qui pourrait reconnaître, dans la définition que M. Portalis donne des ma-
» riages clandestins, l'union contractée par M. et Mme Pescatore ? qui, après avoir
» parcouru les pièces que nous avons visées en tête de cette consultation, pourra
» sérieusement appliquer à cette union le titre de mariage clandestin ? Étrange
» clandestinité, que celle dont quatre prélats éminents, l'archevêque de Bordeaux,
» celui de Paris, l'évêque de Versailles, l'évêque de Pampelune, se rendent les
» complices, et que leur concours solennel aurait d'ailleurs suffi à faire disparaître !
» Singulier mystère que celui qui a pour confidents tant de personnages, tant de
» chancelleries, que toute la famille a connu d'avance, puisque ses félicitations
» devançaient le mariage.
» Un mariage est-il clandestin lorsqu'il a été publiquement, officiellement an-
» noncé en France, en Belgique, partout où les époux avaient des relations, et qu'il
» a été suivi de la possession d'état la plus éclatante, possession prolongée pendant
» cinq ans, sans aucune interruption ni contestation ? Est-ce là ce mariage clan-
» destin constamment enseveli dans le mystère et les ténèbres dont parle M. Por-
» talis, et pour lequel l'article 191 a été fait ? Non : l'article 191 est complétement
» inapplicable à l'espèce ! »

Non, non, mais les mariages clandestins dont parle Portalis sont ceux dont il dit dans la suite du passage : « Parmi les mariages clandestins on place ceux qui n'ont point été précédés des publications requises ou qui n'ont point été célébrés devant l'officier civil que la loi indiquait aux époux. » Voilà les mariages clandestins. Les adversaires se trompent ; ils confondent ce qui n'a jamais été confondu, le mariage secret avec le mariage clandestin. Mon Dieu ! je suivrai presque monseigneur Gousset, pour donner la définition de ces sortes de mariages. Il admet dans sa *Théologie morale*, ce que tous les jurisconsultes admettent comme lui : « Le mariage secret est celui qui a été contracté avec toutes les formalités exigées par la loi, mais qui a été tenu secret. Le mariage clandestin est celui qui a été contracté en violation des formalités prescrites par la loi. » Si l'on n'a pas observé ces formalités, il importera très peu que cinq prélats aient pris part au mariage ; il importera très peu qu'on ait écrit une lettre à M. Antoine Pescatore pour lui dire : « Je vais me marier, faites-en part à la famille. » La question sera toujours de savoir si les formalités prescrites par la loi pour assurer la validité du mariage ont été remplies.

Et, lorsqu'on entrera dans cet examen, que verra-t-on ? On verra un mariage (c'est toujours ma fiction, mon hypothèse), un mariage civil pour lequel on ne s'est adressé à aucun officier de l'état civil, qu'on est allé contracter à l'étranger au lieu de le contracter en France, qu'on est allé contracter à l'étranger avec une délégation de monseigneur l'archevêque de Bordeaux, qui n'avait pas le droit de la donner ; qu'on est allé contracter à l'étranger dans la chambre d'un curé, alors que la loi canonique exigeait, non pas sous peine de nullité, je le reconnais, qu'il fût contracté à l'église ; pour lequel on se cache même d'un malheureux domestique qu'on a amené et qu'on laisse à Biarritz ; pour lequel on a pour tous témoins, un Espagnol, pris au hasard dans la localité, et un Irlandais, établi banquier à Madrid ; pour lequel aucune annonce officielle n'a jamais été faite (il n'y a jamais eu de lettres de faire part), un mariage qui n'a jamais été transcrit sur le registre de l'état civil, que rien n'a jamais annoncé au dehors ! Je ne crois pas qu'il y ait eu un mariage dans des conditions de clandestinité plus frappantes que celles du prétendu mariage béni à Renteria le 8 novembre 1851.

Les jurisconsultes que je combats nous opposent, il est vrai, une possession d'état de cinq ans. La possession d'état ! Mais en quoi a-t-elle consisté ? Où l'avez-vous vue ? Est-ce qu'il y a eu possession d'état d'une épouse légitime, mariée civilement en France ? Jamais ! Les jurisconsultes oublient eux-mêmes qu'à la page 17 de leur consultation, ils ont écrit la phrase que je vais lire : « Peut-on s'étonner que M. Pescatore ait ressenti pour lui-même cette même crainte ? vivant depuis quatorze ans avec les apparences et sur la croyance générale d'un mariage supposé, M. et madame Pescatore ont éprouvé quelque répugnance à condamner avec éclat tout ce passé ; les docteurs canonistes...., le père Sanchez entre autres, dans le passage déjà cité : *Concubinarii diù conjugati existimati*, n'ont-ils pas déféré à cette faiblesse de l'humanité, etc., etc. »

Eh bien, que se passe-t-il après le mariage de M. Pescatore et de madame Weber ? Ce qui s'était passé depuis quatorze ans. Depuis quatorze ans qu'ils vivaient ensemble, tout le monde croyait qu'ils étaient mariés. On a continué à croire au mariage ; la possession d'état a été ce qu'elle était, et n'a pas couvert la clandestinité. La possession d'état n'a aucun caractère ; les choses ont continué comme auparavant ; les époux ont vécu comme ils avaient vécu toujours. Que si madame Weber a pris le nom de M. Pescatore, elle l'avait pris déjà, dans un temps où elle n'avait pas le droit de le porter ; on ne trouve donc rien qui constate la possession d'état civil, par conséquent rien qui vienne relever la nullité résultant de la clandestinité ; par conséquent le mariage est nul, de toute nullité, comme le dit le concile de Trente, *irritus et vanus ;* il n'existe pas, il n'a jamais existé, même en supposant que les parties aient eu l'intention de le contracter civilement.

On a dit qu'alors même que la nullité existerait, les légataires de M. Pescatore ne seraient pas recevables à s'en prévaloir, parce qu'ils ont écrit des lettres dans lesquelles ils ont reconnu le mariage. Comme cette objection ne me paraît pas de nature à arrêter le tribunal, je me bornerai à y répondre en très peu de mots.

D'abord, la fin de non-recevoir ne pourrait être opposée qu'à ceux des légataires universels qui ont écrit ces lettres, mais quant aux autres il n'y aurait pas de fin de non-recevoir ; les enfants mineurs de M. Pierre Pescatore, qui sont au nombre de nos clients, n'ont écrit aucune lettre. L'objection n'a donc aucune solidité. Indépendamment de cette raison que je viens de donner, voici à cet égard l'opinion de d'Aguesseau, sur le mariage du duc de Guise :

« Les parents collatéraux ne peuvent jamais faire entendre leur voix dans le
» tribunal de la justice, jusqu'à ce que la mort de celui dont ils veulent contester
» le mariage ait ouvert la bouche à leurs plaintes.

» Ce n'est pas qu'ils acquièrent seulement après sa mort une autorité qu'ils n'ont
» point eue pendant sa vie ; mais comme l'intérêt des parties est la seule règle qui
» détermine la capacité qu'elles ont d'intenter une action, on juge qu'ils sont
» capables d'attaquer son mariage, parce qu'ils ont alors un intérêt sensible à le
» détruire. »

Et encore faudrait-il prouver que nos clients, lorsqu'ils ont écrit à M. Pescatore et à madame Weber, pour les féliciter, connaissaient tous les vices du mariage de Renteria. Comment les auraient-ils connus ? Ils n'en avaient eu d'autre avis que la lettre de M. Pescatore à son frère Antoine par laquelle il leur communiquait le fait du mariage qui venait de se passer en Espagne. Enfin la nullité radicale et absolue de ce mariage n'est pas de nature à être couverte par ces prétendues reconnaissances, et par conséquent le tribunal ne pourra s'y arrêter.

Il ne s'arrêtera pas davantage à la bonne foi que madame Weber paraît invoquer. La bonne foi en quoi consisterait-elle ? A avoir cru qu'elle s'était mariée civilement. Eh bien, elle ne l'a jamais cru, nous l'affirmons. Nous affirmons de plus, qu'elle n'a pas pu être trompée. Elle a vécu longtemps en France ; lors d'un premier projet de mariage, elle a fait publier ses bans à Strasbourg ; elle a assisté au mariage de sa sœur à Paris en 1850 ; ce n'est pas elle qui pouvait croire que l'on contractait un mariage civil comme a été contracté celui de Renteria. Non, elle n'a pas pu le croire ! Et enfin, en droit, la bonne foi ne serait pas de nature à faire vivre le mariage contracté à Renteria, le 8 novembre 1851, car ce mariage n'a jamais eu d'existence.

On a invoqué un arrêt de la cour de Paris du 8 septembre 1837 ; j'en ai invoqué deux, l'un de Bruxelles, l'autre de Bourges qui disent en termes décisifs qu'en pareille circonstance, même pour un mariage passé en France, la bonne foi ne suffit pas.

Quel est l'arrêt de Paris invoqué ? Veuillez vous en rappeler les circonstances. Des enfants mineurs soutenaient que leur mère, étrangère et luthérienne, s'était mariée de bonne foi suivant les usages de l'église luthérienne. Effectivement elle avait été mariée de bonne foi, elle avait été mariée à 16 ans, en présence de ses père et mère, et d'ailleurs, avec toute la publicité que nos lois demandent, et voilà l'espèce qu'on invoque, l'assimilation qu'on veut établir. Le tribunal trouvera une solution plus certaine et plus vraie dans les deux arrêts de Bruxelles et de Bourges qui statuent sur une question absolument semblable à celle sur laquelle nous discutons maintenant.

Je le répète, madame Weber a su ce qu'elle faisait; elle n'a jamais été trompée, et j'en reviens en finissant à cette vérité par laquelle j'ai commencé ma discussion : il n'y a pas eu de mariage civil, il n'y a pas eu de communauté; la communauté ne peut dériver que d'un mariage civil, tout le monde en est convaincu, cela éclate de toute part, et c'est pour cela que je vous conjure d'oublier que dans le cours de ma plaidoirie, j'ai parlé d'un mariage contracté en fraude de la loi, pour échapper aux dispositions du code Napoléon et du concordat. Non, personne n'a eu ce projet, cette intention; non, je ne l'attribue pas plus à monseigneur l'archevêque de Bordeaux, qu'à M. Pescatore et à madame Weber. Tous ont su ce qu'ils faisaient. Ils ont voulu un lien de conscience, un mariage religieux, ils n'ont pas voulu lutter contre la loi civile, ils n'y ont jamais pensé; ils n'ont pas commis la faute que j'avais l'air de leur reprocher quand je discutais une fiction que j'avais acceptée pour un instant, et je regrette que l'on n'ait pas posé cette question aux jurisconsultes que j'ai pour adversaires : Y a-t-il eu dans l'esprit des parties intention de faire un mariage civil et de contracter la communauté des biens ?

Quant à moi je ne craindrai pas de m'adresser à tous, aux cardinaux, aux évêques, aux jurisconsultes, et je dirai aux premiers : ministres de la religion, dites à cette femme qu'il n'est pas honnête de venir demander une fortune considérable que M. Pescatore ne lui a jamais destinée. Vous, prince de l'Église, qui avez présidé au mariage, qui avez écrit à votre collègue de Pampelune de recevoir deux personnes qui n'entendaient s'unir que religieusement, dites à madame Weber qu'il n'est pas bien de vouloir dénaturer un acte pieux, dicté par les scrupules de la conscience, et qu'il n'est pas honnête de transformer une bénédiction nuptiale en un contrat de communauté. Et, vous, jurisconsultes éminents que je ne m'attendais pas à avoir pour adversaires dans un débat de cette nature, dites avec nous à nos juges qu'ils sont les gardiens du grand pacte qui a été conclu il y a cinquante ans entre l'État et l'Église, qu'il leur appartient d'être vigilants et attentifs pour empêcher qu'un premier empiétement ne vienne compromettre l'une des grandes conquêtes de notre siècle; dites-leur enfin que leur sentence, en préservant de toute atteinte les principes de notre droit, sera approuvée non pas seulement par tous les bons citoyens, mais par la grande majorité du clergé français, car le clergé français comprend que le maintien scrupuleux du concordat est dans le véritable intérêt de la religion, dans le véritable intérêt du pays.

RÉPLIQUE DE Mᵉ CHAIX D'EST ANGE.

Messieurs,

L'heure est avancée, et votre fatigue est grande; je ne veux pas la porter à son comble. Toutes les questions d'ailleurs ont été traitées, je pourrais dire épuisées. Je vous demanderai cependant la permission de vous présenter quelques observations nouvelles. Sera-ce en fait, sera-ce en droit? En

III.   9 fait, mon adversaire vous a dit que j'avais commis de nombreuses inexactitudes, qu'il allait en relever quelques-unes. Voyons si le plaisir de me combattre ne lui aurait pas fait placer dans ma bouche des paroles que je n'ai jamais prouoncées.

Et d'abord, je ne veux pas chercher d'où sont venues les premières hostilités, si nous n'avons pas été menacés et obligés de nous défendre, ou si, au contraire, nous aurions été nous-mêmes les instigateurs du procès actuel. Cela importe peu; ce qui importe le voici. On vous a présenté madame Pescatore dans les premiers jours qui ont suivi la mort, tandis que les héritiers étaient dans le deuil et les larmes, on vous l'a présentée, dis-je, pensant déjà au procès à venir, voulant assurer son état civil, écrivant immédiatement en Espagne, et demandant une consultation à des jurisconsultes qui lui ont répondu, dès le 14 janvier 1856, quand son mari était mort le 8 décembre 1855; tant ils ont mis de promptitude à donner l'avis qu'on leur demandait! Mon honorable adversaire, qui nous reproche cet empressement, cette précaution hâtive, ne sait-il donc pas qu'à peine M. Pescatore avait eu les yeux fermés, ses clients manifestèrent l'intention d'attaquer son testament, de soutenir que madame Pescatore n'était pas la femme légitime de M. Pescatore, que M. Pescatore ayant dit dans un de ses testaments : « Je donne à Catherine Weber, mon épouse, » le testament était nul, et que, si elle n'était pas sa femme, elle ne devait pas être sa légataire. Voilà la prétention qu'on voulait soutenir et qui devait faire tomber non pas seulement une disposition du testament, mais le titre, mais le nom d'épouse légitime, et reléguer la veuve au rang des concubines. Qui n'aurait pas vu là une insulte, un outrage? N'en était-ce pas assez pour demander, à Madrid, un avis sur le mariage, afin de savoir s'il avait été célébré conformément à la loi du pays? C'est alors qu'on nous a répondu qu'en Espagne le mariage était excellent, toutes les formalités légales ayant été scrupuleusement accomplies Sur ce point je crois avoir donné complète satisfaction à mon adversaire, et s'il y a eu précipitation, elle ne peut pas être imputée à madame Pescatore. Elle est également innocente d'un autre reproche que mon adversaire lui a adressé. Il se plaint de la violence que j'aurais mise dans mes attaques. Si cela était vrai, j'en aurais un profond regret, j'en demanderais pardon au tribunal, j'en demanderais pardon aussi à ma cliente ; car elle m'avait recommandé, avant toutes choses, la modération et la dignité dans le langage.

J'aurais mal parlé des adversaires, je les aurais appelés d'*avides collatéraux!* Ces lieux communs ne sont pas faits pour moi, et mon adversaire m'a montré, quand il ne l'aurait pas dit, qu'il n'assistait pas à ma plaidoirie, et qu'il ne l'avait connue que par d'inexacts récits. Je n'ai rien dit de pareil, et s'il y a eu dans ma plaidoirie un trait, quelques phrases mal sonnantes pour ses clients, ce n'est pas dans ma bouche qu'ils se sont trouvés, c'est dans la bouche de d'Aguesseau, lorsque j'ai cité ses paroles sur la recevabilité de l'action des collatéraux.

J'ai parlé de Pierre Pescatore; j'en ai parlé sans colère. Il a cependant écrit des lettres bien amères et bien cruelles. Vous les lirez, messieurs, et vous verrez comment il s'exprime sur madame Pescatore, de quel ton il l'appelle « *la Weber*, qui se porte comme l'an quarante. » En présence de pareilles inconvenances de langage, l'aigreur, la vivacité même, m'eussent peut-être été permises ; je me suis borné, pour détruire l'effet de ses paroles sur lesquelles mon adversaire comptait, à vous indiquer ce qu'était ce jeune homme, et je n'ai même pas voulu vous le dire de ma propre bouche ; je me suis appliqué à vous le faire juger par lui-même, et sans qualifier ses lettres avec les termes sévères qu'elles auraient pu comporter, je vous les ai lues, me contentant de vous dire que c'était un jeune homme léger.

Il a plu à mon adversaire de vous entretenir de nouveau de l'importance de la fortune laissée par M. Pescatore. Je demande la permission de n'y pas revenir, ce n'est pas la question du procès. Que M. Pescatore ait laissé 17,000,000, comme nous l'affirmions sur la parole du notaire, qu'il n'ait laissé que 14,000,000, comme le veut mon adversaire, cela importe peu, cela ne fait absolument rien au procès, et il me semble que dans ces moments rapides qui nous sont accordés, je n'ai pas besoin de vous donner des chiffres insaisissables qu'il est impossible de vérifier à l'audience, mais que vous pourrez examiner dans la chambre du conseil, si vous attachez quelque importance à une question pareille.

Une question plus précise était de savoir s'il avait constamment, toujours manifesté la volonté expresse de laisser sa fortune à sa famille, s'il l'avait dit dans mainte occasion, dans toutes ses lettres, suivant le système de mon honorable confrère. Je le prierai de m'en montrer une où il l'ait dit, une seule. La correspondance a été active, les lettres sont nombreuses dans les mains de mon adversaire, il en a des volumes entiers à propos de fêtes ou d'événements de famille, je demande qu'on m'en produise une de laquelle ressorte cette volonté exprimée : Je vous laisserai ma fortune. Mon adversaire a compris l'importance qu'il y avait à me donner satisfaction sur ce point, mais il a eu la main malheureuse, bien malheureuse : il a choisi dans ces paquets de lettres, dans cette immense correspondance, un billet adressé à M. Nothomb, dans lequel il s'agit de 10,000 fr. que M. Pescatore lui prête et où il discute, marchande et prend ses sûretés. C'est la seule preuve que mon adversaire ait apportée. Mon argumentation reste donc entière sur ce point.

Il y en a un autre dont je n'avais pas parlé, ce sont les projets d'arrangement qui avaient été discutés. Je n'avais pas voulu vous en entretenir, et le motif de ma réserve, c'est que lorsque ces projets ne réussissent pas, il est dans les usages de notre profession de n'en pas parler à l'audience. Mon adversaire, je ne l'en blâme pas, je ne l'en loue pas non plus, n'a pas cédé à ce scrupule, mais il m'a autorisé par cela même à vous dire tout ce qui s'est passé.

Madame Pescatore avait consulté sur les difficultés qu'on lui suscitait. On lui avait dit que le procès, si elle le faisait, était bon, excellent ; qu'elle ne devait pas avoir la moindre inquiétude, la moindre crainte de le perdre. Cependant, pour éviter toute contestation, tout bruit, tout scandale, et pour que la tombe de celui auquel elle s'était dévouée restât paisible, elle était prête à faire les plus grands sacrifices. Puisque mon adversaire a fait appel à mes souvenirs, il me permettra de faire appel aux siens. Lorsqu'il eut la bonté de venir chez moi avec cet empressement que mettent les gens de cœur à éviter à leurs clients des procès toujours regrettables, il peut se rappeler ce que je lui dis : « J'ai foi entière dans le procès, je l'ai examiné, d'autres l'ont examiné avec » moi, nous n'avons aucun doute ; cependant, voyons, il y a là en jeu une

» somme de 6,000,000 fr., c'est la part de la communauté de madame Pes-
» catore; pour ce procès, que m'offrez-vous? car mon avis sera le sien. Pour
» moi, je vous abandonne le tiers de ces 6,000,000, c'est-à-dire plus ou
» moins, selon les chances de l'avenir. » Mon adversaire s'est récrié et nous a
offert le sixième, c'est-à-dire une somme de 1,000,000 et 60,000 fr. de rente
viagère à ajouter à celle qui nous était déjà donnée, c'est-à-dire onze cent
mille francs. Je vous demande si un tel arrangement était possible, s'il était
honorable, si on pouvait le conseiller, surtout quand madame Pescatore avait été
l'objet de menaces et d'une intimidation dont tout le monde a eu connaissance.
Elle savait qu'on fouillait dans sa vie, qu'on la suivait pas à pas, qu'on allait
de porte en porte dans les pays où elle avait passé, qu'on avait relevé tous les
actes de l'état civil, dans l'espoir d'y trouver quelque indice fâcheux pour elle;
quand elle était informée de toutes ces menées, je vous demande si madame
Pescatore pouvait s'humilier, se mettre à genoux devant des légataires qui
l'insultaient et la menaçaient; je vous demande si elle pouvait leur dire : Je
désespère tellement de la bonté de ma cause, et je me considère si bien comme
une concubine que j'accepte l'offre que vous me faites, que je suis même
heureuse de l'accepter et de renoncer à mon procès, car je n'ai pas un sixième
de chance pour le gagner.

Voilà l'histoire de ces négociations. Le tribunal verra qui avait tort, qui
avait raison ; je n'en veux pas dire davantage sur ces préliminaires de l'in-
stance, et je vais suivre mon adversaire dans la discussion à laquelle il s'est
livré. Mais je ne suivrai pourtant pas l'ordre de la plaidoirie, et par une rai-
son toute simple. Je me demande d'abord s'il y a eu un mariage, s'il a été
conforme à la loi, ou si, au contraire, il a été clandestin. Quand j'aurai vidé
cette première question du procès, j'en examinerai une autre, quelle intention
a présidé au mariage, si le mariage a été sérieux ou non.

Le mariage est-il conforme à la loi, ou au contraire est-il clandestin et
dépourvu des conditions essentielles que la loi exige pour sa validité? En ce
qui concerne la publicité, la première question est de savoir si des publica-
tions ont été faites, et si leur défaut est de nature à entraîner la nullité; la
seconde si le mariage a été contracté conformément aux lois du pays où il a
été célébré.

Examinons ces deux questions.

Des publications ont-elles été faites ? Non. Leur défaut entraîne-t-il la nul-
lité du mariage ? Non. Nous sommes d'accord sur ce point; il est inutile de
plaider. Mais il y a une observation qu'il est impossible de ne pas relever.
J'avais dit que dans les premiers temps où l'on met en pratique une législa-
tion nouvelle, les lois étaient appliquées avec plus de sévérité que par la suite,
et j'en avais indiqué les raisons ; mon adversaire m'a reproché d'avoir dit que
les auteurs d'une loi ne la comprenaient jamais bien. Je lui en demande par-
don, mais je suis tout à fait innocent de toutes les sottises qu'on lui a rappor-
tées. J'ai cité un passage de d'Aguesseau qui dit des lois et ordonnances en
général ce que je disais moi du Code Napoléon, à savoir que dans les premiers
temps de la mise en vigueur d'une loi, on l'exécute rigoureusement, qu'on
sacrifie tout à la lettre au lieu de consulter l'esprit. Que mon adversaire
veuille donc bien ne pas me prêter des inepties pour se donner le plaisir de

les réfuter victorieusement ; puisqu'il n'avait pas écouté ma plaidoirie, il fallait la lire ou s'en faire rendre un compte exact.

Non, l'omission des publications n'entraîne la nullité du mariage qu'autant qu'il a eu pour motif une pensée de fraude, le désir d'échapper à une condition irritante du mariage ; dans ce cas, c'est la cause de nullité qui entraîne la nullité du mariage. Si, par exemple, vous avez quitté la France dans une intention coupable pour faire fraude à la loi, d'Aguesseau vous dira comme nos lois actuelles que si la cause de nullité est couverte, que si, par exemple, l'âge exigé a été acquis plus tard, que si vous avez obtenu le consentement de vos parents qui vous l'avaient refusé d'abord, le mariage ne peut plus être annulé. Voilà jusqu'où va la jurisprudence ; tout le monde est d'accord sur ce point ; mon adversaire lui-même, tout en gémissant du relâchement et de la faiblesse des tribunaux. Voilà ce qui résulte notamment des arrêts Commailles, Delamare, etc., et vraiment il faut l'importance du procès actuel pour nous inspirer le courage de traiter ces questions et pour vous donner la patience de nous écouter.

J'avais encore dit que la nullité résultant de la violation de l'article 170, c'est-à-dire du défaut de publication, nous permettrait d'opposer à nos adversaires une fin de non-recevoir infranchissable. En effet, les termes exprès du Code et le langage même de Portalis ne laissent pas de doute. Les collatéraux, qui sont recevables s'ils invoquent la clandestinité, seraient complétement non recevables à demander la nullité d'un mariage pour l'absence et le défaut de publications. Voilà tout ce que j'avais à vous dire sur ce point.

J'examine maintenant la deuxième question ; c'est la plus grave de toutes, à vrai dire c'est la seule du procès. Le mariage a-t-il été célébré dans les formes usitées en Espagne ? C'est vrai, monsieur et madame Pescatore n'ont fait qu'un très court séjour en Espagne, mais ils sont partis de Paris avec l'intention de faire un assez long séjour à Giscours. Madame Pescatore voulait continuer à préparer son abjuration, une abjuration sérieuse, réfléchie, méditée principalement sous l'influence de monseigneur l'archevêque de Bordeaux. Quand sa préparation sera complète, son abjuration consommée, elle ira se marier à la frontière d'Espagne, puis elle parcourra pendant quelque temps l'Espagne ; elle y fera un voyage de deux mois avant de revenir en France ; c'était là un projet annoncé par M. Pescatore, connu de toute la famille, et que la faiblesse et le mauvais état de la santé de madame Pescatore ont seuls empêché de réaliser.

Elle part malade de Giscours, je pourrais dire pourquoi, et pourquoi ne le dirais-je pas ?... C'est vrai, il y avait douze ans qu'elle était attachée à l'existence de M. Pescatore avec un désintéressement complet, car cet homme dont la fortune grandissait à vue d'œil, qui avait 500,000 francs quand elle était venue dans sa maison, qui possédait 4,000,000 quand il s'était marié, cet homme dont la fortune allait croissant de jour en jour, elle n'avait jamais rien reçu de lui, jamais elle ne lui avait rien demandé, et pourtant elle se sentait retenue par une chaîne qui lui pesait, et lorsqu'elle voyait qu'en définitive, malgré toute la distinction de son caractère et une conduite à laquelle chacun était forcé de rendre hommage, les honnêtes gens s'éloignaient de

cette maison, que les mères en écartaient leurs filles qu'elles n'osaient y con-
duire, lorsqu'elle voyait ce prélat qui l'avertissait de sa faute et des dangers de
persévérer dans cette voie, le chagrin la poignait, le découragement s'empa-
rait d'elle, et une fois, cela est vrai, il faut qu'elle s'en accuse, il faut qu'elle
en demande pardon à Dieu, une fois dans un accès de désespoir, épuisée dans
la lutte, elle a voulu s'empoisonner ; elle n'a réussi qu'à détruire à jamais sa
santé. La vie fut près de l'abandonner ; elle n'a été sauvée que par la promp-
titude des soins, presque par un miracle. J'ai une lettre qui lui fut écrite par
M. Pescatore quand il la crut sauvée ; des lettres qu'il écrivit aux médecins
qui, par l'énergie de leurs remèdes, l'avaient rappelée à la vie. Je les ai ;
elles sont remplies de tout ce que le cœur peut offrir d'affection, de tout ce
que le dévouement peut donner de tendresse ; car enfin quelle est la femme
qu'on n'aime pas après un sacrifice de douze années ! M. Pescatore lui
demanda pardon ; il lui rappela qu'il lui avait promis de l'épouser. Alors elle
répondit qu'elle ne voulait rien devoir à la surprise, rien à l'émotion et à sa
douleur si vive, et elle ajourna à des temps plus calmes un projet qu'elle
devait si ardemment souhaiter. C'est seulement au bout de dix mois que
M. Pescatore la pressant encore, elle se décida à obéir à la volonté de celui
qu'elle aimait plus que la vie, auquel elle avait tout sacrifié et auquel elle ne
préférait désormais que l'honneur. Malade encore, épuisée par la souffrance,
elle suivit M. Pescatore en Espagne. Quand elle arriva à Renteria, il fallut
pour ainsi dire la traîner dans l'église préparée pour la cérémonie. Là elle se
trouva mal : la fraîcheur du lieu l'avait saisie ; on dut la conduire dans l'hôtel
où elle était descendue. Le mariage y fut célébré dans une chambre en vertu
des pouvoirs que le prêtre tient des lois religieuses ; ensuite on la transporta
à Irun où elle resta quelques jours, puis elle revint à Bordeaux, parce qu'il
était impossible de faire le voyage qu'on avait projeté. Voilà des faits qu'on
ne contestera pas.

Eh bien ! le mariage est-il valable ? a-t-il été fait devant l'ordinaire ? Sur
cette question on a cité Pothier, d'Aguesseau, tous les auteurs que nous avons
en vénération... mon adversaire prétend que je les ai en horreur : voilà ce qu'il
me fait dire. Je les ai en horreur, moi, ces hommes qui ont porté avec la lu-
mière, l'autorité dans la science et l'éloquence dans la parole humaine ! je les
ai en horreur ! Fi donc ! Mais je vous ai dit une chose bien simple, que
d'Aguesseau lui-même a dite, c'est qu'en définitive le concile de Trente n'est
pas notre loi, c'est qu'en définitive le concile de Trente n'a pas été reçu
en France, n'y a pas été admis, surtout en matière de mariage. Eh bien,
c'est là en matière de législation matrimoniale une hérésie inconcevable.

Me DUFAURE.—Vous vous trompez, ce n'est pas là ce que soutient d'Agues-
seau.

Me CHAIX D'EST ANGE. — Voulez-vous que nous causions ? J'en serais
charmé...... (M. le président fait signe à Me Chaix d'Est Ange de conti-
nuer.)

C'est la plus impardonnable de toutes les erreurs, et à cet égard il suffit
pour ne pas se méprendre d'avoir la moindre notion du droit canonique.
Comment ? le concile de Trente a été reçu en France surtout dans sa partie
qui concerne le mariage ? Tous les auteurs l'ont dit suivant vous, et pour n'en

citer que deux : pourquoi Tabaraud fait-il un livre pour établir que les canons de la 24ᵉ session du concile de Trente sur le mariage ne contiennent que des règlements de discipline, qui ne sont obligatoires que dans les lieux où ils ont été régulièrement promulgués?

Pourquoi un homme que nous avons vu président à la Cour, M. Agier, l'ancien, pourquoi cet homme vieilli dans la science et dans l'amour des libertés de l'Église gallicane a-t-il fait deux volumes sur le mariage, si ce n'est pour protester contre l'introduction du concile de Trente en matière matrimoniale, si ce n'est pour protester contre son application en France? C'est pour cela que je vous disais l'autre jour : prenez garde, il s'agit de l'application du concile de Trente, non pas en France mais en Espagne; prenez garde à ces jurisconsultes qui sont les flambeaux de la jurisprudence française mais qui ne peuvent pas être acceptés pour jurisconsultes espagnols. Ils ont raison, je les approuve, ils sont gallicans, je les approuve, mais ils sont hostiles à cette partie de la jurisprudence espagnole. Quoi! mon adversaire dit que le concile de Trente a toujours été appliqué en France! Est-ce qu'il oublie les édits royaux! Est-ce qu'il ne sait pas que le concile de Trente ne demandait que deux témoins et que les édits royaux en exigeaient quatre, que le concile de Trente ne fixe pas la durée du domicile matrimonial, tandis que les édits royaux exigent six mois, et même un an si l'on change de diocèse! Voilà des différences profondes entre la législation de la France et celle de l'Espagne.

Mon adversaire dit que le concile de Trente a été reçu en France comme il a été reçu en Espagne. On n'a pas d'idée d'une confusion semblable. Où mon adversaire a puisé les renseignements qu'il nous apporte, c'est ce que je ne sais pas, ce que je sais bien, c'est qu'en France on a toujours protesté contre le concile de Trente et qu'en Espagne il a toujours été reçu ; ce que personne n'ignore c'est que Philippe II pendant sa guerre contre la France, voulant se rendre le pape favorable, a fait publier le concile de Trente en Espagne ; c'est une chose également incontestable que Marguerite de Parme l'a fait publier dans les Pays-Bas. Pourquoi ? Pour obéir à Philippe II, roi d'Espagne. Pourquoi encore? Pour se rendre agréable au pape afin que le pape servît l'Espagne dans sa guerre contre la France. Tout le monde sait cela. Si un fait est acquis, certain, historique, c'est que le concile de Trente a été reçu en Espagne, qu'il y a toujours été pratiqué et qu'il l'est encore aujourd'hui, non pas seulement parce qu'il est le concile de Trente, mais parce qu'il est en outre confirmé par une loi des Cortès de 1837, tandis qu'en France toute le monde a toujours protesté contre ce même concile de Trente, et Bossuet, cette grande autorité qu'on ne récusera pas, Bossuet, défendant les libertés gallicanes, a dit que le concile de Trente était reçu en France quant au dogme, quant à la foi, mais non comme loi de l'État. Voilà pourquoi je vous ai dit qu'en définitive il ne fallait pas prendre à la lettre nos auteurs quelque savants qu'ils fussent quand ils écrivaient sur une législation qui leur était antipathique, la législation du concile de Trente. J'ai voulu savoir comment les choses se passaient en Espagne, et j'ai fait comme on fait d'ordinaire quand on veut s'éclairer; j'ai écrit en Espagne pour faire consulter trois jurisconsultes qui m'ont répondu. Mon adversaire dit que c'est un lambeau de consultation : en vérité ce reproche m'étonne.

Il est vrai que pour eux la validité du mariage est hors de doute et que les prescriptions de la loi espagnole ont été observées.

Ce travail est signé : Manuel de Cortina, Crooke et Serrano.

L'un de ces trois noms a le bonheur d'être connu et respecté par mon adversaire. Il déclare lui-même que c'est une grande autorité. Depuis on nous a fait des objections; j'ai voulu une autre consultation. J'ai envoyé tous les actes que j'avais fait imprimer, j'ai envoyé toutes les pièces du procès, et j'ai demandé aux jurisconsultes espagnols une autre consultation. Ils me l'ont envoyée, la voilà, et ils disent que le mariage est excellent. Elle devait être signée par les mêmes jurisconsultes, mais à la place de M. Manuel de Cortina se trouve la signature de M. Serrano, qui a le malheur celui-là de n'être pas connu par mon adversaire..... Mon Dieu ! c'est un malheur que nous partageons avec les avocats espagnols, et peut-être si on leur disait nos noms, paraîtraient-ils tout étonnés? Je ne parle pas, bien entendu, de celui de mon illustre adversaire, il a joué un assez grand rôle dans les affaires de son pays, un rôle assez honorable et assez élevé pour que son nom soit connu; mais nous n'avons pas eu tous cet honneur; on peut être très bon avocat au barreau de Madrid et n'être pas connu en France. M. Hernandez n'a pas signé, pourquoi? Parce qu'il est mort dans l'intervalle, c'est comme si l'on demandait aujourd'hui la signature de Paillet, qui se serait engagé une première fois, et que nous ne pourrions pas rapporter aujourd'hui. M. Manuel de Cortina n'a pas signé, c'est vrai, pourquoi? Est-ce qu'il a désavoué sa première opinion ? Non, mais il était absent. Voici une lettre où l'on me dit que M. Hernandez étant mort, et que M. Cortina étant absent, leurs noms ne figurent plus par conséquent au bas de la consultation, sur la question de savoir si le mariage est bon ou mauvais. Nous n'avons plus aujourd'hui trois consultants, nous en avons cinq.

Mon adversaire dit que la consultation n'a pas le sens commun, que c'est la chose la plus bizarre, la plus insensée du monde; et puis pour la traiter avec plus de mépris encore, il ajoute : « Les *Espagnols* ou les *Irlandais* qui ont fait cette consultation; » ce qui veut dire apparemment que ce sont des Irlandais et non des Espagnols qu'on a consultés.

Il trouve encore que cette consultation est faite sans ordre, sans suite, sans méthode, il en relève même quelques passages; je lui ferai remarquer qu'avant de les critiquer, il aurait fallu les lire non pas à l'audience mais avant l'audience.

Me Dufaure. — Je les ai lus.

Me Chaix d'Est Ange. —Eh bien, j'en félicite mon adversaire ; mais, enfin, il n'en a pas saisi le sens. Pourquoi? Je vais vous le dire. Ces consultations n'ont pas été traduites en bon français, elles ont été traduites trop mot à mot : c'est de l'espagnol, c'est ce qui a empêché sans doute mon adversaire d'en comprendre le sens. S'il veut bien me suivre, je vais lui expliquer comment les avocats espagnols ont raisonné. Quand il s'agit d'étrangers qui veulent faire bénir leur union, il y a deux situations possibles, et ce n'était vraiment pas la peine de citer Benoît XIV, pour les établir. Il y a le vagabond, *vagus*, l'étranger, *peregrinus*, qui réclament le mariage. Au lieu de prendre ces deux hypothèses, il a plu à mon adversaire, il lui a convenu de n'en prendre qu'une, celle des vagabonds, et de vous faire sourire en vous demandant si M. et madame Pescatore étaient des vagabonds, des bohémiens. Je ne comprends pas pourquoi il n'a pas jugé à propos de les placer dans l'hypothèse des étrangers, des voyageurs. Il a eu sans doute ses raisons pour cela. Ce qu'il n'a pas fait, les jurisconsultes espagnols l'ont fait : ils ont examiné successivement les deux hypothèses, l'une et l'autre, entendez bien, l'une après l'autre.

M. et madame Pescatore sont-ils des vagabonds? Ils sont bien mariés. Sont-ce des étrangers? Ils sont bien mariés, car il y a eu le concours de l'ordinaire. Il est vrai qu'ils disent dans leur consultation que le but des publications n'est pas d'éviter la clandestinité, puisque l'article 7 du Concile ne les rend pas obligatoires; en ce cas, leur but est de faire connaître les circonstances dans lesquelles se trouvent les contractants, leur vie et leurs habitudes.

Mon adversaire s'étonne de cette assertion qu'il traite fort lestement d'ineptie. Il a tort, car c'est une vérité exacte, c'est la confirmation d'un principe reconnu dans notre droit, consacré par un arrêt de 1846, qui fait une distinction nette, tranchée, entre la publicité et les publications. Ce que dit notre jurisprudence, les jurisconsultes espagnols le disent également. Il y a, selon eux, deux choses très différentes qu'il ne faut pas confondre : la publicité et les publications. Ils disent que lorsqu'il y a publicité, la clandestinité n'existe plus, ne peut plus exister, et ils ont parfaitement raison. Vous descendez de voiture, vous vous présentez au premier curé venu et vous lui dites : Je viens pour me marier. — Je ne puis pas procéder à votre mariage, il vous faut un mois de résidence. — Bien, mais je viens avec la permission de mon ordinaire; la voilà. Il déclare qu'il n'y a pas d'empêchement au mariage. Je vous apporte l'autorisation qui vous manque de procéder à la célébration de mon mariage; mariez-moi! et il marie. Je ne suis resté qu'une heure dans sa paroisse, ce temps m'a suffi parce que je suis resté un mois, plus d'un mois dans la paroisse de celui qui est mon ordinaire et dont j'avais la licence entre mes mains.

Voilà ce que dit la consultation. Mon adversaire la trouve écrite en très mauvais français; il a raison, mais elle est en très bon espagnol, et si elle est mal traduite, elle est très bien faite; elle est l'œuvre des meilleurs jurisconsultes d'Espagne. Ainsi, interrogés sur la question de savoir si l'absence de publications est aux termes du concile une cause irritante du mariage, les jurisconsultes ont répondu non. Ce sont des Espagnols qui connaissent à merveille leur droit, et qui l'expliquent à merveille. J'avais cru que cette consultation serait quelque chose aux yeux du tribunal : me serais-je trompé? C'est mon adversaire qui le dit.

J'ai voulu aussi savoir ce qu'on pensait en France sur l'interprétation des lois canoniques; mais, ainsi que je l'ai déjà remarqué, le Concile de Trente n'y a pas été reçu, ses prescriptions n'y sont plus observées depuis longtemps, et très peu de personnes connaissent à fond la matière. Toutefois, il y a un homme qui la connaît et qui la connaît à fond : c'est monseigneur le cardinal Gousset. Comme j'avais besoin de m'éclairer, de me faire aider, je me suis adressé à lui. Il m'a fait l'honneur de me recevoir; je lui ai demandé ce qu'il pensait du mariage de Renteria, et il m'a répondu qu'il était bon, excellent, qu'il ne pouvait pas y avoir le moindre doute à cet égard. J'ai dit que nul ne connaissait mieux que lui le Concile, et j'en ai une preuve bien frappante.

Quand moi qui avais passé tant de jours et tant de nuits à lire les canonistes, je lui disais : le mariage est bon, en voici la première, la seconde raison, il ne me laissait pas achever et me donnait aussitôt la troisième ; j'ai bien vu qu'il connaissait parfaitement le Concile de Trente, et combien était vaste et sûre la science de cet illustre et savant jurisconsulte ecclésiastique.

Voilà son opinion, messieurs ; c'est l'opinion d'un homme désintéressé dans l'affaire, d'un honnête homme d'abord, et du plus savant canoniste qu'il y ait en France.

Mais, me dit-on, il ne faut pas jurer *in verba magistri.* Soit. Voulez-vous me permettre de vous dire en quelques mots sur quoi je me fonde ? Le Concile de Trente et la loi espagnole ne fixent pas la durée du domicile, mais les auteurs s'accordent sur ce point de ne pas compter le séjour *pro rusticandi causâ.* Ils font cette distinction, mais ils sont d'accord sur les autres points qu'une habitation réelle d'un mois suffit, *saltem unius mensis.* Je vous révolte, n'est-ce pas ? Eh bien, voulez-vous que le domicile s'établisse par six mois de résidence ? Vous avez raison ; c'est notre loi civile que vous ne pouvez cependant pas imposer à tout le monde. Mais aux termes des lois canoniques, au bout d'un mois le domicile est acquis ; il existe, on est devenu le paroissien du propre curé : *spatium saltem unius mensis,* voilà la loi. Et remarquez bien que ce n'est pas une interprétation d'auteur qui le dit : c'est l'autorité compétente. Il y a à Rome une commission, la Sacrée Congrégation, composée des hommes les plus éminents, la même qui eut autrefois pour secrétaire Benoît XIV et Fagnan, Fagnan dont on me permettra bien de dire qu'il fut une des lumières de la science, et pendant soixante ans une des lumières de l'épiscopat. Eh bien, cette Sacrée Congrégation, chargée d'interpréter le Concile de Trente, se contente d'un mois d'habitation. Je vous ai cité trois exemples de ses décisions ; il y en a certainement d'autres. Je vous ai cité le nom de Benoît XIV, j'avais dit qu'il avait fait vingt-cinq volumes, mais que je ne les avais pas lus. Vous m'en blâmiez, je m'en accuse. Vous ne vous en tenez pas là ; vous m'opposez son autorité, vous me dites que jamais il n'a trouvé suffisant le domicile d'un mois. Eh bien, cela n'est pas exact ; il y a dans Benoît XIV, dans sa constitution *Paucis ab hinc,* l'opinion la plus claire, la plus énergiquement exprimée sur ce point.

Voulez-vous être sur le droit canon et sur le Concile de Trente plus savant que la Sacrée Congrégation ? Soit. Je vous dirai encore avec le cardinal de Luca que le domicile dépend des circonstances, qu'il peut être abrégé selon les circonstances. Ceci est sans réplique, mais je ne m'étonne pas que cela vous contrarie un peu.

Que voulez-vous ? J'étais luthérienne, j'ai abjuré. Je n'avais pas de pasteur, j'en ai trouvé un ; celui qui a reçu mon abjuration n'est-il pas devenu mon ordinaire, mon pasteur d'origine, mon seul pasteur ? J'étais infidèle, je suis venue à la foi. Est-ce que le prélat qui m'a reçue dans son troupeau n'est pas devenu mon prélat, mon propre curé ? J'avais pour ordinaire un ministre dont je n'ai plus voulu ; en changeant d'ordinaire, en devenant la brebis de monseigneur l'archevêque de Bordeaux, j'ai acquis dans l'espace d'une heure le domicile pour lequel sans cela il m'aurait fallu six mois, un mois, selon les circonstances.

D'ailleurs, messieurs, vous savez que sous l'empire de l'ancienne législation, le certificat de bans ou la dispense des bans valait permission de marier. C'est ce qu'ont reconnu toujours les parlements ; c'est ce que la jurisprudence a toujours consacré. Telles étaient les trois raisons que je vous avais données, et c'est là-dessus que mon adversaire a voulu consulter. Il s'est adressé à la Faculté de théologie de Louvain. Il en a obtenu une consultation qui a tout l'air d'un théorème algébrique. Je crois qu'il eût mieux valu paraître moins savant, et mettre tout simplement les noms propres que d'étaler cette ridicule liste d'A, de B, d'X, d'Y, etc. On s'est adressé à la Faculté de Louvain, mais sans lui soumettre aucune pièce ; je n'avais pas agi ainsi à l'égard des jurisconsultes espagnols. Mon adversaire n'y a pas mis tant de façons ; il a fait un petit exposé des faits, et puis il a demandé aux docteurs de Louvain leur opinion.

Eh bien, je dirai que je ne crois pas que ces messieurs, je leur en demande pardon, soient une grande autorité. C'est vrai, la Faculté de théologie de Louvain a eu une immense réputation. Elle a compté jusqu'à quatre mille écoliers ; elle en compte bien aujourd'hui jusqu'à trois cents. Son ancien séminaire si fameux est devenu une caserne. Cela n'empêche pas, il est vrai, qu'il y ait à cette Faculté des gens très honorables, un homme surtout des plus savants, je le crois, je le suppose ; c'est l'abbé de Ram qui est le recteur *magnifique* de l'Université de Louvain. Je ne le tiens pas en suspicion, parce qu'il demeure à Louvain, et qu'un de nos principaux adversaires est ministre de la justice à quatre pas de là. Non, non, je ne me méfie ni de la docte Faculté ni de l'honorable ministre de la justice de Belgique, mais voyons cette consultation. Nous ne la lirons pas, oh non ! résumons-la. C'est quelque chose de prodigieux ; elle n'a pas moins de 45 pages, eh bien, il y en a à peu près 40, je me trompe, 39, qui sont consacrées à la première question. Oh ! mon Dieu ! combien n'a-t-il pas fallu de temps pour ce travail matériel ! Je vous en supplie, jetez les yeux là-dessus, et vous verrez que c'est fait avec une conscience .... Ils vous disent, ces professeurs de Louvain, avec une bonne foi, une candeur vraiment adorables, qu'ils se sont tous trouvés d'accord. Sur quoi ? Voyons un peu. Ils ont trouvé que Benoît XIV, dont ils m'ont cité des passages que je ne connaissais pas, a dit très nettement qu'il faut un mois de résidence. Eh bien, nous avons un mois de résidence, qu'est-ce que vous demandez ? Nous voulons bien faire une concession ; un mois de résidence suffit d'après les décisions de la Sacrée Congrégation ; malgré cela nous avons un doute, peut-être qu'après, quand on s'en va de la cérémonie, peut-être qu'on est mal marié. — Où trouvez-vous cela ? l'avez-vous inventé ? — Non, non, c'est un doute qui nous vient à l'esprit. — Ah ! oui, mais que faites-vous, je vous prie, de cette maxime du droit civil : *In dubio potius ad validitatem inclinandum est quam ad nullitatem.* Vous êtes dans le doute ; qu'est-ce que cela fait ? La faveur due au mariage l'emporte. Ils sont dans le doute (mon adversaire appelle cela une opinion très arrêtée) ; il est pour nous très douteux, disent-ils, que l'évêque de Z fût l'ordinaire des parties, et notre opinion est qu'il ne l'était pas. Ainsi jusqu'à ce que des décisions explicites, de nouvelles déclarations de la part du Saint-Siége viennent nous donner une solution contraire de la question générale que nous avons traitée, question qui n'est pas encore formellement décidée jusque-là, nous croyons que l'évêque de Z n'était pas l'ordinaire ni de M. A... ni de la dame B..., parce que ni l'un ni l'autre n'avait réellement l'habitation requise, le domicile ou quasi-domicile dans le diocèse de Z.

Voilà où en sont arrivés ces messieurs de Louvain ; voilà à quoi le ministre de la justice de Belgique, demandant dans un procès où il est intéressé, une consultation à quatre lieues de chez lui, a pu réussir : c'est une question encore douteuse, mais elle est tranchée contre nous. Si nous avions dit oui ou non, nous aurions pu nous trouver contre l'avis de Benoît XIV et de la Sacrée Congrégation ; en conséquence, nous déclarons que nous sommes en doute à cet égard. Telle est la consultation. Que j'aime bien mieux entendre le cardinal de Luca, que je vous ai cité l'autre jour et dont le langage est toujours magnifique sans cesser d'être vrai : *Illa ovis, discedendo ab alterius pastoris ovili, alteri ovili se addixerit ejusque pastoris subdita sit effecta, adeo ut illa novum pastorem agnoscat ut suum, isteque agnoscat ut suam ovem...* Oui, il faut savoir si la brebis a quitté l'ancien troupeau pour le nouveau pasteur, et si le nouveau pasteur l'a reçue ; voilà ce que disait le cardinal de Luca. Eh bien, est-ce que ce n'est pas une brebis nouvelle que celle qui vient se jeter aux pieds de monseigneur le cardinal de Bordeaux, qui la reçoit dans son troupeau, qui lui fait faire son abjuration ? Est-ce qu'elle n'est pas sa brebis ? Est-ce qu'il n'est pas son pasteur ? Mais cela est de la dernière évidence.

Voilà donc toute la question du procès. C'est celle de savoir quel était en définitive l'ordinaire des parties. Mme Weber est allée à Bordeaux, elle y est restée six semaines ou sept semaines, elle a rempli tous ses devoirs religieux, elle a abjuré, voici son pasteur, son premier pasteur, son pasteur d'origine, son ordinaire, son propre curé, il n'y a pas, il ne peut pas y avoir une hésitation sur ce point. Malgré toutes les subtilités du droit canon, cela est de la dernière évidence, il n'y aurait pas en Espagne, sur la validité d'un mariage comme celui-là, l'ombre d'un doute ; personne n'oserait l'attaquer par cela seul qu'il a été célébré conformément à la loi du pays ; le mariage est valide bien qu'il n'ait pas été précédé des publications prescrites par l'article 170 du Code Napoléon.

Mais je suppose qu'il soit clandestin, pour n'avoir pas été célébré par le curé compétent et qu'il soit par conséquent nul... Je ne sais pas quel serait le prélat ou le curé compétent pour madame Weber qui était protestante ; mais, enfin, le mariage n'ayant pas été célébré par l'officier compétent, étant clandestin et nul, serez-vous forcés d'en prononcer la nullité ? Cela dépendra de certaines circonstances qui vous porteront à être indulgents ou sévères ; il sera bon si vous le voulez, nul, si vous le voulez, suivant la faveur ou la défaveur qu'il aura à vos yeux, suivant l'interprétation que vous donnerez aux circonstances dans lesquelles il aura été contracté, c'est ce que dit l'article 193 que l'adversaire ne conteste pas, qu'il ne peut pas contester. Ainsi, lorsque les circonstances ne vous paraissent pas décisives pour amener la nullité, quoiqu'il y ait clandestinité, vous pouvez déclarer que le mariage n'est pas nul, mais alors vous pouvez prononcer une peine contre l'officier public qui l'a célébré ; cette décision dépend des circonstances et de votre appréciation. Eh bien ! est-ce que vous hésiteriez dans une espèce comme celle-ci ? Comment ! la question est de savoir si après six semaines de résidence dans le diocèse de Bordeaux, l'archevêque de Bordeaux est ou n'est pas l'ordinaire. Pour cela, vous avez consulté les théologiens, la jurisprudence, la Sacrée Congrégation, et tout le monde vous a dit que le domicile pouvait être acquis au bout d'un mois. Mais vous aurez la Faculté de Louvain qui dira qu'elle a un doute, qu'il y a là une petite circonstance de fait qui pourrait changer l'avis de Benoît XIV et celui de la Sacrée Congrégation, et alors, entraînés par la Faculté de Louvain, vous bouleverseriez toute la jurisprudence ancienne pour un cas qui ne s'était jamais présenté, vous iriez établir une jurisprudence nouvelle en matière de droit canonique ! Et, quand vous tenez dans les mains la nullité ou la validité d'un pareil mariage, vous vous croiriez obligés d'en prononcer la nullité, car vous en avez le droit, c'est facultatif, et vous seriez amenés à cette extrémité par des subtilités, par des doutes, par la crainte que votre décision ne fût pas conforme à toutes les décisions anciennes ! C'est pourtant là ce qu'on vous demande le plus sérieusement du monde. Vous diriez : Oui, oui, je puis prononcer la validité, mais je puis prononcer aussi la nullité, la loi s'en est rapportée à moi, le législateur m'a laissé souverain maître ; et c'est dans une circonstance comme celle-ci, en présence de cette possession d'état incontestable, de ces lettres géminées, de ces félicitations qui arrivaient aux nouveaux mariés de la part de tout le monde, de ces mêmes collatéraux qui nous font un procès aujourd'hui, qui tous, sans exception, ont loué le mérite, le dévouement, la bonté de madame Pescatore, c'est en présence de tous ces faits que vous pourriez vous dire : je vais user de la sévérité qui m'est permise par la loi. Allons donc, mais c'est impossible.

Cependant, il y a là une grande question que nous n'avions pas aperçue. Il s'agit de savoir si la validité de ce mariage ne va pas faire une révolution dans nos affaires publiques, il s'agit de savoir si la France ne sera pas bouleversée, l'État mis en interdit, si la société française ne sera pas détruite, car voilà ce que nous disent, dans une consultation très savante, les très savants professeurs de la Faculté de théologie de Louvain, qui ont un doute, cependant. Oui, oui, ils arrivent de Louvain et de Luxembourg pour avertir la France qu'elle court un grand péril, qu'elle est endormie sur un volcan ; ils se demandent gravement si, par aventure, le mariage de M. et madame Pescatore étant validé, la France serait bien sûre d'elle-même.

J'avoue que je n'avais pas songé à ces périls qui alarment des jurisconsultes de Louvain et de Luxembourg. Je n'y avais pas songé, mais je suis excusable. De quoi s'agit-il dans le procès actuel ? S'agit-il du mariage de quelque fanatique, de quelque chef de parti, de quelque homme qui veut se faire l'instigateur d'une de ces croisades dirigées contre la loi et les institutions de ce pays, d'un homme ardent, passionné comme celui dont à la dernière audience je lisais un passage si éloquent et si magnifique, qui a voulu en effet frapper de stérilité une de nos lois fondamentales, qui a voulu insulter au concordat parce qu'il respecte le droit de chacun et ne permet plus la lutte entre l'Eglise et l'État ? Ah ! je comprendrais vos frayeurs dans ce cas, et je dirais avec vous : faisons attention et veillons en effet au salut de nos institutions. Mais non, rien de semblable ; il s'agit d'un brave homme qui était banquier négociant, à Paris, et qui n'appartenait, je vous l'assure, à aucune congrégation politique ou religieuse, pas le moins du monde, il n'y avait jamais pensé. C'était un honnête homme, qui savait de sa religion ce que les honnêtes gens en savent, qui la respectait toujours comme font les honnêtes gens, et qui en définitive la pratiquait avec assez peu de ferveur. Voilà de quoi il s'agit. Lui, chef de la croisade qui va bouleverser la France ! Lui, l'homme impitoyable et terrible qui a dit : la France, je la menace, je vais la frapper dans une de ses lois fondamentales ! Du tout, du tout, rassurez-vous et dormez en paix. Il s'agit d'une pauvre femme, protestante hier, catholique aujourd'hui, ignorante hier, instruite aujourd'hui qui est entrée dans le giron de l'Église. Et vous voulez que je m'effraie et que parce que vous sonnez le tocsin j'aie peur ! Pourquoi vont-ils à l'étranger ? Est-ce pour frauder la loi de leur pays, et pour la frauder d'une manière éclatante ? Est-ce là ce qu'ils veulent ? Oh, mon Dieu ! non, leur intention est bien plus simple et plus bourgeoise, ils veulent régulariser une union qui n'est pas régulière, ils vont se marier. Mais alors pourquoi ne se marient-ils pas comme tout le monde ? Hélas ! une fausse honte les retient. Mon adversaire ne le comprend pas, lui, mais tout le monde le comprend. Demandez aux casuistes, demandez aux théologiens, ils vous diront que les dispenses sont faites pour cela. Le fondateur de la société de Saint-François-Régis n'a pas eu d'autre but que le désir si naturel d'arrêter le concubinage et de faciliter le passage de cet état anormal à la régularité du mariage, chez ceux qu'une fausse honte retient, et le nombre en est grand. Ces mariages là, quand on les a contractés, on ne les cachera pas, on les apprendra à tout le monde, on leur donnera la publicité rigoureusement indispensable, mais on ne se donnera pas en spectacle. On ne se livrera pas un jour, celui-ci à cinquante-huit ans, celle-là à quarante-sept ans, à la risée publique, l'un prenant un bouquet et l'autre ceignant une couronne auxquels ils n'ont plus droit. On ne veut pas être pour le voisinage, pour sa maison, ses domestiques, un objet de curiosité et de moquerie. Vous cherchez le motif, on vous le dit ; tous ceux qui sont ici le savent, et si vous, mon adversaire, vous êtes assez endurci aux choses humaines pour ne pas éprouver de ces embarras, ou assez affronteur pour les braver, il ne l'est pas lui, Pescatore, il a la franchise de vous le dire, et il vous le dit dans une lettre que vous m'avez communiquée et qu'il a écrite à sa famille ; il s'exprime ainsi :

« Monseigneur l'archevêque de Bordeaux a été bien bon pour nous, il nous a » évité ce qu'il y a de plus pénible à notre âge, la publicité venant de nous-» mêmes. »

Voilà bien la nature prise sur le fait. La publicité, il ne voulait pas qu'elle fût faite chez lui, non pas qu'il voulût l'éviter, mais il voulait qu'elle se fît au loin. Ce moyen je l'aurais pris, vous l'auriez pris, cela ne fait pas un doute, et c'est pour cela que les dispenses ont été introduites dans le droit civil, ce n'est pas pour autre chose ; c'est pour faciliter le mariage, c'est pour ménager cette fausse honte qui répugne aux honnêtes gens.

Et puis, qu'est-ce que vous dites ? qu'ils ont violé la loi ? qu'ils ont eu l'intention de la violer ? Oh ! quant à l'intention nous sommes bien rassurés, je vous le jure. Quant au fait de l'avoir violée..... Ah ! ça mais, voyons, précisez, je vous prie, ces grands mots, donnez un corps à ces épouvantails, à ces fantômes que vous agitez et à l'aide desquels vous voulez effrayer le monde; voyons un peu la vérité ! quelles sont les lois qu'on avait à respecter ?

Il y en a deux : il y en a une générale, c'est le concordat; il y en a une spéciale, c'est le Code Napoléon. La loi générale dit : il faudra que le mariage civil précède le mariage religieux; je défends de faire le mariage religieux sans le mariage civil; je ne reconnais pas de mariage religieux. Voilà ce que dit la loi générale ou le concordat. Et la loi civile (le Code Napoléon) qu'est-ce qu'elle dit? Quand vous vous marierez ici en France, vous tâcherez de ne pas faire de nullité dans votre mariage. Et quand j'irai à l'étranger? Quand vous irez à l'étranger c'est autre chose, *locus regit actum*, c'est l'ancienne règle toujours acceptée, sauf deux fois par Louis XIV qui, dans un jour de colère, a annulé deux mariages et qui a dit : les nobles n'iront pas se marier à l'étranger sans permission.

Vous vous mariez à l'étranger sous les formes usitées dans le pays, vous ne pouvez pas vous y soustraire, mais l'âge et la capacité du mariage vous suivront partout et seront attachés à votre personne. Quant à la forme, je le répète, vous êtes obligé de respecter celle du pays où vous êtes; pour tout le reste *locus regit actum*. Vous pouvez aller jusque-là. Est-ce qu'il y a un péril à cela ? est-ce que cela met la France à deux doigts de sa perte? Non, ou du moins je ne m'en suis pas aperçu, et il a fallu que ces messieurs de Luxembourg vinssent me l'apprendre à propos du mariage de M. et de Madame Pescatore.

Messieurs, quand vous validez des mariages souvent contractés sous les formes les plus révoltantes, quand vous validez des mariages célébrés en Angleterre par un ministre après quatorze jours de résidence, quand vous avez validé le mariage de M. de Commailles avec mademoiselle de Brancas, qui avait franchi le détroit pour se passer du consentement que son père lui refusait; quand vous avez validé ce mariage après huit jours de résidence en Angleterre, la France ne s'en est pas émue, il n'y a pas eu de bonnes gens comme j'en vois ici vous disant que tout était perdu et que nous allions être envahis par les jésuites; quand je vous ai vu valider tant de mariages contractés en Espagne sous l'empire du concile de Trente, des mariages religieux, si jamais il y en eut, car en Espagne on ne connaît pas de forme civile, la forme religieuse y est civile en même temps; quand vous avez validé ces mariages personne ne s'est inquiété, personne ne s'est plaint, personne n'a tremblé.

Pourquoi fait-on appel aux passions et déchaîne-t-on les colères? Voulez-vous que je vous le dise ? Parce qu'il y a 6 millions en jeu, et que nos adversaires voudraient bien les avoir. C'est pour cela qu'ils veulent détourner l'attention, en nous parlant de nos périls, de la violation de nos lois que nous appliquons tous les jours, et que je respecte tout autant que qui que ce soit. C'est pour cela qu'on veut faire à l'égard de madame Pescatore ce qui n'a jamais été fait à l'égard de personne.

De ce qu'il y a eu délégation donnée par Mgr l'archevêque de Bordeaux au curé de Renteria, nous serions en péril ! Vraiment oui, et vous allez le comprendre. C'est que cet acte est une délégation de juridiction, et qu'alors en donnant sa délégation, ce n'est pas le curé de Renteria qui marie, c'est l'archevêque de Bordeaux. Or, l'archevêque de Bordeaux n'a pas le droit de marier, par conséquent le mariage est nul.

J'ai dit qu'il y avait là-dedans autant d'erreurs que de mots. Il y en a une que j'avais oubliée, je suis bien aise de la signaler. D'abord ce n'est pas un acte de juridiction, premier point ; il faut rayer cela, et je suppose que mon adversaire a assez lu le droit canon dans cette affaire pour être éclairé sur ce point. Il sait à merveille que ce n'est pas là un acte de juridiction. Le rôle de ces officiers du sacrement, qu'on appelle prêtres, et qui remplissent en même temps les fonctions d'officiers de l'état civil, ce rôle est assez difficile à bien préciser, mais enfin, d'après le concile de Trente ils sont plutôt les témoins que les ministres du sacrement. Voilà quel est véritablement leur titre ; voilà le premier point, il n'y a pas acte de juridiction.

Il y en a un second, il n'y a pas de délégation. Ici mon adversaire m'a fait dire toute espèce de choses. J'aurais soutenu, suivant lui, qu'il faut être un barbare pour se servir du mot *délégation*. Permettez-moi de rétablir mes paroles. J'ai dit que le mot délégation était généralement employé. Je sais qu'il a été employé par Mgr Gousset et par Mgr l'archevêque de Bordeaux dans l'acte même où ce dernier donne la licence. J'ai dit que c'était le mot courant, mais non le mot propre, le mot exact. Le mot propre, où l'ai-je pris, moi ? Précisément dans le concile où j'ai trouvé *licentia*. Je suis remonté plus haut, car le concile de Trente n'est pas le premier, j'ai interrogé celui de Latran qui est du IVe siècle et j'ai lu *licentia*. J'ai demandé ce que signifiait ce mot *licentia*, et tout le monde, des écoliers de cinq ans, m'ont dit: *permission*. J'ai insisté, et j'ai demandé à ces mêmes écoliers si cela ne pourrait pas se traduire par *délégation*, et ils m'ont répondu que ce serait un gros solécisme. J'ai interrogé nos lois, nos édits royaux sous Louis XIII, sous Louis XIV, et toutes les fois que j'ai vu dans un édit royal qu'il était question de cet acte, j'ai vu qu'on l'appelait licence, permission. J'ai demandé aux jurisconsultes qui sont les plus précis dans leur langage, et j'ai vu que Pothier s'était servi deux fois dans la même phrase (il n'a pas craint la répétition, cela vaut mieux, pour parler proprement) du mot permission et non du mot délégation. Alors j'ai demandé aux canonistes : est-ce vraiment une délégation ? Ils m'ont répondu, non, c'est une simple permission, et ils m'en ont donné la raison. Ils m'ont dit que le prêtre tenait son pouvoir non pas de celui qui lui donne la licence, car celui qui la lui donne pourrait être interdit ou suspendu, et cependant il aurait le droit de donner à un autre prêtre cette licence, c'est-à-dire la permission de faire ce qu'il ne pourrait pas faire lui-même, mais qu'il puisait son pouvoir dans son caractère même de prêtre catholique qui ne connaît ni limites, ni frontières ; car il émane de Dieu même ; conféré par celui qui a donné les ordres, il est indélébile et universel ; partout le prêtre a le droit de bénir le mariage, de dire à ceux qui sont là, agenouillés ou courbés devant lui : *Ego vos conjungo in nomine Patris et Filii et Spiritus sancti.* Voir la main de Mgr l'archevêque de Bordeaux dans la bénédiction nuptiale de Renteria : est-ce donc une fable ? Accuser ce prélat d'avoir violé sciemment le concordat et notre législation, c'est une témérité, une injustice. De tels principes ne devraient pas avoir besoin d'être défendus. Mais lorsque j'ai vu la violence des efforts et l'éclat du talent de mon adversaire, j'ai com-

pris qu'il fallait avec lui combattre à armes égales. Lorsque j'ai voulu m'éclai-
rer avant de venir devant le tribunal, ne m'en rapportant pas à moi, à qui me
suis-je adressé? Je ne me suis pas adressé seulement à ceux qui, pratiquant la
loi espagnole, la connaissent peut-être mieux que nous; non pas seulement à
Mgr le cardinal Gousset, qui aussi peut-être la connaît mieux que nous, mais
aux jurisconsultes de la raison la plus droite, de l'esprit le plus sévère. Il y
avait à leur tête un homme qui a passé sa vie dans nos grandes luttes parle-
mentaires, et y a illustré son nom; qui a défendu toutes les libertés contre tous
les priviléges: c'est Odilon Barrot. C'est lui qui, un jour, dans une discussion
demeurée célèbre, s'est servi d'un mot qu'on n'a pas oublié, pour indiquer qu'il
fallait séculariser la loi, et ne lui imprimer aucun caractère religieux. A côté de
cet intrépide défenseur de nos libertés religieuses et nationales et de toutes
les croyances qui commandent le respect, c'est Bethmont, c'est Marie, c'est
le savant professeur Demolombe; c'est enfin, dans ces derniers jours, M. Bu-
gnet, professeur à l'école de droit, et qui ne passe pas pour jésuite, il en faut
bien convenir. Je leur ai demandé s'il était vrai que nous fussions menacés de la
fin de la société, et si l'État allait être mis en interdit, car il y a un monsieur
qui a écrit cela, « l'État en interdit. » Je le leur ai demandé, ils m'ont
rassuré, ils m'ont dit que ces craintes étaient imaginaires. Ne voyez-vous pas,
ont-ils ajouté, qu'on ne cherche qu'à détourner l'attention, et que pendant que
vous vous occuperiez d'éteindre le feu qui dévorerait nos institutions, les hé-
ritiers s'occuperaient de mettre la main sur la fortune de M. Pescatore? Ras-
surez-vous, nous voyons ce qui doit être fait, et les magistrats qui nous jugen
auront l'œil à tout.

Maintenant je finis par une question, celle par laquelle a commencé l'ad-
versaire, et je me dis : Dans tous les cas, quand bien même le mariage se-
rait déclaré nul par la faculté que vous laisse l'article 193, quand bien même
vous jugeriez convenable de prononcer la nullité du mariage, ce que je ne
comprendrais pas, mais enfin je puis me tromper, j'ai dit dans ma plaidoirie
que nous aurions pour nous la bonne foi. L'adversaire a cité deux arrêts qui
jugent le contraire en ce qui touche l'erreur de droit, j'en ai cité huit, j'en
pourrais citer un plus grand nombre; je pourrais vous rappeler qu'il a été
jugé que celui qui se marie par procuration dans l'ignorance de la loi, peut
être de bonne foi. Toutes ces citations, tous ces arrêts sont inutiles; mais de-
mandons-nous, la main sur la conscience, si madame Pescatore, étrangère,
mariée dans les circonstances que vous savez, au milieu de ces aspérités du droit,
demandons-nous si elle a été de bonne foi. En vérité cela ne peut pas faire un
doute, et je lui permettrais bien, à la pauvre femme, de se tromper sur une
question de droit canonique, puisque je m'y suis trompé moi-même, puisque
les jurisconsultes espagnols s'y sont trompés, comme moi, puisque Odilon Barrot,
Bethmont, Marie, Demolombe et Bugnet s'y sont trompés, puisque tout le monde
s'y est trompé; en vérité, l'erreur ici est excusable ou elle ne le sera jamais.

Alors on me fait une autre objection à laquelle je dois répondre. M. et ma-
dame Pescatore ont entendu faire un mariage religieux et non pas un mariage
civil valable en France. Voulez-vous me permettre de vous dire quelle est la
valeur de l'objection en droit, et ensuite ce qu'elle vaut en fait? Ils ont
entendu faire un mariage religieux... Eh bien, cela ne fait rien, rien du tout.

Mon adversaire a dit une chose qui est parfaitement vraie, parfaitement juste et que j'approuve fort : Il n'y a pas en France deux sortes de mariages, ou, si on le veut absolument, il y en a deux, un mariage qui est bon, l'autre qui est mauvais. Quand le mariage a été célébré conformément aux lois, il est valable, c'est Portalis qui le dit. S'il n'a pas été célébré conformément aux lois, il est nul ; mais il n'y a pas de mariage mixte, valable en Espagne, mauvais en France. Nous ne connaissons pas deux manières de marier. Nos lois ne permettent pas d'épouser une femme autrement que pour la prendre en bonne et légitime épouse. Michel Cervantes a imaginé un personnage célèbre qui dit : « Pour peu qu'on soit marié, on l'est beaucoup. » C'est vrai, pour peu que nous soyons mariés en France, nous le sommes beaucoup, nous le sommes tout à fait.

Mais, voyons, est-ce que vraiment madame Pescatore a fait un mariage de conscience ? Sans doute, les canonistes parlent des mariages de conscience, ils en signalent même les caractères ; ils sont, disent-ils, très rares ; ils se célèbrent devant le curé, les parents et les domestiques, et on les tient secrets ; on les dissimule, on les laisse ignorer au monde.

Voilà ce que sont les mariages de conscience. En avez-vous vu des exemples ? Pour ma part, je n'en ai jamais vu, et je suis convaincu que mon adversaire n'en a jamais vu non plus. Il y en a un exemple sans doute, celui de Louis XIV, faisant un mariage de conscience qui ne fut jamais annoncé. M. et madame Pescatore ont-ils voulu faire, comme Louis XIV, un mariage de conscience que personne ne connût ? Pas du tout ; ils vont révéler le leur à tout le monde. Mais mon adversaire insiste : ils n'ont voulu, dit-il, faire qu'un mariage religieux. Je vous assure qu'il est étrange de soutenir des choses pareilles. Pourquoi M. Pescatore n'aurait-il voulu faire qu'un mariage religieux, c'est-à-dire un mauvais mariage, pourquoi n'aurait-il pas voulu en faire un bon ? — Ah ! c'est qu'un bon mariage entraîne des conséquences, la communauté de biens s'ensuit, et quoiqu'il n'eût encore que 4 millions, il ne voulait pas de la communauté de biens. — Quatre millions ? Allons donc !... Cela m'est égal, il aura eu ce que vous voudrez. Je dis 4 millions, parce que c'est le chiffre qui résulte du dernier inventaire fait en 1850. Mais, encore une fois, cela ne fait rien à l'affaire ; il en aurait eu 10, 15, 25, peu importe. Il ne voulait pas de la communauté ? C'est la chose du monde la plus simple. Mon Dieu ! si vous rencontrez un petit clerc de notaire sur votre chemin, posez-lui la question, dites-lui : Petit ! comment fait-on quand on ne veut pas être en communauté de biens, et que, cependant, on veut se marier ? — Quand on veut se marier ! — Oui, et qu'on veut faire un bon mariage. — Comment on fait ! Eh bien, on fait un contrat dans lequel on règle la part de chacun. — Il aurait fallu, dit-on, passer ce contrat chez un notaire et l'afficher à la Bourse. Voilà l'objection ; vraiment, c'est une puérilité ; c'est la première fois qu'une pareille idée germe dans la tête d'un homme, ou bien il faut qu'il y ait un intérêt quelconque. Point du tout, c'est une fantaisie qui l'a pris ; il a voulu imiter Louis XIV. A la bonne heure ! mais voyons ce qu'en pense le monde, ce qu'en pense la famille, ce qu'il en pense lui, et s'il a voulu d'un mariage en partie double ? Qu'en pense d'abord monseigneur l'archevêque de Bordeaux ? Voici la licence qu'il a donnée ; il a dit : « Pourvu que d'ailleurs vous ne connaissiez aucun empêchement canonique ou civil pouvant faire obstacle, le tout sauf le droit d'autrui et avec l'observation des rites de l'Église. » Il pensait donc que M. Pescatore allait faire un mariage religieux sans doute, mais en même temps un mariage civil.

Et le monde ? Oh ! le monde n'a pas cru à un mariage à deux faces, pour ainsi dire. On n'a pas dit : Madame, êtes-vous madame Pescatore en Espagne et pas en France ? Le monde a accepté le mariage comme bon, et reçu M. et madame Pescatore comme bien mariés. La famille de M. Pescatore comment a-t-elle accueilli et traité sa femme ? Comment elle l'a reçue et traitée ! Tenez, messieurs, j'ai là ses lettres, je ne vous les lirai pas, bien entendu, mais je les ai fait imprimer pour que vous puissiez les lire. Vous y verrez non pas seulement les plus grands éloges pour madame Pescatore (il y a une chose qui m'étonne, c'est l'amertume du langage quand on parle d'elle aujourd'hui et ce langage n'est pas toujours honorable pour ceux qui le tiennent), non pas seulement les plus grands éloges, mais les marques réitérées du respect le plus profond. Toutes les femmes de la famille, madame Nothomb, la femme du ministre de la justice, madame Dutreux, madame de Scherff, toutes, en un mot, parlaient d'elle avec le plus grand respect avant comme après le mariage. Madame de Scherff disait à son oncle : « Vous avez bien raison de l'épouser. » Madame Dutreux, la nièce favorite : « Vous ne sauriez croire, mon cher oncle, combien vous m'avez rendue heureuse en me parlant de ce mariage. » Et après le mariage, elle l'appelait « sa tante, sa bonne, son excellente tante. » Parmi les membres de la famille il en est un, c'est Ferdinand Pescatore, il fait mieux, lui : « Combien je vous félicite, dit-il, d'avoir réglé *civilement* et *religieusement* l'acte qui vous unit par le mariage. » Se sont-ils exprimés autrement après la dissolution du mariage, après la mort ? Non, ils ont continué d'écrire, ils ont continué de dire : « Ma chère tante, quelle perte irréparable vous avez faite en perdant un si bon époux ! » Quelles preuves faut-il encore ? Vous avez l'archevêque de Bordeaux qui dit avant le mariage : « Il n'y a pas d'empêchement civil. » Vous avez le monde qui n'a jamais fait aucun doute. Vous avez la famille qui, à chaque ligne de ses lettres, dit : Votre mariage, ma tante religieusement, ma tante civilement, ma tante de toutes les façons. Ou ces démonstrations étaient hypocrites et menteuses, et je ne puis le croire, ou toute la famille croyait au mariage régulier et complet de M. Pescatore ; et si elle y croyait, c'était d'après la connaissance qu'il lui en avait donnée.

Bien ! Ce n'est pas assez. Mais lui, s'est-il cru marié civilement, ou marié à moitié ? Mon adversaire s'écrie : « Toutes ces preuves extérieures ne signifient rien ; donnez-moi un mot, une ligne, un acte quelconque de lui. » Vous le voulez ? vous allez l'avoir. D'abord il écrit pour annoncer son mariage. Il y a beaucoup de lettres ; on en cite trois, on ne produit pas la première. Or, permettez-moi de vous faire une remarque : s'il y avait une lettre qui dût être conservée, c'était la première où il parle de son mariage, où il dit à Mme Dutreux (la réponse de cette dernière est du 3 novembre) : « Mon parti est pris, je vais me marier en Espagne où Mgr l'archevêque de Bordeaux me facilitera mon mariage. » Cette lettre, vous ne la produisez pas, mais vous l'avez. (Mᵉ Dufaure fait un signe de dénégation). Je dis que vous l'avez.

Mᵉ DUFAURE. — Je ne l'ai pas.

Me CHAIX D'EST ANGE. — Je ne dis pas vous, mais eux ils l'ont et ne la produisent pas. Quant à nous, nous avons la réponse de madame Dutreux dans laquelle elle dit :

« Mon cher oncle, je vous félicite de votre mariage que j'appelais de tous mes » vœux, et qui va me mettre désormais plus à l'aise avec vous. J'ai eu grande envie » bien des fois de vous parler de ce mariage, mais j'ai eu peur de vous embarrasser » et de gêner votre position. »

Cette lettre indique qu'elle a été précédée de plusieurs autres. En voici une de M. Pescatore du 18 novembre, dont la netteté, je pense, ne laisse rien à désirer :

« Mes chers amis, frère et sœur ,
» Une fois mon parti pris, j'en ai fait part à la personne de la famille à laquelle » j'étais sûr d'avance qu'il ferait le plus de plaisir. Je ne me suis pas trompé, car » j'ai reçu de celle-ci une lettre remplie de sentiments aussi nobles que délicats. » Mais je m'étais réservé de vous en écrire en quelque sorte officiellement à tous » les deux, dès que ledit projet aurait reçu son exécution , car il pouvait encore » s'opposer une foule d'obstacles à sa réalisation. Il n'en a rien été, grâce aux me- » sures prises par l'archevêque d'ici et son confrère de Pampelune, et nous sommes » revenus hier dimanche mariés... »

« Et nous sommes revenus, hier dimanche, mariés... » Êtes-vous contents ?

« A l'église de Renteria j'ai rempli avec autant de plaisir que de satisfaction ce » devoir de chrétien et d'*homme d'honneur...* »

Est-ce clair, ce devoir d'homme d'honneur ?

« En donnant satisfaction à la morale publique et aux sentiments religieux de » ceux qui ont le bonheur d'en être imbus, il fait en même temps le bonheur de » celle qui m'a été si dévouée et qui est appelée, dans l'ordre de la nature, à me » fermer les yeux. »

Il veut faire son bonheur ; ce n'est donc pas un semblant de mariage qui ne lui donnerait rien, un mariage contre lequel il aurait eu le droit de pro-ester le lendemain.

« Je fais cesser de plus un mensonge officieux, en ce que maintes personnes » croyaient ou supposaient un mariage clandestin... »

Et ce serait là le langage d'un homme qui ne voudrait pas être marié ou qui espérait ne l'être qu'à moitié !

Oui, il y avait des gens qui le supposaient marié à moitié, et il ne voulait pas cela, lui ; il voulait être marié de la bonne manière.

« L'archevêque d'ici m'a d'ailleurs déjà épargné ce qui pouvait paraître le plus dif- » ficile à mon âge et dans notre position : la publicité venant de nous-mêmes. Pour » sa propre satisfaction, il a eu à cœur de faire connaître la régularisation de notre » position, et lorsque nous reviendrons dans ce pays, que nous quitterons sous » peu, nous trouverons une situation normale toute faite... »

Une situation normale sur un mariage postiche, y a-t-il quelqu'un au monde qui comprenne cela ?

« Et lorsque nous reviendrons dans ce pays, que nous quitterons sous peu, nous
» trouverons une situation normale toute faite, qui nous rendra encore le séjour
» plus agréable, et personne n'en doutera quand on verra le premier pasteur,
» alors cardinal, parmi nos amis et nos visiteurs. »

Voilà sa lettre ; on demandait un écrit de lui, le voilà. Vous voyez qu'il est convaincu qu'il est marié, bien marié, et que sa situation est comme la mienne, comme la vôtre, parfaitement normale.

Cependant, messieurs, on produit une copie d'une autre lettre... Une copie ! Assurément, la loyauté de mon honorable adversaire ne m'est pas suspecte, elle ne l'est à personne ; mais l'absence de l'original ne nous aurait-elle pas suffi pour leur dire : il ne faut pas produire cela ? Quoi qu'il en soit, parmi beaucoup d'autres lettres que M. Pescatore aurait écrites à la même époque, on produit une copie un peu différente de ce que je viens de vous lire... Mon Dieu ! on ne peut cependant pas se faire des titres à soi-même ; je ne veux dire que cela, je ne veux accuser personne ; je suis convaincu même que la lettre est de M. Pescatore en partie, mais il paraît bien singulier qu'on en produise la copie, et qu'on n'en ait pas gardé l'original. Faut-il tout vous dire ? J'ai quelque doute sur la sincérité de cette copie que voici :

« Nous avons trouvé dans l'archevêque de Bordeaux, qui est venu bénir la
» cloche de la Barde, un prélat aussi distingué par ses lumières et ses vertus que
» par son indulgence... Il a aplani et préparé les voies au mariage religieux qui
» devait d'abord se célébrer à Londres, par le cardinal Wiseman, mais qui se fera
» probablement la semaine prochaine sur la frontière d'Espagne... Si mon épouse
» devant l'Église et par un lien indissoluble ne porte pas le nom, par des circon-
» stances et des motifs particuliers, elle n'est pas moins digne de le porter. »

« C'est mon épouse devant l'Église... » Je vous recommande ces mots. Il faudrait bien pouvoir les lire dans l'original, car cette lettre est en contradiction avec l'autre... « C'est mon épouse devant l'Église... » Voyez comme cette lettre est faite pour la cause, comme c'est merveilleux ! Comme ils ont de l'esprit mes adversaires, d'avoir gardé cette copie en même temps qu'ils annonçaient qu'ils en avaient jeté l'original au feu ! Comme cela orne bien une plaidoirie ! C'est merveilleux ! c'est merveilleux ! Il n'y a qu'un malheur à cela ; c'est que ce que l'on fait dire à M. Pescatore n'est pas vrai. Comment ! elle ne portait pas son nom après le mariage ; mais vous avez dit à satiété qu'elle le portait avant le mariage ; par conséquent, ce ne serait pas un intervalle lucide que celui dans lequel il aurait écrit cette lettre, s'il l'avait écrite.

Voilà, messieurs, comment procèdent nos adversaires : ils nous demandent des pièces, mais ils en font. Nous leur en produisons, mais ils en inventent. Il y a une autre lettre de monseigneur l'archevêque de Bordeaux dans laquelle ce vénérable prélat dirait qu'il n'entendait conseiller qu'un mariage religieux. Où est-elle, cette lettre, où est-elle ? En vérité, c'est commode, c'est facile d'argumenter ainsi : ce procédé est même trop aisé.

Ah ! mais il y a un monsieur qui est le subrogé-tuteur des mineurs qui sont dans le procès, et ce monsieur est tout prêt à dire que l'évêque de Pampelune lui a lu une lettre dans laquelle il y avait cela, que ses souvenirs lui rappellent, et c'est là ce qui nous a fait croire à une chose aussi absurde qu'un mariage postiche. Comme ce monsieur est intéressé au procès, comme il se préoccupe des intérêts des mineurs, il croit ce qu'il dit sans nul doute. Mais quoi ! je suppose qu'on lui ait lu une lettre dans laquelle il y aurait eu, je n'en sais rien : « Je prends la liberté de vous adresser deux de mes paroissiens qui veulent aller contracter à Renteria un mariage religieux, » y aurait-il là quelque chose de si extraordinaire ? Nullement ; ces deux personnes croyant aller contracter un mariage purement religieux auraient en même temps contracté un mariage civil, par la raison toute simple qu'en Espagne le mariage religieux entraîne des effets civils.

M. Pescatore s'est si bien cru marié de la bonne manière qu'il a écrit de sa main, à la date du 31 décembre 1852, c'est-à-dire postérieurement à son mariage, la note suivante sur ses livres de commerce :

« La somme ci-contre de 210,000 fr. a été donnée par moi à madame Pesca-
» tore, née Weber. »

Voilà ce qu'il y a sur ses registres, écrit de sa main en 1852. On lui avait dit en effet : Vous avez 200,000 francs, il faut les placer au nom de madame Pescatore, ce sera une ressource pour des temps d'épreuve que ménage peut-être le hasard des révolutions. Et il s'était empressé d'écrire sur ses livres la mention que je vous rappelle.

Et dans ses testaments comment s'exprime-t-il ? (Mon adversaire dit qu'il les a fait imprimer…. Non, non, c'est moi, s'il vous plaît qui les ai fait imprimer, dans l'intérêt de cette cause : *Cuique suum.*) Voici ce qu'il dit dans son premier :

« Je soussigné….., en confirmant tous les dons manuels que j'ai pu faire anté-
» rieurement à ce jour à Anne-Catherine Weber, que j'ai épousée en Espagne,
» suivant les lois du pays. »

Peut-on dire d'une manière plus nette qu'il s'est marié en Espagne suivant les lois du pays, et que par conséquent il est marié en France ? Il est vrai qu'il appelle sa femme Anne-Catherine Weber, est-ce à dire qu'elle ne portait pas son nom ? Nullement.

« Catherine Weber, que je désigne ainsi pour éviter une contestation sur ce
» chef. »

Ah ! il savait bien à qui il avait affaire ! Mon Dieu ! ce sont les légataires, de braves gens, d'honnêtes gens, je serais désolé de prononcer un mot qui pût leur déplaire; mais enfin ils ne vivaient pas en bonne intelligence, et il parle lui-même de compliments qui ne seraient peut-être pas sincères de la part de tous. Il y en a parmi eux qui causeront peut-être bien des chagrins à Catherine Weber que je désigne ainsi pour éviter toute contestation de ce chef :

« Je donne et lègue à S. E. Mgr Donnet, cardinal archevêque de Bordeaux, une
» somme de 20,000 francs en reconnaissance des bontés qu'il a eues pour ma
» femme et pour moi-même, en nous ramenant dans le giron de l'Église et en con-
» seillant et facilitant notre mariage. »

Voilà comme il parle de son mariage.

« Si je ne donne pas de destination spéciale à cette somme, c'est que je sais
» d'avance que S. E. en fera l'emploi le plus utile et le plus charitable. »

Et plus tard, quand il fait son dernier testament à cette heure solennelle où
la mort allait l'envelopper de ses ombres, il dit :

« En confirmant les legs et avantages que j'ai faits par mon testament en faveur
» de madame Pescatore, mon épouse, je lui donne et lègue, etc., etc.»

Voilà comment il parle d'elle dans son testament. Et dans ses lettres vous
savez comment ; il en parle à chaque mot, il vante son dévouement. Dans cette
lettre du 12 novembre que je vous ai lue, il dit :

« Je fais le bonheur de celle qui m'a été si dévouée, et qui est appelée, par l'ordre
» de la nature, à me fermer les yeux. »

Je fais le bonheur ! y pensez-vous ?

Est-ce que cette femme arrivée enfin à ce mariage qu'elle avait désiré de
tout son cœur, c'est vrai, mais qu'elle avait retardé par scrupule, par généro-
sité, voulant qu'il fût bien entendu que M. Pescatore l'épousait librement pour
lui et non pour elle, est-ce qu'elle serait descendue à consentir à un simulacre
de mariage ? est-ce que vous le croyez ? est-ce qu'il y a un homme dans le
monde qui pourrait le croire ? Comment ! voilà une femme à laquelle il aurait
dit : Je veux récompenser ton dévouement, ton activité, ton désintéressement,
car elle n'avait pas reçu un sou depuis qu'elle l'avait connu, depuis qu'elle
s'était associée à ses travaux, à ses affaires, à ses veilles ; nous allons nous ma-
rier en apparence, fictivement, pour rire ; ne lui aurait-elle pas répondu :
Quoi ! vous allez dire au monde que je suis votre épouse légitime, et puis au
premier caprice, vous me reléagueriez au rang des concubines ! Eh ! non, non,
vous en êtes incapable. Si en effet vous me précédiez dans la tombe, on arra-
cherait de mon front cet écriteau menteur. Vous iriez me faire monter aux
yeux de la foule au rang de votre épouse, pour que ma chute fût plus grande
et ma faute plus éclatante ! Pensez-vous que ce soit là le bonheur conjugal
qu'il lui aurait préparé, lui, et qu'elle aurait accepté, elle ? Il en aurait fait une
épouse en Espagne et une concubine en France !

Mais s'il ne fait pas son bonheur moral, si au contraire il prépare sa honte
et cherche à la rendre plus éclatante, fait-il du moins son bonheur pécu-
niaire ? Non, il l'associe provisoirement à son nom, à sa fortune, il ne lui donne
pas un sou. Voilà la prétention de mon adversaire. Voilà une femme qu'on
vous présente comme avide, ardente à la convoitise, elle n'a pas dit un mot
encore ; en l'épousant, elle ne s'est pas adressée à l'affection, à l'amour, à la

tendresse pour tirer quelque chose de ce coffre-fort qu'elle a contribué à remplir. Non, elle ne dit rien, pas un mot. Elle se prête à une comédie de mariage, elle fait volontairement un semblant de mariage, elle le sait et elle y consent. Mais alors elle aurait dû lui dire : Vous parlez de faire mon bonheur, c'est mon malheur, ma honte que vous faites ; vous devriez veiller au moins à ce que mon existence soit assurée. Eh bien, non, rien, absolument rien. Voilà où aboutit la singulière invention du mariage de conscience, imaginé par mon adversaire. Allons ! c'est assez, c'est trop longtemps nous traîner dans les ornières de l'absurde. Ce terrain n'est digne ni de vous, ni de moi, il l'est moins encore du tribunal. Revenons au vrai, et disons que ce mariage a été un mariage véritable, qu'il a été son mari, qu'elle a été sa femme, qu'on l'a toujours traitée comme madame Pescatore, moralement et civilement, de toutes les façons.

On se retranche derrière une autre objection : la communauté n'a jamais été dans l'intention de M. Pescatore. Tenez, messieurs, j'ai dit sur ce point ce que je pouvais dire. M. Pescatore ne s'est-il pas rendu un compte exact de sa situation ? C'est possible, mais M. Pescatore n'a jamais pu penser qu'il laisserait sa femme sans fortune ; il n'a jamais fait cette réflexion barbare que je m'étonne d'avoir trouvée dans la bouche de mon honorable, de mon excellent confrère. Il vous a dit : Comment ! s'il était mort sans testament, elle aurait retrouvé la position qu'elle avait avant d'avoir connu M. Pescatore. — Quoi ! elle aurait vécu douze ans avec lui ; elle aurait eu la honte de cette vie, elle en aurait eu la confusion, et il se serait dit, cet homme dont vous ne voulez pas offenser la mémoire : Cette femme dont je veux faire le bonheur, et qui est appelée à me fermer les yeux, elle n'aura pas un sou, et comme une concubine chassée de la maison, n'emportant que la chaussure qu'elle a aux pieds, elle qui m'a tout sacrifié, son affection, sa jeunesse, avec un désintéressement sans exemple, elle ira vieillir flétrie dans la misère et mourir dans la honte et dans le déshonneur.

Ah ! que des collatéraux s'expriment ainsi, qu'ils disent qu'il en sera d'elle après le mariage comme il en a été avant, je n'ai pas le droit de m'étonner. Mais comment ne sentent-ils pas au moins, par un reste de pudeur, que ces sentiments, s'ils peuvent les avoir, M. Pescatore ne pouvait pas les ressentir, lui, et qu'ils insultent à sa tombe ? Non, tels n'étaient pas les sentiments de M. Pescatore ; il a toujours voulu que la fortune de sa femme fût assurée. Je vous ai lu à la dernière audience un document qui a un haut intérêt, l'adversaire l'a bien compris, c'est le testament qu'elle a fait elle-même en 1853, et qui était de nature à nous éclairer sur sa pensée la plus intime. Mon adversaire a essayé de jeter du doute, de l'incertitude, dans vos esprits. Ce document n'a-t-il pas été fait pour la cause ? Quelle en est la date authentique ? Il a pu être écrit hier aussi bien qu'en 1853. Messieurs, on n'invente pas une pièce comme celle que je vous ai lue à votre dernière audience ; c'est impossible. On l'aurait trouvée dans l'inventaire et sous les scellés, dit ironiquement mon adversaire. Oui, nous l'avons trouvée à l'inventaire sous les scellés, et quel que soit le courage de vos collatéraux, je les mets au défi, vous entendez bien, je les mets au défi de soutenir le contraire. Ils le savent bien ; ils le connaissent à merveille ce testament trouvé sous les scellés. Ils savent bien que lorsqu'elle était retenue auprès du lit de M. Pescatore, lui prodiguant ces soins qu'elle seule pouvait donner, ils savent bien, les héritiers, qu'ils lui demandaient alors si elle n'allait pas prendre quelque repos ; ils savent aussi que le lendemain de la mort on a été prendre toutes les clefs, et apposer les scellés à la Celle où elle n'avait pas été depuis longtemps, et que là, au moment de mettre les scellés, on a trouvé, le notaire est là pour l'attester, on a trouvé ce papier et l'on a dit : « C'est le testament de madame Pescatore, nous ne pouvons pas le mettre sous les scellés : il lui appartient. » Et alors, c'est vrai, sans en faire mention spéciale, on l'a rendu à madame Pescatore. Voilà l'histoire de ce testament. Voulez-vous la savoir encore mieux ? voulez-vous savoir comment il a été fait ? Un jour, en 1853, on parlait de testament. M. Pescatore avait pu lui dire, c'est possible : « Mon Dieu, il faut se préparer à tout ; si tu venais à mourir avant moi... » Et alors elle a été chez M. Fould, le notaire. Vous avez confiance en lui, n'est-ce pas ? Il a été pour vous tout autant que pour nous ; il est complétement impartial. Elle a été chez M. Fould et lui a dit : « Qu'est-ce qui arriverait si je mourais ? » Et M. Fould qui la croyait parfaitement mariée, comme tout le monde, comme moi : « Ce qui arriverait, c'est que vos héritiers viendraient troubler M. Pescatore. — Je ne veux pas de cela. Quel moyen de l'empêcher ? — C'est de faire un testament. —Voulez-vous m'en donner le modèle ? » M. Fould lui en donne le modèle, et elle le copie ; et puis, à six semaines d'intervalle, elle s'aperçoit que cet acte est incomplet. Ce ne sont pas là des documents inventés, des testaments faits après coup ; il y a là dans le premier testament le style officiel du notaire, et puis vient la pensée de la femme, car elle a un fils à côté d'elle... Il y a vingt-trois ans qu'il a perdu sa mère, il y a vingt-trois ans qu'elle l'appelle son fils. (Que voulez-vous ? C'est toute l'espérance de sa vie maintenant que son époux n'est plus...) Albert, tendre, respectueux, l'affectionne comme un fils... Vous savez bien qu'il n'est pas son enfant, vous le savez bien, car vous avez été de mairie en mairie relever tous les actes de l'état civil, et partout on vous a donné des certificats qui constatent que jamais elle n'a été mariée, que jamais elle n'a eu d'enfant, mais elle a eu un immense dévouement, elle a fait un immense sacrifice. Ce sera peut-être, vous disiez-vous, un moyen de la compromettre, de l'effrayer, et de l'amener à cette composition que vous lui proposiez ; car si elle ne craint pas pour elle le scandale dont on la menace, elle le craindra, hélas ! pour le fils qui n'est pas l'enfant de ses entrailles, mais qui est le fruit de son amour ; elle le craindra pour la famille où elle l'a pris venant à peine au monde, pour cette famille qui n'a pas avoué sa naissance, et dans laquelle cette naissance eût peut-être introduit le déshonneur et la mort... Ils n'ont reculé devant rien ; ils ont eu l'impiété (tous les moyens sont donc bons !) de dire dans leurs conclusions : « C'est sans doute son fils ; il est sans doute issu de quelque mariage antérieur qui n'était pas encore rompu lorsqu'elle a contracté un nouveau lien avec M. Pescatore. » Ils ont eu l'audace de dire cela... Oh ! je le sais bien, la sagesse, la modération de mon loyal adversaire, ont tout fait pour réparer cette infamie, je le sais bien ; mais nous, quand nous avons vu cela dans les conclusions, nous qui ne sommes pas depuis longtemps ses amis, mais qui avons appris à la connaître dans les relations que nous avons eues avec elle, nous, ses conseils, nous avons été indignés, et je ne trouve pas dans la langue de mot pour exprimer cette indignation.

Voilà, messieurs, toute la cause. Je répète en finissant ce que j'ai dit en commençant : si, entraîné par l'intérêt que je lui porte, je m'étais laissé emporter plus loin que je ne devais, j'en serais désolé. Il faut respecter M. Pescatore dans tout ce qui l'entoure ; il faut le respecter dans sa vie ; il faut le respecter dans ses parents, dans ses cousins qu'il aimait plus ou moins ; mais il ne faut pas non plus se laisser dépouiller de la fortune quand elle est légitimement acquise ; il ne faut encore moins se laisser dérober l'honneur d'un nom qu'on tient d'un mariage qu'on a cru légitime.

CONCLUSIONS D'INTERVENTION *pour les membres comprenant le collége des bourgmestres et échevins de la ville de Luxembourg, demeurant et domiciliés dans ladite ville de Luxembourg. — Spécialement autorisés aux fins des présentes par un arrêté de M. l'administrateur général de l'intérieur du grand-duché de Luxembourg. — Demandeurs aux fins de la présente intervention. — Ayant Me Denormandie pour avoué.*

« Plaise au tribunal :

» Attendu que M. Jean-Pierre Pescatore est décédé en son hôtel, à Paris, rue Saint-Georges, n° 13, le 9 décembre 1855, laissant un testament olographe en date du 5 octobre 1853, enregistré et déposé pour minute à Me Fould, notaire à Paris, en vertu d'une ordonnance de M. le président du 13 décembre 1855, par lequel il a disposé de toute sa fortune ;

» Attendu qu'aux termes dudit testament, M. Pescatore a légué à la ville de Luxembourg une somme de 500,000 francs, en expliquant qu'il destinait cette somme et ses intérêts cumulés à la fondation d'un établissement de bienfaisance, mais qu'il n'y aurait lieu de le créer que lorsque le capital aurait atteint, au moyen des intérêts capitalisés, le chiffre de 1,000,000 de francs ;

» Attendu qu'aux termes de ce même testament, M. Pescatore a encore donné à la ville de Luxembourg les tableaux, dessins, les statues, bibliothèques et objets d'art, qui se trouveraient dans ses propriétés de la Celle-Saint-Cloud et de Paris au jour de son décès, sans en rien excepter ni réserver, et ce aux charges et conditions exprimées au testament ;

» Attendu enfin que M. Pescatore a formulé, au profit de la même ville de Luxembourg, une éventualité dont la disposition est ainsi conçue : « Si au » jour de mon décès l'un de mes légataires n'a pas d'enfants, le huitième à » lui légué ne lui appartiendra qu'en usufruit aux charges de droit ; il en sera » de même du conjoint de mes légataires au cas où il survivrait à ces der- » niers, et dans ces deux éventualités la nue propriété appartiendra à mes » autres légataires universels sus-désignés à charge d'emploi par les usufrui- » tiers, d'accord avec mes exécuteurs testamentaires. Il est bien entendu que » les enfants de mon neveu Pierre Pescatore décédé ou l'enfant, s'il n'en existe » qu'un, recueillera sa part de legs à sa majorité, même s'il n'est ou s'ils ne sont » mariés. Dans les cas ci-dessus prévus où les légataires universels verraient

» l'importance de leur legs augmentée par le fait de la non-existence d'enfants
» de l'un d'eux, ils seront tenus de payer, conjointement chacun par égale
» portion dans l'année qui suivra l'extinction de l'usufruit et sa réunion à la
» nue propriété en leur personne, à la ville de Luxembourg, à laquelle j'en
» fais don pour ce cas éventuel, et pour employer le montant à la fondation
» de l'établissement de bienfaisance dont j'ai parlé précédemment, ce qui
» permettra ou de le fonder plus tôt, ou d'en accroître l'importance, *une somme*
» *égale aux deux tiers de ce qui serait provenu audit légataire universel*
» *du legs à lui fait.* »

» Attendu que le cas prévu par cette dernière disposition se réalise par
la raison que madame Poulmaire n'a pas d'enfants, en sorte que la nue pro-
priété du huitième à elle légué appartient aux autres légataires universels, à
la charge ci-dessus expliquée ;

» Attendu qu'il résulte de l'ensemble de ces dispositions que la ville de
Luxembourg est légataire de M. Pescatore : 1° d'une somme de 500,000 fr. ;
2° de ses tableaux, dessins, statues, bibliothèques et objets d'art,

» Et qu'elle est *créancière* des légataires universels dudit M. Pescatore
d'une somme égale aux deux tiers du huitième en nue propriété qui reviendra
auxdits légataires universels, par suite de cette circonstance que madame
Poulmaire n'a pas d'enfants ;

» Attendu qu'une instance est en ce moment pendante devant le tribunal
de la Seine entre les héritiers et représentants de M. Pescatore et madame
Anne-Catherine Weber qui se prétend sa veuve, et à ce titre demande à
liquider une prétendue communauté qui aurait existé entre elle et lui ;

» Attendu que si, par impossible, une pareille demande pouvait être
accueillie, elle aurait pour conséquence, par des rapprochements de chiffres
faciles à saisir, et qui d'ailleurs seront mis sous les yeux du tribunal, de faire
évanouir une grande partie des avantages faits à la ville de Luxembourg par
M. Pescatore ;

» Que ladite ville a par conséquent droit et intérêt d'intervenir dans ladite
instance, et qu'elle y a été légalement autorisée par l'arrêté précité de M. l'ad-
ministrateur général de l'intérieur du grand-duché ;

» Par ces motifs :

» Recevoir en la forme les membres composant le collége des bourgmestres
et échevins de la ville de Luxembourg, intervenant dans l'instance dont il s'agit ;

» Ce faisant, ordonner l'exécution pure et simple des dispositions testamen-
taires de M. Pescatore ;

» Et déclarer madame Anne-Catherine Weber non recevable, et en tous
cas mal fondée dans la demande par elle formée contre les héritiers de
M. Pescatore ;

» La condamner aux dépens, dont distraction à Mᵉ Denormandie, avoué
aux offres de droit. »

Mᵉ SENARD. Quelque évident que fût l'intérêt de la ville de Luxembourg,
puisque sur trois dispositions de M. Pescatore qui la concernent, deux se trou-
veraient atteintes de la manière la plus grave, par la prétention de madame
Weber à la communauté ; quelque évident que fût son intérêt, ses adminis-

trateurs n'ont résolu d'intervenir au procès qu'après une délibération que le tribunal trouvera dans mon dossier, et ils n'ont pris cette délibération qu'après avoir acquis la conviction qu'en droit il ne pouvait pas y avoir mariage civil, et qu'en fait, M. Pescatore n'avait jamais entendu contracter un tel mariage. Les legs qu'il a faits à la ville de Luxembourg prouveraient au besoin que l'union, que le mariage religieux, que la bénédiction nuptiale, quelque nom que l'on donne à ce qui s'est passé entre lui et madame Weber, à Renteria, n'ont pu conférer à cette dernière les droits d'une femme commune en biens. C'est après s'être convaincue, après une longue étude de l'affaire, et après avoir pris l'avis des plus savants jurisconsultes, que tels étaient les sentiments de M. Pescatore, que la ville de Luxembourg a jugé à propos d'intervenir et qu'elle est intervenue. Je n'ai pas, vous le pensez bien, à plaider de nouveau une affaire qui a été si éloquemment plaidée ; je me borne à dire que nous donnons la plus entière adhésion aux moyens si bien exposés et si vigoureusement discutés par les héritiers Pescatore.

Audience du 25 juillet 1856.

CONCLUSIONS ADDITIONNELLES DES HÉRITIERS PESCATORE.

Mᵉ Pébonne, avoué : Messieurs, en l'absence de Mᵉ Dufaure, obligé de plaider à la 3ᵉ chambre de la Cour, je demande qu'il plaise au tribunal de m'admettre à prendre les conclusions additionnelles suivantes :

Plaise au tribunal :

I. — *Sur la première question : M. Pescatore et madame Weber, en allant à Renteria demander à un prêtre espagnol la bénédiction nuptiale, ont-ils voulu contracter un mariage purement religieux, de nature à donner satisfaction à des scrupules de conscience, mais ne devant produire aucun effet civil, et surtout ne devant pas créer une communauté de biens?*

« Attendu que tous les faits antérieurs à la cérémonie religieuse de Renteria établissent, et qu'au besoin une enquête démontrera : que M. Pescatore, voulant éviter la publicité indispensable pour la validité d'un mariage civil et se préoccupant des conséquences qu'un mariage civil eût entraînées et qui eussent affecté sa situation commerciale et les intérêts de sa famille, s'est constamment refusé à contracter un mariage de cette nature ;

» Que s'il eût voulu donner à son union avec madame Weber tous les effets civils, rien ne l'empêchait de se marier en France ; que son voyage à Renteria ne peut s'expliquer que par la volonté d'accomplir une union purement religieuse que la loi française ne lui permettait pas de contracter en France ;

» Que cette volonté est démontrée surabondamment par les termes de la lettre adressée le 28 octobre 1851 à l'évêque de Pampelune par le cardinal-archevêque de Bordeaux, lettre dans laquelle le prélat français annonce à l'évêque espagnol qu'il lui adresse M. Pescatore, « qui voudrait ne s'unir que religieusement à une personne habitant avec lui depuis plusieurs années ; »

» Attendu que madame Weber ne pouvait ignorer l'intention de M. Pescatore, sa volonté bien arrêtée de ne pas souscrire à un mariage civil, et ce fait qu'en consentant à un mariage purement religieux, M. Pescatore était arrivé à la dernière limite des concessions qu'il voulait faire ;

» Qu'en effet, les circonstances révélées par la plaidoirie présentée au tribunal dans l'intérêt de madame Weber établissent que l'initiative du mariage est venue de ladite dame et qu'elle a rencontré chez M. Pescatore une résistance telle que, pour la vaincre, elle s'est crue obligée de recourir à une tentative de suicide plus ou moins sérieuse ;

» Qu'en outre, il a été également reconnu au cours des débats, qu'antérieurement au mois d'octobre 1851, madame Weber avait eu avec le cardinal-archevêque de Bordeaux plusieurs conférences ; que ces conférences lui avaient ouvert les yeux sur sa situation, et qu'enfin l'acte religieux de Renteria, destiné à mettre un terme à cette situation irrégulière, est le résultat des conseils et des efforts du vénérable prélat ;

» Qu'il n'est pas possible d'admettre, sans manquer au respect dû au caractère dont est revêtu Mgr de Bordeaux et sans s'écarter de toute vraisemblance, que l'un des membres les plus éminents du clergé français ait pu conseiller à la pénitente qu'il ramenait dans le sein de l'Église un acte qui, s'il n'était pas une simple satisfaction donnée à la conscience, devenait une violation flagrante de la loi ;

» Attendu que les faits qui ont suivi la cérémonie religieuse de Renteria démontrent également que M. Pescatore n'avait voulu contracter qu'un mariage purement religieux ;

» Qu'en effet, M. Pescatore, à son retour en France, a fait transcrire son acte de mariage sur le registre de la paroisse de la Celle Saint-Cloud ; qu'il n'a pas fait accomplir la transcription du même acte sur les registres de l'état civil des communes dans lesquelles il avait une résidence ;

» Que cependant M. Pescatore, maire de la commune de la Celle-Saint-Cloud depuis 1852, pouvait facilement, sans aucune publicité, faire transcrire, sur les registres de l'état civil de cette commune, son acte de mariage, s'il eût voulu assurer à ce mariage des effets civils ;

» Attendu que madame Weber, pas plus que M. Pescatore, n'avait eu la volonté de contracter à Renteria un mariage pouvant avoir en France un effet civil ;

» Que ce fait est démontré par les efforts tentés par ladite dame et ses amis, dans le cours de la dernière maladie de M. Pescatore, pour arriver à un mariage civil *in extremis*, projet que la mort de M. Pescatore ne permit pas de poursuivre, mais qui exclut toute idée de mariage civil contracté à Renteria ;

» Attendu que ni M. Pescatore ni madame Weber n'avaient eu la volonté de contracter à Renteria un mariage de nature à créer entre eux une communauté légale de biens ;

» Attendu qu'on ne saurait admettre que M. Pescatore, homme habitué aux affaires, négociant exact, ayant la plus grande partie de sa fortune engagée dans sa maison de commerce, s'il eût voulu contracter un mariage produisant des effets civils quant aux biens, se fût marié sous le régime de la communauté légale ;

» Que le don de deux cent dix mille francs fait par M. Pescatore à madame Weber en 1852, les dispositions du testament et des codicilles de 1853, les termes de ce testament et de ces codicilles, aussi bien que les dispositions du testament de 1855, le nom de « madame Weber, » intentionnellement donné dans le testament de 1853 par le testateur à celle qui réclame aujourd'hui les avantages attachés par la loi au titre d'épouse légitime, excluent toute idée de communauté résultant de la bénédiction nuptiale du 8 novembre 1851 ;

» Attendu que madame Weber, en insistant, au lit de mort de M. Pescatore, pour obtenir de lui qu'il augmentât les avantages à elle faits par le testament de 1853, et en s'écriant pour vaincre sa résistance : « J'irai donc vivre dans une mansarde, » a reconnu elle-même qu'elle n'avait aucun droit à la communauté qu'elle réclame aujourd'hui ;

» Attendu que cet ensemble de faits, qui ne sauraient être mis en doute, démontre jusqu'à l'évidence que la cérémonie religieuse accomplie à Renteria le 8 novembre 1851, dans l'intention de M. Pescatore et de madame Weber, dans leur pensée constante, n'était qu'une union religieuse et n'avait aucun des caractères d'un mariage civil apte à produire en France des effets civils et à créer une communauté de biens.

II. — *Sur la deuxième question : En admettant contre toute évidence que M. Pescatore et madame Weber aient eu la volonté de contracter un mariage civil, le mariage contracté le 8 novembre 1851 dans la chambre du curé de Renteria est-il valable aux yeux de la loi française ?*

» Attendu que les articles 170 et 171 du Code Napoléon exigent, pour la validité des mariages contractés en pays étranger entre Français ou entre Français et étrangers, la réunion de trois conditions :

» 1° L'observation des formes usitées dans le pays où le mariage a été contracté ;

» 2° L'accomplissement préalable en France des publications prescrites par l'article 63 du Code Napoléon ;

» 3° La transcription de l'acte de mariage sur les registres de l'état civil français ;

» Attendu, en outre, que l'article 191 frappe d'une nullité radicale tout mariage entaché de clandestinité.

» 1° Quant à l'observation des formes usitées dans le pays où le mariage a été contracté :

» Attendu qu'en Espagne le mariage est régi par les décrets du concile de Trente ;

» Attendu qu'aux termes dudit concile, le mariage ne peut être célébré que par le propre curé ou par un prêtre ayant licence, soit du propre curé, soit de l'ordinaire des époux ;

» Attendu que le curé de Renteria n'était pas le propre curé des époux ; qu'il ne l'était pas devenu par la permission que lui avait donnée l'évêque de Pampelune, celui-ci n'étant pas l'ordinaire des parties ;

» Qu'à la vérité le curé de Renteria avait reçu une délégation du cardinal-archevêque de Bordeaux pour procéder au mariage de M. Pescatore et madame Weber ;

» Qu'il s'agit donc d'apprécier la validité de cette délégation :

» Attendu, en premier lieu, qu'en vertu de la règle *Locus regit actum*, cette délégation donnée en France par un prélat français ne peut être valable qu'autant qu'elle ne déroge pas aux maximes fondamentales du droit public et du droit ecclésiastique français ;

» Qu'à ce point de vue, d'une part, il était interdit à l'archevêque de Bordeaux de procéder soit directement, soit par l'intermédiaire d'un prêtre autorisé de lui, à un mariage religieux non précédé du mariage civil ; et, d'autre part, l'archevêque de Bordeaux était absolument incompétent pour procéder ou faire procéder à un mariage civil ;

» Attendu, en deuxième lieu, que, même en faisant abstraction de ces principes incontestables, et en se plaçant au point de vue purement canonique, la délégation serait encore nulle ;

» Attendu, en effet, que l'archevêque de Bordeaux n'était l'ordinaire ni de M. Pescatore ni de madame Weber ;

» Qu'aux termes du droit canonique, la compétence en matière de mariage est réglée uniquement par le domicile ;

» Que le propre curé et l'ordinaire des époux sont le curé et l'évêque dans la paroisse ou dans le diocèse desquels les époux ont leur domicile ;

» Attendu que si les habitations que M. Pescatore et madame Weber avaient à Paris et à la Celle-Saint-Cloud présentent les caractères exigés par la loi canonique pour constituer le domicile relativement au mariage, il n'en est pas de même pour le domaine de Giscours dans le diocèse de Bordeaux, où M. Pescatore et madame Weber faisaient chaque année un séjour momentané ;

» Qu'en effet, le droit canonique exige, pour constituer le domicile relativement au mariage, soit une résidence de six mois, si les époux ont changé de paroisse sans changer de diocèse, et une résidence d'une année si les époux ont changé de diocèse, soit l'*animus perpetuo manendi*, ou l'*animus manendi per majorem anni partem* joints à l'abandon de l'ancienne paroisse sans esprit de retour ;

» Que tel n'était pas le caractère de la résidence que M. Pescatore et madame Weber avaient faite à Giscours avant le mariage de Renteria ;

» De telle sorte qu'en faisant abstraction de toutes les lois françaises, et en ne se préoccupant que du droit canonique, le mariage de M. Pescatore et de madame Weber, s'il n'était pas célébré par le curé de Notre-Dame de Lorette, ou par le curé de la Celle-Saint-Cloud, ne pouvait être célébré valablement qu'en vertu d'une délégation de l'archevêque de Paris ou de l'évêque de Versailles ;

» Attendu que la délégation ne se présume pas, qu'elle doit être expresse, qu'elle ne saurait résulter d'une dispense de publication de bans, et qu'on ne peut y suppléer par un acte postérieur quelconque ;

» Attendu, en fait, qu'aucune délégation émanée de l'ordinaire des époux n'a été donnée à l'archevêque de Bordeaux ;

» Que l'acte émané de l'évêché de Versailles ne contient qu'une dispense de publications de bans ; qu'en examinant l'acte émané de l'archevêché de Paris on voit que cet acte a été obtenu sur un exposé de faits inexact ; que l'archevêque de Paris, dans la conviction que l'un des deux époux résidait dans le diocèse de Bordeaux et devait se marier dans ce diocèse, s'est borné à permettre le mariage de son paroissien dans le diocèse de l'autre époux, mais qu'il n'a donné aucune délégation ;

» Que cette délégation, eût-elle existé, n'eût pas autorisé l'archevêque de Bordeaux à déléguer le curé de Renteria, car il est de principe en droit canon que le délégué ne peut subdéléguer ;

» Attendu qu'on ne saurait soutenir que l'abjuration de madame Weber entre les mains du cardinal-archevêque de Bordeaux ait donné à celui-ci le caractère de propre curé ou d'ordinaire de ladite dame ; que cette proposition est formellement repoussée par tous les canonistes ;

» Qu'il n'existe aux règles que nous venons de rappeler qu'une seule exception concernant les vagabonds ; qu'à coup sûr cette exception ne saurait être applicable notamment à M. Pescatore ou à madame Weber, la loi canonique ayant consacré de la manière la plus nette la distinction entre l'étranger *peregrinus*, et le vagabond *vagus*, et n'ayant établi de dérogation à la règle qu'à l'égard du second :

» Attendu, en outre, que les décrets du concile de Trente ont frappé de nullité absolue les mariages clandestins ;

» Que tous les caractères auxquels le droit canonique reconnaît la clandestinité : défaut de publicité, célébration du mariage par un officier religieux incompétent, accomplissement de la cérémonie religieuse hors de l'église et loin des yeux des fidèles, se retrouvent et se reconnaissent dans le mariage du 8 novembre 1851 ;

» Que, par tous ces motifs, il est de toute évidence que les formes exigées par la loi espagnole en matière de mariage n'ont pas été observées, et que, par conséquent, la première, et, de l'aveu même des adversaires, la plus essentielle des conditions exigées par la loi française pour la validité des mariages contractés en pays étranger n'a pas été remplie.

» 2° Quant à l'accomplissement préalable en France des publications prescrites par l'article 63 du Code Napoléon :

» Attendu que le mariage célébré le 8 novembre 1851 à Renteria n'a été précédé en France d'aucune publication ;

» Attendu que de la rédaction de l'article 170 du Code Napoléon ressort la preuve que la loi a fait de l'accomplissement des publications une condition essentielle de la validité du mariage contracté en pays étranger ;

» Attendu d'ailleurs qu'il est bien évident que les dispositions de l'article 170 ont eu en vue les Français résidant en pays étranger et n'ont pu être introduites dans le Code en faveur des Français qui ne passeraient la frontière que pour éluder les lois de leur pays ;

» Que si l'on n'a pas toujours considéré l'absence de publications en France comme entraînant la nullité du mariage contracté en pays étranger, la doctrine et la jurisprudence ont unanimement proclamé que la nullité doit être prononcée, s'il ressort des circonstances de fait que le défaut de publications et la célébration du mariage en pays étranger n'ont eu d'autre but que de violer ou d'éluder la loi française.

» 3° Quant à la transcription de l'acte de mariage sur le registre de l'état civil (article 171) :

» Attendu que M. Pescatore et madame Weber n'ont pas fait transcrire leur acte de mariage sur les registres de l'état civil français ;

» Que cette circonstance, si elle n'est pas de nature par elle-même à entraîner la nullité du mariage, acquiert une grande importance lorsqu'il s'agit de rechercher la clandestinité.

» Quant à la clandestinité :

» Attendu que de tout temps la législation française s'est attachée à proscrire les mariages clandestins ;

» Attendu que les dispositions de l'article 191 du Code Napoléon se sont proposé le même objet et ont fait de la publicité la condition essentielle de tout mariage contracté par tout Français ;

» Attendu qu'il appartient aux tribunaux d'examiner les circonstances dans lesquelles le mariage s'est accompli pour rechercher s'il a été satisfait aux obligations imposées par la loi (arrêt de la Cour de cassation du 28 mars 1854) ;

» Attendu que les caractères auxquels se reconnaît la clandestinité sont : l'absence de publications, le défaut de célébration publique, la célébration devant un officier incompétent, le défaut de transcription sur les registres de l'état civil, en un mot un ensemble de circonstances excluant la publicité ;

» Attendu, en fait, que tous ces caractères se retrouvent dans le mariage du 8 novembre 1851 ; que les circonstances de fait qui ont précédé, accompagné et suivi le mariage, le profond secret gardé sur le projet d'union, le voyage de Renteria, le mystère qui a entouré ce voyage, la célébration du mariage dans une chambre particulière, le choix des témoins, le silence gardé au retour sur les faits qui venaient de s'accomplir, la situation de la dame Weber dans la maison de M. Pescatore restant ce qu'elle était auparavant, se réunissent pour établir que le défaut de publicité était le résultat de la volonté réfléchie des parties, et que M. Pescatore et madame Weber n'avaient eu d'autre but que de se soustraire ouvertement et à dessein aux obligations imposées par la loi, et de faire impunément à l'étranger ce qu'il eût été impossible de faire en France.

III. — *Sur la troisième question : Le mariage étant entaché de nullité, ce vice serait-il aujourd'hui couvert : 1° soit par des reconnaissances émanées des légataires universels ; 2° soit par la possession d'état qu'aurait eue la demanderesse ?*

» 1° Quant aux prétendues reconnaissances émanées des légataires universels :

» Attendu qu'il est de principe que la reconnaissance ne peut produire d'effet que du jour où l'intérêt est né ;

» Que, dans l'espèce, l'intérêt des défendeurs n'a commencé que du jour où ils ont connu par l'ouverture du testament leur qualité de légataires universels ;

» Que les deux seules lettres adressées à madame Weber depuis le décès de M. Pescatore et que l'on invoque pour constituer une reconnaissance du mariage sont antérieures à l'ouverture du testament ;

» Attendu, d'ailleurs, que ces lettres émanent, l'une de madame Poulmaire, qui n'est pas légataire universelle, mais simplement légataire à titre universel d'un usufruit ; l'autre de M. Munchen, qui n'est pas un des légataires, mais le mari d'une des légataires ;

» Que ce n'est donc pas sérieusement que l'on cherche à trouver dans ces deux lettres une fin de non-recevoir contre les moyens développés au nom des défendeurs ;

» 2° Quant à la possession d'état :

» Attendu, en droit, que la possession d'état ne saurait être invoquée, puisque, si l'on considère le mariage de Renteria comme un mariage régi par le droit espagnol, il a été célébré par un prêtre incompétent, et si on le considère comme un mariage régi par le droit français, il n'a pas été célébré publiquement en présence de l'officier public compétent ;

» Attendu qu'il est de principe qu'un pareil mariage est nul, de nullité absolue, et ne saurait être couvert par aucune possession d'état :

» Attendu d'ailleurs que madame Weber ne saurait invoquer aucun des faits qui constituent la possession d'état, qu'il est établi au contraire que sa situation dans la maison de M. Pescatore est restée au lendemain de la bénédiction nuptiale de Renteria ce qu'elle était auparavant.

IV. — *Sur la quatrième question : En admettant la nullité du mariage du 8 novembre 1851, madame Weber peut-elle invoquer sa bonne foi pour faire produire audit mariage des effets civils à son profit?*

» En droit :

» Attendu que l'erreur invoquée par l'un des époux pour établir sa bonne foi ne peut porter que sur des circonstances de fait, telles que, par exemple, des empêchements dirimants qu'il aurait ignorés, mais ne saurait être tirée d'une ignorance prétendue de la loi ;

» Attendu que la bonne foi ne se présume pas chez celui qui enfreint la disposition de la loi (Merlin), et que l'on n'est de bonne foi aux yeux de la loi qu'autant qu'on a fait tout ce qu'elle prescrivait pour faire un acte légitime (Nouveau Denisart) ;

» Que ces principes tirés de l'ancien droit canonique (concile de Latran, *Clandestinâ desponsatione*), admis par notre ancienne législation civile, sont passés dans notre droit actuel ;

» Qu'il est indispensable, pour l'existence du mariage putatif, que les formalités essentielles aient été observées ;

» Que, sans l'accomplissement de cette condition, les époux n'ont pu croire qu'ils contractaient une union légale, attendu que la clandestinité exclut nécessairement la bonne foi ;

» Que d'ailleurs un mariage entaché de clandestinité ne peut produire aucun effet, et que rien ne saurait couvrir ce vice radical ;

» Qu'il n'y a pas, à proprement parler, mariage, puisqu'il n'y a pas eu de consentement légitime, et que ni le temps ni la bonne foi ne peuvent confirmer ce qui n'a jamais existé.

» En fait :

Attendu que madame Weber n'est pas plus fondée en fait qu'en droit à prétendre qu'elle ignorait la loi française ;

» Qu'il est impossible d'admettre que cette dame fixée en France depuis de longues années, ayant vu marier à Paris, en 1850, une de ses sœurs, ayant elle-même été sur le point de contracter à Strasbourg un mariage qui n'a été rompu qu'après l'accomplissement des publications légales, n'ait pas su qu'il existait en France un mariage civil et certaines conditions de publicité ;

» Qu'il est également inadmissible que le cardinal archevêque de Bordeaux, qui a préparé le mariage religieux du 8 novembre 1851, et qui avant cette date avait souvent conféré avec la dame Weber, ait laissé ignorer à cette dame le véritable motif pour lequel un mariage de cette sorte ne pouvait être célébré qu'à l'étranger ;

» Attendu qu'en prétendant qu'elle a été trompée et est restée dans l'erreur sur les conséquences de l'acte religieux de Renteria, madame Weber accuserait l'homme dont elle revendique la fortune et le nom, de s'être rendu coupable à son égard de simulation et de fraude et lui donnerait pour complice Mgr de Bordeaux ;

» Attendu que lors même que cette accusation odieuse ne serait pas repoussée par la vie tout entière de M. Pescatore et par le caractère du vénérable archevêque de Bordeaux, elle tomberait encore devant ce fait, qu'il est impossible de trouver l'intérêt qui aurait porté M. Pescatore à commettre la fraude qu'on lui impute ;

» Attendu d'ailleurs qu'en 1851, madame Weber n'était pas vis-à-vis de M. Pescatore une femme que son inexpérience laissait désarmée et n'était pas en France une étrangère sans défense ;

» Attendu qu'elle avait déjà de nombreux amis dont le dévouement lui était assuré, qui l'assistaient de leurs conseils et de leurs lumières, et qui étaient parfaitement en état de l'éclairer sur la nature, la portée, la conséquence de l'acte qu'elle allait contracter à Renteria ;

» Attendu que tous ces faits et ceux que nous avons signalés plus haut, tels que la tentative faite pour arriver à un mariage *in extremis* et l'insistance pour obtenir le testament du 8 décembre 1855, excluent toute bonne foi dans le sens légal de ce mot.

V.

» Attendu, du reste, que toutes les questions de validité de mariage, au point de vue canonique aussi bien qu'au point de vue civil, ne sont introduites dans le débat que par cette fiction de mariage civil sur laquelle repose tout entière la spéculation judiciaire que madame Weber poursuit ;

» Attendu qu'en réalité M. Pescatore et madame Weber, lorsqu'ils allaient recevoir en Espagne la bénédiction nuptiale, n'avaient ni l'un ni l'autre la volonté de contracter un mariage de nature à produire des effets civils ; — que M. Pescatore avait l'intention de conserver à sa famille la plus grande partie de sa fortune, et qu'il a persisté dans cette intention jusqu'à ses derniers moments ;

» Attendu que les faits qui ont été avancés par madame Weber et qui

semblent contredire la volonté dans laquelle, suivant les légataires universels,
M. Pescatore a persisté jusqu'à sa mort, sont de tous points inexacts ;

» Attendu notamment que le récit d'une scène qui, suivant madame Weber,
se serait passée autour du lit du mourant, scène dans laquelle M. Pescatore
aurait recommandé à ses parents madame Weber comme sa femme légitime,
et reproché à son frère Antoine de l'avoir empêché de faire les publications
légales, est complétement controuvée.

» Par ces motifs et autres à suppléer,

» Donner acte aux légataires universels de M. Jean-Pierre Pescatore de ce
qu'ils persistent dans leurs précédentes conclusions signifiées par deux actes
du 17 juillet 1856 et du 23 du même mois.

» En conséquence, sans s'arrêter au prétendu acte de mariage du 8 novembre
1851, lequel, en tant que de besoin sera déclaré nul et de nul effet ;

» Déclarer la dame Weber non recevable, en tous cas mal fondée dans sa
demande en compte, liquidation et partage d'une prétendue communauté de
biens qui aurait existé entre elle et M. Jean-Pierre Pescatore,

» Et la condamner aux dépens ;

» Subsidiairement et pour le cas où le tribunal ne se croirait, quant à pré-
sent, suffisamment éclairé :

» Donner acte aux concluants de ce qu'ils articulent, mettent en fait et
offrent de prouver, tant par titres que par témoins, les faits suivants :

» Premier fait : Que, le 5 octobre 1851, Mgr l'archevêque de Bordeaux, se
trouvant à Giscours, a engagé M. Pescatore à faire cesser la situation irrégu-
lière dans laquelle il se trouvait vis-à-vis de madame Weber, et que M. Pes-
catore lui a répondu par un refus de contracter un mariage civil ; que M. Pes-
catore lui a donné pour motifs de son refus :

» 1° Qu'il redoutait la publicité, en raison de ce qu'un grand nombre de
personnes honorables fréquentaient sa maison dans la persuasion qu'il existait
un mariage secret et qu'elles seraient blessées d'apprendre la vérité ;

» 2° Qu'il craignait de faire une chose pénible à sa famille qu'il affection-
nait beaucoup ;

» 3° Qu'il ne voulait pas s'exposer aux obligations et aux conséquences
auxquelles un mariage civil le soumettrait comme négociant ; qu'il fut con-
venu alors entre Mgr l'archevêque de Bordeaux, M. Pescatore et madame
Weber, que l'on se bornerait à un mariage religieux ; mais qu'un tel mariage
n'étant pas possible en France à cause de la législation, on irait le contracter
en Espagne, et que Mgr l'archevêque de Bordeaux se chargerait de tous les
préparatifs nécessaires pour sa prompte réalisation.

» Deuxième fait :

» Que le 28 octobre 1852, Mgr. l'archevêque de Bordeaux a écrit à Mgr
l'évêque de Pampelune une lettre pour lui recommander M. Pescatore, qui
voulait ne s'unir que religieusement avec une personne demeurant avec lui
depuis plusieurs années ; que cette lettre existait encore, le 6 février 1856,
dans les mains de Mgr l'évêque de Pampelune, qui en a donné communica-
tion à M. Toutch, conseiller à la Cour suprême de Luxembourg, subrogé-
tuteur des mineurs Pescatore, lui a permis de transcrire séance tenante sur
son calepin le commencement de la lettre, notamment les mots *ne s'unir que*

religieusement, et lui a promis de lui remettre une copie de la lettre entière s'il en obtenait la permission de Mgr l'archevêque de Bordeaux, le tout en la présence de deux autres personnes; qu'une traduction en espagnol de la lettre du 28 octobre 1851 a été envoyée le 4 novembre suivant par Mgr l'évêque de Pampelune à M. le curé de Renteria et se trouvait en la possession de ce dernier, le 7 janvier 1856, jour où il en a donné connaissance audit M. Toutch en présence de témoins.

» Troisième fait :

» Que, dans les premiers jours de novembre, 1851, M. Pescatore et madame Weber sont partis de Giscours sans faire connaître leur projet à qui que ce soit, en prétextant une visite à M. O'Shea, banquier de Madrid, qui se trouvait alors à Biarritz ; que le seul domestique qui les accompagnait a été laissé par eux à Biarritz pendant l'excursion de plaisir qu'ils allaient, disaient-ils, faire en Espagne.

» Quatrième fait :

» Qu'arrivés à Renteria, ils se sont immédiatement rendus dans la chambre du curé, où la bénédiction nuptiale leur a été donnée, et qu'ils n'ont passé en tout qu'une heure et demie à Renteria ; qu'après leur départ, personne dans le pays, excepté le curé et le maître de poste, appelé comme témoin, n'a soupçonné ce qui venait de se passer.

» Cinquième fait :

» Que, rentrés à Giscours, après une absence de trois jours seulement, ils n'ont fait connaître à personne la cérémonie religieuse de Renteria, dont ne se doutait même pas le domestique ramené de Biarritz.

» Sixième fait :

» Qu'à son retour à Paris, madame Weber a conservé dans la maison la situation qu'elle y avait auparavant, et que, pendant un certain temps, elle a continué de porter le nom de madame Weber ; qu'à une époque postérieure au mariage, madame Weber, recevant les compliments d'une dame qui admirait les tableaux de la Celle-Saint-Cloud, se servit de ces mots : « Vous avez bien mieux que cela, madame ; vous avez une position régulière et avouable ; » qu'à plusieurs reprises depuis le mariage madame Weber a exprimé la même pensée.

» Septième fait :

» Que M. Pescatore et madame Weber ont très bien su l'un et l'autre qu'il n'existait entre eux aucun mariage civil ; que dans les jours qui ont précédé la mort de M. Pescatore et lorsqu'on s'est aperçu que sa fin était prochaine, des amis de madame Weber ont fait des démarches, tant auprès de Son Excellence M. le garde des sceaux, qu'auprès de l'adjoint du maire du 2ᵉ arrondissement pour faire conclure un mariage civil, *in extremis*, et que le temps manquant même pour permettre une seule publication, on a songé à faire faire à M. Pescatore un testament en la forme authentique, pour augmenter les avantages qu'il avait précédemment faits à madame Weber.

» Huitième fait :

» Que, dans la soirée du 8 décembre 1855, M. Pescatore se fit relire son testament de 1853, qu'il parut d'abord trouver inutiles de nouvelles libéralités au profit de madame Weber, et qu'il ne consentit aux dispositions contenues dans le testament dudit jour 8 décembre 1855, qu'à la suite d'assez longs pourparlers au cours desquels madame Weber s'était écriée auprès du lit du mourant : « Mais il faudra donc que j'aille vivre dans une mansarde ! »

» Dire en conséquence que, faute par la demanderesse de dénier les faits ci-dessus, ce qu'elle est sommée de faire dans le délai fixé par l'article 252 du Code de procédure civile, les faits dont il s'agit seront tenus pour avérés.

» Et ce sera justice.

» H. PÉRONNE, avoué. »

CONCLUSIONS DE M. ERNEST PINARD,

Substitut du Procureur impérial.

Messieurs,

Tout donne à cette affaire de singulières proportions : le chiffre des intérêts engagés, la position sociale des parties en cause, le talent des deux éminents adversaires qui, pendant trois audiences successives, ont captivé votre attention ; mais ce qui crée pour nous la véritable solennité de ces débats, c'est l'importance des questions de droit qu'ils soulèvent. Sous ce mot : *validité de mariage* se discutent des principes qui touchent à la législation espagnole, à l'ensemble de notre droit privé et au droit public lui-même.

Les faits qui donnent naissance à ce procès sont extrêmement simples. Le 8 novembre 1851, à deux lieues de la frontière française, à Renteria, village d'Espagne, arrivent en chaise de poste M. Pescatore et madame Catherine Weber. Le curé est prévenu ; il les reçoit au presbytère et procède, en présence de deux témoins, à la célébration religieuse du mariage. Trois heures après, les deux voyageurs quittent Renteria et repassent la frontière. Quelle est la valeur de cet acte du 8 novembre 1851 ? Si vous lui donnez en France des effets civils, il faut que, outre les legs particuliers du testament, la demanderesse ait la moitié de cette opulente communauté de quinze millions laissée à de nombreux héritiers. Si vous lui refusez tout caractère légal, le testament sera exécuté purement et simplement, et madame Weber aura, avec l'usufruit de la Celle-Saint-Cloud, 60,000 livres de rente.

Avant d'entrer dans le fond même de la discussion juridique, il est une question d'intention que nous devons résoudre. C'est le seul point de fait dans l'affaire ; mais il a son importance. Quand M. Pescatore et madame Weber ont fait ce voyage étrange de Renteria, quelle était leur pensée secrète ? Voilà l'interrogation que tout le monde se pose, et il faut y répondre. Remarquez que rechercher ici leur but et leur mobile, ce n'est point soutenir un système de restrictions mentales apportées au consentement. Non. Lorsque deux futurs paraissent devant le prêtre et prononcent le oui solennel, l'Église répute leur consentement entier, et ne leur demande pas compte de leur mobile pour déclarer indissoluble le lien religieux qu'ils ont formé. Devant l'officier de l'état civil, il en est de même, et lorsque les époux ont répondu affirmativement, les effets civils du mariage sont irrévocablement acquis, que les parties les aient ou non prévus. Mais la question d'intention est tout autre ici. Deux personnes habitant depuis longtemps la France, vivant dans un milieu social élevé, habituées toutes deux à la distinction fondamentale que notre législation et nos mœurs font entre le sacrement et le contrat civil, ayant toutes les facilités possibles pour recevoir sans éclat le sacrement et signer sans bruit le contrat, mais obligées en France de faire précéder la célébration religieuse d'une célébration civile, ces deux personnes, dis-je, passent quelques heures la frontière pour demander à un prêtre espagnol la bénédiction religieuse. Ne faut-il pas de toute nécessité se demander si elles ont voulu que cet acte de Renteria produisît des effets civils en France?

Or, je dis que si tout révèle chez les parties contractantes la volonté sérieuse et honorable de faire cesser devant l'Église une situation irrégulière, de satisfaire à un devoir de conscience, d'ouvrir par cette réparation leurs salons aux personnes honorables qui se tenaient à l'écart, tout révèle aussi l'intention de se placer en dehors de la loi française, et de ne lui demander aucune des prérogatives qu'elle assure dans la sphère des intérêts civils. Ces prérogatives ne peuvent concerner que les personnes et les biens : des prérogatives relatives aux personnes, les parties contractantes s'en préoccupent peu ; leur union, ils le savent, ne doit point leur donner d'enfants ; des effets relatifs aux biens, M. Pescatore semble s'en préoccuper au contraire, mais c'est pour les éviter. Possédant à cette époque une fortune exclusivement mobilière, tout engagée dans l'industrie, qui lui promettait déjà les immenses bénéfices réalisés plus tard, M. Pescatore paraît avoir voulu repousser le mariage civil pour éviter les conséquences qu'il aurait eues sur son patrimoine. Tout le démontre dans l'attitude que prenaient les parties contractantes à ces trois dates distinctes : avant, pendant et après l'acte de Renteria.

Avant, pas de contrat et pas de publications. Le contrat, c'est cependant la première préoccupation des plus humbles, et comment comprendre que le millionnaire enrichi par son propre travail et s'unissant à une femme sans patrimoine, ait involontairement passé sous silence ce préliminaire obligé? Les publications; mais c'est là une précaution légale qui ne saurait effrayer personne, dont l'exécution aurait passé inaperçue au milieu des nombreuses annonces d'une mairie de Paris. Les parties ne pouvaient d'ailleurs oublier qu'elles étaient impérieusement prescrites pour le mariage civil ; M. Pescatore était veuf et avait eu à les accomplir lors de sa première union ; madame Weber avait une sœur mariée en 1850, et avait eu une publication faite pour elle-même à l'occasion d'un mariage qui ne s'était pas réalisé.

D'ailleurs le choix du lieu et l'ensemble des circonstances se comprennent-ils, si les parties ont eu en vue les effets civils du mariage? Si elles redoutent le bruit et les regards, n'ont-elles pas à leur disposition la petite mairie de Giscours, quand le village est désert au moment des rentrées des récoltes, et la chapelle de Mgr l'archevêque de Bordeaux?

Pourquoi ce choix de Renteria, d'un curé inconnu, auprès duquel on est obligé de justifier de son identité? Pourquoi, au milieu des douleurs d'une maladie, ce voyage fatigant, à une longue distance de Giscours? Pourquoi assumer l'ennui de ces correspondances et de ces démarches multiples auprès de l'évêque de Pampelune et de prêtres étrangers? Ah! tout est logique et tout se comprend, si vous avez voulu le sacrement seul sans les effets civils du mariage en France ; vous ne pouviez alors agir autrement, puisque le prêtre français ne peut procéder à la célébration religieuse qu'après la célébration civile. Tout, au contraire, est incompréhensible, si vous avez voulu que l'acte de Renteria eût en France les effets d'un mariage civil. Vous avez, de gaieté de cœur, multiplié les ennuis, les démarches ; vous avez créé une situation fausse et préparé le procès : vous avez été volontairement à l'encontre du but que vous vous proposiez.

Après l'acte de Renteria, la pensée de ne donner à la célébration que les conséquences d'une célébration purement religieuse se trahit également. On sait que la transcription du contrat est la seule mesure de publicité qui permette à l'État comme à l'Église de connaître le mariage contracté à l'étranger. Comme on tient à cette reconnaissance de la part de l'Église, l'acte de Renteria est immédiatement transcrit sur les registres des deux paroisses de Notre-Dame de Lorette et de la Celle-Saint-Cloud. Comme on ne tient nullement aux bénéfices de la loi civile, on se garde de faire la même transcription aux deux mairies. Si l'on n'avait transcrit nulle part, on pourrait croire à l'oubli : on transcrit à droite et point à gauche, quand la mesure est également ordonnée par les deux pouvoirs : donc on a volontairement fait la distinction.

Voilà l'intention des parties contractantes manifestée à ces trois dates : avant pendant et après l'acte de Renteria. Elle serait plus nette encore et plus éclatante, si nous interrogions celui qui a été leur conseil le jour où elles ont voulu faire cesser l'irrégularité du passé. Quelle a été la pensée de Mgr l'archevêque de Bordeaux ? Sauver avant tout les âmes, les ramener à Dieu, éclairer et calmer leur conscience.

Le contrat purement civil, il a pu le leur conseiller ; mais, devant les répulsions de M. Pescatore, il a dû ne pas tenir à le leur imposer. Effacer devant l'Église la tache du passé, ce but suffisait à son zèle et à sa pieuse mission. Il y a plus : une lettre a été écrite par Mgr l'archevêque de Bordeaux à l'évêque de Pampelune : cette lettre a été lue par le subrogé-tuteur des enfants de Pierre Pescatore : il a copié sur cette lettre ces mots qui disent hautement toute la pensée des parties : « Permettez-moi de vous adresser M. Pescatore, qui ne voudrait s'unir que religieusement avec une personne... » Voilà une phrase topique, décisive, qui dispense de discuter le point de fait. Que Monseigneur l'archevêque de Bordeaux garde le silence sur ce point ; je le comprends à merveille : il n'est point partie au procès, et il a reçu le secret des contractants. Mais si la phrase n'est pas exacte, si l'allégation si décisive du subrogé-tuteur est fausse, ah ! je ne comprends pas alors le silence de madame Weber : je ne comprends pas qu'elle ne donne pas, par la bouche de son défenseur, le plus éclatant et le plus énergique des démentis : je ne comprends pas qu'elle ne demande point, qu'elle n'obtienne point la copie de cette lettre qui a été retirée, mais qui n'est point perdue. Sa réserve sur ce point est la meilleure preuve de l'existence de cette phrase qui a tranché souverainement la question d'intention.

Reconnaissons-le donc : l'intention des parties n'était pas de contracter une union qui eût en France des effets civils. Si elles eussent eu cette pensée, rien ne s'explique dans leur conduite ; tout devient une énigme. Vous voulez alors que les deux contractants aient passé la frontière, non plus pour fuir la loi française, mais pour la frauder ; vous leur supposez la pensée de vouloir un état civil dressé contrairement à la loi et par d'autres que ceux auxquels celle-ci a donné cette mission ? Eh bien ! j'ai démontré que cette supposition était impossible, et j'aurais presque le droit d'ajouter qu'elle est injurieuse pour eux, et pour l'archevêque de Bordeaux qui, dans cette hypothèse étrange, deviendrait leur complice. Non, M. Pescatore et madame Weber n'ont pas fait un voyage de quelques lieues et une absence de quelques heures dans la pensée unique de se soustraire aux obligations de la loi civile, le 8 novembre, pour en réclamer le lendemain les prérogatives. Non, le cardinal n'a pu leur donner un semblable conseil. Qu'il leur ait dit : Si vous voulez le sacrement sans le contrat civil en France, vous trouverez le prêtre en Espagne ou en Angleterre, c'est probable, c'est même certain. Mais il n'a pu leur dire : Allez, le sacrement reçu à quelques lieues de mon diocèse sera autre chose qu'un mariage de conscience : il vaudra le contrat civil envers et malgré la loi ; et à l'aide d'une subtilité juridique, vous aurez tout éludé.

Non, le prince prélat n'a pas tenu ce langage. J'en ai pour garant son caractère ; que dis-je ? j'en ai pour garant sa propre parole. Blessé, non pas du langage tenu à votre audience, tout ce qui s'est dit à son égard ici a été juste et mesuré, mais des intentions qu'on avait pu lui prêter dans le public, voulant repousser avant tout le reproche immérité d'avoir donné le conseil d'éluder la loi du pays, Mgr de Bordeaux a adressé directement à M. le procureur impérial la lettre suivante (mouvement d'attention) :

« Bordeaux, le 17 juillet 1856.

» Monsieur le procureur impérial,

» Je vois dans les feuilles publiques que la 1re chambre est occupée dans ce » moment d'une question de validité de mariage dans l'affaire Pescatore. Je ne » voudrais à aucun prix intervenir dans un débat qui, soumis à l'appréciation du » tribunal, ne peut que recevoir une solution conforme à la justice et à la vérité.

» Je ne puis, toutefois, m'empêcher de protester devant vous, non pas contre le » rôle qu'on voudrait me faire jouer dans ce procès, car on s'est montré juste et » convenable à tous égards envers moi, mais contre des insinuations qui iraient à » prêter au clergé en général certaines tendances qu'aucun de ses actes ne permet » de lui attribuer.

» Nous avons trop le sentiment du respect que nous devons aux institutions de » notre pays, et nous avons trop l'habitude de nous y conformer, pour avoir *jamais* » *conseillé ou fait quelque chose qui aurait eu pour résultat d'y porter une* » *atteinte directe ou indirecte.*

» Je vous prie, monsieur le procureur impérial, de vouloir bien être l'interprète » de ces sentiments auprès du tribunal, et en même temps d'agréer l'assurance de » ma haute considération.

» FERDINAND, cardinal DONNET,

» archevêque de Bordeaux, sénateur. »

Après cette déclaration si loyale, si mesurée que nous devions faire connaître au tribunal, nous avons plus que jamais le droit de dire : Non, les parties contractantes n'ont point eu la volonté d'éluder la loi et de revenir avec un acte étranger qui prévalût contre elle; non, l'auguste dépositaire de leurs pensées les plus secrètes n'a pu leur donner ce triste conseil. Sa conscience le lui aurait interdit, et son honneur s'indigne quand on l'en soupçonne.

Si la question d'intention est ainsi tranchée d'une manière éclatante en 1851, que m'importent les actes qui peuvent suivre? Et d'ailleurs, où trouve-t-on dans les années qui s'écoulent depuis 1851, jusqu'au décès de M. Pescatore, un démenti donné à cette intention si nettement formulée? Sera-ce dans la correspondance de la famille? Sera-ce dans le testament de M. Pescatore? La correspondance, je la tiens pour indifférente. Le testament, j'y vois la confirmation la plus éclatante de l'intention qui présidait à l'acte de Renteria. Deux mots encore sur chacun de ces points, et j'en ai fini avec cette grande question préjudicielle.

La correspondance atteste que les héritiers ont connu l'acte de Renteria, que M. Pescatore leur en a fait part lui-même et qu'ils ont adressé à leur oncle, comme à madame Weber, de nombreuses félicitations. Celle-ci a pris ou gardé dans le monde le nom de M. Pescatore, et la famille lui a même donné le titre de tante. Mais nulle part M. Pescatore ne dément l'intention que nous avons constatée au moment de la célébration de l'acte de Renteria. Il devait trouver, dans le devoir pieux qu'il avait accompli, des raisons suffisantes pour présenter partout madame Weber comme sa femme, et devant deux personnes qui avaient voulu sincèrement recevoir le sacrement de l'Église, qui s'étaient inclinées devant le prêtre pour effacer une faute, les héritiers ne pouvaient tenir un autre langage que celui que leur prête la correspondance.

Est-ce qu'aux yeux du monde le plus frivole, aux yeux des sceptiques eux-mêmes, le lien civil est tout dans la vie? Est-ce qu'après avoir été fondée, façonnée pendant tant de siècles par le christianisme, la société n'entoure pas de ses respects le lien religieux que deux parties contractantes ont formé ou ont cru former? Y en a-t-il beaucoup qui croiraient avoir tout fait quand ils ont été seulement devant l'officier civil? Il suffisait donc que l'acte de Renteria eût au moins l'apparence de l'engagement religieux, pour que les héritiers, qui pouvaient d'ailleurs en ignorer les vices, s'inclinassent avec respect devant lui. La correspondance s'explique donc d'elle-même, sans qu'on puisse affirmer que M. Pescatore ait voulu annoncer à ses neveux, et que ceux-ci aient voulu reconnaître, un mariage civil contredit par tout le passé dont j'ai parlé.

Quant au testament, ce grand acte de la volonté dernière, où M. Pescatore à consigné minutieusement, et à plusieurs reprises, chacune de ses pensées, il démontre clairement, selon moi, que son auteur ne croyait pas aux effets civils de l'acte de Renteria. Lui, l'homme instruit, rompu aux affaires, déjà marié une première fois, ne pouvait ignorer, qu'en l'absence du contrat notarié, la communauté des biens est la conséquence nécessaire du mariage civil. Or, à chaque ligne il proteste contre un semblable résultat. Tout dément chez lui la pensée d'une communauté, et les legs qu'il fait à madame Weber et ceux mêmes qu'il fait aux héritiers. A madame Weber, il lègue un capital de 500,000 fr., un cinquième du vermeil et de l'argenterie, les meubles de sa chambre à Paris et à la Celle, l'usufruit du mobilier de la Celle : il interdit à ses héritiers de lui demander compte des dettes qu'elle aurait contractées pour le ménage. De bonne foi, est-ce qu'on fait de semblables dons à celle qu'on croit commune en biens et qui a droit, non pas à ces parts restreintes, mais à la moitié de l'opulent héritage ? Puis à ses neveux et nièces, il va léguer l'universalité des biens communs sans se préoccuper d'un droit de copropriété auquel il n'a jamais cru : à madame Dutreux, il donnera la nue propriété de la Celle ; à Guillaume Pescatore, la terre de Giscours ; à madame de Scherff, l'hôtel de la rue Saint-Georges ; à madame Beving, deux cents actions de Decize ; à la ville de Luxembourg, des capitaux considérables. Où est chez lui la pensée d'une communauté dont la moitié serait indisponible? S'il ne la voit nulle part, et s'il savait qu'elle était cependant la conséquence fatale d'une union accomplie sans contrat notarié, c'est qu'à la veille de sa mort, comme au 8 novembre 1851, il ne voulait point des effets civils de la loi française et n'y avait jamais cru.

Je crois, quant à moi, à cette volonté dernière, si nettement, si catégoriquement exprimée; je crois que, lorsqu'il faisait à Mgr de Bordeaux et pour ses pauvres ce legs pieux de 20,000 fr., afin de le remercier de l'avoir fait entrer dans le giron de l'Église (ce sont là ses expressions), il appréciait sainement ce qu'il s'était proposé dans le passé. A ce moment suprême, on ne s'illusionne ni sur la situation qu'on s'est faite, ni sur celle qu'on a faite à d'autres. La femme qu'il avait aimée, qu'il aimait encore, était là d'ailleurs, à genoux près du chevet funèbre, une main dans sa main, devant la famille assemblée ; à chaque codicille nouveau sa part s'est augmentée, à chaque page du testament elle a été nommée; elle résumait et rappelait au mourant toute sa vie, sa vie dont les actes lui apparaissaient plus nets aux clartés de la dernière heure, et jamais il ne songea à cette qualité de femme *commune*, de femme *civile*, qu'elle revendique aujourd'hui.

Ainsi la question d'intention est définitivement vidée. La volonté des parties éclate, avant, pendant, après l'acte de Renteria. Leur attitude vis-à-vis de la famille ne la dément pas, et le testament la confirme. Or n'est-ce rien, messieurs, que d'avoir établi ce point lorsqu'il s'agit de juger un contrat aussi solennel que le mariage? Qu'on ne soit point admis à faire valoir des restrictions mentales contre le consentement une fois donné, c'est évident ; mais lorsqu'il est démontré que les contractants ont voulu fuir la loi française, pourquoi leur en accorder les bénéfices? Lorsqu'il est prouvé qu'il n'ont passé la frontière que pour demander la bénédiction religieuse, pourquoi leur demander au delà du but qu'ils se sont proposé? Pourquoi leur ouvrir d'autres portes que le temple, lorsqu'ils ont voulu n'entrer que là? Pourquoi, lorsqu'ils ont fait eux-mêmes leur part, leur en choisir une autre? Le lien civil, ils ont protesté contre lui : or, comme leur consentement seul pouvait l'engendrer, je ne vois pas comment vous pourriez leur imposer après coup ce second, ce nouveau contrat dont ils n'ont pas voulu.

Voilà, messieurs, mon premier argument. Il est puisé exclusivement dans les faits, et il donne la vraie physionomie de cette étrange affaire. Abordons maintenant le terrain du droit pur, et discutons l'acte de Renteria à un triple point de vue. Qu'est-il au point de vue du droit espagnol? qu'est-il au point de vue de notre droit privé? qu'est-il au point de vue de notre droit public?

Le droit espagnol, c'est la législation canonique; notre droit privé, c'est le Code Napoléon; notre droit public, c'est le concordat.

Le droit espagnol, c'est le droit canonique dans toute sa pureté. En 1837 comme en 1823, les cortès ont déclaré lois de l'État les prescriptions disciplinaires du concile de Trente. C'est donc là où il faut remonter pour trouver la loi applicable à un mariage espagnol, sauf ensuite à demander aux canonistes comment la jurisprudence a interprété et complété les décisions du concile; sur ce terrain, les deux adversaires ont invoqué de part et d'autre les témoignages les plus respectables, et présenté des consultations opposées.

Rien n'est plus facile, en effet, au milieu des immenses monuments que présente le droit canonique, que de trouver sur des questions de détail un texte pour et contre. Mais le droit canonique a, au milieu de sa variété même et comme le droit coutumier à côté duquel il a vécu si longtemps, un ensemble de principes formant cette loi de droit commun dont parlait Dumoulin. C'est ce droit commun seul qu'il faut dégager, messieurs, sans se perdre dans la variété des espèces, sans opposer des noms à d'autres noms, et en pesant les raisons, quels que soient les auteurs.

Avant le concile de Trente, les unions clandestines étaient prohibées par l'Église. Celle-ci avait élevé le mariage à la hauteur d'un sacrement; mais comprenant toute la portée sociale de ce contrat solennel, elle édictait des peines contre ceux qui le contractaient dans l'ombre. Néanmoins les unions clandestines se multipliaient, et le concile de Trente, voulant guérir énergiquement cette plaie, déclara que la clandestinité serait une cause radicale de nullité. Appliquant les conséquences de son principe, il prescrivit de ne marier les *vagabonds* (*vagi*) qu'après de minutieuses informations (s. cl. 24, ch. VIII), et astreignit ceux qui avaient un domicile à ne contracter mariage que devant leur propre curé ou le prêtre ayant une licence de l'ordinaire :

« Qui aliter quam præsenti parocho vel alio sacerdote de ipsius parochi seu ordinarii licentiâ matrimonium contrahere assentabunt, eos sancta synodus ad sic contrahendum omnino inhabiles reddit, et hujusmodi contractus irritos et nullos esse decernit. » (24 sect., chap. 1ᵉʳ.)

Ainsi le ministre du sacrement doit être le *prêtre, sacerdos*. C'est au nom de ce premier titre qu'il marie : *Conjungo vos...* et je ne fais nulle difficulté de reconnaître, avec le défenseur de madame Weber, que ce cachet sacerdotal, qui donne au moins le pouvoir virtuel de conférer tous les sacrements, est indélébile et universel. Le magistrat, l'officier de l'état civil, l'homme de la loi humaine en un mot, est radicalement incompétent en dehors du territoire pour lequel la mission lui fut confiée, et il n'y a pas de licence ou de délégation du juge local qui puisse l'habiliter en dehors de sa circonscription. Le prêtre, au contraire, porte son caractère sacerdotal et les pouvoirs virtuels qui y sont attachés partout avec lui. Le sceau qui l'a frappé ne tombe pas à la frontière de son pays: en tant que prêtre, il n'est ni Anglais, ni Français, ni Italien, ni Espagnol, il est de l'Église catholique, c'est-à-dire de l'Église universelle. Pour lui, il est vrai de dire qu'il n'y a pas de Pyrénées : prêtre en deçà, prêtre au delà ; un prélat français aurait donc, en vertu du caractère sacerdotal que le temps et les lieux ne changent pas, le pouvoir virtuel de marier à Renteria.

Mais cette première condition, le titre sacerdotal, suffit-elle aux termes de la prescription du concile ? Non ; il faut en outre que le prêtre qui marie soit le *parochus* ou qu'il ait la *licentia parochi vel ordinarii* ; en un mot, il faut que le prêtre qui marie soit le curé des parties ou qu'il ait reçu la délégation ou la permission du curé. Pourquoi ? Parce qu'à côté du droit virtuel il y a le droit en exercice, et que si le titre sacerdotal est universel et reste le même en tout lieu, la juridiction disciplinaire est locale et a des limites parfaitement définies. Ainsi le *parochus* est le grand surveillant de sa paroisse ; nul ne peut marier chez lui ou marier les siens sans lui en référer. Est-ce pour lui demander la délégation de son titre sacerdotal ? Nullement ; ce titre-là ne se délègue pas ; mais c'est pour l'avertir des actes de ses paroissiens, et parce que personne ne peut procéder vis-à-vis d'eux sans son autorisation.

C'est cette obligation d'en référer au *parochus* ou à l'ordinaire qui constitue la vraie publicité. Tout ce qui se fait à l'insu du *parochus*, sans lui ou sans sa permission, tout cela est clandestin. Lui seul est censé connaître les empêchements au mariage : si vous le fuyez, vous fuyez la publicité. Il doit être le vrai, le sérieux témoin du mariage, qu'il y assiste matériellement ou qu'il donne simplement la licence ou la permission. Son intervention nécessaire se comprend d'ailleurs et à merveille : sa juridiction limitée, locale, de *parochus*, lui permet de connaître la situation réelle des parties et d'affirmer leur capacité relative au mariage.

S'il en est ainsi, tout s'explique et il n'y a plus à équivoquer sur le sens du mot *licentia* traduit si souvent par le mot *delegatio*. Le prêtre, en tant que prêtre, a le pouvoir naturel de marier ; il ne peut mettre ce droit en exercice que s'il est *parochus*, ou que s'il a la *licentia parochi vel ordinarii*, l'autorisation de l'ordinaire. Cette autorisation peut être accordée ou refusée. Si on l'accorde, il n'y a pas, à vrai dire, *mandat*, et ce n'est pas le déléguant qui marie. Le délégué est le seul prêtre qui marie ; il donne la bénédiction nuptiale au nom de Dieu dont il est le représentant, et jamais au nom du déléguant. Seulement, pour faire cette acte du ministère ecclésiastique, sur le territoire d'une paroisse qui ne serait point la sienne, ou vis-à-vis de parties qui ne seraient point ses paroissiens, il lui faut l'autorisation ou la licence de l'ordinaire.

Ainsi le principe posé par le concile de Trente est indiscutable : pour être officier compétent ministre du sacrement de mariage, il faut être prêtre, propre curé des parties ou autorisé de l'ordinaire : *Sacerdos, proprius parochus, vel licentia ordinarii*. Si le ministre du sacrement n'est pas cela, l'incompétence est radicale, et la nullité est absolue.

Mais le concile de Trente posait des principes et ne pouvait discuter des détails. Il traçait des règles générales pour l'Église universelle, mais laissait à chaque Église ou à chaque pays le soin de décider, selon les mœurs et les usages locaux, à quels signes, en fait, on reconnaîtrait l'ordinaire. C'était là une pure question de domicile ou de résidence, car le fait du séjour peut seul constituer le lien paroissial. Sur ce point, il faut le dire, il y eut des divergences dans le droit canonique : les uns voulurent un temps assez long pour établir l'ordinaire, les autres se contentèrent d'un délai plus court : les uns furent plus sévères, et les autres plus larges. Ce sont là les deux tendances éternelles de l'esprit humain ; elles se retrouvent dans l'interprétation de toutes les législations.

La France acceptait toutes les décisions du concile de Trente relatives à la foi ; elle repoussait une grande partie de ses règles disciplinaires. Seulement, avec cet esprit net et pratique qui a toujours distingué ses jurisconsultes et ses canonistes, elle comprit toute la salutaire portée du titre relatif aux mariages clandestins, où le concile, en se montrant si sévère, n'avait fait que suivre l'impulsion des prélats français ; elle traduisit cette sévérité dans ses édits.

Reproduisant sur ce point toutes les dispositions du concile, elle arrive à trancher en fait la question du domicile dans un sens net et précis, et n'admet la constitution de l'ordinaire que par un séjour de six mois ou d'un an : six mois pour ceux qui changent de paroisse sans changer de diocèse, un an pour ceux qui viennent d'un autre diocèse.

Telles sont les dispositions textuelles de la déclaration de Louis XIII, du 26 novembre 1639, et de celle de Louis XIV, du 15 juin 1697 :

« Défendons à tous curés et prêtres de conjoindre en mariage autres personnes » que ceux qui sont leurs vrais et ordinaires paroissiens, demeurant actuellement » et publiquement dans leurs paroisses, au moins depuis six mois à l'égard de ceux » qui demeuraient auparavant dans une autre paroisse de la même ville ou dans le » même diocèse, et depuis un an pour ceux qui demeuraient dans un autre dio- » cèse. »

Les anciens rituels reproduisirent cette partie des édits, et en 1827, le synode de Lyon reconnaît le domicile à six mois de résidence, sans interruption. (Bailly, *Theologia moralis*, t. VI.)

A côté de la France qui ramenait la constitution de l'ordinaire à des règles nettes et à des délais préfixes, l'école italienne et espagnole fut, je le reconnais, un peu plus large et tendit toujours à adoucir la prescription disciplinaire. Mais est-ce à dire que la moindre résidence suffisait à ses yeux pour constituer au gré des parties le lien paroissial ? Non, évidemment ; et l'étude attentive de cette seconde classe de canonistes et des décisions de la congrégation du concile contredirait complétement cette assertion. Pour les canonistes italiens et espagnols, il y a trois modes de constituer l'ordinaire :

1° Le domicile résultant de l'*animus perpetuo morandi* ;

2° Le quasi-domicile résultant d'une résidence de six mois à la campagne, ce qui permet aux parties de choisir entre les deux ordinaires que leur donnent le séjour d'hiver et le séjour d'été ;

3° Une résidence moindre ne descendant pas au-dessous d'un mois, mais à la condition expresse qu'en se fixant dans ce lieu habité depuis si peu de temps, les parties aient songé à un séjour permanent, dont elles ne précisaient pas le terme ; aussi l'ordinaire n'est-il point constitué dans ce dernier cas, ajoutent les canonistes, si l'on n'est venu que par agrément, pour raison de santé, pour présider aux travaux de la campagne ou pour se marier loin de son véritable domicile : « *Animi levandi gratiâ, seu valetudinis causâ, seu ad rusticana negotia, seu ad matrimonium contrahendum.* » Ainsi ce dernier mode de constituer l'ordinaire, si élastique en apparence, ne saurait avoir la portée qu'on lui prête, puisqu'on exige toujours l'intention d'une habitation prolongée.

Voulez-vous une preuve que c'est dans ce sens seulement que s'établit le lien paroissial ; voyez l'exemple sur lequel raisonnent Fagnanus et les secrétaires de la Congrégation à chaque occasion. Il s'agit d'une femme expulsée de son véritable domicile à raison du scandale qu'elle occasionne, et reléguée par un ordre du prince dans un lieu déterminé : quatre mois se passent, l'ordre d'exil sera peut-être levé dans l'avenir, mais il est indéterminé quant au temps ; elle se marie après quatre mois dans cette résidence forcée ; le mariage est validé ; ce court délai a suffi pour établir l'ordinaire, car l'intention de séjour est indéterminée comme l'arrêté d'exil. (N° 19, titre *De parochiis et alienis parochianis*) (1). Ainsi, même pour l'école italienne, l'ordinaire ne s'établira que par le fait du domicile, celui du quasi-domicile de six mois, ou celui d'une résidence moindre, avec l'intention d'un séjour prolongé.

Nous connaissons maintenant et le principe du concile de Trente, et comment les deux branches de la jurisprudence canonique ont tranché la question de l'ordinaire ; voyons l'application de ces règles aux faits de la cause, et s'il est un biais, un seul à l'aide duquel la validité canonique de l'acte de Renteria puisse se soutenir.

1° Les parties contractantes ne sont point *vagi*, dans la classe de ceux que le prêtre ne doit marier qu'après de très minutieuses informations. A elles ne s'applique point la section 26 du chapitre VII. Elles ont un domicile en France ; c'est donc la section 24 du chapitre Ier qui devient leur loi, et qui fixe la règle de compétence.

2° Les parties séjournent trois heures à Renteria dans la journée du 8 novembre 1851. Le curé de Renteria est prêtre *sacerdos*, mais il n'est pas leur *parochus* ; à lui seul il est donc incompétent pour les marier, comme il le serait également vis-à-vis de deux Espagnols qui n'auraient passé qu'un jour à Renteria ;

3° Cette incompétence radicale est-elle couverte par l'autorisation que lui donne l'évêque de Pampelune ? Non, évidemment. Les parties n'ont jamais séjourné dans le diocèse de Pampelune. L'évêque de cette ville serait aussi incompétent pour les marier que le curé de Renteria. Son autorisation est donc sans force et sans portée.

4° L'incompétence du curé de Renteria s'effacera-t-elle devant la *licentia* de l'archevêque de Bordeaux ? Oui, si l'archevêque de Bordeaux est l'ordinaire des parties ; non, s'il n'est pas leur ordinaire.

Or, Mgr de Bordeaux ne saurait être considéré comme l'ordinaire de

---

(1) « Posito quod mulier ex civitate in quâ habitabat, ad scandala submovenda, ad oppidum suæ diocesis jussu principis sæcularis translata fuerit sub præcepto *illinc non discedendi, quamdiu secus ordinatum non esset :* item posito quod post *quartum habitationis mensem coram parocho* dicti oppidi cum viro incola ejusdem civitatis matrimonium contraxerit : item posito decreto Tridentini, c. I, sess. 24 de Reform. matr. Quæsitum est an ejusmodi matrimonium sit validum nunc (n° 19) ? »

M. Pescatore et de Mme Weber à aucun point de vue, ni d'après la discipline canonique de la France, ni même d'après la jurisprudence plus large de l'école italienne.

Il s'agit de savoir si les parties ont eu leur ordinaire à Bordeaux, c'est-à-dire dans la circonscription d'un diocèse français. En vertu du principe *Locus regit actum*, cette question ne peut être tranchée que par la loi du lieu où l'on prétend avoir résidé, c'est-à-dire par la loi canonique constamment pratiquée en France. Cette loi exige une résidence d'au moins six mois pour constituer l'ordinaire : les parties n'ont jamais résidé ce temps à Giscours ; donc l'ordinaire n'a point été constitué.

Aux termes mêmes de la doctrine italienne, l'ordinaire ne sera point davantage établi. Les parties n'ont eu, à Giscours, ni le domicile résultant de l'*animus perpetuo morandi*, ni le quasi-domicile résultant d'une résidence habituelle de six mois à la campagne, ni la résidence moindre, accompagnée de l'intention d'y faire un séjour prolongé et permanent. M. Pescatore et madame Weber ont passé là six semaines, avec l'intention arrêtée de regagner Paris au début de l'hiver : les vendanges, le repos des vacances, le projet de mariage hors la frontière sont les seuls mobiles de ce séjour temporaire. Or, l'école la plus large n'admet pas la constitution de l'ordinaire par une résidence ainsi motivée :

« Dummodo non sit recreationis gratiâ, vel ad ruralia negotia seu ad matrimo-
» nium contrahendum in fraudem veri parochi. »

Mais l'abjuration de madame Weber a rendu, dit-on, l'archevêque de Bordeaux l'ordinaire des parties ; et avec un grand charme d'images on vous a présenté une thèse empreinte de poésie et de mysticité, mais sans fondement sérieux en droit canonique. Madame Weber était la brebis sans pasteur ; le prélat a été au-devant d'elle comme le bon maître, il l'a prise, il a pansé ses plaies, il l'a ramenée au bercail ; elle n'était d'aucun troupeau, il l'a placée dans le sien ; elle était bien sa brebis à tous les titres, et le lien de l'ordinaire est constitué. Mais si une pareille théorie était exacte, voyez où elle conduirait. Un homme entre dans une église, sceptique la veille, ou appartenant à une autre communion, il se sent ému sous la parole du prêtre, il tombe à genoux, il demande à être instruit, il fait acte de foi ; un lien spirituel se forme entre l'infidèle qui revient, et le ministre qui l'absout. Si un pareil lien a un poids et une valeur pour constituer le fait matériel du domicile, toutes les notions du droit canonique sont bouleversées. Aussi, à part l'autorité citée par le défenseur, tous les auteurs repoussent une pareille doctrine, et les décisions des souverains pontifes et de la Congrégation du concile n'ont jamais tenu compte d'un fait de l'ordre purement spirituel pour constituer l'ordinaire. (Benoît XIV, dans son *Ins. cul.*, 33, n° 6.) Il ne pouvait d'ailleurs en être autrement. Le lien paroissial est un lien sensible, un fait matériel, ou il n'est pas. Il faut une règle précise pour le constituer, un signe apparent pour le reconnaître. L'Église est la réunion des corps aussi bien que des âmes ; elle est elle-même corps et âme, et son organisation hiérarchique et disciplinaire doit être visible et palpable. Aussi le droit canonique, qui a traduit et sanctionné cette organisation, a-t-il pris toujours des faits matériels pour base des relations qu'il établissait, et c'est à raison de ce caractère éminemment pratique qu'il a été si longtemps le droit commun de la société civile et qu'il a laissé tant de traces dans les législations modernes.

Ainsi, à aucun point de vue, l'ordinaire des parties n'était établi à Bordeaux. La *licentia* de l'archevêque ne pouvait donc couvrir l'incompétence du curé de Renteria.

5° Si la *licentia* de l'archevêque de Bordeaux ne peut valoir, y supplée-t-on en produisant les dispenses de publications de l'évêque de Versailles et de l'archevêque de Paris, véritables ordinaires des parties? Évidemment non.

En droit canon, un certificat de publications, ou une dispense pure et simple de publications est un acte très différent de la *licentia* ou de la *delegatio*. Ce sont là deux pièces si peu destinées à se remplacer mutuellement, que la dispense de publications à Paris et à Versailles eût été nécessaire, lors même que l'archevêque de Bordeaux eût été compétent pour procéder au mariage sans délégation, en tant qu'ordinaire de madame Weber.

Voyez, d'ailleurs, ces deux dispenses, et leur contenu comme leur titre prouve qu'elles n'ont pas même l'apparence d'une délégation. Mgr de Versailles se borne à dire qu'il dispense de trois publications de bans, pourvu qu'il n'existe aucun empêchement canonique. Mgr l'archevêque de Paris donne la même dispense, pourvu qu'il n'y ait ni empêchement canonique, ni empêchement civil, et il devait d'autant moins songer à accorder une *licentia* ou *delegatio*, que, trompé par l'exposé des faits, il croyait, ainsi que le prouvent les premières lignes de la dispense, madame Weber domiciliée à Bordeaux; or, dans ce cas, l'archevêque de Bordeaux était l'ordinaire de l'une des parties et une *licentia* du prélat de Paris était complétement inutile. Donc les dispenses de publications n'ont pu, dans la pensée de leurs auteurs et dans leur contenu, équivaloir à une *licentia* ou *delegatio*.

6° Enfin, si par impossible, la dispense de publications de Mgr l'archevêque de Paris, à raison de cette expression : « Nous vous donnons la permission de célébrer leur mariage... » devait suppléer à une délégation, nous dirions encore qu'elle n'a pu couvrir l'incompétence du curé de Renteria, puisqu'elle ne lui était point adressée. Elle est envoyée au curé de l'église de Sainte-Marie, à Bordeaux, et l'archevêque de Paris songeait si peu à un mariage sur le territoire espagnol, et si bien à une union contractée en France, devant l'officier de l'état civil d'abord, devant l'autorité religieuse ensuite, qu'il a soin de subordonner la dispense à la condition qu'il n'y aura pas plus « d'empêchement civil » que d'empêchement canonique. Or, quel est le principe de la délégation ou de la *licentia?* C'est qu'elle ne peut se subdéléguer sans une mention expresse.

La délégation est de droit étroit, et le cardinal de Luca, ce canoniste si large de l'école italienne, en a parfaitement précisé le caractère dans ces lignes si nettes :

« Delegatio est stricti juris, ac strictissime ad limites verborum intelligenda, » ideoque concessa ad unam causam seu ad unum actum, trahi non potest ad alium.» (*Theatrum veritatis et justitiæ*, t. II, n° 7.)

Ainsi dans l'hypothèse inadmissible ou la dispense de publications vaudrait délégation, elle n'aurait pu servir qu'au curé de la paroisse Sainte-Marie de Bordeaux, et jamais au curé de Renteria.

Admettre un autre résultat, ce serait violer tous les principes, renverser toutes les garanties, et il n'y aurait plus de motif pour que la délégation transmise indéfiniment à l'insu du concédant originaire ne passât pas sur la tête de trois, de six, de huit desservants différents.

Ainsi, à aucun point de vue, l'acte de Renteria ne peut se soutenir comme mariage canoniquement valable. Que devient dès lors toute l'argumentation que je combats? Elle n'a plus de base et son principe est détruit. La grande règle qu'on invoquait au point de départ de la discussion était celle-ci : *Locus regit actum*. Or, l'union n'a point été célébrée selon la loi canonique, c'est-à-dire selon la loi civile de l'Espagne. D'après les prescriptions du concile de Trente, elle est clandestine et entachée comme telle d'une nullité radicale. Le demandeur avait bien compris que là devait porter tout l'effort de la discussion : aussi a-t-il sur ce terrain multiplié les arguments. J'ai cherché à répondre nettement à tous, et si j'ai trop insisté peut-être sur ce premier côté juridique de la question, c'est qu'il est difficile d'être bref, en restant toujours complet.

J'arrive à la seconde phase de la discussion. Que vaut l'acte de Renteria au point de vue de notre droit privé formulé dans le Code Napoléon ?

L'ancien droit voyait une présomption de clandestinité dans le fait de la célébration du mariage à l'étranger. A une époque de sévérité, un édit avait même défendu ces unions sans une autorisation du roi. Moins défiante et plus en harmonie avec les besoins nouveaux, la fusion des intérêts et le rapprochement des races, la loi nouvelle s'est inclinée devant la règle *Locus regit actum*, mais en exigeant deux conditions : la transcription de l'acte de célébration sur les registres de l'état civil français, et les publications en France avant le mariage contracté à l'étranger.

L'omission de la transcription ne saurait, je le reconnais, vicier le mariage déjà célébré, et la seule sanction de cette règle sera tout au plus le refus de l'hypothèque légale. Quant à l'omission des publications, c'est là un fait plus grave qui a été diversement apprécié par la jurisprudence. S'attachant aux termes impératifs de l'article 170, un premier système a vu dans l'absence de publications une cause formelle de nullité dans tous les cas : c'était aller trop loin, puisque la loi elle-même n'avait pas prononcé expressément la nullité.

Un second système (et c'est celui qui a universellement prévalu), corrigeant la sévérité du premier, sans laisser cependant les principes désarmés, s'en est référé au pouvoir discrétionnaire des magistrats. Ainsi le juge devra combiner l'article 170, qui prescrit les publications, avec l'art. 191, qui proscrit, sous peine de nullité, la clandestinité.

Si les publications ont été omises par oubli et sans parti pris à l'avance, et si en dehors de cet élément, il y a eu un certain degré de publicité dans le mariage contracté à l'étranger, les tribunaux le valideront : si au contraire les publications étaient le seul et l'unique signe de la publicité, si elles ont été volontairement omises, s'il y a eu non pas seulement absence de publications, mais absence totale de publicité, les tribunaux annuleront. A l'aide de cette distinction, la jurisprudence nouvelle semble quelquefois statuer contradictoirement : mais au fond elle est toujours une : les espèces changent, les faits varient, mais son principe ne change pas, et je le résume en un seul mot : Le défaut de publications n'entraîne pas de plein droit la nullité, le défaut de publicité l'entraîne toujours.

Il était naturel d'aller jusque-là : il est impossible d'aller plus loin ; les termes de l'art. 191 et la clandestinité seraient une barrière insurmontable. En se renfermant dans ce cercle déjà si large, la jurisprudence a eu tous les ménagements possibles, j'allais dire toutes les sollicitudes compatibles avec la loi ; elle a tout fait pour sauver l'honneur des familles, laisser aux enfants un nom, aux êtres faibles et trompés une ressource : des éléments isolés lui ont suffi pour affirmer la publicité ; mais lorsqu'elle ne la rencontre nulle part, elle est obligée de frapper, liée qu'elle est par une raison d'ordre public.

Le principe une fois connu, rapprochons-le des faits. Où sera la publicité au regard de la loi française pour l'acte de Renteria ? Elle n'est pas dans la transcription du contrat : elle n'a pas eu lieu. Elle n'est pas dans les trois publications prescrites : elles n'ont point été accomplies. Elle n'est pas dans la compétence de l'officier public qui procède au mariage : non-seulement cet officier public n'est pas Français ; non-seulement il échappe aux peines qu'édicte la loi française contre ceux qui sur le territoire célèbrent une union sans exiger la production des actes respectueux ou le certificat de publication ; non-seulement il est officier étranger procédant en dehors de notre frontière et de notre surveillance, mais lui-même ne connaît pas les parties qui n'ont jamais habité ni Renteria ni l'Espagne, et qui ne passent qu'une demi-journée sur le sol étranger. Ainsi clandestinité au delà comme en deçà des Pyrénées. Pour la nier un instant, il faudrait soutenir que le fait d'avoir obtenu en France de l'autorité ecclésiastique, et une licence pour procéder au mariage, et deux dispenses de publications à l'église équivaut à un élément de publicité vis-à-vis de la loi civile. Or on n'a point osé aller jusque-là. Donc avec la loi de notre droit privé, comme avec la loi canonique, il faut aboutir invinciblement à la nullité de l'acte de Renteria.

Il est un troisième point que nous devons encore aborder : c'est la valeur de la théorie qu'on vous propose vis-à-vis de notre droit public, défini par le concordat. Nous ne vivons, messieurs, ni sous le régime de la séparation absolue des deux pouvoirs, comme aux États-Unis, ni sous le régime de l'union intime, comme aux derniers temps de l'ancienne monarchie. Nous en sommes au système de la distinction des deux sphères et de l'alliance des deux puissances. A quoi bon parler des luttes séculaires qui les ont divisées dans l'histoire, quand le traité de paix est signé. Lisons donc le traité et laissons le passé.

En signant le Concordat, l'empereur Napoléon était le représentant de l'esprit civil traitant avec l'esprit religieux. Le premier, on l'a dit quelque part, répondait à un instinct national, et le second à un besoin social. Dans ce pacte synallagmatique, l'Église n'imposa et n'accepta aucune servitude. Elle reçut du pouvoir civil le respect et la liberté, et lui prêta ses forces morales pour sauvegarder la société : voilà toute la pensée de ce grand acte de 1801.

Surgissait dès lors une distinction fondamentale qui se traduisit tout de suite dans les faits. Le prêtre restait le ministre du sacrement dans l'ordre spirituel :

l'officier de l'État était le ministre du contrat civil dans l'ordre temporel. La loi de la société civile devenait non point *athée*, mais *laïque* et *incompétente* vis-à-vis de la sphère purement religieuse.

Dans la prévision que les populations habituées à l'ancienne tradition négligeraient de se présenter à l'officier public, les articles organiques firent un pas de plus et édictèrent la disposition suivante : « Les curés ne donneront la bénédiction nuptiale qu'à ceux qui justifieront en bonne et due forme avoir contracté mariage devant l'officier public. » Aux termes de cet article 54, le contrat civil doit toujours précéder la bénédiction religieuse, et la pratique constante des desservants est de se conformer à cette prescription. Mais supposez que, dans une circonstance exceptionnelle, malgré la rigueur du Code pénal sanctionnant l'article 54, le prêtre marie *in extremis*, sans attendre l'officier de l'état civil. Jamais évidemment ce mariage de conscience ne produira le moindre effet civil. La distinction fondamentale des deux pouvoirs serait renversée s'il en était autrement. Eh bien ! si l'acte de Renteria a en France une valeur légale, vous arriverez indirectement à ce résultat, et le fait seul d'un acte religieux aura produit pour les parties tous les effets civils.

Précisons en effet : avec un laps de temps de quelques jours et un voyage sur le sol étranger, toutes les garanties légales seront éludées. Le mariage à Renteria ou en Italie ne vaudra pas *ex lege loci*, puisqu'on n'y séjournera que quelques heures. Il vaudra seulement *ex licentiâ* ou *ex delegatione*, c'est-à-dire de par la délégation d'un évêque de France faisant un acte pur et simple de la sphère religieuse. Cet acte, qui en France ne vaudrait que pour conférer le sacrement, sera le principe générateur des effets civils du mariage sur le territoire français lui-même, pourvu que la *licentia* ait fait un détour à la frontière. Toutes les conséquences légales attachées à l'acte d'une autre juridiction trouveront là leur principe et leur raison d'être, et cela malgré la loi française dont on a éludé toutes les prescriptions, à l'insu même du prélat français auquel on ne demandera qu'une simple dispense de publications religieuses, sauf à l'assimiler ensuite, d'après la théorie de la demande, à une délégation de l'ordinaire.

Ai-je besoin de faire ressortir les périls qu'entraînerait cette violation de notre droit public ? Oublions l'espèce même du procès, et voyons les conséquences dernières des principes que l'on a défendus. A l'âge où le défaut de consentement des parents n'est pas un empêchement dirimant, mais où les actes respectueux sont toujours exigés, et où le droit d'opposition peut être un salutaire obstacle, deux jeunes gens fuyant la surveillance de la famille, celle de la loi civile, celle même de la loi religieuse, pourront donc aller sans entraves contracter à l'étranger, devant un prêtre auquel ils ne présenteront qu'une dispense de publications religieuses, un mariage dont eux seuls auront le secret ? A ce moment de la vie où les illusions sont si faciles et où l'on croit toujours les serments éternels, ils s'engageront seuls et sans conseil. Puis le jour où les rêves s'évanouiront avec la jeunesse, à la première fatigue, aux premiers froissements, ils pourront déchirer sans témoins cet acte qui les lie, cacher à tous ce pacte que le pays n'a pas connu, et contracter tous deux de nouvelles unions ?

Puis, si la femme, trompée d'abord et délaissée ensuite, proteste au lieu de vouloir rompre ; si elle invoque sa bonne foi, ses serments devant l'autel ; si elle insiste devant les tribunaux pour le maintien de cette union qu'elle a cru parfaite même aux yeux de la loi civile, comment la protégerez-vous ? L'Église pourra ne pas relever le séducteur de l'engagement qu'il a pris, maintenir vis-à-vis de lui le principe de l'indissolubilité. Mais le juge civil, comment pourra-t-il protéger la femme trompée, et que répondra-t-il à l'homme invoquant la clandestinité absolue de son union, reniant le serment religieux qu'il a prêté et la foi même au nom de laquelle il s'était engagé ? La loi civile reconnaîtra cet homme libre de tout lien ; la loi religieuse le déclarera éternellement engagé ; et c'est alors que votre théorie si dangereuse aura ranimé dans le domaine des faits ces luttes et ces contradictions que l'observation plus franche du Concordat doit à jamais détruire.

Ainsi, au triple point de vue du droit canonique, du droit privé et de notre droit public, l'acte de Renteria ne peut pas se défendre. Il ne me reste plus qu'à répondre à l'objection toujours grave de la bonne foi. Le mariage putatif, voilà la suprême ressource du demandeur et son dernier combat. A cette partie si habile de son argumentation, j'ai à faire une double réponse : réponse en droit et réponse en fait.

En droit, la clandestinité est une nullité d'ordre public : elle est l'absence des formalités substantielles prescrites par la loi pour donner à l'acte une existence légale. Or, la bonne foi ne saurait couvrir l'erreur de droit sur ce point essentiel : elle ne couvre que l'erreur de fait rendue excusable par les circonstances. C'est ainsi qu'on assure les effets du mariage putatif à la femme trompée qui a épousé un bigame ou un mort civilement. Accorder les mêmes bénéfices à ceux qui se sont abstenus des formes prescrites et qui ont contracté sans la garantie de la loi, ce serait la rendre à tout jamais inexécutable ; la législation sur les mariages serait impossible : sur cette pente glissante, il faudrait aller jusqu'au bout, et reconnaître, comme produisant des effets civils, le mariage qu'une Italienne trompée par les souvenirs de son pays aurait contracté de bonne foi devant le prêtre sur le sol français.

Aussi aucun législateur ne s'y est mépris ; et pas un n'a donné à la bonne foi la puissance d'effacer le vice de la clandestinité. Écoutons Innocent III en matière de droit canonique : « Si quelqu'un ose contracter un mariage clandestin et se marie au degré prohibé même en l'ignorant, les enfants nés de ce mariage seront tenus pour illégitimes, et l'ignorance de leurs parents ne leur servira de rien (1). »

Les grands jurisconsultes de notre vieux droit français sont aussi affirmatifs. Citons Cujas et les auteurs du Nouveau Denizart : « Quand les mariages sont clandestins, la présomption est qu'il y a de la mauvaise foi (2). » — « On n'est en bonne foi aux yeux de la loi qu'autant qu'on a fait tout ce qu'elle prescrivait pour faire un acte légitime (3). » Le Code Napoléon ne pouvait que sanctionner ces anciens principes, et la jurisprudence l'a fait avec lui, lorsqu'elle

---

(1) Innocent III au concile général de Latran (an 1216).
(2) Cujas, cap. 2 et 9, *Tui filii sunt legitimi*.
(3) *Nouveau Denizart*, t. III, page 613.

a décidé que l'union célébrée devant un prêtre ne pouvait pas être considérée aux yeux de la loi civile comme un mariage putatif (arrêt de Bourges, 17 mars 1830). Ainsi, en droit, l'exception de bonne foi ne saurait couvrir la nullité de l'acte de Renteria.

En fait, ma seconde réponse est tout aussi simple. Il n'y a pas eu bonne foi en ce sens que les deux parties contractantes, en procédant à la célébration du 8 novembre, n'ont point agi avec l'intention de lui faire produire des effets civils. Ah! il y a eu bonne foi au regard du sacrement; je me hâte de le proclamer : bonne foi absolue, complète sur ce point, en ce sens qu'on a envisagé l'acte de Renteria comme un engagement purement religieux, mais sacré. On a voulu effacer la faute aux yeux de Dieu, calmer la voix de la conscience, se réconcilier avec l'Église. Sur ce point, l'intention n'est pas douteuse. Mais aller au delà, non, très certainement non, et je n'ai besoin que de rappeler les développements que j'ai donnés à cette grande question préjudicielle avant d'entrer dans la discussion purement juridique. Donc, même sur le terrain du fait, le moyen du mariage putatif ne saurait prévaloir, puisqu'on ne s'est jamais proposé de contracter, le 8 novembre, un pacte civil sanctionné par la loi.

Voilà, messieurs, les points nets et précis auxquels je devais ramener ces débats. Ils se tiennent tous comme les anneaux d'une seule chaîne. Là est le nœud du procès. Il ne s'agit pas de nous émouvoir, mais de nous convaincre. Les personnes ne sont pas en cause, ce sont les principes.

Le triomphe n'est qu'à celui qui argumentera vigoureusement et sans oublier un seul instant ses prémisses. C'est une lutte de dialectique où il faut poser nettement le point de départ, et en déduire avec une inexorable rigueur toutes les conséquences. Aussi tout se résume pour moi dans ces cinq mots : Intention des parties, valeur de l'acte de Renteria en face du droit canonique, en face de notre droit privé, en face de notre Droit public, exception du mariage putatif.

En dehors de ces cinq points sur lesquels je me suis expliqué, il n'y a plus que des arguments secondaires et qu'il faut négliger. Ainsi, dire que refuser au mariage du 8 novembre les effets civils, c'est arriver à une distribution inéquitable du patrimoine, et déshonorer sans pitié le nom qu'a porté madame Pescatore, voilà ce que j'appelle des considérations sans portée sur la solution de ces débats. Se préoccuper de la distribution de la fortune, c'est placer la question trop bas. Y voir l'honneur de la veuve à tout jamais compromis, c'est l'élever trop haut et donner à la perte du procès des conséquences qu'elle ne doit point avoir.

Cinquante mille livres de rente, ce n'est qu'une obole, dites-vous, pour soutenir les charges de l'usufruit de la Celle-Saint-Cloud. Ou renoncez à cet usufruit, ou diminuez le luxe royal avec lequel M. Pescatore en faisait les honneurs. Et, puisqu'on insiste sur cette question d'argent, laissez-moi dire que bien d'autres, à la place de la demanderesse, auraient préféré accepter en silence la situation modeste, mais honorable, que créait le testament et qu'amélioraient encore les projets de transaction; oui, bien d'autres auraient vu peut-être un péril à soulever ce procès, où tout serait impitoyablement discuté dans une vie irrégulière, au moins avant 1851. Il faut être deux fois sûr de son droit pour le revendiquer publiquement, solennellement devant les juges et devant le monde au prix de la pudeur de son passé ; ce sont là des procès qu'il faut gagner sans discuter, et, quel que soit l'enjeu, mieux vaut une situation sans éclat que les risques d'un échec. La médiocrité du lot qui serait attribué à madame Pescatore, si vous ne la considériez pas comme femme commune, est donc une considération sans portée.

Mais l'honneur de la veuve et du défunt, nous dit-on, serait alors à tout jamais détruit. Et le demandeur, se laissant aller à un de ces mouvements oratoires si faciles pour son grand talent, terminait sa plaidoirie en vous représentant le testateur demandant compte à ses héritiers de l'avenir de la femme qu'il avait aimée et qu'il leur avait confiée. Ce sont là, messieurs, de puissants effets de langage, mais ce n'est pas là la vérité. Non : si le procès est perdu pour la veuve, ses adversaires ne lui auront pas élevé un monument d'ignominie ; non, ils n'auront pas inscrit sur sa tombe ces mots prononcés par son défenseur : « Ci-gît celle qui fut vingt ans la concubine de Jean-Pierre Pescatore. » Le nom de leur oncle, ils ne le lui ont pas disputé ; le calme de son avenir, il est à l'abri ; l'honneur de ses vieux jours, il n'est pas en cause.

En s'agenouillant de bonne foi, le 8 novembre 1851, devant le prêtre de Renteria, elle a pu contracter une union sans effets civils, nulle au point de vue du droit espagnol comme de la législation française, mais elle a couvert le passé d'un voile que personne n'a plus le droit de soulever. Là où Dieu pardonne, les lois du for extérieur peuvent être plus sévères que lui, mais l'opinion morale des hommes ne saurait relever les fautes effacées.

Et puis sans m'arrêter plus longtemps à ces deux objections de détail auxquelles je ne devais qu'un mot, n'oublions pas, messieurs, qu'au-dessus du patrimoine, au-dessus des personnes, il ne se discute dans cette grande affaire qu'un seul principe : la publicité des mariages. Oui, Portalis avait raison quand il disait avec ce sens pratique qui distingua toujours son talent : « Ou il faut renoncer à toute législation sur la matière, ou il faut proscrire la clandestinité. »

Lorsque la loi fait du mariage un contrat au-dessus de tous les contrats, lorsqu'elle le nomme le grand acte de la vie, elle lui donne une portée que n'ont pas les conventions humaines. Il est de principe, en effet, que ce que le consentement peut créer, le consentement peut le détruire. Si seul entre tous le contrat du mariage échappe à cette loi qui régit tous les pactes, c'est qu'empruntant à une sphère supérieure l'idée de l'indissolubilité, le législateur a fait de l'union conjugale une institution où l'État lui-même est partie. Sans doute là où le retour au point de départ est impossible, là où l'union une fois consentie a des conséquences irréparables pour les parties et indéfinies pour les générations qui se succèdent, il était socialement juste d'imposer aux volontés hésitantes la perpétuité du lien. Mais de bonne foi, où seraient la base et la garantie d'un pareil principe dominant le consentement même des contractants, si le pouvoir social n'intervenait pas solennellement comme témoin ?

Si, avec la publicité, on a pu rendre l'institution si grande, avec la clandestinité tout disparaît. Pour le chef de famille, le pouvoir reste sans sanction, et l'unité du groupe se brise. Pour la femme, l'égalité s'efface, et ce rôle de compagne, *socia*, conquis après tant de siècles, grandissant à chaque pas que faisait la civilisation, mais toujours avec l'appui du principe de publicité, est compromis le jour où celui-ci fléchit : le secret dans les unions, c'est le sacrifice des faibles.

Pour les enfants eux-mêmes, il ne reste plus qu'un nom discutable, au lieu de cet état civil immuable que la loi voulait rendre plus fort que la tendresse paternelle elle-même et qu'elle leur assurait comme un bienfait social. Et pour l'État lui-même, qui devait trouver dans la famille une sphère antérieure à lui-même, plus limitée que lui, mais aussi plus immuable, il n'y rencontre plus qu'une base fragile et un rempart trop mouvant par le protéger.

Voilà, messieurs, l'importance du principe engagé dans ces débats. Il me suffisait de la signaler ; vous lui donnerez une sanction. Chaque jour nous appliquons la loi sans rigueur ; sachons aujourd'hui la défendre sans faiblesse. Sous l'empire d'une législation qui serait purement coutumière et traditionnelle, le juge pourrait la plier peut-être aux exigences des faits et se faire à demi législateur. Sous l'empire d'une loi codifiée, aux prescriptions définies, ce rôle est impossible. Interprètes de la loi, nous devons être les premiers à lui obéir ; et le respect qu'ont pour elle les justiciables, c'est notre exemple qui le leur enseigne.

Vouloir faire mieux qu'elle, se préoccuper trop des personnes ou des espèces, dire en fait qu'on trouve la publicité là où ne sont pas les conditions qui la créent pour le législateur, ce serait usurper sur lui. Or, on ne respecte plus les lois vis-à-vis desquelles on usurpe ; vous êtes, messieurs, les premiers gardiens de ce respect qui leur est dû, et nous attendons avec confiance votre décision.

<hr>

Audience du 1er août 1856.

JUGEMENT.

« Le tribunal, après en avoir délibéré, déclare qu'il y a partage, continue la cause au mercredi 27 août, pour vider le partage. »

<hr>

Audience du 27 août 1856.

Depuis les plaidoiries, les conclusions du ministère public et le jugement de partage, de nouvelles consultations ont été produites de part et d'autre. Du côté de madame Pescatore, il a été distribué un Mémoire de Me Mathieu, avocat à la Cour impériale. Les héritiers produisent à leur tour des consultations délibérées par MM. de Vatimesnil, avocat à la Cour impériale ; Félix Liouville, bâtonnier de l'ordre des avocats ; Benoît-Champy, Thureau, Paillard de Villeneuve, Caignet, Léon Duval, Fontaine (d'Orléans), Bertin, Plocque, avocats à la Cour impériale ; et de MM. Capmas, professeur à la Faculté de

droit de Dijon ; Rodière, professeur à la Faculté de droit de Toulouse ;
Aubry, doyen de la Faculté de droit de Strasbourg ; Rau, professeur
à la même Faculté.

PLAIDOIRIE DE M⁰ CHAIX D'EST ANGE.

Messieurs,

Par de longues plaidoiries et de nombreux mémoires, vous connaissez déjà
tous les faits qui ont donné naissance au procès, et les principes de droit qui
peuvent servir à sa solution. Dans un pareil état des choses, ce serait peut-
être le cas de reprendre nos conclusions et de déposer nos pièces, mais la loi
dit qu'après un jugement de partage on plaide à nouveau ; il est d'ailleurs plus
respectueux pour le tribunal de reprendre l'affaire en entier, de lui remettre
sous les yeux les principaux points du débat, soit en fait, soit en droit : c'est ce
que je vais avoir l'honneur de faire sans avoir rien de nouveau à vous ap-
prendre, et malgré l'inconvénient de fatiguer votre attention sans exciter votre
intérêt.

Vous savez que c'est en 1837 que Anne-Catherine Weber est arrivée à Paris.
C'était une personne de grande distinction, d'une éducation parfaite, parlant
plusieurs langues, et venant à Paris avec les meilleures recommandations,
dans l'espérance de se placer soit comme dame de compagnie dans une grande
famille, soit pour y faire une éducation. Il a plu à nos adversaires de dire
qu'elle avait été femme de ménage et qu'elle était entrée par la cuisine dans la
maison dont elle devint bientôt la maîtresse. C'est là, de la part de nos adver-
saires, un mensonge et une maladresse : une maladresse, car elle est démentie
par ceux mêmes qui convoitent la succession de M. Pescatore ; une maladresse,
car elle accuse la mémoire de M. Pescatore, qui aurait été ramasser dans la
boue l'objet de ses affections ; une maladresse, enfin, car si telle eût été l'in-
tention de celle qui est devenue madame Pescatore, tous les membres de la
famille qui l'ont comblée d'égards, de marques d'estime et de respect, et qui
l'insultent aujourd'hui, seraient couverts de honte et de confusion.

Vous savez à merveille la liaison qui s'est formée entre M. Pescatore et ma-
dame Weber. C'est l'irrégularité de cette liaison qui me pèse, et je la regrette
profondément ; elle est la seule chose fâcheuse de ce débat, la seule, car tout
le reste est avouable, honorable. Il faut cependant que vous sachiez que ce
n'est pas la convoitise de la fortune de M. Pescatore qui l'a séduite ; M. Pes-
catore n'avait alors que 500,000 fr. Elle n'était donc pas éblouie par les 5 ou
6 millions qu'elle réclame aujourd'hui. Il faut dire d'un autre côté, et ceci est
très remarquable, quelle a été sa conduite. Pendant quatorze ans, elle a été
la compagne de M. Pescatore, elle a tenu sa maison et contribué à augmenter
cette fortune, qui s'est successivement élevée du chiffre de 500,000 fr. en 1837,
à celui de 6 ou 8 millions en 1851 ; c'était elle qui tenait la maison, qui payait
toutes les dépenses, qui collaborait avec M. Pescatore à cette fortune. Et
cependant, en 1851, elle n'avait pas un sou, pas une obole, pas un bijou ;

elle avait passé quatorze ans avec lui, elle avait eu le maniement de ses trésors, accrus par sa collaboration, elle avait montré un désintéressement sans exemple que tout le monde avait admiré, et dont les plus sages, les plus puritains, les plus sévères devraient lui tenir quelque compte. Sa conduite était telle, qu'elle avait attiré la sympathie générale. Beaucoup de gens dans le monde fermaient les yeux sur l'irrégularité de sa liaison. On avait inventé un mensonge officieux pour la couvrir, on avait supposé entre elle et M. Pescatore un mariage secret. La famille elle-même, qui savait à merveille à quoi s'en tenir, j'ai là ses lettres, qui l'entourait d'égards, de marques d'affection et d'estime ; la famille vivait avec elle, dans l'intérieur de la maison, au foyer domestique ; la famille, enfin, l'avait accueillie, acceptée sans réserve.

Les choses duraient ainsi depuis quatorze ans, et cependant elle était sans un sou ; en sorte que si M. Pescatore était mort, elle serait sortie de la maison sans une obole. C'est en 1851 qu'il fut question, entre elle et M. Pescatore, de projets de mariage (je vous en ferai connaître tout à l'heure les détails) ; ils allèrent à Renteria, et le mariage fut accompli. Cette union fut de toutes les possessions d'état la plus éclatante. Les maisons grandes et petites s'ouvrirent devant madame Pescatore, elle fut accueillie dans toutes comme madame Pescatore, comme la femme légitime, comme la femme complète de M. Pescatore (qu'on me permette cette expression), comme sa femme devant l'Église et devant la loi civile. Quant à la famille, il faut voir ses sentiments à cette époque ; j'ai là toutes ses lettres, je ne veux pas vous les lire, bien entendu, vous les avez sous les yeux, je me bornerai à vous en rappeler cinq ou six passages ; mais je dois vous faire remarquer d'abord avec quel soin M. Pescatore les avait conservées. Depuis qu'il s'était fixé à Paris, il avait entretenu avec tous les siens une volumineuse correspondance ; cette correspondance il ne l'a pas conservée, elle lui paraissait indifférente ; mais ce qui a trait à son mariage, il le met de côté, l'enferme, le garde, le conserve d'une manière jalouse pour qu'un jour ce soit un témoignage au besoin de l'approbation de cette famille, vis-à-vis de laquelle il n'était pas sans défiance. Écoutez, voici ce qu'il écrit, le 12 décembre 1851, à son frère Guillaume Pescatore :

« Quoique je sois bien persuadé, cher frère, que la sincérité de cette nouvelle
» expression de mes sentiments pour toi, à l'occasion de ce mariage, ne sera pas
» suspectée, je la bornerai à ces quelques lignes, parce que je suis dans de mau-
» vaises conditions vis-à-vis de toi pour me livrer à un plus grand épanchement.
» Les membres de la famille qui peuvent le faire sans réserve sont doublement
» heureux ; mais tu ne recevras pas moins avec plaisir, avec une confiance frater-
» nelle, l'expression simple et toute naturelle que je donne, en ma qualité de frère,
» à un acte qui identifie encore davantage à ta propre existence celle d'une per-
» sonne dont tu as ainsi reconnu dignement les soins et un dévouement incontes-
» tés, et qui sont aujourd'hui, pour toi, la condition essentielle d'une existence
» tranquille et heureuse. »

La femme de ce frère, madame Guillaume Pescatore « embrasse de tout son cœur, mille et mille fois, » sa nouvelle belle-sœur.

« Il ne me reste plus, ajoute-t-elle, qu'à désirer de faire la connaissance d'une
» belle-sœur que je ne connais que par tous les éloges que les miens m'ont fait

» d'elle, et j'ai l'espoir que vous désirez également lui faire faire la connaissance
» de toute la famille. J'aurai donc ma petite part du plaisir de vous recevoir
» chez moi. »

M. München, l'avocat, s'exprime ainsi :

« Pour moi qui ai toujours entouré madame Weber des égards et de l'attache-
» ment dus à la femme qui était l'objet de votre sympathie, de votre confiance et
» de vos propres égards, j'offre mes sentiments d'affection et de respect à la tante
» Pescatore, dans la prévision qu'elle les recevra avec la bienveillance et la bonté
» avec lesquelles madame Weber les a reçus. »

M. Dutreux félicite son oncle *du fond de son cœur* de la résolution qu'il a
prise de s'unir à madame Weber :

« Je vous prie, dit-il, d'agréer mes salutations les plus sincères que je vous
» adresse du fond de mon cœur, ainsi qu'à madame Weber, pour votre résolu-
» tion, ainsi que les vœux que je fais pour votre bonheur futur. »

M. de Scherff, qui est ministre quelque part dans le Luxembourg, « pré-
sente ses respects » à celle qu'il fait insulter aujourd'hui, et qu'il appelle une
femme de ménage.

M. Nothomb enfin (c'est le ministre de la justice en Belgique) s'exprimait
ainsi avant le mariage :

« Pour ma part, je témoigne à madame Weber, aussi cordialement que je le
» puis, par une lettre, la satisfaction que son union avec vous m'inspire. Elle aussi
» a toujours été pour moi bonne et affectueuse ; mes sentiments d'affection lui
» étaient, depuis longtemps, acquis, et la position nouvelle qu'elle occupe dans
» votre vie ne fera que les augmenter. »

Longtemps après le mariage, le 10 août 1852, il lui écrivait encore :

« Veuillez, mon cher oncle présenter mes respects les plus affectueux à ma
» tante ; en écrivant ce titre pour la première fois, il me semble l'avoir toujours
» fait car elle m'a constamment témoigné les sentiments d'affection qu'il com-
» porte. »

Voilà, messieurs, dans quels termes la famille écrivait, dans quels termes
elle reconnaissait le mariage. Pendant tout le temps qu'a duré ce mariage,
les relations ont été excellentes, et les mêmes témoignages d'estime, d'affec-
tion, de reconnaissance, ont continué jusqu'au dernier moment. Il y a mieux :
à la mort même de M. Pescatore, M. München, qui n'était pas à Paris,
écrivait à la veuve cette phrase que je vous recommande :

« C'est dans cette circonstance qu'on recueille toujours ce que l'on a semé en
» d'autres temps d'affection autour de soi. »

M. Pescatore tombe malade; il est à son lit de mort; c'est alors que se passent deux faits qu'il faut que je rappelle. Je commence par le second, par cette scène que j'ai déjà racontée, qu'on peut révoquer en doute, mais qu'on ne peut pas nier, et qui d'ailleurs serait prouvée jusqu'à la dernière évidence si nos adversaires admettaient une preuve quelconque. Il bénit sa femme qui était à genoux; il la recommande à toute sa famille :

« Je recommande ma femme, dit-il, ma bien légitime femme, à toute ma famille,
» et à chacun en particulier..... Je vous déclare que c'est ma femme, ma bien
» légitime femme, et qu'il n'y aurait pas un grand d'Espagne bien marié, si mor.
» mariage n'était pas bon. »

Puis, prenant la main de madame Dutreux et y plaçant celle de sa femme :

« C'est à toi que je recommande ma femme en particulier, c'est toi qui m'en
» rendras compte. »

Une circonstance remarquable avait précédé cette scène. Un ami de M. Pescatore avait conçu quelque doute sur la validité du mariage de Renteria fait sans publications préalables, et non transcrit sur les registres de l'état civil, et il manifestait ses inquiétudes à M. Pescatore. Celui-ci soutenait qu'aucun doute ne pouvait s'élever : « Si mon mariage n'était pas bon, il n'y aurait pas un grand d'Espagne bien marié. » L'ami insistait, et M. Pescatore, affaibli par la maladie, sentant sa fin approcher, lui exprima la volonté de régulariser son mariage en le faisant transcrire sur les registres de l'état civil. Un homme qui a toute sa confiance, et qui en est digne, vient le voir, et M. Pescatore lui dit : « J'ai toujours tenu, dit-il, et je tiens encore mon mariage pour bon, mais je veux faire disparaître toute espèce de doute; je ne puis pas le faire ce soir, je le ferai demain. » Le lendemain, lorsqu'il s'agit de donner suite à ce projet et de régulariser sa situation : « C'est inutile, répondit-il; tout est en règle; j'ai des jurisconsultes dans ma famille qui m'ont déclaré que mon mariage est régulier, qu'il ne pourra jamais être attaqué, et en conséquence, je meurs tranquille. » Voilà ce qu'il a dit jusqu'à son dernier moment, la veille de sa mort; voilà comment on tranquillisait M. Pescatore mourant, comment on l'endormait, comment on empêchait les actes par lesquels il aurait pu peut-être régulariser encore sa position, par lesquels il aurait pu, dans tous les cas, manifester sa volonté.

Il disait cela la veille de sa mort, et le lendemain, ses frères et ses neveux chassent sa femme, leur sœur, leur tante; le lendemain ils commencent cette guerre impie qui tend à dépouiller la veuve de son titre, de ses droits, et c'est ici, messieurs, qu'il faut bien préciser le commencement du procès.

J'ai entendu qu'on disait que tous les torts étaient du côté de madame Pescatore, qu'elle faisait un procès d'argent, que c'était une femme cupide, qui ne voulait pas se contenter de la part qui lui était faite; que cette femme sans enfants, sans héritier, avait assez pour elle.... J'ai entendu dire cela.

Quand cela serait vrai, quand ce serait un procès d'argent, quand madame Pescatore n'aurait d'autre intérêt que sa prétention à la propriété légitime de six millions composant sa part dans la communauté ; quand il serait vrai qu'il n'y aurait pour elle dans ce procès que l'exercice de son droit, je demande s'il serait permis à quelqu'un de la blâmer et de la repousser par ce singulier motif qu'il lui restera toujours assez pour elle. Si quelqu'un venait étendre la main sur ces six millions qui lui appartiennent et lui dire : « Ceci n'est plus à vous, je le prends » ; je ne connais personne au monde qui fasse assez fi de l'argent pour répondre à sa place : C'est vrai, j'en ai assez sans cela ; ces six millions, je vous les laisse, prenez, je vous les abandonne, parce que c'est une question d'argent et que je ne veux pas soulever une question d'argent. Il y a des puritains dans le monde : mais en connaissez-vous beaucoup qui soient capables d'un tel désintéressement ?

Quant à dire que madame Pescatore, n'ayant pas d'enfants, a assez de fortune, je ne reconnais à personne le droit de fixer, de limiter la fortune de son voisin, de dire à celui-ci : Tu en as trop, à celui-là : Tu n'en as pas assez. Qui donc serait à l'abri de pareille recherche ? Est-ce que la justice a établi ce principe socialiste pour rendre ses jugements ? Est-ce qu'elle a l'habitude de dire : Celui-ci est trop riche, celui-là est trop pauvre ? Ce sont là des considérations nouvelles qui ne méritent pas l'honneur d'être discutées devant des hommes sérieux.

Presque toutes les questions qui s'agitent devant vous, messieurs, sont des questions d'argent. Il ne faut donc pas dire avec cette hauteur : Fi donc ! c'est une question d'argent qu'elle vient plaider ici, fi donc ! c'est pour avoir 6 millions qu'elle fait ce procès ou le soutient ; fi donc ! c'est de l'avidité. Que personne ne dise un pareil mot, que les héritiers surtout ne le prononcent pas ; pour eux il n'y a assurément, incontestablement qu'une question d'argent.

Il ne faut donc pas s'arrêter à cette considération ridicule que la demanderesse est assez riche, et que ce n'est pas la peine de s'occuper d'elle. Mais il n'est pas vrai qu'il n'y ait là qu'une question d'argent, c'est avant tout pour madame Pescatore une question d'honneur, de dignité, d'état civil, de droit civil dans le monde ; et c'est ici qu'il faut savoir comment le procès s'est engagé, qu'il faut avoir le courage de le dire.

Comment le procès s'est engagé, le voici. Il y avait là toute une famille qui comblait madame Pescatore d'éloges. Pour elle madame Pescatore était digne de tous les égards, de tous les respects, de tous les sentiments d'affection. Elle était la veille pour tous les membres de cette famille, leur « chère sœur, leur chère tante », leur sœur, leur tante honorée, aimée, adorée. Le lendemain M. Pescatore n'étant plus, ils ne veulent plus la reconnaître. Il est une exception pourtant, M. München lui écrivait : « c'est le moment de recueillir ce que vous avez semé autour de vous d'estime et d'affection. » Tous les autres disaient : Il faut la chasser. Leur premier acte est d'imprimer des billets de faire part et de n'y pas mettre son nom. Aujourd'hui ils disent : Nous avons suivi la mode ; la mode à Luxembourg, c'est de ne pas mettre le nom des femmes sur les billets de faire part ; dans les grandes maisons cela se pratique ainsi. Ce n'est pas vrai, vous n'avez pas cédé à la mode, mais aux inspirations de votre intérêt personnel : vous avez voulu vous créer un moyen, une espèce de fin de non-recevoir. Voilà votre premier acte ; il y en a un second.

Il existe un testament fait en faveur de la femme, ils lui annoncent dès le lendemain de la mort l'intention de l'attaquer. Ils font cesser leurs querelles personnelles, car ils se disputaient déjà la succession ; ils se concertent, ils se cotisent ; leur langage devient de jour en jour plus amer, plus menaçant : Vous n'êtes plus rien ici ; notre oncle vous a laissé comme à son épouse 40,000 fr. de rentes, nous allons prouver que vous n'êtes pas son épouse légitime, nous allons contester le testament, ou du moins le codicille dans lequel il dit :

« Je donne à madame Pescatore, mon épouse, 40,000 francs de rentes viagères » et le complément d'un capital de 500,000 francs. »

Ils héritaient de 16 millions, c'est leur prétention ; mais leur oncle avait donné à celle qu'il avait traitée comme sa femme légitime et qu'ils avaient eux-mêmes entourée de tous les respects, il lui avait donné 40,000 francs de rentes viagères, et le lendemain de sa mort, ses héritiers disaient insolemment à sa veuve : « 40,000 francs de rentes ! c'est trop, nous ne voulons pas vous les donner, vous n'êtes pas une épouse légitime, nous allons vous faire un procès. » Et le lendemain de la mort de son mari, cette femme entrait tout éplorée dans le cabinet d'un avocat, et lui demandait si en effet on pouvait lui contester soit le testament, soit le codicille. Voilà comment le procès a commencé, voilà comment il a été engagé.

Oh ! je sais bien que les adversaires essaieront de nier cela ; ils diront que ce n'est pas vrai, qu'ils n'ont pas fait de menaces. Les menaces, je vous les ai dites, vous les connaissez ; elles sont certaines, authentiques.

Lorsqu'ils ont vu qu'en définitive madame Pescatore ne voulait pas se dépouiller, alors s'est passée cette scène de l'inventaire que vous connaissez ; ils ont dit : « Nous offrons de renoncer au profit de madame Pescatore au droit que nous avons d'attaquer les dispositions testamentaires qui lui ont été faites... » Ils avaient déjà revendiqué le droit d'attaquer ces dispositions ; ils l'avaient annoncé, ils l'avaient fait constater, et un peu plus tard ils lui disent : « Renoncez à vos prétentions, nous renoncerons au procès ; renoncez à la communauté de biens, car vous n'êtes pas la femme légitime de notre oncle, et nous renoncerons au droit qui nous appartient de demander la nullité des libéralités testamentaires qui vous ont été faites. » Je le demande, messieurs, madame Pescatore pouvait-elle accepter de telles conditions? Je lui ai déclaré que cela n'était pas possible, non pas seulement dans un intérêt d'argent, mais dans l'intérêt de sa dignité. Voilà comment j'ai compris la chose, et comment j'ai conseillé ma cliente dans cette affaire où il ne s'agissait pas de savoir si elle serait ou non plus riche de 6 millions, ce n'était pas là la question, mais où son honneur et sa dignité de femme et d'épouse étaient en jeu. Je lui ai dit qu'elle ne pouvait pas tenir de la libéralité de ceux qui l'insultaient, qui lui annonçaient l'intention de contester ses droits, 20,000 francs de rentes sur 40,000 francs ; que c'était encore moins de leur bon vouloir, de leur gracieuseté, qu'elle pouvait tenir le titre d'épouse légitime : ce sont là, en effet, de ces concessions qu'on ne fait point. On est femme légitime ou on ne l'est pas ; on vient devant la justice, on défend ses droits, on les fait valoir et l'on dit : « Je ne veux rien de ces gens-là ; ils m'ont disputé mon titre, ils ont voulu me dépouiller entièrement ; ils m'offrent aujourd'hui de me donner du pain et de me permettre de continuer de porter le nom de Pescatore; je ne veux rien d'eux, j'attends tout de la justice. Voilà ce qu'elle a fait. Eh bien, que ceux qui trouvent qu'il n'y avait qu'une question d'argent, et qu'elle aurait bien fait d'abandonner 6 millions à des collatéraux avides (si jamais ces deux mots ont été inséparables, c'est ici ou jamais), que ceux-là aient le courage de leur opinion. Quant à moi, je lui ai dit qu'il y aurait lâcheté à renoncer au droit qui lui appartenait incontestablement de s'appeler madame Pescatore. Voilà le commencement du procès.

Il s'est poursuivi au milieu de quelles circonstances? J'ai beaucoup entendu dire dans le monde qu'il fallait s'arranger, transiger; que la responsabilité de ceux qui s'opposaient à un arrangement était gravement engagée, qu'on leur ferait de cruels reproches. Ils les acceptent de grand cœur. Mais est-ce qu'il a été sérieusement question d'arrangement? Oh! puisque mon adversaire, et je l'en remercie, n'a pas tenu compte dans cette affaire, de cette réserve que nous inspirent les traditions du barreau, puisqu'il a jugé à propos de raconter les préliminaires du procès; eh bien, oui, je le reconnais, il y a eu des projets d'arrangement, c'est vrai. Un jour j'étais absent; une autre affaire, d'autres intérêts, m'avaient appelé en province. Ce jour-là, les collatéraux ont provoqué une réunion; ils se sont adressés à un ami de madame Pescatore qui avait consenti à se charger de ses pouvoirs; ils ont voulu être seuls avec lui, et pour qu'aucun d'eux ne manquât à la conférence qui a duré quatre heures, ils sont venus au nombre de sept, sept contre un! Ils ont dit qu'ils avaient réuni contre elle les documents les plus accablants; qu'elle était une femme perdue, déshonorée; qu'ils l'attaqueraient partout; qu'ils la traîneraient dans la boue, elle, les siens, sa famille, ses proches. Ils ont jeté l'épouvante dans l'âme de celui qui la représentait, et cet homme honorable, pensant qu'une femme seule ne pourrait pas résister à une telle coalition, lui a dit: Il n'y a pas de procès possible; il faut tout abandonner. Elle a perdu la tête alors; elle a donné un blanc seing que j'ai, que je pourrais montrer; on a été sur le point de terminer, et mes adversaires de triompher et de s'écrier: « Elle sera bientôt trop heureuse de venir à deux genoux nous demander d'abandonner le procès. » Mais comme le procès aurait entraîné une perte d'intérêt et des frais considérables, nous calculerons, ont-ils ajouté, le procès à 200,000 francs; nous lui donnerons 200,000 francs: n'en parlons plus.

C'est alors qu'elle est venue à moi, qu'elle m'a raconté cette scène où on lui avait dit que le procès était impossible, que c'était une action abominable, mais qu'une femme ne pouvait avoir la force d'y résister; c'est alors que je lui ai rendu le courage, que le procès a été fait et qu'il a été suivi. Il a été suivi comment? Il m'est impossible de ne pas vous l'apprendre si vous l'ignorez. Il m'est impossible de ne pas donner cet enseignement au monde qui nous écoute, au barreau qui vient ici prendre des leçons, à la justice elle-même qui est prête à rendre sa décision.

Comment le procès a été suivi? Toutes les menaces qui avaient été faites ont été réalisées. Je ne sais si vous vous rappelez l'audace des conclusions de ces collatéraux; je ne sais si vous vous rappelez qu'ils y ont dit que si les parties avaient été se marier à l'étranger, c'est parce qu'en France elles avaient trouvé un obstacle insurmontable, qu'elles avaient été empêchées par l'impossibilité où était peut-être madame Weber d'établir la mort de son premier mari, père de l'enfant qu'elle a avec elle. C'est ainsi que dans les menaces qu'on lui avait faites, on s'était promis de l'atteindre ; c'est ainsi qu'on allait jusqu'à son cœur qu'on savait vulnérable, non pas dans son honneur, mais dans sa sensibilité ; c'est ainsi que dans ces misérables et honteuses inventions, on donnait à entendre qu'elle était bigame ; on appelait sur elle l'attention du ministère public. Et ils savaient à merveille, car ils avaient été partout furetant, compulsant tous les actes ; ils savaient à merveille à quoi s'en tenir ; ils avaient la preuve authentique qu'elle n'avait été mariée qu'à leur oncle, qu'elle n'avait jamais eu d'enfant ; l'enfant qu'elle élève avec tant de sollicitude et de dévouement, ils savaient à merveille d'où il venait. Voilà cependant ce qu'ils ont mis dans cette misérable phrase de ces misérables conclusions, quand les menaces ont commencé à se réaliser.

Ce n'est pas tout : tandis que cette pauvre femme en deuil vivait dans l'isolement et la retraite, eux, les collatéraux, se répandaient dans le monde, allaient dans les salons, y semaient les bruits les plus odieux, y répandaient les notes les plus offensantes, les anecdotes les plus scandaleuses ; ils façonnaient ainsi, à l'aide de ces procédés et de ces manœuvres, une opinion publique à laquelle bientôt ils allaient faire appel, afin de soulever les passions, et d'exercer sur vous mêmes, messieurs, une espèce de pression.

Ce n'est pas tout encore. Vous avez entendu dans une de vos dernières audiences la belle plaidoirie du ministère public. Les plaidoiries des avocats sont la propriété de leurs clients ; ils ont le droit de les publier, d'en joncher les rues et les carrefours. Il n'y a aucun danger ; chacun en les lisant sait que c'est la plaidoirie d'un adversaire. Mais il y a des paroles solennelles auxquelles il est défendu de répondre, parce que ce sont les dernières entendues dans le débat : ce sont les paroles du ministère public. Oui, celles-là sont graves, car, quoi qu'on en dise, ce ne sont pas les paroles d'un adversaire. Nous ne nous sommes jamais fait l'honneur dans un procès civil de considérer le ministère public comme notre adversaire ; sa parole est celle d'un magistrat impartial et froid autant qu'éclairé. Vous savez à merveille avec quelle conviction M. l'avocat impérial a embrassé la cause de l'adversaire, et avec quelle ardeur il a combattu la nôtre. Ces paroles du magistrat, ces paroles suprêmes auxquelles il est impossible de répondre, elles ont été comme elles devaient l'être, recueillies par les journaux judiciaires ; mais les adversaires les ont fait répandre partout : dans l'intervalle qui s'est écoulé entre le réquisitoire et votre décision, ils en ont fait tirer plus de douze mille exemplaires. Chose inouïe, sans exemple ! ils ont jeté ce réquisitoire partout, sous toutes les portes, dans tous les établissements, de manière que chacun en fût poursuivi, que chacun en fût frappé ; ils créaient ainsi une opinion publique et un soulèvement sous la pression duquel ils espèrent qu'ils triompheront devant vous.

Qu'est-ce qui a fait cela ? Qui a donné au palais cet exemple ? Qui en a appelé de votre décision qui n'était pas encore rendue à la décision tumultueuse et aveugle de l'opinion publique ? Qui a fait cette émeute à vos portes ? Qui a ainsi insulté la justice ? Qui a payé ces frais ? Qui s'est livré à ces soins ? Qui a fait ces bandes, ces adresses, ces distributions ? Qui ? Les adversaires : eux seuls le pouvaient, eux seuls l'ont fait, eux seuls ont trouvé le temps, les ressources, les moyens, l'argent nécessaires pour construire cette publicité dans le but coupable d'égarer l'opinion publique et d'égarer peut-être la justice.

Je dis que ceci est sans exemple heureusement dans nos fastes judiciaires. C'est un grand progrès que les adversaires ont fait faire à nos habitudes traditionnelles, c'est un grand progrès dont l'honneur leur restera, que d'afficher, de placarder sur les murs les paroles du ministère public, de les semer dans les carrefours, dans les théâtres, partout. Ah ! qu'on me permette de le dire, jusqu'ici en France, on avait eu du respect pour la magistrature, pour ces grands hommes qui en ont été l'honneur et la gloire, qui, par la dignité et la modération de leur parole, ont porté si haut leurs hautes fonctions; les Lamoignon , les d'Aguesseau , l'avocat général Séguier, n'ont jamais été affligés, insultés par de tels offronts, et jamais leurs plaidoyers, que je sache, conservés et admirés par la postérité, n'ont reçu cette publicité déplorable et fangeuse.

Est-ce tout ? Non, un jugement de partage a été rendu, et comme l'opinion est de sa nature mobile, *mobilitate viget*, comme ils ont compris que ce feu de paille qu'ils avaient allumé allait s'éteindre, pour l'entretenir ils ont fait faire de nouveaux tirages et la magistrature a été affligée par des publications nouvelles.

Est-ce tout enfin ? Non, ce n'est pas tout : La publicité s'est jetée sur le procès de toutes parts, c'est la Belgique qui a donné l'exemple. Partout les plus légers, les plus ignorants, les plus étrangers à ces questions ont pris parti contre madame Pescatore. La Belgique a commencé cet orage, cette tempête qui est venue ravager l'affaire. Dans les journaux belges chaque jour c'était des insultes nouvelles, non pas seulement pour madame Pescatore, mais pour tous ceux qui prenaient intérêt à elle; tous ceux qui se rangeaient dans son camp étaient tour à tour outragés, méprisés; on voulait faire le vide autour d'elle ; on voulait inspirer assez de terreur pour qu'elle ne trouvât pas de défenseur. Si Bugnet donne une consultation, le jurisconsulte du *Figaro* demande à Bugnet pourquoi il n'enseigne pas dans son cours les doctrines qu'il met dans ses consultations, ou pourquoi il ne met pas dans ses consultations les doctrines qu'il professe à l'école de Droit. Odilon Barrot fait une consultation, et nous assiste de sa présence ; les journaux anglais, belges et allemands l'insultent, l'outragent, le dénoncent, lui demandent compte de son opinion, le blâment de faire des visites aux magistrats; l'un d'eux l'accuse même de leur avoir offert de l'argent ! Moi-même qui, à défaut d'autre mérite, ai du moins celui d'une conviction profonde, j'ai été dans ces misérables libelles insulté à mon tour, accusé d'avoir fait je ne sais quel pacte *de quota litis parte*, et malgré ma répugnance à me colleter avec un journaliste qui aurait pu n'être qu'un instrument, comme il me fallait prouver que je n'étais pas un misérable, que je ne méritais pas d'être rayé du tableau de notre ordre, à la tête duquel j'ai été longtemps placé comme bâtonnier dans le long exercice de ma profession, durant lequel j'ai l'honneur et le bonheur de compter quelques services rendus et de bons exemples donnés; malgré ma répugnance, dis-je, au milieu des préoccupations de ma cause, à penser à mes intérêts propres, à mes préoccupations personnelles, j'ai dû déposer cette robe impuissante à me protéger, descendre en police correctionnelle et demander à un journaliste raison de l'insulte qui était faite, non pas à ma cliente, mais à moi-même. Voilà les faits.

Qui est-ce qui a fait tout cela ? Qui a enflammé les journaux belges ? Par l'argent de qui leur zèle a-t-il été excité ? Ce n'est pas vous, vous le dites, je veux le croire ; vous seriez des misérables si vous l'aviez fait. Si c'était vous qui eussiez opéré ce soulèvement, vous seriez dignes, tout collatéraux que vous êtes, du dernier degré de l'indignation et du mépris. Ce n'est pas vous ; mais enfin à qui tout cela profite-t-il ? A vous seuls. En remontant dans les souvenirs de ma vie déjà longue, j'ai cherché sans le rencontrer un autre exemple de ce soulèvement de l'opinion publique... sans le rencontrer, je me trompe, je me rappelle qu'il y a vingt ans à peu près, un homme dont l'innocence m'était certaine, dont la culpabilité me paraissait impossible, qui était aussi étranger que moi-même au crime qu'on lui imputait, et dont l'acquittement était pour moi l'évidence même, je me rappelle que contre cet homme qui m'avait confié sa défense, sur le sort duquel j'étais tranquille, dans les mêmes salons, au souffle d'une famille puissante, il s'opéra le même soulèvement, il se fit le même travail de l'opinion publique, et les mêmes clameurs s'élevèrent... je me rappelle mes moments de terreur et de découragement, les larmes que je versais en sentant mon impuissance à faire prévaloir cette innocence, contre laquelle tout le monde protestait, et je me rappelle que dans un jour d'erreur à jamais regrettable, un innocent fut frappé.... Voilà ce que peuvent ces soulèvements de l'opinion publique. Et quand je pense que ce sont là les enseignements qu'on veut nous donner, les habitudes qu'on veut nous faire prendre ; quand je pense que parmi les personnes qui nous donnent de tels exemples, il se trouve un avocat qui, avant d'avoir l'honneur d'être ministre, était chef d'un tribunal, qu'un autre est dans un autre pays chef de la justice (noblesse oblige), quand je pense que ce sont ces hommes là qui emploient ces ignobles moyens, oh ! je ne puis m'empêcher de les maudire et de maudire avec eux tous ceux qui, de près ou de loin, ont pris part à leurs manœuvres, à cette grande habileté dont ils se vantent peut-être. Je n'ai pas à craindre ici le même résultat ; ce qui m'est arrivé devant le jury, ne m'arrivera pas devant vous ; tandis que sur la place publique s'agitent ces folles passions soulevées, moi j'entre dans le temple de la justice ; j'en appelle d'une émeute aux magistrats ; je plaide devant moi et non derrière moi une cause qui, si elle est bien expliquée, ne peut jamais être perdue.

J'arrive au procès. On attaque le mariage comme contraire au droit civil, au droit canonique, à notre droit public et à l'intention des parties contractantes. Quant au code Napoléon, en quoi lui est-il contraire ? L'article 170, vous le connaissez à merveille : Le mariage sera valable pourvu qu'il ait été précédé des publications légales, et s'il a été accompli suivant les formes usitées dans le pays où il a été contracté. Notre droit civil ne prescrit pas les publications à peine de nullité. Sur ce point, messieurs, je ne serai pas long ; il n'y a pas à l'être, je me contenterai de m'en référer à vos consciences. La jurisprudence a prononcé et prononce tous les jours ; elle n'est pas douteuse ; elle l'est si peu, que s'il s'agissait d'une affaire ordinaire, vous ne la laisseriez pas plaider.

Que résulte-t-il de cette jurisprudence ? Que les publications ne sont pas prescrites à peine de nullité. Je ne vous rappellerai qu'un exemple que j'ai déjà cité, je veux parler de l'affaire Commailles. M. de Commailles enlève mademoiselle de Brancas et va l'épouser à Londres après sept jours de résidence, tandis que la loi anglaise exige quinze jours. Les deux époux demandent la nullité du mariage, ils ne l'obtiennent pas, parce que le consentement des parents avait été accordé depuis, et que l'absence seule des publications ne peut pas entraîner la nullité du mariage. Dans une autre espèce, un jeune homme voulait faire briser son mariage parce qu'il n'avait pas l'âge requis lorsqu'il l'avait contracté, mais il l'avait atteint depuis, et le défaut de publications ne put entraîner la nullité du mariage.

Voilà tout ce que j'ai à dire sur le défaut de publications ; car de deux choses l'une : ou il faut revenir sur une jurisprudence consacrée depuis vingt ans et juger aujourd'hui le contraire de ce que vous avez jugé jusqu'ici, d'accord avec la cour de cassation, ou il faut dire que le défaut de publications n'est pas une cause de nullité absolue.

J'ai à examiner maintenant la deuxième partie de l'article 170 : Les formes prescrites ont-elles été observées ?

En Espagne, c'est le droit canonique et le concile de Trente qui font la loi. Les prescriptions du concile de Trente et du droit canonique ont-elles été observées ? Voulez-vous me permettre d'abord de faire ici une remarque ? Nous ne sommes pas bien familiers avec le concile de Trente et le droit canon, avec quelque assurance que nous en parlions. Moi même, qui les ai étudiés six mois, qui ai lu beaucoup de docteurs, qui en ai assemblé chez moi, moi-même je ne puis m'empêcher de douter de ma science, six mois d'étude ne suffisent pas pour connaître ces questions dans toute leur étendue, six mois d'étude ne suffisent pas pour arriver à un ensemble de doctrine et pour tout comprendre. Quand j'entends dans le monde des hommes et même des femmes trancher la difficulté et dire : c'est évident, le concile de Trente a été violé ; quand je vois qu'au barreau même, où l'on n'est pas fort sur le concile de Trente, où plusieurs en entendent parler pour la première fois, où l'on n'en connaît bien souvent que la date, quand on la connaît ; et que je vois cependant tout résoudre avec une aisance merveilleuse, cela me paraît un peu léger ; et quand à côté de cela les autorités que nous produisons, des hommes vieillis dans ces études, qui sont plus forts que nous tous, il faut bien le reconnaître, et c'est un aveu qu'on peut faire sans modestie, quand ces hommes désintéressés dans l'affaire, c'est évident, pour lesquels la solution du procès est absolument indifférente, affirment que le mariage est bon, excellent ; j'avoue que je suis un peu plus rassuré qu'à la lecture des consultations d'avocats ou de professeurs de droit. Quels sont-ils ces hommes ? Je ne parle pas des avocats de Madrid, nous en avons cinq pour nous, vous en avez trois pour vous ; vous pourriez en avoir dix, que cela ne ferait rien à l'affaire. Je ne parle donc pas des avocats de Madrid, je parle d'un de nos prélats, qui passe pour le plus savant, de Mgr Gousset, qui, après avoir étudié l'affaire et sans avoir la prétention de la juger, dit : le mariage est excellent. Nous avons soumis la question à Mgr l'archevêque de Paris, et non pas à lui seul, mais à son conseil (si vous saviez combien ils sont savants dans ces questions ardues, ces vieux chanoines qui l'entourent !), nous avons soumis la question à Mgr l'archevêque de Paris et à son conseil, et il nous a été répondu : le mariage est bon, excellent. Or c'est une autorité pour moi, je veux bien que ce n'en soit pas une pour vous. Il ne faut pas jurer *in verba magistri*, me dit-on. D'accord; mon adversaire a examiné la question lui-même, et voici l'étrange confusion où il s'est jeté et que je recommande à votre attention. Je distingue, a-t-il dit : il y a dans l'espèce, un mariage religieux, il n'y a pas de mariage civil. Le mariage religieux, je ne le conteste pas; si vous me parlez d'un mariage religieux, je retire ma critique, le mariage est bon. Mais je fais parler mon honorable confrère, et comme le point est important, j'ai tort; voici ses propres paroles, que je prends dans les journaux qui ont recueilli sa plaidoirie :

« Les parents de M. Pescatore n'ont pas jugé à propos de critiquer le mariage ;
» ils n'avaient aucune raison de le critiquer, ils l'ont accepté; aujourd'hui même
» ils lui reconnaissent encore la force d'un lien religieux, qu'ils respectent et de-
» vant lequel ils s'inclinent; il n'y a procès entre eux et madame Weber, que parce
» madame Weber a voulu aller beaucoup au delà, et faire de ce mariage religieux
» un mariage civil. »

Je vous prie de ne pas perdre cela de vue. Mon adversaire qui a si consciencieusement examiné l'affaire lui-même, et qui l'a fait si bien examiner, admet le mariage religieux, il le reconnaît pour bon, pour excellent. Ce mariage il l'accorde, il ne le conteste pas, il s'incline devant lui et il n'y a procès que parce que de ce mariage religieux on a voulu faire un mariage civil, qui n'est pas valable, qui n'existe pas.

Et pourquoi est-il valable religieusement? Parce qu'il est conforme sans doute à la loi canonique, aux prescriptions du concile de Trente. S'il n'y était pas conforme, il n'y aurait pas de mariage religieux, et mon adversaire dirait : le mariage est mauvais parce qu'il est en contradiction avec la loi canonique et le concile de Trente. Il reconnaît qu'il est bon, il reconnaît par conséquent qu'il est conforme à la loi canonique et au concile de Trente. Nous serons donc d'accord. Point du tout, voici qu'après cet aveu mon confrère essaie de prouver que le mariage n'est pas conforme à la loi canonique et au concile de Trente, c'est-à-dire que d'une part il est excellent, qu'il le respecte et s'incline devant lui, et que d'autre part il ne vaut rien. Je ne sais pas comment mon adversaire expliquera ces contractions, mais à coup sûr il les expliquera, car on explique tout.

En attendant, examinons si le mariage est conforme au concile de Trente. Quelle est la condition prescrite par le concile de Trente? C'est que le mariage soit fait par le propre curé; quand le propre curé n'est pas présent, il y a clandestinité. Je n'ai pas besoin de vous mettre en garde contre ce mot que mon adversaire prend tantôt dans un sens, tantôt dans un autre. C'est un grand malheur que les mots ne soient pas reçus dans la même acception, et que chacun recoure à son dictionnaire ou à son caprice. Je voudrais bien qu'on pût s'entendre sur ce mot *clandestin*, afin de raisonner contradictoirement et non l'un à côté de l'autre. Le mariage est clandestin quand il n'a pas été célébré par le propre curé. Qu'est-ce que le propre curé ? C'est le curé de la paroisse ou celui qui a reçu de lui une commission ou permission, une *licentia*. Le concile de Trente qui parle du propre curé, qui veut que lui seul puisse procéder au mariage, ne détermine pas le temps de résidence nécessaire pour constituer le propre curé. Comment le déterminer ? Vous savez qu'autrefois en France, il fallait six mois suivant les édits royaux, mais non suivant le concile de Trente, qui plus d'une fois s'est contenté d'un mois. Je vous recommande à cet égard ce passage de Collet :

« Gerbais (1) [c'est une très grande autorité], *Traité pacifique du pouvoir de* » *l'Église*, p. 453 ; et l'auteur des *Conférences d'Angers*, t. I, p. 422, avouent que » ceux qui suivraient cette route (ce parti de se marier au bout d'un mois) seraient » très coupables devant Dieu, mais ni l'un ni l'autre n'ose dire que ce mariage » serait parfaitement valide. On est marié devant Dieu, le mariage serait parfaite- » ment valide devant l'Église, mais devant le parlement il est parfaitement in- » valide. »

Comme quoi ? Comme contrat ; mais comme sacrement, il est parfaitement valide. Si vous vous mariez avant six mois, l'annulation de votre mariage pourra être prononcée par l'autorité civile, mais si vous vouliez contracter un nouveau mariage, la loi de l'Église vous dirait : Non, le sacrement demeure. Voilà l'autorité de Collet et de Gerbais, d'un côté, et de l'autre, celle de la Conférence d'Angers, en sorte qu'il ne peut pas rester un doute à cet égard. Le concile de Trente dit « le propre curé » sans indiquer le temps nécessaire pour qu'il le devienne, il vous laisse dans l'incertitude, et les anciens édits exigent six mois ; mais un mariage contracté au bout de deux mois et même d'un mois serait valable comme sacrement ; le prêtre qui l'aurait béni aurait fait un acte illégal, il n'aurait pas fait un acte illicite.

Combien de temps fallait-il donc pour constituer en Espagne le propre curé ? Un mois, *saltem unius mensis*. Sur ce point je ne serai pas long, mon adversaire a demandé comme moi des renseignements à l'autorité ecclésiastique, il en a demandé à l'université de Louvain.... Louvain est bien près de Bruxelles où réside le ministre de la justice contre lequel nous plaidons. L'université de Louvain a dû être flattée sans nul doute de l'honneur que lui a fait un ministre.. N'importe, les théologiens de Louvain sont plus consciencieux que complaisants. Je vous supplie, messieurs, de vouloir bien sur cette question de droit canonique, prendre en grande considération cette consultation demandée à Louvain par nos adversaires. Qu'en résulte-t-il ? le voici : C'est que d'après la doctrine, les auteurs et la constitution *paucis abhinc* de Benoît XIV, un fait hors de doute, c'est qu'il suffit d'un mois. Ce n'est pas nous qui le disons ; ce sont ces messieurs de Louvain qui déclarent que cette doctrine est parfaitement établie par les constitutions de tous les temps. Voilà le principe, il y a des exceptions. Lesquelles ? Il faut faire une distinction, nous dit-on ; lorsqu'on réside hors de son domicile ordinaire, *recreationis causâ*, pour prendre

----

(1) *Traité des Dispenses*, t. II, p. 204.

les bains de mer, par exemple, ou *pro rusticanis negotiis*, pour faire ses vendanges, on n'acquiert pas le domicile, car c'est l'intention qu'il faut considérer, et, dans ces deux cas, l'intention d'établir domicile en vue du mariage n'existe pas. C'est à merveille, je suis aussi et parfaitement de cet avis.

Il faut faire une autre distinction que la Faculté de Louvain cherche à établir et sur laquelle j'appelle encore votre attention, parce que c'est le fond même du procès. La Faculté de Louvain, suivant toutes les décisions de la Sacrée Congrégation, arrive à cette conclusion qu'il n'y a rien à dire sur le principe général, sur les documents que renferme la constitution *Paucis abhinc*, mais qu'il ne faut pas prendre le séjour d'un mois abstraction faite des circonstances.

Très bien! je suis de votre avis, messieurs de Louvain, j'avais soumis moi-même la question à l'illustre archevêque de Reims; j'avais dit : Selon la doctrine, un mois suffit. Mais il ne faut pas prendre cette doctrine-là abstraction faite de toute circonstance. Messieurs de Louvain citent comme ils parlent; moi je demande la permission de citer Cléricati. Que dit-il Cléricati? Il dit : Si des gens venus ici pour se marier, ont, en sortant de l'église, secoué la poussière de leurs souliers et s'en sont allés pour ne plus revenir, il faudra décider que leur mariage est nul. En effet, s'ils sont venus dans une intention de fraude, (c'est conforme à notre ancienne jurisprudence, c'est conforme à la constitution *Paucis abhinc* et aux décisions de la Sacrée Congrégation, qui exigent la volonté de résider dans le domicile d'élection, *cum animo manendi*, s'ils sont venus dans une paroisse pour frauder le propre curé, le mariage sera nul : *Domicilium non acquiritur ullo tempore ab eo qui habet intentionem discedendi*. Je suis d'accord sur ce point avec tous les canonistes et avec l'Université de Louvain, il faut un mois de résidence sérieuse, il ne faut pas une résidence pour la forme, pour frauder le propre curé. C'est l'opinion de Cléricati, c'est ce qu'enseigne Denisart qui rapporte l'annulation d'un mariage célébré à Sedan en fraude du propre curé. Mais voici où commence notre dissentiment : Ces messieurs de Louvain ajoutent que l'intention frauduleuse se présume. Ah! voilà qui me paraît fort; où donc ont-ils vu cela, ces merveilleux théologiens : « il faut une intention frauduleuse, l'intention frauduleuse se présume? » Non messieurs, non, le fraude ne doit jamais se présumer, pas plus en droit canonique qu'en droit civil; c'est contraire au droit, à la morale, à la raison. Partant de ce principe erroné les théologiens de Louvain se demandent si Mgr l'archevêque de Bordeaux était le propre curé des parties. Grave question, se répondent-ils; c'est douteux, notre opinion à nous c'est qu'il ne l'était pas; en conséquence nous déclarons le mariage nul. Voilà la conclusion de la docte Faculté de Louvain. Ils disent : la fraude se présume, les époux qui s'en vont immédiatement après le mariage sont censés être venus en fraude, et ils ajoutent :

« Ainsi jusqu'à ce que des décisions explicites, de nouvelles déclarations de la
» part du Saint-Siége, viennent nous donner une solution contraire de la question
» générale que nous avons traitée, question pas encore entièrement résolue jus-
» qu'ici, nous croyons que l'évêque de Z... n'était pas l'ordinaire des parties, ni

» de M. A..., ni de la dame B..., parce que ni l'une ni l'autre n'avait réellement
» l'habitation requise, le domicile ou le quasi-domicile dans le diocèse de Z.... »

La question n'est donc pas encore résolue, c'est vrai, mais on a jugé qu'il
suffisait d'un mois de résidence, on a jugé pour des gens qui s'en allaient au
bout d'un mois, s'ils étaient exempts de fraude, que leur mariage était bon ;
que si au contraire ils étaient venus en fraude, leur mariage était nul. Ainsi,
cette consultation qu'on s'est fait faire à Louvain a conclu au doute ; je m'en
empare, je la tiens pour la meilleure de mon procès. J'en ai d'autres cependant, j'en ai de décisives, mais elles ont le tort d'avoir été demandées par moi,
en voilà une qui a le mérite d'avoir été demandée à Louvain, ville à côté de
laquelle siége comme ministre de la justice un de nos plus ardents adversaires ; je la trouve excellente par ce motif et je vous la recommande.

La Faculté de Louvain pense que Mgr l'archevêque de Bordeaux n'était pas
l'ordinaire des parties. Qui l'était alors ? Mgr l'archevêque de Paris. Eh bien,
Mgr l'archevêque de Paris a donné son autorisation, car dans les dispenses de
publications qu'il accorde, il dit : Je vous autorise à vous marier ; accordant
ainsi deux choses à la fois. A la vérité, il adresse sa *licentia* au curé de Sainte-
Marie et non à celui de Renteria ; à la vérité le délégué ne peut pas subdéléguer, *delegatus non potest subdelegare*, je le reconnais. Le curé de Sainte-
Marie ne peut donc pas subdéléguer le curé de Renteria, à moins d'avoir
l'assentiment du délégant, l'archevêque de Paris ; et celui-ci peut le donner
même par signe, *ad nutum*. Voici à cet égard un passage qui ne laisse aucun
doute ; il est de Mgr Bouvier, l'ancien évêque du Mans ; tout le monde sait
que Mgr Bouvier, qui a été un des principaux auteurs du Concordat, est
un homme d'une grande autorité. Voici ce qu'il dit dans son traité du mariage : *Institutiones theologicæ ad usum seminariorum, Tractatus de matrimonio :*

« Ut scripto, verbis aut aliis signis alioquin percipi non posset. »

Ainsi une délégation expresse qui en règle générale ne peut pas être transmise, peut l'être exceptionnellement avec l'autorisation spéciale de celui qui
l'a donnée. La délégation donnée au curé de Sainte-Marie par l'archevêque
de Paris a donc pu, avec l'assentiment de ce dernier, être transmise par Mgr
l'archevêque de Bordeaux au curé de Renteria. Toute la question, par conséquent, est de savoir si Mgr l'archevêque de Paris a donné son assentiment à
cette transmission. Or, aucun doute ne peut s'élever à cet égard ; nous avons
de lui un écrit dans lequel il atteste qu'il a tout connu, tout approuvé, et qu'il
s'en est rapporté complétement à ce que ferait Mgr l'archevêque de Bordeaux.
De deux choses l'une : ou Mgr l'archevêque de Paris, qui a rédigé en son
conseil la déclaration que je vous ai lue à une précédente audience, a commis une imposture, ou il a donné verbalement, par écrit ou par signe extérieur non douteux une délégation au curé de Sainte-Marie avec son assentiment formel à ce qu'un autre curé pût lui être substitué.

Quant à la résidence nécessaire pour acquérir le domicile conjugal, l'Université de Louvain a raison de dire qu'un mois suffit ; mais qu'il ne faut pas faire abstraction de l'intention, qu'il faut savoir quel est, dans l'intention des parties, leur curé, car le propre curé, c'est celui qui les connaît et qui peut savoir s'il y a empêchement au mariage. Eh bien ! quel est mon propre curé, à moi, qui suis une infidèle, une luthérienne ? Je n'en ai pas, je n'ai pas d'ordinaire, mais je vais me jeter aux pieds de Mgr l'archevêque de Bordeaux, dans le diocèse duquel j'ai résidé, je lui demande s'il ne peut pas me convaincre, me ramener à la foi. Il y parvient : après six semaines d'instruction, j'abjure en son sein, j'entre dans la foi catholique, je prends un pasteur (jusque-là je n'en avais pas) qui devient mon unique pasteur... Est-ce que cela n'est pas de la dernière évidence ? Et puisqu'il s'agit ici d'une question d'intention, est-ce que ma bonne foi n'est pas certaine ? Je cherche mon pasteur : Est-ce que mon pasteur n'est pas celui qui est à la tête du troupeau au milieu duquel je me suis placée ? On dit que ce sont là des phrases, de la rhétorique. Non, non ; c'est de la logique, c'est de la raison. De pasteur, de propre curé, je n'en ai qu'un au monde, celui dans les mains duquel j'ai abjuré l'erreur.

Et puis vient une raison de droit qui coupe court à toute difficulté : je veux parler des dispenses qui m'ont été données. Ah ! vous dites que Mgr l'archevêque de Bordeaux, qui est mon unique pasteur, n'est pas mon pasteur ; vous dites que j'ai à Paris un autre pasteur, je ne l'ai jamais vu ; n'importe, je veux tout cela. Je m'adresse à Mgr l'archevêque de Paris, et Mgr l'archevêque de Paris m'accorde des dispenses de bans ; plus que cela, il m'autorise à procéder au mariage. Qu'avez-vous à objecter à cela ?

J'ai examiné si le mariage dont il s'agit a été conforme à l'article 170 du code Napoléon et au droit canon, et je crois l'avoir fait de façon à ne laisser aucun doute dans vos esprits ; il me reste à rechercher s'il a été conforme au droit public et à l'intention des parties contractantes.

Notre droit public, c'est le Concordat. Le Concordat et le Code pénal défendent de célébrer le mariage religieux avant le mariage civil. Les deux mariages ne peuvent pas être célébrés en même temps et par le même officier. Cette interdiction existe, assure-t-on, aussi bien pour les mariages contractés à l'étranger que pour les unions célébrées en France ; d'où il résulterait que l'article 170, qui dit que les Français pourront se marier à l'étranger, suivant les formes du pays, renfermerait implicitement cette restriction : excepté en Italie, en Espagne, en Portugal, ou pour tout dire, dans la moitié de l'Europe, parce que dans ces pays-là le mariage est fait par le prêtre, qui est tout à la fois le ministre du sacrement et du contrat Nos adversaires, si fertiles en subtilités, voudraient-ils nous imposer cette singulière restriction ? Ce n'est Pas tout, le code Napoléon exige pour le mariage un domicile de six mois ; mais il autorise les mariages en Écosse, où une heure de résidence suffit ; en Angleterre, où quinze jours suffisent ; en Autriche, où le domicile légal est acquis au bout de six semaines. Est-ce que c'est là une contradiction du code ? pas le moins du monde. Je lui obéis quand je me marie en France au bout de six mois, en Écosse, en y résidant juste le temps nécessaire pour recevoir la bénédiction du forgeron, à Londres au bout de quinze jours, j'agis conformément à la loi de mon pays, je ne la viole pas. Le code Napoléon veut que l'acte de mariage soit inscrit sur les registres de l'état civil. Je suis en Orient, en Amérique, où il n'y a ni acte de mariage ni registres, je me marie,

est-ce que je suis en insurrection contre les lois de mon pays? Pas du tout,
car cette loi me dit : Tu peux te marier où tu voudras, tu observeras non pas
les lois de la France, mais les lois du pays où tu te trouveras : la loi du pays
où je me trouve, voilà mon code. Lors donc que je vais me marier en Espagne
ou en Portugal, et que je prends pour célébrer mon mariage celui qui est
tout à la fois le ministre du sacrement et l'officier civil, je me marie confor-
mément aux lois de mon pays, qui encore une fois me crie : Tu te marieras
en suivant les lois du pays où tu seras. Ce que je ne pourrais pas faire en
France, je le ferai valablement à l'étranger, et vraiment c'est la plus étrange
des confusions que de venir dire que j'ai méconnu les lois de mon pays et
violé l'article 170 quand, me trouvant en Espagne, je me suis présenté devant
le seul homme compétent, devant le prêtre, qui est tout à la fois le ministre
du sacrement et l'officier de l'état civil.

Mais, dit-on, la France est sur un volcan, tout sera bouleversé le jour où
l'on pourra contracter un mariage religieux au lieu d'un mariage civil. Vrai-
ment c'est chose curieuse de voir ces Luxembourgeois effrayés des périls que
la France va courir. Pour moi je n'en reviens pas. — Mais Portalis l'a dit;
lisez donc la circulaire de Portalis. — Que dit-il donc Portalis? Le voici :
« Il y a des gens qui sont sur la frontière de l'Alsace et qui vont se marier en
Allemagne pour échapper à la loi française; des gens auxquels l'officier de
l'état civil avait dit : Je ne peux pas vous marier. — Vous ne pouvez pas me
marier? eh bien, je vais me marier ailleurs; et ils allaient en effet se marier
ailleurs, en fraude de la loi de leur pays. » Portalis avait raison de se plaindre
de cet abus : mais est-ce qu'il y a fraude dans notre espèce? Comment, vous
voilà épouvantés ! mais le forgeron de Gretna-Green ne vous épouvante pas ;
mais les ministres d'Angleterre ne vous épouvantent pas ; mais mon honorable
adversaire, dont vous admirez le talent et la conviction, a plaidé à Bordeaux
et fait valider une de ces unions écossaises, et n'a pas eu peur que la ville de
Bordeaux s'écroulât. (M⁰ Dufaure fait un signe de dénégation.) Oh ! je com-
prends que tous les jours des succès nouveaux fassent oublier à mon confrère
ses succès anciens ; mais il a fait valider un mariage de Gretna-Green, et je
lui demande s'il a eu peur, je lui demande si la France a été en péril. Non, la
France n'a couru aucun péril. Je comprendrais le danger s'il y avait fraude ;
mais est-ce qu'il y a fraude ici? est-ce qu'il n'est pas évident que M. Pesca-
tore est allé en Espagne, reculant devant le scandale et non pour violer les lois
de son pays? Je comprends que si M. Pescatore avait dit : Je suis catholique
ultramontain, je n'admets pas les principes du Concordat, je n'admets pas les
mariages passés devant l'officier civil, je n'admets que ceux qui sont passés
devant le prêtre, par conséquent je veux frauder la loi de mon pays, je veux
aller à l'étranger pour me faire marier par un prêtre; je comprends que mon
adversaire pourrait me dire qu'il y a danger; mais quand tout s'est fait sincè-
rement, loyalement, n'ai-je pas le droit de m'étonner et de traiter de puériles
de pareilles inquiétudes ?

Après m'être expliqué sur le danger que courait la patrie, danger que je ne
vois pas, que personne ne voit, pas même nos adversaires, mais qu'il est ha-
bile de leur part de signaler dans l'intérêt de leur cause, pour faire croire que
tout est perdu s'ils succombent, j'arrive à la vraie question du procès, à celle

de savoir quelle a été l'intention des parties contractantes, lorsque, en 1851, elles sont allées à Renteria.

Leur intention ! elle n'est pas douteuse : elles voulaient se marier. Mais quel mariage voulaient-elles faire ? Comment, quel mariage ! est-ce que par hasard il y a deux manières de se marier ? Voyons, je ne veux pas éluder la question, elle vaut la peine d'être discutée. Deux personnes ayant fait un mariage dont la forme extérieure est valable peuvent-elles venir dire : Ah ! mon Dieu ! j'ai cru que ce mariage était nul, et je vais vous prouver que mon intention n'était réellement pas de faire un mariage valable. Je suis allé en Belgique, parce que j'avais l'intention de faire un mariage belge et non un mariage français, sans cela je me serais marié en France ; et en conséquence je demande à établir que mon intention était de contracter un mariage valable en Belgique, nul en France. Ainsi voilà que M. Pescatore, qui viendrait, s'il vivait encore et qui dirait : J'ai été à Renteria, où j'ai contracté un mariage devant l'homme qui est tout à la fois et le dispensateur du sacrement et l'officier de l'état civil ; je le savais à merveille, mais je n'ai entendu contracter qu'un mariage religieux, et je demande à le prouver. C'est toute notre affaire.

Comprenez-vous, messieurs, qu'on veuille rechercher l'intention d'un homme qui s'est marié valablement devant l'officier préposé suivant la loi du pays, et que l'on dise : il faut examiner quelle a été son intention, descendre au fond de son cœur, scruter les replis de sa conscience, peut-être y découvrira-t-on une pensée en opposition avec l'acte qu'il a passé ?

Eh bien ! soit, examinons ce qu'à voulu M. Pescatore. Ce qu'il a voulu, dit mon adversaire, le voici : il a voulu faire un mariage religieux qui ne serait pas un mariage civil, il a voulu faire un mariage qui serait un apaisement pour sa conscience, mais qui serait nul aux yeux de la loi civile, et qui ne pourrait entraîner aucun effet civil... Ah ! très bien ! C'est là ce qu'il a voulu ! Connaissez-vous, messieurs, des gens qui se soient jamais mariés de cette sorte ? En avez-vous rencontré ? Y en a-t-il dans le monde ? Pour moi, je le déclare, durant ma longue pratique des hommes et des affaires, qui remonte, hélas ! à trente-sept ans, jamais je n'ai vu de mariage religieux, qui ne fût en même temps un mariage civil. Mon honorable adversaire en aurait-il rencontré ? Pourrait-il m'en citer un seul ? Il se peut qu'il en existe ; mais c'est bien extraordinaire ; si ce n'est pas sans exemple, c'est au moins quelque chose de bien étrange. Tenez, messieurs, quand il vient à un homme quel qu'il soit, fantaisie de couper son mariage en deux, et de dire : Je suis marié jusqu'ici, au delà je ne le suis pas, je suis marié à droite, je ne le suis pas à gauche, il faut que cet homme me le prouve, sans cela, je ne le crois pas, car je ne crois pas à l'absurde.

Et elle, madame Pescatore, pourquoi a-t-elle fait ce mariage ? Est-ce pour apaiser sa conscience et n'avoir rien, rien, pas même un mari aux yeux du monde ? Oui, elle l'a fait pour dormir en paix devant Dieu ; des hommes, elle n'a rien voulu avoir, ni argent, ni estime, ni droit d'aucune sorte, car elle restait concubine, elle n'avait pas d'état civil, M. Pescatore pouvait de la chasser ; et les héritiers à plus forte raison, car elle n'avait aucun droit de femme légitime ; et, en fait d'argent, elle n'obtenait rien. Elle se mariait d'un mariage nul, qui pouvait dès le lendemain tomber au souffle de la passion, qui pouvait tomber au premier mot, qui, pouvant exister devant Dieu, n'existait pas dans le monde. Voilà le mariage qu'elle a fait, qu'elle a voulu faire, qu'elle a entendu faire, car on prétend qu'elle l'a voulu ainsi. En ce cas, honneur à elle ! Mais il faut l'admirer, et non l'insulter.

Est-ce que les adversaires n'ont pas compris que, si, en effet, elle s'était jetée dans un calcul pareil, que si la conscience bourrelée, torturée par le remords, elle s'était dit : Ma vie est coupable, je veux sortir de cet état, mais je ne veux donner qu'un apaisement à ma conscience, je ne veux pas de droits civils, je ne veux pas d'argent, je ne veux rien, si ce n'est le nom de Pescatore qu'un caprice m'offre aujourd'hui, qu'un caprice peut m'enlever demain, est-ce que les adversaires n'ont pas compris que si elle avait tenu un pareil langage, elle serait un modèle de désintéressement et d'abnégation, qu'il faudrait lui tresser des couronnes et proclamer que le jour où elle a fait cette folie pour racheter son âme, ce semblant de mariage, sachant qu'elle n'aurait pas plus après qu'avant, elle se serait conduite avec un héroïsme devant lequel il faudrait tomber à genoux ? Voilà pourtant ce qu'elle aurait fait, voilà ce qu'on plaide, et par une inconséquence qui a dû vous frapper, on insulte, on outrage celle qu'on montre si admirable.

Et lui, pourquoi s'est-il marié ? On ne le sait pas bien. Elle, c'était pour apaiser sa conscience. Lui…, c'était pour ne rien lui donner. Comprenez-vous cela, messieurs, comprenez-vous un homme qui a vécu quatorze ans avec une femme, toujours plein d'affection, de dévouement, de reconnaissance pour elle, qui veut lui rendre un témoignage public de ses sentiments, et qui ne lui donne rien, rien qu'un titre éphémère et une situation anormale ? Est-ce que vous croyez que cela est possible ?

Mais pourquoi ne veut-il rien lui donner ? Ah ! c'est qu'il veut tout donner à ses neveux, il a manifesté l'intention de leur tout donner. Où avez-vous vu cela, je vous prie ? Où ? Ce sont là des paroles graves, importantes au procès, il faut que vous ayez trouvé cela quelque part. Il veut tout donner à ses neveux qu'il affectionne, et dont il est affectionné sans doute. Oui, oui, nous connaissons le degré d'affection de Pierre Pescatore, et nous allons l'apprécier encore. D'abord, s'il voulait leur tout donner, il n'avait qu'à faire un contrat, il ne l'a pas fait, et puis l'allégation n'est pas vraie, elle ne repose sur rien, et l'union de cette famille dont on a tant fait l'éloge, elle est encore une invention des adversaires ; c'était une famille parfaitement divisée. Est-ce que par hasard on me contestera le droit de le dire ? Est-ce qu'au nom des collatéraux on pourrait plaider que madame Pescatore, qu'ils ont si longtemps couverte d'estime et de respect, n'était qu'une concubine, une misérable femme de ménage qu'on avait le droit de chasser, tandis qu'il ne me serait pas permis à moi de pénétrer dans l'intérieur de cette famille et de dire ce qu'elle est ? Est-ce que toutes les licences seraient de votre côté ? Est-ce que moi, pour me défendre, je n'aurais pas la même liberté que vous pour attaquer ? Fi donc ! c'est un rôle qu'un cœur loyal et généreux ne saurait accepter, j'ai le droit de me défendre, et je me défendrai.

Je dis donc que les membres de la famille étaient désunis, et que M. Pescatore n'accordait pas son affection à tous. Il y avait des exceptions dans son cœur, il les a mises dans son testament, il a fait la part de chacun; il a dit : ceux-ci auront telle chose, ceux-là telle autre. — Et les autres? — Oh! les autres, ils ne valent pas l'honneur d'être nommés, ils auront ce qui restera de sa succession.

Il y a de cette désunion une preuve que j'ai déjà donnée à votre dernière audience; il y a des lettres que les adversaires ont jetées dans le débat, les lettres de Pierre Pescatore, dont on a invoqué pieusement l'autorité. Eh bien, voulez-vous savoir quels étaient dans cette famille les sentiments de piété? Pierre Pescatore avait été comblé des bontés de son oncle, il avait été appelé à vivre dans sa maison, il avait été associé à ses affaires, à sa fortune. M. Pescatore parle de lui dans son testament, il donne aux héritiers de ce neveu un dernier signe d'affection, un dernier souvenir. Or, savez-vous comment ce Pierre Pescatore parlait de son oncle :

« Je l'aime bien aussi, mais je ne me fais aucune illusion sur le compte de la
» W...., qui se faisait intéressante, malade, presque mourante au début ; elle se
» porte comme l'an quarante, et elle enterrera l'oncle comme son légitime époux
» par-devant M. le maire et l'église.
    » Si je me retire, je voudrais continuer à travailler pour mon compte, et natu-
» rellement j'exploiterais les affaires de Hollande et d'Italie, ne laissant à mon oncle
» que ce qu'il y a de plus précaire. »

Mon adversaire a pour ce jeune homme une pieuse admiration, il prend parti pour lui, il s'échauffe pour lui, il ne veut pas qu'on y touche, il veut bien jeter ses lettres dans le débat, il les trouve bonnes quand ce jeune homme insulte madame Weber, mais il ne veut pas que je les prenne lorsqu'elles insultent son oncle, son bienfaiteur. Voilà pourtant les sentiments de cette famille aux sources pures de laquelle M. Pescatore allait se retremper. Si mon adversaire a de l'admiration pour des gens de cette espèce, et il le prouve par le respect avec lequel il en parle, je n'en suis pas jaloux. Si un neveu comme celui-là m'était donné, si j'avais été trompé par son hypocrisie, et puis qu'un jour le fond de son cœur me fût révélé par l'impudence de son langage, je déclare bien que jamais de la vie il n'aurait un sou de ma succession.

Ce n'est pas tout, vous savez comme il annonce son mariage ; je ne veux pas, dit-il, recevoir des compliments qui ne seraient pas sincères de la part de tous. Il est brouillé avec München qui lui écrit :

« L'oncle Antoine vient de nous annoncer votre mariage avec madame Weber;
» et quoique je sache fort bien que mon approbation vous est indifférente, je ne
» puis cependant pas, à cause des circonstances particulières dans lesquelles nous
» nous trouvons, m'empêcher de vous les exprimer. »

Il est brouillé avec Ferdinand, il est brouillé avec Guillaume, mais il a un neveu qu'il aime, M. Nothomb, le ministre de la justice de Belgique. Dans toute la correspondance échangée pendant trente années, l'adversaire a trouvé une lettre (c'est sur ce document peut-être qu'il s'est appuyé pour vanter l'union de la famille) ; M. Pescatore répondant à M. Nothomb qui lui avait écrit dans les termes les plus respectueux, les plus humbles, les plus convoitants, lui disait : « Ah! vous me demandez 10,000 francs à emprunter, je veux bien vous les prêter, mais il me faut des sûretés; vous me les rendrez, ou vous les rendrez à ma succession après ma mort. »

Voilà la traduction un peu libre que je fais de cette lettre-là ; voilà les preuves de ce que vous a dit mon adversaire qu'il y avait une tendre union entre Jean-Pierre Pescatore et tous les siens, et que Jean-Pierre Pescatore allait se retremper aux sources pures de la famille. Non ; c'était une famille divisée dont M. Pescatore aimait quelques membres, qu'il a avantagés dans son testament ; dont il n'aimait pas, ne pouvait pas aimer les autres.

Et elle, a-t-il fait aussi sa part? Il était plein de reconnaissance pour elle, il vantait son dévouement, son désintéressement. Eh bien, il se marie, il veut faire un mariage nul, qui ne produise aucun effet civil. Il veut que toute sa fortune aille à ses neveux qu'il aime comme vous savez, mais que rien n'aille à sa femme dont il vante les qualités et les sentiments. Je dis que si vous voulez faire passer des choses aussi invraisemblables, aussi choquantes, ce n'est pas assez, aussi absurdes, votre affirmation ne suffit pas, il faut les établir par des preuves irrécusables, par des indices certains, *indiciis certis et luce clarioribus.* Voyons donc ces indices :

Oui, oui, il y a des preuves, il y en a une notamment qui est certaine, péremptoire, c'est la lettre de Mgr l'archevêque de Bordeaux à M. le Procureur impérial. Vous savez comment elle a été annoncée par la parole éloquente et vive du ministère public. Avant de la lire, il disait que c'était un document décisif, et après l'avoir lue, c'était la question tranchée, c'était la démonstration que M. et madame Pescatore avaient voulu faire un mariage purement religieux. De quelle lumière cette lettre a-t-elle éclairé l'affaire? Les journaux en ont souligné des passages qui n'étaient pas soulignés dans l'original ; les journaux ont répété à l'envi que cette lecture avait fait sensation. Ils doivent être un peu honteux aujourd'hui ceux qui ont participé à cette sensation ! Pourquoi? le voici : quels étaient le but, le sens et la portée de la lettre? Permettez-moi de vous dire que personne ne peut mieux vous l'expliquer que moi. Je sais à merveille dans quelle intention elle a été écrite. Il y avait un grand mouvement dans l'opinion. On accusait le clergé de vouloir reconquérir l'état civil au moyen de ce procès. On disait que c'était un symptôme, qu'il était évident que le clergé intervenait dans ce but, et que si on le laissait faire, il allait confisquer l'État et la société ; le public, cette infaillible voix de Dieu, répétait comme toujours ce qu'il avait entendu dire à nos adversaires ou ce qu'il avait lu dans leurs consultations. Il s'opérait donc un grand mouvement dans l'opinion publique. Là-dessus nous avons pensé que Mgr l'archevêque de Bordeaux ferait très bien, s'il était étranger à ce mouvement, si ce n'était pas son intention de servir des tendances comme celles-là, si ce n'était pas dans ce but qu'il avait conseillé le mariage de Renteria ; nous avons pensé, dis-je, qu'il ferait très bien dans l'intérêt du clergé et aussi dans l'intérêt de notre affaire, de protester et de dire : Je n'ai jamais voulu faire rien de pareil, je n'ai jamais rien voulu faire contre la constitution de mon pays. je n'ai jamais, ni directement ni indirectement, voulu y manquer. Nous avons demandé à Mgr, s'il ne pourrait pas nous écrire dans ce sens, et alors Mgr a pris le passage souligné, la phrase finale qui vient de moi. Je croyais, j'avais cru jusqu'ici avec modestie savoir un peu écrire, savoir rendre ma pensée, exprimer dans une lettre ce que je voulais dire, et j'ai appris ceci que quand je voulais éclairer une affaire d'une lumière meilleure, je faisais que l'affaire était perdue. Voyons cependant s'il est permis, s'il est possible de s'y tromper, et de tirer une pareille conséquence de cette lettre adressée au Procureur impérial par Mgr l'archevêque de Bordeaux :

» Bordeaux, le 17 juillet 1856.

» Monsieur le procureur impérial,

» Je vois dans les feuilles publiques que la 1re chambre est occupée dans ce mo-
» ment d'une question de validité de mariage dans l'affaire Pescatore. Je ne vou-
» drais à aucun prix intervenir dans un débat qui, soumis à l'appréciation du
» tribunal, ne peut que recevoir une solution conforme à la justice et à la vérité.
» Je ne puis toutefois m'empêcher de protester devant vous, non pas contre le rôle
» qu'on voudrait me faire jouer dans ce procès (car on s'est montré juste et con-
» venable à tous égards envers moi), mais contre les insinuations qui iraient à
» prêter au clergé en général certaines tendances qu'aucun de ses actes ne permet
» de lui attribuer. »

Ainsi vous protestez contre les intentions qu'on attribue au clergé : Très bien, Monseigneur. Vous protestez contre ces tendances qui n'iraient pas à moins qu'à déchirer le pacte fait entre l'Église et l'État au commencement de ce siècle : Très bien, Monseigneur, très bien ! Mais voici la phrase soulignée :

« Nous avons trop le sentiment du respect que nous devons aux institutions de
» notre pays, et nous avons trop l'habitude de nous y conformer, pour avoir *jamais*
» *conseillé ou fait conseiller quelque chose qui aurait eu pour résultat d'y porter*
» *une atteinte directe ou indirecte.*
» Je vous prie, monsieur le procureur impérial, de vouloir bien être l'interprète
» de ces sentiments auprès du tribunal, et en même temps d'agréer l'assurance de
» ma haute considération.

» FERDINAND, cardinal DONNET,
» archevêque de Bordeaux, sénateur. »

Ce n'est pas tout simple cela ; l'expression des ces sentiments a fait une sensation profonde. On trouve que la question est tranchée, que mon affaire est perdue, parce que Mgr m'écrit que le clergé n'a pas ces intentions-là... Oui, oui, parce que le clergé n'a pas l'intention de confisquer l'État, mon affaire est une affaire perdue (Sourires). Mgr l'archevêque de Bordeaux écrit qu'il ne veut porter atteinte ni directement ni indirectement aux institutions du pays, c'en est fait, mon affaire est perdue. Mgr l'archevêque de Bordeaux déclare qu'il a conseillé tout à la fois le mariage religieux et le mariage civil, que s'il n'avait pas conseillé le mariage civil, il aurait porté atteinte aux institutions de son pays. Vous trouvez cela mauvais, détestable ; vous voyez là un péril qui ébranle l'État jusque dans ses fondements. C'est votre opinion, ce n'est pas la mienne ni la sienne, et la mienne et la sienne sont la meilleure, je le dis avec assurance.

Que s'est-il donc passé au fond ? La chose du monde la plus simple. Il y avait là deux personnes qui voulaient après quatorze ans mettre fin à une liaison irrégulière ; mais elles désiraient que la cérémonie ne fût pas publiée, elles ne voulaient pas se faire montrer au doigt ; Mgr l'archevêque de Bordeaux respecte cette susceptibilité, il leur dit pour faciliter le mariage : Allez en Espagne, vous trouverez là un homme, qui, conformément à la loi du pays, et conformément à l'article 170 du Code Napoléon, vous mariera, car il sera tout à la fois le ministre du sacrement et l'officier de l'acte civil que vous voulez faire dresser ; allez en Espagne et vous en reviendrez mariés, suivant la loi espagnole et la loi française. En vous donnant ce conseil, je respecte la loi de mon pays, je respecte l'article 170 du Code Napoléon qui dit que vous avez le droit de vous marier en Espagne, pourvu que vous observiez la loi espagnole, je respecte, en un mot, le droit public et le droit privé.

Ah ! si Mgr l'archevêque de Bordeaux, faisant aux parties une situation anormale et bizarre, leur avait dit : Vous pouvez distinguer entre le lien civil et le lien religieux, vous pouvez être mariés devant Dieu et non devant les hommes, suivant le concile de Trente, et non pas suivant le code Napoléon ; vous pouvez donner cet exemple, cette méthode inconnue, et élever ainsi autel contre autel, je comprendrais vos critiques et vos colères, je comprendrais que vous vinssiez dire : Mais, monseigneur, c'est précisément pour empêcher cet antagonisme qu'on interdit au prêtre de faire le mariage religieux avant le mariage civil, et que la loi déclare nuls les mariages de cette nature, car ils trompent les familles et endorment les consciences. Les prescriptions si sévères de notre droit public ont été faites pour cela. Évidemment si Mgr l'archevêque de Bordeaux avait donné un tel conseil, il aurait fait une chose mauvaise, il aurait introduit dans le mariage une nouveauté inouïe, scandaleuse, car, je le répète, il aurait élevé autel contre autel. Il ne l'a pas fait, et c'est pour le déclarer qu'il nous a écrit la lettre que nous lui avons demandée. Il l'a écrite, non pas dans notre intérêt, mais dans l'intérêt du clergé, dans l'intérêt de sa propre défense, de sa propre dignité. Il l'a écrite en pleine liberté pour faire triompher la vérité, trop obscurcie dans ces débats.

Il y avait autrefois un grand magistrat qui disait : Donnez-moi quatre lignes de l'écriture d'un homme et je suis sûr de le faire pendre. Je trouvais que c'était une grande exagération, je ne le trouve plus ; certaines gens ont une telle habitude de torturer les mots qu'ils leur font dire précisément le contraire de qu'ils expriment. Mon Dieu ! si c'était un malheureux qui eût écrit cette lettre, qu'il fût accusé et qu'il n'eût aucun moyen de prouver dans quelle intention il l'a écrite, il succomberait, il périrait !

Mais, dit-on, à côté de la lettre de Mgr l'archevêque de Bordeaux au procureur impérial, il y en a une autre, celle qu'il a écrite à Mgr l'évêque de Pampelune, et dans laquelle il dit : « Monseigneur, je vous adresse des gens qui ne veulent contracter qu'un mariage religieux. » Où est-elle cette lettre ? On dit qu'elle existe : il faut des preuves. Je ne suppose pas qu'il y ait dans le monde des parties dans une situation telle qu'il faille les croire sur parole ; il n'y a personne dans ce cas, pas même un ministre de la justice.

Cependant nos adversaires prétendent qu'il y a une lettre dans laquelle Mgr l'archevêque de Bordeaux déclare que les parties allaient contracter en Espagne un mariage purement religieux. Encore une fois, où est-elle cette lettre ? Il n'y en a pas. — Qui est-ce qui dit cela ? — Moi. — Qui, vous ? — Moi, la partie adverse. — Je dis que je l'ai vue. — Vous ne l'avez pas ? — Non, mais je l'ai vue, cela suffit ; je m'appelle un tel, cela suffit. — C'est superbe, mais cela ne vaut rien, cela ne prouve rien. Chose inconcevable ! on veut que je prouve la non-existence de la lettre. — Oui, prouvez la non-existence de la lettre ou niez-la ; donnez-nous un démenti formel. — Que je nie ? mais comment voulez-vous que je nie ? Vous me prenez donc pour un enfant ; vous me supposez bien léger, bien téméraire. Que voulez-vous que je nie ? un fait qui m'est étranger, que je ne connais pas, que je ne suis pas à même de vérifier, dont je n'ai pas la moindre connaissance ! Vous voulez que je nie une lettre que je n'ai pas vue ! mais le jour où je la nierais on dirait que je suis un téméraire, on me dirait que je connais la lettre, que sans cela je ne la nierais pas. Il est possible que Mgr l'archevêque de Bordeaux ait écrit de faire un mariage religieux, parce que c'est la forme en Espagne, mais je dis qu'il est impossible qu'il ait écrit que les parties n'entendaient faire qu'un mariage religieux.

Eh bien, maintenant je la nie positivement cette lettre, je donne un démenti formel à l'homme, quel qu'il soit, qui déclare qu'il est sûr de ce qu'il dit, qu'il a tenu et lu la lettre. Je lui donne un démenti formel que je n'avais pu lui donner auparavant, mais je puis nier aujourd'hui ce que je ne pouvais pas nier hier. Pourquoi ? parceque Mgr l'archevêque de Bordeaux, qui veut la conciliation, qui la veut à tout prix, a écrit une autre lettre, adressée à nos adversaires, qu'il nous a envoyée tout ouverte, avec faculté, si nous ne pouvons pas nous arranger, de l'envoyer à son adresse ou de la garder. Elle nous est arrivée entre les conclusions du ministère public et le jugement de partage. Nous l'avons gardée. Nous ne voulions pas transiger ; ce n'est pas sous le coup d'un blâme partant de si haut qu'il est permis de transiger sans se déshonorer. Toute transaction était devenue impossible. Vous avez rendu un jugement de partage, et alors nous avons jugé convenable d'envoyer cette lettre à son adresse. Je le répète, cela nous était facultatif, c'était laissé à notre libre arbitre ; nous étions, comme je l'ai dit, les maîtres de l'envoyer ou de la déchirer, nous l'avons envoyée. La voici :

« Vous savez que j'ai toujours été pour les voies de conciliation entre madame
» Pescatore et les membres de la famille du défunt. C'est dans ce sens que j'écrivais
» encore rue Saint-Georges, avant d'avoir lu le réquisitoire du ministère public.
» Il me revient que, si madame est condamnée, elle en appellera. Je crois donc
» qu'il y a encore avantage pour tous à un accommodement. Madame Pescatore
» m'a toujours paru convaincue que son mariage fait, selon toutes les règles du
» pays où il avait eu lieu, devait entraîner tous les effets d'une union contractée de
» la meilleure foi du monde.

» Je viens donc, en mon privé nom, et dans ce que je crois de l'intérêt de tous,
» demander par votre intermédiaire aux membres de la famille s'ils veulent accepter
» une médiation pour qu'on revienne aux propositions faites par les conseils de
» madame Pescatore en février.

» Si, comme d'après ce que j'ai lu, il ne m'est possible de penser que M. Pesca-
» tore ait cru aux effets civils du mariage contracté à Renteria, je puis affirmer qu'il

» en est autrement de sa femme, qui n'a jamais douté qu'elle n'entrât en commu-
» nauté avec lui.   » FERDINAND. »

Voilà ce qu'écrivait Mgr l'archevêque de Bordeaux. On veut bien le croire quand il écrit dans un sens qu'on juge nous être défavorable, on ne voudra pas le croire peut-être quand il nous écrit dans un sens favorable. Cette dernière lettre de Mgr l'archevêque de Bordeaux dément formellement qu'il ait écrit cette autre prétendue lettre portant que M. et madame Pescatore ne voulaient faire qu'un mariage religieux. Il en résulte que madame Pescatore a toujours parfaitement cru contracter un mariage religieux et civil devant produire les effets civils. Quant à M. Pescatore, Mgr Donnet est moins affirmatif : d'*après ce qu'il a lu*, il ne lui est pas possible de penser que M. Pescatore ait cru aux effets civils du mariage contracté à Renteria. Pourquoi? Est-ce que par hasard M. Pescatore a dit : Je veux bien faire un mariage religieux, mais non pas un mariage civil? Non, pas le moins du monde, car Mgr l'archevêque de Bordeaux lui aurait répondu qu'il ne pouvait pas se prêter à un pareil mariage. Il est évident que Mgr l'archevêque de Bordeaux prend les impressions de ses lectures d'hier pour ses souvenirs de 1851, qu'il parle, d'après ce qu'il a lu, d'après ce qu'ont plaidé les adversaires. A l'égard de madame Pescatore, il n'hésite pas, il affirme qu'elle a entendu faire un mariage civil, qu'elle n'a jamais cru ne pas entrer en communauté avec son mari. Mgr l'archevêque de Bordeaux, évidemment, a donné trop d'importance à ce qu'il a lu. Aussi n'affirme-t-il rien relativement à M. Pescatore ; il croit, il lui semble et s'il ne lui paraît pas possible de douter, c'est d'*après ce qu'il a lu.*

Sortons de ce doute. Qu'a voulu M. Pescatore, et c'est par là que je termine. Qu'a-t-il voulu? nous voulons le savoir. Comment le savoir ! il faut le lui demander. Est-il là pour répondre ? Oui, il est là pour répondre. Ce qu'il a voulu je vais vous le dire. Il y a des documents non pas de dix ans, non pas de deux ans après le mariage, il y a des documents du jour même du mariage, dans lesquels il explique le mobile auquel il a obéi en se mariant, les motifs qui l'ont déterminé. Prenons donc ces documents: puisque nous voulons connaître son intention , à qui mieux s'en rapporter qu'à lui ?

Eh bien , nous produisons une correspondance contemporaine du mariage. J'entends une voix ici qui dit : La correspondance contemporaine du mariage ! je la tiens pour indifférente...

Mᵉ DUFAURE. — Je ne vous ai pas dit cela !

Mᵉ CHAIX D'EST ANGE. — Ce n'est pas vous... La correspondance je la tiens pour indifférente. A votre aise ! moi j'y attache une importance considérable, décisive. En effet, M. Pescatore qui n'avait pas intérêt à tromper ceux qui réclament aujourd'hui sa succession et qui la convoitaient alors, leur aurait dit : Tranquillisez-vous, je ne veux qu'un mariage religieux. Loin de là, il leur annonce qu'il fait tout à la fois un mariage religieux et civil. Est-il possible qu'il n'ait pas eu l'intention de le faire ? Je fais allusion à la lettre qu'il a écrite le 28 octobre 1851 à madame Dutreux , sa nièce préférée, à laquelle il doit donner le château de la Celle-Saint-Cloud, à laquelle il a dit, quelques heures avant sa mort, en plaçant dans sa main la main de madame

Pescatore : Je te la confie, tu m'en rendras compte. Il lui écrit le 28 octobre pour lui annoncer ce mariage, qui sera célébré dix jours après ; sa pensée est tout entière dans cette lettre. Voyons-la donc. Elle n'est pas produite ; je veux qu'on la produise ; on ne l'a pas. Comment vous ne l'avez pas ! comment ! vous qui avez minutieusement gardé toutes les lettres de 1851, même celles que Pierre Pescatore écrivait à sa mère et dans lesquelles il traitait madame Weber et son oncle de la façon qu'on sait, vous avez conservé un monceau de lettres insignifiantes, et vous n'avez pas conservé celle qui est décisive, capitale, où votre oncle vous fait connaître sa résolution, à vous la première, dans laquelle il vous dit : Ma chère nièce, objet de ma prédilection, c'est à toi la première que j'annonce le parti que j'ai pris ! Cette lettre, vous ne l'avez pas ! vous l'avez jetée au feu ! vous l'avez, mais vous la cachez, parce qu'elle est contre vous, parce qu'elle vous serait fatale, parce qu'elle serait décisive pour vous faire perdre votre procès. — Mais nous en produisons une copie, dites-vous. — Une copie ! Est-ce que vous nous croyez assez..... débonnaires pour ajouter foi à ces roueries de plaideurs ? Comment ! on vous a écrit une lettre importante, capitale, vous l'avez trouvée si importante, si capitale que vous en avez fait faire une copie, et vous auriez brûlé l'original ! Et vous espérez nous le faire croire ! et vous nous croyez assez jeunes, assez innocents pour le croire ! Je vous dis que vous avez la lettre ; je dis que la copie que vous produisez est une copie supposée d'une lettre vraie mais falsifiée ; je dis que c'est là une des manœuvres les plus coupables, les plus scandaleuses que je vous ai vu commettre à vous qui dans ce procès avez commis tant de choses. Je le dis avec une conviction profonde, car voilà la copie que vous produisez ; elle est tronquée, c'est un lambeau, et la lettre véritable, vous la cachez parce qu'il y a quelque chose qui vous tue. Et puis vous nous opposez ce passage :

« Monseigneur l'archevêque aplanit et prépare les voies à un mariage reli-
» gieux. »

Il y a ensuite celui-ci :

« Si mon épouse devant l'Église.... (là-dessus vous vous écriez : C'est décisif
» cela, il n'y a qu'un mariage religieux). Si mon épouse devant l'Église, et par un
» lien indissoluble, n'en porte pas le nom, par des circonstances et des motifs par-
» ticuliers, elle n'est pas moins digne de le porter. »

Voilà la copie, voilà les choses fausses entées sur la lettre vraie dont ils n'osent pas produire l'original, dont ils produisent une copie falsifiée. Eh bien, M. Pescatore n'a pas écrit cela, il n'a pas écrit qu'il allait faire un mariage religieux, que madame Weber serait son épouse devant l'Église ; M. Pescatore n'a pas écrit : « Si elle ne porte pas mon nom, des motifs supérieurs s'y opposent » ; il n'a pas écrit cela, car le nom elle le portait.

Mais il existe une autre lettre moins fatale pour les adversaires, ils le croient du moins. Je vous demande la permission de vous en donner lecture et de vous montrer qu'elle est décisive aussi. Nous voulons savoir ce que voulait faire M. Pescatore lorsqu'il est allé à Renteria, s'il voulait y faire un mariage valable ou nul. Écoutons-le :

« Le 12 novembre 1851.

» Mes chers amis, frère et sœur,

» Une fois mon parti pris, j'en ai fait part à la personne de la famille à laquelle
» j'étais sûr d'avance qu'il ferait le plus de plaisir. Je ne me suis pas trompé, car
» j'ai reçu de celle-ci une lettre remplie de sentiments aussi nobles que délicats.
» Mais je m'étais réservé de vous en écrire en quelque sorte officiellement à tous
» les deux, dès que ledit projet aurait reçu son exécution, car il pouvait encore
» s'opposer une foule d'obstacles à sa réalisation. Il n'en a rien été, grâce aux me-
» sures prises par l'archevêque d'ici et son confrère de Pampelune, et nous sommes
» revenus hier dimanche, mariés à l'église de Renteria. J'ai rempli avec autant de
» plaisir que de satisfaction ce devoir de chrétien et d'homme d'honneur, et, en
» donnant satisfaction à la morale publique et aux sentiments religieux de ceux qui
» ont le bonheur d'en être imbus, je fais d'abord le bonheur de celle qui m'a été
» si dévouée et qui est appelée, dans l'ordre de la nature, à me fermer les yeux,
» et je rends ma maison plus agréable et plus accessible aux personnes, aux dames,
» et aux mères surtout, qu'un sentiment que je ne saurais blâmer pouvait en
» éloigner. Je fais cesser de plus un mensonge officieux, en ce que maintes per-
» sonnes supposaient ou avouaient un mariage clandestin, pour faire taire leurs
» propres scrupules.

» Cet acte ne pouvait, du reste, se célébrer qu'en Angleterre ou en Espagne,
» où il n'existe pas d'autres officiers des actes civils que le clergé, et je suis bien
» aise que les choses se soient ainsi faites promptement et à proximité. L'arche-
» vêque d'ici m'a d'ailleurs déjà évité ce qui pouvait paraître le plus difficile à mon
» âge et dans notre position : la publicité venant de nous-mêmes. Pour sa propre
» satisfaction, il a eu à cœur de faire connaître la régularisation de notre position,
» et, lorsque nous reviendrons dans ce pays, que nous quitterons sous peu, nous
» trouverons une situation normale toute faite, qui nous en rendra encore le séjour
» plus agréable, et personne n'en doutera quand on verra le premier pasteur,
» alors cardinal, parmi nos amis et nos visiteurs.

» La même chose a déjà eu lieu à Paris et à la Celle, par les dispenses qu'il a
» fallu obtenir des chefs diocésains, qui n'ont eu rien de plus pressé, de leur côté,
» que d'en instruire les curés de leurs paroisses, et ceux-ci, à leur tour, donnent
» volontiers de la publicité à un acte qu'ils considèrent, avec raison, comme une
» satisfaction morale et personnelle.

» Il ne me reste donc plus qu'à souhaiter que la famille, vous surtout, voyiez
» cette nouvelle phase dans ma vie du même œil de satisfaction que les intéressés,
» c'est-à-dire nous-mêmes, et les nombreux amis qui le désiraient toujours. Je vous
» prie d'en faire part aux membres de la famille que vous voyez, sans oublier la
» tante Angélique. Il ne me convient pas, par les raisons ci-dessus développées,
» d'écrire à chacun en particulier, et je ne veux pas davantage recevoir des compli-
» ments qui ne seraient peut-être pas sincères chez tous. Quant à vous et vos en-
» fants, je me tiens assuré d'avance que tout ce qui peut contribuer à mon bien-
» être ne saurait que vous être agréab e, et que cet événement ne changera rien
» aux sentiments d'affection réciproque et de famille qui ont fait jusqu'ici le lien
» entre nous, et qui a résisté à toutes les épreuves, et qui durera aussi longtemps
» que nous, et même encore après, j'espère.

» C'est dans cet espoir et avec ces sentiments que je vous renouvelle à tous deux
» ceux de ma sincère et inaltérable affection.

» Votre dévoué frère,   » J. P...: »

Est-ce qu'il est possible de voir quelque chose de plus clair, de plus précis ? Nous voulons savoir ce qu'il allait faire à Renteria. Si nous avions sa lettre à madame Dutreux, nous le saurions, mais par celle-ci nous le savons aussi :

« 1° Je fais d'abord le bonheur de celle qui m'a été si dévouée. » Il fait son bonheur ! Il ne joue donc pas avec elle une indigne comédie ;

« 2° Je fais cesser de plus un mensonge officieux en ce que maintes personnes supposaient ou avouaient un mariage clandestin. » Il ne fait donc pas un mariage clandestin, mais un mariage public.

« 3° Je veux assurer à mon épouse pour l'avenir une situation normale » : il ne la lui assurerait pas s'il se plaçait dans cette situation bizarre, sans exemple, d'un mariage valable aux yeux de l'Église, mais nul aux yeux de la loi civile.

« Vous me demandez pourquoi je vais me marier à l'étranger. Je vais vous l'expliquer, ce n'est pas pour faire un mariage clandestin, mais pour me marier avec le moins de publicité possible. Je viens d'être dispensé de ce qui est le plus difficile à mon âge, c'est-à-dire de la publicité venant de nous-mêmes. » S'il y a quelqu'un ici dans cette enceinte, qui, sans avoir traversé cette épreuve, puisse dire : Est-ce qu'il n'était pas plus simple de se marier à leur paroisse ? Je dirai que celui-là n'a pas le sentiment de la pudeur. Sans doute il a le droit de blâmer M. Pescatore et madame Weber, moi je les approuve, car ce qu'il y avait de plus difficile à leur âge et dans leur position, c'était la publicité venant d'eux-mêmes.

Pourquoi sont-ils allés en Espagne ? Mais, mon Dieu ! parce qu'il n'existe pas en Espagne d'autre officier de l'état civil que le clergé. Comment voulez-vous que M. Pescatore vous dise plus clairement : « Voulant faire un mariage civil et religieux, je m'adresse au clergé, parce qu'en Espagne le clergé est dépositaire du pouvoir religieux et du pouvoir civil tout à la fois ? S'il avait voulu contracter une union purement religieuse, il aurait été dans un autre État de l'Europe, il aurait été dans le duché de Bade, par exemple, où le mariage religieux est indépendant du mariage civil. Il n'a pas voulu aller ailleurs, parce qu'il ne voulait pas contracter un mariage purement religieux, mais un mariage religieux et civil. C'est pour cela qu'il est allé en Espagne, où le mariage civil et le mariage religieux sont dans les mêmes mains. Quelle est la conséquence de ceci ? Qu'il est marié, bien marié, définitivement marié, complétement marié. La conséquence, remarquez bien les nuances de ces expressions, la conséquence c'est qu'il a rempli son devoir d'honnête homme et de chrétien ; la conséquence c'est qu'il a donné satisfaction à la morale publique, et satisfaction aux sentiments religieux de ceux qui ont le bonheur d'en être imbus ; la conséquence est qu'il a donné satisfaction à tout le monde. Rien de plus clair, rien de plus décisif que cela ; il faut fermer les yeux à la lumière pour ne pas le voir.

S'il était besoin d'interroger encore les sentiments de M. Pescatore, je rappellerais cette réponse de madame Dutreux lui disant : « Vingt fois déjà j'avais été sur le point de vous donner le conseil de ce que vous venez de faire. » Eh quoi ! le conseil de faire un mariage religieux duquel il ne serait rien resté ! Vous sentez bien que cela n'est pas vrai. Mais Ferdinand qui savait lui aussi, comment les choses s'étaient passées à Renteria, Ferdinand écrit à M. Pescatore qu'il ne peut que le féliciter sincèrement.

Il y a encore quelque chose de décisif, c'est le testament de Jean-Pierre Pescatore dans lequel il dit : « Catherine Weber que j'ai épousée en Espagne » : dans lequel il parle de sa première femme pour désiguer sa femme actuelle. Il s'était marié civilement et religieusement la première fois, il s'est marié civilement et religieusement la seconde.

Il y a encore le codicille dans lequel il dit : « Je donne à madame *Pescatore* ». Vous avez vu l'intention de M. Pescatore pour le mariage, vous voyez sa conviction après. Comment contester la validité d'un tel mariage ?

Supposons messieurs, (oh ! je vous demande pardon de cette supposition !) que vous soyez entraînés par cette opinion aveugle, passionnée qui s'agite au dehors et qui est le fléau de la justice, supposons que vous disiez : l'État va être bouleversé, il y a là un envahissement, ou va confisquer la société, ces mariages ne peuvent pas être tolérés.... Ah ! mon Dieu ! je déplorerais cette erreur, car ce serait sacrifier aux faux dieux (il n'en sera rien, vous êtes incapables d'une telle faiblesse, et je sais devant qui je parle), mais enfin si c'était là votre conviction, j'en gémirais. Vous pourriez annuler le mariage ou plutôt déclarer qu'il pourrait être annulé. Que nous resterait-t-il alors ? l'art. 193, c'est-à-dire l'appréciation des circonstances, le soin d'examiner si même le mariage pouvant être annulé, vous devriez l'annuler, ou si au contraire les circonstances ne seraient pas telles que le mariage dût-être validé. Et enfin, messieurs, si vous ne vous arrêtiez pas à cet art. 193 dans des conjonctures aussi favorables, si vous vouliez user de la sévérité du droit qui vous appartient, d'annuler ce mariage que vous êtes libres de valider, resterait encore une question, celle du mariage putatif, et en présence de la bonne foi de madame Pescatore, il n'y aurait pas de doute possible.

Vous le savez, l'erreur de droit importe peu, malgré l'erreur de droit on peut valider le mariage. Cela a été jugé tant de fois que je ne veux pas discuter cette question. Cela a été jugé sous l'ancienne jurisprudence, Merlin rapporte un arrêt formel. D'Aguesseau en rapporte un autre : il s'agissait d'une nièce ayant épousé son oncle, et l'ayant épousé par erreur de droit. Il y a de nombreux arrêts récents qui décident également que l'erreur de droit n'annule pas le mariage quand il a été contracté de bonne foi. Il y a celui de la Cour de Paris ; il s'agissait d'un homme qui avait épousé sa femme devant un ministre protestant. Le mariage a été déclaré nul, mais reconnu de bonne foi. Je ne vous lirai pas les arrêts des Cours de Limoges, de Bordeaux, de Bastia ; non, non, je m'en rapporterai à votre sagesse, c'est une question de droit qui a été tranchée en ce sens, non pas une fois, mais cent fois. Il n'y a qu'une chose qui puisse fixer l'attention de vos esprits. Qui avez-vous là devant vous ? Une femme étrangère qui ne connaissait pas les lois de notre pays, une femme de bonne foi, ou il n'en fut jamais. Elle est en France, on veut l'épouser. Elle s'en remet à qui ? A celui qui est son ami depuis quatorze ans, auquel elle va unir sa destinée, à celui qui est à la tête d'une grande maison de commerce, et qui doit connaître les lois du pays où il est naturalisé. Elle s'en remet à Mgr l'archevêque de Bordeaux entre les mains duquel elle a fait son abjuration en vue du mariage. Elle a su que de tous côtés on a écrit, à

Paris, à Versailles, à Pampelune, pour obtenir les dispenses, pour remplir toutes les formalités. Elle a su que quatre prélats encourageaient cette union. On la conduit à l'autel, elle y va. Et elle n'est pas de bonne foi? Vous pouviez le croire quand on vous parlait d'une lettre qu'on n'a pas produite et où il aurait été dit qu'elle n'entendait faire qu'un mariage religieux. Mais maintenant que j'ai produit une lettre de Mgr l'archevêque de Bordeaux, où ce vénérable prélat affirme qu'elle entendait faire un mariage religieux et civil, pourrait-on vous le dire encore et surtout vous le faire croire? Direz-vous que Mgr l'archevêque de Bordeaux est un imposteur, et que la lettre a été faite non pour moi, mais pour l'adversaire? Mettrai-je sous vos yeux une lettre des habitants de Saint-Cloud, qui déclarent qu'elle s'est toujours crue mariée civilement et religieusement devant le prêtre qui réunissait les fonctions civiles et religieuses? Non, non, je ne veux pas vous la lire, c'est inutile.

On dit encore que dans ce pays-ci elle avait voulu autrefois se marier, que les publications avaient été faites, qu'elle n'a donc pas pu ignorer la loi. Belle objection! Elle ne se mariait pas à Paris en 1854, ni même en France, mais en Espagne. Elle se mariait par les soins de deux archevêques, de deux évêques, elle se mariait conduite à l'autel par son mari, elle se mariait de la meilleure foi du monde, pleine de confiance dans les sentiments de ceux qui, apparemment, ne voulaient pas la tromper. Eh bien! il faudrait dire que M. Pescatore a voulu la tromper. Mais alors M. Pescatore serait repoussé par l'article 187 qui porte : que lorsqu'il y a possession d'état, il y a droit acquis. Et d'ailleurs, est-ce que nous ne produisons pas l'acte de célébration devant l'officier civil? Il ne faut pas d'équivoque là-dessus, l'acte de l'officier civil, c'est l'acte du chapelain, de celui qui est institué pour le dresser.

L'article 47 dit : Tout acte fait entre Français, en pays étranger, est valable, et M. Rieff, qui a fait un traité que tout le monde estime, s'exprime ainsi :

« Il existe une classe toute spéciale d'officiers de l'état civil, qu'il est bon de si-
» gnaler ici, je veux parler des chapelains étrangers qui ont charge de dresser les
» actes de l'état civil pour les luthériens; ils sont officiers de l'état civil en même
» temps que de l'état religieux. »

Par conséquent, si M. Pescatore était là, et qu'il voulût demander la nullité de l'acte civil, s'il traînait sa femme devant les tribunaux au lieu de la protéger, s'il voulait la répudier, la chasser, il ne serait pas écouté, une jurisprudence invincible le déclarerait non recevable, et le mariage serait validé contre lui.

Il y a mieux, si M. Pescatore voulait procéder à de nouveaux liens, il ne serait pas admis, ou bien il serait traité comme bigame. Voilà la situation dans laquelle nous nous trouvons. Ce que M. Pescatore ne pourrait pas, ses héritiers, que dis-je ses héritiers? ses collatéraux ne le pourront pas davantage, cela n'est pas possible.

Messieurs, que sont donc devenus dans cette terre de France, qui passait pour si généreuse, pour si ardente à défendre les femmes, si protectrice pour elles, que sont donc devenus ces principes, pour qu'une femme, après une possession d'état si éclatante, après tant de témoignages d'estime, de respect

et d'affection, après une reconnaissance si formelle, lutte contre des collaté-
raux, qui la traînent devant les tribunaux, où seule contre tous, elle doit se
débattre contre leurs insultes? Est-ce que nous ne sommes plus dans le pays
où sont établies la communauté et l'égalité des droits entre l'homme et la
femme? Est-ce que nous ne sommes plus dans ce pays où la faveur du mariage
a été proclamée, où dans le doute il ne faut pas hésiter, mais prononcer en
faveur du mariage, où la rupture du mariage a été rendue si difficile, qu'elle
n'est pas possible, où on a voulu que le lien du mariage fût un lien grave,
durable, éternel, et qu'il ne dépendît pas du caprice de l'homme de le briser?

Je vous demande pardon, si j'ai dépassé les limites que vous m'aviez assi-
gnées. J'ai été entraîné, que voulez-vous! Quand j'ai vu dans le sein de ce
tribunal si indépendant, si honorable, si éclairé, dont je suis sûr comme du
fond de mon cœur, quand j'ai vu au sein de ce tribunal s'élever des doutes sur
une question qui n'en a aucun pour moi, qui, pour moi, est la plus claire du
monde, je me suis pris à trembler, j'ai frémi devant l'ardeur de ma conviction,
et entraîné au delà des limites naturelles, devant vous, qui déjà aviez écouté
de si longues plaidoiries avec une si grande attention, j'ai abusé de vos moments
que j'aurais dû épargner.

M⁰ Dufaure donne une nouvelle lecture de ses conclusions lues à l'avant-
dernière audience par M⁰ Péronne, tendant subsidiairement à l'admission de
la preuve de certains faits articulés par ses clients.

M⁰ Chaix d'Est Ange se lève et déclare protester contre plusieurs de ces
faits, et notamment contre cette exclamation imputée à sa cliente : « Il faudra
donc que je meure dans une mansarde ! »

PLAIDOIRIE DE M⁰ DUFAURE.

Messieurs,

Je suis obligé de commencer ma plaidoirie comme mon honorable con-
frère; je ne puis oublier que déjà cette affaire a été plaidée devant vous pen-
dant deux audiences: je ne puis oublier surtout qu'après moi, une voix
beaucoup plus autorisée a résumé ces débats avec une remarquable éloquence,
avec la dignité et l'impartialité qui appartenaient au magistrat qui était appelé
à jeter le premier le poids de son opinion dans la balance de la justice. Tout
a été étudié, examiné avec soin, et après les plaidoiries, depuis le jugement
de partage, un grand nombre de nos confrères du barreau, que je tiens pour
compétents, quoi qu'en ait dit mon adversaire, ont donné leur adhésion à
notre cause les uns sous la forme de simple délibération, les autres par des con-
sultations approfondies, comme le savant bâtonnier de notre ordre, M⁰ Liou-
ville, et notre éminent jurisconsulte M. de Vatimesnil.

Ces avis ont passé sous les yeux des honorables magistrats qui m'entourent ;
ils ont tout lu, tout étudié, tout médité; en sorte qu'on peut dire qu'il ne
reste plus en réalité d'argument nouveau, de lumière nouvelle à apporter à la
justice.

C'est pour cette raison, messieurs, que voulant me borner à répondre aux nouvelles attaques que vous venez d'entendre, je prie le tribunal de ne pas croire que ce que j'oublierai sera abandonné par moi. Je persiste au contraire formellement dans mes précédentes plaidoiries, m'en référant à cet égard tant au souvenir des premiers débats qu'aux conclusions et aux mémoires qui vous ont été distribués.

Je suis obligé, moi aussi, de commencer par ce que mon honorable confrère a appelé les préliminaires du procès, et de protester, je ne dis pas contre une de ses assertions, mais contre toutes les assertions sans exception qui ont formé cette partie de sa plaidoirie.

Vous connaissez cette première articulation, qu'immédiatement après la mort de Jean-Pierre Pescatore, ses neveux et ses nièces, ses légataires universels, auraient contesté à madame Weber les honneurs du veuvage, et auraient ouvert le feu contre elle. Le fait est de toute fausseté; je l'affirme au nom de mes clients, avec leur autorisation. On avait cité les billets de faire part pour convier au convoi de M. Pescatore, et l'on avait été scandalisé de l'absence du nom de notre adversaire sur ces billets. J'avais déjà répondu que ces billets de faire part n'avaient été l'œuvre d'aucun de mes clients, qu'ils avaient été rédigés par les associés, les amis de M. Pescatore, MM. Grieninger et Wagner. J'avais déjà dit cela, que m'a-t-on répondu? Rien; on a persisté à considérer cette omission comme une déclaration de guerre de la part de mes clients. J'avais ajouté que ces billets ne portaient le nom d'aucune des femmes de la famille; que le nom de madame Antoine Pescatore, que le nom de madame de Scherff, que celui de madame Dutreux n'y figuraient pas, et qu'il n'avait été fait dans cette circonstance, à l'égard de madame Weber, que ce qui avait été fait à l'égard de toute la famille. Eh bien, que le tribunal juge en quoi ce fait étranger à mes clients aurait été, de leur part, un commencement d'hostilités contre madame Weber.

Toutes les autres assertions de mon honorable adversaire sont de la même force. Le lendemain du décès, nous dit-on, vous avez menacé madame Weber d'attaquer les testaments faits en sa faveur. Le fait est complétement inexact. J'avais dit, vous vous en souvenez, et cela n'avait pas été contesté dans la réplique de mon honorable adversaire, j'avais dit que l'on nous avait produit une consultation espagnole, délibérée à Madrid le 4 janvier 1856, moins d'un mois après la mort de M. Pescatore, et j'avais ajouté : Vous vous êtes bien hâté de chercher des armes pour le procès que vous nous faites aujourd'hui. C'est alors, messieurs, que pour justifier cette démarche, qui doit avoir été contemporaine de la mort de M. Pescatore, mais dont on a toujours refusé de nous faire connaître la date, on a imaginé des attaques préalables des héritiers de M. Pescatore, quoique ces attaques n'aient jamais existé. Aux allégations opposons les faits.

Le premier acte est l'inventaire. Je n'ai pas besoin de rappeler au tribunal qu'à l'ouverture de cet inventaire le fondé de pouvoirs de madame Pescatore s'était présenté sans indiquer encore sa prétention à une communauté, parlant seulement des droits et dés reprises que sa commettante pourrait avoir à exercer contre la succession de M. Pescatore; ce n'est que le lendemain que la prétention à la communauté était ouvertement annoncée. Si mes clients avaient cru un moment que l'intention de leur oncle eût été de rendre madame Weber commune en biens avec lui, ils n'auraient pas hésité à se prosterner devant cette intention, quelque ruineuse qu'elle pût être pour eux ; mais après s'être convaincus qu'il n'en était rien, ils y ont résisté et ils y résistent avec énergie. Voilà la première déclaration de guerre, il n'y en a pas eu d'autre, elle n'est pas du lendemain de la mort, car ce n'est pas le lendemain de la mort que vous avez affiché votre prétention à la communauté.

On continue, on cherche à établir comment le procès s'est engagé, et l'on veut trouver, jusque dans les tentatives d'arrangement qui ont été faites, une preuve des mauvaises dispositions des légataires universels contre madame Weber, qu'ils avaient appelée leur tante. On suppose une scène où le fondé de pouvoirs de madame Weber, seul contre sept adversaires menaçant sa cliente, aurait été effrayé et amené à consentir un arrangement. Je ne voudrais pas me répéter ; notre langue n'a pas des expressions à l'infini pour démentir des faits contraires à la vérité. Ce qui est vrai, c'est qu'il y a eu des conférences entre le fondé de pouvoirs et les héritiers. Le mandataire leur a signalé les conséquences que pourrait avoir pour eux le procès. Les héritiers lui ont signalé à leur tour les conséquences qu'il pourrait avoir pour sa cliente. Ils lui ont dit loyalement : Il y a quelque chose ici qui nous touche et qui doit vous toucher comme nous, c'est le scandale, c'est la révélation des relations antérieures, c'est le bruit qui se fera autour de la mémoire de M. Pescatore. Était-ce là des menaces ? le bon sens et la bonne foi ne dictaient-ils pas ces réflexions ? Vous prétendez que les héritiers ont fait des propositions inacceptables, blessantes. Nous avons déjà dit au tribunal ce qu'étaient ces propositions. Les légataires universels offraient à madame Weber 100,000 francs de rente viagère et un million de capital ; voilà la vérité. Un arrangement était proposé... presque accepté ; madame Weber a rompu les conférences. Est-ce qu'en racontant tout cela j'ai fait, comme mon adversaire m'en a accusé, quelque chose d'inouï, d'insolite dans les usages du barreau ? est-ce que ce n'était pas pour moi un droit et un devoir de rétablir la vérité et de répondre par un récit exact et loyal aux attaques étranges de la partie adverse à l'occasion de ce qu'on a appelé les préliminaires du procès ?

« Le procès s'entame, ajoute mon adversaire, et il y a eu de malheureuses
» conclusions dans lesquelles on disait que si le mariage n'avait pas été civile-
» ment contracté, c'était que peut-être il avait été empêché par les liens d'un
» précédent mariage dans lequel aurait été engagée madame Weber, et cela
» parce qu'elle avait un fils à côté d'elle. Un fils à côté d'elle ! quelle
» infamie ! »

Messieurs, prenez toute la correspondance qu'on a trouvée à l'inventaire, je ne prétends pas la lire, assurément, mais prenez-la, vous trouverez partout Albert écrivant : « Ma mère ; » et madame Weber écrivant : « Mon fils. » M. Pescatore lui écrivant lui dit, non pas une fois mais vingt fois : « Votre mère. » Dans toutes ces lettres vous voyez qu'elle est sa mère, qu'il est son fils. Et maintenant nous avons fait là-dessus la supposition qu'elle avait pu être mariée. Cette supposition était-elle vraie ou fausse ? Nous n'en savons rien. Ce que nous pouvons dire, c'est qu'il y a plus d'un ami de madame Weber, qui, pour expliquer la présence de cet enfant, s'est attaché à dire que madame

Weber avait été déjà mariée, et que cet enfant était le fruit d'un précédent mariage. En nous faisant l'écho de tout ce que le monde disait autour de nous, à coup sûr nous ne portions aucune atteinte à la considération de madame Weber. Cessez donc de parler d'insultes et d'outrages ; il n'en a existé que dans votre imagination. J'en appelle sur ce point, messieurs, aux souvenirs du tribunal et de tous ceux qui m'ont entendu.

Mais nous avons dit qu'elle était entrée comme femme de charge chez M. Pescatore ! Le fait est-il vrai ? oui, et ce n'est pas sérieusement qu'on oserait le nier. On l'a traitée de concubine dans ce procès. Mais, qui donc ? pour moi je n'ai pas employé ce mot une seule fois dans mes plaidoiries, et c'est pour la première fois que je viens de le prononcer. C'est mon adversaire qui, le premier, ne craignant pas de reproduire le langage de Sanchez, a parlé de l'*état de concubinage*. Le mot est dur, déplaisant, mais il n'est pas de moi.

On a d'autres griefs : on se plaint de nos procédés, on accorde que nous avions le droit de publier les plaidoiries des avocats, mais pour le réquisitoire de l'avocat impérial, oh ! c'est autre chose. Vous l'avez, nous dit-on, répandu à profusion, vous avez insulté à la justice.

En vérité, je reste confondu de cette susceptibilité de mon honorable confrère. Quoi ! le patrimoine, l'honneur d'une famille est en jeu dans un procès, et cette famille n'aura pas le droit d'appeler l'attention du public, du tribunal sur les questions qui se débattent, de mettre sous leurs yeux l'opinion du magistrat qui aura été appelé à donner le premier et tout haut, dans ces débats solennels, son avis grave, impartial comme la justice ! elle n'aura pas le droit de la répandre comme sa justification, comme une réponse digne et victorieuse à toutes les attaques dont elle a été l'objet ! Est-ce que ce n'est pas là l'exercice loyal du droit de publicité consacré par la loi ? Où est la règle, je ne dis pas la règle légale, mais la règle morale qui nous imposait silence ? Laissons cela et voyons si les autres reproches sont mieux fondés.

Vous avez, nous dit-on encore, soulevé l'opinion publique pendant six mois, vous avez répandu contre madame Weber, dans les salons de Paris, les imputations les plus graves et les plus odieuses.

Messieurs, en entendant ce reproche de la part de mon honorable confrère, je croyais rêver. Quoi ! mes clients étrangers à ce pays, renfermés dans leur Belgique, qui sont venus ici aussi rarement qu'ils le pouvaient, et n'y sont venus que pour communiquer avec leurs défenseurs ou pour suivre les détails de l'inventaire, se sont agités dans les salons de Paris pendant six mois, cherchant à donner au procès une couleur favorable, et atteignant la réputation de madame Weber ! Mais le fait est d'une indigne fausseté, d'une fausseté d'autant plus grave, que si le tribunal pouvait admettre l'enquête sur ce point, nous lui montrerions au contraire, pendant six mois, les amis de madame Weber allant dans les salons de Paris, dans leur centre, à eux qui n'ont pas de frontières à franchir, plaidant le procès à leur manière avant mon honorable confrère, et montrant madame Weber comme une victime qui, après avoir consacré sa vie à M. Pescatore, était réduite à mourir sur la paille, sans un sou. Oui, on a fait courir ce bruit, et je puis dire que parmi les révélations de ce procès, le chiffre de la fortune laissée à madame Weber par les testaments de M. Pescatore n'est pas le fait qui aura le moins étonné le public.

Autre grief : Il y a à ce qu'il paraît en Belgique des journaux, je ne les connais pas, qui ont parlé de ce procès et qui ont parlé d'une manière peu digne, peut-être d'une manière injurieuse pour les personnes honorables qui y ont pris part, pour les magistrats eux-mêmes. Je ne le sais pas, je ne les ai pas lus ; mais ce que je puis dire, c'est qu'en vérité vous êtes bien bien bon d'attribuer, même par insinuation, ces articles et ces attaques aux clients pour lesquels je plaide. Est-ce que tout le monde ici ne sait pas que pour tout ce qui se passe en France, les journaux belges sont rédigés par des Français, que tout est écrit ici, que tout part d'ici ? Quelqu'un l'ignore-t-il ? quelqu'un croit-il que les journaux soient mieux disposés pour mes clients que pour madame Weber ? Mon Dieu ! je pourrais vous montrer les articles les plus violents de ces menus journaux contre un de mes clients, qui est ministre de la justice en Belgique, et ministre conservateur. Le temps n'est pas si loin où l'on a vu des ministres parlementaires. Eh bien, supposez qu'un ministre influent du parti conserva-teur eût été mêlé dans le procès, croyez-vous qu'un journal de l'opposition, le *National* par exemple, eût été si prompt à prendre parti pour lui ?

Quel fruit d'ailleurs aurions-nous pu tirer d'une pareille publicité ? Ah ! je comprends celle qui est digne, impartiale, qui consiste à livrer au public les plaidoiries, les documents judiciaires, les opinions des magistrats ; mais à quoi pourrait nous servir une publicité injurieuse, répandant l'insulte soit sur une partie, soit sur les magistrats, soit sur l'honorable et digne confrère contre qui je plaide ! A qui fera-t-on croire qu'elle puisse avoir pour promoteurs ou pour complices les clients honorables aussi que j'assiste devant vous. Laissons donc de côté toutes ces misères et arrivons à la discussion du procès.

J'avais dit dans mes plaidoiries précédentes, et je maintiens que la demande de madame Weber est entachée de quatre vices essentiels, elle est :

1° Contraire à la probité ;

2° Contraire à la vérité ;

3° Contraire aux règles de notre législation qui ont solennisé le mariage ;

4° Contraire à l'acte solennel qui, dans la matière du mariage, fixe le par-tage des attributions entre l'Église et l'État.

Je vais successivement examiner ces quatre points.

Je dis, en premier lieu, que la demande de madame Pescatore est contraire à la probité.

Lorsque mes clients ont délibéré pour la première fois en ma présence, sur la prétention à une communauté qui venait d'être manifestée par le manda-taire de madame Weber, leur première pensée a été celle-ci : si nous croyions que notre oncle eût voulu en effet, en 1851, donner à madame Weber à titre de communauté de biens, la moitié de la fortune considérable qu'il avait à cette époque, il n'y aurait pas de procès. Si nous trouvons un seul document, un seul indice, dans lequel cette intention serait manifestée, nous n'avons qu'à nous incliner. Que le fondé de pouvoirs de madame Weber découvre dans les notes qu'elle a conservées avec tant de soin pour s'en faire un titre, un seul papier dans lequel notre oncle ait écrit que sa femme était commune en biens avec lui, et tout est fini, nous reconnaîtrons son droit. Mais si madame Weber ne produit rien qui manifeste l'intention de notre oncle de la rendre commune en biens, d'avoir voulu lui donner les cinq ou six millions qu'elle réclame, nous devons résister à sa demande, voilà leur première pensée : ils ont demandé, cherché, examiné, et ils ont trouvé que M. Pescatore n'avait jamais voulu admettre madame Weber à une communauté de biens.

On a tort, Messieurs, quand on dit que le chiffre de la fortune ne fait rien. Sans doute, que la fortune soit de cinq ou de six millions, il faut la donner tout entière à madame Weber, si elle lui revient. Est-ce que j'ai jamais contesté un tel principe? Est-ce que j'ai jamais dit au tribunal : il faut faire perdre son procès à madame Weber, parce qu'elle serait trop riche si elle le gagnait? Pas le moins du monde, mais j'ai dit qu'il ne fallait pas crier à la misère et se plaindre d'être mise sur la paille, comme les amis de madame Weber le répétaient dans les salons, lorsque M. Pescatore, par ses testaments que l'on se gardait bien de faire connaître, laissait au delà de ce que l'honneur, la dignité, la moralité la plus scrupuleuse lui prescrivaient de laisser, à une femme avec laquelle il avait vécu pendant quatorze ans.

Maintenant je voudrais que madame Weber de son côté eût fait le même examen de conscience que mes clients ont fait du leur, et qu'elle se fût demandé : Mais enfin, ces cinq ou six millions que je réclame comme un don de M. Pescatore, M. Pescatore a-t-il voulu me les donner, y a-t-il jamais songé? Est-ce là une intention qu'il ait eue à l'époque où il s'est marié, ou postérieurement ? Si elle se fût fait cette question, la réponse n'aurait pas été douteuse. Au reste, le tribunal a dû être frappé du silence qu'ont gardé à cet égard les adversaires. Est-ce que la question de probité est sans aucune importance ? Est-ce qu'elle ne mérite pas d'être soumise au tribunal? Comment! vous vous prétendez donataire d'une somme que le donateur n'a jamais voulu vous donner, et vous ne vous croyez pas obligée de fournir quelques explications? Non, vous n'en donnez aucune. Cependant si les plaidoiries sont muettes sur ce point, les consultations parlent dans deux de celles qui ont été délibérées au profit de madame Weber, l'une le 22 juillet, l'autre le 25 août, je trouve deux passages que je demande au tribunal la permission de mettre sous ses yeux : On lit à la page 5 de la consultation du 22 juillet, ce qui suit :

« Après cela, qu'on agite, à l'occasion de la cause, cette autre question de la
» communauté et des intentions de M. Pescatore touchant cette communauté, nous
» n'avons pas à nous en occuper, car nous n'avions à nous prononcer que sur la
» validité du mariage en elle-même (et que ce point seul, en définitive, est à juger);
» que les conséquences du mariage, quant à la communauté, sont réglées par une
» présomption légale *juris et de jure* qui a toute sa force, que M. Pescatore l'ait
» prévue, comme le soutient sa femme, où qu'à l'exemple de beaucoup d'autres il
» l'ait ignorée ; que, dans tous les cas, il n'y aurait entre ses intentions sur la com-
» munauté et sa volonté de se lier avec sa femme par un lien sérieux, complet et
» indissoluble, aucun rapport nécessaire et appréciable par la justice. »

Vous voyez, Messieurs, avec quelle réserve on se prononce. Nous demandons quelle a été l'intention de M. Pescatore : a-t-il voulu, oui ou non, donner les cinq ou six millions? On nous répond : Nous n'avons pas à l'examiner..... Cela importe peu.... Il y a une présomption établie par la loi. Mais s'il est évident que la volonté de M. Pescatore a été contraire à celle que vous lui prêtez, s'il est évident qu'il n'a jamais eu l'intention de donner à sa femme la moitié de sa fortune, ne comprenez-vous pas que la conséquence est facile à tirer ?

Voici maintenant ce que je lis à la page 10 de la consultation du 25 août :

« Les plus humbles, dit-on, savent qu'un contrat doit régler les conditions civiles » du mariage, sous peine de voir tomber en communauté toutes les valeurs mobi- » lières que possèdent et qu'acquerront les deux époux ; comment M. Pescatore, » possesseur d'une fortune exclusivement mobilière, tout engagée dans l'industrie, » aurait-il négligé cela, s'il avait voulu, s'il avait cru contracter un mariage civil ? » La réponse vient à la pensée de tous. Que l'on interroge les gens du monde » les plus intelligents, les hommes d'affaires, les financiers les plus habiles, combien » parmi eux, s'ils sont étrangers à la science du droit, ignorent les dispositions de » l'article 1393 du Code Napoléon, qui, en l'absence de toute stipulation, fait de la » communauté le régime du mariage quant aux biens ! Le nombre est immense de » ceux-là qui, au contraire, en l'absence de tout contrat, croiront qu'en vertu de » la suprématie que la loi lui accorde, le mari est le maître et seigneur de la for- » tune (ce qui est vrai, quant au droit d'aliéner à titre onéreux). » Que cela ait été la pensée, l'illusion de M. Pescatore, nous le croyons, quant à » nous. Les dispositions que ses testaments renferment au profit de madame Pesca- » tore, sa femme, nous paraissent exclusives, non pas de son droit à la commu- » nauté, mais de l'idée qu'elle eût ce droit aux yeux de son mari. »

L'aveu est formel. Les consultants de madame Weber croient eux-mêmes que M. Pescatore n'a jamais songé à donner à sa femme un droit de commu- nauté. Je dis que l'aveu est formel et, en effet, le doute m'est impossible devant les preuves géminées de l'intention de M. Pescatore que nous vous avons présentées. Vous vous rappelez les deux testaments si formels, si clairs, l'un du mois d'octobre 1853, l'autre du mois de décembre 1855, la veille de la mort ; vous vous rappelez ce partage que M. Pescatore, en pleine connais- sance de cause, a fait en décembre 1853, de toute sa fortune ; vous savez com- ment il laissait à madame Weber des legs absolument incompatibles avec l'idée d'une communauté aussi bien que le don de 200,000 francs d'une créance sur M. O'Shea qu'il lui avait fait en 1852 ; vous vous rappelez comment il procède dans son testament du 8 décembre 1855, il entend compléter à ma- dame Weber un capital de 500,000 francs et il lui donne 20,000 de rentes via- gères de plus, si elle conserve l'usufruit de la Celle-Saint-Cloud. Je le demande messieurs, est-ce à une femme commune en biens avec lui que M. Pescatore aurait fait de semblables dons ? Ainsi, vous le voyez, il n'y a pas eu de la part de M. Pescatore intention, ni en 1851, ni à une époque postérieure, de don- ner à sa femme les 5 ou 6 millions qu'elle réclame. Tous ses actes sont ex- clusifs de cette pensée, les consultants de madame Weber eux-mêmes en con- viennent. Il y a donc bien entre madame Weber et nous une question de probité. Comment madame Weber qui crie à la moralité, qui s'indigne des démarches de ses adversaires, qui leur attribue des actes contre lesquels j'au- rai à protester tout à l'heure, comment madame Weber ne voit-elle pas que sa demande est ruinée par le fait que je signale et qu'elle ne peut pas nier ? A qui espère-t-elle faire croire que M. Pescatore, homme sérieux, homme pratique, rompu aux affaires, aura fait un mariage qui entraînera la communauté lorsqu'il ne voulait pas le faire ?

A la vérité, l'objection n'effraie pas mon adversaire; combien d'hommes, dit-il, ignorent les conséquences d'un mariage civil qu'ils ont contracté ! Cette réponse, messieurs, n'est pas heureuse ; ce n'est pas M. Pescatore qui pouvait ignorer les conséquences d'un mariage civil, car il s'était marié une première fois sans contrat, et l'absence du contrat avait été pour lui la cause d'un procès avec les parents de sa première femme ; ce procès avait été terminé en 1848 par une transaction que j'ai entre les mains : vous voyez donc bien qu'il ne pouvait pas ignorer les conséquences d'un mariage sans contrat ; il savait très bien que la conséquence, c'était la communauté ; il le savait très bien par les conditions qu'il avait été obligé de subir dans sa transaction de 1848, et il n'aurait pas été s'exposer à un pareil péril, dans un second mariage fait également sans contrat.

Sur quoi madame Weber répète : mais si M. Pescatore était mort le lendemain de notre mariage, je n'aurais donc rien, il ne m'aurait donc rien donné?

J'ai déjà fait connaître au tribunal que M. Pescatore, depuis 1851, avait un testament déposé entre les mains de M. Wagner, son associé et son ami. A l'époque où il s'est marié, ce testament, qui avait été renouvelé à peu près tous les trois ans, existait dans les mains de M. Wagner; ce n'était pas celui du 8 décembre 1853, c'était celui qui l'avait précédé : nous n'avons pas ce testament, probablement il a été déchiré par M. Pescatore à l'époque où celui de 1853 a été fait, mais cela répond aux plaintes de madame Weber qui dit : Si mon mariage n'entraînait pas la communauté et que M. Pescatore fût mort le lendemain, je n'aurais rien eu.

J'ai répondu encore : Mais supposez le contraire, supposons que vous, madame Weber, fussiez venue à mourir quelque temps après ce mariage, que serait-il advenu ? Que serait devenue votre part dans la communauté ? M. Pescatore aurait donc par ce mariage sans contrat, lui qui connaissait la conséquence du mariage sans contrat, transporté une moitié de sa fortune, à qui ? A qui, je vous le demande, pourriez-vous me le dire ? A votre sœur qui est mariée à Paris, qu'il ne connaissait même pas? A un de vos frères cordonnier en Suisse ? A l'autre, maréchal-ferrant en Algérie ? A Albert Weber, qui n'est pas, dites-vous, votre fils et que M. Pescatore ne nomme même pas dans ses deux testaments ?

Voilà pourtant la conséquence qu'on veut donner à ce mariage de Renteria!

Voilà la conséquence qui aurait été inévitable, je le répète, s'il se fût agi d'un homme qui n'aurait pas eu les lumières nécessaires, ou qui aurait agi sous l'empire de la passion. Oh ! je comprendrais que dans un de ces deux cas il eût pu commettre une faute de cette nature ; mais ce n'était pas cela, M. Pescatore était un homme raisonnable, éclairé, et après quatorze ans de liaison avec une femme de quarante-sept ans, il est évident que ce n'est pas sous l'empire de la passion qu'il pouvait faire un acte de folie comme celui qu'on veut lui attribuer.

Voilà, messieurs, le premier point : la demande est contraire à la probité.

Je dis en second lieu que la demande de madame Weber tendant à faire reconnaître un mariage réel dans l'acte de Renteria, est contraire à la vérité; c'est le second point que je veux essayer de démontrer au tribunal.

J'ai déjà dit que dans ma profonde conviction, il n'y avait eu, sur le conseil de Mgr l'archevêque de Bordeaux, qu'un mariage de conscience passé le 8 novembre 1851 à Renteria. On m'a répondu : qu'est-ce qu'un mariage religieux ? Nous ne connaissons pas ce mariage en France, cela est vrai, et c'est pour cela qu'on a eu la pensée d'aller en Espagne. J'avais cité l'opinion de Mgr le cardinal Gousset, qu'on invoque si souvent contre nous, et le tribunal me permettra de lui lire un passage de Mgr Bouvier, ancien évêque du Mans, qu'on citait tout à l'heure comme l'un des auteurs du Concordat et qui ne l'est pas ; on a confondu Mgr Bouvier avec l'abbé Bernier. Mgr. Bouvier était probablement trop jeune pour prendre part au Concordat, il n'y a pris aucune part, mais cela importe peu. Voici ce qu'il dit dans son livre intitulé : *Institutiones theologicæ*, sur le caractère de ces mariages de conscience dont parle Mgr Gousset.

« Sponsi, dit-il, qui benedictionem nuptialem antè contractum civilem suscepe-
» rùnt matrimonialiter vivere possunt, quia contractus civilis, juxtà opinionem
» nostram, ad validitatem sacramenti non requiritur, et hæc sententia sat proba-
» bilis judicatur Romæ et alibi, ut fideles tutò eam sequi possint in praxi. Undè si
» aliquâ de causâ matrimonium à parocho benedictum et canonicè validum civi-
» liter contrahi non posset, Verbi gratià Petrus ex dispensatione summi Pontificis
» Annam sororem uxoris suæ defunctæ coràm parocho duxit, cum illà tutà con-
» scientià vivere posset ; verùm liberi ex tali conjunctione provenientes semper
» reputabuntur coràm lege incestuosi, et ideo parentium suorum et cognatorum
» hæredes esse non poterunt. »

Veuillez le remarquer, j'ai bien le droit d'invoquer l'opinion du clergé français, lorsque j'examine un mariage qui a été conseillé, dirigé exclusivement par un archevêque français. Mgr l'évêque du Mans reconnaît que deux personnes qui ne sont pas mariées civilement, mais qui le sont canoniquement, peuvent vivre maritalement en toute sûreté de conscience, *matrimonialiter vivere*. Voilà ce que reconnaît l'auteur canonique qu'on a cité contre moi. Il ajoute que les enfants qui pourraient naître du beau-frère et de la belle-sœur, et qui seraient canoniquement incestueux, pourraient néanmoins eux aussi vivre en toute sûreté de conscience, *tutâ conscientiâ vivere*. Voilà l'opinion du clergé français, voilà ce qu'il entend par mariage de conscience, et on comprend que Mgr l'archevêque de Bordeaux ait pu conseiller un tel mariage.

Mais on me dit : Avez-vous rencontré des mariages de conscience dans votre longue expérience du barreau ? A-t-on jamais vu s'agiter devant les tribunaux une question pareille ?

Je reconnais que ce cas ne s'est pas présenté souvent devant la justice ; il faut pour cela qu'une femme mariée religieusement et non civilement ait eu l'audace de réclamer les effets d'un mariage civil. Jamais, avant madame Weber, personne n'avait osé afficher une pareille prétention.

Maintenant, comment les faits se sont-ils passés ? Ce mariage n'a-t-il pas été contracté sur les conseils de Mgr l'archevêque de Bordeaux ?

M. Pescatore veut se marier avec madame Weber ; à qui s'adresse-t-il ? à un archevêque. Il y avait des publications à faire en France, de quelles publications se préoccupe-t-il? Des publications civiles? Non, il se préoccupe uniquement des publications religieuses, il demande des dispenses pour ces publications. A quelles autorités recourt-il pour se marier? A Mgr l'archevêque de Bordeaux, après Mgr l'archevêque de Bordeaux, au chef des frères Augustins, demeurant à Libourne, et après lui, à un prêtre qui doit l'accompagner et donner toutes les explications nécessaires au curé de Renteria sur la paroisse duquel il va se marier. Il s'adresse toujours à l'autorité ecclésiastique et à nulle autre. Il passe un contrat purement religieux qu'il fait inscrire sur le registre de la paroisse de Renteria, et puis il revient en France. Il doit le faire transcrire sur les registres de l'État civil, s'il veut avoir les bénéfices de la loi civile. Au lieu de cela, il le fait transcrire sur le registre religieux de sa paroisse. Vous voyez donc que l'acte était purement religieux, qu'on évitait toutes les formalités civiles, qu'on les fuyait avec intention, parce que, comme l'a dit M. Pescatore à Mgr l'archevêque de Bordeaux, on n'avait aucune intention de contracter un mariage civil. M. Pescatore savait très bien les conséquences qui résulteraient d'un mariage civil; les circonstances qui ont présidé à cette union le montrent assez.

Il me reste à parler de la lettre de Mgr l'archevêque de Bordeaux. Cette lettre par laquelle il demandait à Mgr l'évêque de Pampelune, d'autoriser le curé de Renteria à unir M. Pescatore et Mme Weber, dit en termes formels, qu'*ils ne veulent s'unir que religieusement*. Dans les deux premières plaidoiries, on ne l'avait pas niée. Mgr l'archevêque de Bordeaux, dans les lettres écrites au cours de ce procès, n'a pas, le tribunal l'a remarqué, donné le moindre démenti à ce que nous avons affirmé sur ce point. Il le pouvait d'autant moins, qu'avant de l'affirmer, les conseils des héritiers Pescatore se sont transportés auprès de lui, lui ont communiqué le mémoire à consulter, rédigé par mon honorable confrère, Me Freslon, et que ce mémoire n'a été publié qu'avec l'autorisation du vénérable prélat. Vous pouvez lire à la page 8 de ce mémoire :

« Cette lettre, dont une copie traduite en espagnol a été adressée par Mgr. de
» Pampelune à M. le curé de Renteria, a été retirée récemment ainsi que sa copie
» par S. E. Mgr. l'archevêque de Bordeaux, à cause de certains passages qu'elle
» renfermait, tenant aux rapports d'évêque à évêque dans l'ordre de leur minis-
» tère. Lorsque M. Toutch, conseiller à la cour suprême de Luxembourg, a été
» admis auprès de l'évêque de Pampelune, le 6 février 1856, ce prélat lui a
» donné lecture de cette lettre et lui a permis de transcrire sur son calepin ces
» mots: *Permettez-moi de vous adresser M. Pescatore qui voudrait ne s'unir que*
» *religieusement à une personne, etc., etc.* M. Toutch a également vu la copie
» de cette lettre dans les mains de M. le curé de Renteria le 7 février 1856. Du
» reste S. E. Mgr. l'archevêque de Bordeaux, s'il en était besoin, *ne pourrait*
» *méconnaître* que sa lettre renfermait les expressions qui viennent d'être rele-
» vées. »

Voilà ce que nous avons publié avec l'approbation de Mgr l'archevêque de Bordeaux, et maintenant nous ne nous bornons pas à cela. On nous dit : Où est cette lettre? On le sait très bien; on sait qu'elle est entre les mains de

Mgr l'archevêque de Bordeaux, qui en a fait retirer l'original et même la copie qui était entre les mains de M. le curé de Renteria. Mgr l'archevêque de Bordeaux pourrait l'affirmer au tribunal, s'il était interpellé ; mais enfin, comme mon honorable confrère n'a pas craint de dire : Prouvez donc, nous offrons la preuve, et voici en quels termes ; c'est le deuxième fait articulé par nous :

« Deuxième fait — Que le 28 octobre 1851, Mgr l'archevêque de Bordeaux a
» écrit à Mgr l'évêque de Pampelune une lettre pour lui recommander M. Pesca-
» tore, qui voulait ne s'unir que religieusement avec une personne demeurant avec
» lui depuis plusieurs années : que cette lettre existait encore, le 6 février 1856,
» dans les mains de Mgr l'évêque de Pampelune, qui en a donné communication
» à M. Touch, conseiller à la cour suprême de Luxembourg, subrogé-tuteur des
» mineurs Pescatore, lui a permis de transcrire sur son calepin le commencement
» de la lettre, notamment les mots *ne s'unir que religieusement*, et lui a promis
» de lui remettre une copie de la lettre entière s'il en obtenait la permission de
» Mgr l'archevêque de Bordeaux, le tout en présence de deux autres personnes ;
» qu'une traduction en espagnol de la lettre du 28 octobre 1851 a été envoyée, le
» 4 novembre suivant, par Mgr l'évêque de Pampelune à M. le curé de Renteria,
» et se trouvait en la possession de ce dernier, le 7 janvier 1856, jour où il en a
» donné connaissance audit M. Touch, en présence de témoins. »

Si le tribunal a quelque doute sur le contenu de la lettre que nous avons toujours affirmé avoir été écrite par Mgr l'archevêque de Bordeaux, et que Mgr l'archevêque de Bordeaux n'a jamais déniée, si le tribunal a quelque doute, qu'il nous admette à la preuve, nous ne reculons pas. Ce sera un retard regrettable dans la solution du procès, que mes clients attendent avec impatience, mais qu'ils n'attendent pas avec assez d'impatience pour oublier tout souci de leur honneur et de leur dignité. L'enquête fera ressortir la vérité de notre assertion, et je ne doute pas que Mgr l'archevêque de Bordeaux ne mette la lettre même sous les yeux du juge que le tribunal commettra.

Il y a une autre lettre qui a été écrite au procureur impérial, et dont M. l'avocat impérial a donné lecture.

Certainement cette lettre prouve que jamais Mgr l'archevêque de Bordeaux n'a eu l'idée de faire contracter en Espagne un mariage civil, car il se serait mis en contradiction flagrante avec les dispositions du concordat, pour lequel il professe le plus grand respect.

Mais cette lettre en appelle une autre. Mon adversaire a prétendu que la lettre du 25 juillet avait été mal interprétée, car, vous a-t-il dit, personne ne connaît mieux que moi ce qu'elle signifie, puisque c'est moi qui l'ai écrite ou qui en ai donné le modèle à Mgr l'archevêque de Bordeaux.

Mᵉ CHAIX D'EST ANGE. Je n'ai pas donné le modèle de la lettre, mais j'ai dit ce que je pensais qu'il fallait qu'elle contînt.

Mᵉ DUFAURE. Fort bien! Vous n'avez pas envoyé le modèle de la lettre, mais vous avez dit dans quel sens il fallait que Mgr l'archevêque de Bordeaux écrivît. Je continue. Cette lettre est lue à l'audience du 25 juillet. Que se passe-t-il après ? Le 28, Mgr l'archevêque de Bordeaux écrit une seconde lettre. A qui est-elle adressée ? A Mᵉ Péronne, avoué des héritiers Pescatore. Que devient-elle ? Est-elle remise à Mᵉ Péronne ? Pas du tout. Le 20 août seulement, un messager inconnu dépose chez lui une lettre qui ne portait pas le timbre de la poste, et Me Péronne voit avec étonnement qu'une lettre qui lui a été écrite par Mgr l'archevêque de Bordeaux le 28 juillet, ne lui est remise que le 20 août. Comment Mgr l'archevêque de Bordeaux choisit-il un messager si lent et si infidèle? On ne pouvait se l'expliquer; on a appris plus tard que le messager n'était autre que madame Weber, et que Mgr l'archevêque de Bordeaux avait imaginé de prendre madame Weber pour intermédiaire entre lui et les héritiers Pescatore. En effet, madame Weber a fait plaider par son honorable avocat qu'elle avait gardé cette lettre depuis le 28 juillet jusqu'au 20 août sans en faire usage.

Messieurs, que voulez-vous que je vous dise sur une assertion de cette nature? Vous en êtes les meilleurs juges; vous avez vu les pièces de mon adversaire; vous avez vu son dossier; vous savez mieux que moi si la lettre y a figuré ou non lors de votre délibéré. Je ne puis que m'en rapporter à vos souvenirs sur l'affirmation singulière de madame Weber. Ce qui est certain, c'est qu'elle a reçu la lettre, qu'elle l'a communiquée au tribunal sans nous en dire un mot, la cachant dans son dossier, la tenant cachée même à celui à qui elle était adressée, en sorte qu'il y a eu là deux violations de la loi morale; au lieu de remettre la lettre au destinataire, on la remettait au tribunal, et on la remettait au tribunal, à notre insu, dans une cause où, plus que dans toute autre, tous les documents devaient être respectivement communiqués. Ainsi, sans nous en douter, nous avions contre nous une lettre de Mgr l'archevêque de Bordeaux, datée du 28 juillet, et que nous avons connue le 20 août seulement. C'est après cette inqualifiable omission que madame Weber ose parler de son respect pour les règles de la justice.

Maintenant que dit cette dernière lettre? J'en parlerai très modérément; j'éviterai de m'écarter du respect que je professe pour le caractère religieux du vénérable prélat; je serai assez maître de moi pour que mes paroles ne cessent pas d'être réservées; mais je ne puis m'empêcher d'apprécier la véritable valeur de ce document, et de le discuter dans une certaine mesure. Il est ainsi conçu :

« Bordeaux, le 28 juillet 1856.

» Monsieur,

» Vous savez que j'ai toujours été pour les voies de conciliation entre ma-
» dame Pescatore et les membres de la famille du défunt. C'est dans ce sens que
» j'écrivais encore à Paris rue Saint-Georges, avant d'avoir lu le réquisitoire du
» ministère public. Il me revient que si madame est condamnée, elle en appellera.
» Je crois donc qu'il y a encore avantage pour tous à un accommodement. Ma-
» dame Pescatore m'a toujours paru convaincue que son mariage fait selon toutes
» les règles du pays où il avait lieu devait entraîner tous les effets d'une union
» contractée de la meilleure foi du monde.

» Je viens donc, en mon privé nom, et dans ce que je crois de l'intérêt de tous,
» demander, par votre intermédiaire, aux membres de la famille, s'ils veulent
» accepter ma médiation pour qu'on revienne aux propositions faites par les con-
» seils de madame Pescatore en février. Si, comme, d'après ce que j'ai lu, il ne
» m'est pas possible de penser que M. Pescatore ait cru aux effets civils du ma-
» riage contracté à Renteria, je puis affirmer qu'il en est autrement de sa femme,
» qui n'a jamais douté qu'elle n'entrât en communauté avec lui.

» Le jugement devant être rendu vendredi prochain, j'aurai besoin d'une prompte
» réponse.

» Agréez, Monsieur, l'assurance de mes sentiments distingués,

« † FERDINAND, cardinal DONNET, archevêque de Bordeaux. »

A Monsieur Péronne, avoué à Paris (1).

Vous avez entendu, Messieurs, les explications de mon honorable adversaire au sujet de la lettre de Mgr l'archevêque de Bordeaux du 17 juillet à M. le procureur impérial. Ne suis-je pas autorisé à penser que la deuxième lettre a été, elle aussi, dictée ou du moins inspirée par les personnes qui, la recevant le 28 juillet, avec charge de nous la remettre, ne nous l'ont fait parvenir que le 20 août, après s'en être servies contre nous? En tout cas, je crains bien que Mgr Donnet, cédant trop facilement à sa bienveillance pour madame Pescatore, n'ait pris ses impressions présentes pour des souvenirs. Il affirme que madame Pescatore a toujours cru être mariée civilement. Mais sur quoi se fonde-t-il? Indique-t-il un fait qui puisse donner de la consistance, de la vraisemblance à cette opinion? Il ne cite rien, ne précise rien, pas un mot, pas une circonstance qui vienne à l'appui de cette conviction qu'il

---

(1) Nos lecteurs seront bien aises de connaître la réponse de M. Péronne à cette lettre :

« Paris, 21 août 1856.

» Monseigneur,

» La personne que V. E. avait chargée de me remettre la lettre qu'elle m'a fait l'honneur de m'écrire » le 28 juillet dernier, a bien mal rempli vos intentions. Vous me demandiez une réponse avant le » 1ᵉʳ août, et votre lettre ne m'est parvenue que hier, 20 août, à 6 heures du soir, sans aucun timbre de » la poste. Il vous sera sans doute possible d'éclaircir les causes de ce retard inexplicable pour moi.

» Je puis, du reste, faire aujourd'hui la réponse que je lui aurais faite le 29 juillet. Elle veut bien offrir » sa médiation, pour qu'on revienne aux propositions faites par les conseils de notre adversaire en février » dernier.

» Ces propositions, formulées d'abord par M. Bernard, de Rennes, fondé de pouvoirs, consistaient à » ajouter aux testaments 500,000 fr. de capital, et 25,000 fr. de rentes. Quelque temps après, vous avez » été autorisé, ainsi que je l'ai appris de vous-même, à proposer à la famille 500,000 fr. de capital, et » 60,000 fr. de rente, en sus des dispositions testamentaires, ce qui formait au total un capital de un » million et 100,000 francs de rente. Ces bases ont été successivement acceptées par mes clients, et si » elles n'ont pas été réalisées, c'est que notre adversaire n'a pas cru devoir ratifier les démarches des » honorables personnes qui avaient porté parole pour elle.

» Si vous pensez, Monseigneur, que votre bienveillante intervention puisse aujourd'hui, comme le fait » pressentir votre lettre, faire maintenir les conditions de transaction fixées par les conseils de notre adver» saire au mois de février dernier, je puis vous assurer que M. Dufaure et moi sommes disposés à con» seiller à nos clients de persévérer dans leur acceptation, quoique depuis février la succession ait perdu » plus de deux millions, et que les conclusions du ministère public aient encore fortifié la situation de la » famille.

» Le procès peut être ainsi fini en un quart d'heure, si l'œuvre de pacification que V. E. veut bien en» treprendre peut s'accomplir selon ses vues.

» J'ai l'honneur d'être avec respect, Monseigneur,

» de Votre Éminence

» Le très humble et très obéissant serviteur,

» H. PÉRONNE. »

Mgr l'archevêque considéra la remise de sa lettre, quoique tardive, comme une acceptation de l'arrangement. Il fit prévenir Mme Weber par le télégraphe, le 23 août, des dispositions de la famille. Mme Weber a répondu par un refus.

affirme. Ne se trompe-t-il pas? Ses souvenirs sont-ils bien exacts? Veuillez remarquer dans quelle situation se place Mgr l'archevêque de Bordeaux.

Il se met en contradiction avec la lettre du 17 juillet, à M. le procureur impérial. Il se met en contradiction avec la lettre qu'il a écrite le 28 octobre 1851, à l'archevêque de Pampelune, quelques jours avant le mariage de Renteria. A cette époque, M. Pescatore résistait à un mariage civil, nous demandons à le prouver et nous le prouverons, car, c'est de Mgr l'archevêque de Bordeaux lui-même que nous le tenons. M. Pescatore n'a consenti qu'à un mariage religieux : Madame Weber, au contraire, aurait cru faire un mariage civil! Vous osez dire que Mgr l'archevêque de Bordeaux aurait préparé et autorisé une union semblable! il se serait contenté d'un semblant de consentement mutuel, préparant ainsi nécessairement, fatalement, une déception pour l'un ou pour l'autre des époux! Non, je ne le crois pas un moment, le fait est impossible; Mgr l'archevêque de Bordeaux n'aurait jamais prêté les mains à un mariage qu'un des époux aurait cru civil et l'autre religieux. Évidemment, sa mémoire le sert mal, ou bien il a suivi, sans l'examiner d'assez près, le modèle de lettre qu'on lui envoyait de Paris.

D'ailleurs, nous avons offert et nous offrons au tribunal de prouver que madame Weber pas plus que M. Pescatore, n'a pas cru un seul instant contracter en Espagne un mariage civil. Nous avons affirmé que M. Pescatore avait manifesté à Mgr l'archevêque de Bordeaux, dans les termes les plus nets et les plus énergiques, sa résistance à un mariage civil, et que, cédant aux exhortations du prélat, il n'avait consenti qu'à un mariage religieux. Il est impossible de croire que Mgr. l'archevêque de Bordeaux qui conseillait depuis longtemps madame Weber, qui la voyait fréquemment, qui la conduisait peu à peu à l'abjuration et de l'abjuration au mariage, lui ait dissimulé les conditions vraies de son union avec M. Pescatore. Et puis, nous vous demandons la permission de prouver qu'aux derniers moments de M. Pescatore on a songé à un mariage civil *in extremis*, qu'on a tout fait pour cela, qu'on s'est adressé au ministre de la justice pour obtenir la dispense même d'une seule publication et que l'on a éprouvé un refus, et ce n'est pas du côté de M. Pescatore qu'est venue l'initiative de ce mariage *in extremis*, comme on l'a dit à votre audience. Nous demandons à prouver qu'au lit de mort de M. Pescatore, madame Weber, après la lecture du testament d'octobre 1853, a lutté pour arracher au mourant de nouveaux avantages, prétendant qu'elle serait réduite par sa dureté à aller vivre dans une mansarde. C'est ainsi qu'elle a obtenu, à la dernière heure, le complément des 50,000 fr. de capital et les 20,000 fr. de rente viagère qui sont venus s'ajouter aux libéralités du premier testament.

Tout cela, Messieurs, est exclusif d'un mariage civil. On ne cherche pas à se marier une seconde fois, quand on a été marié régulièrement la première; on ne se plaint pas d'être obligée de se retirer dans une mansarde, quand on se croit commune en biens avec un homme puissamment riche et qu'on est assurée de 5 ou 6 millions pour sa part dans la communauté.

J'entends mon adversaire me dire : mais qu'aurait-elle donc gagné à cet acte de novembre 1851? Quels auraient donc pu être ses calculs, ses désirs, ses intentions quand elle s'est laissée conduire le 8 novembre 1851 à Renteria?

Messieurs, on oublie complétement la situation dans laquelle était madame Weber; on parle d'elle comme d'une jeune fille que M. Pescatore aurait séduite, indignement abusée dans son innocence et sa crédulité. Non, ce qu'elle était, mon adversaire a pris soin de vous le dire. Elle était depuis douze ans la concubine de M. Pescatore. Je n'avais pas employé ce mot, je n'aurais peut-être pas voulu l'introduire dans la discussion. C'est mon adversaire qui me l'a fourni, j'ai le droit de m'en emparer, c'est d'ailleurs le mot le plus juste : elle était la concubine de M. Pescatore. Mais que vient-on nous dire alors, qu'elle n'aurait rien obtenu si M. Pescatore n'avait consenti qu'à un mariage purement religieux ?

Elle avait obtenu une position honorable, si bien définie dans le passage de Mgr Bouvier que je lisais tout à l'heure. Elle avait obtenu ce qu'elle n'avait pas auparavant, le droit de porter dans le monde le nom de M. Pescatore.

Au point de vue des intérêts matériels, elle avait acquis après le lien religieux une situation qui lui permettait de compter davantage sur les libéralités de M. Pescatore, et qui la préservait d'être chassée, comme on l'a dit, du jour au lendemain, sans scrupule de conscience.

Ce mariage enfin la rapprochait du but auquel tendait toute sa vie depuis son entrée dans la maison, de ce but si clairement aperçu et si nettement indiqué depuis longtemps par Pierre Pescatore, de ce but de tous ses efforts et de toutes ses espérances ; c'était un grand pas fait vers un mariage complet : le mariage religieux pouvait amener dans la suite le mariage civil.

Messieurs, je me le demande, nos lois, nos tribunaux, peuvent-ils reconnaître là, dans l'acte de Renteria, un mariage civil, véritable, complet, un de ces mariages auxquels le code Napoléon attribue les effets de la communauté? Non, évidemment non, je ne parle pas en ce moment des nullités de forme, je parle du fond, du consentement donné au mariage, de la nature de ce consentement. On me dit : peu importe, s'il y a eu un acte de mariage. Il importe beaucoup, on ne peut pas transformer un acte auquel on a donné un caractère en un acte qui aurait un autre caractère. Si le tribunal est convaincu que le mariage a été purement religieux, il ne déclarera pas qu'il a été civil. Je le répète, cette prétention est contraire à la probité et à la vérité.

Est-il vrai que les lettres contemporaines du mariage nous démentiraient ? Lesquelles s'il vous plaît ? On a beaucoup insisté sur une lettre de M. Pescatore à madame Dutreux ; l'original n'existe plus; une copie fidèle en a été conservée ; on a accusé mes clients de l'avoir falsifiée ! Messieurs, j'ai honte de répondre à une accusation pareille ; on s'est plaint amèrement d'injures, d'outrages de notre part : je vous demande si jamais nous nous sommes permis rien de semblable. Vous avez entendu l'imputation adressée à mes clients : « Ils ont une lettre, ils la cachent ; à la place de cette lettre, ils produisent une copie falsifiée ; ce sont des faussaires. » Voilà la modération de langage de notre adversaire.

On a dit que M. Pescatore avait soigneusement gardé toutes les lettres de sa famille pour armer sa femme contre des parents dont il connaissait la mauvaise foi et l'avidité. Est-il bien sûr que ce soit lui qui ait gardé ces lettres ? Il y avait, près de lui, une personne dont les vues étaient longues et qui, depuis 1839, nourrissait de vastes espérances et une ambition profonde. Cette personne a pu garder ces lettres dans un esprit de prévoyance et de calcul ; elle a pu prévoir les obstacles que rencontreraient ses prétentions ; elle a pu se ménager d'avance des moyens, des armes à l'appui de ses projets. Je comprends que des lettres aient été gardées de ce côté, mais du côté de madame Dutreux, quel pouvait être l'intérêt ?

Madame Dutreux reçoit une lettre de son oncle, datée du 28 octobre 1851, qui lui annonce qu'il va se marier ; elle ne l'a pas gardée. Comprenez-vous que dans une famille toutes les lettres doivent nécessairement être gardées, et que quand elles ne le sont pas, on soit nécessairement un faussaire ? Comprenez-vous qu'on dissimule une lettre quand on ne l'a pas, et qu'on soit nécessairement un faussaire quand on en présente une copie fidèle ? Est-ce que madame Dutreux songeait alors qu'un procès surgirait ? Savez-vous qu'elle était sa pensée ? Lisez sa réponse. Elle se réjouit du mariage de son oncle ; elle s'en réjouit par les motifs les plus purs et les plus délicats, parce qu'elle est heureuse de ce qui peut faire aimer, honorer, respecter sa famille. Madame Dutreux n'avait pas besoin de conserver la lettre par laquelle son oncle lui annonçait et lui expliquait ce mariage, parce qu'elle n'avait pas d'armes à se ménager, elle qui n'avait pas de projets à servir. L'original de cette lettre n'est pas en notre pouvoir, mais nous en produisons une copie fidèle, exacte, prise au moment où madame Dutreux venait de recevoir la lettre et voulait en faire connaître les termes aux membres de la famille, et vous concluez de là que madame Dutreux a falsifié cette copie, qu'elle est une faussaire ! J'affirme sur l'honneur, au nom de mes clients, que l'original de cette lettre n'existe plus ; j'affirme que la copie produite est sincère et le tribunal en croira ma parole.

Je passe à la lettre du 12 novembre 1851, écrite par M. Pescatore à son frère et à sa belle-sœur. Y trouvez-vous un seul mot qui fasse supposer qu'un mariage complet ait été dans les intentions de M. Pescatore ? On y remarque une phrase très significative : « Ce mariage ne pouvait se contracter qu'en Espagne ou en Angleterre où les ministres de la religion sont en même temps officiers de l'état civil. » Qu'est-ce que cela veut dire ?... Qu'est-ce qui s'oppose à un mariage en France ? Rien, absolument rien. Pourquoi donc est-on obligé de choisir un pays où les actes de l'état civil soient entre les mains du clergé ? Il n'y a qu'une seule raison : c'est que partout où les actes de l'état civil sont dans d'autres mains que celles du clergé, le contrat du mariage civil doit précéder le sacrement, il faut faire l'acte civil avant l'acte religieux, et comme M. Pescatore ne voulait pas d'acte civil, on comprend qu'il ait dit dans sa lettre à son frère Antoine : « Nous ne pouvions faire ce mariage qu'en Angleterre ou en Espagne, où le même homme est officier civil et religieux. » Voilà ce que dit sa lettre, voilà ce qui concorde avec sa déclaration à l'archevêque de Bordeaux, qu'en aucun cas il ne voulait faire un mariage civil.

On m'oppose les réponses de la famille, et surtout cette lettre de Ferdinand Pescatore, qui écrit : « Tu es uni civilement et religieusement. » Les réponses sont faciles à expliquer. Les membres de la famille ne savaient rien, que ce qui se trouvait dans la lettre d'Antoine du 12 novembre 1851, destinée à être communiquée à toute la famille. Ils ont adressé leurs félicitations à l'occasion du mariage ; en cela, ils obéissaient à un sentiment honorable ; aucune préoccupation d'intérêt n'entrait dans leur pensée. S'expliquent-ils sur le caractère de cette union ? Pas le moins du monde : ils n'en connoissaient ni les circonstances, ni les singularités, ni les vices. Que le tribunal, encore une fois, veuille bien peser tous ces faits, tous ces documents ; qu'il se rappelle la lettre de Mgr l'archevêque de Bordeaux, les articulations si pertinentes des héritiers, et il demeurera convaincu que jamais M. Pescatore n'a songé à contracter un mariage entraînant la communauté de biens.

J'arrive à la troisième question : les prétentions de madame Weber ne sont pas seulement contraires à la probité, à la vérité, elles sont encore en opposition avec tous les principes de nos lois sur la solennité du mariage

Messieurs, on parlait, en terminant la plaidoirie que vous venez d'entendre, de l'indulgence qui tend à couvrir les irrégularités des mariages, en France. Je ne sais pas si ce sont là des théories que madame Weber prétend ériger en principes : quant à moi, je crois que notre législation repose sur des principes tout contraires. Quelques esprits, je le sais, ne voient dans le mariage qu'un pur contrat, résidant dans le consentement seul, et pensent que ces lois seraient plus libérales si elles ressemblaient à celles des États-Unis qui permettent le mariage par la simple cohabitation, par le simple consentement des parties, et autorisent le divorce quand elles veulent rompre ce contrat. Que la pensée du divorce ait été dans le code, je ne puis le contester, mais quant aux conditions du mariage, dans notre droit, je ne puis que rappeler la discussion du code civil, et le célèbre discours de Portalis. Si l'on admettait le système de madame Weber, toutes les prescriptions de la loi deviendraient inutiles, et pourraient être remplacées par un article ainsi conçu : « Les tribunaux, suivant leurs appréciations personnelles et les impressions » qu'ils recevront des circonstances de la cause, pourront valider ou infirmer » les mariages. » C'est là, en définitive, le résumé de toutes les consultations produites en faveur de notre adversaire.

Quoi ! le mariage, ce contrat solennel sur lequel reposent la famille, l'État, la société, serait abandonné au pur caprice, et les lois qui le régissent seraient vaines et pourraient être arbitrairement transgressées ! Cela ne peut être, vous le comprenez. Il faut que les sages prescriptions du législateur aient été observées pour qu'un mariage puisse avoir en France les effets civils. Ont-elles été respectées dans celui qu'il s'agit d'apprécier ? Je réponds non, et je dis qu'en supposant même de la part des parties l'intention de contracter un lien civil, cette union serait nulle par trois motifs : 1° comme n'ayant pas été contractée suivant les formes du pays où elle a été passée ; 2° comme n'ayant pas été précédée de publications ; 3° comme entachée de clandestinité.

Je dis que la première condition n'a pas été observée, le mariage n'a pas été fait selon les formes voulues dans le pays où il a été contracté : l'officier public qui l'a reçu n'était pas compétent pour le recevoir.

Le concile de Trente, qui est la loi matrimoniale de l'Espagne, exige la présence du propre curé, et il déclare le mariage contracté hors la présence du propre curé, *irritus et vanus*. Voilà qui est incontestable.

Maintenant, le curé de Renteria était-il le curé de l'une ou de l'autre des parties ? Jusqu'à présent, je n'ai trouvé que les trois jurisconsultes espagnols Morphy, Crooke et Serrano qui aient déclaré que M. Pescatore et Mme Weber étaient des vagabonds (rires), et qu'à ce titre, ils avaient pu trouver dans M. le curé de Renteria un pasteur compétent. Mais cette opinion est isolée, et mon honorable confrère n'a pas fait aux jurisconsultes espagnols l'honneur de la reproduire ; je ne m'en occuperai donc pas plus longtemps. Le curé de Renteria n'étant à aucun titre le propre curé, *parochus*, ni de l'une ni de l'autre des parties, il en résulte qu'il n'était pas compétent pour passer le mariage civil, et que le mariage est nul.

On essaie de me prendre en flagrant délit de contradiction, et on me dit : Vous trouvez le mariage bon comme mariage religieux, et mauvais comme mariage civil ; or, en Espagne, il n'y a pas de distinction entre le mariage civil et le mariage religieux : la validité de l'un entraîne la validité de l'autre. Entendons-nous, je n'ai pas dit une seule fois que je reconnaissais ce mariage valable comme mariage religieux ; ce que j'ai dit, c'est que je n'avais aucune espèce d'intérêt à discuter une question de cette nature. J'ai dit : Le mariage religieux est ce qu'il est, je n'ai pas à l'examiner, je ne l'examine pas. Mais quand vous voulez en faire un mariage civil, cela est différent, j'ai un droit qui naît de mon intérêt, j'ai à examiner si le mariage est valable, et c'est alors que je dis : le mariage n'est pas valable parce qu'il n'a pas été passé par le propre curé, *proprius parochus*, des parties.

On est bien forcé d'avouer que le curé de Renteria n'était pas le propre curé des parties, mais il avait, me dit-on, la *licentia* de Mgr l'archevêque de Bordeaux, l'ordinaire de l'une des parties, par conséquent le curé de Renteria avait acquis le droit de marier M. Pescatore et Mme Weber.

Ceci me conduit à examiner 1° si un évêque français a pu donner un droit qu'il n'avait pas lui-même ; 2° si Mgr l'archevêque de Bordeaux était l'ordinaire des parties.

La première question est d'une extrême importance. Vous soutenez que votre mariage est valable, parce que la loi vous permettait d'aller en Espagne y contracter un mariage conformément aux lois du pays. Vous y allez, vous y passez votre mariage devant un curé qui n'est pas compétent par lui-même. Qu'avez-vous pour lui procurer la compétence ? Vous avez la *licentia* d'un archevêque français, à qui nos lois défendent de passer l'acte religieux avant l'acte civil, et qui, d'après le concordat, n'a pas le droit de faire lui-même un mariage civil. C'est cet archevêque qui, incompétent lui-même, aurait rendu compétent un mariage espagnol ! Mais est-ce que cela est possible ? Est-ce que deux incompétences, deux insuffisances réunies, additionnées l'une avec l'autre, pouvaient se compléter et composer un pouvoir compétent ? Poser cette question, c'est la résoudre. Au surplus, elle est parfaitement traitée dans une consultation délibérée par un savant professeur à la Faculté de Dijon, M. Capmas, à laquelle je me réfère complétement sur ce point de la discussion.

En tout cas, la *licentia* ou délégation ne pouvait émaner que de l'ordinaire des parties. Or Mgr l'archevêque de Bordeaux était-il l'ordinaire ?

A quelles conditions pouvait-il l'être ? Je réponds : à une seule, le domicile.

Tout à l'heure mon honorable confrère refusait à tous ceux qui, comme lui, n'avaient pas pâli pendant six mois sur le droit canonique, toute qualité pour discuter la question de compétence de l'ordinaire. Je vais lui paraître sans doute bien téméraire quand je lui dirai que, pour moi, c'est là purement et simplement une question de domicile, et que, loin d'être aussi difficile et aussi ardue qu'il le prétend, elle me paraît la plus simple et la plus claire du monde.

Le concile de Trente se contente de prescrire la présence du propre curé, ou l'autorisation de l'ordinaire; mais à quels signes se reconnaît l'ordinaire? Il ne le dit pas; mais tout le monde convient que c'est aux relations de domicile qui existent entre les parties. Je laisse tout d'abord de côté l'argument qui tendrait à faire dépendre la qualité d'ordinaire du fait de l'abjuration : cet argument a été complétement réfuté dans la consultation de l'Université de Louvain (page 42), et j'arrive aux règles qui, suivant le droit canonique, déterminent le domicile.

La question peut être complexe et embarrassée en présence des discussions et controverses de Fagnanus, de Luca, Sanchez, Clericati : elle semblera beaucoup plus simple, traitée par les canonistes modernes. Parmi ce sderniers, je choisirai ceux dont l'autorité ne saurait être contestée, même par les adversaires.

Le premier que je citerai, c'est Mgr Bouvier, évêque du Mans; il s'exprime ainsi, page 282, dans ses *Institutiones theologicæ :*

« Quis parochus matrimonio assistere debeat ?

» Concilium Tridentinum assignat, in eodem decreto, proprium contrahentium » parochum ad faciendas bannorum proclamationes, et deindè nominat simpliciter » qui matrimonio assistere debeat : at evidens est non intelligendum esse paro » chum in genere, benè vero proprium parochum qui banna denuntiare debet.

» Omnes autem fatentur concilium non locutum esse de parocho originis, id » est, loci in quo partes ortum habuerunt, sed de parocho domicilii, quamvis id » propriis verbis non exprimat. Sciendum est ergo quid et quotuplex sit domici » lium in ordine ad matrimonium.

» Domicilium non idem sonat ac habitatio; aliud est facti, aliud juris, aliud » perpetuum et aliud temporale, quod etiam dicitur quasi-domicilium.

» Domicilium facti est ipsamet præsentia personæ in uno loco cum animo ibi » manendi....

» Quoniam in decreto Concilii nihil dicitur de tempore ad acquirendum domici » lium requisito, inde concluditur solam habitationem cum animo manendi suffi » cere, jure communi est matrimonium coram parocho hujus loci contrahatur : at » in plerisque regionibus leges speciales aut civiles ecclesiasticæ, vel civiles et ec » clesiasticæ simul, aliquod determinaverunt tempus ad acquirendum domicilium » pro ineundo matrimonio requisitum.

» In Italiâ quatuor requiruntur menses ; idem spatium exigebatur in Galliâ ante » edictum anni 1697. Sed hoc edicto Ludovicus Magnus statuit domicilium dein » ceps quoad matrimonium non acquisitum iri, nisi per sex menses, si mutatio » habitationis fieret intra limites ejusdem diœcesis, et per annum, si transitus » fieret ex unâ diœcesi in aliam.

« Nunc vero, ex articulo 64 novi codicis, sex menses continuæ habitationis in » quocumque casu requiruntur, si mutatio fit ex unâ communi in aliam, et nihil » ultra exigitur. »

Vous voyez la doctrine : c'est celle de tous nos évêques. Le concile de Trente ne détermine pas le temps requis pour le domicile ; chaque province a son usage à cet égard. En Italie, le temps requis est de quatre mois; en France, avant l'édit de 1697, il était aussi de quatre mois. Après l'édit de Louis XIV, le délai a été de six mois, si l'on changeait de domicile dans le même diocèse, et d'un an, si l'on se transportait dans un autre diocèse. Aujourd'hui la loi civile prescrit six mois. C'est, au reste, ce que je trouve consigné dans les *Institutiones theologicæ* (p. 601, 602) de M. de Clermont-Tonnerre, archevêque de Toulouse, publiées en 1829 pour les séminaires de son diocèse.

Voici enfin ce que je lis dans la *Théologie morale* de Mgr Gousset, p. 559, n°s 829 et 830; je ne veux pas citer le passage entier transcrit dans la consultation, je me contente de vous en lire les derniers mots, qui sont remarquables par leur énergie :

« Le curé ne mariera ceux qui sont récemment établis dans sa paroisse qu'après
» s'être assuré qu'ils sont libres et avoir fait publier leur mariage, si le rituel du
» diocèse l'exige, dans la paroisse où ils avaient fixé leur domicile auparavant.
» On suppose d'ailleurs que les parties contractantes ont réellement l'intention de
» se fixer dans la paroisse qu'ils habitent actuellement : on peut en juger par les
» circonstances. Les personnes qui quitteraient leur paroisse, en fraude de la loi,
» conservant l'intention d'y rentrer après avoir contracté dans une autre paroisse,
» ne pourraient se marier en présence du curé de cette dernière paroisse, à moins
» qu'elles n'y eussent résidé six mois ou un an, suivant les règlements du dio-
» cèse. »

Enfin, et c'est par là que je termine, le rituel du diocèse de Bordeaux, publié par Mgr Bazin de Bezons, et réimprimé avec changements et additions en 1829, par le très illustre et tant regretté cardinal de Cheverus, contient les mêmes conditions que celles exigées par les diocèses de Toulouse et du Mans :

« La paroisse, lisons-nous, où doit se faire la publication des bans est celle où les
» personnes qui veulent se marier demeurent actuellement et publiquement. Dès
» qu'une d'elles a deux domicile en deux différentes paroisses où elle demeure
» également, les bans seront publiés dans ces deux paroisses.
» Une personne est censée domiciliée dans une paroisse lorsqu'elle y fait sa rési-
» dence actuelle depuis six mois, en cas qu'elle demeurât auparavant dans une
» autre paroisse de ce diocèse. Que si elle demeurait auparavant dans un autre
» diocèse elle n'acquiert de domicile dans une paroisse de celui-ci qu'après y avoir
» demeuré un an entier. »

Messieurs, si je ne vous parle pas des casuistes italiens ni des casuistes espagnols, ce n'est pas que je craigne les conséquences de leur opinion ; vous la trouverez résumée dans un des écrits que nous avons publiés, mais il paraît plus utile de savoir quel est notre droit canonique français, au moment actuel et dans le diocèse de Bordeaux particulièrement. Vous le voyez très claire-ment : pour marier deux personnes en France, il faut qu'elles résident depuis six mois dans la paroisse du curé qui les marie, je ne parle pas de ceux qui changent de diocèse. Que résulte-t-il de là? Que Mgr l'archevêque de Bordeaux n'était l'ordinaire des parties à aucun titre, et que, par conséquent, il n'a pas pu donner la licence au curé de Renteria ; je n'ai pas à m'occuper de la distinction que l'on a faite entre les mots *licence* et *autorisation ;* par cela seul que Mgr l'archevêque de Bordeaux n'était pas l'ordinaire des parties, il est bien évident qu'il n'a pu donner ni licence ni autorisation.

Un mot maintenant sur la transcription. On savait, ceci est certain, qu'elle était nécessaire. Où devait-on la faire ? si l'on appartenait au diocèse de Bordeaux, évidemment dans le diocèse de Bordeaux, dans la paroisse de la Bardé où est situé le château de Giscours. Est-ce là qu'on l'a faite ? Non, j'ai entré les mains un certificat du curé de la Barde attestant qu'aucune transcription n'a été faite sur les registres de sa paroisse. Cette circonstance est décisive, Messieurs, l'acte a été transcrit non dans le diocèse de Bordeaux, mais dans ceux de Paris et de Versailles, où les parties avaient leur domicile réel.

Mais, dit-on, si Mgr l'archevêque de Bordeaux n'était pas l'ordinaire des parties, Mgr l'archevêque de Paris l'était, et il a donné licence.

Remarquez bien ceci, Messieurs, on suppose dans la demande adressée à l'archevêque de Paris, un fait inexact. Après avoir dit que M. Pescatore est domicilié à Paris, on ajoute que madame Julie Weber est domiciliée *dans la paroisse de Sainte-Marie.* Mais quand bien même Mgr l'archévêque de Paris aurait donné la *Licentia,* ce mariage n'aurait pas pu être passé régulièrement à Bordeaux, puisqu'en réalité, contrairement à la déclaration, madame Weber n'avait pas de domicile à Bordeaux. Mais est-ce bien une *Licentia* que donne l'archevêque de Paris ? Non, c'est une simple dispense de publications de bans avec une permission générale, usitée dans le cas où les parties sont domiciliées dans deux diocèses différents, mais de délégation il n'en donne pas, il n'en a jamais donné. J'ajoute que le curé de Sainte-Marie, eût-il reçu une délégation de l'archevêque de Paris, il n'aurait pas pu subdéléguer, en vertu de ce principe : *Delegatus non potest subdelegare.* On prétend qu'il le pouvait si l'archevêque de Paris y consentait, et on vous a lu pour le prouver un passage de Mgr Bouvier. Je ne veux pas abuser de vos instants et vous relire ce passage, mais vous le lirez vous-mêmes, Messieurs, vous lirez ce que dit Mgr Bouvier relativement à la délégation, et vous vous convaincrez qu'il est impossible d'admettre que Mgr l'archevêque de Paris, qui n'avait donné aucune délégation et qui, dans tous les cas, l'aurait donnée à un curé du diocèse de Bordeaux, ait consenti à ce que ce dernier subdéléguât le curé de Renteria. Rien ne justifie donc la prétention des adversaires ; le mariage célébré par un curé incompétent est complétement nul aux termes du concile de Trente, *irritus et vanus ;* il n'existe pas, il n'a jamais existé.

J'arrive à la seconde condition, le défaut de publications. Je ne reviendrai pas sur ce que j'ai dit à cet égard ; je consens même à ce que le tribunal n'adopte pas le système de la nullité absolue, qu'il prenne le système mitigé de l'arrêt de 1854, que je ne relis pas, mais que vous relirez. Vous verrez que cet arrêt commence par indiquer dans quel intérêt, pour quel motif l'article 170 permet à des Français de se marier à l'étranger. Dans quelles circonstances l'a-t-il permis ? quand des Français sont *domiciliés à l'étranger.* Quand ils y sont établis, quand ils ont pu oublier leur patrie, le défaut de publications peut être excusé, mais l'excuser toujours, ce serait rendre illusoires les prescriptions de l'article 170. Et puis, dans le même arrêt, le tribunal trouvera à quelles conditions on peut valider un mariage fait sans publications en France ; il y verra aussi qu'aucune de ces conditions ne peut s'appliquer au mariage de madame Weber, et que par conséquent il est impossible de soutenir la validité d'un mariage ainsi fait.

Prenez les écrits mêmes des consultants de madame Weber, et vous y verrez que si l'on n'a pas fait de publications en France, c'est qu'on a voulu systématiquement les éviter ; on était retenu par une fausse honte, on ne voulait pas publier ce mariage, on avait ses raisons pour cela. Eh bien ! madame Weber se rappelle qu'à Strasbourg, en 1838, son mariage ayant été publié, la publication avait suffi pour le faire rompre. M. Pescatore ne voulait pas publier son mariage, une fausse honte l'empêchait d'avouer qu'il n'était pas marié quand tout le monde le croyait marié. Tant que vous voudrez, toujours est-il que vous avez systématiquement évité les publications que la loi vous prescrivait, je n'ai pas à rechercher pourquoi vous les avez évitées, j'ai à constater que lorsque la loi vous disait : « Publiez ! » Vous avez dit : « Je ne veux pas publier. » Maintenant vous me citerez des milliers d'espèces, vous n'en trouverez pas une seule où les tribunaux aient dit : « Attendu que les parties ont systématiquement évité les publications, systématiquement violé la loi, le mariage doit être validé. » Prenez tous les arrêts, vous verrez qu'à certaines époques les tribunaux ont admis comme valables certains mariages non précédés de publications, mais vous n'en trouverez pas un dans lequel on ait soutenu ce système audacieux : « Je pouvais publier mon mariage en France, je ne l'ai pas voulu, soit parce que je craignais les effets des publications qui m'avaient été si fatales il y a quinze ans, soit parce que je ne voulais pas dire que je n'étais pas mariée, j'ai systématiquemnnt évité de le faire, et le tribunal m'excusera de ne l'avoir pas fait. » Je le répète, il n'y a pas une seule espèce où les tribunaux aient amnistié une violation flagrante et avouée de la loi.

Ce point suffisamment éclairci, je passe au troisième motif : la clandestinité.

Mon honorable confrère a bien voulu reconnaître que le mot de clandestinité a deux sens : le sens vulgaire et le sens légal, qu'il ne faut pas confondre, comme on l'a fait maintes fois dans les consultations publiées en faveur de madame Weber ? Qu'est-ce, dans le sens légal, que le mariage clandestin ?

Le mariage clandestin est celui qui est dépourvu des formes de publicité que la loi prescrit. Quelles sont ces formes ? Vous vous présenterez devant l'officier de l'état civil compétent, vous irez à la mairie (en Espagne à l'église, mais non pas dans la chambre du curé), et puis quand votre mariage sera contracté, on en constatera l'existence par la transcription sur les registres de l'état civil ; votre mariage pourra rester secret, mais il sera bon. De toutes ces formalités en avez-vous rempli une seule ? Je n'en demande qu'une. Je comprends que dans les arrêts rendus sur cette question on ait trouvé quelquefois que l'une des formalités accomplies pouvait suffire. Mais vous, en avez-vous accompli une seule ? Où est l'officier compétent ? où sont vos publications ? où est la transcription de votre acte de mariage ? Vous savez, messieurs, comment la cérémonie a eu lieu. On prend pour témoins deux étrangers, l'un Irlandais, l'autre Espagnol ; on avait un domestique, on a soin de le laisser à la frontière ; et puis on va à Renteria. On vous a raconté que madame Weber y était arrivée souffrante, mourante, qu'elle s'était présentée à l'église, où tout était disposé pour la cérémonie, mais qu'elle n'avait pu supporter le froid et l'humidité, et qu'alors elle était allée au presbytère pour faire bénir le mariage. Rien de plus inexact ; nous avons le récit fait devant notaire de l'un des témoins, le maître de poste, et ce récit a été confirmé par le curé de Renteria lui-même (1). On est allé directement chez le curé, dans sa chambre où l'on s'est marié, on est allé ensuite visiter l'église par curiosité. Le séjour de Renteria n'a pas duré plus d'une heure et demie, et puis aussitôt on est revenu en France. Voilà la vérité dégagée des contes suggérés par madame Weber à son défenseur.

De retour en France, il y a encore une formalité à remplir : c'est la transcription. C'est une de ces formalités qui ne coûtent pas beaucoup à ces fausses hontes dont on parlait tout à l'heure. Transcrire un acte de mariage au bout de huit jours, de quinze jours, d'un mois, quelle difficulté, je vous le demande ? Il y a bien plus, M. Pescatore était, peu de temps après, devenu maire de la Celle-Saint-Cloud, il avait entre les mains les registres de l'état civil : qui l'empê-

---

(1) Voici le texte de ce document :

« En la ville de Renteria, le seize mai mil huit cent cinquante-six, par devant moi notaire royal et im-
» matriculé, soussigné, en ladite ville, furent présents : M. Péronne, avoué à Paris, fondé de pouvoirs,
» ainsi qu'il en a justifié, de la famille de M. Jean-Pierre Pescatore, décédé à Paris ; et M. Manuel Joa-
» chim de Michelena, habitant de Renteria, lesquels ont dit que M. Michelena a résolu de faire une décla-
» ration devant moi, notaire, sur les interpellations que lui a faites ledit M. Péronne, et après avoir prêté
» serment, dans les formes voulues par la loi, de dire la vérité, il dépose comme suit :

» Interrogé par M. Péronne sur ce qu'il sait relativement au mariage célébré devant le curé de cette
» ville entre M. Jean-Pierre Pescatore et dame Anne-Catherine Weber, auquel acte il assista comme
» témoin, il répond : « Qu'un soir, vers l'année 1851, arrivèrent en chaise de poste à la maison de poste
» du déclarant, M. Pescatore et Mme Weber accompagnés de M O'Shea, banquier à Madrid. Ils demandè-
» rent où habitait M. le curé de la paroisse, et se dirigèrent vers sa maison, d'où le déposant reçut un
» message qui l'invitait à s'y rendre, ce qu'il fit immédiatement ; là, on informa le déclarant qu'on l'y
» appelait pour être témoin du mariage qui allait se célébrer et qui se célébra entre les susnommés,
» M. Pescatore et Mme Weber, devant M. le curé de cette ville, le témoin et M. O'Shea, sans qu'il y ait
» aucune autre personne ; qu'il se fit dans la maison même du curé, et que le déclarant ne connaissait pas
» jusqu'alors lesdits M. Pescatore et Mme Weber ; qu'ensuite, et tout aussitôt, pendant que M. le curé
» dressait l'acte de mariage, les nouveaux mariés, le déclarant et M. O'Shea allèrent faire un tour jusqu'à
» l'église paroissiale pour la visiter. Après avoir obtenu la copie de leur acte de mariage, ils repartirent en
» se dirigeant du côté de la France. Tout le temps de leur séjour dans cette ville, depuis l'instant de leur
» arrivée jusqu'à celui de leur départ, n'a pas dépassé une heure et demie environ.

» Cette déposition faite sous la foi du serment, et revêtue de la signature du déposant, en présence
» aussi de M. le consul de France à Saint-Sébastien, M. le baron Vigent, qui a assisté à cette déposition
» sur la demande de M. Péronne, avoué. Le déposant déclare être âgé de soixante-neuf ans. En foi de
» quoi, j'ai signé moi notaire avec le baron Vigent, H. Péronne, Manuel-Joachim Michelena, Louis-Ignace
» de Sorondo.

» Cette copie concorde fidèlement avec l'original qui se trouve dans mon registre de notaire de l'année
» courante, auquel je renvoie page 63 ; en foi de quoi, j'ai signé la présente, à Renteria, à la date
« ci-dessus. *Signé :* Louis-Ignace de Sorondo. »

Lettre de don Joseph Ramon Irigoyen à M. Péronne.

« Renteria, le 17 mai 1856.

» Monsieur Péronne.

» Mon cher Monsieur, la déclaration qu'a faite M. Manuel-Joachim de Michelena devant M. Denis-
» Ignace de Sorondo, notaire en cette ville, sur le mariage qui y a été contracté par M. Jean-Pierre Pesca-
» tore et Anne Catherine Weber, et sur les circonstances qui ont accompagné leur arrivée, leur séjour
» et leur départ après une heure et demie environ, est l'expression de la vérité.

Signé : Joseph-Ramon Irigoyen.

chait d'y transcrire son mariage, s'il croyait avoir fait un acte civil ? Ce n'était pas là une formalité bien difficile et bien gênante. Il n'y a eu aucune transcription. Toutes les prescriptions de la loi, toutes sans exception, ont été éludées. Si jamais nullité a été évidente, éclatante, c'est celle du mariage contracté le 8 novembre 1851.

Il me reste à démontrer que la demande de madame Weber est contraire à l'acte solennel qui, en France, a réglé le partage des droits entre l'Église et l'État.

L'article 54 du concordat s'oppose à ce qu'un prêtre procède en France à un mariage religieux qui n'aurait pas été précédé d'un mariage devant l'officier de l'état civil. On en convient, mais on dit : « Si le curé, par lui ou par son délégué, fait célébrer ce mariage à l'étranger, à une demi-lieue de la frontière, ce mariage sera valable. D'ailleurs, ne vous effrayez pas, cette pratique ne mettra aucunement nos institutions en péril. »

En vérité, j'admire ces imprudences : je ne vous demande pas, messieurs, de trancher ici une question politique; mais je me pose cette question : Y a-t-il avantage pour le clergé à déchirer ce pacte de paix conclu au commencement de ce siècle entre lui et l'autorité civile, à éluder les dispositions du concordat ?

Et les éludez-vous quand vous dites aux prêtres français : Si vous procédiez au mariage en France, il serait nul; mais vous pouvez passer la frontière, procéder au mariage, et il sera bon. Il n'y a pas de danger, dites-vous, et nos prélats respectent la loi civile ; soit. Je ne rechercherai pas si plusieurs de nos évêques n'ont pas manifesté, dans ces derniers temps, des sentiments hostiles au concordat, si Mgr Gousset n'a pas inséré dans un de ses ouvrages une protestation violente contre ce grand traité de paix ; mais au moins il y a danger, par ce singulier amendement, d'altérer les rapports de l'Église et de l'État. Je n'ai pas dénoncé d'empiétements de la part du clergé ; je me plais à reconnaître que, de toutes parts, de très honorables et très savants ecclésiastiques m'ont prié de vous déclarer que la majorité du clergé regarde le concordat comme une loi salutaire et respectable.

Mais il n'en est pas moins vrai que dans le débat actuel, c'est une violation du concordat que l'on vous demande d'autoriser.

Et à quel propos : pour cette femme qui, au mépris de la probité et de la loi morale, veut transformer un acte religieux en un acte de communauté !

Quel origine aurait cette innovation que l'on veut introduire dans notre droit public ? Et lorsque de nombreux abus se seraient révélés, quand on demanderait ce qui aurait pu leur donner naissance, à quelle époque un tribunal, saisi de cette étrange prétention, pour la première fois, l'aurait admise, dans quel intérêt, dans quelle préoccupation respectable, pour protéger quelle vertu ? On répondrait : c'est à l'occasion de madame Weber... Je n'insiste pas, je ne pense pas que le concordat doive périr devant un tel intérêt. Ainsi le mariage est nul, parce qu'il est contraire à la probité, à la vérité, à nos lois civiles, à notre droit public.

Maintenant parlerai-je des circonstances à l'aide desquelles on voudrait faire vivre ce mariage qui n'a aucune existence, qui est *irritus et vanus* ? On a invoqué la possession d'état, la bonne foi. Ai-je besoin de revenir sur ce point ?

Il le faut bien, car disent mes adversaires, dont j'ai les consultations dans les mains : Comment ! après une possession de dix ans, les tribunaux viendraient briser sa situation, lui enlever tous les avantages que cette possession lui a procurés, sous le rapport de la fortune !... Laissons de côté cette considération ; je ne sais pas quelle importance on y attache. On a souvent dit que madame Weber avait contribué à la fortune de M. Pescatore. Tout le monde sait que cette fortune, qui en 1851 était plus considérable qu'on ne le dit, car elle s'élevait à 10 millions, j'en ai la preuve, a été gagnée par M. Pescatore dans des entreprises commerciales qu'il dirigeait seul. Cela est notoire ; madame Weber n'y a pris aucune part, elle a contribué à quoi ? à dépenser la fortune de M. Pescatore, cela est vrai (rires). Sans doute, elle a aidé à tenir la maison de M. Pescatore : les réceptions y étaient brillantes, la table bien servie ; c'est là que madame Weber a trouvé les amitiés puissantes qui la soutiennent aujourd'hui. C'est elle qui faisait les honneurs des fêtes de la Celle-Saint-Cloud ; c'est le seul rôle qu'elle ait eu dans les affaires de M. Pescatore.

Je me suis déjà expliqué sur les faits dont on veut faire résulter sait la possession d'état ; ils n'ont pas eu le caractère qu'on veut leur attribuer. Cette possession était irrégulière dans son principe ; elle existait avant le mariage, elle continuait après, on n'en peut rien conclure. Et puis les vices dont est entachée l'union de Renteria ne sont pas de ceux qui peuvent être couverts par la possession d'état.

Il me reste une dernière objection à combattre, celle tirée de la bonne foi. Je crois, messieurs, que l'erreur de droit, quoi qu'on en dise, ne permet pas d'invoquer la bonne foi. Je prie le tribunal, car j'ai peut-être aussi dépassé le temps qui m'était assigné, de vouloir bien se reporter à cet égard à la consultation de M. Laboulaye, p. 45, et à celle de M. de Vatimesnil, il y trouvera, sous le rapport du droit, quelle peut être la force de l'argument tiré de la bonne foi des parties.

On se prévaut contre nous d'un arrêt de la cour de Paris de 1837 ; mais le tribunal se rappelle dans quelles circonstances cet arrêt a été rendu. Il s'agissait d'une jeune fille de seize ans, qui, assistée de ses parents et de tous les amis de sa famille, s'était présentée, avec toute la publicité possible, devant un pasteur luthérien ; il ne s'agissait même plus d'elle, puisque les deux époux étaient décédés, il s'agissait des deux enfants mineurs qu'ils avaient laissés. Leur demande fut accueillie : voilà l'espèce de l'arrêt de 1837. Je vous le demande : y a-t-il le moindre rapport entre cette situation et celle de madame Weber ? Et puis, sur le pourvoi formé contre cet arrêt, la cour de cassation évita de se prononcer sur la question de bonne foi, trouvant d'autres motifs suffisants pour protéger l'arrêt de la cour de Paris.

En fait, y a-t-il bonne foi de la part de madame Weber ? Je ne serai pas blessant, mais je dois exprimer ma pensée. Il peut y avoir bonne foi chez une jeune fille de seize ans, se mariant en présence de ses parents et de ses amis, comme celle dont je parlais tout à l'heure. Mais qu'était madame Weber lorsqu'en 1837, à trente-cinq ans, elle entrait chez M. Pescatore ? Elle était femme de charge. De ce point de départ, quoi qu'on puisse dire, elle s'élève par degrés, non pas en honneur, je suis loin de l'admettre, mais en condition. Elle devient la maîtresse de la maison, et reste pendant douze ans dans la situation que vous savez. Et puis on nous a appris un fait étrange : en 1850, elle s'empoisonne, et après cet empoisonnement, vrai ou faux, M. Pescatore, vaincu, finit par consentir au mariage.

Messieurs, je ne sais ce que vous en pensez, mais, quant à moi, ces efforts persévérants, poursuivis pendant tant d'années, ces moyens extrêmes, désespérés, pour obtenir une promesse de mariage, ne me démontrent pas la bonne foi. J'y vois clairement que M. Pescatore n'avait pas la moindre intention de se marier. Si quelque chose prouve l'énergie de sa répugnance, c'est assurément le procédé violent employé pour la surmonter.

Mon honorable adversaire nous a raconté qu'entre la promesse du mariage et sa célébration il s'était écoulé un certain temps. Est-ce que dans cet intervalle, madame Weber qui, d'après ce qu'elle nous a appris, était en communication journalière avec Mgr l'archevêque de Bordeaux, n'avait reçu de lui aucune donnée sur les conditions auxquelles on peut se marier ? Elle a cru de bonne foi que pour contracter mariage il fallait se rendre furtivement dans un petit village d'Espagne, où on n'était jamais allé, ou l'on ne connaissait personne, y passer une heure et demie et revenir ensuite en France !... Personne ne croira cela, madame Weber connaissait parfaitement les dispositions des lois françaises sur le mariage ; la preuve en est claire, les publications faites par elle-même, à Strasbourg, lorsqu'elle devait s'y marier, ne peuvent laisser l'ombre d'un doute.

Que l'on ne dise pas que ces publications ont été faites en Suisse : elles ont eu lieu très positivement à Strasbourg ; je produis la pièce officielle, et c'est à la suite de ces publications de bans que le mariage a échoué. Il y a plus, notre adversaire a une sœur, Anne Weber, qui s'est mariée à Paris, en 1850 ; elle a donc bien su comment on se mariait puisque sa sœur s'est mariée à côté d'elle. Enfin cette femme qui a vécu quatorze ans dans le monde au milieu de la société parisienne, peut-elle prétendre qu'elle est demeurée dans une telle ignorance ! Non, en fait il n'y a pas de bonne foi.

Messieurs, j'ai parcouru le cercle que je m'étais tracé. J'ai démontré que la prétention de madame Weber était contraire à la probité, contraire à la vérité ; j'ai démontré qu'elle ne saurait être accueillie sans qu'il en résultât une atteinte à notre droit civil et l'affaiblissement de ce grand pacte qui maintiennent le repos de l'Église et la tranquillité de l'État. Je devais appeler votre attention sur des intérêts si graves ; il me suffit de vous les avoir signalés, et maintenant j'attends avec confiance votre décision.

Nous croyons devoir publier les passages des consultations de MM. Laboulaye, de Vatimesnil et Capmas, cités dans la plaidoirie de M⁰ Dufaure.

EXTRAIT DE LA CONSULTATION DE M. LABOULAYE.
(3ᵉ édit., p. 85.)

§ a. *En droit, l'exception de bonne foi n'est pas admissible quant il s'agit d'un mariage clandestin.*

En frappant le mariage clandestin d'une nullité d'ordre public et en reconnaissant les effets civils au mariage contracté de bonne foi, le législateur n'a pas voulu sans doute détruire d'une main ce qu'il établissait de l'autre; car s'il suffit d'alléguer la bonne foi, quel mariage clandestin ne serait pas valide ou du moins n'obtiendrait pas tous les effets civils?

La bonne foi est sans doute chose respectable quand elle existe, mais il y a aussi un autre principe non moins considérable, qui dit que *nul n'est censé ignorer la loi*, et il est clair que ces deux principes régissent tous deux le mariage. Comment les concilier? Comment les limiter l'un par l'autre?

Comment empêcher qu'au nom de la bonne foi on ne paralyse la loi? et, d'un autre côté, comment respecter une erreur excusable et ne pas donner à un principe juste une portée trop grande et qui le dénaturerait?

Nos anciens jurisconsultes s'étaient occupés de cette question, et il y a six siècles qu'ils l'avaient déjà résolue par un tempérament équitable, tempérament adopté par les rédacteurs du Code Napoléon, et qui condamne les prétentions de madame Weber.

Écoutons Portalis : aussi bien, c'est toujours à lui seul qu'il en faut revenir, car il possède l'esprit de l'ancienne jurisprudence non moins que celui du Code Napoléon.

« Quoique régulièrement le seul mariage légitime et véritable puisse faire de vé-
» ritables époux et produire des enfants légitimes, cependant, par un effet de la
» faveur des enfants et par la considération de la bonne foi des époux, *il a été*
» *reçu par équité que s'il y avait quelque empêchement caché qui rendît ensuite*
» *le mariage nul, les époux, s'ils avaient ignoré cet empêchement*, et les enfants
» nés de cette union, conserveraient toujours le nom et les prérogatives d'époux
» et d'enfants légitimes, parce que les uns se sont unis et les autres sont nés *sous*
» *le voile, sous l'ombre, sous l'apparence du mariage.*

« De là cette maxime commune, que le mariage putatif, pour nous servir de l'ex-
» pression des jurisconsultes, c'est-à-dire celui que les conjoints ont cru légitime,
» a le même effet pour assurer l'état des époux et des enfants qu'un mariage vérita-
» blement légitime : *maxime originairement introduite par le droit canonique,*
» *depuis longtemps adoptée dans nos mœurs, et aujourd'hui consacrée par le*
» *projet de loi.* »

Ainsi, suivant Portalis, écho de la tradition, la bonne foi consiste *à ignorer quelque empêchement caché, qui rend ensuite le mariage nul*, et c'est là un principe tout à fait équitable. J'épouse une femme déjà mariée, mais qui a dissimulé sa première union, et qui, profitant de ce que j'ignore l'existence d'un premier époux, s'est présentée à moi comme étant libre, voilà un *empêchement caché* que je ne pouvais pas connaître : le retour du premier mari annule la seconde union, mais il est juste d'en respecter les effets civils. Supposons encore que j'épouse une femme morte civilement, ou qui, en se mariant sous un nom qui n'est pas le sien, a dissimulé ainsi l'existence de son père ; en ces deux cas, ma bonne foi est probable ; il est juste que je ne souffre pas d'une ignorance peut-être insurmontable, et certainement involontaire ; la loi me prend donc sous sa protection.

Mais il faut bien remarquer qu'en tous ces exemples, qu'il serait aisé de multiplier, l'État doit être d'autant plus indulgent pour mon erreur qu'il l'a en quelque façon partagée et autorisée. Je me suis marié publiquement, devant l'officier civil compétent ; j'ai rempli toutes les conditions voulues par la loi pour assurer la sincérité et la légitimité des mariages. La foi publique n'existe pas si elle n'est pas attachée à un pareil engagement. En est-il de même si j'ai commencé par me soustraire à toutes les formes établies ? Ce que le juge doit protéger, est-ce, non plus l'ignorance d'un fait caché, mais, l'ignorance et la violation de la loi ?

Savoir si ma fiancée a déjà été mariée, si elle a encore son père, si elle jouit de tous ses droits civils, c'est chose souvent difficile et quelquefois impossible ; mais savoir quelle est la loi est toujours chose aisée, surtout quand il s'agit d'un acte aussi solennel et aussi fréquent que le mariage.

On voit donc que dans les deux cas la question n'est pas la même, et que l'ignorance prétendue de la loi ne peut pas se mettre sur la même ligne que l'ignorance d'un empêchement caché. La dernière seule constitue la bonne foi.

Cette distinction si naturelle a toujours existé. Portalis nous dit que c'est le droit canonique qui a introduit l'exception de bonne foi. Nous allons voir qu'Innocent III, le pape législateur, a limité cette exception dans la loi même qui l'établit.

Innocent III, au Concile général de Latran (an 1216).

« En nous attachant aux traces de nos prédécesseurs, nous défendons les » mariages clandestins, et de plus nous défendons qu'aucun prêtre ose y » assister...

« Mais si quelqu'un ose contracter un pareil mariage clandestin, et se » marie au degré prohibé, même en l'ignorant, les enfants nés de ce mariage » seront tenus pour illégitimes, et l'ignorance de leurs parents ne leur servira » de rien ; car ces parents, en contractant de la sorte, ou paraissent avoir » connu l'empêchement, ou sont coupables d'une *ignorance affectée.* »

Comment cette sage distinction avait-elle été reçue par notre ancienne jurisprudence, Coquille va nous l'apprendre.

« Il faut pour être réputé vrai mariage pour les droits civils, que le mariage soit » célébré au lieu où se dit la messe paroissiale, et en grande, pleine et entière » assemblée des chrétiens, et après bans proclamés. Ainsi le tient Marian Socin le

» Jeune, mon précepteur (Consil. 31 et 86, vol. II) et allèguent l'anormitanus (in
» cap. *Ex fenore*, Ex. *Qui filii sint legitimi*), et Du Moulin, en l'annotation sur
» la coutume d'Angoumois, article 40. Et selon le droit canonique, quand le ma-
» riage a été fait clandestinement sans proclamation de bans, ou autre part qu'en
» lieu public, la bonne foi et la juste ignorance que l'un des mariés peut avoir de
» l'empêchement qui serait au mariage (comme si l'un est marié ailleurs; ou est
» lié par vœu, ou est parent ou allié au degré prohibé.) ne sert et ne relève de
» rien, et n'empêche que le mariage ne soit illégitime (cap. *Cum inhibitio* Ex.
» *De clandestinâ despons.*). Mais quand le mariage a été solennement fait, la bonne
» foi et l'ignorance de l'un des mariés fait que les enfants sont légitimes. »

Toute notre ancienne jurisprudence a marché dans cette voie. Loin d'ad-
mettre qu'un mariage clandestin puisse être contracté de bonne foi, on a tou-
jours soutenu que ceux qui ne s'étaient pas mariés solennellement ne pou-
vaient même pas faire valoir leur ignorance d'un empêchement caché. « *On
» n'est en bonne foi aux yeux de la loi*, disent les auteurs du Nouveau De-
» nizart, *qu'autant qu'on a fait tout ce qu'elle prescrivait pour faire un
» acte légitime.* » Et d'Aguesseau, dans l'affaire Fiorelli, répétait que « *la
» loi récompense l'innocence telle qu'elle se trouve dans celui qui contracte
» de bonne foi*, PAR ERREUR DE FAIT, *un mariage défendu.* » Jamais nos
anciens jurisconsultes n'ont donné des effets civils à la violation de la loi ;
c'est à l'erreur de fait accompagnée du respect de la loi qu'ils ont attribué les
priviléges de la bonne foi.

La définition qu'ils donnent du mariage putatif suppose toujours la solen-
nité de la célébration : *Matrimonium putativum est quod bonâ fide, et solen-
niter saltem opinione conjugis unius justâ, contractum inter personas jungi
velitas consistit.*

C'est la définition qu'en donnait Hertius, célèbre professeur de droit en
Allemagne, dans une dissertation très importante sur le mariage putatif, et
cette définition avait été universellement adoptée. On la retrouve chez les
jurisconsultes espagnols.

« Pour que la bonne foi soit parfaite, dit Escriche, il est nécessaire : 1° que
» *les époux aient célébré leur mariage avec les solennités prescrites ;* 2° qu'ils
» aient ignoré les vices qui le rendaient nul ; 3° que cette ignorance soit ex-
» cusable.

Escriche n'est ici que l'écho des canonistes, et le pape Benoît XIV exige
également, pour que les enfants soient réputés légitimes dans un mariage
putatif : 1° que l'empêchement n'ait pas été connu ; 2° que l'un des deux
époux ait cru le mariage régulièrement contracté ; 3° *que ce mariage ait été
célébré devant le propre curé.*

M. Bravo Murillo nous dit également, dans sa consultation :

« Suivant la législation et la jurisprudence d'Espagne, le mariage nul par dé-
» faut de quelque solennité essentielle ne produit point les effets civils du mariage
» légitime, encore bien qu'il y ait bonne foi chez les parties. Le mariage nul par
» suite d'empêchement dirimant peut produire des effets civils quand les deux par-
» ties ou l'une d'elles ont contracté l'union de bonne foi, et l'ont crue légitime dans
» l'ignorance de l'empêchement. Cette différence dans les deux cas ne paraît pas dé-

» nuée de fondement. Dans le cas de nullité pour défaut de solennité, on manque
» nécessairement à la loi qui exige la solennité omise ; on ne peut commettre cette
» faute de bonne foi sans supposer l'ignorance de la loi qui établit la solennité. Or,
» l'ignorance de la loi ne se suppose, et, *alors même qu'elle existe, elle ne profite*
» *pas.* Dans le cas de nullité par suite d'empêchement dirimant, les deux contrac-
» tants, ou l'un d'eux, peuvent ignorer l'empêchement ; c'est une ignorance de fait
» qui n'empêche pas la bonne foi, et, par la même raison, quand cette bonne foi
» existe, on peut l'admettre, et elle peut servir.

« Suivant cette doctrine, qui est celle de la législation espagnole, en supposant
» la nullité du mariage Pescatore par défaut d'autorité chez le curé de Renteria, la
» bonne foi ne suffirait pas pour produire les effets d'un mariage légitime, ni celle
» du curé de Renteria, qui ne semble pas devoir être mise en question, ni celle des
» contractants, que, d'ailleurs, on ne peut pas établir comme un fait admis sans
» contradiction dans le procès actuel. »

Nos jurisconsultes modernes se sont prononés dans le même sens.

Merlin, t. VII, sect. 1, § 1, p. 197. *Légitimité* :

« Pour que la bonne foi rende légitimes les enfants issus d'un mariage putatif il
» faut que ce mariage ait été contracté avec toutes les formes et les solennités pres-
» crites par la loi. C'est la décision expresse du chapitre : *Cum inhibitio*, et elle est
» fondée sur deux raisons : la première, que *la bonne foi est peu probable dans*
» *deux personnes qui s'unissent dans une forme prohibée : on la présume aisé-*
« *ment dans ceux qui s'engagent publiquement, parce que l'innocence ne cherche*
» *jamais les ténèbres ; mais il n'en est pas de même de ceux qui, méprisant toutes*
» *les lois,* ne forment qu'un concubinage, au lieu d'une union légitime ; la seconde,
» que *cette prétendue bonne foi ne les excuse pas, parce qu'ils commencent par une*
« *action illicite et que c'est à eux à imputer tout ce qui arrive en conséquence.* »

Proudhon, *Traité des personnes*, t. II, p. 3 :

« Pour qu'un *mariage nul soit véritablement putatif*, et opère *les effets civils*,
» il faut que la nullité dont il est affecté provienne d'un *empêchement de fait*, tel
» qu'il ait été permis aux époux de l'ignorer, et non pas d'un *empêchement de droit*,
» dont l'ignorance est inexcusable.

« Ainsi un mariage nul, pour avoir été célébré d'une manière clandestine et
» contre les formes légales, ne rendrait pas légitimes les enfants qui en naîtraient,
» lors même qu'on supposerait que les époux ne connaissaient pas les formes omises,
» parce qu'il n'est permis à personne d'ignorer le prescrit de la loi sous laquelle on
» agit ; l'ignorance du droit ne suffirait donc pas pour constituer les père et mère en
» état de bonne foi ; dès lors leur conjonction ne serait plus, aux yeux de la loi,
» qu'un commerce immoral, et les enfants qui en naîtraient, des enfants illégitimes.
» (Duranton, nᵒˢ 348, 350 ; Toullier, t. V, p. 376, § 657.) »

Qu'il me soit permis de citer encore sur une question analogue l'opinion de
M. le président Troplong, qui trouve ici son application :

Prescriptions nᵒ 926. « Si l'erreur consiste en droit, elle ne peut pas servir
» d'excuse. Paul a écrit avec infiniment de sens cette règle de droit, qui n'est
» jamais trompeuse : *Nunquam in usucapionibus juris error possessoribus pro-*
» *dest.*

« Les canonistes, toujours enclins à ces distinctions des cas de conscience qui
» ont rendu les jésuites si fameux, avaient cherché à ébranler cette vérité. Sui-
» vant eux, on devrait excuser celui qui erre en droit sur une matière épineuse,
» et condamner celui qui se trompe sur un droit clair et dont on peut facilement
» s'instruire. Mais on voit jusqu'où l'on pouvait aller avec cette commode doc-
» trine des cas difficiles et des cas faciles. *C'était la ruine de toute règle et l'arbi-*
» *traire substitué à la loi.* Les tribunaux civils rejetèrent cette subtilité. »

J'ai honte d'insister sur un point aussi connu, et sur lequel il n'y a qu'une
opinion.

Quelle que soit le plus ou le moins de sévérité des auteurs modernes sur les
conditions de la bonne foi, ils exceptent toujours la clandestinité, et deman-
dent que pour invoquer le bénéfice d'ignorance, le mariage quoique nul
ne manque pas cependant des conditions essentielles à son existence.
C'est le mariage contracté de bonne foi, dit Demolombe, *qui peut produire
les effets civils; donc il faut qu'il y ait au moins un mariage tel quel, une
célébration enfin quelle qu'elle soit, et c'est par ce motif que j'adopterais
l'arrêt de la Cour de Bourges, qui a décidé que l'union célébrée devant un
prêtre ne pouvait pas être considérée aux yeux de la loi civile comme un
mariage putatif.* (17 mars 1830. Saxy c. Lespinasse ; Dalloz, 1830, II, 245.)
Cet arrêt, qui fait une juste application du principe, tranche la question.
Personne en France ne prétendrait qu'un simulacre d'union célébré devant
un prêtre constituerait un mariage, et cependant, dans l'espèce, il faut aller
jusque-là, et soutenir qu'en pareil cas, si le mariage n'est pas valide, au
moins la bonne foi est évidente, ce qui ouvrira la porte à tous ceux qui
veulent se jouer de la loi. En effet, dès que la bonne foi suffit, on ne voit pas
pourquoi le mariage accompli devant un prêtre français par délégation d'un
archevêque serait moins excusable que le mariage de Renteria, accompli
devant un prêtre espagnol.

Qu'on donne de pareils priviléges à la bonne foi prétendue, et bientôt il
suffira de la bénédiction d'un prêtre pour attribuer tous les effets civils à une
union clandestine. Est-ce là ce que le Code Napoléon a voulu ?

––––––

EXTRAIT DE LA CONSULTATION DE M. CAPMAS (page 5).

Que signifie la règle *locus regit actum* ? Le sens n'en est pas douteux, et la
portée, c'est-à-dire l'étendue qu'on doit lui donner, ne l'est pas davantage.
Elle signifie qu'un acte passé à l'étranger selon les formes consacrées par la
législation du pays où il est célébré, avec le concours des autorités de ce
pays, agissant dans les limites et selon les règles de leur compétence, est
valable. Mais elle n'a jamais signifié, elle n'a jamais pu vouloir dire qu'un acte
passé à l'étranger, qui par lui-même, et isolé, serait nul, puisse devenir valable
par l'accession, par le concours d'un autre acte fait en France contrairement
aux règles et aux principes les plus certains du droit français. Si la règle
qu'on invoque avait ce sens, au lieu d'être sage, raisonnable et logique, ce

serait le comble de la déraison, ce serait le législateur se donnant tort à lui-même et se contredisant comme à plaisir.

Est-il vrai que le mariage de Renteria ne pouvait être célébré en Espagne, dans les circonstances dans lesquelles il a eu lieu, sans le concours des prélats français, sans le concours obligé de Mgr l'archevêque de Paris, ou de Mgr l'évêque de Versailles, ou de Mgr l'archevêque de Bordeaux, peu importe lequel ? Est-il vrai que ce concours était absolument indispensable ? Est-il vrai que ce concours était un élément substantiel de la validité de l'acte ? Est-il vrai que sans ce concours le mariage n'était pas possible ? Est-il vrai que sans ce concours, sans la *licentia* donnée par un prélat français, le mariage n'eût pas existé ? Si cela est vrai, et c'est incontestable, il est incontestable aussi que l'acte est nul comme mariage civil, nul de toute nullité aux yeux de la loi française ; car ce concours lui-même, cette *licentia*, élément essentiel de sa validité, ne peut avoir aux yeux de la loi civile française aucune valeur : car ce concours, en tant qu'il s'agit de mariage civil, comme vous le prétendez, a été donné contre et malgré la loi française.

Et il ne sert de rien que vous traduisiez cette expression *licentia* de telle ou telle manière. Permission, autorisation, délégation, mandat, peu importe ; ce qui est bien certain, et sur ce point l'équivoque n'est pas possible, c'est que cette *licentia* était un élément indispensable de la validité de l'acte de Renteria, et qu'elle-même est sans valeur aux yeux de notre droit pour servir de fondement à un mariage civil.

Si on veut juger de la solidité de ce raisonnement et de la fragilité du système opposé, qu'on examine et qu'on pèse les conséquences ; elles sont nombreuses, saisissantes, et se présentent facilement à l'esprit.

Avec le système imaginé pour madame Weber, toute l'économie de notre loi, relativeme t aux formes auxquelles le mariage est assujetti, disparaît ; demain, le curé de Renteria ou tout autre curé espagnol devient, concurremment avec le maire de chacune de nos communes, et pour l'acte le plus important de la vie civile, l'officier de l'état civil de tous les Français.

Avec ce système, on anéantirait toutes les garanties sérieuses de publicité que notre droit a voulu établir.

Avec ce système enfin, on arrive à ce résultat incroyable, mais d'une logique si inévitable qu'il est avoué, reconnu, presque proclamé par les défenseurs de madame Weber, c'est qu'un prêtre français pourrait parfaitement, en se transportant en Espagne avec deux Français qui n'auraient jamais eu de domicile dans ce pays, et en y passant quelques instants seulement, célébrer leur mariage, les unir, non pas seulement devant Dieu, mais devant la loi française, devant la loi française méprisée et délaissée.

La question doit être examinée à deux points de vue : en droit et en fait.

Le point de droit est parfaitement traité dans la consultation de M. Édouard Laboulaye : il établit que la bonne foi n'est admissible que lorsqu'il y a eu simple *erreur* de *fait* (par exemple, sur l'existence d'un précédent mariage), et que les solennités indispensables ont été accomplies. Il a cité les autorités les plus décisives : d'Aguesseau, Coquille, Hertius, Escriche, Julien, Demolombe. Il s'appuie sur le droit canonique auquel le droit civil a emprunté, comme le dit Portalis, la règle relative au mariage putatif. Il invoque les paroles du même Portalis, dont il résulte que les articles 201 et 202 ne s'appliquent qu'au cas où il y a *quelque empêchement* CACHÉ *qui rend le mariage nul.* Il rapporte un arrêt de la cour de Bourges, en date du 17 mars 1830, qui a jugé dans ce sens.

À ces opinions, il faut ajouter celles de Merlin, de Proudhon, de Duranton et de Toullier.

La doctrine est si constante que nous n'avons rien à ajouter sur ce point.

———

EXTRAIT DES CONCLUSIONS DE M. DE VATIMESNIL.

Maintenant, examinons les faits :

Admettons, pour un moment, que l'erreur de droit puisse être placée sur la même ligne que l'erreur de fait, et que l'ignorance de la loi française soit quelquefois susceptible de servir d'excuse à une étrangère, alors il faut peser les circonstances et voir s'il est possible que madame Weber se soit trompée.

Il y a une première remarque à faire :

La jeune fille ou la veuve irréprochable qui contracte un mariage, est naturellement présumée de bonne foi. Comment admettre, en effet, qu'elle échange sa liberté et la dignité de sa situation contre un engagement susceptible d'être annulé ? On doit penser qu'elle a été trompée par un homme qui, entraîné par une passion désordonnée, voulait, à tout prix et à tout risque, obtenir sa possession.

Mais les rôles et l'état des choses changent complétement, quand il s'agit d'un mariage qui, pour nous servir d'une expression si souvent employée dans cette cause, avait pour objet de faire cesser une *situation irrégulière.*

En pareil cas, la femme n'a rien à sacrifier ; elle ne dicte pas la loi, elle la subit ; si on ne lui offre qu'un mariage vicié par la clandestinité ou l'incompétence, elle est réduite à s'en contenter, faute de mieux ; elle ne peut être considérée comme ayant été induite en erreur par un homme qui n'avait nul intérêt à la tromper ; elle est, au contraire, censée avoir été la confidente de ses pensées et des motifs ou des répugnances qui le portaient à préférer une forme insolite de célébration à la forme usitée et légale.

Nous n'avons pas besoin d'appliquer ces observations à l'affaire actuelle : l'application se fera d'elle-même dans tous les esprits.

Il nous reste à signaler les faits particuliers qui établissent que madame Weber ne peut avoir été dans l'erreur de droit qu'on prétend lui attribuer.

Elle était depuis très longtemps en France ; il est donc impossible de supposer qu'elle ait ignoré les règles de notre droit, relativement au mariage devant l'officier de l'état civil.

Cette ignorance est d'autant plus inadmissible, que madame Weber avait été sur le point de contracter à Strasbourg un mariage qui n'avait été rompu qu'après les publications légales, et qu'en 1850 elle avait vu marier à Paris une de ses sœurs.

Ce n'est pas tout : quand le voyage en Espagne et le mariage devant le curé de Renteria ont été imaginés, il est impossible que madame Weber n'ait pas demandé pourquoi on prenait cette voie détournée et extraordinaire ; et alors la lumière a dû nécessairement jaillir pour elle des explications qui lui ont été données. Ou M. Pescatore a dit à madame Weber : « Nous ne ferons qu'un mariage de conscience ; » et alors la cause est jugée. Ou il a cherché à la tromper, en lui déclarant que le mariage aurait la même valeur que s'il était célébré en France ; et, dans ce cas, comment n'a-t-elle pas répondu : « Pourquoi ne nous marions-nous pas à Paris ou à la Celle-Saint-Cloud ? » La raison résiste à l'idée qu'une telle discussion, inévitable dans la situation donnée, n'ait pas ouvert les yeux de madame Weber sur les conséquences du plan qui avait été adopté.

Lorsque la marche à suivre a été discutée et arrêtée entre Mgr le cardinal Donnet et M. Pescatore, il est évident que madame Weber a dû être initiée dans ce qui s'est passé à ce sujet. Partie intéressée, elle ne pouvait être tenue à l'écart ; nouvelle convertie, elle était nécessairement l'objet d'une charité affectueuse de la part du pasteur qui l'avait ramenée dans le giron de l'Église ; il n'a certainement pas manqué de lui exposer la situation où elle se trouvait, le refus persévérant de M. Pescatore de consentir à un mariage civil, la nécessité de se contenter d'un mariage de conscience.

La lettre adressée par Mgr le cardinal Donnet à Mgr l'évêque de Pampelune, et dont M. Pescatore était porteur, est-elle restée ignorée de madame Weber ? Comment croire qu'elle ait pu l'être ? Si M. Pescatore ne la lui avait pas communiquée, Mgr l'archevêque lui en aurait certainement fait connaître la substance. Dès lors, madame Weber n'a pu croire aux effets civils du mariage.

Ce n'était pas M. Pescatore qui pressait madame Weber de contracter le mariage ; c'était celle-ci au contraire qui faisait à cet égard les plus vives instances. C'est, du reste, ce qui arrive toujours dans une pareille situation. Les débats du procès ont même révélé le désespoir dans lequel madame Weber était tombée, lorsqu'elle avait craint de ne jamais atteindre un but si ardemment désiré. Dès lors les rôles étaient tracés. M. Pescatore n'avait nul besoin de feindre ; c'était lui qui fixait les conditions ; c'était à lui de dire : « Je consens au mariage, mais dans telles limites et dans telles formes. » Madame Weber a donc su tout ce qui se passait dans l'esprit de M. Pescatore ; et le mariage ne peut être putatif à l'égard de la première, s'il ne l'a été aussi à l'égard du second. Or, comme il serait absurde de le regarder comme putatif quant à M. Pescatore, il ne l'a été quant à aucune des parties.

Enfin ce qui a été dit ci-dessus de la tentative d'un mariage *in extremis* et du testament achève de renverser le système du mariage putatif.

Rapprochons ce que nous avons dit sur le point de droit de ce que nous venons de dire sur le point de fait.

Selon les auteurs, l'erreur relative à l'incompétence et à la clandestinité n'est pas admissible ; elle ne peut servir de base au mariage putatif.

Mais ceux mêmes qui trouveraient cette doctrine trop absolue seraient obligés de convenir que du moins une pareille erreur ne peut être que difficilement admise comme fondement de la bonne foi. Pour qu'elle le fût, il faudrait des circonstances toutes particulières et très favorables ; il serait nécessaire que l'ignorance du droit fût évidente et que sa démonstration ressortît de faits éclatants. Elle ne se présumerait pas, on devrait l'établir d'une manière incontestable. Or, dans le procès actuel, on est bien loin de là, puisque tout concourt, au contraire, à prouver que madame Weber a agi en aussi parfaite connaissance de cause que M. Pescatore lui-même.

CONCLUSIONS DE M. ERNEST PINARD,

Substitut du Procureur impérial.

Messieurs,

Pour aborder une dernière fois ces débats, il me faut une grande liberté d'esprit. Cette liberté, je ne l'aurais pas, si je ne répondais à deux mots de l'honorable avocat de la demande. Le défenseur de madame Weber a rappelé d'abord les attaques injustes de certains journaux, et, faisant allusion à un mot de mes dernières conclusions, il a dit que, sous le poids de paroles aussi vives et aussi véhémentes, la transaction eût été déshonorante.

Les attaques injustes dont l'honorable avocat aurait été l'objet de la part de quelques organes de la presse, nul ne les déplore plus que le ministère public; mais que le défenseur se rassure, quelque vives que soient ces attaques, elles n'atteindront jamais son talent et sa probité.

Quant à l'allusion qui me concerne, elle est ou un reproche sérieux, ou une simple critique de mots. Un reproche sérieux, il m'étonnerait de la part de l'honorable avocat, trop habitué à nos débats pour ne point savoir que le ministère public ne cherche jamais ici que la vérité, et que, lorsqu'il croit l'avoir trouvée, il ne la sert que par des moyens dignes d'elle. Passons donc outre, car ce reproche-là, je ne l'accepterais point.

Ne serait-ce alors qu'une simple critique de mots? Elle m'étonnerait encore. Quand on est, comme le défenseur de madame Weber, un grand maître dans l'art de la parole, on doit savoir que d'efforts exige ce travail de la pensée, et combien il est difficile de dompter toujours l'expression qui doit la rendre. Mais si c'est à cela que se borne l'allusion, si l'on a voulu rappeler ces mots que j'ai pu prononcer : *La théorie ou le système de l'adversaire*, passons promptement condamnation. Non, le ministère public ne voit nulle part ici des adversaires, et tant qu'il ne s'agira que d'incorrections de langage, nous ne passerons point notre temps à les défendre.

L'incident est donc vidé. Arrivons à la sphère pure du droit. Après les développements donnés à cette affaire le mois dernier, après les consultations et les travaux signés par tant de jurisconsultes et d'écrivains célèbres (nous ne citerons personne, il faudrait les nommer tous), c'est avec regret que je rentre encore dans cette discussion. Je le fais cependant par respect pour la cause et par respect pour vous-mêmes. De tous les arguments que j'ai présentés moi-même, je n'en abandonne aucun ; je les néglige, sans en sacrifier un seul, et je dis deux mots du droit canonique et du droit français. Ce ne sera plus le développement d'une thèse, mais le faisceau ou le squelette d'une argumentation.

Il est, en matière de droit canonique, six points qu'il faut nécessairement m'accorder.

Depuis le concile de Trente, la clandestinité du mariage est une nullité d'ordre public que les collatéraux eux-mêmes peuvent invoquer.

En second lieu, la publicité, qui rend les mariages valides et qui est l'opposé de la clandestinité, n'est point laissée à l'arbitraire des parties et ne saurait résulter ni des circonstances de fait, ni de la possession d'état ; autrement il faudrait réputer clandestin le mariage secret, par cela seul que les contractants, mariés selon les formes requises, cachent leur union aux yeux du monde, et déclarer mariage valide la liaison ostensible d'un concubinage permanent. La publicité exigée est donc seulement celle qui résulte de l'accomplissement des formalités substantielles prescrites par les canons.

Troisième point. — Ces formalités de publicité prescrites par les canons du concile sont au nombre de deux : les publications et la compétence de l'officier religieux assistant au mariage. La première, hâtons-nous de le dire, n'est pas substantielle, et le défaut de publications n'est qu'un empêchement prohibitif et nullement dirimant. La seconde, au contraire, est essentielle : c'est l'unique et véritable condition qui crée la publicité ; son omission est un empêchement dirimant dans le sens absolu et rigoureux de ce mot. Si le prêtre assistant au mariage n'est ni le *parochus* des parties ou de l'une d'elles, ni le délégué de l'ordinaire, la clandestinité est complète et la nullité évidente.

Quatrième point. — Le concile de Trente, après avoir posé cette règle générale, ne s'est point expliqué sur la durée du temps qui constituerait l'ordinaire, ainsi que le lien paroissial, et il laissait dès lors chaque Église libre de déterminer, selon les mœurs et les usages, cette question locale. *Locus regit actum.* Voilà une règle bien souvent citée par le demandeur, et qui était universellement appliquée en droit canonique, auquel nos lois actuelles ont su l'emprunter. Voulez-vous établir un autre ordinaire en France, suivez la règle des diocèses de France ; voulez-vous le constituer en Italie, suivez les règles de l'Italie, si tant est qu'elles soient différentes. Est-ce que le bon sens n'est pas d'accord ici avec la vieille maxime canonique et avec la pratique universelle de l'Église ?

Cinquième point. — En France, l'ordinaire existe là où vous avez votre principal établissement, et où l'on vous suppose, par conséquent, l'*animus perpetuo morandi*. Voulez-vous, sans changer votre principal établissement, vous créer ailleurs, dans un autre diocèse, un nouvel ordinaire, il vous faut de toute nécessité au moins une résidence de six mois. C'est là le droit ancien, et c'est là le droit nouveau. Dans le droit ancien, lisons en effet Pothier, les anciens rituels, l'édit de Louis XIII de 1639, celui de Louis XIV de 1697 ; la règle y est même plus sévère que je ne l'énonçais, puisque l'ordinaire n'est constitué qu'après un an de résidence, si l'on a quitté le diocèse, et que les six mois ne suffisent pas pour ceux qui changent de paroisse sans changer de diocèse. Dans le droit nouveau, consultons le synode de Lyon de 1827, les usages constamment pratiqués dans chaque province ecclésiastique, et écoutons l'éminent cardinal de Reims si souvent cité par l'honorable avocat de la demande :

« Les personnes qui quitteraient leurs paroisses en fraude de la loi, conservant
» l'intention d'y rentrer, après avoir contracté dans une autre paroisse, ne pour-
» raient se marier validement en présence du curé de cette dernière paroisse, avant
» qu'elles n'y eussent résidé six mois ou un an, suivant les règlements du diocèse. »
(Monseigneur Gousset, *Théologie morale*, t. II, p. 561.)

Ainsi la règle est incontestable aujourd'hui comme autrefois; en France, l'ordinaire est au lieu du principal établissement, et si vous tenez à le consti-tuer ailleurs, il vous faut au moins six mois de résidence.

Enfin, et c'est là le sixième point, la licence ou délégation que peut accor-der l'ordinaire est de *droit étroit*. A ce titre, elle doit être expresse et jamais tacite; à ce titre aussi, elle ne peut se subdéléguer que si le concédant originaire s'est exprimé nettement à cet égard, et elle ne saurait *à fortiori* être obtenue à l'insu du déléguant sous la forme d'une dispense de publication de bans. C'était là le droit ancien : *Licentia est stricti juris*, disait un cano-niste célèbre, *ac strictissime ad limites verborum intelligenda, ideoque concessa ad unam causam seu ad unum actum trahi non potest ad alium.* C'est encore là le droit moderne : « La délégation nécessaire pour la célébra-tion du mariage, dit très bien Mgr Gousset, doit être expresse ; elle ne se présume pas, » et il ajoute : « Celui qui est délégué ne peut subdéléguer, à moins que la commission ne renferme expressément cette faculté. » (*Théologie morale*, t. II, p. 562.)

Ces six règles une fois reconnues, et elles sont incontestables aux termes des canons et de la doctrine, le mariage de Renteria ne saurait avoir de valeur au regard de la législation espagnole. Passons, en effet, de la théorie à l'application, et rapprochons chaque fait du procès des principes que nous venons de poser.

Ce qui crée la véritable clandestinité canonique, c'est l'incompétence de l'officier religieux qui assiste au mariage. Or le curé de Renteria était par lui-même radicalement incompétent; il n'était pas le curé des parties, qui n'ont jamais habité sa paroisse que pendant l'espace de deux heures.

Cette incompétence est-elle couverte par une permission de l'évêque de Pampelune? Non : l'évêque de Pampelune ne pouvait être l'ordinaire des parties qui ne l'ont jamais vu, et qui n'ont mis le pied sur le territoire de son diocèse que pour aller le 8 novembre à Renteria.

Les véritables ordinaires des parties sont l'archevêque de Paris et l'évêque de Versailles. Eussent-ils donné la licence ou la délégation, elle ne saurait passer au curé de Renteria, auquel elle n'était point adressée, et l'archevêque de Bordeaux n'eût pu subdéléguer sans une autorisation expresse. Mais, en fait, on ne produit pas cette délégation de l'archevêque de Paris ou de l'évêque de Versailles. Tous deux n'ont accordé qu'un certificat de dispense de bans, et ils songent si peu à déléguer qu'ils intitulent ces deux pièces : dispense de publications ! Il y a plus : l'archevêque de Paris pense si peu à l'hypothèse d'un mariage en Espagne, et si bien à un mariage français contracté d'abord « devant l'officier de l'état civil, » ensuite devant « le curé de Sainte-Marie à Bor-deaux, » qu'il adresse la dispense de bans à cet ecclésiastique, et qu'il retire la dispense elle-même s'il y a « empêchement civil ou empêchement cano-nique. » N'est-ce pas là une pièce exclusivement destinée à un mariage con-

tracté en France, seul pays qui distingue les empêchements civils des empê-
chements canoniques? Ainsi, ou il faut soutenir, en renversant toutes les
règles, qu'en dispensant des publications, l'archevêque de Paris et l'évêque
de Versailles ont accordé à leur insu, sans s'en douter, une délégation trans-
missible d'une manière indéfinie, ou il faut convenir avec nous que jamais ces
deux ordinaires de M. Pescatore et de madame Weber n'ont donné la *licentia*.

Monseigneur l'archevêque de Bordeaux pouvait-il alors l'accorder lui-même
et couvrir ainsi l'incompétence du curé de Renteria? Non évidemment, car
six semaines de séjour à Giscours n'ont jamais constitué l'ordinaire. Le domi-
cile des parties était toujours soit à Paris, soit à la Celle; et la discipline con-
stante de toutes les églises de France, et du diocèse de Bordeaux comme des
autres, est de n'admettre la création d'un nouvel ordinaire qu'après six mois
au moins de résidence. Lors même qu'un moindre délai suffirait en Italie, en
Espagne ou ailleurs, qu'importerait, puisqu'il s'agit ici d'un lien territorial se
formant et se brisant selon les usages mêmes du pays où vous voulez l'établir
en vous constituant paroissien? Pour ce lien territorial, l'empire de la vieille
maxime est souverain : *Locus regit actum*. Vous gardez vos domiciles à Paris
et à la Celle, et vous ne restez que six semaines à Giscours : jamais ce séjour
momentané n'a pu vous constituer un troisième ordinaire. Donc la licence de
l'archevêque de Bordeaux est complétement non-avenue. Ainsi rapprochés des
principes, les faits ne résistent pas à l'examen; il faut aboutir par une voie
logique et irrésistible à la clandestinité, et par conséquent à la nullité. Et de
bonne foi ai-je rendu le Droit canonique trop sévère? J'en appelle non-seule-
ment aux docteurs qui l'étudient théoriquement, mais aux canonistes qui l'ap-
pliquent, aux pays dont il est encore la loi. J'en appelle à la grande tradition
historique qui nous explique sa naissance et son développement dans le passé.
Partout, j'en suis sûr, la réponse serait la même. Non le Droit canonique
n'aurait pas régné en souverain sur l'Europe : non, il n'aurait pas préparé notre
Droit, en devenant lui-même non pas seulement la loi du corps ecclésiastique,
mais la législation humaine et à moitié civile de chaque nation chrétienne :
non, il n'aurait pas donné au mariage tant de grandeur et de vitalité comme
institution sociale, s'il n'avait été qu'un ensemble de prescriptions élastiques
ou contradictoires. Or donner à la *licentia* comme le fait la demande, une
portée sans limites, admettre qu'elle se transmettra tacitement dans un simple
certificat de bans, à l'insu même du déléguant, laisser l'ordinaire changer ou
se multiplier au gré des parties, sans conditions fixes, par des séjours acci-
dentels, sans se conformer même à l'usage du diocèse nouveau où l'on veut
dresser sa tente, ce n'est plus faire du Droit, mais éluder toutes les règles.
La législation canonique n'est plus alors qu'un crible impuissant à travers
lequel tout peut passer, ou une doctrine arbitraire au nom de laquelle on doit
tout absoudre.

Deux mots maintenant du Droit français. La clandestinité du mariage est
également, sous l'empire du Code Napoléon, une nullité d'ordre public que
tout intéressé peut invoquer. La publicité, qui seule rend les unions valides,
n'est point laissée non plus au choix des parties, et elle doit résulter unique-
ment de l'accomplissement des formalités substantielles que la loi a prescrites
pour la célébration. Néanmoins, le législateur comprend qu'il serait trop dur

d'imposer ces formes françaises aux nationaux que des affaires ou un domicile retiennent loin de la patrie sur un sol étranger, et pour eux, il proclame l'empire souverain de cette règle déjà pratiquée en Droit canonique : *Locus regit actum.*

Toutes les nations, messieurs, n'ont point admis avec la même largeur l'application de ce principe si libéralement proclamé par la France, et l'Angleterre elle-même, ce pays si cosmopolite, dont les sujets parcourent sans cesse le monde, ne permet à ses nationaux de recourir aux formes étrangères que lorsqu'ils ont sur ce territoire étranger lui-même une résidence ou un établissement qui les y rattache. Nous, nous avons proclamé sans restriction la règle salutaire du droit des gens : *Locus regit actum,* et nous avons eu raison. Mais c'était bien le moins que si la loi française permettait de contracter à l'étranger, avec les formes étrangères, ce lien important du mariage, elle imposât aux contractans qui viendraient réclamer en France les bénéfices de ce contrat passé loin d'elle, la nécessité de l'avertir. Cet avertissement, elle l'a prescrit impérativement, et il doit résulter de l'accomplissement de deux formalités, les publications avant le mariage, la transcription lorsqu'il est consommé.

L'omission de la transcription ne saurait jamais détruire la validité d'un acte accompli. L'omission des publications qui devaient le précéder le pourrait-elle ? C'est là une question que la jurisprudence tranchait toujours dans un sens affirmatif dans les premiers temps qui ont suivi la promulgation du Code Napoléon ; elle la décidait même d'une manière absolue et sans exception, en regardant les publications comme une formalité substantielle pour tous ceux qui contractaient mariage loin de l'autorité française. Puis les faits entrèrent en lutte avec le Droit, et l'issue de semblables luttes, quand les espèces sont favorables, c'est toujours le triomphe du fait. Le fait triompha donc, mais comment ? A l'aide uniquement d'un moyen terme que je trouve éminemment pratique et empreint de sagesse. On repoussa le système de la nullité dans tous les cas, mais sans jamais admettre celui de la validité quand même. On valida, si en l'absence de publications se trouvait un élément quelconque de publicité au moins à l'étranger, si les parties y résidaient, s'y étaient fait connaître et avaient là une sorte de domicile qui expliquait leur oubli des formalités françaises et leur désir de ne pas revenir se marier dans la mère-patrie. On annula, si les parties n'avaient été à l'étranger que pour se marier, si elles y étaient inconnues, sans résidence, sans idée d'établissement, si en un mot il n'y avait eu publicité nulle part, ni en France, où on n'avait pas fait de publications, ni à l'étranger, où on n'avait pas même de domicile.

Ainsi, dans ce système transactionnel, admis aujourd'hui par la jurisprudence unanime des Cours impériales et de la Cour de cassation, on ne demande aux parties, pour valider leur union, qu'une chose, mais on la leur demande rigoureusement : la bonne foi de deux contractans oubliant la loi, les usages de la patrie, voulant non pas éluder les prescriptions, mais se marier là où les retiennent leurs affaires, leurs intérêts, les affections d'un nouveau pays et négligeant dans ces contrées, où ils suivent d'autres formes que les nôtres, de faire connaître à la France une union qu'ils ne cachent à personne. Voilà les oublis dont la jurisprudence relève, voilà les fautes de négligence qu'une interprétation trop sévère de la loi ne doit point frapper, et l'arrêt du 28 mars

1854 a trop nettement formulé ce dernier terme de la lutte, et ce système pratique de conciliation, pour que je ne cite pas ces remarquables considérans de la Cour Suprême :

« Attendu qu'aux termes de l'art. 191 du Code Napoléon, la publicité est la con-
» dition essentielle de tout mariage contracté par tout Français ; que cette condition
» fondée sur des motifs d'ordre public, est absolue ; qu'elle n'est subordonnée à
» aucune autre, et que le vice résultant de son absence constitue par lui-même une
» nullité ; que si le législateur dans l'intérêt des Français domiciliés ou résidant à
» l'étranger, a pu admettre suivant la disposition de l'art. 170 du même Code ; que
» les publications faites en France auraient pour effet de satisfaire à la condition de
» publicité, et si l'on doit admettre avec la jurisprudence que, même l'absence de
» ces publications pourrait, en certains cas, ne pas être considérée comme entraînant
» la nullité du mariage, il appartient aux juges français d'examiner et d'apprécier
» les circonstances dans lesquelles le mariage a été contracté et de rechercher si la
» conduite des époux n'a eu d'autre but que de les soustraire ouvertement et à
» dessein aux obligations de la loi, et de faire impunément à l'étranger ce qu'il eût
» été impossible de faire en France. »(Dalloz, 54 1-202).

C'est la même pensée qu'avait déjà reproduite la Cour de cassation, lorsque, dans son arrêt du 6 mars 1837, elle avait dit avec énergie :

« Il ne peut suffire à des Français de passer à l'étranger pour affranchir leur ma-
» riage de toutes les conditions imposées par des lois françaises. »

Si c'est là le dernier état du Droit, comment le mariage de Renteria serait-il valable en présence de principes aussi nettement formulés ? Est-ce que la clandestinité n'est pas évidente au regard de la loi française ? A-t-on adopté les formes prescrites par elle ? Non, puisqu'on passe en Espagne pour les éviter. A-t-on au moins transcrit sur les registres de France cette union pour laquelle on a été chercher des témoins, un officier public et un sol étrangers ? Non. A-t-on fait les publications en France, prescrites si impérativement par l'art. 170 ? Non.

Là clandestinité est donc complète en deçà des Pyrénées. Y a-t-il au moins un élément de publicité au delà des frontières, sur le territoire espagnol lui-même ? Non, les parties n'y ont ni résidence, ni domicile, ni idée d'établissement futur ; elles y sont complétement inconnues ; ce village de Renteria, elles ne l'ont jamais vu, et n'y restent que deux heures, le temps de demander le curé, de recevoir dans sa chambre la bénédiction religieuse, de visiter un instant l'église, et de faire atteler de nouveau la chaise de poste. La clandestinité est au delà de la frontière, telle qu'aux yeux de la législation espagnole elle-même deux indigènes ne pourraient se marier ainsi ; et pour donner à l'union du 8 novembre un caractère ou une apparence de vie, on ne soutient pas qu'il y a eu publicité à Renteria, mais on couvre le vice en invoquant deux pièces émanées de prélats français, la délégation de l'archevêque de Bordeaux et la dispense de publications religieuses. Puisque, jusqu'ici, la publicité n'est nulle part, ni en France, où on évite toutes les prescriptions de la loi, ni en Espagne, où on n'a pas même l'apparence d'une résidence, il faut de toute nécessité, ou trouver cette publicité dans les deux pièces que je viens de citer, ou proclamer avec la Cour de cassation, que le mariage est nul et que les parties n'ont pu faire impunément à l'Étranger ce qu'il eût été impossible de faire en France.

Or, de bonne foi, peut-on voir le moindre élément de publicité pour la France dans cet acte secret et exclusivement religieux de la délégation résultant d'une lettre confidentielle adressée par Mgr de Bordeaux soit au curé de Renteria, soit à l'évêque de Pampelune? De bonne foi, peut-on trouver davantage cet élément de publicité dans la pièce qui dispense à l'église de toute publication? Ceci ne se discute pas, et il faut dès lors arriver à proclamer la clandestinité absolue de l'acte de Renteria vis-à-vis de la loi française.

Voilà le résultat inévitable que l'argumentation la plus habile, que le talent le plus souple ne saurait éviter, et que nous vous demandons, non pas en vertu d'une loi de rigueur dont nous rendrions le texte inflexible, mais au nom de la jurisprudence la plus douce, la plus pratique, la plus indulgente pour les négligences et les faiblesses de l'homme ; au nom, je le répète, d'une jurisprudence qui, pour être sagement humaine, a adouci, au lieu de l'exagérer, la loi qu'elle était chargée d'appliquer.

Clandestinité canonique, clandestinité civile, voilà les deux termes qui résument l'acte de Renteria. Ai-je besoin d'ajouter que cette double clandestinité a été volontaire de la part des parties? Sur ce troisième point tout est surabondant.

Quel est l'âge de M. Pescatore et de madame Weber? Si à vingt ans, sous l'empire d'une passion dominante, on oublie la loi et les formalités qu'elle prescrit pour ne songer qu'à s'unir plus promptement, est-ce qu'on a cette excuse de l'oubli après douze ans d'une vie irrégulière, lorsqu'il s'agit, non plus de faire un rêve d'avenir, mais de réparer froidement un passé qui vous laisse le remords sans les illusions?

A-t-on pu oublier ou ne pas savoir la loi, lorsqu'on a, dans le monde financier et dans les hautes régions de la société parisienne, une situation depuis longtemps conquise? Le peut-on, surtout, quand on a été marié déjà comme M. Pescatore, quand on a assisté au mariage de sa sœur, et qu'on a rempli les formalités de publications pour soi-même, comme madame Weber, en vue d'une union qui ne s'est pas réalisée ?

Est-ce involontairement et de bonne foi qu'on néglige les publications et la transcription civile quand on accomplit avec soin la transcription religieuse et qu'on s'empresse de demander la dispense des publications ecclésiastiques?

Est-ce que le motif du respect humain suffit à expliquer l'omission systématique de tout ce qui est prescription civile, lorsque le mariage civil lui-même pouvait être célébré si facilement et sans éclat, loin du regard de tous? Mais nous voulions, direz-vous, ne point indiquer la date à laquelle l'irrégularité cessait, et rendre, par conséquent, secrètes aux yeux de ceux qui nous approchaient une union, qui, en légitimant nos relations dans l'avenir, les accusait dans le passé. Eh bien ! c'est si peu là votre motif, qu'immédiatement après le 8 novembre et le voyage à Renteria, vous écrivez précisément à ceux qui vous approchent, à la famille, aux collatéraux, aux femmes surtout qui s'abstenaient jusque-là, vous écrivez la bonne nouvelle, vous indiquez l'acte accompli, le lieu où la régularisation du passé s'est faite, le sol étranger sur lequel il a fallu se rendre, le vénérable prélat qui a aplani les voies, et qui a dispensé de la publicité redoutée.

Ah! si toutes les formalités civiles ont été omises, ce n'est donc pas par oubli ; ce n'est donc pas par une fausse honte ou par respect humain. Non, le mobile de l'omission est ailleurs, et ce mobile-là n'est douteux pour personne. Oui, les formes civiles ont été systématiquement écartées parce qu'elles ne servaient pas, ou plutôt parce qu'elles compromettaient le but unique qu'on voulait atteindre. Ce but, c'était le mariage de conscience, et rien au delà. Il y a une lettre capitale au procès, et qui l'a dit très haut : c'est la lettre de Mgr l'archevêque de Bordeaux à l'évêque de Pampelune. Tout est là. Il faut expliquer au prélat étranger pourquoi deux inconnus vont passer la frontière, fuir l'officier de l'état civil et l'officier religieux de leur patrie, et demander la bénédiction nuptiale au premier curé de l'Espagne qui leur sera désigné. Et l'explication nécessaire, sans laquelle le curé de Renteria et l'évêque de Pampelune ne les eussent pas reçus, écoutez comme on la donne :

« Permettez-moi de vous adresser M. Pescatore, qui désirerait ne s'unir que reli-
» gieusement avec une personne..... »

Tant que cette lettre — retirée, mais jamais démentie, — ne sera pas produite, tant qu'on ne demandera pas à l'archevêque de Bordeaux, qui a été le conseil des parties et qui a donné la pièce importante du dossier, la *délégation*, d'y joindre la lettre d'envoi qui, seule, en explique le but et la portée : tant qu'on ne sollicitera pas de Son Éminence ce que madame Weber peut si facilement obtenir d'elle, ou une copie ou un extrait de cette fameuse lettre, dont l'avocat de la demande n'a pu nier l'existence ; tant que les choses en resteront là, il sera avéré pour tous que la phrase lue et copiée par le subrogé-tuteur est textuelle, et que la question d'intention est tranchée.

En vain parlera-t-on de cette autre lettre du cardinal de Bordeaux adressée au procureur impérial ; en vain dira-t-on qu'on s'est mépris sur son sens et sa portée, et que le défenseur de madame Weber l'a inspirée lui-même à l'archevêque comme une protestation contre les insinuations dont le clergé pouvait être l'objet. En vain produira-t-on une troisième lettre du cardinal qui n'est qu'un appel à la conciliation dans l'intérêt de madame Weber, dont on interprète l'intention. On ne répond pas à un argument aussi pressant et aussi décisif que celui que je présentais tout à l'heure en demandant au cardinal des lettres nouvelles. Il n'y avait qu'un moyen de répondre, et il eût tout tranché, c'était de demander au prélat ou la copie ou un extrait de cette première lettre à l'évêque de Pampelune. Voilà ce qu'on n'a pas fait et ce qu'on ne veut pas faire, et cependant, toute la défense de madame Weber sur la question d'intention était là, si réellement la phrase citée n'existait pas.

Ce résultat, on est obligé de l'admettre pour M. Pescatore, et on se borne à plaider, en faveur de madame Weber, l'ignorance où elle pouvait se trouver. Quoi ! madame Weber aurait pu prendre pour un mariage à la fois civil et religieux l'acte de Renteria ! Mais pour qui, et dans l'intérêt de qui donc se célébrait l'union ?

Cette bénédiction nuptiale n'avait-elle pas été sollicitée par elle, exclusivement par elle ? N'était-elle pas la conséquence nécessaire de l'abjuration du

4 novembre ? Rentrant dans le giron de l'Église catholique, il fallait, de toute évidence, ou rompre avec M. Pescatore, ou régulariser les relations par la réception du sacrement de mariage. Pour elle l'alternative était inflexible, ou bien alors l'abjuration du 2 novembre n'eût été qu'un sacrilège et qu'une comédie. Et cet acte de Renteria que la conscience lui imposait, que son influence devait dicter ensuite à M. Pescatore, elle n'en aurait pas connu, étudié, sondé la portée ! Messieurs, la nouvelle convertie mise en demeure au nom de la foi qu'elle adoptait, de quitter la fortune et les grandeurs, ou de procéder au mariage, a tout fait, croyez-le bien, pour rendre le lien aussi complet que possible. Elle a dû connaître à l'avance toutes les conditions et tous les caractères de cette union, de même qu'elle avait dû calculer tous les moyens nécessaires au succès.

Comme néophyte, elle a voulu le mariage, comme femme surtout elle l'a ardemment désiré. Que dis-je, elle l'a préparé de longue main, et son honorable défenseur, en nous révélant cette scène mystérieuse et dramatique de l'empoisonnement, nous a initiés aux douleurs et aux espérances de madame Weber, avant le 8 novembre. La résistance passive au moins venait de M. Pescatore : accablée sous le poids du remords ou de la situation fausse qu'elle s'était créée, madame Weber s'empoisonne. Cet acte de désespoir ne la tue pas, mais la sauve. M. Pescatore touché va céder ; l'influence de la pensée religieuse augmente le remords de l'une et l'émotion de l'autre. Le mariage, ce grand acte qui va couronner leur carrière avancée déjà, qui va jeter un voile sur un passé qu'il faut faire oublier, le mariage si vivement désiré se décide, et la femme qui a obtenu ce grand succès ignore les conditions de ce succès lui-même ! Est-ce croyable ! est-ce possible ! l'ignorance de madame Weber ? Mais depuis quinze ans elle voyait bien que M. Pescatore reculait devant le lien, et ces répugnances, ces transactions du dernier moment, ces hésitations de l'homme qui, à demi vaincu, cherche encore à se marier le moins possible, elle ne les aurait pas connues ! M. Pescatore aurait consenti au mariage de conscience et repoussé le mariage civil, et madame Weber n'aurait rien su de cette intention que la lettre à l'évêque de Pampelune a si nettement reproduite !

Mais quel rôle fait-on donc jouer à l'archevêque de Bordeaux ? Quoi ! il est le confident, le conseil de madame Weber ; il l'a ramenée au bercail, il lui doit ses lumières, ses avis, sa direction. C'est pour lui l'enfant d'adoption, puisque c'est la néophyte et la brebis égarée qui retrouve le pasteur, et cette femme à genoux devant lui, il l'aurait trompée ! Sachant la pensée de M. Pescatore, connaissant les conditions auxquelles il accepte le mariage, les écrivant lui-même à l'évêque de Pampelune, il les cacherait à une seule personne, à celle qui est directement intéressée à les connaître ! Non, cela n'est pas, parce que cela ne peut pas être, et pour soutenir un seul instant que madame Weber, que M. Pescatore n'ont point volontairement omis toutes les prescriptions civiles, et n'ont point vu exclusivement dans l'acte de Renteria un pur mariage de conscience, il faudrait anéantir tous leurs actes, déchirer toutes les pièces, oublier tous les faits.

Ainsi le mariage invoqué est clandestin au regard du Droit canonique, clandestin au regard de notre Droit civil, et cette clandestinité-là, les parties l'ont voulue et cherchée, précisément parce qu'elles ne songeaient à réaliser qu'une simple union de conscience. Or ces trois points me suffisent, et j'ai hâte de terminer ce long débat. C'est un honneur, sans doute, messieurs, de parler le dernier dans ce grand procès, mais je sens surtout que c'est un péril d'avoir à revenir deux fois sur une cause épuisée. Aussi fermons les livres, laissons un instant les Mémoires, oublions en terminant les principes du Droit pur, en présence desquels le triomphe des héritiers est certain, et demandons-nous en hommes pratiques, en jurés, en arbitres, si vous le voulez, ce que d'autres gagneraient à détruire ainsi le pacte de famille, à briser l'œuvre et la volonté dernière du testateur.

Serait-ce pour madame Weber une question d'honneur ? Mais l'honneur, c'est le nom apparemment, et ce nom du défunt, quel est donc l'héritier qui le lui a contesté ?

Serait-ce une question d'équité et de convenance ? On semble l'indiquer quand on parle des droits de la collaboration, de la possession d'état, de la part qu'elle doit avoir dans la distribution de ces richesses à l'augmentation desquelles elle avait concouru dès 1837. Mais la transaction dont tout le monde a parlé même à la barre, n'a-t-elle point porté le legs du testament à 150,000 livres de rente ? Est-ce que devant ce dernier chiffre, le reproche serait encore sérieux et le veuvage sans dignité ? Non : on l'a reconnu tout à l'heure : dans l'intérêt de madame Weber elle-même, il vaut mieux parler moins d'équité et de convenance. Qu'on plaide le droit, à merveille, s'il est pour elle ; mais ce droit, qu'elle invoque aujourd'hui, elle n'y a pas cru le 8 novembre 1851, à la date du mariage de Renteria ; elle n'y a pas cru en 1852, à la date de la donation ; elle n'y a pas cru en 1853, en 1855, à chacune des dates du testament et des codicilles, et à l'heure suprême de la mort. Chacune de ces libéralités nouvelles attestait que donataire et donateur ne croyaient point à ce droit qu'on invoque, et nul n'y croyait, parce que sérieusement il n'existait pas.

A côté de madame Weber, l'autorité religieuse gagnerait-elle à la solution qu'on vous propose ? Si vous accueillez le système de la demande, il sera sans doute très facile au pouvoir religieux d'arriver de lui-même et à l'aide d'un détour à la frontière, à réaliser en France et pour des Français qui ne quitteront pas le pays, un mariage civil que l'autorité laïque n'aura jamais connu. Et alors se pose cette alternative : ou on usera de cette faculté ou on ne s'en servira pas. Si quelques imprudents en usent, c'est là une arme dangereuse qui blessera les mains qui la toucheront, jusqu'au jour où le pouvoir civil voudra, au milieu d'une lutte, la reconquérir ou la briser. L'immense majorité s'abstiendra, dites-vous ; soit, je le veux bien. Je ne crois point, en effet, que l'acte de Renteria soit un essai, je n'y vois que la piété d'un prélat qui a voulu sauver une âme et effacer aux yeux de l'Église un scandale. Mais il suffit que le clergé puise dans votre jugement cette faculté détournée, pour attirer sur lui bien des soupçons : l'agitation qu'a produite ce procès n'en est-elle pas la preuve ? A tous les points de vue, l'autorité religieuse ne peut que perdre au gain d'un semblable procès, et voilà pourquoi nous vous disons : En maintenant le droit vis-à-vis de tous, épargnez aux imprudents une tentation dangereuse ; épargnez aux sages des défiances imméritées.

Et maintenant, que pourrait donc y gagner la loi ? L'auriez-vous rendue plus douce, plus humaine ? Non, messieurs ; mais vous permettriez à tous de se jouer d'elle impunément. Ce serait là le dernier résultat pratique du succès de la demande. En 1851, on aurait tout éludé sciemment, à dessein, parce qu'on ne voulait ni de la loi ni du lien civil qu'elle sanctionnait. Deux ou quatre ans après, on pourrait à son gré, du vivant des deux parties ou au décès de l'une d'elles, réclamer sans formalités nouvelles les bénéfices de cette loi qu'on a repoussée, et selon le conseil du caprice ou des intérêts, ressusciter un lien sacré qu'on n'avait pas fait naître.

Les parties alors ne seraient-elles pas maîtresses absolues de la situation ? Et une loi qui ne commande plus et qui ne se défend plus, ne serait-elle pas une loi dérisoire ? Et quand j'entends l'avocat de la demande dire en terminant : « Non, je ne suppose pas que ma cliente puisse succomber sur le terrain du droit ; non, l'hypothèse de la nullité du mariage, j'aurais honte de la faire, et j'en rougirais pour le juge ! » Voilà, moi, le langage qui m'étonne ; je réponds, avec une conviction bien entière : Si la loi subissait cet échec, si elle ne pouvait ni commander ni se défendre, il y aurait là pour elle, messieurs, une de ces situations humiliées dont souffrirait un jour la fierté du législateur, et dont souffrirait demain celle du jurisconsulte. Non, grâce à vous, nous n'en sommes point là, et il faut que le mot de ce procès soit celui-ci : Défendue par un grand talent, la cause de madame Weber a pu devenir une grande cause : mais au dernier jour des débats, devant vos consciences deux fois éclairées, non, elle ne saurait triompher.

JUGEMENT.

Le Tribunal, ouïs en leurs conclusions et plaidoiries Chaix d'Est Ange, avocat, assisté de Laperche, avoué de la femme Weber ; Dufaure, avocat, assisté de Péronne, avoué de Pescatore et consorts ; Senard, avocat, assisté de Denormandie, avoué des membres composant le collége des bourgmestres et échevins de la ville de Luxembourg, ensemble en ses conclusions, M. Pinard, substitut de M. le procureur impérial ;

Vidant le partage, prononcé par jugement du premier de ce mois, et, après en avoir délibéré conformément à la loi, jugeant en premier ressort ;

Sur l'intervention de la ville de Luxembourg ;

Attendu que les legs faits à cette ville, aux termes du testament du 5 octobre 1853, peuvent être modifiés dans leur importance à raison, soit de la demande à fin d'être déclarée femme commune, formée par Catherine Weber, soit à raison des éventualités créées par le testateur dans la part revenant à ses légataires universels ; qu'ainsi la ville de Luxembourg a intérêt et qualité pour intervenir dans l'instance et assister aux opérations de partage ; la reçoit intervenante, et statuant à l'égard de toutes les parties ;

« En ce qui touche les fins de non-recevoir :

» Attendu que, par son exploit introductif d'instance, Catherine Weber demande contre les héritiers et légataires de Pescatore : 1° la liquidation et le partage de la communauté légale qui aurait existé entre elle et Pescatore par suite d'un mariage qui aurait été célébré à Renteria entre les deux parties sans contrat ; 2° la délivrance des legs particuliers faits à son profit par les testaments de Pescatore ;

» Attendu que les héritiers et légataires repoussent la demande en partage, en prétendant que le titre sur lequel elle se fonde est nul , et que Catherine Weber ne justifie d'aucun mariage légal ayant pour effet une communauté légale ; que cette exception est péremptoire et constitue une défense directe à la demande ; que les héritiers Pescatore sont donc recevables à discuter le titre sur lequel l'action est fondée ;

» Attendu qu'on n'oppose aux héritiers aucune reconnaissance valable du mariage ; que des correspondances de famille, soit avant, soit depuis le mariage, ne contenant que l'expression de leurs sentiments et de simples politesses de convenance en cette occasion, ne peuvent constituer une fin de non-recevoir judiciaire, lorsque le caractère et les circonstances du mariage n'étaient pas connus des héritiers ;

» Attendu que la demande n'étant pas formée, leur droit n'était pas ouvert ; qu'ils ont formellement protesté dès le commencement de l'inventaire, et qu'enfin il existe des mineurs dans la cause.

» Au fond,

» Attendu que Catherine Weber produit l'acte d'un mariage célébré à Renteria (Espagne) le 8 novembre 1851 , que le tribunal doit donc apprécier la validité de cet acte ;

» Attendu que le droit de célébrer un mariage n'appartient pas en principe au prêtre par la seule vertu de son caractère ; que les lois canoniques, voulant réprimer les abus des mariages clandestins par les règles de la discipline et de la juridiction, n'ont permis au prêtre l'exercice du droit de procéder à la célébration et à la constatation d'un mariage que dans l'étendue de sa juridiction ; que le mariage est donc un acte de juridiction et que celui qui y procède doit, pour être compétent, avoir juridiction sur les deux parties ou au moins sur l'une d'elles ; que ce droit n'appartient qu'au propre curé de l'une des parties, c'est-à-dire exclusivement au seul prêtre qui, par la circonscription territoriale de ses pouvoirs disciplinaires, possède le droit de juridiction, sinon l'acte civil le plus important de la famille serait le plus facile et le plus clandestin ;

» Attendu que le curé de Renteria n'avait *personnellement et directement* juridiction sur une des parties, puisqu'il n'était pas leur propre curé ;

» Attendu que le rapporteur du code Napoléon a dit que la présence de l'officier de l'état civil était essentielle aujourd'hui à peine de nullité, comme l'était autrefois celle du propre curé ;

» Attendu que le curé de Renteria ne pouvait obtenir *indirectement* ce droit de juridiction qu'en vertu d'une *permission* ou *délégation* du *propre curé* ou de l'*ordinaire* de l'une des parties ;

» Attendu que la juridiction étant essentiellement territoriale, le curé de Renteria ne pouvait obtenir cette délégation que de son supérieur, l'évêque de Pampelune ; que ce motif a fait recourir à son intervention ;

» Mais attendu que l'évêque de Pampelune n'était ni le propre curé, ni l'ordinaire des parties, puisqu'elles n'ont pas même séjourné dans son diocèse, qu'ainsi cet évêque n'a pu donner au curé de Renteria un droit de juridiction qu'il n'avait pas lui-même ;

» Que la seule question à examiner est donc celle de savoir si l'évêque de Pampelune ou le curé de Renteria ont pu recevoir de l'archevêque de Bordeaux une délégation valable ; en d'autres termes, si l'archevêque de Bordeaux était le propre curé ou l'ordinaire des parties, parce que sans cette condition sa délégation n'aurait aucune valeur ;

» Attendu que le domicile réel, légal des parties était à Paris ; qu'elles n'avaient qu'une résidence pendant l'été à la Celle-Saint-Cloud, et surtout qu'elles n'allaient à Giscours, diocèse de Bordeaux, que pendant le mois des vendanges ; qu'ainsi le curé de Giscours n'était pas leur propre curé ; que l'archevêque de Bordeaux n'était pas leur véritable ordinaire ;

» Attendu qu'en admettant même qu'un quasi-domicile, une simple résidence puisse suffire à raison de motifs graves, de circonstances urgentes, le séjour d'*un mois* est toujours exigé par les interprètes les plus faciles, *avec l'intention d'y rester et d'y établir son domicile ;* que les parties n'ont habité Giscours que très passagèrement et jamais avec l'intention d'y fixer leur domicile ; qu'ainsi l'archevêque de Bordeaux n'était pas leur ordinaire ; que le mariage religieux n'a été ni publié ni transcrit à la paroisse de Giscours ni à celle de Bordeaux ;

» Attendu que l'abjuration de Catherine Weber entre les mains de l'archevêque de Bordeaux est le fait d'une volonté privée qui ne peut établir qu'un lien purement spirituel, et ne constitue ni le domicile ni le curé dans sa juridiction territoriale et disciplinaire ;

» Attendu, en droit, que de simples dispenses de publications ne sont pas des permissions ou délégations attributives de juridiction pour procéder à la célébration d'un mariage, mais des formalités relatives à sa publicité ; qu'il est certain, en fait, que les dispenses accordées par l'archevêque de Paris et l'évêque de Versailles étaient dans leur pensée comme dans leur rédaction, destinées à un curé de France, et par conséquent, après l'acte de l'officier civil ; que rien n'y fait supposer la pensée d'un mariage en pays étranger ; que celles données par l'archevêque de Paris, le véritable ordinaire des parties, sont adressées nominativement au curé de l'église de Sainte-Marie à Bordeaux, pour Catherine Weber, sa paroissienne, et Pescatore, paroissien de Notre-Dame-de-Lorette, et portent : *S'il n'y a point d'empêchement civil et canonique ;* qu'il est donc impossible de les attribuer au curé de Renteria, et que cependant la délégation doit être directe et individuelle ;

» Qu'ainsi Pescatore et Catherine Weber n'ont été mariés ni directement par leur propre curé, ni indirectement par une délégation régulière, et que si les parties ont reçu le sacrement du mariage pour tranquilliser leur conscience, il n'existe aucun mariage dérivant d'une juridiction légale et de nature à produire tous les effets civils ;

» En ce qui touche l'acte sous le rapport civil,

» Attendu que si l'article 170 du Code Napoléon déclare valable le mariage contracté en pays étranger, s'il a été célébré dans les formes usitées dans le pays, il exige, par une disposition claire, précise, absolue, et comme condition essentielle, qu'il ait été précédé de publications en France ; que ce principe n'a pas été admis pour favoriser ceux qui quittent la France pour se marier sciemment en fraude de la loi, mais pour venir en aide à une situation naturelle, grave, urgente et digne de la protection de la loi ; que, dans la cause, il ne s'agit pas d'un mariage entre Français résidant, voyageant même en Espagne, mais entre Français, après une heure de présence, dans la chambre d'un prêtre inconnu, devant un témoin inconnu des parties, sans motifs sérieux et légitimes, mais en fraude patente et avouée de la loi ;

» Attendu que les dispositions de l'art. 170 n'ont pas pour but seulement de prévenir les mariages contractés en prohibition des conditions de parenté et d'âge, et d'appeler sur eux seuls la répression de la justice, puisque ces mariages sont déclarés nuls par des dispositions spéciales ; que l'expression : « *selon les formes* » atteste que la pensée du législateur a été plus étendue, comme le dit le rapporteur du Code Napoléon, en prohibant les mariages contractés sciemment en fraude de la loi, de ses prescriptions de publicité, et par suite clandestinement ; qu'en effet les obstacles résultant de l'âge et de la parenté, et les cas d'opposition légale ou paternelle ne sont pas les seuls cas dans lesquels la publicité soit utile ;

» Attendu que Pescatore veuf et Catherine Weber fiancée avec publications à Strasbourg, assistant en 1850 au mariage de sa sœur, connaissaient, indépendamment de leur position dans le monde, les obligations de la loi civile ;

» Qu'ils n'ont point agi par entraînement, puisque depuis dix ans ils vivaient irrégulièrement au su d'un assez grand nombre ; que l'âge et la santé leur permettaient de satisfaire à la loi, car le fait d'un empoisonnement, résultat de la résistance de Pescatore à un mariage civil, n'a pas fait obstacle au voyage de Bordeaux et d'Espagne ;

» Qu'aucune considération d'enfants, d'intérêt et de famille ne les obligeait à procéder sans les formalités légales ;

» Attendu qu'ils n'ont pas même voulu de la facile clandestinité de Giscours et d'une simple transcription sur les registres civils ; que lorsque l'on rapproche de ces omissions volontaires les formalités religieuses de délégation, dispenses et transcriptions qui ont seules occupé leur pensée, on ne peut expliquer cette désobéissance flagrante que par la volonté d'un mariage religieux et de conscience, selon l'expression de l'archevêque de Bordeaux ;

» Que Pescatore a déclaré que l'archevêque leur avait *évité toute publicité ;* que cependant la publicité de la célébration est essentielle, et que, dans la cause, la clandestinité a été volontaire ;

» Attendu que, sans céder à la crainte de semblables et nombreuses émigrations, il faut reconnaître que c'est le cas prévu par la lettre du 26 janvier 1807, du rapporteur du Code Napoléon, portant : « que le mariage est » clandestin lorsqu'il est contracté en fraude des lois, en passant quelques » heures sur la terre étrangère, » et par l'arrêt de la Cour de cassation, qui déclare clandestin ce mariage qu'il eût été impossible de faire en France ;

» Attendu que le mariage est encore nul, en rapport avec notre droit public ;

» Qu'en effet, il ne s'agit pas d'un mariage célébré à Giscours après un mois de résidence, mais du mérite de la délégation de l'archevêque de Bordeaux à un curé, en pays étranger, pour célébrer un mariage valable et produisant ses effets civils en France ;

» Que l'archevêque de Bordeaux, aux termes de l'art. 54 du Concordat, ne
pouvant former lui-même le lien civil et célébrer religieusement le mariage
avant l'acte de l'officier civil, ne pouvait déléguer ce droit à un autre prêtre
français ou étranger ; qu'aussi la délégation n'a été donnée, comme l'archevêque le déclare dans la délégation même, et n'est valable que par la volonté
des parties *de s'unir religieusement* ; que l'archevêque confirme cette déclaration en disant, dans sa lettre postérieure, qu'il n'a voulu porter atteinte
directement ou indirectement à nos institutions ;

» Qu'enfin le curé de Renteria déclare procéder, non par son propre droit,
mais par *autorisation* de l'archevêque de Bordeaux *à ses paroissiens* ; que si
cette délégation donnée à un curé étranger était valable, elle produirait les
effets civils que n'aurait pu produire une délégation donnée à un curé français ;

» En ce qui touche la possession d'état :

» Attendu que cette possession, nouvelle pour quelques-uns, était ancienne
pour le plus grand nombre, par le nom et ancienne cohabitation ;

» Que d'ailleurs, il importe peu que l'acte ait été transcrit dans les registres
de deux paroisses et que l'avis du mariage ait été donné à la famille, parce
que les faits postérieurs ne peuvent réparer le vice originel inhérent à la célébration ;

» Attendu que la bonne foi suppose le plus ordinairement une erreur de
fait, une cause inconnue, alors que les formalités légales ont été observées ;
qu'en admettant même l'erreur de droit, elle ne pourrait s'appliquer à la
cause ; qu'on n'est pas réputé de bonne foi lorsque sciemment on a employé
tous les moyens de faire fraude à la loi ;

» Attendu que Catherine Weber a été fiancée avec publications à Strasbourg, témoin du mariage de sa sœur après publications à Paris ; qu'elle n'a
pas demandé que son mariage fût célébré soit à Paris, soit à Giscours ; qu'elle
a accepté le voyage en Espagne et qu'elle a nécessairement connu la lettre de
l'archevêque de Bordeaux déléguant le curé pour un mariage religieux ;

» Qu'elle n'a pas insisté pour la transcription du mariage en France, alors
que toutes les formalités religieuses y avaient été observées ;

» Attendu qu'après avoir apprécié la valeur légale de l'acte, l'intention des
parties peut encore en faire apprécier le caractère ;

» Attendu que Pescatore a résisté à un mariage parce que Catherine Weber
était protestante ; que cet obstacle a été levé par l'abjuration ; que Pescatore
a résisté à un mariage civil, parce que sa position de fortune rendait indispensable un contrat de mariage et sa publication ; qu'il savait, par les contestations survenues sur la liquidation de la communauté résultant de son premier
mariage, que le défaut de contrat établissait la communauté légale, que cependant il n'a pas fait de contrat ;

» Attendu que Pescatore a refusé de faire des publications et une transcription en France ; qu'on ne peut attribuer cette conduite à un sentiment de
pudeur, puisque Pescatore a annoncé officiellement son mariage à sa famille,
selon l'expression de sa correspondance ;

» Que le secret d'un mariage célébré à Giscours ne pouvait le satisfaire, parce qu'il ne voulait pas contracter un mariage civil, mais un mariage de conscience ; que toutes ces circonstances ne sont pas de simples omissions, mais qu'elles tendent à changer la nature de l'acte ; que Pescatore n'a accepté le voyage en Espagne que parce que le mariage religieux y était possible, comme il le dit dans sa correspondance ; que la lettre de l'archevêque de Bordeaux attestant la volonté des parties de se *marier religieusement* n'a été ni démentie ni produite ; qu'il y a aveu sur ce fait ; que d'ailleurs cette lettre est confirmée par celle plus récente de l'archevêque qui déclare n'avoir conseillé ni favorisé un mariage en fraude de la loi ;

» Attendu que toutes les dispositions des testaments de Pescatore sont en contradiction évidente avec un mariage civil et une communauté légale, et présentent Pescatore comme disposant en maître absolu de sa fortune, notamment l'imputation des *dons manuels* antérieurement faits à Catherine Weber sur la somme de 500,000 francs, le legs des meubles de sa chambre, l'usufruit du mobilier de la Celle-Saint-Cloud à la même, et la nue propriété à la femme Dutreux, la terre de Giscours à Guillaume Pescatore, l'hôtel de Paris à la femme de Scherff, et 200 actions de Decize à la femme Beving, des sommes importantes, les statues, tableaux et objets d'art à la ville de Luxembourg, enfin l'institution de légataires universels, c'est-à-dire la disposition de sa fortune entière ;

» Attendu que Catherine Weber, qui a connu toutes ces dispositions, et surtout les nouveaux avantages contenus dans le second testament fait la veille de la mort de Pescatore, en présence de la famille, de témoins et de notaires, les a acceptés sans aucune protestation et n'a point invoqué le bénéfice de la communauté légale ; que cette pensée n'était à ce dernier moment, dans l'esprit d'aucune des personnes présentes ;

» Que la demande actuelle de Catherine Weber est donc en contradiction avec les intentions bien connues de Pescatore ;

» En ce qui touche la demande en délivrance de legs ;

» Attendu que les héritiers Pescatore ont constamment déclaré qu'ils consentent à l'exécution du testament, que leurs conclusions subsidiaires ne tendent qu'à s'opposer au cumul en cas de communauté légale reconnue ; qu'ainsi il n'y a lieu de s'y arrêter ;

» Par ces motifs, le Tribunal :

» Déclare civilement nul le mariage célébré à Renteria, le 8 novembre 1851, entre Pescatore et Catherine Weber ;

» Déclare Catherine Weber mal fondée dans sa demande en partage d'une communauté légale ;

» Donne acte aux héritiers et légataires Pescatore de ce qu'ils offrent d'exécuter les deux testaments de Pescatore ;

» En conséquence, dit que dans la quinzaine de la signification du présent jugement, il sera fait délivrance à Catherine Weber des legs contenus dans le testament olographe du 5 octobre 1853, et le testament authentique du 8 décembre 1855, sinon que le présent jugement en tiendra lieu ;

» Condamne Catherine Weber aux dépens envers toutes les parties en cause. »

TRIBUNAL CIVIL DE LA SEINE.

(4ᵉ Chambre.)

PRÉSIDENCE DE M. PRUDHOMME.

Audiences des 29 février, 14 mars et 6 juin 1856.

AFFAIRE DE LOPÈS.

Libéralité clandestine faite à une concubine. — Enfant né de beau-frère et belle-sœur avant les dispenses. — Légitimation. — Contestation pour cause d'inceste. — Fin de non-recevoir. — Réduction à la quotité disponible. — Nullité pour lésion de plus du quart d'un partage fait entre le père de famille et son fils du premier lit. — Renonciation par la veuve à son usufruit contractuel. — Révocation pour cause d'ingratitude. — Don manuel de 100,000 fr. — Enfant adultérin.

Le jour où M. Paillet fut terrassé par une attaque d'apoplexie à la barre de la 1ʳᵉ Chambre du tribunal, ses adversaires l'attendaient à la 4ᵉ Chambre pour entamer les débats du curieux procès que nous offrons à nos lecteurs. M. Paillet y avait la part du lion, c'est-à-dire le rôle le plus difficile : il y défendait mademoiselle Julie ; et son admirable talent se fût joué à coup sûr des difficultés de cette tâche. Nous nous préparions avidement à sténographier cet orateur trop rarement recueilli ; les scènes romanesques qui abondent dans ce procès ouvraient à son imagination de grandes perspectives et à sa parole une grande occasion. Au lieu du plaisir sur lequel nous comptions, le deuil et la stupeur qui se répandaient dans le palais arrivèrent jusqu'à nous.

L'absence de M. Paillet commençait et elle devait être sans retour.

La loi qui a permis le mariage entre beaux-frères et belles-sœurs a été devancée par les mœurs et les nécessités de la famille. Bien des gens ont escompté cette loi, surtout quand le projet a été présenté aux Chambres et accueilli avec faveur par toutes les opinions. Il semble donc qu'un grand nombre d'arrêts auraient dû depuis longtemps faire jurisprudence sur la légitimité des enfants nés avant les dispenses.

III.   18

Pourtant il existe peu de précédents; et la rude et spirituelle sortie de M. Dupin aîné à la Chambre des députés, est la seule autorité sérieuse qui ait encore illuminé la matière.

Nous espérons que les débats de ce procès n'en auront que plus d'intérêt, car c'est une des questions qui ont divisé la famille que nous allons voir travaillée par tant de vicissitudes.

Octave de Lopès a pour défenseur M⁰ Descadillac; madame de Lopès M⁰ Léon Duval, tous deux assistés de M⁰ Laurens, avoué, et de M⁰ Blachez, son successeur; et madame Lemaire, M⁰ Marie, assisté de M⁰ Poisson-Seguin, avoué, et de M⁰ Dufay, son successeur.

PLAIDOIRIE DE M⁰ DESCADILLAC.

Messieurs,

Ce procès s'agite entre un fils légitime et la maîtresse de son père.

Nous avons offert à mademoiselle Julie Clerisse la quotité disponible tout entière; la veuve donataire contractuelle en usufruit avait consenti à renoncer à cet usufruit au profit de son ancienne rivale, à la condition que celle-ci se soumettrait à la réduction.

La concubine a refusé, et aujourd'hui sa prétention va jusqu'à attaquer la légitimité d'Octave de Lopès afin d'échapper à la réduction.

Nous voyons dans cette attaque désespérée un fait d'ingratitude sur lequel nous fondons une demande en révocation du legs fait à mademoiselle Julie Clerisse.

M. de Lopès est mort le 31 mai 1850 à l'âge de soixante et onze ans. Dès le 28 novembre précédent, il avait été atteint d'un ramollissement du cerveau, résultat d'une troisième attaque d'apoplexie. Depuis ce moment, sa mémoire avait disparu et son intelligence était restée considérablement affaiblie.

Il laissait un fils mineur, Octave de Lopès, alors âgé de dix-huit ans, et une veuve, sa donataire par son contrat de mariage de la totalité des biens de son mari en usufruit seulement; par suite de l'existence du fils légitime, cette donation se trouvait réduite à moitié en usufruit.

M. de Lopès avait fait deux testaments : par le premier, en date du 30 novembre 1848, il instituait pour légataire universelle madame de Lopès sa femme.

Et en outre, il léguait à mademoiselle Julie Clerisse, sa cousine germaine, une somme de 100,000 francs qui ne devait pas se confondre avec une donation de 10,000 francs faite à cette dernière dès 1819, et de plus, le mobilier garnissant la chambre de mademoiselle Clerisse.

Le deuxième testament ne s'occupait que d'une orpheline alors âgée de quatre ans, Emma Glare, recueillie par M. de Lopès, et que, par une disposition impérative, il confiait exclusivement aux soins de mademoiselle Clerisse.

Je dois faire connaître dès à présent mademoiselle Clerisse et la petite Emma Clare.

Mademoiselle Clerisse était une cousine germaine de M. de Lopès. Elle avait, lors du décès de ce dernier, quarante-huit ans. Elle était pauvre et sans aucune espèce de ressources. Dès 1819, elle avait été recueillie par M. de Lopès; pendant trente ans elle avait partagé l'opulence, je ne dirai pas de M. de Lopès, il n'en avait pas, mais de la famille de Bernard dont il avait épousé les deux filles.

Mademoiselle Clerisse s'occupait du ménage sous le prétexte d'éviter à madame de Lopès tout soin et tout embarras ; elle faisait les affaires de M. de Lopès, tenait sa caisse et écrivait ses recettes et ses dépenses.

Madame de Lopès, bonne et confiante, l'aimait comme une sœur, et elle trouva légitime que son mari eût assuré l'existence de mademoiselle Clerisse par un legs de 100,000 francs.

Emma Clare était pour madame de Lopès une orpheline, fille naturelle d'un ami de M. de Lopès, et qui aurait été confiée à ce dernier.

Madame de Lopès avait accueilli la soi-disant orpheline, et exaltée par la pensée d'un bienfait désintéressé, elle s'était attachée à l'enfant, si bien que M. de Lopès, pour la confier à mademoiselle Clerisse, avait cru devoir l'ordonner par une disposition testamentaire.

Plus tard, nous verrons ce qu'étaient en réalité mademoiselle Clerisse et Emma Clare, et combien madame de Lopès était abusée.

Cependant on fit l'inventaire ; tandis que l'on y travaillait, l'exécuteur testamentaire, Mᵉ Colmet, ancien avoué à Paris, donna à madame de Lopès le conseil perfide de renoncer à son usufruit contractuel pour s'en tenir au legs à titre universel qui lui était fait.

La donation contractuelle primait toutes les libéralités quelconques faites par M. de Lopès depuis son mariage.

Le legs, au contraire, était primé par elles, au moins par celles qui pouvaient être réputées donations entre vifs.

Mais on avait présenté à madame de Lopès le projet de la déclaration à faire des droits de mutation, elle avait vu que la succession de son mari était ainsi répartie :

Octave, comme fils légitime, payait les droits sur 267,550 francs ;

Madame de Lopès, comme légataire à titre universelle, sur 165,000 francs ;

Mademoiselle Julie Clerisse, pour son legs particulier, sur 101,000 francs ;

Et l'exécuteur testamentaire, sur 2,500 francs.

Le reste de la succession était absorbé par les reprises de madame de Lopès constatées en l'inventaire, et sur lesquelles, par suite, aucun droit de mutation n'était dû.

Madame de Lopès crut alors, entre deux libéralités, choisir la plus forte ; elle préféra le legs de un quart en toute propriété, et un quart en usufruit, à la donation contractuelle de moitié en usufruit, et par acte devant Colmet, notaire à Paris, du 18 novembre 1850, elle renonça à son usufruit contractuel pour s'en tenir au legs universel qui lui avait été fait.

L'exécuteur testamentaire abusait madame de Lopès. Il savait fort bien que les droits de madame de Lopès dans la succession de son mari étaient fort compromis si elle abandonnait son usufruit contractuel. Il savait en outre ce qu'ignorait madame de Lopès, je veux dire le secret des relations de M. de

Lopès avec mademoiselle Julie Clerisse, et celui de la naissance d'Emma. Pour profiter jusqu'au bout de la confiance de madame de Lopès et l'engager autant que possible au profit de mademoiselle Julie Clerisse, on résolut d'obtenir d'elle comme tutrice une délivrance des legs faits par M. de Lopès, et cela sans autorisation du conseil de famille, sans qu'une liquidation ait éclairé madame de Lopès sur l'importance de la succession et ses charges.

Pour déterminer madame de Lopès à faire cette délivrance, mademoiselle Julie Clerisse offrit de payer la totalité des droits de mutation dus, tant par son legs que par celui de madame de Lopès, et par les valeurs recueillies par Octave comme seul héritier.

Et en effet, sur un à-compte de 30,000 francs, qui, à cette époque fut payé sur le legs de mademoiselle Julie Clerisse, madame de Lopès retint l'importance des droits de mutation s'élevant à 16,182 fr. 40 c.

Mademoiselle Julie Clerisse devait pour l'enregistrement de son legs 7,792 fr. 40 c., elle faisait donc pour hâter la délivrance de ce legs un sacrifice de 8,390 fr. 03 c.

A cette même date, mademoiselle Julie Clerisse épousait M. Lemaire, capitaine en retraite n'ayant d'autre fortune que sa solde ; madame de Lopès et son fils signèrent le contrat de mariage, mais sans qu'on leur en ait laissé connaître le contenu.

Alors mademoiselle Julie Clerisse, devenue madame Lemaire, quitta madame de Lopès, emmenant avec elle Emma Clare, en exécution du dernier testament de M. de Lopès.

Dans le courant de 1851 eut lieu entre madame de Lopès et mademoiselle Julie Clerisse, une correspondance dont se prévaut l'adversaire, et qui, en ouvrant les yeux de madame de Lopès, a été l'occasion du procès.

Madame de Lopès avait cru que madame Lemaire en s'engageant à payer les droits de mutation, avait pris aussi l'obligation de payer les frais d'inventaire.

Elle en écrivit à l'exécuteur testamentaire qui répondit que l'acte sous seing privé du 17 décembre 1850 était contraire à cette prétention.

Madame de Lopès adressa à madame Lemaire une lettre tout affectueuse dans laquelle faisant appel à son cœur, elle lui dit : « Tu n'as pas voulu qu'Octave perdît plus de 210,000 francs. »

Madame Lemaire refusa par une lettre de huit pages tout empreinte de haine et de fiel.

Elle y avouait ses relations adultères avec M. de Lopès et les appelait une faute d'entraînement de cœur.

A madame de Lopès, qui, jusque-là, avait tout ignoré, car il y a de ces choses notoires pour tous et qu'ignore celui-là seul qui serait le plus intéressé à les connaître, à madame de Lopès, elle alla jusqu'à reprocher de l'avoir rendue la fable de Versailles. Il semble, en lisant cette lettre, que la haineuse concubine ait voulu se venger du silence et de la dissimulation qu'elle avait dû si longtemps s'imposer ; car, comme elle dit : « Notre crainte de te déplaire allait jusqu'à la pusillanimité. »

Alors le bandeau tomba des yeux de madame de Lopès ; elle questionna, tout le monde lui répondit, car ce qu'elle ignorait n'était un mystère pour personne.

Voici quelle était la vérité :

Mademoiselle Julie Clerisse, à peine arrivée dans la famille de M. de Lopès en 1819, y était devenue sa maîtresse, et pendant trente ans elle l'avait suivi dans toutes ses habitations.

Dans le mois de juin 1845, à une maison de campagne que M. de Lopès habitait l'été, mademoiselle Julie Clerisse fut atteinte d'une maladie, pour laquelle elle consulta à Paris ; elle disait souffrir d'un kyste ou tumeur dans le ventre.

La consultation répondit qu'une opération serait nécessaire, mais qu'auparavant la malade avait besoin de soins assidus. On l'engageait à venir à Paris.

Mademoiselle Julie Clerisse obéit à la consultation, elle quitta pour un temps la famille de Lopès ; l'opération eut lieu, elle réussit, et mademoiselle Julie Clerisse reparut au milieu de la famille dont elle reconnaissait si mal les bienfaits.

Mais à cette époque et le 11 octobre 1845, il naissait rue de la Fontaine-Molière, n° 2, chez une sage-femme, une petite fille qui fut inscrite sous les noms d'Emma Clare, née de père et mère non dénommés.

C'est l'orpheline recueillie par M. de Lopès, et que, par une disposition impérative de son testament de 1849, il confia exclusivement à mademoiselle Julie Clerisse.

Bientôt, mademoiselle Julie Clerisse dont l'influence sur M. de Lopès augmentait à mesure que ce dernier avançait en âge, obtint que la jeune Emma serait introduite dans la famille de M. de Lopès. Le but de l'habile concubine était d'ajouter encore à son influence sur le vieillard (M. de Lopès avait alors soixante-six ans).

Une nouvelle fable fut imaginée pour tromper madame de Lopès. Emma fut apportée par un ami complaisant, qui la présenta comme une orpheline recommandée à M. de Lopès.

On exalta la sensibilité de madame de Lopès, elle se plut à être la bienfaitrice de la petite Emma, et elle s'attacha si bien à cette enfant, qu'en 1850 il ne fallut rien moins, pour l'en séparer, que la volonté formelle et expresse de son mari formulée dans un testament.

Emma était bien la fille de mademoiselle Julie Clerisse ; car cette dernière, peu de jours avant son mariage avec M. Lemaire, l'avait, ainsi que ce dernier, reconnue par acte devant Colmet, notaire, pour leur fille naturelle, et après le mariage de monsieur et madame Lemaire, cette reconnaissance fut mentionnée en marge de l'acte de naissance de mademoiselle Emma.

Ces faits et cette légitimation avaient été soigneusement cachés à madame de Lopès, et quant à la paternité de M. Lemaire, elle ne peut être de la part de mes clients l'objet d'aucun examen. Mais il faut que le tribunal sache que, jamais du vivant de M. de Lopès, on n'avait connu ni vu chez lui M. Lemaire.

Ainsi, madame de Lopès avait été trompée, elle avait renoncé à sa donation contractuelle dans la pensée que, sur le legs à titre universel que lui avait fait son mari, elle recueillerait 165,000 francs, pour lesquels elle avait payé les droits de mutation, et il se trouvait, que non-seulement la presque totalité de ce legs lui échappait, mais encore que la réserve de son fils était profondément entamée par les libéralités faites à mademoiselle Julie Clerisse.

Et cette demoiselle Julie Clerisse qui profitait ainsi de cette surprise n'était plus l'amie, la parente pauvre méritant l'affection de madame de Lopès, c'était sa rivale, la maîtresse de M. de Lopès, la mère d'Emma; cette dernière n'était plus l'orpheline dont le malheur avait inspiré un si vif intérêt, c'était la fille de mademoiselle Julie Clerisse, et sa naissance était pour madame de Lopès un douloureux souvenir.

Madame de Lopès prit alors d'autres conseils que ceux de l'exécuteur testamentaire, et la vérité ne tarda pas à apparaître tout entière.

En 1837, et par les soins de Mᵉ Colmet, qui depuis, comme exécuteur testamentaire, témoigna à mademoiselle Julie Clerisse un si étrange intérêt, il avait été fait entre M. de Lopès et son fils du premier lit, Alexandre-Armand-Louis, dont Octave a depuis recueilli la succession, une liquidation sous seing privé, jusque-là considérée comme exacte. Cette liquidation n'avait été qu'un acte de spoliation qui avait enlevé à Alexandre-Armand-Louis de Lopès, et par conséquent, à Octave son héritier, plus de 233,000 francs ; la nullité de cette liquidation était évidente ; elle contenait lésion de plus du quart, elle contenait un compte de tutelle et n'avait pas été précédée de la remise de pièces ordonnée par l'article 472 du Code Napoléon.

Voici dans quelles circonstances avait été faite cette liquidation de 1837, et quelles étaient ses dispositions principales.

M. de Lopès avait personnellement peu de fortune à espérer. En 1811, il avait épousé mademoiselle de Bernard, très riche héritière qui, cependant, ne lui apportait en mariage qu'une simple rente de 4,000 francs ; il eut d'elle un fils, Alexandre-Armand-Louis, dont je viens de parler. Madame de Bernard avait trois enfants, elle voulut, de son vivant, faire entre eux le partage de sa fortune, et elle réalisa ce projet en vendant à chacun d'eux le lot qu'elle lui destinait, moyennant un prix de 200,000 francs pour chacun d'eux, énoncé payé comptant, dont elle donna la quittance, mais qui, en réalité, n'était pas sérieux.

Le lot de madame de Lopès, première femme, fut le domaine de Bizay, près Saumur, et la vente en fut faite à M. de Lopès seul, le 25 février 1821, moyennant le prix simulé dont je viens de parler.

En 1824, madame de Lopès mourut, laissant un fils, Alexandre-Armand-Louis, âgé de neuf ans ; par son testament, elle léguait à son mari un quart en toute propriété et un quart en usufruit.

Madame de Bernard survécut peu à sa fille ; elle mourut en 1825, et l'inventaire fait après son décès, constata qu'elle ne laissait absolument rien, si ce n'est un mobilier estimé 5,771 francs, et qui fut partagé entre ses trois héritiers.

Il est donc bien manifeste que les ventes faites à chacun des trois enfants de Bernard moyennant 200,000 francs, n'étaient pas sérieuses et n'étaient que des partages.

En 1825, M. de Lopès licita la terre de Bizay, indivise entre son fils et lui par suite du legs que lui avait fait sa femme du quart en toute propriété, et du quart en usufruit de ce qui composerait sa succession.

Cette terre fut vendue 470,000 francs.

En 1837, une liquidation sous seing-privé fut faite par les soins de

M⁰ Colmet, entre Alexandre-Armand-Louis de Lopès, devenu majeur, et son père. On y considéra le domaine de Bizay comme un acquêt de communauté; par là on enlevait au jeune de Lopès, ou plutôt à la succession de sa mère, 235,000 fr. ou environ. Mais avant de partager la communauté entre lui et son père, on préleva en faveur de ce dernier, pour de prétendues reprises et impenses, 111,000 fr. ; sur ce qui resta à la succession de madame de Lopès, son mari prit encore un quart en usufruit et un quart en toute propriété, en sorte qu'Alexandre-Armand-Louis perdait à cette opération 233,000 fr., c'est-à-dire plus du double de ce qu'il reçut.

Peu de temps après cet acte consommé, Alexandre-Armand-Louis fit un voyage, et quelques mois après il mourait loin de sa famille.

A cette époque, Octave, frère consanguin et héritier d'Alexandre-Armand-Louis, avait six ans.

Madame de Lopès recevait ces révélations en 1852; enlacée dans des actes obtenus de son aveugle confiance et dans lesquels elle avait été trompée, elle crut, avant de prendre un parti, devoir attendre la majorité de son fils Octave.

Le 3 février 1853, Octave de Lopès devint majeur. Le 22 avril suivant, il lui fut nommé un conseil judiciaire, alors les droits de mademoiselle J. Clerisse, devenue madame Lemaire, furent sévèrement examinés.

On avait découvert un registre des recettes et des dépenses de M. de Lopès, entièrement écrit par mademoiselle J. Clerisse, et qui n'avait pas été inventorié. On y trouva la preuve qu'en février et en mars 1850, c'est-à-dire peu de temps avant la mort de M. de Lopès, 100,000 fr. à lui remboursés, avaient été employés en rentes 5 pour 100 sur l'État. Ces rentes ne s'étaient pas trouvées dans la succession de M. de Lopès; on crut que mademoiselle J. Clerisse les avait détournées.

On ne comprenait pas, en effet, pourquoi M. de Lopès qui, en 1848 et 1849, avait fait deux testaments, le premier, pour léguer 100,000 fr. à mademoiselle J. Clerisse, le second, pour confier à cette dernière la jeune Emma qu'il appelait son orpheline, aurait, en 1850, voulu ajouter cent autres mille francs à ses premières libéralités, et surtout pourquoi cette dernière donation aurait été clandestine.

On se rappelait que dès la fin de 1849, M. de Lopès, frappé d'une troisième attaque d'apoplexie, atteint d'un ramollissement du cerveau, avait presque entièrement perdu la mémoire et l'intelligence, en sorte que tout faisait croire à un détournement.

Ce fut dans cette pensée que la demande originaire d'Octave de Lopès fut formée contre la jeune Emma, à fin de restitution des deux rentes sur l'État, d'ensemble, 5,000 fr., et en tout cas contre mademoiselle J. Clerisse, devenue madame Lemaire, et contre Emma, à fin de réduction à la quotité disponible des libéralités faites par M. de Lopès, et de nullité des liquidations et comptes de tutelle de 1837. En même temps, en vertu d'une ordonnance de référé, une somme de 83,000 fr., due à la succession de M. de Lopès, était déposée à la caisse des consignations jusqu'à l'issue du procès.

Madame Lemaire mit en cause madame de Lopès; elle prétendit que les 5,000 fr. de rentes lui avaient été donnés manuellement, et pour repousser la réduction à la quotité disponible, et la demande en nullité de la liquidation de 1837, elle soutint qu'Octave de Lopès était un enfant incestueux.

Afin de ne pas soutenir une contestation incertaine, Octave de Lopès se désista de sa demande, à fin de restitution des deux rentes sur l'État, d'ensemble, 5,000 fr. Il borna sa prétention à la réduction à la quotité disponible des libéralités faites par son père, et à la nullité de la liquidation de 1837, abandonnant ainsi la quotité disponible tout entière.

Bien plus, madame de Lopès elle-même signifia à madame Lemaire qu'elle consentait à abandonner son usufruit contractuel sur la quotité disponible, pourvu qu'elle adhérât aux conclusions d'Octave.

Mais madame Lemaire ne voulant pas abandonner le fruit de tant de manœuvres, depuis si longtemps préparées par elle, persista dans ses prétentions.

Alors Octave de Lopès et madame de Lopès virent dans cette persévérance de madame Lemaire à attaquer la légitimité d'Octave, un fait d'ingratitude et une injure grave envers la mémoire de M. de Lopès, et tous deux, l'un comme héritier, l'autre comme légataire universelle de M. de Lopès, formèrent contre madame Lemaire une demande en révocation pour ingratitude du legs de 100,000 fr. fait à cette dernière par M. de Lopès.

La question qui doit être examinée la première est celle de la révocation pour ingratitude du legs fait à madame Lemaire. En effet, si cette révocation était prononcée toutes les autres questions soulevées par ce procès deviendraient sans intérêt; car alors les libéralités faites par M. de Lopès ne dépasseraient pas la quotité disponible, et par conséquent madame Lemaire n'aurait plus d'intérêt à critiquer la légitimité d'Octave de Lopès, et il serait inutile de statuer sur la liquidation de 1837, qui n'intéresserait plus qu'Octave et sa mère, lesquels sont d'accord pour la considérer comme non avenue.

La révocation du legs fait à madame Lemaire ne suppose pas le maintien de la légitimité d'Octave, car cette révocation est demandée non-seulement par Octave, fils unique et seul héritier, mais encore par madame de Lopès, légataire universelle de son mari, en sorte que supposerait-on M. de Lopès mort sans enfant, la révocation du legs de madame Lemaire n'en devrait pas moins être prononcée, et cette révocation profiterait à la veuve, légataire universelle.

Les legs peuvent être révoqués pour injures graves faites par le légataire à la mémoire du testateur, et la demande doit en être formée dans l'année du délit; telle est la disposition de l'article 1047 du Code Napoléon.

Madame Lemaire a-t-elle injurié la mémoire de M. de Lopès?

Ici le doute n'est pas possible; car, par ses conclusions, elle conteste la légitimité du fils unique et chéri de M. de Lopès; elle accuse ce dernier d'inceste. Est-il possible de faire à sa mémoire une injure plus cruelle!

Madame Lemaire ne pourrait trouver une excuse dans la vérité des faits qu'elle divulgue; car la publication d'un fait vrai est une injure, lorsqu'il porte atteinte à l'honneur et à la considération. C'est ce qui résulte des dispositions de la loi du 17 mai 1819.

Les circonstances ne sauraient justifier madame Lemaire, bien au contraire, elles rendent sa conduite plus odieuse et l'injure plus atroce.

En effet, pauvre et sans ressources, elle avait trouvé pendant trente ans, dans la famille de M. de Lopès, une existence opulente et heureuse ; elle y avait trouvé de l'affection, si bien que les secrets les plus intimes de la famille lui étaient confiés. Du vivant même de M. de Lopès elle avait reçu de lui une fortune, 5,000 fr. de rentes sur l'État ; et c'est pour conserver dans son entier un legs dépassant la quotité disponible, c'est pour échapper à la réduction imposée par l'existence d'un enfant légitime, qu'elle attaque l'état civil de cet enfant, fils de son bienfaiteur. Dira-t-elle qu'elle n'a fait que se défendre et repousser l'attaque dirigée contre elle ?

Je répondrai :

Si l'attaque avait été injuste, si pour échapper à une spoliation, elle avait été réduite à divulguer des faits injurieux pour la mémoire de son bienfaiteur, on pourrait l'excuser et la plaindre, mais il n'en est pas ainsi.

Octave de Lopès a reconnu que la rente de 5,000 fr. était un don manuel fait à madame Lemaire ; il a borné sa demande à la réduction à la quotité disponible calculée par une liquidation sincère, et à la nullité de la liquidation de 1837 évidemment erronée ; une pareille prétention était la plus légitime du monde, et elle ne pouvait autoriser madame Lemaire à invoquer pour s'y soustraire des faits injurieux à la mémoire de son bienfaiteur. Les attaques de madame Lemaire sont d'autant plus odieuses que madame de Lopès, ajoutant à la générosité de son mari et de son fils, avait déclaré à madame Lemaire, par un acte extrajudiciaire, qu'elle lui abandonnait son usufruit contractuel sur la quotité disponible, pourvu qu'elle adhérât aux conclusions d'Octave de Lopès.

C'est cependant dans de telles circonstances qu'elle a persisté et qu'elle persiste encore aujourd'hui à vouloir faire juger que le fils de M. de Lopès est un enfant incestueux. N'est-ce pas là de l'ingratitude au premier chef ? Madame Lemaire n'est-elle pas coupable d'injure envers la mémoire de M. de Lopès ? Et dès lors n'est-il pas incontestable que la demande à fin de révocation du legs est fondée ? Vous le penserez comme nous, Messieurs, et vous prononcerez la révocation du legs de 100,000 fr. fait à madame Lemaire.

Pour le cas où, contre toute attente, cette première partie de nos conclusions serait repoussée, j'ai à défendre la légitimité d'Octave de Lopès, et à démontrer la nullité de la liquidation de 1837.

Madame Lemaire soutient qu'Octave de Lopès est un enfant incestueux, parce qu'il serait né de beau-frère et belle-sœur avant l'obtention des dispenses.

En fait, Octave de Lopès a été légitimé peu de mois après sa naissance par le mariage subséquent de ses père et mère. Mention de cette légitimation a été faite en marge de son acte de naissance. Ainsi, pendant plus de vingt ans, il a joui sans contradiction de la possession d'état d'enfant légitime, et cette possession d'état était conforme à son acte de naissance.

Madame Lemaire elle-même a reconnu la légitimité d'Octave à un instant où, comme légataire de M. de Lopès, elle avait intérêt à contester cette légitimité.

Et sur ce point nous fournissons les preuves les moins équivoques.

En effet, après le décès de M. de Lopès, et lorsqu'il s'agissait d'exécuter son testament, elle demanda à madame de Lopès, tutrice légale d'Octave, fils et seul héritier de M. de Lopès, et elle reçut d'elle en cette qualité la délivrance de son legs. C'est ce qui résulte énergiquement de l'acte du 17 décembre 1850, reçu par Colmet, notaire, et relatant avec soin les qualités dans lesquelles agissait madame de Lopès.

Bien plus, le même jour des conventions furent arrêtées entre madame Lemaire et madame de Lopès, agissant comme tutrice légale, et il en résulta que madame Lemaire, à cause des charges qui grevaient la succession de M. de Lopès, s'engageait à payer seule les droits de mutation, s'élevant à 16,182 fr. 40 c. Sur cette somme, 8,390 fr. étaient à la charge de madame de Lopès et de son fils ; le surplus, 7,792 fr. étaient dus personnellement par madame Lemaire pour son legs.

Elle faisait donc un sacrifice de 8,930 fr., et elle le faisait en raison des charges de la succession et surtout à cause des droits de l'enfant légitime.

Ainsi cet acte démontre que madame Lemaire, mieux instruite que madame de Lopès des forces et des charges de la succession de M. de Lopès, savait que les libéralités qui lui avaient été faites étaient excessives en raison de l'importance de la succession et des droits d'Octave de Lopès, dont elle respectait l'état civil, car elle n'aurait fait aucune concession si Octave n'avait été à ses yeux qu'un enfant incestueux, et si elle avait considéré la succession de M. de Lopès comme suffisante pour qu'il n'y eût lieu à aucune réduction.

Cette concession, tout insuffisante qu'elle est, est un hommage rendu par madame Lemaire au principe de la réductibilité des libéralités à elle faites. Pourquoi donc ces libéralités ne seraient-elles pas réduites d'après les bases d'une liquidation sincère ?

Il est donc démontré que madame Lemaire a volontairement, et en connaissance de cause, reconnu l'état civil d'Octave de Lopès.

Il reste à examiner quelle est en droit la portée de cette reconnaissance.

Ici, messieurs, j'invoque, pour repousser les prétentions de madame Lemaire, la jurisprudence constante et unanime des Cours impériales et de la Cour de cassation.

Sans doute l'état des personnes est en dehors de toutes les conventions ; et comme il ne peut résulter que de la vérité des faits constatés et de la loi, les conventions ne peuvent ni le créer, ni le modifier.

Mais lorsqu'une personne a un état civil résultant de son acte de naissance et de sa possession d'état, nul ne peut être admis à le lui contester s'il n'y a un intérêt direct et personnel. Ce sont les dispositions de l'article 339 (Code Napoléon).

Or, si cet intérêt n'est qu'un intérêt d'argent, il a pu y être valablement renoncé ; et cette renonciation rend son auteur incapable de contester l'état civil qu'il a reconnu.

D'où il suit que madame Lemaire, en reconnaissant l'état civil d'Octave de Lopès, qu'elle n'avait intérêt à critiquer que pour échapper à la réduction de son legs, en réduisant elle-même ce legs de l'importance des droits de mutation dus par la succession, s'est soumise à l'éventualité de cette réduction, et s'est enlevé toute espèce de droit à attaquer la légitimité d'Octave.

Il en serait différemment si madame Lemaire, au lieu d'un intérêt d'argent, avait eu à contester l'état civil d'Octave un intérêt de famille sur lequel on ne peut transiger. C'est en ce sens que la question a toujours été décidée, sans qu'il ait jamais été rendu un seul arrêt contraire ; je cite, entre autres, des arrêts de cassation des 18 avril 1840, 27 décembre 1831, 13 avril 1820 et 24 juillet 1825.

Et cette doctrine est d'autant mieux fondée et s'applique d'autant mieux à madame Lemaire, qu'elle n'a fait que reconnaître un état civil préexistant, sans le créer ni le modifier.

M. Troplong distingue entre le cas où la transaction tend à changer, à détruire l'état acquis d'une personne et celui où elle a pour objet de le consolider. Dans le premier cas, la transaction n'est pas valable ; mais si, au contraire, elle est favorable à l'état de la personne, les principes ne sont plus les mêmes, dit-il, on peut toujours opposer aux auteurs de la transaction la reconnaissance qu'ils ont faite de cet état, et l'on peut se prévaloir contre eux d'une fin de non-recevoir insurmontable. La Cour de cassation s'est appropriée cette doctrine dans un arrêt remarquable du 28 novembre 1849, sous l'autorité duquel je place la thèse que je soutiens.

Les attaques de madame Lemaire contre la légitimité d'Octave de Lopès sont donc repoussées, et repoussées par une fin de non-recevoir insurmontable.

Au fond, l'état civil d'Octave de Lopès serait à l'abri de toute insulte. En effet, il n'y a inceste qu'autant que le mariage est absolument impossible en raison de la parenté ; mais dès que le mariage est possible avec dispense, l'inceste disparaît et l'enfant est légitime, s'il y a eu dispense, mariage, légitimation.

Telle est l'opinion de M⁰ Dupin l'aîné : dans un remarquable discours prononcé à la tribune de la chambre des députés, cet éminent jurisconsulte a soutenu que la simple application des principes du droit suffisait pour que les tribunaux maintinssent la légitimation des enfants nés d'entre beau-frère et belle-sœur, avant la loi du 16 avril 1832, et qu'aucune disposition législative n'était nécessaire pour cela. Sur sa demande, la chambre a rejeté le renvoi au garde des sceaux.

À l'appui de cette doctrine, M⁰ Dupin citait un arrêt de Grenoble et un arrêt de cassation du 22 janvier 1842.

Ainsi disparaît et s'évanouit l'attaque dirigée par madame Lemaire contre la légitimité d'Octave. L'état civil de ce dernier reste inattaquable, et la réduction à la quotité disponible des libéralités faites par son père en est une conséquence nécessaire.

Pour échapper à la réduction des libéralités qui lui ont été faites, madame Lemaire essaie de soutenir que les conventions du 17 décembre 1850 sont une transaction aux termes de laquelle la tutrice, en échange du paiement des droits de mutation, s'engageait à ne pas demander la réduction du legs fait à madame Lemaire.

Que madame de Lopès et son fils, en consentant la délivrance des legs, s'étaient rendus non-recevables à en demander la réduction.

Peu de mots feront justice de ces objections.

En effet, rien dans l'acte sous seing privé du 17 décembre n'indique qu'il ait été transigé sur la réduction des legs.

Par conséquent rien n'est stipulé sur cette réduction ; car on ne peut étendre une transaction à des différends qui n'en étaient pas l'objet, sans violer l'article 2048 du Code Napoléon.

En échange de ce que madame de Lopès ne contestait pas les libéralités faites à madame Lemaire, entachées qu'elles étaient d'une captation manifeste et en tout cas primées par l'usufruit contractuel de madame de Lopès, madame Lemaire avait reconnu la légitimité d'Octave, et par respect pour les droits de ce dernier, elle avait consenti à supporter seule les droits de mutation. Telle est la substance des actes faits entre la tutrice et madame Lemaire.

Cela peut-il signifier que les legs ne subiraient pas une plus forte réduction dès qu'il serait démontré qu'ils dépassaient la quotité disponible ? Évidemment non.

D'ailleurs délivrer les legs n'était pas renoncer à en demander la réduction, alors surtout que l'héritier ignorait, au moment de cette délivrance, la situation vraie de la succession, ses ressources et ses charges. Autrement l'héritier serait victime d'une erreur ou d'une surprise, et c'est ce que la loi non plus que les tribunaux ne peuvent sanctionner.

A l'appui de cette doctrine, j'invoque une jurisprudence unanime, et notamment un arrêt de cassation du 12 juin 1839 et un arrêt de Nancy, après cassation, du 6 mars 1840.

En fait, tout proclame que madame de Lopès et son fils ignoraient la situation vraie de la succession de M. de Lopès.

Ils ne soupçonnaient pas les erreurs de la liquidation de 1837. Comment les auraient-ils connues ? Ils croyaient que la succession s'élevait à plus de 900,000 fr., somme plus que suffisante pour qu'aucune libéralité ne fût réduite, et cela est si vrai que dans une lettre écrite un an après à madame Lemaire, madame de Lopès répétait encore que la fortune de son mari s'élevait à plus de 900,000 fr. Erreur énorme, car, en réalité, elle n'atteignait pas 280,000 fr.

Madame de Lopès savait si peu que les libéralités faites à madame Lemaire avaient dépassé la quotité disponible, qu'elle croyait que la fortune de son mari suffirait à fournir à Octave sa réserve, à madame Lemaire les libéralités qui lui étaient faites, et à elle, madame de Lopès, 165,000 fr. sur son legs ; et en effet, elle avait, comme légataire, payé les droits de mutation sur cette somme.

Il est donc vrai que les libéralités faites par M. de Lopès doivent être réduites d'après le droit commun. Pour opérer cette réduction et pour liquider d'une manière exacte et sur des bases vraies la succession de M. de Lopès, il est nécessaire que le tribunal prononce la nullité de la liquidation sous seing privé, dont j'ai déjà parlé et qui a été faite en 1837 entre M. de Lopès et Alexandre-Armand-Louis, son fils du premier lit, aujourd'hui décédé, dont la succession a été recueillie par Octave de Lopès.

Ici je demande au tribunal la permission de revenir sur quelques faits relatifs à la succession de madame Caroline de Bernard, première femme de

M. de Lopès, et que je n'ai fait qu'indiquer pour l'intelligence des faits que j'avais à faire connaître.

En 1811, M. de Lopès avait épousé mademoiselle Caroline de Bernard : alors il ne possédait rien. Chaque époux devait recevoir de ses parents une rente de 3,000 fr. par an. Madame de Bernard prenait en outre l'engagement de loger et nourrir les deux époux et leurs domestiques.

Madame de Bernard, voulant faire de son vivant, entre ses trois enfants, le partage de ses biens, avait fait à chacun d'eux une vente simulée du tiers de sa fortune, moyennant 200,000 fr. énoncés payés comptant, mais qui, en réalité, ne l'avaient jamais été.

Ainsi, le 25 février 1821, confondant dans son ignorance des affaires son gendre et sa fille qui à ses yeux n'étaient qu'une seule et même personne, elle fit à M. de Lopès, son gendre, la vente du domaine de Bizay, près Saumur, qu'elle habitait alors, moyennant 200,000 fr. énoncés payés comptant.

Dans cette vente est relatée une donation de 100,000 fr., faite en 1817 par madame de Bernard au profit de son gendre, hypothéquée sur Bizay, mais qui n'était exigible qu'après le décès de la donatrice ; et madame de Bernard, après avoir donné quittance du prix simulé de 200,000 fr., avait déclaré dans l'acte de vente que dans le paiement n'était entrée en rien ni pour rien la somme de 100,000 fr. donnée en 1817, et elle avait ajouté que M. de Lopès aurait toujours le droit d'exiger, au décès de la donatrice, cette somme de 100,000 fr. qui serait toujours due par la succession de cette dernière, nonobstant l'extinction de l'hypothèque conférée sur Bizay.

Ainsi Biszay se trouvait dégrevé de la donation de 100,000 fr., et il composait libre le lot de madame Caroline de Lopès ; car la vente simulée du 5 février 1821 n'avait pour objet que de lui fournir sa part dans la succession de sa mère. Ce fait est du reste reconnu par les conclusions signifiées par madame Lemaire.

Cette vente fut ratifiée par tous les enfants de madame de Bernard y compris madame Caroline de Lopès.

Le 27 septembre 1824, madame de Bernard fit à chacun de ses deux autres enfants, mademoiselle Aglaé et M. Charles de Bernard, une semblable vente du surplus de ses biens, moyennant 200,000 fr., aussi énoncés payés comptant.

Chacune de ces deux dernières ventes fut aussi ratifiée par tous les autres enfants de madame de Bernard.

Ainsi chacun des trois enfants de madame de Bernard recevait le tiers de la fortune de cette dame, c'est-à-dire environ 450,000 fr. Bientôt après le domaine de Bizay fut vendu 470,000 fr. Les deux autres lots furent conservés en nature, mais leur consistance en démontre la valeur.

Madame Caroline de Lopès mourut le 28 octobre 1824, laissant un fils mineur, Alexandre-Armand-Louis, alors âgé de neuf ans.

Par son testament elle avait donné à son mari tout ce dont la loi lui permettait de disposer, c'est-à-dire un quart en toute propriété et un quart en usufruit.

Madame de Bernard survécut peu à la perte de madame de Lopès, sa fille chérie, qu'elle aimait plus que tout au monde et qui touchait à son cœur par tous les points, comme elle l'écrivait elle-même dans une lettre qui est produite au procès.

Alors se manifesta de la manière la plus éclatante cette vérité, que les ventes dont je viens de parler étaient simulées, que les prix n'en avaient jamais été payés, et qu'elles n'avaient pour but unique que de fournir à chacun des enfants de Bernard son lot dans la succession de sa mère.

En effet, l'inventaire après le décès de madame de Bernard, qui fait partie de mon dossier, constate que cette dame ne laissait absolument rien, si ce n'est un mobilier estimé 5,771 fr. Si la vente de Bizay avait été sérieuse, madame de Lopès et son fils se seraient trouvés privés de leur droit dans la succession de madame de Bernard; à coup sûr, M. de Lopès aurait réclamé; tout au contraire, le mobilier laissé par madame de Bernard, fut, à la suite de l'inventaire, partagé entre les trois héritiers, savoir : Alexandre-Armand-Louis de Lopès, mineur, représentant madame Caroline de Lopès, sa mère; mademoiselle Aglaé et M. Charles de Bernard. Il ne restait rien pour payer la donation de 100,000 fr. faite à M. de Lopès en 1817.

Cette donation se trouvait ainsi caduque, et M. de Lopès n'éleva à cet égard aucune réclamation, puisqu'il prit sans protestation la part de son fils dans le mobilier laissé par madame de Bernard.

Le domaine de Bizay fut licité en 1825 entre M. de Lopès et son fils ; l'indivision de ce domaine naissait de ce que madame Caroline de Lopès, dont il composait la fortune, avait légué à son mari un quart en toute propriété et un quart en usufruit de tout ce qui composerait sa succession. Bizay fut adjugé moyennant 470,000 fr. y compris un mobilier qui en était l'accessoire et qui provenait de madame de Bernard.

Alexandre-Armand-Louis de Lopès atteignit sa majorité au mois de janvier 1837. Alors il fut fait une liquidation sous seing privé de la communauté d'entre M. de Lopès et sa première femme, et de la succession de cette dernière, et à la suite un compte de tutelle rendu par M. de Lopès à son fils. Ce dernier donna à son père un récépissé de ces liquidation et compte de tutelle, ainsi que des pièces à l'appui, sans en désigner une seule, et quinze jours après, la liquidation et le compte de tutelle furent approuvés par un seul et même acte.

Le résultat était une spoliation. En effet, Alexandre-Armand-Louis, à qui du chef de sa mère il revenait 380,000 fr., n'en recevait que 147,000, tant en toute propriété qu'en nue propriété, 233,000 fr. lui étaient enlevés.

L'auteur de cet acte inique était Me Colmet, avoué à Paris, le même qui, treize ans plus tard, devait prêter encore les mains à la spoliation d'Octave de Lopès et de sa mère, en déterminant cette dernière à renoncer à son usufruit contractuel pour s'en tenir à un legs universel qu'il savait à peu près illusoire, et à délivrer en qualité de tutrice, avant toute liquidation et sur l'aperçu inexact des forces de la succession, des libéralités excédant de beaucoup la quotité disponible.

Les erreurs commises par la liquidation sous seing privé de 1837 sont bien faciles à découvrir.

Le domaine de Bizay était la part de madame Caroline de Lopès dans la succession de sa mère; par conséquent le prix de ce domaine devait figurer tout entier aux reprises de madame de Lopès et à l'actif de sa succession.

La liquidation, au contraire, abusant de la qualification de vente donnée à l'acte qui avait transmis Bizay à madame de Lopès, porte le prix de Bizay, 470,000 fr., à l'actif de la communauté.

Ainsi, et d'un seul coup, 235,000 francs étaient enlevés à la succession de madame Caroline de Lopès, dont il revenait à Alexandre-Armand-Louis les trois quarts tant en propriété qu'en nue-propriété. C'était déjà beaucoup, mais le rédacteur de cette liquidation ne s'arrêta pas en si beau chemin, et sur l'actif de la communauté ainsi enrichi aux dépens de la succession de madame Caroline de Lopès, il fit encore prélever au profit de M. de Lopès 111,000 francs de reprises, sous prétexte de remplir ce dernier de son patrimoine aliéné.

Or, comme je le démontrerai tout à l'heure, ces reprises n'existaient pas, car si M. de Lopès avait, du vivant de sa femme, aliéné son patrimoine, il en avait soigneusement employé le prix, ainsi qu'il résulte des actes authentiques que je possède dans mon dossier.

En tout cas, il était souverainement injuste de faire exercer les reprises de M. de Lopès sur les propres de sa femme. Après avoir donné son approbation aux actes ainsi préparés et élaborés par M⁰ Colmet, Alexandre-Armand-Louis partit pour un voyage duquel hélas ! il ne devait pas revenir.

Il mourut, en effet, le 23 mai 1837, à Saint-Laurent-du-Pont, dans le département de l'Isère. Il paraît que la nuit, atteint d'un violent accès de fièvre, il sauta par la fenêtre de sa chambre, erra presque nu dans la campagne, et trouva la mort dans un ruisseau où il tomba.

A son décès, il fut fait un inventaire, et il résulta de cette pièce dont je suis porteur, que ni à Saint-Laurent-du-Pont, ni à son domicile à Paris, on ne trouva aucune des pièces qui lui auraient été remises trois mois auparavant à l'appui de la liquidation et du compte de tutelle dont je viens de parler. Cette liquidation elle-même n'était pas en sa possession, le tout avait été conservé par M. de Lopès, après le décès duquel on l'a retrouvé.

Tels sont les liquidations et compte de tutelle dont nous demandons la nullité, afin qu'une liquidation nouvelle établisse sur des bases vraies l'importance de la succession de M. de Lopès et de la quotité dont il a pu disposer.

Madame Lemaire, à qui seule profitent la liquidation de 1837 et les erreurs qu'elle contient, s'efforce de la défendre, soit par des fins de non-recevoir, soit en en expliquant les opérations.

Dans ses conclusions, les seules qu'elle ait prises jusqu'à présent, elle reconnaît que le domaine de Bizay était échu à madame Caroline de Lopès par un partage de pré-succession, mais qu'il était devenu équitablement un acquêt de communauté, en raison des dépenses considérables que M. de Lopès y auraient faites, dépenses qui, selon elle, dépassaient la valeur originaire de la terre et qui avaient donné à l'immeuble une plus-value du double.

Selon madame Lemaire, Alexandre-Armand-Louis de Lopès, sachant la vérité de ces faits, aurait consenti à ce que Bizay fût ainsi transformé en acquêt de communauté.

Enfin, ajoute madame Lemaire, un jugement du 5 juillet 1825 passé en force de chose jugée, a décidé que Bizay était un acquêt de communauté et non un propre de madame de Lopès.

Tel est le système de madame Lemaire, système insoutenable et dont la fausseté est démontrée par tous les éléments de la cause.

D'abord, des impenses, si énormes qu'on les suppose, ne peuvent équitablement faire d'un immeuble propre à la femme un acquêt de communauté, les impenses donneraient lieu à des indemnités au profit de la communauté. La femme ou ses héritiers conserveraient leur propre et indemniseraient la communauté de ses dépenses. Mais cette indemnité ne serait pas entièrement perdue pour eux puisqu'ils en reprendraient la moitié dans la communauté. Si le mari avait aliéné ses propres, s'il avait confondu sa fortune personnelle dans la communauté, il exercerait ses reprises sur la communauté, duement indemnisée de ses dépenses, mais non sur les propres de sa femme.

Comme on le voit, la transaction d'équité qu'imagine madame Lemaire ne serait qu'une odieuse iniquité.

Mais une pareille transaction était assez insolite pour être énoncée. Si donc elle avait réellement existé, elle serait rapportée et confirmée par la liquidation de 1837; or, cette liquidation est muette sur ce point si important. Il y a plus, non-seulement il n'y est pas dit qu'Alexandre-Armand-Louis a converti le domaine de Bizay en acquêt de communauté à cause des impenses que son père y aurait faites, mais encore il n'y est pas question le moins du monde de la vente de ce domaine par madame de Bernard à son gendre ; cet acte était pourtant assez important pour qu'il y fût expliqué et apprécié ?

Que penser d'une pareille réticence? Ne dément-elle pas énergiquement la prétendue transaction imaginée par madame Lemaire? C'est ce que, d'ailleurs, tout démontre. Comment croire qu'Alexandre-Armand ait pu, comme l'allègue madame Lemaire, savoir si son père avait fait des impenses à Bizay, ni quelles avaient été leur importance et la plus-value qui en serait résulté? à la mort de sa mère en 1824, il avait neuf ans, et lorsque le domaine a été vendu en 1825, il n'avait que dix ans.

Enfin, si la liquidation de 1837 a fait de Bizay un acquêt de communauté, donnant ainsi à M. de Lopès la moitié de ce domaine, ce ne pouvait être pour le payer des impenses qu'il y aurait faites.

En effet, si c'eût été la pensée de cette liquidation, elle n'aurait pas fait, en outre, reprendre par M. de Lopès sur le domaine de Bizay ses reprises vraies ou prétendues, car elles auraient déjà été payées, et bien au delà, par l'abandon de la moitié du domaine.

Or, la liquidation ne se contente pas de faire de Bizay un acquêt de communauté, mais sur la communauté ainsi enrichie, elle fait prélever par M. de Lopès 111,000 francs pour de prétendues reprises.

Il est donc manifeste que pour faire entrer Bizay dans la communauté, on s'est basé uniquement sur la qualification de vente donnée à l'acte de 1824, qui avait investi madame de Lopès de son lot dans la succession de sa mère, et c'est là une erreur énorme.

Mais il est un fait qui détruit de fond en comble le système de madame Lemaire, c'est celui-ci : M. de Lopès n'a jamais dépensé un sou de son patrimoine sur le domaine de Bizay. Sa fortune, qu'il avait, il est vrai, dénaturée à cette époque, avait été soigneusement employée par lui, non en travaux à Bizay, mais en obligations hypothécaires.

Ainsi, devant ce fait résultant, comme le tribunal va le voir, d'actes authentiques, s'évanouissent à la fois, et les prétendues impenses faites par M. de

Lopès et ses reprises ; comment donc défendre la liquidation de 1837 qui consacre de pareilles erreurs ?

La vérité de ce que je viens d'avancer ne peut être niée, car j'ai dans mon dossier le premier contrat de mariage de M. de Lopès, l'inventaire après le décès de son père, et les actes constatant l'emploi qu'il a fait de son patrimoine; à toutes les époques de sa vie, nous le trouvons nanti de ce patrimoine bien distinct du domaine de Bizay et de son prix.

En effet, lors de son mariage M. de Lopès n'avait rien. Son père lui avait constitué une simple rente de 3,000 francs ; sa femme apportait elle-même une rente de 3,000 francs.

En 1819, au décès de son père, M. de Lopès recueillit une fortune de 114,000 francs, et ce, non compris un mobilier qu'il a conservé en nature, et dont, par conséquent, il ne faut pas s'occuper.

Sur la succession de son père, il a réalisé en 1821, 72,000 francs, savoir: 39,000 francs, prix de rentes sur l'État, et 33,000 francs, prix d'une maison rue Vieille-du-Temple. Mais loin d'employer ces fonds en travaux à Bizay, il les a conservés, car il prêta hypothéquairement le 26 novembre 1825 à un sieur Barre 45,000 francs, et le 29 du même mois, à un sieur Moreau 30,000 francs, en tout 75,000 francs. Voilà l'emploi des 72,000 francs qu'il avait réalisés en 1821.

Et il n'est pas possible de dire que ces 75,000 francs ainsi placés provenaient du prix de Bizay ; car ce prix n'a été payé qu'en 1826, la première quittance est du 20 mars de cette année.

Outre les 72,000 francs dont je viens de parler, M. de Lopès recueillit dans la succession de son père une maison, place de l'École. Mais il l'a vendue 42,000 francs après le décès de sa première femme, c'est-à-dire à une époque à laquelle il n'était plus possible que cette somme fût employée en travaux à Bizay ni constituât des reprises à M. de Lopès.

Enfin, en 1832, M. de Lopès possédait aux termes de son contrat de mariage avec sa belle-sœur, 631,000 francs en valeurs détaillées au contrat.

Ce qui représente le prix de Bizay, 470,000 francs ;

Le patrimoine de M. de Lopès, 114,000 francs ;

Et des économies, pour 46,324 francs.

Si M. de Lopès avait dépensé dans Bizay, avant 1825, les 114,000 francs provenant de son père, il faudrait admettre qu'en 1832, six ans après, il avait reconquis, outre des économies de 46,000 francs, les 114,000 francs provenant de son père, et cela est impossible ; car M. de Lopès n'a jamais eu ni état ni industrie, il a toujours vécu dans le luxe, il n'avait pas spéculé pendant ces six années, parce que ses capitaux étaient placés sur hypothèque comme le constate le contrat de mariage de 1832.

Il est donc démontré que les impenses de M. de Lopès sur Bizay, l'aliénation de son patrimoine lui donnant droit à des reprises, sont autant de fables imaginées par madame Lemaire.

Mais, dit cette dame, le jugement du 5 juillet 1825 a ordonné la licitation de Bizay entre M. de Lopès et son fils, et a décidé que Bizay ferait partie de la communauté d'entre M. de Lopès et sa première femme. Il y a chose jugée sur ce point.

Le tribunal se rappelle que madame de Lopès avait légué à son mari un quart en toute propriété et un quart en usufruit de ce qu'elle posséderait à son décès. De là, résultait l'indivision du domaine de Bizay entre M. de Lopès, légataire de sa femme, et son fils, seul héritier de cette dernière.

Il n'y a donc pas besoin de faire de Bizay un acquêt de communauté pour expliquer le jugement qui ordonne la licitation de cet immeuble, et ceci est d'autant plus vrai que le jugement du 5 juillet 1825 ordonne l'exécution du testament de madame de Lopès.

Si on lit attentivement le dispositif de ce jugement, on reconnaît qu'il se borne à ordonner l'exécution du testament, la liquidation des communauté et succession, et préalablement la licitation de Bizay.

Il n'existe donc aucune disposition sur la nature du propre ou de l'acquêt du domaine, puisque l'indivision en est suffisamment expliquée par un legs à titre universel.

Mais, dit encore madame Lemaire, dans les motifs de ce jugement on lit : *De la communauté et de la succession dépend le domaine de Bizay*. Le jugement décide donc que Bizay est acquêt de la communauté. C'est là tout l'argument de madame Lemaire. Il repose tout entier sur quelques mots insérés dans les motifs, mais non reproduits dans le dispositif.

Mais, d'abord, le jugement du 5 juillet 1825 est ce qu'on appelle au Palais un jugement d'expédient, un dispositif présenté par les avoués et accepté par le tribunal.

L'avoué qui dirigeait tout était M° Colmet, et l'on sait quel rôle déplorable il a joué dans toute cette affaire.

Que peut signifier, dès-lors, un mot glissé dans les motifs, mais non reproduit par le dispositif, mot inutile à l'intelligence et à l'explication du jugement?

Puis ces mots *de la communauté et de la succession* signifient-ils que le domaine de Bizay perdait sa nature originaire de propre pour devenir acquêt ?

Pas le moins du monde, et ces mots paraissent signifier tout simplement qu'une minime fraction de Bizay faisait partie de la communauté ; et ce fait était vrai, car il résulte du cahier des charges dressé pour parvenir à l'adjudication de Bizay, que M. de Lopès avait acheté, de 1821 à 1824, à divers particuliers, moyennant 3,394 francs, 8 hectares de terres qu'il avait réunies au domaine.

Mais l'objection de madame Lemaire est anéantie par ce fait constaté par les qualités du jugement, qu'en 1825, il ne s'était élevé aucun débat sur la question de savoir si Bizay était propre à madame de Lopès ou, au contraire, acquêt de communauté : et, dès lors, comment admettre que le tribunal ait entendu juger une question qui ne lui était soumise par personne, sur laquelle aucun document ne lui était fourni, question qu'il aurait à coup sûr renvoyée à la liquidation si on la lui avait présentée.

Il n'y a, en effet, chose jugée que sur ce qui a été plaidé et débattu devant les magistrats. Il n'est pas possible que la présomption légale de vérité s'attache à des mots insérés par surprise dans un jugement d'expédient, sur lesquels l'attention du tribunal n'a pas été appelée, parce que sur ce chef, aucune contestation, aucun débat n'apparaissait.

Enfin, il est un point reconnu et proclamé unanimement par la jurisprudence, c'est que le dispositif des jugements et arrêts, et non leurs motifs, constituent seuls la chose jugée.

C'est ce qu'a décidé la Cour de cassation les 8 juin 1842, 22 juillet 1839, 21 décembre 1840, 24 janvier 1856.

Il est clair que le dispositif du jugement, en ordonnant la licitation, suppose une indivision entre le père et le fils ; mais cette indivision résultant d'après le jugement même du testament de madame de Lopès, on ne saurait soutenir sérieusement qu'il a été décidé que l'indivision naissait de ce que le domaine était acquêt de communauté.

Ainsi, rien ne consacre comme vérité judiciaire l'erreur énorme commise par la liquidation de 1837 au préjudice d'Alexandre-Armand-Louis de Lopès, dont Octave est l'héritier.

Je passe à présent, messieurs, aux moyens de nullité invoqués contre la liquidation de 1837.

Elle est nulle aux termes de l'article 887 du Code Napoléon, parce qu'elle contient au préjudice de la succession de madame Caroline de Lopès ou d'Alexandre-Armand-Louis son héritier une lésion de plus du quart.

Quelques mots suffiront pour démontrer cette vérité ; en effet, cet acte est un partage puisqu'il avait pour objet de répartir entre M. de Lopès et son fils du premier lit la communauté d'entre M. de Lopès et sa première femme et la succession de cette dernière. Il est donc soumis à l'application de l'article 887 du Code Napoléon.

Or, la lésion de plus du quart est un fait incontestable. En effet, la succession de madame Caroline de Lopès avait droit de reprendre sur la communauté, outre les reprises résultant de son contrat de mariage, le prix total de la licitation du domaine de Bizay qui lui était propre, c'est-à-dire 475,000 francs. Au lieu de cette somme, il ne lui est fourni que 188,000 francs, elle est lésée de 287,000 francs, près des deux tiers.

Alexandre-Armand-Louis, seul héritier de sa mère, avait droit dans la succession de cette dernière aux trois quarts, tant en toute propriété qu'en nu propriété, c'est-à-dire à 380,000 francs.

Au lieu de cela, il ne reçoit que 100,000 francs en toute propriété, et 47,000 francs en nu propriété. La lésion est de 233,000 francs, c'est-à-dire encore des deux tiers ; et comment n'en serait-il pas ainsi, puisque, grâce à l'erreur que le tribunal connaît à présent, moitié de la fortune de madame de Lopès lui a été enlevée d'abord, et, qu'en outre, on ne lui a pas laissé la première moitié entière, puisqu'on en avait déduit les reprises prétendues de M. de Lopès ?

L'égalité en matière de partage est le principe fondamental d'où découle la disposition absolue de l'article 887 ; comment, dès-lors, maintenir un partage duquel il résulte une lésion aussi énorme ?

Quoique près de dix-huit années se soient écoulées depuis cette liquidation, cette rescision n'est recouverte, ni par une ratification, ni par son exécution.

En effet, Alexandre-Armand-Louis de Lopès est mort trois mois après cette liquidation, et depuis, Octave de Lopès, son frère et son héritier, a été mineur.

La liquidation qui nous occupe est encore nulle aux termes de l'article 472 du Code Napoléon, parce qu'Alexandre-Armand-Louis de Lopès a accepté par une seule approbation, tant cette liquidation que le compte de tutelle, sans qu'aucunes pièces lui aient été remises.

Il existe deux récépissés donnés par Alexandre-Armand-Louis à son père : le premier, du 15 février 1837, en suite du compte de tutelle ; le deuxième, du 16, par une lettre missive.

Nous disons que ces récépissés ne sont pas sincères et qu'aucune pièce n'a été remise. En effet, après avoir approuvé cette liquidation et le compte de tutelle mis ensuite, Alexandre-Armand-Louis partit en voyage et mourut trois mois après. Or, à son décès, il n'avait en sa possession, ni cette liquidation, ni aucune des nombreuses pièces à l'appui qu'il était censé avoir reçues ; c'est ce qui résulte de l'inventaire fait après son décès à Paris, et du procès-verbal de constat fait à Saint-Laurent-du-Pont où il est mort.

Il y a plus, et afin que l'évidence soit complète, ces pièces se sont trouvées en la possession de M. de Lopès père qui les avait gardées.

Il est impossible d'expliquer ces faits par une confusion arrivée après le décès du fils dans un domicile commun, car le père et le fils n'habitaient pas la même maison : l'un demeurait rue de la Madeleine, 23 ; et l'autre, rue de Mirosménil, 18. Cela résulte de l'inventaire même.

Ainsi disparaît l'approbation donnée par Alexandre-Armand-Louis tout à la fois à la liquidation et au compte de tutelle.

Si le tribunal pensait que les récépissés sont sincères, la nullité des liquidation et compte de tutelle n'en devrait pas moins être prononcée, parce que les récépissés n'indiquent aucune des pièces remises, et par suite, ne satisfont pas au vœu de la loi.

La loi, en effet, se défie du pupille, elle ne veut pas qu'il puisse traiter avec son tuteur avant d'avoir au moins dix jours à l'avance reçu son compte et les pièces à l'appui, et elle exige qu'un récépissé établisse la remise du tout.

Si donc le récépissé n'établit rien, s'il ne dit pas quelles pièces ont été remises, il ne satisfait pas au vœu de la loi ; c'est ce qu'a jugé la cour de Rennes le 7 août 1817.

Et que l'on ne dise pas que les pièces justificatives étaient énoncées dans la liquidation et le compte de tutelle, en sorte que leurs énonciations auraient complété le récépissé, car les actes essentiels à l'intelligence de cette affaire ne sont même pas énoncés, ni dans la liquidation, ni dans le compte de tutelle ; par une réticence au moins inexplicable, il n'y est parlé, ni de la vente du domaine de Bizay faite en 1821 à M. de Lopès, ni de l'inventaire après le décès de madame de Bernard.

Et ce fait est d'autant plus grave que tout annonce qu'Alexandre-Armand-Louis a été victime d'une erreur.

Enfin, et si contre toute attente ces moyens de nullité nous échappaient, tout au moins, l'erreur commise par la liquidation de 1837 devrait être redressée aux termes de l'article 541 du Code de procédure civile.

En effet, cette erreur consiste à avoir porté le prix de Bizay à l'actif de la communauté au lieu de le faire figurer aux reprises de madame de Lopès.

C'est évidemment là le faux emploi qui, aux termes de l'article 541 du Code de procédure, est un motif de redressement des comptes arrêtés.

L'esprit de cet article est que le redressement doit être ordonné lorsqu'il se fonde sur des documents inconnus à l'époque ou ce compte a été arrêté (Paris, 2 mars 1831), ou lorsque les parties ont traité dans l'ignorance des faits, et que leur consentement a été surpris (Paris, 27 mars 1854).

Or, il est manifeste qu'Alexandre-Armand-Louis a ignoré la vérité sur la vente du domaine de Bizay à son père, qu'il a traité avec ce dernier dans l'ignorance complète des faits qui faisaient de Bizay un propre de sa mère, et non un acquêt de communauté. En tout cas, le redressement devrait être ordonné.

Madame Lemaire, en concluant subsidiairement au renvoi à la liquidation, demande que M° Colmet soit le notaire commis.

Je repousse cette commission et je demande que le tribunal commette M° Dumas.

M° Colmet, il est vrai, a fait l'inventaire après le décès de M. de Lopès, mais son ministère est refusé par la veuve et par l'héritier, pourrait-il être leur notaire malgré eux? Je ne le pense pas, car madame Lemaire, simple légataire soumise à la réduction, ne peut imposer son notaire à la veuve et à l'héritier; sans doute, madame Lemaire a droit d'examiner et de critiquer la liquidation dressée par le notaire de la veuve et de l'héritier, mais là se borne son droit.

D'ailleurs, les actes de M° Colmet père dans toute cette affaire, ceux même de son fils, rendent ce dernier impossible. A-t-il éclairé madame de Lopès sur la portée de la renonciation qu'on lui demandait à son usufruit contractuel? N'a-t-il pas été en toute circonstance, comme son père, le protecteur secret et dévoué de madame Lemaire? La liquidation ne peut donc lui être confiée.

Dans ce procès, vous verrez, messieurs, un père de famille enlacé depuis longues années dans les liens de l'adultère, se prêter par une déplorable faiblesse à tous les actes de spoliation sollicités par sa maîtresse. Vous verrez cette dernière augmenter sa puissance et ses exactions à mesure que M. de Lopès avançait en âge. Vous verrez une tutrice et un mineur abusés et réclamant, chose bien légitime, la réserve dont la loi défendait à M. de Lopès de disposer.

Pour échapper à la réduction qui lui laisserait encore une fortune, à elle qui n'avait rien, l'audacieuse concubine divulgue le secret de la famille, accuse hautement son bienfaiteur d'inceste, attaque la légitimité du fils unique, disposée qu'elle est à tout fouler aux pieds plutôt que de perdre une partie des incroyables libéralités qu'elle a obtenues.

Dans cette affaire, tout plaide en faveur d'Octave de Lopès, le droit, l'équité, la morale. Vous nous adjugerez donc nos conclusions.

PLAIDOIRIE DE M° MARIE,

Défenseur de Madame LEMAIRE.

Messieurs,

M. Octave de Lopès plaide contre la mémoire de son père. En 1824, M. Alexandre de Lopès aurait tenté contre un fils d'un premier lit une odieuse spoliation; cette spoliation, méditée depuis 1824 jusqu'en 1837, se serait alors accomplie par deux actes: un acte de liquidation et un compte de tutelle.

Voilà au fond ce que soutient M. Octave de Lopès. Et cependant à côté de cela M. de Lopès, qui porte à la mémoire de son père l'accusation la plus violente qu'on puisse porter, quand nous soulevons contre lui une question de droit, celle de savoir si, lui né dans l'inceste, a pu être légitimé par un mariage subséquent, ou si, au contraire, la loi ne s'oppose pas formellement à cette légitimation, M. Octave de Lopès, tout en flétrissant la mémoire de son père, nous accuse d'ingratitude, et en même temps qu'il veut retenir la succession d'un père qu'il traite de voleur, il veut nous enlever à nous une donation, parce que nous aurions parlé d'un mariage contracté en dehors de la loi ! Voilà le singulier spectacle que présente cette cause.

Je crois nécessaire, avant d'examiner les différentes questions que je dois vous soumettre, de revenir sur les faits dans leur ordre chronologique, afin de vous faire bien connaître, en suivant cet ordre, les relations qui existaient entre toutes les parties. En connaissant les personnages, vous connaîtrez les actes et vous pourrez les apprécier.

En 1811, à Chantilly, près de Paris, vivaient M. et madame de Lopès, grand-père et grand'mère de M. Octave de Lopès, contre lequel nous plaidons aujourd'hui. La position de M. et de madame de Lopès était modeste, j'en conviens. M. de Lopès avait appartenu anciennement, je ne sais pas trop en quelle qualité, à la maison de Bourbon-Condé. Il avait acquis une fortune qui s'était élevée de 150 à 200,000 francs, pas davantage. Il n'avait qu'un fils, Alexandre de Lopès, qui, en 1811, avait atteint sa trente-deuxième année.

A cette époque fut introduite dans la maison de M. de Lopès mademoiselle Julie Clerisse, nièce de madame de Lopès et orpheline de père et de mère ; elle avait alors huit ans. Ses parents étaient morts sans lui laisser aucune fortune ; en sorte qu'elle ne pouvait avoir pour tout abri et pour toute protection que la maison de son oncle et de sa tante, M. et madame de Lopès. Elle y fut parfaitement, honorablement reçue, et assurément le besoin de ce procès ne lui fera jamais méconnaître les bontés qui l'ont accueillie dans cette maison paternelle. Elle y a trouvé toute l'affection, toute la tendresse des parents qu'elle avait perdus, elle y a trouvé aussi un cousin de trente-deux ans qui pouvait être son père, qui devait être son protecteur. Voilà les premières relations qui s'établissent entre mademoiselle Julie Clerisse et la famille de Lopès.

M. Alexandre de Lopès, qui, ainsi que je viens de le dire, avait alors trente-deux ans, ne resta pas longtemps auprès de son père et de sa mère. Dans cette même année 1811 il contracta un mariage avec mademoiselle Anne-Caroline de Bernard : c'était la première des deux sœurs de ce nom. Il épousa plus tard la seconde ; je vous dirai dans quelles circonstances. La famille de Bernard avait de la fortune, je ne le nie pas, mais on exagère un peu cette fortune dans l'intérêt du procès. Cette exagération ne m'étonne pas, et je ne m'en inquiète pas le moins du monde. Je conviens que madame de Bernard avait une fortune assez importante soit par son patrimoine, soit par les biens qu'elle avait recueillis de son mari. M. de Bernard avait été un assez mauvais administrateur ; il avait fait des dettes, ses propriétés étaient assez délabrées ; en un mot il ne s'était pas montré économe sévère de sa fortune et de celle de sa femme. Au moment où M. Alexandre de Lopès épousait mademoiselle de Bernard, un contrat de mariage fut dressé. M. de Lopès apportait une somme de 2,400 francs, et son père et sa mère lui constituaient en dot une rente de 3,000 francs, qui devait lui être servie chaque année. Mademoiselle de Bernard, de son côté, apportait en bijoux, en effets à son usage, une valeur de 5,780 francs ; son père et sa mère lui constituaient également une rente de 3,000 francs.

. Comme vous le voyez, au début de ce mariage, la fortune était égale de part et d'autre.

Il avait été dit que le jeune ménage vivrait dans la maison de madame de Bernard. C'était là un avantage sans doute, mais on avait prévu l'éventualité où les jeunes époux ne voudraient plus vivre dans la maison paternelle, et il avait été dit que pour cette éventualité on ajouterait une somme de 1,000 francs à la rente de 3,000 francs constituée à la femme.

Le mariage ainsi contracté, M. Alexandre de Lopès quitta la maison de son père et alla avec sa femme habiter celle de madame de Bernard. La jeune Julie Clerisse resta à Chantilly, auprès de M. et de madame de Lopès. Quelque temps après, la famille de Lopès se rendit dans sa terre de Bizay. C'était une très belle propriété que possédait madame de Bernard, et il y avait dans cette terre un château qui pouvait recevoir toute la famille. Mademoiselle Aglaé, la seconde fille, et M. Charles de Bernard, le fils, s'y rendirent aussi. Une fois retiré là, M. Alexandre de Lopès songea avant tout à administrer la fortune de sa belle-mère, désormais confiée à ses mains. Il était l'aîné de la famille, plus âgé que Charles de Bernard, plus intelligent que lui et pouvant, par conséquent, donner aux affaires de la famille tous les soins qu'elles exigeaient.

J'ai dit au tribunal qu'il y avait des dettes dans la succession de M. de Bernard, j'ai ajouté que la terre était mal administrée. Il y avait par conséquent de grandes améliorations à faire. Tous les revenus, en y comprenant les économies du jeune ménage, furent employés à améliorer la terre de Bizay, et c'est peut-être à cette circonstance qu'il faut attribuer, à la date du 17 février 1817, un premier acte qui m'a beaucoup frappé et qui vous frappera. Le mariage de M. Alexandre de Lopès avec mademoiselle de Bernard avait été contracté en 1811. Six années après, presque entièrement passées dans la terre de Bizay, pendant lesquelles M. de Lopès, administrateur de la fortune, l'avait si bien administrée, qu'une grande partie, sinon la totalité des dettes avait disparu, que des améliorations considérables y avaient été apportées ; alors, à la date du 17 février 1817, par acte passé devant un notaire de Saumur, madame de Bernard fait à M. Alexandre de Lopès une donation d'une somme de 100,000 francs actuellement allouée, mais qui pourtant ne sera exigible que sur la succession de la donatrice, et afin que cette donation par madame de Bernard à M. de Lopès soit bien garantie, la donatrice consent au donataire hypothèque sur tous ses biens et même sur la terre de Bizay. Nous verrons si cette donation a été révoquée soit directement, soit indirectement ; toujours est-il que voilà un acte authentique par lequel madame de Bernard, vivant dans la terre de Bizay avec tous ses enfants, au milieu de toute sa famille, et reconnaissant les services qui leur ont été rendus par son gendre M. de Lopès, lui donne 100,000 francs non pas en cachette, mais publiquement, authentiquement, afin que sa famille tout entière puisse savoir ce qu'elle fait. Je recommande ce premier acte à votre attention, et je continue le récit des faits.

Jusqu'en 1819, M. Alexandre de Lopès vécut dans la famille de Bernard, qui était exclusivement composée de madame de Bernard, de mademoiselle Aglaé et de M. Charles de Bernard, et enfin du jeune ménage ; mais en 1819 le personnel va s'accroître.

En janvier 1819, M. de Lopès père qui habitait Chantilly venait de mourir, et sa veuve vint alors, sur la demande de son fils, habiter le château de Bizay, et amena avec elle mademoiselle Julie Clerisse, qui jusque-là ne l'avait pas quittée. Mademoiselle Julie Clerisse avait seize ans ; M. de Lopès en avait quarante. M. Lopès père, en mourant, avait laissé une fortune de 150 à 200,000 francs, qui furent mis en totalité, cela n'est pas contesté, entre les mains de M. Alexandre de Lopès son fils. Cependant M. de Lopès père, en mourant, avait manifesté une intention : il avait eu à côté de lui, depuis 1811, mademoiselle Julie Clerisse, entrée chez lui à huit ans, et qui en avait seize quand il mourut. Il s'était préoccupé de son avenir ; il avait exprimé le désir que sur sa succession 10,000 francs fussent mis de côté pour sa jeune protégée. Cette volonté de M. de Lopès père avait été respectée par M. Alexandre de Lopès, et le 27 février 1819, avant que Julie Clerisse ne vînt au château de Bizay avec sa mère (je dis sa mère, quoiqu'elle ne fût que sa tante), une donation avait été faite par M. de Lopès à Julie Clerisse ; permettez-moi de vous en faire connaître les termes :

« Pardevant Mᵉ Jacques-Herman-François Jacquin, notaire royal à la résidence de
» Chantilly, fut présent M. Nicolas de Lopès, lequel étant sain d'esprit, dans la vue
» d'assurer une existence à la demoiselle Clerisse, ci-après nommée, et de contri-
» buer à son établissement :

» A, par ces présentes, fait donation entre vifs en la meilleure forme que dona-
» tion puisse être faite pour avoir lieu, à demoiselle Julie-Antoinette Clerisse, sa
» cousine germaine du côté paternel, mineure de seize ans passés, fille des défunts
» Nicolas-Martin Clerisse, ancien militaire, et Angélique Bourène, sa femme, ladite
» mineure demeurant à Chantilly, d'une somme de dix mille francs appartenant au
» donateur, et à lui due par M. Claude Chauveau, marchand de bois, et dame Marie-
» Anne-Désirée Dubois, son épouse, demeurant à Paris, rue du Haut-Moulin, 4,
» près celle de la Tour, boulevard du Temple, suivant l'obligation en minute par
» eux souscrite à son profit devant Mᵉ Passez et son collègue, notaires à Paris, le
» 26 mars 1817, enregistrée, exigible le 25 mars prochain ; pour sûreté de laquelle
» somme, inscription contenant priorité sur l'hypothèque légale de ladite dame
» Chauveau a été prise au bureau des hypothèques de Paris le 27 mars 1817, vo-
» lume 179, n° 75, sur une maison où demeurent lesdits sieur et dame Chauveau
» et leur chantier attenant.

» Pour par la donation être à compter de ce jour propriétaire de ladite créance
» de 10,000 francs, à l'effet de quoi le donateur lui fait tous transports et dessai-
» sissements de propriété nécessaires et la met et subroge dans tous ses droits,
» noms, raisons, actions, priviléges et hypothèques, notamment dans l'effet de l'in-
» scription ci-dessus énoncée, prise au bureau des hypothèques de Paris le 27 mars
» 1817, volume 179, n° 75.

» Et cependant ne pourra la donataire recevoir les intérêts de ladite somme
» de 10,000 francs qu'à compter de sa majorité seulement ou de son mariage ;

» jusque-là les intérêts appartiendront au donateur qui se les réserve expres-
» sément.

» Ledit donateur se réserve aussi expressément le droit de retour sur ladite
» somme de 10,000 francs dans le cas où ladite demoiselle Clerisse, donataire, et
» ses descendants mourraient avant lui donateur.

» Au moyen de la clause de retour qui précède, la donataire ne pourra toucher
» ni déplacer la somme de 10,000 francs qu'en présence et du consentement du
» donateur ou de la personne qu'il indiquera ci-après.

» Le donateur voulant en quelque sorte servir de père à mademoiselle Clerisse,
» la guider dans sa conduite et l'aider de ses conseils, exige comme condition de
» la présente donation qu'elle fixe sa demeure chez lui ou chez son épouse en cas
» de prédécès de lui donateur, et ce jusqu'à son mariage ou l'âge de vingt-cinq ans,
» si elle n'était pas mariée.

» Une autre condition de la présente donation est que le mariage de ladite de-
» moiselle Clerisse ne pourra avoir lieu sans le consentement de son tuteur, quand
» bien même ce mariage ne serait contracté qu'après vingt-cinq ans accomplis, et
» dans le cas où son tuteur viendrait à décéder, son consentement sera remplacé
» par celui de M. Pierre Juéry, juge au tribunal de première instance de Senlis y
» demeurant.

» L'inexécution de l'une ou l'autre des deux conditions entraînerait la révocation
» de la présente donation, ainsi que le donateur l'entend.

» La présente donation n'ayant d'autre but et rien plus que d'assurer l'existence
» de ladite mineure Clerisse, elle serait également révoquée ou réductible jusqu'à
» due concurrence des legs ou dons qu'elle pourrait recevoir de la dame veuve de
» Lopès, mère du donateur, l'intention formelle de ce dernier étant que la donataire
» ne reçoive que 10,000 francs de la famille de lui donateur. »

En 1819, après la mort de M. de Lopès, père de M. Alexandre de Lopès,
grand-père d'Octave, voilà donc la donation faite par M. Alexandre à sa jeune
cousine, mineure de seize ans. Son père est mort, il lui succède, il prend
dans l'acte que je viens de vous lire la qualité de père que M. de Lopès l'aïeul
avait prise. Non-seulement il prend la qualité de père, mais encore celle de
tuteur ; ce sera lui qui protégera la jeunesse de cette pauvre fille. Il a qua-
rante ans, elle n'en a que seize, il sera son père par l'âge et l'affection ; il aura
ses intérêts entre ses mains, il en sera le gardien.

On nous dit, messieurs, on plaide au nom de M. Octave de Lopès que dès
cette époque, cette jeune fille se serait prostituée à M. Alexandre de Lopès.
En vérité, je ne sais s'il est vrai, comme vous le plaidez, qu'en 1820 cette
jeune fille de dix-sept ans soit devenue la maîtresse de votre père, mais assu-
rément alors, ce ne sera pas elle qui se sera prostituée à M. Alexandre de
Lopès, ce sera lui, qui avait pris la qualité de père et de tuteur, lui, homme
âgé de quarante ans, qui, abusant de la jeunesse et de l'inexpérience d'une fille
de dix-sept ans à peine, ce sera lui qui aura compromis cette jeune fille, et
vous avez bien mauvaise grâce à venir lui disputer quelque fortune laissée en
ses mains en échange du déshonneur.

Madame de Lopès resta auprès de son fils jusqu'en 1822. Elle mourut au
mois de septembre de cette année, et la mort de cette brave femme faisait de
nouveau la pauvre Julie Clerisse orpheline. Elle avait perdu son père et sa
mère, son oncle et sa tante, les deux familles dans le sein desquelles elle avait

été successivement reçue. Elle resta dans la famille de madame de Bernard, où tout semblait devoir être protection pour elle ; elle y resta sur la demande, sur les exigences formelles de son cousin ; vous vous souvenez que c'était là la condition de la donation de 1819 ; elle devait y rester jusqu'à l'âge de vingt-cinq ans. Il semble, en effet, qu'on ait voulu l'y retenir par le bienfait même dont elle était l'objet. C'est, messieurs, au milieu de cette vie de famille que viennent se placer différents actes que je n'apprécie pas, quant à présent, mais que je veux analyser devant vous avec exactitude, afin que vous puissiez les apprécier tout à l'heure.

Je vous ai déjà parlé d'une première donation faite par madame de Bernard à son gendre en 1817, donation considérable hypothéquée sur les biens de la donatrice et sur la terre de Bizay. Au mois de décembre 1820 intervint un nouvel acte par lequel madame de Bernard vend non pas la terre de Bizay, il ne faut pas là-dessus d'équivoque, mais quelques fragments de cette terre à M. Alexandre de Lopès, moyennant 6,000 francs. C'était peu de chose, mais enfin c'était un nouvel acte intervenu entre madame Bernard et son gendre ; sa fille y était complétement étrangère.

On ne s'arrête pas là ; le 25 février 1821, madame de Bernard vend cette fois à son gendre la terre de Bizay tout entière. Voici en quels termes l'acte est conçu :

« Pardevant Me René-François Moriceau, notaire royal, résidant à Brezé, canton
» de Montreuil-Bellay, arrondissement de Saumur, département de Maine-et-Loire,
» et témoins ci-après nommés soussignés.

» Fut présente madame Anne-Catherine-Nicole de la Mouche, veuve de M. Jacques-
» Philippe-Charles-Bernard de Bernard, demeurant au château de Bizay, commune
» d'Epieds, susdits arrondissement et département.

» Laquelle a vendu et, par ces présentes, vend, cède, abandonne la propriété et
» jouissance dès le 1er janvier dernier, sous toute garantie de fait et de droit, et de
» tous empêchements quelconques, à M. Alexandre-Nicolas de Lopès, propriétaire,
» demeurant audit château de Bizay, dite commune d'Epieds, à ce présent et accep-
» tant pour lui ses hoirs et ayants-causes.

» Tous les biens et dépendances composant la terre dudit Bizay et ses revenus
» situés commune d'Epieds.

» Cette vente à ces conditions, en outre pour la somme de deux cent mille francs
» que ledit sieur, acquéreur, a payée comptant en numéraire, ou espèces au cours
» en or et argent, à ladite dame venderesse qui reconnaît l'avoir reçue, et en quitte
» et décharge ledit sieur de Lopès, qui demeure propriétaire incontestable de tous
» lesdits domaines ci-dessus vendus sans aucune exception ni réserve de la part
» de ladite dame venderesse.

» Et au moyen de ce que M. de Lopès est donataire d'une somme de cent mille
» francs à prendre sur la succession future de madame veuve de Bernard, et de ce
» que cette donation est hypothéquée spécialement sur ladite terre de Bizay,
» objet de la vente dont il s'agit, ladite dame reconnaît que dans le payement de la
» somme de deux cent mille francs ci-dessus fait, montant de la présente vente,
» n'est entrée en rien ni pour rien ladite somme de cent mille francs donnée par l'acte
» attesté de Me Frementier et son collègue, notaires audit Saumur, le dix février 1817,
» enregistré audit lieu le dix-sept desdits mois et an, folio 78, recto, case première,
» 2, 3, 4 et 5 ; qu'en conséquence, mondit sieur de Lopès aura le droit d'exiger comme
» auparavant, lors du décès de madame de Bernard, ladite somme de cent mille

» francs qui sera toujours due par la succession de ladite dame, nonobstant l'ex-
» tinction d'hypothèque opérée par la présente vente. »

Voilà donc madame de Bernard ayant à côté d'elle sa fille, qu'elle aime beaucoup, ayant aussi à côté d'elle ses autres enfants, mademoiselle Aglaé et M. Charles de Bernard, la voilà qui vend à son gendre seul, moyennant 200,000 francs que ce dernier lui aurait payés, la terre de Bizay, et dans cet acte on retient encore la donation de 100,000 francs, c'est-à-dire que M. Alexandre de Lopès reste investi de cette donation de 100,000 francs en donnant mainlevée de l'hypothèque qui lui avait été consentie en garantie de cette donation par l'acte du 17 février 1817.

A côté de ces actes-là, mon adversaire vous a dit qu'il y en avait eu d'autres, par lesquels madame de Bernard avait vendu à mademoiselle Aglaé et à M. Charles de Bernard d'autres biens, moyennant la somme de 200,000 fr.; il vous a dit que les biens vendus à chacun des enfants valaient autant que la terre de Bizay, c'est-à-dire 400,000 francs, et que le prix de ces ventes n'ayant jamais été payé, il fallait voir dans ces deux actes un vrai partage de succession.

Ceci appartient à la discussion, mais je crois que je n'aurai pas beaucoup de peine à réfuter l'objection présentée par mes adversaires. Leur assertion est restée jusque-là sans preuve. La vérité est que madame de Bernard donnait 200,000 francs à chacun de ses enfants, et qu'elle donnait pareille somme à son gendre pour les améliorations qu'il avait faites à la terre de Bizay. Et comme ceci se passait à la date de 1821, comme depuis 1811 M. Alexandre de Lopès vivait au milieu de toute la famille de Bernard, à côté de M. Charles de Bernard, qui assurément n'était pas disposé à se laisser enlever par son beau-frère une partie de sa fortune, il est évident que ces actes qui se passaient en famille ont été connus, approuvés, ratifiés par tout le monde. Quand la mère de famille a investi le gendre de la propriété de la terre de Bizay, en son nom à lui seul, il est bien entendu que toute la famille y a consenti, et que dès lors la terre de Bizay, restée sur le tête de M. Alexandre de Lopès, a été considérée comme un conquêt de la communauté. Tous ces actes avaient été faits à une époque où la mort menaçait madame de Bernard, et voilà pourquoi madame de Bernard avait voulu disposer de sa fortune dès son vivant. La conclusion, nous ne la révoquons pas, nous maintenons ce que nous avons dit, seulement nous expliquons ce que l'adversaire n'explique pas et ce qui doit être expliqué.

Madame Alexandre de Lopès décède le 28 octobre 1824, laissant un fils né en 1815, M. Armand de Lopès. Elle avait fait un testament par lequel, ainsi que vous l'ont dit les adversaires, elle léguait à son mari ce dont elle pouvait dis-poser, un quart en propriété et un quart en usufruit.

Le 5 juillet 1825, madame de Bernard mourait à son tour, laissant pour héritiers son fils Charles, sa fille Aglaé et son petit-fils Alexandre-Armand de Lopès. La fortune immobilière, elle en avait disposé de son vivant : il n'y avait donc plus à partager que sa fortune mobilière.

La mort de madame de Bernard était venue briser les liens de cette famille, jusque-là restée unie. A la mort de leur mère, les enfants se séparent : Charles sortit du château ; mademoiselle Aglaé continua de rester avec son beau-frère, M. Alexandre de Lopès ; mademoiselle Julie Clerisse y resta aussi, elle avait alors vingt-deux ans. Il n'y avait plus de raison, dans cette situation, pour garder le château de Bizay, on ne l'habitait plus ; les membres de la famille étaient isolés. C'était là un château qu'on ne pouvait conserver qu'autant qu'on l'habiterait, parce que les revenus, suffisants sur les lieux, ne l'étaient plus quand on en était absent. M. de Lopès considérait, et avait toujours considéré, en vertu de l'acte de 1821, la terre de Bizay comme étant sa propriété ; et, comme il l'avait achetée durant son mariage, il la considérait comme un conquêt de la communauté. Il ne prétendait pas avoir payé la terre et le château de Bizay de ses deniers propres, il ne prétendait pas le moins du monde que cette terre et ce château fussent sa propriété à lui seul, il comprenait très bien qu'une partie appartenait à sa femme ; en un mot, la terre et le château de Bizay étaient à ses yeux un conquêt de communauté. En conséquence, au mois de juillet 1825, voulant procéder précisément à la vente de la terre et du château de Bizay, il fallait introduire une action en liquidation et partage de communauté entre son enfant, qui était mineur, et le subrogé-tuteur de ce dernier.

Comment les choses se sont-elles passées ? Il ne peut pas y avoir d'équivoque à cet égard. En effet, quand on est venu demander la licitation de l'immeuble, on l'a demandée attendu que c'était un conquêt de communauté, et le tribunal, en rendant son jugement, a dit :

« Attendu que de la communauté de biens d'entre de Lopès et sa femme, et de » la succession de cette dernière, dépend la terre de Bizay près Saumur ; at- » tendu, etc., ordonne la licitation. »

Ainsi pas d'équivoque sur la procédure ; nous verrons plus tard ce que nous aurons à dire sur la question de savoir ce qui constitue la chose jugée, s'il y a chose jugée, si la chose jugée n'est pas tout à la fois dans le dispositif et dans les motifs se rattachant au dispositif, si les motifs et le dispositif ne font pas un tout indivisible : nous verrons cela dans la discussion du fond. Ce qui appartient au récit des faits est ceci, qu'on a poursuivi la licitation de la terre de Bizay comme étant un conquêt de la communauté, et le tribunal, saisi de cette demande, a ordonné la licitation de l'immeuble, attendu que c'était un conquêt de la communauté.

Pas d'équivoque non plus sur un autre point qu'on a jeté dans le débat : il ne peut pas s'agir là de ces petits fragments de terrains qui avaient été vendus 6,000 francs ; non : c'est de la terre de Bizay qu'il s'est agi, c'est sur la terre de Bizay que l'attention du tribunal s'est portée, c'est sur la terre de Bizay que son jugement a été rendu.

En exécution de ce jugement, la terre de Bizay, près de Saumur, a été vendue et adjugée, non pas au prix de 200,000 francs de 1821, mais au prix de 450,000 francs, ou, comme le veulent les adversaires, de 470,000 francs ; les 20,000 francs de mobilier sont probablement ce qui, ajouté aux 450,000 francs, forme la somme de 470,000 francs ; en conséquence, nous sommes complétement d'accord sur le chiffre : la terre a été vendue

470,000 francs, et elle n'avait été vendue, en 1821, que 200,000 francs. Seulement il faudra une raison à cela, il faudra nous dire comment cette propriété, qui ne valait que 200,000 francs en 1821, aura pu acquérir en si peu de temps une valeur de 470,000 francs; si cette plus-value est le résultat d'améliorations, ou si, au contraire, une partie du prix aurait été dissimulée en 1821, précisément afin d'investir M. Alexandre de Lopès d'une partie de l'immeuble. J'ai répondu que c'était à lui qu'on vendait l'immeuble, et que par conséquent il était déjà propriétaire de la plus-value que l'immeuble devait avoir, cela est incontestable.

Voyons ce qui s'est passé. M. de Lopès était revenu à Paris après avoir réalisé sa fortune, lorsque, en 1827 ou 1828, des projets de mariage naquirent dans deux cœurs qui étaient rapprochés depuis longtemps, je veux dire chez mademoiselle Aglaé de Bernard, belle-sœur de M. Alexandre de Lopès, et M. Alexandre de Lopès. Il fallait savoir si ces projets pouvaient se réaliser. La loi était formelle alors; en 1827 et 1828, il n'y avait pas d'union possible entre l'oncle et la nièce, le beau-frère et la belle-sœur, et si ces unions-là avaient lieu, c'était un fait que je ne qualifie pas, mais que tout le monde qualifiait d'inceste. La prohibition était absolue; il n'était pas accordé de dispense dans ce cas-là. La loi de ce temps était-elle trop sévère? Sommes-nous plus dans la raison que la législation n'y était alors? Ce sont des questions que je n'entends pas soulever devant vous. Au point de vue de la morale, il faut le dire, il y avait là quelque chose de saint et de sacré. Quoi qu'il en soit, voilà un mariage conclu entre gens qui ne pouvaient le célébrer.

On vous disait tout à l'heure que, ne pouvant se marier en France, M. Alexandre de Lopès avait épousé sa belle-sœur en Angleterre. Mon adversaire vous a dit qu'il représenterait l'acte. Je ne sais pas s'il existe; peu m'importe. Je n'attache pas d'intérêt à ce fait, pas même pour l'honneur de mademoiselle Aglaé; ce simulacre de mariage contracté en Angleterre, qui pouvait faire cesser jusqu'à un certain point ses scrupules, je le lui accorde, s'il a eu lieu; mais il est radicalement nul. Contracté en pays étranger malgré les prohibitions absolues de la loi française, il ne pouvait avoir aucune autorité. Quoi qu'il en soit, M. de Lopès et mademoiselle Aglaé étant revenus en France après que ce mariage eut été contracté ou sans qu'il l'eût été, naquit un enfant qui mourut presque aussitôt. Il fut bientôt suivi d'un autre, de M. Octave de Lopès notre adversaire. Il ne peut pas y avoir de discussion sur son état lors de sa naissance; voici l'acte qui la constate à la date du 5 février 1832 :

« Iᵉʳ ARRONDISSEMENT. — ANNÉE 1832.

» Du 5 février 1832, à dix heures du matin.

» Acte de naissance de Octave-Alexandre, né rue de la Paix, n° 15, hier à une » heure du soir, fils de père et mère non désignés.

» Enfant naturel présenté. — Déclaration faite devant nous Charles Gabillot, pro-» priétaire, chevalier de la Légion d'honneur, adjoint au maire du Iᵉʳ arrondisse-» ment de Paris. »

Ainsi, lorsque la naissance a eu lieu après le mariage contracté en Angleterre, M. Alexandre de Lopès et mademoiselle Aglaé de Bernard, ne se faisant pas illusion sur le caractère de leur union, sur son illégitimité, ne songent pas à présenter cet enfant à l'autorité civile comme né d'un mariage ; non, on le déclare comme enfant naturel ; le père et la mère ne sont pas désignés. La loi n'autorisant pas, en février 1832, le mariage entre le beau-frère et la belle-sœur, il n'y avait pas moyen de légitimer cet enfant ; mais en avril 1832 une loi fut promulguée, qui permit ces sortes de mariage. M. de Lopès et mademoiselle de Bernard demandèrent l'autorisation de contracter mariage, l'autorisation leur fut accordée le 4 août 1832, le mariage suivit, et puis à côté du mariage se plaça un acte de légitimation de M. Octave de Lopès, né précédemment.

Ici se présente une question : celle de savoir si on a pu légitimer, par un acte de mariage subséquent, un enfant né sous la prohibition qu'on ne pouvait éviter. C'est là une question à laquelle l'adversaire s'est contenté d'opposer une fin de non-recevoir. Il est évident que la légitimation ne pouvait pas être accordée à un enfant né dans la situation de M. Octave ; mais n'anticipons pas sur la discussion.

On fit la convention civile du mariage entre mademoiselle Aglaé de Bernard et M. Alexandre de Lopès, et dans cette convention civile M. Alexandre de Lopès ne cacha en aucune façon ni sa fortune, ni l'origine de sa fortune, qu'il n'avait pu recueillir que dans la communauté qui avait existé entre lui et sa femme. En telle sorte que mademoiselle Aglaé de Bernard, qui avait alors une trentaine d'années, qui était en état de parfaitement apprécier ce qui s'était passé, qui connaissait la source de la fortune, qui avait pu l'étudier, pouvait se demander si en définitive son mari ne commençait pas un acte de spoliation à l'égard de son enfant. Il n'avait pas liquidé avec son fils du premier lit, parce que ce fils n'était pas majeur ; mais dès lors il se donnait comme le propriétaire de Bizay ; il n'avait pas usé de dissimulation : il avait demandé l'autorisation de le vendre, attendu qu'il était commun à lui et à sa première femme. Voilà ce qui s'était passé lors des conventions de son mariage, le 24 août 1832, avec mademoiselle Aglaé de Bernard, c'est-à-dire avec la mère d'Octave. J'insiste sur ce point parce que plus tard, lorsque nous arriverons à discuter avec mademoiselle Aglaé de Bernard les conventions qui suivirent la mort de M. Alexandre de Lopès, et lorsque dans ces conventions on remontera le passé, et qu'il s'agira de savoir si ce passé sera ou non ratifié par la seconde femme de M. de Lopès, on saura à merveille quelle était la fortune qui a servi de base aux conventions arrêtées en 1850 entre elle et madame Lemaire. J'insiste donc sur ce point-là parce qu'elle savait déjà que M. de Lopès se posait comme propriétaire de la terre de Bizay, et qu'il ne pouvait l'être qu'à titre de commun avec sa première femme.

La liquidation de la première communauté n'était pas faite encore, mais elle ne pouvait pas tarder à se faire ; voici pourquoi : M. Alexandre-Armand de Lopès était né, comme je viens de le dire, le 3 janvier 1814 ; il était par conséquent majeur le 3 janvier 1835. Or à cette occasion deux actes vont être dressés : un acte de liquidation et de communauté à la succession de la première femme, et puis un compte de tutelle, qui sera rendu par le père à son fils. Ces deux actes-là, remarquez-le bien, vont nécessairement mettre en question le fait dont il s'agit au procès. La terre de Bizay faisait-elle ou ne faisait-elle pas partie de la première communauté ? Si elle en faisait partie, la liquidation s'en ressentira ; si elle n'en faisait pas partie, elle s'en ressentira encore ; il est impossible qu'elle n'entre pas dans les éléments de la liquidation. Prenons donc ces deux actes.

L'adversaire nous a dit que ces deux actes, passés en 1837, étaient l'œuvre de M. Colmet ; que non-seulement il les avait faits en 1837, mais qu'il les avait préparés bien antérieurement, depuis 1829, et qu'en effet il avait été assez heureux pour trouver une minute sur laquelle cette date se trouvait portée.

M. Colmet a encore dans les mains cette liquidation de 1829 ; c'est un projet qui lui a été remis, qu'il a examiné, sur lequel il a pu en effet écrire une note, mais ce n'est pas lui qui a été le premier auteur de cet acte de liquidation qui lui a été remis en 1837, époque à laquelle il y a eu en effet un acte de liquidation complet.

Maintenant est-ce que vous croyez que je veux décliner la participation que M. Colmet a pu prendre à cet acte de liquidation, lui qui a eu la confiance de toute cette famille pendant longtemps, et qui l'a méritée ? Nous avons connu M. Colmet, et nous ne sachons pas qu'il ait jamais eu la réputation d'un malhonnête homme. Je ne sache pas qu'il se soit associé à un acte de spoliation dicté par le père contre le fils ; je ne sache pas que le fils se soit rendu, non pas l'auteur de l'acte de spoliation, mais le complice. Cet acte-là s'explique de la façon la plus naturelle. Depuis 1821, la terre de Bizay était dans les mains de M. de Lopès, c'était M. de Lopès qui en était propriétaire, l'acte avait été consenti à son profit ; lui seul en était propriétaire comme l'ayant acquise au prix de 200,000 francs. Quand il s'était agi de la vente de Bizay comme dépendant de la communauté qui avait existé entre lui et sa femme, loin de rien dissimuler, il avait pris toutes les précautions légales et préparé sur ses véritables bases la liquidation de 1837. Permettez-moi de vous en lire quelques passages, vous allez voir qu'il a procédé avec un très grand soin, qu'il n'a rien caché, rien dissimulé de ce qui devait être mis dans l'acte :

« Quant à la succession de madame Anne-Catherine-Nicole de la Mouche, veuve
» en premières noces de M. le comte de Bussy, et en secondes, de mondit sieur de
» Bernard, elle ne s'est ouverte qu'après le décès de madame de Lopès, sa fille.
» Cependant, il est observé ici pour renseignements, qu'au moyen de la démission
» de biens qu'elle avait faite à ses enfants, comme il est dit en la première observa-
» tion, madame veuve de Bernard n'a rien laissé, si ce n'est sa garde-robe, d'une
» valeur bien inférieure aux frais occasionnés par sa dernière maladie et ses funé-
» railles. »

Puis on parle de ce qui est échu à M. Alexandre de Lopès de la succession de son père : 24,586 fr. 70 c. provenant du mobilier ; 39,676 fr. 80 c. provenant de la vente de 2,330 francs de rentes sur l'État ; de 33,000 francs provenant de la vente d'une maison située rue Vieille-du-Temple, et enfin d'une somme de 7,831 fr. 70 c. provenant de la succession de madame veuve de Lopès.

Puis vient la liquidation de la communauté. On fait faire les reprises à chacun des époux, on fait la récapitulation et l'on donne à chacun la part auquel il a droit.

Voilà la liquidation qui a été faite entre M. de Lopès père et son fils devenu majeur, liquidation dans laquelle on fait l'historique très net et très détaillé de ce qui s'est passé, dans laquelle on considère la terre de Bizay comme acquêt de la communauté, dans laquelle on dit dès lors que la somme de 450,000 francs provenant de la vente de cette terre figurera dans l'actif de la communauté. Nous examinerons plus tard s'il y aurait eu double emploi dans les reprises du mari, et si ce double emploi affecterait d'une manière fâcheuse le résultat de la liquidation. Quant à présent, ce que je veux faire toucher du doigt par le tribunal, c'est que la liquidation a été faite entre M. Alexandre de Lopès père et son fils majeur, que le fils a traité avec le père, et que l'acte intervenu entre eux n'est pas susceptible d'équivoque. Il a été parfaitement reconnu que la terre de Bizay était un conquêt de la communauté; il n'y a eu à cet égard ni équivoque, ni contestation.

M. LE PRÉSIDENT : Et la liquidation des reprises de la femme ?

Mᵉ MARIE : Je suis aux ordres du tribunal. Je passais cette lecture parce que mon adversaire l'a faite ; mais puisque M. le Président le désire, je m'empresse de la faire :

« 1ᵉʳ PARAGRAPHE. — *Reprises de madame de Lopès.*

Art. 1ᵉʳ. — Il se composera de la somme de 1,788 francs, montant de ses bi-
» joux, ainsi qu'il est dit en la première observation, ci. 1,788 fr.

Art. 2. — Il se composera de la somme de 4,000 francs, montant de son trous-
» seau, ci. 4,000 fr.

» Total des reprises de madame de Lopès : 5,788 fr. »

Lorsque la liquidation a été ainsi faite, il y avait un compte de tutelle à rendre, ce compte a été rendu, et je vous demande encore la permission de vous faire connaître cet acte.

Le chapitre Iᵉʳ donne le détail du compte de tutelle sur lequel il est inutile d'insister, et à la suite arrive ce qui suit :

« Aux termes de l'acte qui précède, du 16 janvier, présent mois, M. de Lopès
» père a présenté à monsieur son fils :

» 1° L'état de liquidation de la communauté de biens qui a existé entre lui et
» madame Anne-Caroline-Antoinette-Louise de Bernard son épouse, et de la suc-
» cession de cette dernière, dont M. de Lopès fils est seul et unique héritier.

» 2° Et le compte qu'il lui devait pour raison de la tutelle et de l'administration
» qu'il a eues de ses personne et biens jusqu'à l'époque de sa majorité.

» De cette liquidation, il résulte qu'il revient à M. de Lopès fils, dans la succes-
» sion de madame sa mère, savoir :

» En toute propriété : la somme de 93,128 fr. 27 cent. et en nue propriété, celle
» de 47,181 fr. 20 cent.

» De ce compte de tutelle, il résulte que M. de Lopès est débiteur de monsieur
» son fils, d'une somme de 100,000 francs, et des intérêts à partir du 15 janvier pré-
» sent mois, le tout, indépendamment de la somme ci-dessus, en nue propriété,

» M. de Lopès fils a reconnu, tant enfin dudit acte de présentation du 16 janvier,
» que par lettre datée de la poste, dudit jour, que M. son père lui a remis copie
» des liquidation et compte de tutelle dont s'agit, et toutes les pièces à l'appui, en
» se réservant d'approuver ou de contester le tout, selon qu'il y aurait lieu dans le
» délai déterminé par la loi, délai aujourd'hui expiré.

» Depuis, M. de Lopès père, désirant se libérer le plus tôt possible vis-à-vis de
» M. son fils, et le mettre à même de disposer de ses fonds, lui a, dès à présent,
» fait attribution et abandonnement avec toute garantie, de la somme de 60,000
» francs, montant de deux obligations notariées, que lui doivent MM. Bertinot, no-
» taire, et Moreau, marchand de liqueurs, toutes deux aujourd'hui exigibles, en-
» semble les intérêts à cinq pour cent à partir du 15 janvier dernier, au moyen de
« quoi M. de Lopès père ne restera plus devoir que la somme de 40,000 francs,
» qu'il s'engage à payer dans deux ans, ou en plusieurs paiements, et jusque-là, en
» servir les intérêts à quatre pour cent, de trois en trois mois.

» Dans cette position, M. de Lopès fils déclare avoir pris une parfaite connais-
» sance, tant de la liquidation que du compte de tutelle qui précède, ensemble des
» pièces à l'appui, et qu'il les reconnaît exacts.

» En conséquence, il déclare les approuver et ratifier en tout leur contenu, ra-
» tifiant même en tant que de besoin tout ce qui a été fait en son nom par M. son
» père, acceptant en outre les attributions et abandonnements de la somme de
» 60,000 francs ci-dessus, ainsi que les délais de remboursement de ladite somme
» de 40,000 francs, ensemble les stipulations d'intérêt.

» Au moyen de quoi M. de Lopès fils donne décharge pure, entière et définitive
» à M. son père, tant de son compte de tutelle, que de toutes autres choses généra-
» lement quelconques, à l'exception, toutefois, de la somme de 47,181 francs
» 20 centimes qui lui revient en nue propriété, et de celle de 40,000 fr. ci-
» dessus, déclarant en outre se désister de son hypothèque légale, et s'engageant
» à donner mainlevée et à consentir la radiation de celles qui auraient pu être
» requises à son profit.

» Fait double à Paris lesdits jour, mois et an.

» Approuvé l'écriture. »

Voilà l'acte de 1837, voilà les énonciations importantes qu'il contient sur
tout ce qui constituait l'intérêt des parties. Ainsi en 1821 la terre de Bizay a
été achetée, c'est M. Alexandre de Lopès qui l'a achetée, il en est seul proprié-
taire, il a été reconnu que cette propriété était un conquêt de communauté et
qu'il en a opéré la vente d'accord avec le subrogé-tuteur de son fils mineur.
Quel était ce subrogé-tuteur? M. Charles de Bernard, qui a coup sûr n'était
pas facile; M. Charles de Bernard, qui était constamment en hostilité avec
Alexandre de Lopès; M. Charles de Bernard qui avait quitté le château aussitôt
après que sa mère était décédée, et qui pendant longues années avait cessé
tous rapports avec son beau-frère. Eh bien, c'est avec lui qu'on procède à la
vente de Bizay, c'est avec lui qu'on procède à la liquidation, en considérant
l'immeuble comme acquêt de communauté, et M. Charles de Bernard ne dit
rien, ne conteste rien, ne proteste pas contre les conclusions prises à l'appui
de la demande formée devant le tribunal. Et puis on arrive à la majorité de
M. Alexandre-Armand de Lopès, fils du premier lit; on fait la liquidation
dans laquelle on énonce les actes, dans laquelle on indique la nature des pro-
priétés, dans laquelle on considère Bizay comme acquêt de communauté; la
liquidation est faite; il voit les pièces à l'appui; on lui présente son compte de

tutelle, qui le rend créancier de 100,000 francs; il s'en contente, il approuve, il signe tout. Voilà ce qui s'est passé non avec un mineur, mais avec un majeur parfaitement en état de comprendre ses droits, d'apprécier ce qui s'est passé en 1821, qui accepte tout, ratifie tout et déclare que l'immeuble a été un acquêt de communauté.

Il est vrai de dire, comme le rappelait mon adversaire, qu'Alexandre-Armand de Lopès, peu de temps après avoir signé cet acte, fut atteint d'une fièvre ardente qui était loin cependant de faire prévoir sa mort. Il aimait les voyages. Aussitôt sa majorité il avait demandé que son compte de tutelle lui fût rendu, et à peine lui était-il rendu, qu'il quitta Paris pour faire de nouveaux voyages. Il ne voyagea pas beaucoup, il arriva à Grenoble en proie à une fièvre ardente. Il quitta son lit, descendit par la fenêtre malgré les gardes qui le surveillaient, gagna la campagne, s'y égara, rencontra une rivière et s'y précipita. Voilà la fin de ce jeune homme, qui, à une époque très voisine, à l'époque de la reddition des comptes de tutelle, jouissait d'une santé parfaite et de toute sa raison.

Après comme avant 1827, mademoiselle Julie Clerisse était restée dans la maison de M. de Lopès, et jouissait auprès de la seconde femme de toute la confiance dont elle avait joui auprès de la première. Longtemps après, en 1845, alors qu'elle avait quarante-deux ans, elle mit au monde un enfant qui fut déclaré à la municipalité sous le nom d'Emma Clare. Cette petite fille fut enregistrée par acte du 11 octobre.

On vous a dit, on a plaidé que cette naissance avait été cachée, que la grossesse avait été dissimulée, que madame de Lopès avait tout ignoré, absolument tout, que Julie Clerisse avait pris une grande autorité dans la maison de M. et de madame de Lopès, que madame de Lopès était très malheureuse de cette autorité qu'on lui faisait subir.

La naissance cachée ! vous ne ferez croire cela à personne, surtout après la déclaration d'Octave, qui nous a dit, dans ses conclusions premières, que c'était un fait de notoriété publique, que tout le monde le connaissait à Saint-Just, à Paris, à Ville-d'Avray, à Versailles. C'est ce que vous disiez au début du procès, dans vos articulations que j'aurai occasion de lire tout à l'heure. Mais, disent mes adversaires, les articulations sont en cela inexactes, il n'est pas vrai que le fait fût connu, il était ignoré de tout le monde; madame de Lopès surtout n'en savait absolument rien.

Comment madame de Lopès ne savait rien ! elle n'aurait pas eu connaissance de cette maladie à laquelle mon adversaire a fait allusion, et dont on aurait voulu se débarrasser à l'aide d'une opération chirurgicale ? Madame de Lopès ne savait rien, elle qui allait visiter à Paris mademoiselle Julie Clerisse, qui était chez une sage-femme ? Qu'en voulez-vous conclure ? qu'elle l'avait chassée de chez elle ? Vous allez avoir à cet égard encore un démenti. Et puis que direz-vous de la situation de mademoiselle Clerisse dans la maison ? Elle aurait été maîtresse dans la maison; elle aurait fait subir, d'après vous, son autorité avec une sorte de violence; nous allons voir si en présence des actes qui vont intervenir l'ignorance était possible. Parcourons ces actes.

Le 28 janvier 1850, M. Alexandre de Lopès le père reçoit un remboursement d'une somme de 60,000 francs. Ce remboursement lui est fait par un

M. Place-Lafont, ou plutôt ce n'est pas lui qui reçoit ces 60,000 francs, c'est M. Colmet. M. Colmet les porte à M. de Lopès. M. de Lopès était dans son salon avec madame de Lopès. Il dit à M. Colmet : Si vous voulez, nous allons monter dans ma chambre à coucher, où nous serons plus libres. En effet, on monte ; M. de Lopès invite sa femme à le suivre ; et là, comme on était en tête à tête, si l'on peut être en tête à tête à trois, M. de Lopès, s'approchant de sa femme lui dit : Il y a là la jeune Emma Clare, nous devons assurer son avenir. Je serais d'avis, puisque nous touchons cette somme de 60,000 fr., de la placer sous son nom. Très bien, dit madame de Lopès, j'y consens. Elle adorait cette enfant ; elle l'adore encore aujourd'hui, je le prouverai par des lettres que je vous ferai connaître ; elle a pour elle la tendresse qu'une mère pourrait avoir. Elle accepte donc la proposition de son mari. M. Colmet est invité à reprendre les 60,000 francs pour acheter des rentes. Il ne pouvait pas les acheter sous le nom de la mineure, il les achète sous le nom de Julie Clerisse.

Un peu plus tard on reçoit encore de M. Place-Lafont une somme de 40,000 francs ; même voyage de M. Colmet, même conversation, même résolution prise : les 40,000 francs seront employés comme les 60,000 francs qui les ont précédés, dans l'intérêt d'Emma Clare, et par conséquent on achète une inscription de 5,000 francs de rentes. Cette libéralité a été parfaitement connue. Vous avez bien essayé, au commencement du procès, de prétendre qu'il y aurait là un nouveau don manuel, mais détourné. Vous, monsieur Octave, vous pouviez prétendre cela ; madame de Lopès, votre mère, ne le pouvait pas sans imprudence, et, je le reconnais, elle avait bien essayé de revenir sur ses libéralités, elle avait consulté, les registres même de la famille en faisaient mention. En conséquence, elle savait à merveille que son mari avait désiré faire un emploi dans l'intérêt d'Emma Clare, elle avait assisté à la résolution que son mari avait prise à cet égard ; aussi n'avait-elle pas insisté. Et vous avez vu que si à l'origine on avait parlé de détournement, on n'avait pas insisté relativement à la donation faite par M. de Lopès à Emma Clare.

Oui, voilà ce que vous avez fait alors que vous aviez un enfant né de votre mariage, un enfant que vous aviez légitimé et auquel on allait enlever une somme de 100,000 francs, et vous n'avez pas cherché à savoir comment cette Emma Clare avait été introduite dans la famille ! Julie Clerisse avait tant d'autorité, une autorité qui vous rendait si malheureuse, et vous n'avez rien su ! Les bruits publics, cette notoriété à Vernon, à Versailles, à Ville-d'Avray, à Paris, tout cela est venu se briser à vos pieds ! vous avez fermé l'oreille ! vous n'avez rien entendu ! Oh ! vous m'accorderez que si cela est vrai, ce n'est guère vraisemblable.

Ce n'est pas tout : au mois de mai 1850, M. de Lopès vient à mourir. Il avait un héritier, il n'en avait qu'un, c'était Octave de Lopès, notre adversaire actuel. Il laissait un testament à la date du 30 décembre 1848, et à côté de ce testament se plaçait un codicille du 20 septembre 1849. Ils sont curieux à lire aussi, ces actes-là. Voici le testament du 30 décembre 1848 :

« Je nomme, j'institue mon épouse Aglaé-Suzanne-Catherine de Lopès, née de » Bernard, ma légataire universelle.

» A défaut de madame de Lopès, ci-dessus désignée, je nomme, j'institue mon

» Octave-Alexandre, né à Paris, rue de la Paix, n° 15, le 4 février 1832, mon léga-
» taire universel.

» A défaut d'Octave-Alexandre, né à Paris, rue de la Paix, n° 15, le 4 février
» 1832, ci-dessus désigné, je nomme, j'institue ma cousine germaine Julie-Antoi-
» nette Clerisse, ma légataire universelle.

» Je charge ma succession de payer à Julie-Antoinette Clerisse, madite cousine-
» germaine, une somme de 100,000 francs, sans retenue, sans préjudice d'une
» somme de 10,000 francs qui lui a été antérieurement donnée par acte passé devant
» M. Jacquin, notaire à Chantilly, l'an 1818 ou 1819 ; je lui donne en outre le mo-
» bilier de la chambre qu'elle occupera au jour de ma mort, ainsi que celui de la
» chambre de la bonne, contiguë à la sienne, tels que lits garnis.

» Je nomme exécuteur testamentaire de ce présent testament, M. Colmet, ex-
» avoué, et à son défaut, son fils Alfred Colmet, avoué, place Dauphine, n° 12. Je
» donne à l'exécuteur testamentaire survivant un diamant de 2,500 francs.

» Je désigne, je nomme, j'institue M. Joseph Place-Lafond, demeurant à Paris,
» quai de Béthune, n° 10, tuteur de mon adorable Octave ci-dessus désigné ; je le
» supplie d'accepter cette mission par amitié pour moi et ma famille ; j'emporte
» avec moi l'intime confiance, la certitude que je ne pourrais confier l'avenir de
» cet adorable jeune homme à une personne plus digne par ses nobles qualités, par
» son humanité, par son caractère. »

Voici maintenant ce que porte le codicille :

« Mon plus grand désir étant que ma bonne Aglaé soit aussi heureuse que pos-
» sible, je veux lui épargner toute préoccupation étrangère aux intérêts de mon
» adorable fils auquel ses conseils seront si nécessaires ; je déclare que ma formelle
» volonté est que ma cousine Julie Clerisse, se charge seule de l'éducation et des
» soins qui seront donnés à Emma Clare. Je veux qu'elle soit élevée près d'elle et
» qu'elle n'épargne rien pour lui donner une bonne éducation. Ma chère femme
» partagera mes sentiments. Si ma petite fille adoptive perdait ma cousine Julie
» Clerisse, je ne doute pas que ma chère Aglaé, qui déjà a tant contribué au bon-
» heur de ce petit ange, ne soit pour elle une véritable mère. Mais tant que ma
» cousine vivra, je veux formellement qu'elle remplisse seule le devoir imposé
» par moi, afin que mon Aglaé reste exclusivement occupée d'Octave, mon fils, de
» même que ma cousine sera exclusivement occupée d'élever ma petite orpheline. »

Assurément ceci est assez clair, et les actes qui vont se passer postérieure-
rement ne le sont pas moins. Voilà donc Julie Clerisse instituée légataire pour
une somme de 100,000 francs. Je n'ai pas besoin d'ajouter que ce legs de
100,000 francs va tout naturellement à Emma Clare ; c'est pour elle que ces
100,000 francs sont donnés, comme avaient été donnés les autres 100,000 fr.
Cela résulte du testament. M. de Lopès veut assurer l'avenir de sa petite-fille
en même temps qu'il veut assurer l'avenir de la mère.

Après la mort de M. de Lopès, après l'ouverture du testament, le fils
comment se conduit-il ? Il continue à vivre avec Julie Clerisse et son enfant
dans les meilleures relations, et quand on vient me dire que pendant la vie de
M. de Lopès cette femme se serait établie dans la maison conjugale, non-seu-
lement en maîtresse, mais en maîtresse violente et irrespectueuse envers l'é-
pouse légitime, je dis que cela n'est pas vrai ; car si c'était vrai, le jour où
M de Lopès est décédé, Julie Clerisse n'aurait pas conservé dans ce domicile

une situation qui ne lui appartenait pas. Elle y est restée cependant en très bonnes relations, les deux enfants ont été élevés pour ainsi dire par deux mères ; la donation faite par le testament de M. de Lopès, les questions d'intérêts, toujours si délicates et si difficiles, n'ont pas eu la puissance d'altérer ces bonnes relations qui dataient de si loin et qui, je le répète, se sont continuées après la mort du père de famille. Non-seulement les questions d'intérêt n'ont pas troublé cette harmonie, mais ici se placent des actes de 1850, qu'il faut encore vous faire connaître.

Le 15 novembre 1850, madame Aglaé de Lopès, la seconde femme, se présente chez un notaire et y fait la déclaration suivante :

« A comparu madame Aglaé-Suzanne-Catherine de Bernard, veuve de M. Alexan-
» dre-Nicolas de Lopès, ancien officier de marine, chevalier de la Légion d'honneur,
» ladite dame propriétaire, demeurant à Paris, rue d'Anjou, faubourg Saint-Honoré,
» n° 18, résidant momentanément à Versailles (Seine-et-Oise), rue Berthier, n° 13 ;
» Laquelle a par ces présentes déclaré renoncer purement et simplement à l'effet
» de la donation universelle en usufruit, que son défunt mari, M. de Lopès, lui a
» faite de tous les biens généralement quelconques qui composeraient la succession
» dudit M. de Lopès, au jour de son décès, aux termes de leur contrat de mariage,
» reçu par M° Landry-Dufresneau, notaire à Vernon (Eure), comme substituant son
» confrère M° Taury, aussi notaire à Vernon, qui en a gardé minute, en présence de
» deux témoins instrumentaires, le 27 juillet 1832, enregistré.
» Voulant ladite dame veuve de Lopès que ladite disposition contenue audit con-
» trat de mariage soit considérée comme nulle et non avenue, et déclarant madame
» veuve de Lopès s'en tenir au legs universel en toute propriété que lui a fait M. de
» Lopès son défunt mari, aux termes de son testament olographe, fait en cette forme
» à Versailles, en date du 30 décembre 1848. »

Ainsi voilà une renonciation faite par madame veuve de Lopès au profit de Julie Clerisse, et cette renonciation de 100,000 francs est faite spontanément.

Ce n'est pas tout encore : après la renonciation faite, le 17 décembre 1850, un mois après, mademoiselle Julie Clerisse se marie, et dans son contrat de mariage, elle fait figurer la rente de 5,000 francs qui lui avait été constituée comme je viens de le dire tout à l'heure. Le contrat de mariage est passé à Versailles dans le domicile même de madame de Lopès. En voici les termes :

« Pardevant M° Armand-François-Théophile Colmet et son collègue, notaires à
» Paris, soussignés, ont comparu : M. Pierre-Eugène Lemaire, capitaine en retraite,
» chevalier de la Légion d'honneur, et mademoiselle Julie-Antoinette Clerisse, ma-
» jeure, sans profession.
» Apport de la future : La future épouse déclare apporter en mariage et se con-
» stituer personnellement en dot :
» 1° Une rente cinq pour cent, consolidée de la somme de 3,000 francs, inscrite
» à son nom au grand livre de la dette publique, sous le numéro 112842, série
» première ;
» 2° Une autre rente sur l'État cinq pour cent consolidée de la somme de
» 2,000 francs, inscrite à son nom au grand livre de la dette publique, sous le
» n° 114769, série première. »

Ce contrat de mariage est signé de madame veuve de Lopès et de M. Octave de Lopès, cousin de la future. C'est chez lui qu'il est passé ; il est passé comme tous les contrats de mariage rédigés en famille et signé par la famille. Jusqu'ici, comme vous le voyez, il n'y a pas de désaccord entre madame de Lopès et Julie Clerisse. Et puis le même jour, 17 décembre 1850, se passent d'autres actes :

« Entre les soussignés : madame Aglaé-Suzanne-Catherine de Bernard, veuve de
» M. Alexandre-Nicolas de Lopès, agissant en son nom et comme tutrice naturelle et
» légale de M. Octave-Alexandre de Lopès, fils mineur de M. et de madame de
» Lopès, et mademoiselle Julie-Antoinette Clerisse, majeure, demeurant à Ver-
» sailles, rue Berthier, n° 13, agissant au nom et comme donataire de M. Alexan-
» dre-Nicolas de Lopès, d'une somme de 10,000 francs, aux termes d'un acte reçu
» par Mᵉ Jacquin, notaire à Chantilly ; et encore, comme légataire particulière du-
» dit défunt M. Alexandre-Nicolas de Lopès, aux termes de son testament olo-
» graphe, a été convenu ce qui suit :
» Mademoiselle Clerisse prenant en considération les dépenses considérables qu'a
» nécessitées l'ouverture de la succession de M. de Lopès, et voulant y contribuer
» autant que ses moyens le lui permettent, consent par ces présentes à ce que tous
» les droits de succession, dus tant par elle que par madame veuve de Lopès et le
» mineur Octave de Lopès, s'élevant ensemble à la somme de 15,874 fr. 15 cent.,
» et payés à Versailles le 28 novembre dernier (1850), soient supportés par elle
» seule.
» En conséquence, pour remplir la succession de l'avance qu'elle a faite de ladite
» somme de 15,874 fr. 15 c., mademoiselle Julie Clerisse déclare tenir la succession
» de M. de Lopès quitte et libérée de la somme de 10,000 fr. qui lui est due aux
» termes de la donation sus-énoncée, et consentir à ce que sur le legs qui lui a été
» fait de la somme de 100,000 fr., il soit retenu celle de 5,874 fr. 15 c. pour com-
» pléter le remboursement desdits droits de succession qu'elle entend seule sup-
» porter. Ce qui est accepté par madame de Lopès, tant en son nom personnel que
» comme tutrice de son fils mineur.

Le même jour encore, 17 décembre 1850, intervient entre les mêmes par-
ties un dernier acte ainsi conçu :

» A comparu : madame Aglaé-Suzanne-Catherine de Bernard, veuve de M. Alexan-
» dre-Nicolas de Lopès, ancien officier de marine, chevalier de la légion d'honneur,
» ladite dame agissant au nom et comme tutrice naturelle et légale de M. Octave-
» Alexandre de Lopès, fils mineur de M. et madame de Lopès ci-dessus nommés,
» ledit mineur Octave-Alexandre de Lopès, habile à se dire et porter seul héritier
» dudit défunt M. de Lopès son père.
» Aux termes de son testament, M. de Lopès a institué pour sa légataire univer-
» selle sa veuve survivante madame de Lopès comparante, lequel legs se trouve réduit
» conformément à l'article 1094 du Code civil, à un quart en toute propriété et un
» quart en usufruit. Et il a légué, savoir :
» A mademoiselle Julie-Antoinette Clerisse, sa cousine germaine, une somme de
» 100,000 fr., sans retenue, sans préjudice d'une somme de 10,000 fr. qu'il lui a
» donnée antérieurement par acte passé devant Mᵉ Jacquin, notaire à Chantilly.
» Dans cette position, madame veuve de Lopès déclare consentir purement et sim-
» plement à l'exécution du testament sus-énoncé de M. de Lopès, son défunt mari,

» et la délivrance de tous les legs contenus audit testament, notamment celui fait à
» mademoiselle Clerisse.

» Aux présentes est intervenue mademoiselle Julie-Antoinette Clerisse, laquelle
» a par ces présentes déclaré accepter la délivrance qui vient de lui être faite par
» madame veuve de Lopès audit nom du legs qui lui a été faite par M. de Lopès
» aux termes de son testament sus-énoncé. Et elle reconnaît être en possession de
» tous les objets mobiliers compris dans ce legs.

» Quant à la somme de 100,000 fr. qui lui a été léguée par M. de Lopès, made-
» moiselle Clerisse reconnaît avoir déjà reçu sur cette somme celle de 20,000 fr.,
» dont partie a servi à payer les droits de succession à sa charge.

» Pour les 80,000 fr. de surplus, madame veuve de Lopès, audit nom, et made-
» moiselle Clerisse, conviennent qu'ils seront payables le 1ᵉʳ juin 1855, époque
» d'exigibilité d'une somme totale de 200,000 fr., due à la communauté de biens
» qui a existé entre M. et madame de Lopès, par M. Place-Lafond, suivant contrat
» passé devant Mᵉ Viefville et son collègue, notaires à Paris, le 17 mars 1850....

» Madame veuve de Lopès, audit nom, et mademoiselle Clerisse, conviennent que
» ladite somme de 80,000 fr. produira, jusqu'à son entier paiement intégral, des
» intérêts sur le prix de cinq pour cent par an sans retenue, payables de trois mois
» en trois mois à partir du 1ᵉʳ avril prochain. »

Voilà donc une position parfaitement réglée ; les parties sont d'accord sur
tous les points ; Julie Clerisse paiera les frais de succession, on lui délivre son
legs. Tous les intérêts sont dès à présent et définitivement réglés entre les
parties.

Depuis 1850 jusqu'en 1851, ces bons rapports ont continué. Madame de
Lopès avait conservé dans un salon le portrait de Julie Clerisse. Mais vers la
fin de 1851, après les actes que je viens de préciser, des nuages s'élèvent ;
voici dans quelles circonstances : M. Lemaire apprend que madame de Lopès
avait mal parlé de sa femme dans ce même salon où elle conservait son por-
trait, et il lui écrit, dans un moment d'humeur, la lettre suivante :

« Madame, aux termes où vous en êtes maintenant, par votre fait et de votre
» propre volonté, avec l'excellente femme qui, pendant que vous la flétrissiez dans
» l'opinion publique, me parlait chaque jour de vous et de M. votre fils avec tant
» d'amitié et de véritable intérêt, j'avoue qu'il m'est pénible de savoir son portrait
» dans ce salon, où depuis son départ, sans égard pour moi, pour ma famille et
» pour cette enfant que vous dites aimer, elle a été traitée si impitoyablement par
» ceux-là mêmes qui, à défaut d'autres sentiments, lui devaient au moins, et lui
» avaient promis aide et protection. Vous et vos amies, madame, devez trouver ce
» contraste tout à fait inconvenant. Veuillez donc bien m'expédier ce portrait au-
» quel je tiens beaucoup, ainsi que ma famille, qui apprécie chaque jour davantage
» celle qu'il représente. Je pense, d'ailleurs, qu'il sera un jour précieux à notre
» Emma, qui, je l'espère, aura le cœur assez bien placé pour reconnaître toutes les
» nobles qualités d'une malheureuse femme qui aura tout souffert pour elle.
» Veuillez agréer, etc. »

Madame de Lopès répondit en ces termes à M. Lemaire :

« J'ai reçu une lettre de vous hier soir, monsieur ; lettre qui, adressée à moi par
» vous, est réellement incompréhensible. Je vous envoie néanmoins le portrait de

» votre femme, non que je trouve qu'il contraste avec mes discours et ceux de mes
» amies, mais parce que vous y tenez beaucoup, ce qui me semble très naturel.

» Que Julie fouille dans le passé, qu'elle se souvienne de ma conduite envers elle
» dans toutes les circonstances, elle vous dira sans doute alors avec franchise que
» ce n'est pas moi que l'on peut accuser de flétrir ou d'avoir flétri sa réputation.

» Quant à Emma (ce petit ange que l'on me refuse) que je *dis* aimer, je crois le
» lui avoir prouvé pendant les années qu'elle a passées chez moi, par ma vive ten-
» dresse, que rien n'altérera pour cette enfant, si intéressante à mes yeux sous tous
» les rapports.

» Jeudi matin, j'ai trouvé au cimetière une couronne de fleurs apportée sans doute
» par vous la veille puisque vous étiez à Versailles avec Julie. Cette couronne était
» semblable à celles qu'Emma y portait autrefois. J'ai fait ce qu'elle eût fait ; je l'ai
» placée sur la pierre qui recouvre mon pauvre mari.

» Si j'avais eu le bonheur de le conserver, il serait bien indigné de voir que l'on
» osât seulement me soupçonner de pareilles infamies ; car il me connaissait et m'ap-
» préciait.

» Recevez, etc. »

Ainsi M. Lemaire, apprenant que dans le salon de madame de Lopès des
propos injurieux pour sa femme avaient été tenus, écrit la lettre et reçoit la
réponse que je viens de lire. Madame Lemaire s'indigne à son tour, elle rede-
mande son portrait qui restera encore, mais pas longtemps, dans le salon de
madame de Lopès. Celle-ci proteste de ses bons sentiments pour madame Le-
maire et pour Emma, sa fille, dans une seconde lettre adressée à M. Lemaire
en réponse à un billet de ce dernier, qui prétendait avoir reçu la preuve
écrite des propos tenus contre sa femme. Enfin madame de Lopès, s'adressant
à madame Lemaire, lui écrit dans les termes suivants, que je vous recommande
à plus d'un titre :

« Je viens à toi, Julie, à toi seule, pour faire appel à ta conscience et te poser
» une question !

» Lors de la mort de mon pauvre mari, après avoir lu le testament, n'as-tu pas
» déclaré nettement que tu voulais *payer tous les frais relatifs à la succession ?*
» Ta pensée a été formulée sans équivoque, et mon cœur l'a bien comprise ; il a reçu
» ta déclaration franche et loyale, telle que tu l'as librement exprimée. Aujour-
» d'hui, on voudrait élever des doutes sur ta sincérité, on voudrait me faire croire
» que j'ai mal entendu, que je suis dans l'erreur, que j'ai oublié, mais je garde une
» croyance pleine et entière, et je suis persuadée que les personnes chargées de nos
» affaires n'ont pas su apprécier le sentiment dont tu étais animée. Ton intention
» bien réelle, la voici, et tu ne saurais la désavouer.

» Tu ne veux pas qu'Octave perde rien de plus que les sommes dont son père *a*
» *disposé en ta faveur et en faveur de notre Emma.* On vient pourtant, un *sous-*
» *seing* à la main, me réclamer une somme de 1,500 francs, pour frais occasion-
» nés par la succession. Je te le demande, dans cette circonstance s'agit-il de pa-
» pier timbré ? Et quand l'acte dans ses termes restreints te donnerait gain de cause
» devant un tribunal de jurisconsultes, toi, si tu veux rester fidèle à tes engage-
» ments, tu dirais que ce n'est pas à moi à supporter cette nouvelle dépense. Rap-
» pelle-toi, Julie, *si j'ai invoqué les articles du Code pour renoncer à l'usufruit*
» *du legs de 100,000 francs fait en ma faveur, et cependant mon contrat de ma-*
» *riage garantissait mes droits.* On me tient fort peu de compte de ce sacrifice. Certes,
» j'aurais pu dire alors que la fortune d'Octave allait être de nouveau considérable-

» ment entamée : j'aurais pu dire que ton héritage personnel absorbait une très
» forte partie des 15,000 francs environ payés pour toi au domaine, que mes char-
» ges restaient les mêmes, surtout avec une maison fort lourde et presque impos-
» sible à vendre dans ce temps. Mais, au lieu de m'appuyer sur la loi, au lieu de
» me laisser guider par de froids calculs d'intérêt, *j'ai voulu accomplir des volon-*
» *tés dernières qui étaient sacrées pour moi.* Aussi suis-je bien convaincue, malgré
» tout ce qu'on pourra dire, que les réclamations qui me sont faites te sont complé-
» tement étrangères, et bien que l'on paraisse croire que je suis oublieuse de ce qui
» s'est passé, c'est toi seule, Julie, que je prierai de rétablir la vérité, c'est toi seule
» qui dois répéter aux personnes qui doutent, l'intention positive que tu as tou-
» jours eue de ne laisser peser sur mon fils et sur moi aucuns frais provenant de
» l'ouverture du testament.

» Je ne puis douter, ma chère Julie, que ma lettre toute confidentielle ne décide
» une question sur laquelle il me serait fort pénible de revenir. C'est à toi seule que
» je m'adresse. *Lis ma lettre attentivement,* ne consulte que la justice, ton cœur
» et ton attachement pour mon fils, et réponds-moi le plus tôt possible.

» Embrasse pour moi notre chère Emma ; je n'ai pas oublié qu'elle avait atteint
» sa sixième année le 11 octobre, ce jour-là j'ai mis le bracelet de ses cheveux et de
» ceux d'Octave.

» Adieu, Julie. »

En octobre 1851, un an après la renonciation spontanée dont je vous ai
parlé, on revient sur cet acte, ou plutôt on n'ose pas y revenir encore. On dit
dans quelles circonstances il a été fait ; on voulait obéir à la volonté du mari,
que l'on considérait comme sacrée. On ne s'en repent pas. On maintient la
renonciation qu'on a faite ; mais une question s'élève sur les 15,000 francs de
droit de mutation mis à la charge de madame Lemaire dans son contrat de
mariage. Pendant ce temps-là, la correspondance continue sur un ton assez vif.
Madame Lemaire avait conservé le souvenir de la lettre de madame de Lopès,
elle y répond, le 17 octobre 1851, par la suivante, dont je me bornerai à vous
lire des fragments :

« Il fallait une occasion comme celle qui se présente aujourd'hui, ma chère
» cousine, pour que je revoie ton écriture, privée de tes lettres comme je le suis
» depuis plusieurs mois, sans qu'il me soit possible encore d'en deviner le motif ;
» car je ne sache pas que depuis cette époque, tu aies plus de raisons pour me
» traiter avec tant de rigueur que lors de mon mariage, et, pendant les mois qui
» l'ont suivi, nous avions conservé des relations, sinon très affectueuses, au moins
» convenables aux yeux du monde.

» A mon retour d'Enghien, ma première pensée fut de te conduire Emma ; à ma
» grande surprise, je trouvai mon mari peu disposé à y consentir. J'insistai pour
» en connaître la cause. Il se vit alors obligé de me rappeler combien j'avais été
» peinée de la froideur de ta dernière lettre, froideur qui déjà m'annonçait tes fâ-
» cheuses dispositions à mon égard ; je me souviens alors du changement de ma-
» nières des gens de ta maison à mon égard, lors de mes dernières visites chez toi,
» changement qui m'avait vivement blessée, et qui aurait dû m'éclairer, mais
» j'avais espéré m'être trompée et je n'y pensais plus. Maintenant que je vois plus
» positivement les choses, je sens que désormais ma présence chez toi est devenue
» impossible, je ne sais pas encore me résigner aux humiliations.

» Mon mari me voyant cependant persévérer dans mon projet de t'aller voir, et

» craignant pour moi une réception qui eût détruit en un moment le fruit des soins
» qu'il m'avait donnés à Enghien, se vit forcé de m'avouer qu'il savait de source
» certaine que tu professais hautement pour moi le plus profond mépris, que tu
» avais positivement déclaré à plusieurs personnes que tu recevrais Emma avec
» plaisir, mais que, pour moi c'était tout autre chose, attendu que ma vue et même
» celle de mon écriture te bouleversaient ainsi que ton fils ! Il avait appris, en
» outre, que des secrets intimes, qui, par respect pour une mémoire bien chère,
» devaient rester enfouis dans nos cœurs, et sur lesquels nous devions par hon-
» neur et par égard pour tant de graves intérêts, détourner même les soupçons
» qui pouvaient exister et que toi seule pouvais détruire, il avait appris, dis-je,
» que ces secrets n'en étaient plus, et qu'on en causait librement avec des personnes
» qui n'avaient nul besoin de les connaître. Ainsi, j'étais livrée à la médisance du
» monde, et pour que rien ne fût épargné, on ajoutait que je t'avais rendue pendan
» de longues années la plus malheureuse des femmes, et que j'étais la cause de la
» mort de celui dont j'aurais voulu racheter la vie aux dépens de la mienne !! Ains
» il ne me restait pas même aux yeux du public l'ombre d'une circon-
» stance atténuante. Voilà le fruit que recueillait mon excellent mari, de la
» noble action qu'il avait faite en assurant la position sociale d'un enfant que tu
» aimes !....

» .... Il fallut bien alors me rendre à l'évidence; il était positif que j'étais expul-
» sée à jamais de cette maison où ma vie s'était écoulée ; j'étais désormais moins
» qu'une étrangère pour les seuls parents qui me restent, pour cette famille dans
» laquelle j'avais été amenée par la propre mère de celui qui, certes, n'aurait ja-
» mais voulu croire que, moins d'une année après sa mort, sa seule parente serait
» consignée à sa porte, obligée de rougir devant ses gens, et devenue un objet de
» répulsion invincible même pour ce fils que j'ai tant aimé et qui n'a rien à me
» reprocher, lui ! Ta dernière lettre à mon mari est venue me confirmer tout ce qui
» précède : « Je suis malade, monsieur, lui dis-tu, et toujours par suite de cha-
» grins que j'ai éprouvés pendant de longues années. » Ceci tombait directement
» sur moi et me prouvait que tu me rendais responsable de tous les maux auxquels
» nous autres femmes, sommes assujetties. Mais, quelque timorée que soit ma
» conscience, elle ne me reproche rien sur ce point, et chacun l'a vue, pendant
» les longues années dont tu parles, heureuse, estimée, aimée, brillante de fraî-
» cheur, et d'une gaîté que l'on citait. Je me pardonnerais moins de t'avoir ren-
» due malheureuse que d'avoir commis une faute de faiblesse de cœur et d'entraî-
» nement que je ne prétends pas atténuer, mais qui a été expiée par tant de larmes,
» de peines et de véritable repentir. Elle a été pour moi plus cruelle peut-être
» qu'elle ne l'eût été pour beaucoup d'autres, car j'en ai senti toute l'étendue,
» tandis que bien des femmes perdent jusqu'au souvenir de celles qu'elles ont
» commises et qui devraient les rendre indulgentes. Non, il n'est point vrai que je
» t'aie, de gaieté de cœur, rendue malheureuse ; si ton pauvre mari l'eût souffert,
» il eût été un misérable, et, en m'accusant de ce fait, on flétrit sa mémoire. Notre
» crainte de te déplaire allait jusqu'à la pusillanimité, et si j'ai laissé percer quelque-
» fois des vivacités, elles étaient excitées par les souffrances de mon âme, et je les
» rachetais bientôt après par la patience et la résignation....

» .... Quant à Emma, tu dois comprendre tout ce que j'ai souffert à l'idée de la
» priver du bonheur d'aller te voir ; je n'ai pas encore eu le courage de la conduire
» sur la tombe de son bienfaiteur.

» Je joins d'ailleurs ici un tableau de ta position de fortune, copié sur la quit-
» tance de droits payés que j'ai sous les yeux, et qui te prouvera, j'espère, que
» cette somme de 1,500 francs, immense pour nous, est minime pour toi. »

Voilà, Messieurs, la réponse de madame Lemaire, dont je recommande particulièrement à votre attention le passage relatif aux 1,500 francs. A son tour madame de Lopès répond à madame Lemaire, et je dois vous donner connaissance d'une partie de sa lettre :

« Je veux répondre à la première partie de ta lettre ; seulement, ma chère cou-
» sine, il est inutile de parler de la seconde : on veut que je me sois abusée, soit :
» laissons cela. Au surplus, ce n'était ni un sacrifice, ni un service que je récla-
» mais, mais bien la justice et la vérité.

» A propos de sacrifices, je me demande : de quel côté sont-ils ? d'une fortune
» qui *s'élevait à* 942,620 *fr., ôtons pour Emma et toi* 210,000 *fr., reste* 732,720 *fr.*
» d'après tes chiffres mêmes ; ceci est donc exact. Quant au linge que tu estimes
» largement 600 francs, tu sais bien que dans l'état d'usure dans lequel il était, il
» n'en valait pas 300. Il me semble que l'on aurait pu se dispenser d'en parler.

» Je vois, d'après les récits mensongers que l'on a faits à ton mari qui en est con-
» vaincu, qu'il vient chez moi de méchants espions ou espionnes, j'en ferai jus-
» tice ; mais au moins faudrait-il qu'ils répétassent ce qu'ils entendent, comme les
» choses sont dites, et sans mêler d'ignobles propos.

» Quant à l'accueil de mes gens, je pense qu'il a été ce qu'il devait être, ils me
» respectent trop pour manquer à une de mes parentes.

» Les révélations que l'on assure venir de moi en sont bien loin ; elle seraient
» trop cruelles, au moins pour mon amour-propre, si ce n'est plus. Je suis tout
» à fait incapable de parler de pareilles choses dans le monde, mais je ne puis
» empêcher les autres de parler, dans une ville comme Versailles, où l'on sait
» tout, même ce qui n'est pas. Ainsi donc, *c'est à moi que venaient de tous côtés des*
» *propos, des révélations, bien avant la mort de mon mari.* Depuis cet événement
» bien fatal pour moi, tout le monde en a parlé ouvertement. A Vernon, c'était la
» même chose, on t'avait vue, examinée, avant ton départ pour Paris, et l'on avait
» jasé. A Ville-d'Avray, mon fils avait appris la vérité sur Emma. Vingt fois il a
» voulu m'en parler et je lui ai fermé la bouche. J'ignorais tout à cette époque ;
» qui donc a parlé ? tout le château le savait.

» Quant aux visites d'*Emma*, ici, je n'ai mis aucune adresse dans ma réponse ;
» tu sais très bien que je n'ai pas un caractère rusé. Je pensais et je pense encore
» que le *monde* eût trouvé fort naturel qu'elle vînt voir une femme chez laquelle
» elle est restée plusieurs années. Tout le monde sait aussi que je l'aime beaucoup,
» et ces dames me demandent de ses nouvelles, s'étonnant de ne plus la voir chez
» moi.

» Je suis étonnée que madame Alexandre se plaigne de mes instances près
» d'elle pour le marier. Elle doit se rappeler que dès le premier jour qu'elle
» m'a retrouvée à Versailles, en me promenant au tapis vert, elle m'a dit : « Il faut
» que je marie mademoiselle Julie, ce sera convenable pour vous deux » ; elle est
» trop franche pour dire le contraire ; d'ailleurs, les visites que je lui ai faites
» étaient connues de toi.

» Quant au désir que j'avais de te voir épouser M. C..., il était fort naturel. Ce
» n'était pas pour me débarrasser de toi, comme tu le dis, car nous aurions tou-
» jours pu nous séparer si cela nous eût convenu, mais bien parce que les rensei-
» gnements que j'avais pris sur lui m'avaient convaincue qu'il possédait les qua-
» lités nécessaires à ton bonheur et à celui de ma bonne petite fille. Je ne suis
» point une méchante femme, mon mari me rendait cette justice. Il l'a dit bien
» des fois, tu le sais, et fusses-tu restée fille, Emma et toi n'eussiez pas souffert,
» quoi que tu en dises.

» Voilà la vérité sur tous les points.

» Adieu, ma chère Julie, embrasse Emma pour moi bien tendrement. Je n'ai
» point dit à Octave l'épithète d'*odieuse* cousine ; il est de ces mots qu'il faut
» taire, il sera échappé à ta plume dans un moment d'humeur et involontairement.

» Veuve DE LOPÈS. »

Voilà donc, Messieurs, la rupture, la rupture ouverte par cette correspondance de 1851. A partir de ce moment, en effet, il n'y a plus eu aucune espèce de rapports entre la famille Lemaire et la famille de Lopès ; seulement madame de Lopès a continué d'écrire quelques lettres fort affectueuses, fort tendres à la jeune Emma. Ce sont à la vérité des enfantillages, mais qui prouvent au plus haut degré la tendresse de madame de Lopès pour cette jeune fille. Cela n'est pas contesté ; je n'ai pas de preuves à fournir à cet égard.

Ainsi en 1851 la situation est profondément changée : les bons rapports ont cessé, une brouille très vive a succédé à la bonne harmonie qui avait duré si longtemps. Cependant il n'est pas question encore des actes de 1850, tout le monde les exécute. Il faut payer les intérêts de 83,000 francs : on les paie en 1851, en 1852, en 1853, c'est-à-dire pendant deux années après la rupture qui a éclaté entre les deux familles. On reconnaît ces actes de 1850 par l'exécution, comme si la bonne harmonie continuait de régner. Non-seulement les choses se passent ainsi entre madame de Lopès et madame Lemaire, mais le 4 février 1853, M. Octave de Lopès devient majeur, maître par conséquent de ses droits, dont il use très largement, à ce qu'il paraît, si largement qu'à peine majeur on croit devoir prendre contre lui la mesure d'un conseil judiciaire. Il va sans doute revenir sur le passé ; il va se montrer très rigoureux à l'endroit des actes de 1850, il va les faire examiner. Eh bien, non ! arrivé à sa majorité, en 1853, il les exécute pour cette année 1853 comme ils avaient été exécutés en 1851 et 1852. Il s'agissait de payer deux semestres : ils sont payés par lui ; nous en représentons les quittances. Ainsi, non-seulement les actes ont été reconnus depuis le jour où ils avaient été passés par les parties qui les avaient contractés, mais ils ont été exécutés par toutes, et notamment par M. Octave de Lopès, arrivé à sa majorité le 4 février 1853. Ce n'est qu'en 1854 que M. Octave de Lopès a jugé à propos de revenir sur ces actes de 1850, et je vous demande la permission de jeter ici un coup d'œil sur la procédure qui a été suivie, afin de vous faire voir ce que vous devez penser de cette question d'ingratitude soulevée tout récemment. La première attaque est du 14 mars 1854. Dans cet acte, M. Octave de Lopès agit comme habile à se dire héritier de son frère consanguin M. Alexandre-Armand de Lopès.

Que demande-t-il ? Il dit d'abord que les 5,000 francs de rentes achetées par son père au nom de Julie Clerisse ne se sont pas trouvées lors de la succession de M. de Lopès.

« Il n'y a pas, dit-il, trace de donation, le don manuel n'est prouvé par rien ;
» que si M. de Lopès avait voulu faire cette libéralité, il l'eût comprise dans ses
» testaments des 30 octobre 1848 et 20 septembre 1849 ; mademoiselle Clerisse,
» dépositaire des sommes appartenant à M. de Lopès, a pu faire acheter lesdites
» rentes et les faire inscrire sous tel nom qu'il lui a plu ; subsidiairement, qu'en

» admettant qu'il n'y eût pas eu soustraction, mais don manuel, M. de Lopès n'a
» pas pu faire ce don manuel, qu'il était en démence notoire; qu'on a usé à son
» égard de suggestion, de captation, qu'il y a là évidemment une cause de nullité; plus
» subsidiairement, que n'y eût-il pas eu suggestion et captation, au moins faudrait-
» il arriver à la réduction; que pour arriver à la réduction, il ne faut pas faire seu-
» lement état de la fortune de M. de Lopès en 1850, il faut remonter plus haut,
» voir comment se constituera cette fortune, et si, dans la liquidation de 1837, il
» n'aurait pas fait figurer dans la communauté à titre d'acquêt un immeuble appar-
» tenant en propre à Caroline de Bernard sa première femme, et s'il ne résultait
» pas de là une réduction notable dans la quotité disponible. »

Voilà dans quels termes l'assignation est donnée. On ne s'en tient pas là :
on offre de faire la preuve testimoniale sur d'autres articulations que je ne
vous lirai pas en entier. Je me bornerai à vous en signaler deux. On demande
à prouver :

« Qu'en 1820, mademoiselle Julie Clerisse vint habiter le château de Bizay où
» résidait M. de Lopès son cousin.... Que des relations intimes s'établirent entre
» mademoiselle Clerisse et son cousin, qu'elles ont été de notoriété publique ; que
» mademoiselle Clerisse devenue enceinte à Saint-Just simula une maladie et se retira
» à Paris, rue Notre-Dame-des-Champs, 43 ; qu'elle y accoucha d'un enfant qui
» fut enregistré le 11 octobre 1845, au 12ᵉ arrondissement de Paris, sous les noms
» de Emma-Louise-Alexandrine Clare, née de père et mère non désignés. »

Voilà l'assignation que nous recevons trois ans après les actes de 1850. On
vient remettre en question tout ce qui avait été convenu, approuvé et ratifié
par l'exécution en 1850 et depuis 1850. On dit d'une part à madame Le-
maire : Vous n'avez pas reçu à titre de donation les rentes sur l'État, vous les
avez soustraites ; vous aviez entre les mains les fonds de M. de Lopès, vous
vous en êtes emparée ; vous avez exercé votre influence sur l'esprit d'un mou-
rant, vous avez usé de suggestion, de captation, et même, en écartant la
fraude, la quotité disponible aurait été dépassée. Et puis à côté de ceci viennent
les articulations les plus injurieuses, non pas contre madame Lemaire, mais
contre le propre père de M. Octave de Lopès : il a été spoliateur dans les actes
de 1837, comme il l'a été plus tard. Voilà en quels termes est conçue l'articu-
lation présentée par M. Octave de Lopès.

Certes ce langage est bien loin de celui que tenait autrefois le même M. Oc-
tave de Lopès envers mademoiselle Julie, qui avait été pour lui une seconde
mère, qui avait conservé pour lui une très grande affection. C'était elle qui lui
donnait des leçons de latin. C'est vous dire assez qu'elle l'apprenait en même
temps que lui. Toutefois, tout jeune qu'il était, il reconnaissait cela. Un jour,
à l'occasion de la fête de mademoiselle Julie Clerisse, il lui avait écrit une lettre
en latin dans laquelle il lui disait :

« Mea cara consobrina,
» Non volo omittere tuum festum sine tibi proferre et præbere meum amorem
» et meum gratum pro omnibus beneficiis tuis.
» Quotidiè offero Deo meas preces ad obtinendam tuam sanationem.
» Tuus fidus consobrinus,
» OCTAVIUS DE LOPÈS. »

Le latiniste n'était pas fort. (On rit.)

Je vous ai lu cette lettre, Messieurs, parce qu'elle vous prouve quelles étaient les relations de M. Octave de Lopès avec mademoiselle Julie Clerisse, apprenant le latin pour l'apprendre à ce petit garçon, et ce petit garçon lui écrivant dans les termes que je viens de mettre sous vos yeux. Nous sommes loin de ce temps au 14 mars 1854.

Ce premier acte d'hostilité est suivi d'un second à la date du 9 mai 1854. Ce second acte d'hostilité est signifié non plus à la requête de M. Octave de Lopès, mais à celle de madame veuve de Lopès, sa mère ; vous vous rappelez dans quels termes et dans quelles circonstances madame de Lopès avait fait sa renonciation au profit de Julie Clerisse ; vous vous rappelez aussi que dans sa lettre, en réponse à celle de mademoiselle Julie Clerisse, elle disait que non-seulement elle ne voulait pas revenir sur sa renonciation, mais qu'elle la maintenait aussi rigoureusement que possible.

Depuis 1851, époque à laquelle la brouille avait éclaté, jusqu'en 1854, madame de Lopès n'avait pas imaginé de revenir sur cette renonciation. Mais enfin le premier acte d'hostilité étant lancé par son fils, elle réfléchit, et un mois après elle se décide à devenir son auxiliaire dans les batailles qu'il va livrer. Voici en effet ce que je lis dans sa requête :

« Que madame de Lopès proteste contre la renonciation qu'elle a faite à un usu-
» fruit contractuel, laquelle renonciation n'a été que le résultat d'une erreur ; que,
» d'ailleurs, cet usufruit contractuel étant un véritable droit successif, il ne pou-
» vait y être renoncé que par acte fait au greffe du tribunal civil ; qu'au surplus,
» cette renonciation est le résultat d'une erreur, etc. »

C'est une erreur qui dans tous les cas aurait duré longtemps ; car, commencée en 1850, elle se serait continuée jusqu'en 1854, longtemps après que les bons rapports avaient cessé, jusqu'à ce que la colère et la haine soient venues succéder à la tendresse qui unissait les deux familles : je n'admets pas cela. Quoi qu'il en soit, voilà les deux actes qui nous ont été signifiés. Eh bien, en présence de ces deux actes, nous nous sommes mis en défense, et par une demande du 10 janvier 1855, nous avons demandé que tous les actes qui avaient été faits continuassent de recevoir leur exécution, et que la protestation de madame de Lopès fût déclarée nulle.

« Attendu que madame de Lopès a payé seule et de ses deniers la totalité des
» droits de mutation pesant sur la succession entière, bien qu'elle n'eût à suppor-
» ter que ceux auxquels son legs donnait ouverture...; Attendu que madame
» veuve de Lopès, comme tutrice de son fils, a consenti l'exécution des testaments
» au profit de la demanderesse, et la délivrance du legs fait à celle-ci;... que ces
» dispositions réciproques sont constatées par divers actes;... qu'elles ont été
» exécutées jusqu'au mois de mars 1854, époque de l'attaque dirigée contre elle à
» la requête de M. de Lopès fils, dans une demande tendant à en faire déclarer la
» nullité ou au moins à en faire restreindre l'effet;... Attendu que la demande-
» resse ne saurait avoir à redouter la demande en révocation de madame de Lopès
» pour le cas où celle-ci trouverait le courage de la former en justice; que néan-
» moins, et alors que d'ailleurs madame de Lopès met en question ce qu'elle a li-
» brement consenti et exécuté jusqu'à ce jour, il importe à la demanderesse d'user

» de son droit en réunissant tous ses adversaires dans le litige qu'ils dirigent contre
» elle ;

   » Attendu qu'Octave-Alexandre invoque successivement les qualités qu'il s'at-
» tribue : d'héritier d'Alexandre-Nicolas, comme fils, et d'héritier d'Alexandre-
» Armand-Louis, comme frère consanguin; que ces qualités, qui ne sont pas justifiées
» en sa personne, ne sauraient lui appartenir suivant les pièces produites, d'où
» suit que sous ce rapport la demande est non recevable, etc. »

Nous aurons en effet à examiner si ce M. Octave, qui conteste les actes de
1850, a réellement qualité pour les contester. Voilà tout ce que nous avons
dit, et assurément l'injure ne pouvait pas se produire sous une forme plus dis
crète ; mais enfin nous posions là le défaut de qualité d'Octave. Voyons ce qu
s'est passé à la suite de ces questions ainsi engagées. Les causes se trouvant
jointes, des conclusions ont été prises de part et d'autre.

Nous avions posé, comme vous l'avez vu, la question d'une manière extrê-
mement discrète ; mais enfin nous l'avons posée, je ne prétends pas le nier,
et on répond à nos conclusions par d'autres conclusions dans lesquelles
on dit :

   « Que Julie Clerisse était une prostituée ; que l'enfant dont elle était furtivement
» accouchée chez la sage-femme, rue Notre-Dame-des-Champs, fut introduit vers
» les premiers mois de 1846 dans la famille de M. de Lopès comme fille d'un
» M. Menneville qui, à son lit de mort, l'aurait recommandée à M. de Lopès son
» ami intime ; que cette fable n'avait été inventée que pour abuser de la crédulité
» de madame de Lopès qui ignorait tout. Que mademoiselle Clerisse avait pris sur
» M. de Lopès un ascendant considérable ; qu'ainsi, elle tenait la caisse, les livres
» des recettes et des dépenses, donnait des ordres dans la maison et avait les clefs
» de M. de Lopès qui ne les confiait jamais à sa femme. Qu'en 1847, M. de Lopès
» fut atteint d'une apoplexie, qu'il en éprouva une seconde attaque en août 1848;
» que le 23 novembre 1849, il eut une troisième attaque, par suite de laquelle
» fut atteint d'un ramollissement du cerveau ; qu'à partir de cette époque il avait
» complétement perdu toute intelligence ; qu'il ne savait plus les noms des choses
» les plus vulgaires, ni la valeur et le sens des mots qu'il prononçait ou qu'il en
» tendait ; qu'ainsi, pour dire un livre, il disait : une maison ; que cet état était tel,
» qu'un jour, M. Boisseau, fermier de la dame de Lopès, étant venu payer ses fer-
» mages, on ne put jamais faire comprendre à M. de Lopès que cet homme appor-
» tait l'argent de ses fermages; qu'il s'obstinait à soutenir qu'on lui avait donné
» de l'argent et demandait pourquoi ; que cependant, M. Boisseau était depuis
» longtemps connu de M. de Lopès ; qu'un jour mademoiselle Clerisse dit en sor-
» tant de la chambre de M. de Lopès : « En vérité, il devient imbécille, on n'en
» peut rien tirer, voilà deux heures que je ne puis lui faire écrire une ligne. »

La procédure en était là lorsque de nouvelles conclusions nous sont signi-
fiées par madame de Lopès, par lesquelles elle renonce à sa demande en res-
titution des 5,000 francs de rentes. Pourquoi cela ? Pourquoi ce désistement?
Ce n'est pas difficile à comprendre; madame de Lopès mère savait à merveille
comment les rentes avaient été achetées; l'achat avait été fait de son consen-
tement, elle y avait contribué. Elle consentait bien à entrer dans le procès
avec son fils, mais pas au point de venir dire juste le contraire de la vérité, de

venir mentir impudemment, de venir soutenir devant la justice que ces rentes avaient été soustraites par Julie Clerisse, quand mieux que personne elle savait comment les choses s'étaient passées. En conséquence, elle déclare qu'elle entrera dans le procès, mais à la condition qu'on rétractera la demande en restitution des 5,000 francs de rentes. Ainsi tombent les calomnies, ainsi tombent les mensonges : le premier acte de 1854 se trouve effacé par la main même qui l'avait écrit. On se bornera désormais à demander la réduction de la quotité disponible et à dire qu'Alexandre de Lopès le père a été le spoliateur de sa première femme et de son fils du premier lit.

La procédure en était à ces termes lorsqu'on se ravise encore et qu'on soulève la question d'ingratitude de la donataire. Il est temps d'aborder le fond de ce débat.

La première question que nous ayons à examiner avec les adversaires, et la plus radicale, car elle entraîne la solution de toutes les autres, c'est celle de savoir si M. Octave de Lopès, qui nous attaque, est légitime ou ne l'est pas, si nous pouvons ou non contester sa légitimité.

Que demande-t-il ? Il demande : 1° la nullité des donations pour cause d'ingratitude ; 2° dans le cas où les donations seraient valables, il en demande la réduction à la portion disponible ; 3° il veut, pour obtenir cette réduction, qu'on revienne sur les actes de 1837, qu'on les déclare nuls et que l'on ordonne une nouvelle liquidation.

En quelle qualité peut-il agir ainsi ? Comme fils légitime de M. Alexandre de Lopès et comme frère consanguin d'Alexandre-Armand de Lopès, enfant du premier lit. Effacez ces deux qualités, il n'a plus droit, il n'a plus d'action. Or, est-il le fils légitime de M. Alexandre de Lopès, aujourd'hui décédé ? Est-il le frère consanguin d'Alexandre-Armand de Lopès, également décédé ? Quelle est sa mère ? madame Aglaé de Bernard. Quelles étaient les relations qui existaient entre M. Alexandre de Lopès et mademoiselle Aglaé de Bernard ? Des relations de beau-frère à belle-sœur. M. Alexandre de Lopès avait épousé mademoiselle Anne-Caroline de Bernard en premières noces. Sa première femme décédée, il vit avec mademoiselle Aglaé de Bernard, aujourd'hui notre adversaire. Les relations qui s'établissent entre mademoiselle Aglaé de Bernard et M. Alexandre de Lopès sont donc des relations incestueuses, cela est évident, et je voudrais vous épargner le mot que je ne le pourrais pas ; ce n'est pas moi qui qualifie le fait, c'est la loi.

Maintenant, ce vice d'inceste a-t-il pu être effacé ? La naissance d'Octave n'en est-elle pas entachée ? A quelle époque est-il né ? avant le mariage ; par conséquent pendant les relations incestueuses du beau-frère et de la belle-sœur, avant le mariage légitime, sous l'empire des prohibitions que la loi déclarait. Il est né avant la loi du 16 avril 1832, qui a permis au beau-frère d'épouser sa belle-sœur ; il est né, en un mot, sous l'empire de la législation qui déclarait incestueuses les relations de beau-frère à belle-sœur, et ne permettait en aucune façon de couvrir ces relations incestueuses par un mariage subséquent. La prohibition était absolue, infranchissable.

Maintenant et postérieurement à la loi qui a permis le mariage entre beau-frère et belle-sœur, M. Alexandre de Lopès a épousé mademoiselle Aglaé de Bernard. M. Octave existait déjà ; il est né le 13 février 1832, le mariage n'a eu lieu que le 4 août de la même année. Le père et la mère savaient si bien que cet enfant ne pouvait pas être déclaré sous leur nom, ils savaient si bien qu'en le déclarant ils se seraient exposés aux poursuites du ministère public, qu'ils l'ont fait porter dans l'acte de naissance comme né de père et de mère inconnus. Mais enfin est intervenue postérieurement la loi qui a permis le mariage entre beau-frère et belle-sœur, et M. Alexandre de Lopès a épousé mademoiselle Aglaé de Bernard, et en épousant mademoiselle de Bernard, il a légitimé l'enfant qu'il avait eu d'elle avant le mariage.

La question est de savoir si la légitimation pouvait être donnée par le mariage, ou si cette légitimation était impossible. Que portait la loi? La loi portait ceci : il ne peut pas y avoir mariage entre beau-frère et belle-sœur. Et puis au titre *de la légitimation*, elle disait : On ne peut pas, par un mariage subséquent, légitimer un enfant né soit d'adultère, soit d'inceste. Ainsi y avait-il eu adultère? y avait-il eu inceste? un enfant était-il né de l'adultère, de l'inceste, il ne pouvait pas être légitimé par un mariage subséquent. Telle était la situation au moment où la loi nouvelle est intervenue qui permet le mariage entre beau-frère et belle-sœur; les prescriptions de la loi ancienne étaient absolues. Par conséquent Octave, né avant la loi nouvelle, était non-seulement incestueux, mais ne pouvait pas, en vertu de cette loi, être légitimé par un mariage subséquent. Voilà un principe incontestable. J'ai ici une foule d'autorités qui passeront sous vos yeux, qui toutes proclament que même après la loi de 1832, qui permet le mariage entre beau-frère et belle-sœur, il est tout à fait impossible qu'un mariage subséquent puisse légitimer l'enfant né sous l'empire de la loi précédente qui interdisait ces sortes de mariages. Valette sur Proud'hon, Marcadé et Demolombe ont discuté cette question, et sont arrivés à cette solution que la loi de 1832 ne peut pas avoir d'effet rétroactif, et que le mariage subséquent ne peut en aucun cas permettre de légitimer l'enfant qui est né dans l'inceste.

La loi n'a pas pu le faire; mais enfin admettons qu'elle ait pu le faire, au moins faudrait-il qu'elle eût voulu le faire, qu'elle l'eût fait réellement. Elle n'a pas voulu le faire, car rien ne l'indique dans ses dispositions. Il y a donc deux époques dans la législation : une époque à laquelle le mariage entre beau-frère et belle-sœur était impossible, une époque par conséquent où la légitimation des enfants était elle-même impossible; et puis une époque où le mariage entre beau-frère et belle-sœur sera possible, et où par conséquent l'enfant né postérieurement à la loi pourra être légitimé. Voilà les deux époques parfaitement tracées : l'époque ancienne sur laquelle la loi nouvelle ne revient pas, n'a rien édicté; et puis l'époque à venir, qui sera fixée par cette loi. Les mœurs ont-elles beaucoup gagné à cette loi nouvelle qui permet des mariages entre beau-frère et belle-sœur? C'est une question d'avenir, l'avenir jugera; ce que j'ai à voir ici, c'est la question du passé. Dans le passé, ces sortes de mariage étaient impossibles; la légitimation l'était également; lorsque la loi nouvelle est arrivée, elle a réglé l'avenir, elle n'a pu toucher ni au présent ni au passé. Je n'ai pas ici seulement le texte de la loi en ma faveur, j'ai les autorités les plus graves. Aussi n'est-ce pas précisément sur ce terrain que mon premier adversaire a placé la question. Il ne l'a pas discutée, il a très bien compris qu'elle était indiscutable. Il l'a repoussée par une fin de non-recevoir. Il a dit : Peut-être auriez-vous le droit de contester la légitimité de M. Octave, mais vous ne le pouvez pas; vous avez fait des actes par lesquels vous avez reconnu cette légitimité, et du moment que vous l'avez reconnue, du moment que vous avez traité avec lui, vous ne pouvez plus aujourd'hui soulever cette question, elle n'est plus discutable.

Quels sont les faits qu'on nous oppose et en vertu desquels on voudrait faire déclarer que notre action doit être repoussée par une fin de non-recevoir ? Il y en a deux, dit-on : une action en délivrance de legs et une convention sur frais de mutation. L'action en délivrance de legs a été faite spontanément par madame de Lopès, et puis nous sommes arrivés et nous avons déclaré que nous acceptions la délivrance. Quant à la convention sur les frais de mutation, cela est vrai, mademoiselle Clerisse a consenti; vous savez dans quelles circonstances, précisément en présence des objections qui lui avaient été faites. Aujourd'hui nos adversaires veulent bien trouver dans ces actes une fin de non-recevoir ; mais quand à notre tour nous leur opposons ces actes, quand nous leur disons : si vous voulez y trouver le principe d'une fin de non-recevoir, il faut les reconnaître, car ils ne peuvent pas être nuls d'un côté et bons de l'autre, il faut choisir entre les deux partis, nos adversaires trouvent à propos de distinguer. Ils demandent la nullité des actes, apparemment la cause disparaîtra avec les effets. Non, les effets disparaîtront, mais la cause restera, c'est-à-dire que les actes seront déclarés nuls, mais que M. Octave n'en aura pas eu moins le pouvoir de les faire.

Il y a dans la plaidoirie que vous avez entendue des points que je ne prétends pas discuter, je ferai seulement remarquer que dans ce débat, mon adversaire s'est placé sur un terrain qui n'est pas le terrain vrai de la cause ; ainsi, par exemple, quand il a distingué entre les cas où il s'agit d'intérêts matériels et les cas où il s'agit d'intérêts de famille, et quand il a dit : s'il s'agit d'un intérêt de famille, la reconnaissance ne pourra pas être invoquée ; s'il s'agit d'un intérêt matériel, la reconnaissance pourra être invoquée, on pourra y trouver une fin de non-recevoir pour faire prononcer la légitimité de l'enfant. J'admets ces distinctions-là, je les trouve raisonnables, et par conséquent je passe condamnation là-dessus. Mais il y a quelque chose qu'il faut voir. Quand on examine si une reconnaissance a été faite directement ou indirectement, il y a une question qu'il faut s'adresser, et vous vous êtes bien gardé de le faire. Au moment où l'acte a été produit, avais-je intérêt et droit à contester la légitimité ? Si j'y avais intérêt et droit, et que mettant de côté mon intérêt et mon droit, je n'aie pas contesté votre légitimité, j'ai eu tort ; mais si je n'avais ni intérêt ni droit à la contester, si dans le cas où je l'aurais contestée, j'avais été déclaré non recevable, attendu que je n'avais pas d'intérêt et de droit actuel, mon inaction ne peut pas être considérée comme une reconnaissance. Voilà où il faut réduire la doctrine ; c'est ce que Demolombe a parfaitement compris dans son ouvrage. Il examine si l'on peut renoncer à une attaque contre la légitimité; il conteste ce point-là, mais après avoir reconnu qu'il y a des autorités graves qui peuvent être admises.

Ainsi, s'agit-il d'une renonciation à attaquer la légitimité d'une personne, c'est-à-dire d'une reconnaissance implicite de son droit? Il faut prendre garde; car lorsqu'il s'agit de l'état d'une personne, l'intérêt privé n'est pas seulement engagé, il y a l'intérêt général qui domine tous les intérêts privés. Il importe à l'État, et non pas seulement aux particuliers, qu'on n'introduise pas dans la famille des personnes qui doivent y rester étrangères. Les questions de famille sont des questions qui intéressent la société tout entière, et quand se révèlent des intérêts privés, il faut y regarder de très près.

Demolombe n'admet pas ces renonciations implicites, mais enfin vous pouvez les admettre, vous avez pour vous de graves autorités.

Ce que dit Demolombe, je le trouve dans un arrêt de la cour de Douai du 5 janvier 1851, dont je vous demande la permission de mettre le texte sous vos yeux :

« En supposant qu'un enfant, à qui des collatéraux contestent sa filiation, puisse
» leur opposer utilement la reconnaissance que ceux-ci auraient faite de cette
» même filiation à une époque antérieure, il n'en saurait être ainsi que dans le cas
» où la reconnaissance invoquée aurait eu lieu en pleine connaissance de cause,
» et à une époque où le droit de contester la filiation de l'enfant se trouvait déjà
» ouvert au profit des collatéraux.»

Un arrêt de la Cour d'Orléans du 10 août 1843, rendu en audience solennelle, est tout à fait conforme. Et puis d'ailleurs, est-ce que cela n'est pas élémentaire? Pour que je puisse reconnaître un droit, il faut nécessairement que j'aie intérêt à le contester; car si j'y suis complétement étranger, peu importe que je le reconnaisse ou que je ne le reconnaisse pas. Ainsi, par exemple, s'il m'avait plu à moi de reconnaître la légitimité de M. Octave, il est bien évident que n'ayant aucun intérêt à la contester, cela n'aurait rien signifié. Que si , au contraire, j'ai un droit pour contester cette légitimité, alors dès ce moment-là seulement j'ai intérêt à le faire, si surtout on me conteste mon droit. Hors de là, ma reconnaissance n'est plus, comme le dit Demolombe, qu'une simple affaire de courtoisie, qu'un acte de bon voisinage.

D'abord je trouve singulière l'élasticité que l'on donne aux principes pour opposer une fin de non-recevoir au nom de M. Octave. J'ai toujours vécu dans cette pensée que les questions d'état étaient des questions à part, d'intérêt général, d'ordre public, et qu'aucun intérêt privé ne peut faire fléchir l'intérêt public; mais enfin je reconnais que beaucoup de bons esprits ont admis les reconnaissances implicites qui peuvent être opposées comme fin de non-recevoir ; soit, mais au moins faudra-t-il qu'il y ait un intérêt à les admettre. Eh bien ! toute la question est là. A quelle époque m'opposez-vous les actes de reconnaissance ? En 1850. Quels sont les actes de reconnaissance que vous m'opposez ? Une délivrance de legs et un acte par lequel je me suis engagé à payer les frais de mutation. Est-ce que madame Lemaire pouvait à cette époque-là contester en aucune façon la légitimité de M. Octave de Lopès ? Est-ce qu'elle aurait pu engager un procès contre lui? Est-ce qu'elle y avait droit et intérêt? Pas le moins du monde. Elle s'adresse directement à

M. Octave et lui dit : Voulez-vous me délivrer mon legs ? — Je le veux bien. — Cela suffit ; je n'ai rien, absolument rien à dire. Si j'avais dit, au contraire : Non, je ne veux pas la délivrance de mon legs, je veux attaquer votre légitimité, et cela quand Octave ne me contestait rien, j'aurais été déclarée parfaitement non-recevable dans mon attaque ; mon attaque, dans tous les cas, eût été un acte indifférent, je n'avais pas droit, je n'avais pas d'intérêt. A quel moment sont nés mon intérêt et mon droit ? Au moment où vous vous êtes déclaré mon adversaire ; non point à l'époque où vous avez acquiescé à mon droit et où vous m'avez délivré mon legs, mais à l'instant où revenant sur les choses convenues, vous avez voulu reprendre ce que vous m'aviez donné. Je vous dis alors : Vous contestez mon droit, je puis vous demander si vous avez qualité pour cela. Ce droit, je ne l'avais pas hier, lorsque vous ne me contestiez rien ; je l'ai aujourd'hui que vous élevez une contestation.

Si postérieurement j'ai fait un acte avec vous dans lequel j'ai implicitement reconnu votre légitimité, vous pourrez trouver là une fin de non-recevoir ; mais si au moment où vous me délivriez la totalité de ce qui m'appartenait, si à ce moment-là j'ai accepté de vous ce que j'aurais accepté de tout le monde, que vous fussiez légitime ou que vous ne le fussiez pas, que m'importait ?

Cette théorie est conforme aux principes et à la jurisprudence. La Cour de Douai, dont je vous ai rappelé l'arrêt, avait statué sur une fin de non-recevoir et aussi sur le fond. Pourvoi en cassation. La Cour de cassation renvoie devant la Cour d'Orléans, et devant la Cour d'Orléans la fin de non-recevoir ne se pose même plus. Voilà la vérité. Ainsi la Cour de Douai n'accorde pas qu'on puisse trouver là une fin de non-recevoir.

M⁰ LÉON DUVAL : Vous m'avez assigné en délivrance de legs.

M⁰ MARIE : Je vous ai assigné en même temps que j'ai contesté votre qualité. Même avec l'arrêt de la Cour de Douai, je viendrai vour demander la délivrance de mon legs ; si vous me le refusez, je viendrai soulever contre vous la question d'illégitimité ; si vous ne me contestez pas cette délivrance, je n'ai pas à contester votre légitimité.

Maintenant, Messieurs, j'arrive à la seconde question, qui est aussi une question générale et préjudicielle, c'est celle de savoir si les legs et dons peuvent être révocables pour cause d'ingratitude.

M. LE PRÉSIDENT : Est-ce que vous ne trouvez pas dans les actes dont il s'agit une reconnaissance formelle de la qualité de votre adversaire ?

M⁰ MARIE : Non, car on ne me contestait rien alors.

M. LE PRÉSIDENT : Cependant vous vous êtes engagé à payer les droits de mutation qui incombaient à l'héritier. Vous aviez donc un certain intérêt à dire : je ne dois pas cela.

M⁰ MARIE : Dans ce moment-là il n'était pas question de contester les droits de Julie Clérisse ; Julie Clérisse n'avait donc aucun intérêt à contester les droits de M. Octave. Est-on resté dans les termes de ces actes ? Non, on vient aujourd'hui les contester ; et du moment qu'on les conteste, naissent mon intérêt et mon droit à contester à mon tour la qualité de M. Octave.

M⁰ LÉON DUVAL : Il s'agit de préciser la discussion. Je vous donne votre legs, j'exécute par conséquent tout ce que je vous ai promis.

M⁰ MARIE : Nous serons bientôt d'accord ; je n'avais rien à vous dire assurément lorsque vous me délivriez mon legs et que vous exécutiez loyalement tous les actes intervenus entre nous. Mais vous cessez de les exécuter aujourd'hui, et vous avez la prétention d'opposer à ma demande une fin de non-recevoir qui, de votre part, n'est pas autre chose qu'une pétition de principe.

J'aborde la seconde question, que je considère encore comme préjudicielle. On me dit qu'on ne conteste rien. Cependant quand je demande les legs et donations qui m'ont été faits, on me répond qu'on ne me les délivrera pas, attendu qu'ils ont été le résultat de la fraude et de la captation. Je ne dirai qu'un mot sur la seconde question générale et préjudicielle, car il faut rendre à mon adversaire cette justice qu'il a fort peu insisté sur le chef d'ingratitude, et cela se conçoit ; comment, en effet, cette question d'ingratitude trouverait-elle une base ?

Au moment où les actes de 1850 ont été passés entre nous, nous n'avons pas parlé d'illégitimité. Nous connaissions les faits, nous n'en avons pas dit un mot. Tant qu'ils ont été exécutés, nous avons encore gardé le silence; nous n'avons élevé la voix que lorsque ces actes ont été contestés. L'initiative vient donc de vous et ne vient pas de nous. Jusqu'au mois de mars 1850, M. Octave de Lopès avait fidèlement respecté et exécuté tous les actes de 1850. En 1854, il imagine de demander la nullité des legs et donations, attendu qu'il y a eu soustraction et captation de la part de Julie Clerisse, qui entretenait des relations coupables avec M. Alexandre de Lopès; vous savez dans quels termes, avec quelle violence, est conçue la requête du 14 mars 1854. Force nous est bien, quand vous élevez cette contestation, de nous mettre pour la première fois en défense contre vous. Vous prétendez faire annuler les actes ; nous vous demandons si vous avez qualité pour les faire annuler ; nous vous le demandons dans les termes les plus discrets; nous vous le demandons dans des termes tels, que vous seuls pouvez reconnaître qu'il s'agit là d'une question de légitimité. Voilà comment la question s'est engagée ; c'est tout simplement de notre part une défense. Êtes-vous légitime ? La légitimation vous est-elle acquise? L'injure ne sera pas produite parce que nous vous aurons contesté un droit que vous aviez. Au contraire, la légitimation ne vous est-elle pas acquise ? Alors nous aurons dit la vérité, et il ne peut pas y avoir injure dans une vérité légale, surtout quand elle est produite dans les termes où nous la produisons. Nos adversaires l'ont compris ainsi. C'est en janvier 1855 que pour la première fois la question de légitimité a été posée par nous. Vous avez donc laissé passer une année, et plus d'une année, avant de soulever ce que vous appelez la question d'ingratitude. Convenez que l'injure vous a peu blessé puisque vous êtes resté plus d'un an sans l'apercevoir. Je ne crois pas devoir insister davantage sur cette question d'ingratitude, parce que je ne l'ai pas considérée comme sérieuse.

Quant à la question de révocabilité de legs et donation, il ne peut pas y avoir de ma part contestation sur le principe. Il est bien évident que madame Lemaire ne peut rien recevoir au delà de la quotité disponible.

Toutefois, et cette question principale mise à part, il y a trois questions préalables que nous pouvons discuter et sur lesquelles vous pouvez donner une solution.

Et d'abord j'oppose à mes adversaires une fin de non-recevoir qui résulte pour moi des conventions de 1850, lesquelles ont été exécutées après 1850, notamment en ce qui touche les legs et donation consentis par M. de Lopès au profit de madame Lemaire. En second lieu, pour calculer la fortune de M. de Lopès, doit-on revenir sur la liquidation et sur les comptes de tutelle de 1831, c'est-à-dire sur la liquidation de la première communauté? Voilà un point qu'il est nécessaire de décider pour savoir si la quotité disponible sera modifiée dans un sens ou dans l'autre. Enfin, la renonciation faite par madame de Lopès à son usufruit est-elle une renonciation acquise, sur laquelle il soit impossible de revenir. C'est sur ces trois questions-là que j'appelle l'attention du tribunal.

Et d'abord je dis que les adversaires ne peuvent plus contester aujourd'hui ce qui s'est fait en 1850. Que s'est-il donc passé en 1850? M. de Lopès vient de mourir laissant un testament avec des libéralités parfaitement connues de toutes les parties en présence. Madame de Lopès les connaît à merveille, on ne le nie pas, on ne peut pas le nier. Le 18 avril 1850, et alors que la situation était bien connue, madame de Lopès fait sa renonciation à l'usufruit. J'ai déjà fait connaître au tribunal que c'était un acte unilatéral passé devant notaire, dans lequel elle déclare qu'elle ne veut pas de son usufruit, puisqu'elle garde le legs de son mari.

A la suite de cette renonciation, le 17 décembre, délivrance des legs indiqués au testament, abandonnement à Julie Clerisse du legs qui lui était fait par le testament, et ensuite, le jour du contrat de mariage passé pour ainsi dire en famille, mention est faite de la donation antérieure de 5,000 francs de rentes : voilà ce qui s'est passé entre les parties, voilà ce qu'elles déclarent accepter et ce qu'elles acceptent. C'est donc en parfaite connaissance de cause que la délivrance des legs a été accordée. Avez-vous jamais vu conventions plus honnêtement, plus solennellement arrêtées que celles-là? Assurément non. Elles ne l'ont pas été par un seul acte, elles l'ont été par plusieurs ; elles ne l'ont pas été en une seule fois, mais en plusieurs fois ; à une seule date, mais à plusieurs dates. La renonciation a précédé d'un mois les abandonnements qui ont été consentis, et le contrat de mariage dans lequel cet état de choses a été consacré. Non-seulement cela a été exécuté à une époque où l'on était en parfaite harmonie, mais à une époque où la discorde avait éclaté.

Quatre actes ont été passés en 1850. A la suite de ces quatre actes, exécution pleine et entière des conventions arrêtées et signées entre toutes les parties qui y figurent. Voilà les actes de 1850.

Eh bien, je suppose que les héritiers qui ont consenti à la délivrance des legs se fussent aperçu qu'ils avaient donné à un légataire au delà de la portion disponible, est-ce qu'ils pourraient revenir sur la délivrance qu'ils ont concédée? Pas le moins du monde. Je ne sache pas que la réserve soit d'ordre public ; la réserve est d'ordre très particulier. C'est un intérêt purement spécial. Le réservataire, quel est son droit? de conserver ou d'abandonner. On ne peut pas revenir sur un legs délivré, alors même qu'il serait postérieurement établi qu'il dépasse la quotité disponible. Voilà le principe.

Maintenant quelles sont les objections pour repousser ce principe?

On nous dit : la délivrance n'a pas été faite par M. Octave de Lopès ; elle a été faite par madame veuve de Lopès à sa petite-nièce. Je ne saurais trop, Messieurs, vous montrer la singulière tactique des adversaires. Veulent-ils soutenir la légitimation d'Octave? Ils invoquent la délivrance des legs. La légitimité n'est-elle pas en question, ils repoussent la délivrance. Mais vous n'avez pas plus le droit de revenir sur la délivrance, en ce sens qu'elle dépasserait la quotité disponible, que si elle ne la dépassait pas.

Et, d'un autre côté, nous invoquons non-seulement les actes de la mère tutrice, mais ceux d'Octave lui-même. En 1850, 1851, 1852, jusqu'au commencement de 1853, ce sont les actes de madame de Lopès; à partir de février 1853, ce sont les actes de M. Octave de Lopès. M. Octave a exécuté les actes de 1850. Si la délivrance des legs n'a pas été faite par lui, elle a été modifiée par lui, et dans ces modifications il a signé des conventions. Ainsi, devenu majeur, vous m'avez consenti, en la modifiant, la délivrance des legs, même quand ils auraient dépassé la quotité disponible, vous avez renoncé à la quotité disponible. Ce que je pourrai dire d'un majeur, j'ai le droit de le dire d'un mineur qui ratifie à sa majorité tous les actes qui ont été faits pendant sa minorité.

Je pose ce principe sous toute réserve, car si le contrat de délivrance a été le résultat du dol et de la fraude, il n'aura plus de valeur. Je raisonne dans cette hypothèse que la délivrance est intervenue loyalement, sans aucune espèce de dol et de fraude de la part des parties qui l'avaient reçue. Veut-on soutenir le dol et la fraude? veut-on recourir à cette exception? C'est impossible. Veuillez rapprocher les dates : M. de Lopès est mort en mai 1850. A quelle date la délivrance? le 17 décembre 1850, sept mois après la mort de M. de Lopès. On a donc eu sept mois pour examiner la situation, pour s'en rendre compte, pour délibérer sur ce qu'on avait à faire ; et ce n'est qu'après ces longues méditations de sept mois qu'on en est arrivé aux actes de 1850 et qu'on a consenti la délivrance des legs. Comment madame de Lopès aurait-elle pu être trompée? Est-ce qu'elle ne connaissait pas la position de son mari quand elle s'est mariée avec lui? Il y avait eu un contrat de mariage, et dans ce contrat de mariage M. de Lopès avait accusé sa fortune de la manière la plus explicite. Madame de Lopès avait donc la connaissance la plus positive de la position de fortune de son mari. Non-seulement elle pouvait s'en rendre compte par le contrat de mariage, mais il y avait un registre parfaitement tenu et qui constatait, dans les plus minutieux détails, la totalité de la fortune active, ses meubles et ses immeubles, la totalité des revenus. Non-seulement il y avait là ces deux éléments, il y en avait un troisième, l'inventaire. On connaissait l'inventaire le 17 décembre 1850, lorsque les actes ont été passés. On pouvait donc, d'après l'inventaire, apprécier la fortune, et, d'après l'appréciation de la fortune, calculer si la délivrance pouvait ou ne pouvait pas être consentie. Les avantages de la communauté pouvaient être également calculés, car il y avait eu des immeubles achetés et revendus, et sur lesquels des bénéfices considérables avaient été faits par M. de Lopès. Je n'en cite qu'un : la maison de la rue d'Anjou, achetée 400,000 francs, revendue 600,000. Je pourrais en dire autant du domaine de Saint-Just, sur lequel il a été fait un bénéfice considérable. Madame de Lopès ignorait-elle le bénéfice fait sur la maison de la rue d'Anjou et sur le domaine de Saint-Just? Non, elle le savait à merveille, ou il faudrait admettre que tout le monde s'est entendu pour la tromper. C'est pourtant là qu'il faut en venir. Elle avait tous les documents sous les yeux, elle n'a rien vu; tout le monde l'a trompée. Il y avait là un notaire, c'était un trompeur; il y avait là M. Colmet, dont la réputation jusqu'ici n'a pas, que je sache, été souillée, eh bien, il l'a trompée. Le notaire, le commissaire-priseur, tous ceux qui ont pris part à cette affaire l'ont trompée. Elle n'a connu sa position que quand de nouveaux conseils sont arrivés.

Allons plus loin; voulez-vous que par hypothèse je dise que par négligence de s'édifier sur la situation de son mari, madame veuve de Lopès a pu être trompée en 1850, soit; que son erreur s'est prolongée en 1851, 1852, 1853, je le veux bien encore. Mais lorsque son fils, devenu majeur, a ratifié en les modifiant les actes de 1850, apparemment il avait pris des informations, il s'était rendu un compte exact de la fortune de son père, à moins que vous ne vouliez dire qu'il a agi sans savoir ce qu'il faisait, ce qui serait absurde. La question se résume donc en ceci: le fils devenu majeur, devenu capable, connaissant parfaitement ses droits, se rendant compte de la fortune de son père, sachant ses libéralités passées ou pouvant s'en rendre compte, consent purement et simplement à la délivrance des legs et donations. Pendant trois ans il exécute les actes, les conventions de 1850; peut-il aujourd'hui, lui majeur, revenir sur ces actes, sur ces conventions, sur les délivrances qu'il a faites? Non, il ne le peut pas; il ne le pourrait qu'autant qu'il aurait été surpris par le dol et la fraude; or il n'y a eu ni dol ni fraude. Il aurait eu le droit de donner la totalité de la succession, à plus forte raison avait-il le droit de renoncer à l'action en révocabilité comme il y a renoncé par le fait. La fin de non-recevoir que nous vous opposons pour les actes de 1850 est péremptoire il n'y a plus à revenir sur les actes de 1850.

Mais en admettant que cette fin de non-recevoir ne soit pas acceptée par vous, il me reste à examiner les objections soulevées contre les actes de 1837.

Quelle est sur ce point l'articulation des adversaires, et quel est leur intérêt? Leur intérêt, on peut le préciser en quelques mots: si la liquidation de 1837 reste debout, la terre de Bizay a été un acquêt de la communauté. Si elle a été un acquêt de la communauté, M. de Lopès père a pu en prendre la moitié; s'il en a pris la moitié et s'il l'a fait entrer dans sa succession actuelle, il est évident que la portion disponible n'est pas dépassée. Si, au contraire, la terre de Bizay n'est pas un acquêt, la femme aurait dû la prendre tout entière, et par conséquent elle n'a pas pu tomber dans la succession du mari, dont la fortune serait diminuée d'autant. Dans ce cas, selon nos adversaires, la quotité disponible serait dépassée. Je crois qu'ils se trompent; même la terre de Bizay restant en dehors, la quotité disponible ne serait pas dépassée. Nous avons donc tous intérêt à savoir si la terre de Bizay est un acquêt de communauté et doit être maintenue dans la succession de M. de Lopès, ou si la liquidation de 1837 doit être annulée.

Précisons. Quelle est l'articulation des adversaires? la voici. M. de Lopès le père était un spoliateur, et un spoliateur bien malheureux, il est mort dans l'impénitence finale. Il avait spolié ses enfants, son beau-frère, sa femme, son fils du premier lit, il avait implicitement spolié celui du second lit. Tout cela s'est fait au moyen du dol et de la fraude; tout le monde lui avait servi d'auxiliaire pour tromper la famille de sa femme et sa propre famille. Tout cela est bien précisé dans l'articulation. Voilà une spoliation qui aurait commencé en 1820 et qui se serait prolongée jusqu'à la mort de M. de Lopès, c'est-à-dire jusqu'en 1850, pendant trente années.

Voilà qui est horrible ; mais ce qui est singulier, c'est qu'on ne s'en est aperçu qu'aujourd'hui, et tout cela n'a été découvert que parce que madame de Lopès, qui est l'honnêteté même, a eu le bonheur d'être éclairée par son fils ; jusque-là sa famille n'avait été entourée que de fripons.

Pour apprécier les actes dont il s'agit, il faut en faire l'histoire. Je soutiens que ces actes ont été des actes de famille, qu'ils ont été faits et acceptés en commun par tout le monde, sachant à merveille ce qui se passait ; je soutiens qu'il n'y a eu aucune espèce de dissimulation, que tout cela est aussi clair que le jour. Voilà notre prétention ; voyons si elle s'est justifiée.

En 1817, une première donation est faite par madame de Bernard à M. de Lopès. Cette donation est faite de la manière la plus patente. Je donne 100,000 à mon gendre, dit madame de Bernard, et j'hypothèque, pour garantir cette donation, mes biens, et notamment la terre de Bizay. Voilà donc M. de Lopès investi de 100,000 francs ; quelle est la cause de cette donation ? Des services rendus, des améliorations considérables faites à la terre de Bizay. Cette donation est faite devant notaire ; il n'y a pas de dissimulation possible, tous les enfants sont présents, et parmi eux, le moins endurant de tous, Charles de Bernard. Voilà donc 100,000 francs légitimement acquis par M. de Lopès. Le 31 décembre 1820, madame de Bernard vend à son gendre trois parcelles de la terre de Bizay moyennant 6,000 francs, c'est encore là un acte passé au vu et au su de tout le monde. Le 25 février 1821, elle lui vend la totalité de la terre de Bizay. M. de Lopès en est bien l'acquéreur, il est déclaré dans l'acte en avoir payé le prix. Si l'acte dit vrai, il est bien réellement acquéreur ; si l'acte ne dit pas vrai, il est acquéreur à titre gratuit. Dans tous les cas, l'acte est parfaitement régulier. En conséquence, en 1817, en 1820 et en 1821 la totalité de la terre de Bizay passe dans ses mains et sous son nom ; elle y passe comme l'ayant acquise en partie à titre onéreux, en partie à titre gratuit, mais enfin elle est portée sous son nom ; rien n'est dissimulé ici. Trois ans plus tard, madame de Bernard consent de nouvelles ventes. A qui vend-elle ? à Aglaé sa fille, à Charles, son fils, qui, moyennant 200,000 francs chacun, deviennent acquéreurs des terres qui leur sont vendues. Tels sont les différents actes par lesquels madame de Bernard se dépouille de la totalité de sa fortune immobilière, en plaçant une partie sous le nom et aux mains de M. de Lopès, et deux autres parties sous le nom et aux mains de sa seconde fille Aglaé et de son fils Charles de Bernard. Tout cela a été connu de tous les enfants. Non-seulement ils ont connu ces divers actes, mais ils y ont pris part ; les actes de M. de Lopès notamment ont été ratifiés par madame de Lopès, sa femme, qui a reconnu pour légitime tout ce qui avait été fait.

Quelle est la première ou plutôt la seule conséquence que je veuille, quant à présent, tirer de l'analyse de tous ces actes ? Celle-ci : qu'en 1817, 1820, 1821, 1824, tout ce qui s'est fait s'est fait au vu et au su de tous les intéressés, a été approuvé, ratifié par tous les intéressés, que rien n'a été dissimulé, qu'on ne se cachait en quoi que ce soit. Ce qui a été fait par les autres a été également connu de Charles et de tout le monde. Voilà qui est évident, voilà ma première conséquence; je n'en tire pas d'autre, quant à présent.

Quelle est l'objection qu'on nous oppose? On nous dit que ces ventes ne sont qu'un partage, rien autre chose qu'un partage; or, si c'est un partage, comment la mère de famille aurait-elle déshérité en partie son fils et sa fille cadette pour tout donner au mari de sa fille aînée? Voilà l'objection.

La réponse est facile. Si les actes de 1820 et de 1821 ont été des actes simulés, si le mari n'a été qu'un prête-nom, pourquoi ces actes en 1820 et 1821? Pourquoi n'ont-ils pas été faits comme ceux qui concernent Charles et Aglaé de Bernard en 1824? Si tous ces actes-là ont le même caractère, si les actes de 1820 et 1821, consentis au profit de M. Alexandre de Lopès, ne sont rien autre chose qu'un dol caractérisé, s'ils n'ont d'autre signification et d'autre portée, pourquoi ne se placent-ils pas au milieu des actes de 1842? C'était là leur place, c'était là leur date.

Mais voici une autre objection. Si par ces actes de 1820 et 1831, au profit de son gendre, madame de Bernard n'a voulu qu'attribuer à sa fille la part qu'elle voulait lui donner, pourquoi donc ne l'a-elle pas donnée à sa fille directement? Pourquoi ne lui a-t-elle pas vendu à elle directement? Pourquoi a-t-elle vendu à son gendre? Elle n'avait pas de raison; pourquoi donc des prête-noms? Pour faire passer sur leur tête des biens qu'on ne veut pas laisser sur la tête de l'intéressé véritable. C'est apparemment contre les créanciers qu'on prend ces mesures; je ne connais pas de raison autre que celle-là, ou bien c'est pour se cacher de la famille. Je comprends très bien que si l'on eût voulu se cacher de la famille on eût pris le nom du gendre. En prenant la femme comme acquéreur pour lui transférer la terre de Bizay, on la lui assurait comme propre et non comme acquêt.

Le mari prête-nom, non-seulement aurait agi contre la volonté de la famille, mais il aurait servi à dénaturer l'acte, à faire considérer comme acquêt de la communauté ce qui devait être propre à sa femme. D'un autre côté, il est absurde de dire qu'on voulait se cacher des créanciers, il n'y avait pas de créanciers. Quelle est la conséquence que je tire de là? C'est que les actes de 1820 et de 1821, consentis par madame de Bernard au profit de sa fille, avaient une autre portée, un autre sens que l'acte consenti par madame de Bernard au profit d'Aglaé et de Charles de Bernard. Ce sens me paraît le plus clair du monde. — En 1817, on fait à M. de Lopès une donation de 100,000 francs. De 1817 à 1821, cinq années s'écoulent; pendant ce temps-là, M. de Lopès avait acquis, soit par les améliorations qu'il avait faites, soit autrement, des droits nouveaux à des libéralités nouvelles. Qu'a donc voulu faire madame de Bernard? Elle a voulu donner une partie de la terre de Bizay à sa fille, l'autre partie à son gendre. Quel est le moyen qu'on a employé? On a fait de Bizay un acquêt de communauté. La terre de Bizay appartient donc pour moitié au mari et pour moitié à la femme. Voilà ce qu'on a voulu faire et ce qu'on a fait. L'acte de 1821 peut s'expliquer ainsi; il ne peut pas s'expliquer autrement. Si l'on avait voulu donner à la femme en propre, on l'aurait fait; mais on a voulu donner au gendre la place et la part d'un enfant, voilà pourquoi on lui a assuré 200,000 francs. Chaque enfant a 200,000 francs, le gendre aura 200,000 francs. Voilà ce qui s'est fait en 1821 et en 1824, et ce qui s'est fait au vu et au su de tous les intéressés.

Mais, nous dit-on, Caroline aurait eu alors moins que son frère Charles et que sa sœur Aglaé, car il ne revenait pas à chacun des enfants 200,000 francs, comme le disent les actes, mais bien 400,000 francs. Madame de Bernard aurait avantagé un ou deux de ses enfants, qu'elle aurait eu le droit de le faire; mais l'assertion des adversaires n'est pas exacte. Nous prétendons que la fortune totale de madame de Bernard était de 800,000 francs, qu'elle en a donné 200,000 à Aglaé, 200,000 à Charles et 400,000 à M. et madame de Lopès. Voilà ce que nous prétendons, et vous nous dites : nous prouverons que la part attribuée à Aglaé et à Charles de Bernard devait être non pas de 200,000 francs, mais de 400,000 francs; nous en avons la preuve en mains.

Lorsqu'après l'audience j'ai demandé cette preuve à mon adversaire, il ne l'avait pas; lorsque aujourd'hui je la lui demandai formellement, il ne me l'a pas donnée; il la réserve sans doute pour la réplique; nous verrons bien. Tant qu'il ne me la présente pas, je suis fondé à dire que la part attribuée à Aglaé, non-seulement ne valait pas 400,000 francs, mais ne valait même pas 200,000 francs. Voilà ce que je suis obligé de croire; peu m'importerait d'ailleurs. Cette part aurait valu 400,000 francs, que cela ne ferait rien au procès. Cela prouverait seulement que madame de Lopès, au lieu de recevoir 400,000 francs n'en aurait reçu que 200,000, et que son mari aurait reçu les 200,000 autres. J'ai entre les mains l'acte de vente de la terre de Bizay. Madame de Lopès, au préjudice de laquelle ces actes auraient été faits, madame de Lopès a-t-elle critiqué cet acte? En aucune façon : par la raison bien simple qu'elle l'a parfaitement connu. Non-seulement elle l'a connu, mais, en 1824, elle l'a solennellement ratifié. Sa signature se trouve au bas de cet acte. Elle a écrit au bas de cet acte que M. de Lopès a payé les 200,000 francs, et par conséquent qu'il s'est acquitté complétement du prix de son acquisition. C'est elle qui le dit, et elle avait le droit de le dire incontestablement. En admettant qu'il y eût eu au profit de son mari une donation qui l'aurait privée de son droit, a-t-elle pu y consentir? Oui, sans nul doute. Aurait-elle eu tort de le faire? On ne l'a pas prétendu. Non-seulement elle n'a manifesté aucun regret plus tard, mais elle ne s'en est pas tenue là : elle a fait un testament par lequel, prévoyant le cas où il y aurait encore un enfant vivant après sa mort, elle a dit : Je réduis la quotité disponible.

Voilà l'ensemble des actes, en voilà du moins la première série. Où voyez-vous dans tout ceci l'erreur ou le dol? Où peut-on les surprendre, au sein de toute une famille? Voilà une mère qui veut se dessaisir de tous ses biens, qui, par contrat, donne à chacun de ses enfants la part qui lui revient. Les enfants présents à ce contrat l'examinent, l'approuvent et le signent. Il en est un peut-être qui, dans le système des adversaires, aurait eu à se plaindre plus que les autres, c'est madame de Lopès. Eh bien! madame de Lopès, qui aurait eu à se plaindre de l'acte de 1821, déclare ne pas s'en plaindre et le ratifie. Supposons que cela ne soit pas vrai, elle dit que cela est vrai; supposons que la vérité soit découverte, c'est-à-dire que M. de Lopès n'ait rien payé, il fallait faire surgir le procès et faire déclarer nul l'acte de donation. Madame de Lopès n'en fait rien, elle l'approuve. Que l'acte s'applique à une libéralité ou à une vente, sa reconnaissance est formelle, et la même reconnaissance est donnée par Charles, par Aglaé, en un mot par toutes les parties.

La conséquence qui résulte de ceci, c'est que la propriété de Bizay sera un acquêt de communauté qui aura pour principe une acquisition onéreuse faite par le mari.

Voilà pour la première série des faits. Il me reste à dire un mot, si vous voulez bien le permettre, sur ce qui s'est passé dans l'intervalle de 1824 à 1837. Je vous rappelle ici sommairement tous ces actes dans lesquels je trouve encore un moyen de résistance contre les adversaires. Le 24 octobre 1824, madame de Lopès décède. On fait l'inventaire en 1825, en présence de Charles de Bernard ; aucune contestation ne s'élève ni sur le testament ni sur le contrat de 1820. M. Charles de Bernard, qui connaît parfaitement ce qui s'est passé et qui peut l'apprécier rigoureusement, garde le silence le plus absolu.

Nous voici en 1829. M. de Lopès veut liquider la première communauté ; il faut pour cela arriver à la licitation de l'immeuble ; vous savez ce qui se passe. On se présente devant le tribunal avec des conclusions tendant à faire considérer la terre de Bizay comme acquêt de communauté, le tribunal rend un jugement conforme et la licitation a lieu. Le subrogé-tuteur, M. Charles de Bernard, est encore présent ; il ne proteste pas, il adhère à tout. Nous disons qu'il y a là chose jugée.

Je sais à merveille qu'on peut distinguer dans un jugement les motifs et le dispositif ; je sais bien que c'est dans le dispositif surtout qu'il faut aller chercher la chose jugée ; mais ici le dispositif est tellement déduit des motifs que les deux ne font qu'un. Le jugement ordonne la licitation. Pourquoi l'ordonne-t-il ? parce qu'il y a co-propriété. Pourquoi y a-t-il co-propriété ? parce qu'il y a communauté. Le tribunal juge donc qu'il y a communauté, et il ordonne la licitation. Les motifs et le dispositif ne font qu'un, il y a donc ici chose jugée.

Un dernier mot sur les actes de 1837. Voyons s'ils peuvent être plus attaqués que ceux de 1820, que je viens de rappeler devant vous. On nous dit que la liquidation et le compte de tutelle qui l'a suivie ont été le résultat d'une fraude préparée de longue date.

Je réponds que tout résiste à cette articulation de fraude. Il faut pourtant songer à une chose, c'est qu'il s'agit ici du père d'un côté, du fils de l'autre. Ce n'est pas exclusif, je le sais bien ; la fraude s'est glissée plus d'une fois entre le père et le fils. Mais enfin si la fraude ne se présume pas en général, elle doit se présumer encore moins entre le père et le fils. Il faudrait des éléments bien décisifs pour l'admettre, surtout si à côté du père de famille se trouvent une foule de personnes qui auraient intérêt à l'empêcher. Voyons maintenant les actes. Dans la liquidation de 1837, on a dû faire figurer et on a fait figurer en effet la terre de Bizay comme acquêt de communauté, c'était la conséquence toute naturelle des actes de 1820 et 1821 et du jugement de 1825.

J'ai déjà montré que ces divers actes n'étaient entachés d'aucun dol, d'aucune fraude. Y a-t-il eu dissimulation dans la liquidation ? Pas le moins de monde. A chaque pas vous allez voir se reproduire les énonciations d'après lesquelles on pourra juger très pertinemment si c'est avec vérité ou sans vérité qu'on fait figurer la terre de Bizay parmi les actes de communauté. Ainsi, par exemple, on s'explique sur les actes en eux-mêmes :

« Madame de Bernard, de son vivant, s'étant démise de tous ses biens en faveur
» de ses enfants, parvenus tous à leur majorité, ainsi qu'il résulte du pacte de fa-
» mille, sous seing privé, approuvé par madame de Lopès, en date au château de
» Bizay, du 20 septembre 1824, dont l'un des quadruples a été déposé pour minute
» à Me Decau, notaire à Paris, le 26 octobre suivant, enregistré, madame de
» Bernard se trouvait naturellement affranchie du service de ladite rente de 3,000
» francs, en faveur de madame de Lopès, sa fille.
» Quant à la succession de mademoiselle Anne-Catherine-Nicole de la Mouche,
» veuve en premières noces de M. le comte de Bussy, et en secondes, de mondit
» sieur de Bernard, elle ne s'est ouverte qu'après le décès de madame de Lopès, sa
» fille. Cependant, il est observé ici pour renseignements, qu'au moyen de la dé-
» mission de biens qu'elle avait faite à ses enfants, comme il est dit en la première
» observation, madame veuve de Bernard n'a rien laissé, si ce n'est sa garde-robe,
» d'une valeur bien inférieure aux frais occasionnés par sa dernière maladie et ses
» funérailles. »

Enfin, dans le cours de la liquidation on voit figurer la fortune de M. de Lopès dans la communauté pour 450,000 francs; on en indique les sources et les origines. Ici encore, matériellement, rien n'est dissimulé.

Remontons, si vous le voulez, à 1837. Je me mets à la place du mineur Alexandre de Lopès, avec lequel la liquidation se fait, auquel on rend le compte de tutelle. Me voici en présence de la liquidation avec tous les faits que je connais. Qu'est-ce que je dis ? Alexandre de Lopès, en 1837, pouvait-il constater le titre d'acquêt donné à la terre de Bizay ? Son père lui aurait dit : Voulez-vous d'abord juger la nature de cet immeuble ? D'après le titre qui le place entre mes mains, j'en suis acquéreur, seul acquéreur, comme chef de la communauté ; donc c'est à moi. Voulez-vous considérer l'acte non pas seu-ment dans sa forme matérielle, mais dans sa forme morale, voulez-vous péné-trer plus avant ? Eh bien, je vous dis que c'est un pacte de famille; non, c'est vrai, je ne suis pas acquéreur pour la totalité de l'immeuble. Je suis sensé l'avoir payé 200,000 francs, je ne l'ai payé à personne; Bizay n'a pas été plus payé que les immeubles vendus à Charles et à Aglaé, à qui on a donné quit-tance; on m'a donné quittance de la même manière des 200,000 francs, je n'ai rien payé; c'est un pacte de famille. Si M. de Lopès avait tenu ce lan-gage à son fils, qu'est-ce que cela aurait fait ? Rien, absolument rien.

Est-ce que cet acte-là a été fait en haine des droits de la femme, sans qu'elle en ait eu connaissance ? Non, je vous rapporte sa ratification ; en con-séquence l'acte a été fait entre madame de Bernard, madame de Lopès et moi; nous voilà trois parties; il a été bien entendu entre madame de Bernard, madame de Lopès et moi que cet acte-là serait formulé sous un titre d'ac-quisition, parce que nous voulions que la terre de Bizay fût un acquêt de communauté. C'était ma volonté, c'était la volonté de madame de Bernard, c'était celle de madame de Lopès. Qu'est-ce que vous avez à dire à cela ? Est-ce que vous pouviez vous y opposer ? Est-ce que vous le pouvez aujourd'hui ? Pas le moins du monde. Contestez-vous maintenant l'acte non-seulement dans sa forme matérielle, dans l'esprit qui l'a dicté, dans le caractère qu'on lui a donné, le contestez-vous dans le prix qui n'a pas été payé? Je pourrais vous dire que l'acte proteste contre ces allégations, je ne vous le dis pas, et allant au-devant même de votre objection, je vous dis que c'est une donation faite par la mère de famille, que seulement la donation, au lieu d'être faite à la femme, est faite à moi. Mais la femme a donné quittance dans la ratification; elle a déclaré que j'avais payé.

Eh bien donc, à quoi le mineur se trouvera-t-il réduit? A dire : Mais cet acte-là, en ce qui vous concerne, monsieur de Lopès, c'est une donation déguisée. Je vous l'accorde; c'est vrai, on m'a fait une donation déguisée; elle m'a été faite par madame de Bernard. Madame de Bernard était propriétaire du bien, elle a pu me le donner en partie, elle aurait pu me le donner en totalité, sauf la question de réduction de donation si elle me l'avait donné en totalité. Qu'est-ce que vous avez à dire a cela? qu'est-ce que vous pourriez dire contre cette donation, lorsque madame de Lopès y a consenti?

Madame de Lopès vous a fait un avantage à vous : voilà encore ce que le mineur aurait pu dire. Je me prête à toutes les objections qui auraient pu surgir dans son esprit. Voilà en effet le dernier terme; vous pouvez dire : Madame de Lopès, qui a consenti à cela, vous a fait à vous, son mari, une donation amiable. Eh bien, oui, elle m'a fait une donation amiable; qu'est-ce que vous avez à y voir, si cette donation n'excède pas la portion disponible qu'elle a pu me donner? Ainsi donc, en me mettant à la place du mineur, ou plutôt du majeur avec lequel on liquide, je réduis votre objection à ceci : tous ces actes-là sont des actes contenant des donations de madame de Lopès à son mari.

Ces donations, elle a eu le droit de les faire jusqu'à concurrence de la portion disponible. Vous voyez donc que votre intérêt s'annihile complétement, car quels que soient vos raisonnements, vous arrivez à ceci : voilà un acquêt de communauté par lequel j'aurai 200,000 francs. Est-ce une libéralité de ma femme? soit, je le veux bien. Vous n'en éprouvez aucune espèce de préjudice; peu vous importe que ces 200,000 francs soient entrés dans la fortune de M. de Lopès de cette manière ou d'une autre, le résultat est le même. La conséquence que j'en tire, c'est que les actes de 1837 ne sont pas frauduleux.

Maintenant, un dernier mot sur la renonciation à l'usufruit. Madame de Lopès proteste aujourd'hui contre la renonciation qu'elle a faite en 1850; elle lui oppose d'une part, l'acte lui-même, qui a été complétement spontané et que nous avons accepté: vous le reconnaissez. A côté de cet acte il y a la lettre du 15 octobre 1851, que je vous ai lue, dans laquelle madame de Lopès revient sur sa renonciation en ceci qu'elle dit :

« Rappelle-toi, Julie, si j'ai invoqué les articles du Code pour renoncer à l'usufruit du legs de 100,000 francs fait en ta faveur, et cependant mon contrat de mariage garantissait mes droits. On me tient fort peu compte de ce sacrifice. »

Elle a donc bien changé de volonté depuis cette époque !

On nous produit un état autographe de la main de Julie Clerisse, en 1851. Ce n'est pas cet état qui a déterminé la renonciation; l'autographe est donc sans valeur. Il avait pour objet de constater le chiffre de la fortune et non d'amener la renonciation. D'ailleurs la renonciation est de 1850, et l'état de 1851. La renonciation a été librement consentie, spontanée ; il est étrange qu'on veuille revenir aujourd'hui sur cet acte, il est certain qu'on ne le peut pas.

PLAIDOIRIE DE M° LÉON DUVAL.

Messieurs,

Les aventures d'où est sorti ce procès ont commencé bien près d'ici, sous vos croisées. En 1793, le comte et la comtesse de Bussy étaient sur la charrette de la Terreur, et ils allaient à l'échafaud, lorsque dans les bruits de la rue et le tumulte de la scène, un homme qui avait l'air très méchant, mais qui n'en avait que l'air, jeta ces mots à madame de Bussy : *Dites que vous êtes enceinte.*

Elle entendit ce conseil, elle le suivit, le geôlier n'osa prendre sur lui de l'envoyer mourir, et il la réintégra à la Conciergerie. Le comte de Bussy poursuivit son chemin jusqu'à l'échafaud ; mais le 9 thermidor épargna la même fin à sa femme.

L'homme qui avait donné le conseil, et qui y jouait sa vie, était M. de Bernard, un prêtre des paroisses où madame de Bussy avait ses terres. Il ne voulut rien, quoiqu'elle fût riche, mais il avait un frère officier de hussards Berchini. Ce frère ne tarda point à être présenté dans la maison de madame de Bussy, et il faut convenir qu'il était difficile de lui fermer sa porte.

C'est ainsi qu'à la fin du siècle dernier, la comtesse de Bussy, veuve sans enfants, s'est mariée en secondes noces avec Jacques-Philippe-Charles-Bernard de Bernard , et qu'elle s'est établie avec lui tantôt à Senlis, à portée de ses terres du Valois, tantôt au château de Bizay, dans ses terres de l'Anjou.

De ce mariage sont nés trois enfants : deux filles, mesdemoiselles Caroline et Aglaé de Bernard ; et un mâle, Charles de Bernard.

M. de Bernard le père est mort en 1816 ; il n'a jamais eu de fortune et il n'est pour rien dans le procès.

Son fils Charles de Bernard est mort récemment, laissant plusieurs enfants mineurs, dont les parents ont l'œil et l'oreille ouverts sur ce qui se passe dans ce débat judiciaire et sur les conclusions qui s'y prennent.

Quant à ses deux filles, c'est de leur fortune qu'il s'agit entre M. de *Lopès* et nous, et la tâche que j'entreprends est de révéler par quelles embûches elles ont passé, et par quelles fraudes on voudrait les spolier.

Mesdemoiselles Caroline et Aglaé, étant riches et bien élevées, ne pouvaient manquer d'être pourvues.

L'aînée fut recherchée par un personnage qui va remplir ce récit, et que je n'y puis introduire sans quelques réserves.

Aglaé de Bernard, pour qui je parle, est une femme riche et considérée, j'ai le droit de dire aussi bonne et généreuse, vous verrez qu'elle l'a prouvé.

Elle a toute sa vie chéri et estimé M. de Lopès, elle l'a toujours cru l'honneur et la probité mêmes ; son plus vif désir serait d'épargner toute tache à sa mémoire. Le temps a pourtant révélé, à la charge de M. de Lopès, des faits aujourd'hui avérés. Que faire ? les taire, sacrifier des intérêts qu'une femme et qu'une mère doit tenir pour sacrés ? Mais Octave de Lopès est majeur, il a droit à sa légitime ; et pour conquérir sa réserve il a été obligé de tout dire. Maintenant il faudrait mentir pour disculper M. de Lopès ; la pudeur, qui aime à couvrir les plaies de la famille, ne saurait aller jusque-là. Je dirai donc la vérité tout entière.

Le père de M. de Lopès était valet de chambre du roi Louis XVI. En 1792 il se retira le plus obscurément que possible à Chantilly, où, altérant un peu son nom, il s'appelait le citoyen Delopes. Pour les *sans-culottes*, il était un homme comme eux, mais pour la comtesse de Bussy, c'était un homme de qualité.

M. de Lopès atteignit ainsi la vieillesse. Il avait un fils, celui-là qui joue un si grand rôle dans nos différends. En 1811, ce jeune homme, qui servait dans la marine impériale, résida chez son père à Chantilly. Naturellement il se répandit dans le voisinage, et il fut accueilli chez madame de Bernard, à Senlis. Il y trouva les deux demoiselles de Bernard et il obtint la main de l'aînée.

Le mariage se fit le 2 juillet 1811, et il en naquit un enfant, Armand-Louis de Lopès, le 3 janvier 1816.

Vers ce moment madame de Bernard vint habiter sa terre de Bizay. Il faut connaître le personnel de cette vie de château pour comprendre les intérêts qui s'y trouvèrent en présence.

C'était d'abord madame de Bernard, fort cassée de corps et d'âme ;

Mademoiselle Aglaé de Bernard, alors une très jeune fille ;

Et son frère Charles de Bernard, encore enfant.

Puis un autre groupe :

M. et madame de Lopès, la fille et le gendre de la maison ;

Armand-Louis de Lopès, le fils né de leur union ;

Mademoiselle Julie Clerisse, une fort belle personne, cousine de M. de Lopès, introduite par lui au château, où tout le monde lui montrait beaucoup d'égards, mais qui n'empêchaient pas qu'elle y fût sur le pied de parente pauvre, car elle touchait 40 francs par mois pour ses menues dépenses, comme l'attestent les livres de ménage ;

Enfin la mère de M. de Lopès, à peu près dans la même condition que mademoiselle Julie, car M. de Lopès le père avait laissé fort peu de chose, et son fils n'avait que la cape et l'épée.

Mais ce fils avait l'esprit inventif et beaucoup de dextérité. Il prit tout de suite un ascendant dominant dans une maison où il n'y avait que des femmes et des enfants ; il mena toutes choses, administra la terre et toucha les revenus. Il était déjà si indispensable en 1817, qu'il se fit faire en bonne et due forme, par madame de Bernard la douairière, une donation de 100,000 francs exigibles au décès de la donatrice. Les motifs de cette donation sont pittoresques.

C'est *pour les soins, attentions et égards* de M. de Lopès. C'est encore pour

*le sacrifice qu'il fait en se privant de toutes fonctions et charges publiques,
ou spéculations industrielles, pour se fixer à Bizay.*

Quelques années après, en 1820, M. de Lopès osa mieux. Par deux actes authentiques des 31 décembre 1820 et 25 février 1821, il se fit vendre la terre de Bizay pour le prix de 206,000 francs. Entre autres singularités à citer dans cette affaire, le contrat affirme que le prix a été payé comptant en numéraire ; or on ne voit pas pourquoi madame de Bernard aurait exigé et M. de Lopès aurait charrié tant d'écus à Bizay ; ni pourquoi la transcription et la purge, c'est-à-dire la sécurité du paiement, auraient été négligées ; ni pourquoi le prix étant payé en numéraire, le notaire se refusa à constater la numération des espèces ; ni enfin pourquoi la somme de 206,000 francs représentait le juste prix de la terre en 1821, quand M. de Lopès revendit deux ans plus tard cette même terre de Bizay 450,000 francs, aux enchères de la Seine.

Mais il ne suffisait pas à M. de Lopès de s'approprier Bizay. Il était marié sous le régime de la communauté d'acquêts ; et en conséquence toute acquisition d'immeuble faite par lui étant présumée payée des deniers de la communauté, la moitié de la terre aurait profité à madame de Lopès à titre d'*acquêt*, s'il n'y avait avisé. Voulant, au contraire que ce fût un *propre* à lui, où sa femme n'eût rien à voir ni à prétendre, il lui fit signer, le 1ᵉʳ octobre 1824, un acte sous seing privé de cette teneur :

« Je reconnais que la vente de la terre de Bizay, faite par ma mère à mon mari,
» est *sérieuse, sincère* et *véritable*, et que mon mari a réellement payé son prix
» en ma présence, *en numéraire, de ses deniers et non pas des miens.* »

Cependant Charles et Aglaé de Bernard ne voyaient pas sans inquiétude ce qui se passait. Sans deviner tout à fait le parti que M. de Lopès entendait tirer des actes qu'il faisait signer à leur mère, ils sentaient que le moyen de neutraliser ces actes, c'était de s'en faire consentir de pareils. Il restait dans la fortune de leur mère deux corps d'immeuble à peu près d'égale valeur, et chacun d'eux valant approximativement la terre de Bizay. Madame de Bernard pouvait donc faire pour ses deux autres enfants ce qu'elle venait de faire pour M. de Lopès ; et en le faisant dans la même forme, on nivelait les trois positions.

Madame de Bernard y consentit, et par acte du 27 septembre 1824, elle vendit à mademoiselle Aglaé, sa fille, des terres d'une valeur à peu près égale à la terre de Bizay, et elle inséra dans l'acte la même formule, qu'*elle avait été payée comptant et en numéraire.*

La même opération se fit le même jour au profit de M. Charles de Bernard. Ainsi se trouva conclu un partage anticipé de la fortune maternelle, sous forme de vente.

Neuf mois après, il parut bien que madame de Bernard avait donné et non pas vendu son bien à ses enfants, car elle mourut ; et au lieu de trouver dans sa fortune les 1,500,000 francs qu'elle était censée avoir reçus comptant, on n'y trouva rien. L'inventaire fait le 20 juillet 1825 établit que ses enfants se partagèrent ses meubles meublants sur le pied de l'égalité, et la succession se trouva liquidée.

A peine ces faits étaient consommés que Caroline de Bernard, femme de M. de Lopès, mourut à la fleur de l'âge. Elle laissait un fils unique, qui ne lui avait encore donné que les joies maternelles, puisqu'il avait sept ans. Et néanmoins M. de Lopès exhiba un testament olographe, par lequel elle ôtait à cet enfant toute la quotité disponible et la donnait à son mari.

Mes volontés, dit le testament, *sont encore bien au-dessous de ce que je voudrais faire pour l'époux chéri qui fait mon bonheur.......* langage d'une sentimentalité exaltée, qui toucherait plus si on ne le retrouvait dans les habitudes d'écrire particulières à M. de Lopès, ainsi que j'aurai l'occasion de vous en fournir la preuve.

Quoi qu'il en soit, l'enfant est sevré de la quotité disponible; mais son père va au moins lui donner sa réserve? Observez-bien M. de Lopès, il assigne son fils pardevant le tribunal de la Seine, en la personne de son subrogé-tuteur.

Il conclut au partage de la communauté qui a existé entre lui et sa femme et de la succession de celle-ci. Enfin il requiert la licitation de la terre de Bizay, et bientôt un jugement intervient qui ordonne en effet la licitation, entre autres motifs, parce que cette terre est un acquêt de communauté.

Qu'est-ce à dire? Bizay va être licité! Bizay est un acquêt de communauté! M. de Lopès avait arrangé les choses de façon à pouvoir soutenir que cette terre lui était *propre*, et par conséquent qu'elle lui appartenait tout entière. En la qualifiant d'*acquêt*, il n'en dérobe plus que la moitié, il lâche pied. On n'en a pas moins trouvé dans ses papiers l'acte qu'il avait machiné pour appuyer une fraude plus ample. Il ne s'en est pas servi, c'est vrai, mais enfin il est dans le cas d'un homme qu'on a fouillé, et sur qui on a trouvé une fausse clef. Ceci soit dit pour la clarté de ce récit, et pour n'en pas brouiller les fils.

Et quant au jugement qui a si facilement secondé ce coup de main, il est encore dans les minutes du greffe, avec tous les caractères extérieurs d'*un dispositif*, c'est donc l'avoué de M. de Lopès qui l'a rédigé; et il est rendu avec un subrogé-tuteur qui n'y a soupçonné nulle finesse.

Cependant la procédure suit son cours : la terre de Bizay est vendue aux criées de la Seine le 19 novembre 1825, et son prix monte sans effort à 470,000 francs, y compris le mobilier. Si M. de Lopès osait, il poursuivrait la liquidation de la communauté, et il y ferait figurer Bizay comme un acquêt. Mais il compte avec un mineur, il faudra qu'il opère en justice; il rencontrera le ministère public, et on lui demandera sûrement de quels deniers il a payé la terre et comment elle est devenue un acquêt de communauté. Aussi désormais il évite les magistrats, il se jette dans les chemins de traverse, il suspend la liquidation, il élève son fils dans la crainte de Dieu et de son père, puis un jour il dit à l'enfant : « A propos, la mort de ta mère a ouvert entre » nous des intérêts à régler. Je n'y entends rien, ni toi non plus, M. Col-» met a arrangé cela; voici l'acte, signe. »

Qu'est-ce que M. Colmet? C'est un avoué parfaitement honorable, que l'enfant a vu vingt fois dans la maison, et qui y a toujours été le conseil bienveillant et respecté de tout le monde.

Là-dessus M. de Lopès remet à son fils un projet d'acte sous seing privé, où la succession et la communauté sont liquidées à sa manière, c'est-à-dire que la terre de Bizay y figure comme un acquêt ; mais l'acte ne dit pas comment il se fait que ce soit un acquêt ; et le jeune homme n'était de force ni à le deviner, ni même à s'en soucier. Pour en finir, M. de Lopès avait inséré dans le sous seing privé un compte de tutelle qui l'exonérait à bon marché de la fortune pupillaire. Et enfin avec le papier qui contenait ces apurements, M. de Lopès laisse à son fils un autre papier, c'est le brouillon d'une lettre que celui-ci écrira à son père.

Ce brouillon dit à satiété que l'enfant a reçu son compte de tutelle, la liquidation qui l'a précédé et toutes les pièces utiles à l'intelligence de ces opérations. L'enfant signe la liquidation, il copie la lettre et il rend le tout à son père. Puis le jour où il a atteint sa majorité, le père met la lettre à la poste, et elle lui revient trois heures après. — Comment, l'enfant écrit à son père par la poste ! Ils demeurent dans la même maison, ils n'ont pas besoin de s'écrire. — C'est qu'on s'attend bien que la liquidation et le compte de tutelle comparaîtront quelque jour en justice, et on veut avoir date certaine.

L'enfant avait-il neuf ans, dix ans, douze ans quand il écrivit et signa cette lettre ? C'est difficile à dire ; le timbre officiel ne certifie que le jour où la lettre a passé par l'hôtel des postes, non le jour où elle a été écrite. Mais la date fût-elle sincère, la capacité de l'auteur n'en serait pas beaucoup mieux établie, car moins de cinq mois après, ce malheureux enfant s'est suicidé dans un accès d'aliénation mentale. Sa tête se dérangeait depuis quelque temps. Il avait fait quelques études en peinture, il voulut voyager en artiste ; on espéra que cette vie sans soucis lui réussirait, on lui donna un guide sûr, et il partit plein de joie et de santé apparente. Il parcourait ainsi les montagnes de l'Isère, quand une nuit, qu'il avait pris gîte avec son guide dans une cassine à Saint-Laurent, il se leva à pas de loup, sauta par la fenêtre tout nu et alla se noyer dans un torrent, à une lieue de là. Les circonstances de sa mort ont été constatées par une enquête administrative que j'ai dans les mains.

Tels sont les faits qui se rattachent à la liquidation du 15 janvier 1837, et d'où sort la question capitale du procès. La terre de Bizay était-elle un propre à madame de Lopès ? ou bien était-elle un acquêt de communauté ? la liquidation qui en fait un acquêt de communauté est-elle aujourd'hui un acte inattaquable ?

Voici maintenant une équipée d'une autre espèce. Depuis la vente de la terre de Bizay, la famille s'était transplantée au château de Saint-Just, près Vernon, en Normandie. La mort de madame de Bernard avait laissé mademoiselle Aglaé de Bernard sous la protection naturelle de M. de Lopès. Tant que sa première femme vécut, M. de Lopès fit avorter tous les mariages qui s'offrirent pour mademoiselle Aglaé, et il s'en offrit beaucoup. On le comprendra sans peine, elle était jeune, belle, et elle avait 500,000 fr. de terres, elle ne manqua pas de candidatures.

N'importe, rien n'y faisait, tantôt par une raison, tantôt par une autre, tous les mariages se détraquaient. Quand elle eut perdu sa sœur, M. de Lopès lui en dit la raison, il l'aimait ; la donner à un autre était au-dessus de ses forces ; mais enfin il pouvait avouer sa passion, et il demandait qu'on lui en tînt compte.

Mademoiselle Aglaé de Bernard avait alors vingt-sept ans, elle avait subi l'ascendant de M. de Lopès depuis qu'elle avait l'âge de raison, elle vivait dans une maison dont M. de Lopès était l'âme, elle consentit, le mariage fut célébré, et il en naquit un enfant qui est aujourd'hui majeur et qui figure au procès sous le nom d'Octave.

Octave fut longtemps le seul enfant qui égayât le château de Saint-Just ; mais un jour, en 1846, un étranger qui se présentait à merveille parut à Saint-Just et y passa quelques jours.

C'était un ami de M. de Lopès, un ami de collége ; il avait avec lui un enfant du sexe féminin, dont une duègne d'un âge mûr avait soin, c'était sa fille. La mère était morte de mort prématurée, il avait eu des malheurs de fortune, il parlait de se retirer dans cette partie de la Normandie, et il venait s'établir pour une semaine ou deux au château de Saint-Just, comme dans un centre de recherche.

M. de Lopès était loin d'avoir le cœur vilain, au contraire, il était volontiers généreux, il retint l'étranger par les offres les plus cordiales.

Quelques jours après, l'étranger ne reparut plus ; on l'attendit vainement à déjeûner, à dîner, pendant la nuit. Seulement le maillot était resté, et on s'en apercevait à ses cris. On en conclut que l'étranger était encore plus pauvre qu'il n'avait dit, et que c'était un moyen d'exposer son enfant dans une maison riche, pour qu'il y fût recueilli. On accepta de grand cœur la petite créature, et comme mademoiselle Julie Clerisse n'était pas mariée, ni en passe de l'être, ce fut elle qui parut marquée pour prendre soin de l'enfant et pour lui servir de mère.

Mademoiselle Julie s'en fit un bonheur, et cette petite aventure se trouva dénouée à la satisfaction de tout le monde.

Quelques années se passèrent encore dans une existence grande et facile, tantôt au château de Saint-Just, tantôt à Paris, rue de la Paix, entre les personnages que vous connaissez :

M. de Lopès vieillissant parmi les siens ; sa femme, toujours traitée sur le pied de la plus tendre amitié ; son fils Octave, qui était son idole ; sa cousine Clerisse, qui gagnait la cinquantaine, et l'enfant qui avait été exposé en 1846. C'était une petite fille que l'étranger appelait Emma, qu'on se garda bien de débaptiser, que mademoiselle Julie débarbouillait, mais que tout le monde dans la maison aimait à l'envi.

En 1849, tout prédit à M. de Lopès une fin prochaine, plusieurs attaques d'apoplexie, puis un affaiblissement de l'intelligence poussé parfois jusqu'à l'idiotie. Il mourut en effet le 31 mai 1850. Alors apparurent deux testaments olographes.

Par l'un, du 30 décembre 1848, M. de Lopès institue sa femme sa légataire universelle ; à défaut de sa femme, son fils Octave, et à défaut d'Octave, sa cousine Julie Clerisse. Puis vient la ratification d'une vieille donation de 10,000 francs, que M. de Lopès avait faite à mademoiselle Julie Clerisse, le 17 février 1819, payable sur les plus clairs deniers de sa succession. Puis arrive, au profit de mademoiselle Clerisse, un legs particulier de 100,000 fr. ; puis encore, au profit de mademoiselle Clerisse, le legs des meubles qui garnissent sa chambre à coucher.

Quant à l'autre testament, en date du 20 septembre 1849, il ne contient aucune disposition d'argent, mais il attribue à mademoiselle Julie Clerisse la propriété de l'enfant abandonné, à l'exclusion de la veuve.

Cette disposition est expliquée dans la langue à grands sentiments qui était familière à M. de Lopès, quand il s'adressait à des femmes :

« Mon plus grand désir étant que ma bonne Aglaé soit aussi heureuse que pos-
» sible, je veux lui épargner toute préoccupation étrangère aux intérêts de mon
» adorable fils, auquel ses conseils seront si nécessaires. Je déclare que ma formelle
» volonté est que ma cousine Julie Clerisse se charge seule de l'éducation et des
» soins qui seront donnés à Emma. Je veux qu'elle soit élevée près d'elle et qu'elle
» n'épargne rien pour lui donner une bonne éducation. Ma chère femme partagera
» mes sentiments. Si ma petite fille adoptive perdait ma cousine Julie Clerisse, je
» ne doute pas que ma chère Aglaé, qui déjà a tant contribué au bonheur de ce
» petit ange, ne soit pour elle une véritable mère. Mais tant que ma cousine vivra,
» je veux formellement qu'elle remplisse *seule* le devoir imposé par moi, afin que
» mon Aglaé reste exclusivement occupée d'Octave, mon fils, de même que ma
» cousine sera exclusivement occupée d'élever ma petite orpheline. »

Dans toutes ces dispositions testamentaires, il n'y avait rien que de naturel. M. de Lopès laissait une belle fortune, il était tout simple qu'il eût fait du bien à une parente qui n'avait rien, et qui avait contracté chez lui l'habitude de bien vivre, surtout quand il lui laissait la charge de l'orpheline.

Il était tout simple aussi qu'il disposât de l'enfant qu'il avait recueilli, et puisqu'il voulait que cet enfant fût remis à mademoiselle Julie, qui lui avait plus particulièrement donné ses soins, il était indispensable de le dire ; car autrement madame de Lopès n'aurait cédé à personne le plaisir de continuer à cet enfant les soins qu'il avait reçus dans la maison. Elle l'aurait fait par humanité, et d'ailleurs elle s'était attachée à l'enfant, et même elle en était éprise. Le testament du 20 septembre 1849 venait donc à point pour empêcher un conflit entre madame de Lopès et mademoiselle Clerisse.

Reste une dernière disposition à faire connaître. Le testament de 1848 institue un exécuteur testamentaire, c'est M⁰ Colmet, ancien avoué, et il est doté à cette occasion d'un diamant de 2,500 francs. Pourquoi un exécuteur testamentaire, surtout de cette qualité, quand M. de Lopès meurt au sein d'une famille tranquille, honorée et respectueuse ? L'avenir répondra à cette question. Au surplus, ces pouvoirs testamentaires étaient superflus ; M⁰ Colmet était l'oracle de la famille du vivant du mari ; chaque fois que la mort avait frappé dans la maison, il était venu, il s'était enfermé avec M. de Lopès, il avait rédigé les actes, on les avait signés les yeux fermés. A plus forte raison, quand madame veuve de Lopès se trouva dans l'isolement et dans le deuil, M. Colmet fut-il consulté. Voici les éléments sur lesquels il eut à prendre un parti.

M. de Lopès laissait une veuve, donataire contractuelle de tous ses biens en usufruit, mais aussi un fils unique, Octave de Lopès, qui réduisait cette donation à la moitié en usufruit, par application de l'art. 1094 du code Napoléon. Octave appréhendait l'autre moitié à titre de réserve. Le legs de 100,000 fr. fait à mademoiselle Julie ne pouvait donc se prendre que sur la moitié en nue propriété ; en d'autres termes, mademoiselle Julie Clerisse devait attendre la mort de la veuve pour toucher le premier denier de son legs : à moins qu'elle ne préférât vendre sa nue propriété, et elle ne l'aurait pas vendue cher, l'usufruitière se portant bien et n'ayant que cinquante ans. Il faut en dire autant du diamant. Un fils unique, réduit à sa légitime de moitié, n'a pas à subir les libéralités faites à l'exécuteur testamentaire. M. Colmet n'avait donc que la nue propriété de son diamant.

Quelle fut la solution de M. Colmet? Une vraie solution d'exécuteur testamentaire : il conseilla d'exécuter le testament, et même il alla fort au delà :

« M. de Lopès, disait-il, était un homme sage, un chef de famille intelligent et
» vénéré ; il avait institué sa femme légataire universelle en première ligne, c'était
» une attention dont il fallait lui savoir gré. Il avait fait à mademoiselle Julie Cle-
» risse un legs de 100,000 francs ; c'était une nue propriété stérile pour elle, tant
» que madame de Lopès conserverait son usufruit matrimonial. Il fallait être géné-
» reuse, il fallait renoncer à cet usufruit. De cette façon, ajoutait M. Colmet, vous
» perdrez, madame, votre usufruit sur ce capital de 100,000 francs, mais vous se-
» rez indemnisée par le legs universel qui vous donne toute la quotité disponible. »

Je le demande, une femme qui avait vécu dans l'ignorance et la frivolité, qui avait toujours eu son mari en grand respect, et peut-être en plus grand respect encore l'avoué de son mari, que pouvait-elle faire ? qu'adhérer, que signer, que se laisser conduire. Madame de Lopès a donc été chez M. Colmet, notaire, le 18 novembre 1850, et là, avant de savoir ce qu'il y avait dans la succession, avant même la clôture de l'inventaire, elle a signé un acte tout préparé, par lequel elle a déclaré qu'elle renonçait à son usufruit contractuel pour s'en tenir à son legs universel. Puis, toujours au fil des mêmes conseils, elle a payé le diamant de l'exécuteur testamentaire, et la donation de 10,000 fr. faite en 1819 à mademoiselle Julie.

A peine avait-elle fait ces paiements, que mademoiselle Clerisse lui a demandé la délivrance de son legs de 100,000 francs.

Là est né un nuage, non pas que madame de Lopès songeât à refuser, mais enfin il y eut un temps d'arrêt dans ses bons vouloirs, car tous ces payements l'avaient mise à sec.

Un jour donc que madame de Lopès parlait avec un peu de dépit des droits de mutation et des frais de toute nature, mademoiselle Julie sentit qu'il ne fallait pas laisser refroidir les bonnes intentions, ni venir la réflexion. — « Eh
» bien, dit-elle, le testament a assez fait pour moi, je veux en retour faire
» quelque chose, je paierai les frais de succession. » Et de fait, mademoiselle Julie voulut absolument signer un acte sous seing privé, par lequel elle s'y obligea. Cet acte porte la date du 17 décembre 1850.

Le même jour, encore par acte devant Mᵉ Colmet, notaire, madame de Lopès paya à mademoiselle Julie un à-compte de 20,000 francs sur son legs de 100,000 francs, et elle prit jour pour payer le reste.

Il faut dire que madame de Lopès avait la main si facile, par une grande raison. Elle vivait depuis près d'un demi-siècle sous le même toit que mademoiselle Julie ; même âge, même éducation, même idole, car le bonheur et le bien-être de M. de Lopès étaient la grande affaire de toute la maison. Les choses ne s'étaient pas toujours passées sans froissements ; au contraire, souvent madame de Lopès avait amèrement senti que mademoiselle Julie était autant qu'elle dans la maison. M. de Lopès mort, ce n'était plus un devoir de subir la communauté de vie. Mademoiselle Julie ne s'en souciait pas davantage ; encore qu'un peu mûre, elle parlait de se marier. Madame de Lopès s'y prêta cordialement ; on songea à un M. de C..., on parla aussi de M. Lemaire capitaine en retraite. M. Lemaire prit bientôt la corde, et le mariage se fit en présence de madame de Lopès, le jour même où madame de Lopès payait 20,000 francs sur le legs de 100,000 francs, et où elle appointait mademoiselle Julie pour recevoir le reste.

Mais avant que ce jour arrivât, madame de Lopès fit une découverte qui lui donna fort à penser. En remuant un meuble chez elle, il tomba lourdement sur le parquet un volume cartonné, de format in-quarto, qui était serré entre le meuble et la muraille. Ce livre était écrit tout entier de la main de mademoiselle Julie, et il contenait quelques mois de la comptabilité de M. de Lopès. On y trouva qu'en janvier 1850, il était rentré 60,000 francs à M. de Lopès par un remboursement Place ; et que le 28 janvier 1850, une somme de 60,000 francs avait été employée en une rente 5 pour 100 de 3,000 fr. En mars 1850, autre remboursement et autre emploi de même nature. Il était rentré 40,000 francs par un autre remboursement Place ; et le 16 mars 1850, une somme de 40,000 francs avait été employée en une rente sur l'État de 2,000 francs.

Cependant ces deux rentes ne s'étaient pas trouvées dans la succession, et nul n'en avait dit mot à l'inventaire. On chercha vainement au grand-livre, on n'y trouva M. de Lopès inscrit ni en janvier, ni en mars 1850 pour aucune des deux rentes, et je vous laisse à penser quels soupçons fit naître la disparition de ce capital de 100,000 francs.

Je ne veux pas vous faire attendre tout ce que madame de Lopès attendit pour percer ce mystère. Une fausse confidence lui persuada d'abord que les deux rentes étaient inscrites, au nom de la mineure Emma, sur le grand-livre de la dette publique ; mais enfin elles furent dénichées, elles y figuraient au nom de mademoiselle Julie Clerisse.

Tout cela tourmentait madame de Lopès en l'induisant à douter de mademoiselle Julie, et elle s'en faisait un remords, quand elle fit une autre découverte, mais si surprenante, si inattendue, si incroyable, que tous les adjectifs de la langue n'y suffiraient pas.

Trois jours avant son mariage, par acte en bonne et due forme, passé chez M° Colmet, notaire, le 14 décembre 1850, mademoiselle Julie, la prude, la sage Julie, s'était reconnue la mère d'Emma. M. Lemaire, capitaine d'infanterie en retraite, avait reconnu l'enfant, en sorte que le mariage contracté trois jours après avait légitimé l'enfant comme né des œuvres de M. Lemaire.

Était-ce la vraie paternité ? Le moyen d'en douter ! mademoiselle Julie l'avait signé par acte authentique, et apparemment un écrit aussi solennel, tranchant une question de paternité, n'est point un chapitre d'Alexandre Dumas. Par conséquent M. Lemaire, peut-être à l'époque où il était un brillant officier, avait escaladé une croisée du château de Saint-Just avec une échelle de corde, car les maîtres de la maison ne l'y avaient jamais vu. Au demeurant, de quelque façon que la chose se fût passée, elle était couverte du pardon de la loi, mademoiselle Emma était légitimée, nul n'avait le droit de dire que la mère avait failli, ni de révoquer en doute la paternité de M. Lemaire.

Qui croirait que c'est la mère de cette enfant qui a gâté à plaisir cette légitimation ?

Le 17 octobre 1851, au moment où les deux cousines se brouillaient, arrive à madame de Lopès une lettre longue, habile, méditée, où madame Lemaire dessine l'attitude qu'elle va prendre dans le procès. Il résulte de ce manifeste qu'elle était la maîtresse de M. de Lopès depuis longues années, que leur intelligence s'est cachée à madame de Lopès par des prodiges de dissimulation, mais qu'enfin on ne peut céler plus longtemps que M. de Lopès est le père d'Emma, et que M. Lemaire n'est pour rien dans cette affaire, si ce n'est *pour la noble action qu'il a faite en assurant la position sociale de l'enfant*.

Pourquoi madame Lemaire fait-elle si bon marché de la paternité légale ? Pourquoi le déclare-t-elle factice, cet état civil dont nul n'aurait le droit de douter si elle tenait bon ? Ses conclusions nous l'apprennent : c'est qu'il faut justifier la possession des deux rentes. Il faut pouvoir dire : c'est une donation faite de la main à la main par M. de Lopès à la mère d'Emma, et la donation a une cause naturelle.

Vous n'avez pas oublié, Messieurs, combien l'honorable et habile défenseur de madame Lemaire était sur les épines en faisant ces révélations, dans quelles circonlocutions il trébuchait, comment enfin il entre-bâillait la porte des aveux.

« Est-ce que mademoiselle Julie pouvait résister à des obsessions de tous » les jours ? Est-ce que M. de Lopès pouvait mourir sans assurer le sort » d'Emma ? Est-ce que le malheur de sa naissance permettait de faire les » choses autrement ? De quel droit maudit-on mademoiselle Julie ? Elle s'est » trouvée dès son enfance dans les mains d'un séducteur sans scrupule. Elle a » été guettée, épiée, circonvenue; les piéges, les amorces, la passion éloquente » l'ont subjuguée, mais non avilie.. » J'entends ce que vous voulez dire. C'est encore une rosière dans le vice, une pécheresse à plaindre non à lapider. Convenez pourtant qu'à dix-sept ans qu'elle avait quand elle entra au château de Bizay, le discernement du bien et du mal est pleinement venu, ou il ne viendra jamais. Convenez que cette confiante et généreuse parente qui la prenait sous son aile méritait quelque pitié ! Une autre eût craint les charmes de mademoiselle Julie et lui eût fermé sa maison. Elle, elle l'y recevait comme une sœur, et cette sœur profitait de sa sécurité pour lui *détourner* son mari, dans sa maison et sous ses yeux ! Convenez enfin que pour une ingénue, mademoiselle Julie a su introduire le fruit de ses amours au château de Saint-Just avec un rare talent de comédie, et que toute cette fraude, où la réalité a égalé le roman, a été ajustée de main de maître.

Moi, de mon côté, je vous accorde que dès 1849 M. de Lopès avait déclaré, dans un acte authentique, qu'il éprouvait pour mademoiselle Julie des sentiments de père, *qu'il lui servirait de père, qu'il se chargeait de la guider dans sa conduite ;* et qu'enfin il lui donnait 10,000 francs, à condition *qu'elle ne se marierait jamais sans son consentement, et qu'elle demeurerait toujours dans sa maison* et sous sa main. Puisque cet acte vous semble édifiant, qu'à cela ne tienne, je ne le passerai pas sous silence, mais franchement il aurait mieux valu n'en rien dire, car ces sentiments de père donnent un air d'inceste à cette liaison. Et je trouve la chute de mademoiselle Julie encore plus vilaine depuis que j'en connais le prix.

Quand madame de Lopès eut lu cette étrange lettre, mille souvenirs confus d'abord, puis éclairés d'une vive lumière, en confirmèrent les aveux. En janvier 1845, la santé de mademoiselle Julie s'était altérée, on l'avait vue pâle et souffrante, le médecin de Saint-Just avaient opiné à un kyste. Les médecins de Paris, consultés avec anxiété, avaient ratifié le kyste et jugé l'opération nécessaire. Mademoiselle Julie était partie pour Paris, elle avait subi avec courage le fer du chirurgien, elle était revenue au château de Saint-Just sauvée, heureuse, rendue à la vie. C'était un an après, qu'un pseudo-camarade de collège avait introduit l'enfant au château.

Alors aussi s'expliquèrent les rumeurs qui couraient depuis la mort de M. de Lopès. Les domestiques disaient que madame était bien bonne de l'ignorer, que mademoiselle Julie était la maîtresse de M. de Lopès. Octave lui-même avait été plus loin ; à Ville-d'Avray, il avait donné à entendre que mademoiselle Emma était la fille, la propre fille de mademoiselle Julie ; et sa mère lui avait imposé silence, tant elle était loin de croire à une pareille trahison !

Mais l'incrédulité n'était plus de saison, et madame de Lopès dut prendre un parti. Elle signifia d'abord aux sieur et dame Lemaire qu'elle rétractait sa renonciation à usufruit. Puis, quand est venue l'exigibilité de 80,000 francs restant dus sur le legs de 100,000 francs, elle a refusé de payer, et M. le Président, appréciant la gravité du litige, a ordonné le dépôt à la caisse des consignations.

Mais là ne devait pas se borner la réparation. Les deux capitaux de 60,000 et de 40,000 francs employés en rentes sur l'état, à quel titre étaient-ils la propriété de madame Lemaire ? M. de Lopès en avait-il fait un don manuel à sa maîtresse ? C'était possible, il en était bien capable ; cependant, comme sur la fin M. de Lopès n'avait plus sa tête, et comme les rentes ont été achetées deux mois avant sa mort, le premier soupçon fut qu'il avait été commis un détournement, et que les fonds remboursés par M. Place avaient servi à acheter les deux rentes, sans l'assentiment intelligent de M. de Lopès.

On croyait alors que les deux rentes étaient inscrites au nom de l'enfant, on assigna donc M. et madame Lemaire comme investis des droits et actions de leur fille mineure, en restitution des 100,000 francs *détournés.* Aujourd'hui la vérité est éclaircie, les deux rentes ne sont pas au nom d'Emma, elles sont au nom de mademoiselle Julie Clerisse, et on nous gronde pour avoir cru au *détournement.*

On a tort : la question de savoir si c'est M. de Lopès qui a voulu et qui a fait cet emploi en rentes au profit de mademoiselle Julie, est un secret scellé dans sa tombe. Le seul document qui en puisse déposer, c'est les livres de l'agent de change, et ce document dépose contre mademoiselle Julie.

En effet, qui a donné l'ordre à l'agent de change ? L'un des deux bordereaux porte : «Acheté d'ordre et pour compte de M. Colmet, au nom de mademoi- « selle Julie-Antoinette Clerisse. » L'autre bordereau porte : « Acheté d'or- » dre et pour compte de mademoiselle Julie-Antoinette Clerisse. » Ainsi M. de Lopès n'a pas communiqué directement avec l'agent de change.

On nous dit, il est vrai, que M. Colmet est un honnête homme, et qu'il atteste que l'emploi a été voulu et fait par ordre de M. de Lopès. On va plus loin, on affirme qu'il y eut au logis une scène solennelle, que madame de Lo- pès y fut en tiers avec M. Colmet et M. de Lopès, que celui-ci prit sa femme à témoin que c'était un devoir pour eux d'assurer des alimens à Emma, que l'occasion des deux capitaux échus était à saisir, et que madame de Lopès y consentit.

Les faiseurs de finesse vont toujours trop loin !

Qu'on cherche à persuader au Tribunal que M. de Lopès, couronnant le long adultère de sa vie, a ajouté un don manuel de 100,000 francs aux libé- ralités déjà faites en faveur de mademoiselle Julie et de son enfant, je le com- prends. Je dis plus, je l'admets comme infiniment probable. Mais qu'on aille jusqu'à vouloir vous faire croire que madame de Lopès connût mademoiselle Julie pour sa rivale, et mademoiselle Emma pour la fille de son mari ; et que le sachant, elle consentait à ce que son mari donnât 100,000 francs de plus à sa maîtresse, c'est passer toute mesure !

Si tout le monde était d'accord, pourquoi employer l'expédient du don ma- nuel ? Si madame de Lopès a su ce qui allait se faire, elle savait plus tard que les rentes avaient été achetées au nom de mademoiselle Julie. Pourquoi donc a-t-elle procédé à faux, et gâté du papier timbré à poursuivre la réparation contre mademoiselle Emma ? Si madame de Lopès savait les liens qui existaient entre son mari et mademoiselle Julie, entre son mari et mademoiselle Emma, pourquoi M. de Lopès a-t-il été obligé de léguer son enfant à mademoiselle Julie, pour empêcher sa femme de le garder ? Est-ce que madame de Lopès aurait eu seulement la pensée de mettre la main sur cet enfant, si elle avait su que mademoiselle Julie fût sa mère ? Contre tant de raisons de douter, pas d'autre caution que M. Colmet pour croire.

Mais si la terre de Bizay est un faux acquêt de communauté, de la façon de qui est cette machination ? Qui a fait la procédure et le dispositif ? Qui a in- spiré et écrit la liquidation du 15 janvier 1837 ? Qui a été nommé exécuteur testamentaire, pour prêter main-forte à ces combinaisons dolosives ?

Or, la solution du procès est toute là. Si la terre de Bizay n'est point un acquêt, le don manuel tombe, parce qu'il fait brèche à la réserve. Hélas ! le diamant de 2,500 francs tombe aussi, parce que la réserve ne respecte pas même les diamants d'exécuteurs testamentaires. Vous voyez donc que M. Col- met est trop engagé dans ce procès, pour y faire foi.

Au surplus, tout n'est pas inexact dans son récit. Il est vrai qu'à une époque contemporaine de l'emploi en rentes, M. Colmet, étant dans le cabinet de M. de Lopès, alors bien près de la mort, madame de Lopès y fut appelée. Elle comprit, par ce qu'on lui dit, qu'on allait lui demander son assentiment, peut- être sa signature pour quelque disposition d'argent à titre de dernière volonté. Allait-on lui faire des aveux ? Allait-on lui dire ce qu'était Emma, ce qu'avait été mademoiselle Julie ? Elle n'en sait rien. Ce qu'il y a de certain, c'est qu'elle n'ignorait pas que son mari était condamné par les médecins, et qu'elle vit tout de suite, à la mise en scène, qu'il s'agissait de stipuler en vue de sa mort prochaine. Ce spectacle l'émut si vivement, qu'avant qu'on eût dit un mot, elle se retira en pleurant, et donna à son mari carte blanche.

M Colmet n'a qu'un tort, et j'aime à croire que c'est un tort de mémoire, c'est d'affirmer que madame de Lopès est restée jusqu'au bout, et qu'elle a entendu ce que son mari et lui ont pu se dire.

Le problème à résoudre, c'était de donner 100,000 francs de plus à l'enfant adultérin, sans qu'on pût le tracasser quelque jour avec les prohibitions puritaines de la loi. M. Colmet trouve tout simple de s'être prêté à cette bonne œuvre ; il n'a nul embarras d'avoir déjoué autant qu'il était en lui ces vains préjugés de la réserve légale et des incapacités du vice, mais il ne réfléchit pas que si madame de Lopès avait reçu tous ces aveux, son mari aurait jeté au feu son second testament olographe, qui ne pouvait plus que compromettre ses plus chers secrets.

Ainsi et dans cette mesure, je crois en M. Colmet. Quand il me dit qu'il a employé 60,000 francs en rentes sur l'État au profit de mademoiselle Clerisse, par ordre de M. de Lopès, j'accepte ce dire, j'y crois, mais c'est encore un détournement, madame de Lopès l'a dit et je n'en exprime nulle repentance.

Quand on fait à sa maîtresse des legs ostensibles, et qu'à côté de ces libéralités au grand jour on en fait une autre par tradition manuelle, à huis-clos, entre son avoué et sa maîtresse, n'est-ce pas confesser clairement que la quotité disponible est remplie par les legs ostensibles jusqu'à en crever, et qu'en conséquence le don manuel est pris sur le bien d'autrui ?

Oui, s'il est vrai que M. de Lopès ait pris 100,000 francs sur la réserve de son fils Octave, par voie de don manuel, c'est un véritable détournement commis au préjudice d'un mineur. Détournement, car si on excède la quotité disponible par des donations patentes, la réduction est facile ; mais si on l'excède par des dons latents, ce ne peut être que pour disposer du bien d'autrui, sans exposer le donataire à le rendre.

Aussi Octave a-t-il modifié son assignation, il s'est désisté à l'égard d'Emma, il a transporté son action sur madame Lemaire ; et il a conclu à ce qu'elle fût tenue de rapporter les capitaux des deux rentes, pour constituer la réserve de moitié, à laquelle il a droit dans la succession de son père.

Là-dessus madame Lemaire, assistée de son mari, a assigné madame veuve de Lopès pardevant vous, pour voir dire que sa renonciation à usufruit était irrévocable.

Vous sentez combien c'est exemplaire. La maîtresse du mari prenant le pas sur la femme légitime ! les donations adultérines demandant à prévaloir contre la donation contractuelle ! Mais c'est contre Octave surtout que ses conclusions sont monstrueuses.

Contre lui, madame Lemaire prétend à recueillir et à garder la totalité de ses donations entre vifs et testamentaire :

Sa donation entre vifs de 10,000 francs ;

Sa donation manuelle des deux rentes sur l'État de 2,000 et 3,000 francs, et enfin son legs de 100,000 francs.

Madame Lemaire assigne donc Octave à ces fins, et Octave lui répond :

« Je suis prêt à vous délivrer toutes ces libéralités, mais dans la limite de la ré-
» serve. Il n'est que trop clair que ces dons entament ma légitime, puisque les deux
» rentes vous ont été données clandestinement. J'ignorerais encore ce don, si le
» livre accusateur n'avait échappé à vos recherches, en glissant entre le secrétaire
» et la muraille. C'est le livre qui a révélé les 100,000 francs remboursés par
» M. Place, et l'emploi qui en a été fait à votre profit. Vous n'en disiez rien, ni dans
» notre intimité, ni dans l'inventaire. La présomption est donc que toutes vos do-
» nations font dam à la réserve. En tous cas, il est de droit que toute succession où
» il y a un hérétier à réserve, se liquide avant de délivrer les legs et les donations.
» Je vous ajourne donc à la liquidation, qui fera connaître la quotité disponible. »

A moins d'un miracle, il n'y avait rien à répondre à cela, c'était tranchant.
Ce miracle, madame Lemaire l'a fait. La parente pauvre qui avait vécu trente
ans des bienfaits de madame de Bernard et de ses filles, qui avait été abritée
sous leur toit, et qui avait usé de sa beauté funeste pour y introduire la trahi-
son et l'adultère, a fini comme elle avait commencé. Elle a soutenu qu'Oc-
tave n'avait aucun droit à la réserve, par la raison qu'il était un enfant inces-
tueux.

Depuis que l'intérêt divise les hommes, je doute qu'il y ait exemple d'une
ingratitude aussi noire. Voici sur quoi madame Lemaire fonde cette accusation
d'inceste.

On a vu que M. de Lopès était le beau-frère de mademoiselle Aglaé de
Bernard. Soit qu'il fût pressé par une passion vraie, soit qu'il eût peur d'être
supplanté dans un mariage d'argent, il n'avait pas attendu la loi du 16 avril
1832 qui permit le mariage entre beaux-frères et belles-sœurs. Quelques
mois avant la promulgation de cette loi, il avait emmené sa belle-sœur à
Londres, et il l'y avait épousée par le ministère d'un prêtre catholique. Puis
la loi d'avril 1832 ayant pris place dans notre code matrimonial, il avait
renouvelé son mariage en France, à la municipalité de Saint-Just, dans les
formes voulues par la loi française. Madame Lemaire prétend qu'Octave est né
dans l'intervalle entre les deux mariages ; sa chasteté, ses scrupules s'éveil-
lent, et elle demande bénignement que son jeune cousin soit mis à la porte de
la maison et de l'hérédité paternelles, comme un rejeton incestueux ! Elle ne
demande pas moins, car elle sait en présence de qui elle parle, elle distingue
comme nous, sur les bancs du prétoire, les parents de Charles de Bernard et
l'avoué de son hoirie ; et ce que les legs et les donations entre-vifs de made-
moiselle Julie laisseront à la succession de M. de Lopès, elle n'ignore pas, si
Octave est jugé incestueux, que les collatéraux sont là pour le prendre.

Vous savez maintenant le raffinement que notre savante époque porte dans
le mal, et ce que l'argent peut conseiller de turpitudes. Mademoiselle Julie a
un enfant, qui, si elle le veut, est légitime ; et elle l'avoue adultérin pour gar-
der la rente de 5,000 francs, et pour pouvoir dire qu'elle l'a bien gagnée. A ces
causes elle se résout à confesser cette longue dérision de l'hospitalité, où
elle s'est complue à Bizay et à Saint-Just, et comment madame de Lopès a été
si longtemps abusée. Puis mademoiselle Julie tourne à la morale, la voilà qui

doute si le mariage de sa parente fut suffisamment correct, et alors éclate une scène d'une éternelle terreur :

La maison est à moi, c'est à vous d'en sortir !

La cousine, la bienfaitrice, l'amie de trente ans est une femme incestueuse. Octave, *l'adorable* Octave, comme l'appelait son père, l'élève de mademoiselle Julie, qui lui apprenait le latin et faisait semblant de l'aimer, tout cela ramas de mauvaises mœurs, enfant incestueux !... Mais mademoiselle Julie a été jusque-là pour son malheur, car je me sens fort de votre indignation, et il m'aura suffi de vous raconter le procès pour la confondre.

CONCLUSIONS DE M. EUGÈNE AVOND,

Substitut du Procureur impérial.

Messieurs,

Ce n'est pas sans une certaine appréhension que j'aborde cette cause dont les situations sont si délicates ; je comprends tout l'intérêt qui peut s'attacher à la demande de madame de Lopès et d'Octave de Lopès, toute la défaveur que peut rencontrer au premier abord la défense de Julie Clerisse, surtout après le mariage de Versailles, surtout après la légitimation d'Emma Clare, et en présence de cette idée que les défendeurs s'enrichiront peut-être d'une partie du patrimoine non de M. de Lopès père, mais de la famille de Bernard.

Ces impressions, quelle que soit leur force, ne peuvent mettre obstacle à l'examen de l'affaire, à cet examen silencieux, impartial et qui dégage ordinairement la vérité des passions et des préventions. Cet examen m'a convaincu, Messieurs, que le système de madame de Lopès et d'Octave de Lopès n'avait pas de bases solides, et que les prétentions de leurs adversaires avaient au contraire pour point d'appui des faits incontestables qui sont reconnus par les demandeurs eux-mêmes.

Madame de Lopès a eu deux attitudes bien tranchées sur lesquelles il importe d'appeler votre attention.

Après la mort de son mari, en novembre et décembre 1850, elle a été pleine de droiture et de loyauté, elle a pris un parti large, généreux, mais suivant moi, prudent, sage, conforme à la raison et au véritable intérêt de son fils. Telle est la ligne de conduite dont elle ne s'est point départie pendant trois années, malgré des découvertes et des révélations qui ont dû, dit-elle, faire tomber le bandeau de ses yeux et déchirer son cœur.

En 1854, cette attitude s'est tout d'un coup modifiée : le procès a commencé ; il a été engagé avec une ardeur, une violence, une irritation que ne pouvaient faire pressentir les faits accomplis. Octave de Lopès surtout s'est jeté sans réserve dans cette voie que je qualifierai d'imprudente et même de peu sincère ; la dame de Lopès, à son tour, s'est laissé entraîner dans le procès, s'enlevant ainsi, du moins en grande partie, le mérite de la noble initiative qu'elle avait prise après la mort de M. de Lopès.

Quelle était la situation à l'époque du décès de M. de Lopès ? Quelles parties se trouvaient en présence ? D'une part, la veuve, donataire en usufruit, aux termes de son contrat de mariage du 26 juillet 1832, légataire universelle en vertu du testament du 30 novembre 1848, et le fils, unique héritier du défunt, ce fils, alors âgé de dix-huit ans, qui est né le 3 février 1832, du beau-frère et de la belle-sœur avant la loi du 16 avril 1832, et conséquemment avant le mariage des époux de Lopès, qui n'a pu avoir lieu qu'en vertu de cette loi ; d'autre part, Julie Clerisse, donataire d'une somme de 10,000 francs, d'après un contrat du 17 février 1819, légataire de 100,000 francs en vertu du testament du 30 novembre 1848, et qui avait déjà reçu par dons manuels, les 28 janvier et 16 mars 1850, les sommes nécessaires à l'acquisition de 5,000 francs de rentes, 3 pour 100 ; Julie Clerisse, dont la position dans la maison de Lopès vous est connue ; à côté d'elle Emma Clare.

Telle était la situation ; elle était grave, elle pouvait devenir imminente. En cette occurrence, une pensée a dû surgir, avant toute autre, dans l'esprit de la veuve ; la mère d'Octave n'a pu avoir qu'une préoccupation, qu'une inquiétude ; elle n'a plus eu qu'un désir ; elle ne s'est proposé qu'un but, je ne crains pas de l'affirmer : ce but, c'était de sauvegarder l'état d'enfant légitime de son fils.

Cet état était gravement menacé. A la première attaque il pouvait s'évanouir ; disons mieux : il n'existait pas ! Octave repoussé de la famille légitime par l'art. 331 du Code Napoléon, malgré la loi de 1832, nonobstant une légitimation sans efficacité, sans vertu, pouvait tomber du jour au lendemain dans la pire des conditions ; c'était plus qu'un patrimoine et des intérêts pécuniaires, plus qu'une fortune que la mère de ce jeune homme, encore mineur, avait à défendre, c'était son honneur ! c'était son nom, son existence tout entière !

Pourquoi chercher ailleurs la source des inspirations de madame de Lopès ? A-t-elle eu besoin, Messieurs, de révéler ce mobile si naturel et si puissant, de le mettre au grand jour, de le débattre dans des questions d'argent ? N'y avait-il pas une sorte de pudeur qui devait empêcher la femme, l'épouse et la mère, de se jeter dans des démêlés aussi affligeants ; ne valait-il pas mieux cent fois se taire, et au besoin se sacrifier ? C'est ce que madame de Lopès, j'en ai l'intime conviction, a compris admirablement après la mort de son mari ; c'est ce qu'elle a fait avec l'élan et la loyauté, le désintéressement et l'abnégation que je vous ai signalés il y a quelques instants.

Mais aussi (je ne saurais trop insister sur ce point) c'était le seul moyen de préserver Octave du danger le plus sérieux, le plus redoutable et peut-être le plus urgent ; c'était le seul moyen de le mettre à l'abri d'une lutte possible, probable même et dans laquelle il eût péri infailliblement. En un mot, c'était pour Octave l'ancre de salut ! Voilà pourquoi madame de Lopès s'est empressée, dès le mois de novembre 1850, d'exécuter si complétement les dernières volontés de son mari dans cette suite d'actes que tout à l'heure j'analyserai brièvement.

Permettez-moi de le dire encore : je ne puis admettre que madame de Lopès ne fût pas complétement édifiée sur cette situation ; je ne puis croire qu'elle ait agi à l'aventure, sans but, sans intérêt, uniquement parce qu'elle était dans l'ignorance des forces de la succession et des éléments de la fortune à recueillir ou à partager ; je ne crois pas non plus qu'elle n'ait fait que céder aveuglément à des sentiments plus ou moins affectueux pour Julie Clerisse et pour Emma Clare, sentiments qui n'auraient pu paralyser la prudence la plus vulgaire et le bon sens le moins expérimenté. Tant de bienveillance, de précipitation, de légèreté ne sont pas naturels chez une femme comme madame de Lopès... Elle a, si j'en juge par sa correspondance, un tout autre caractère, une tout autre portée dans l'esprit. Ses conseils ne l'auraient pas laissée tomber d'ailleurs dans le piége où l'on prétend qu'elle s'est précipitée d'elle-même tête baissée. Encore une fois, pourquoi chercher à expliquer sa conduite par les motifs les plus étranges, les moins raisonnables, lorsqu'elle s'explique par une situation nette, par la nécessité d'y remédier et par une combinaison qui a réussi à souhait, s'il est vrai que l'état d'enfant légitime d'Octave de Lopès, qui était si précaire, soit désormais inattaquable, grâce aux actes que madame de Lopès, ou plutôt ses organes, déplorent aujourd'hui si amèrement.

Mais madame de Lopès n'a-t-elle pas agi comme elle l'a fait en 1850, par respect pour les dernières volontés de son mari? Oh! sur ce point, j'en dirais trop si je suivais la défense. Quelle biographie que celle de M. de Lopès! Vous l'écoutiez comme une de ces chroniques qui peignent ou plutôt qui créent un personnage; celui qu'on vous a représenté, c'est un mélange de don Juan et de Tartufe! on a exhumé sa cendre pour la jeter à tous les vents. Quels épisodes dans cette existence si longue, dans cette existence qu'on vous a dit avoir été honorée, paisible, prospère et qu'on vient flétrir aujourd'hui! Cet homme, on vous l'a montré subjuguant, asservissant Julie Clerisse encore enfant; il l'enchaîne par un bienfait, il lui impose une tutelle officieuse pour la séduire. Plus tard il s'empare, vous a-t-on dit, de l'esprit de sa belle-mère et concerte avec elle des actes simulés pour spolier sa première femme et ruiner ce fils du premier lit qu'il élevait dans la crainte de Dieu et de son père, et qui a trouvé une mort tragique dans les eaux d'un torrent des Alpes.

Après la mort de sa femme, il repousse tous les aspirants à la main de sa belle-sœur, jeune, riche et belle! Il la tient ainsi en charte privée jusqu'à l'âge de vingt-cinq ou vingt-six ans; il la réduit enfin à l'épouser en Angleterre avant la loi de 1832, en France aussitôt après cette loi!

Tout cela n'est rien! Ce même homme trompe bientôt la femme qui lui a donné une si grande preuve de dévouement; à la faveur des relations de parenté, des habitudes d'enfance, il installe l'adultère dans sa maison. Il fait accepter le déshonneur à sa femme sous les apparences d'une bonne action; il imagine je ne sais plus quelle comédie pour introduire dans la famille l'enfant adultérin.

Je ne reviendrai pas sur ces lettres, sur ces écrits, sur ces testaments dont la lecture a pu vous rappeler ce viel adage : le style c'est l'homme.

Voilà M. de Lopès tel que vous l'a dépeint, non pas le défenseur des époux Lemaire, mais l'avocat de madame de Lopès!... Il a eu grand soin, il est vrai, de vous dire que c'était un galant homme, un homme de bonne compagnie, le fils d'un gentilhomme qui avait fait une certaine figure à la cour sous l'ancien régime; il a ajouté que, malgré tout, sa femme l'estimait, le considérait!

Quoi qu'il en soit, cette apologie n'est guère de nature à vous convaincre que la conduite de madame de Lopès en 1850 ait été déterminée par son respect pour la mémoire et les volontés de son mari!

Il faut donc en revenir à l'explication la plus naturelle : il faut répéter que madame de Lopès a suivi cet instinct maternel que devaient exciter si puissamment ses inquiétudes sur l'état civil de son fils ; qu'elle s'est empressée d'exécuter spontanément les volontés du défunt pour prévenir toute contestation et vivre exempte désormais de ces préoccupations si naturelles sur la légitimité d'Octave.

Résumons les actes, nous verrons s'ils ne justifient pas pleinement cette interprétation.

Le 18 novembre 1850, madame de Lopès renonce à son usufruit contractuel pour s'en tenir à son legs universel.

Le 17 décembre 1850, elle prend les mesures les plus complètes, comme tutrice de son fils mineur, pour assurer l'exécution du testament en ce qui concerne les libéralités faites à Julie Clerisse ; elle consent la délivrance du legs, elle remet à Julie Clerisse 20,000 francs, et lui délègue une créance de 80,000 francs, avec intérêts de 5 pour 100 jusqu'au 1er juin 1855, époque fixée pour le payement. Elle n'a qu'un désir, une volonté, éviter toute difficulté.

Julie Clerisse, pour reconnaître ces bons procédés, consent par un autre acte à supporter une partie des droits de mutation et s'impose un sacrifice de 8,390 francs.

Le même jour, 17 décembre 1850, le contrat de mariage de M. Lemaire et de la demoiselle Clerisse est rédigé à Versailles, dans la demeure de madame de Lopès, en présence de cette dame et d'Octave de Lopès, qui signent avec les parties. Or, dans ce contrat, la future se constitue en dot non-seulement les 100,000 francs provenant du legs, mais les 5,000 francs de rentes 3 pour 100. Comment admettre que madame de Lopès et son fils aient signé comme font des invités bénévoles, sans connaître les stipulations du contrat? C'est une hypothèse toute gratuite que repousse la rédaction même du contrat.

Mais, dit-on, madame de Lopès était alors dans la plus complète ignorance sur des circonstances capitales. En 1850, elle ignorait absolument quelle avait été la nature des relations de M. de Lopès et de Julie Clerisse, et ne connaissait pas le mystère de la naissance d'Emma Clare ; d'un autre côté, les deux dons manuels de 5,000 francs de rentes ne lui avaient point été révélés !

J'admets cette allégation, qu'il me paraît peu intéressant d'ailleurs d'éclaircir, car il est constant que dès 1851 madame de Lopès a été complétement édifiée sur ces deux points, et cela suffit pour saper dans ses fondements le système des demandeurs.

Vous vous rappelez, Messieurs, la correspondance échangée au mois d'octobre 1851 entre madame de Lopès et madame Lemaire, et les aveux si complets de celle-ci. Madame de Lopès ne pouvait plus concevoir aucun doute alors sur le passé, notamment sur la situation d'Emma Clare.

Quant à la donation manuelle, elle en avait connaissance au mois d'octobre 1851, puisque dans une de ses lettres, datée de cette époque, elle écrivait à la dame Lemaire :

» Tu n'as pas voulu qu'Octave perdît plus de 210,000 francs donnés à toi et à
» Emma. »

Enfin il n'est pas admissible que plus de dix-huit mois après la mort de son mari, madame de Lopès ne fût pas instruite du véritable état de sa fortune, et que ses illusions et ses erreurs, si elle en a eues, n'eussent pas été rectifiées.

Ainsi donc, vers la fin de 1851, toute la position était connue, aucun secret n'était plus célé; toutes les conséquences des dons manuels et du testament de 1851 pouvaient être appréciées.

Eh bien ! postérieurement à 1851, madame de Lopès a continué, pendant plus de deux ans, à exécuter tous les actes dont elle avait pris l'initiative, et qu'elle avait spontanément et si complétement réalisés. Bien plus, Octave de Lopès est devenu majeur le 3 février 1853, on lui a donné un conseil judiciaire le 22 avril suivant. Or, les trimestres d'intérêt du capital de 80,000 francs échéant le 1er avril et le 1er juillet 1853 ont été payés.

Où trouver une ratification plus entière, plus formelle de tout ce qui avait été fait ? J'examinerai plus tard les moyens du fond ou de la forme à l'aide desquels on espère revenir sur ces faits accomplis. Je m'attache uniquement ici à faire ressortir ce que j'ai dit en commençant, que l'impartial et froid examen de la cause n'est pas favorable aux prétentions des demandeurs.

Pendant trois ans la famille de Lopès a vécu tranquille ; elle a recueilli le fruit des sacrifices de la mère, de ce que j'appellerai, non d'après le texte de la loi, mais d'après la nature des choses et la secrète intention des parties, une transaction dont l'état civil d'Octave était l'objet, sans qu'il y eût eu débat ou discussion, mais en parfaite connaissance de cause de part et d'autre.

En vous rappelant les tristes débats qui se sont déroulés devant vous, toutes ces misères mises à nu, toutes ces questions d'inceste, d'adultérénéité, de recel de grossesse et de naissance, de simulation, de fraude, toutes ces récriminations cruelles pour la mémoire de M. de Lopès, douloureuses, accablantes pour chacun, ne pensez-vous pas comme moi que madame de Lopès avait été bien inspirée en 1850, et qu'elle a eu une mauvaise inspiration en 1854.

Relisez, Messieurs, les éloquentes paroles d'un illustre jurisconsulte sur les transactions de cette nature (M. Troplong, *Traité des transactions*, n° 1) :

« La transaction, dit-il, passait autrefois pour une matière hérissée de difficultés.
» La prédilection du commentateur pour son sujet ne saurait me déterminer à en
» dire autant sous le Code civil...
» Du reste, j'adhère pleinement à l'opinion de Bartole, qui regardait ce contrat
» comme l'un des plus actifs entre tous ceux qui sont réglés dans le Code de Justi-
» nien et le corps de droit ; c'est par lui, en effet, que *les procès sont prévenus ou*
» *amiablement terminés* ; que les affaires se traitent sans aigreur, et que l'on règle
» avec des sentiments de paix les intérêts les plus ardents, les plus prompts à la
» discorde. Les procès assiégent la vie par de nombreux tourments ; ils sont sou-
» vent la ruine des familles.
» La transaction qui les étouffe est le parti du sage. On ne perd pas en transigeant,
» car quelque sacrifice que l'on s'impose, on gagne en retour le premier de tous les
» biens, la tranquillité.
» ... Pour que l'incertitude de l'affaire soit manifeste, ajoute le savant auteur, il
» n'est pas nécessaire qu'un procès ait éclaté, il suffit que le procès soit possible et
» qu'on conçoive à cet égard une crainte réelle. La transaction le prévient par ses
» amiables accords. *Elle est encore plus salutaire et plus utile quand elle va au-*

» *devant des débats judiciaires que lorsqu'elle termine ceux qui ont commencé!*
» Ici, du reste, la crainte n'est pas prise dans le sens de l'art. 1112 du Code
» civil, il ne s'agit pas de cette crainte qui trouble la volonté et altère le consente-
» ment par un vice radical : c'est la crainte prudente de l'homme *qui juge de*
» *sang-froid et sait apprécier ce qu'il y a de fort et de faible dans une préten-*
» *tion.* »

Je ne crois pas, Messieurs, qu'il y ait une situation à laquelle ce passage s'applique mieux qu'à celle où se trouvait madame de Lopès après la mort de son mari, ni que personne ait eu un intérêt plus sérieux à bien scruter le faible et le fort de sa position et à aller au-devant des débats judiciaires en les étouffant. Et quand je me sers de ce mot de transaction, il faut que je m'explique. Je ne le prends pas, je le répète, dans son acception stricte; je ne considère pas chacun des actes des mois de novembre et de décembre 1850 comme une transaction. C'est dans l'ensemble de ces actes que je vois une véritable transaction ayant pour but de prévenir toute contestation judiciaire sans qu'on l'ait exprimé; transaction dans laquelle Julie Clerisse a abandonné peu de chose, parce qu'elle avait moins à redouter, et dans laquelle madame de Lopès a fait un plus grand sacrifice parce qu'elle avait beaucoup à craindre.

Après de tels antécédents, comment est né le procès ? On vous disait que la rupture remontait précisément au mois d'octobre 1851, à cette époque où les deux cousines ont échangé une longue correspondance, parce que madame de Lopès demandait que madame Lemaire payât 1,500 francs pour les frais d'inventaire. Est-ce là ce qu'on peut appeler la rupture ? Est-ce l'origine du procès ? Ce n'est pas sérieux, en présence surtout de l'accord tacite qui a encore duré pendant deux années.

Ce procès est né bien plus tard : il a pris naissance dans une découverte ingénieuse, qui est devenue le principal argument de la demande et le but de tous ses efforts.

On a examiné le compte de tutelle qui avait été rendu amiablement en 1837 par M. de Lopès à son fils du premier lit, et la liquidation de la communauté et de la succession de la première femme. On a pensé que ce compte de tutelle et cette liquidation préjudiciaient au fils du second lit; on a espéré qu'on pourrait les faire rectifier. On s'est dit que si la fortune de M. de Lopès était notablement diminuée, la réserve d'Octave pourrait l'absorber en grande partie ; que dans cette hypothèse les libéralités faites à Julie Clerisse dépasseraient la quotité disponible, et qu'on demanderait peut-être avec succès qu'elles fussent réduites à cette quotité. Voilà le mot du procès ! On en convient aujourd'hui, et c'est sur ce terrain que le débat a été définitivement porté de part et d'autre.

Mais, il faut le dire, les demandeurs n'ont point abordé franchement ce débat.

Je trouve tout d'abord dans leur procédure un incident, suivant moi, fort regrettable.

Ils se sont présentés en juillet et décembre 1853 devant la 1re chambre du tribunal. Ils ont affirmé que M. de Lopès n'*avait jamais rendu de compte de tutelle* à son fils aîné, et que la communauté ayant existé entre M. de Lopès et sa première femme Antoinette-Caroline de Bernard et la succession de celle-ci n'*avaient jamais été liquidées*; ils ont fait ordonner de la sorte qu'il serait procédé au compte, liquidation et partage des communauté et succession dont s'agit. Or, dans l'inventaire qui avait été dressé en 1850, à la suite du décès de M. de Lopès, la dame de Lopès avait déclaré nettement que le compte de tutelle avait été rendu, que la communauté et la succession avaient été liquidées, et avait déposé toutes les pièces relatives à ce compte de tutelle et à cette liquidation de 1837, qu'on peut attaquer, mais dont on ne saurait, sans altérer la vérité, nier ou méconnaître l'existence.

Pour compléter cette tactique, on a demandé et obtenu, par ordonnance de référé du 27 janvier 1855, que Mᵉ Colmet, notaire, qui avait été commis par le tribunal pour procéder aux compte, liquidation et partage, fût remplacé par un de ses collègues.

Après cet épisode on est resté dans l'inaction. On n'a fait aucune démarche pour arriver à la liquidation. Cette voie a été abandonnée, et alors une instance dont il faut retracer sommairement les incertitudes et les tergiversations a pris naissance.

Je me livre à ce dépouillement rapide des phases de la procédure, parce que je veux en tirer deux conséquences : la première, que les demandeurs n'avaient pas une grande confiance dans le bien fondé de leurs prétentions, et ne savaient comment les formuler ; la seconde, que le simple exposé de cette marche de la procédure doit faire évanouir, dès à présent, la demande de révocation, pour cause d'ingratitude, des libéralités faites à Julie Clerisse.

Les hostilités commencent de la part d'Octave de Lopès, assisté de son conseil judiciaire, avec la plus grande violence et de manière à provoquer le scandale.

Dans l'exploit introductif d'instance, et par des conclusions principales abandonnées depuis, on accuse de vol ou d'abus de confiance Julie Clerisse ; on lui impute d'avoir détourné frauduleusement les sommes qui ont servi à l'acquisition des 5,000 francs de rentes 3 pour 100, ou tout au moins d'avoir obtenu la remise de ces sommes à l'aide de captation ; on dirige contre le défunt et Julie Clerisse une articulation de faits des plus injurieux ; on met en cause Emma Clare, qui n'avait pas d'intérêt dans le procès, et cela sans égard pour la légitimation acquise à cette jeune fille, sans ménagement pour la position du sieur Lemaire, afin de dire plus haut que Julie Clerisse est la mère de cette enfant, dont M. de Lopès, ajoute-t-on, se croyait le père... On demande, il est vrai, subsidiairement, la réduction des libéralités à la quotité disponible, mais enfin, le chef principal des conclusions tend à la restitution des sommes dont il s'agit comme ayant été détournées, ou tout au moins à la nullité des dons manuels comme entachés de captation et comme ayant pour cause le concubinage et l'adultère !

C'est de la sorte, Messieurs, qu'Octave de Lopès, dont la condition est si chancelante et si compromise, a engagé ce procès. N'était-ce pas aller au-devant des représailles et en provoquer de plus ardentes que celles qui se sont produites ?

Madame de Lopès a suivi son fils à regret dans l'arène judiciaire. Elle a longtemps hésité, j'en suis sûr, avant d'y poser le pied. Elle s'est bornée d'a-

bord à faire signifier aux époux Lemaire, le 9 mai 1854, un acte extrajudi-
ciaire par lequel elle proteste contre la renonciation à son usufruit contractuel,
renonciation qu'elle qualifie de libéralité en prétendant qu'elle la rétracte
avant qu'elle ait été acceptée.

Le procès reste longtemps en suspens, par suite de contestations sur la com-
munication des pièces.

Au bout de plus de neuf mois, en décembre 1854, les époux Lemaire met-
tent en cause madame de Lopès et demandent la jonction des instances. Le
système des défendeurs se pose, dès le principe, dans les termes les plus sim-
ples et les plus clairs et n'a pas varié ; ils rappellent les actes de novembre et
décembre 1850, et invoquent l'exécution volontaire qui en a été faite jusque
vers la fin de l'année 1853 ; ils concluent, dès lors, à ce que ces actes soient
maintenus, à ce que la demande d'Octave de Lopès soit repoussée, et la pro-
testation de madame de Lopès contre la renonciation à son usufruit déclarée
nulle.

Il y a, dans ces premières conclusions, une énonciation qui est devenue
pour les adversaires le motif ou le prétexte des récriminations les plus ar-
dentes : on y énonce simplement qu'Octave est né du mariage du beau-frère et
de la belle-sœur.

C'est alors que madame de Lopès a dû intervenir dans le procès, qui était
pendant depuis près d'un an, et où elle n'était pas encore en cause.

On lit textuellement, dans ses premières conclusions en date du 29 janvier
1855 :

« Qu'il paraît que la demoiselle Clerisse avait, avant le décès de M. de Lopès,
» détourné deux inscriptions de rente ;

» Que, dans l'ignorance de ce détournement, la concluante avait renoncé à son
» usufruit contractuel et consenti comme tutrice légale de son fils mineur la déli-
» vrance du legs, etc. ;

» Que plus tard lorsqu'elle a eu connaissance du détournement des deux rentes,
» elle a, par exploit du 9 mai 1854, protesté contre la renonciation à son usufruit
» contractuel. »

Voilà ce qu'on fait dire à madame de Lopès, dont la correspondance, vous
vous le rappelez, prouve qu'elle connaissait, dès le mois d'octobre 1851,
l'existence des dons manuels.

Néanmoins, dans ces conclusions du 19 janvier 1855, madame de Lopès
demande : « qu'il lui soit donné acte de ce qu'elle déclare de nouveau ne pas
révoquer l'abandon par elle fait de son usufruit contractuel *sur les objets et
valeurs dont il est disposé par le testament de M. de Lopès.* »

Voilà donc la renonciation à l'usufruit contractuel confirmée pour ce qui
touche le legs de 100,000 francs ; la dame de Lopès ne fait de réserves que
pour les deux rentes. Or, comme on n'a pas persisté dans cette imputation de
détournement ou de captation, comme ce chef des conclusions a été aban-
donné depuis, il faudrait en conclure, qu'aux termes de ses conclusions ori-
ginaires, madame de Lopès a de nouveau ratifié et confirmé la renonciation à
son usufruit contractuel.

Mais la procédure change encore de face.

Les demandeurs abandonnent la demande en restitution des deux rentes ; Octave de Lopès demande que les libéralités soient réduites à la quotité disponible, et que la liquidation et le compte de *tutelle de 1837 soient rectifiés ou redressés.* Madame de Lopès s'associe à cette demande qui peut lui préjudicier, et maintient sa protestation contre la renonciation à son usufruit.

Tout en adoucissant ainsi la demande, tout en se désistant du chef de conclusion qui contenait l'imputation d'un fait si odieux, celui de détournement du capital des deux rentes, on maintient contre l'adversaire les articulations les plus vives et les plus agressives, bien qu'elles soient désormais sans intérêt, puisqu'il n'y a plus dans le procès qu'une question de quotité. On dit notamment « que madame de Lopès a été *dolosivement abusée* par Julie Clerisse, qui lui dissimulait qu'elle était mère d'Emma Clare, et qu'elle avait employé une somme distraite de la succession pour l'acquisition des deux rentes, etc.

Que font alors les époux Lemaire ? Le 11 mai 1855, ils réitèrent leurs conclusions primitives et disent en outre : « Que les qualités qu'Octave de Lopès s'attribue de fils et d'héritier de M. de Lopès et d'héritier d'Alexandre de Lopès, fils du premier lit, ne sont pas justifiées en lui d'après les pièces produites. »

Ils présentent, à l'appui de cette allégation, une analyse fidèle des faits qui concernent la date de la naissance d'Octave et le mariage des époux de Lopès.

Quant à la réduction à la quotité disponible, ils y consentent, mais en maintenant la liquidation et le compte de tutelle de 1837.

Telles sont les conclusions sur lesquelles les demandeurs se sont fondés pour diriger contre leurs adversaires une nouvelle attaque. Ils demandent soudain la révocation, pour cause d'ingratitude, des libéralités faites à Julie Clerisse, qui aurait fait une grave injure à la mémoire du défunt par la dénégation de l'état d'enfant légitime de son fils.

Mais remarquez bien ceci, Messieurs, le mot d'inceste se trouve pour la première fois dans les conclusions des demandeurs : « Attendu , disent-ils à l'appui de leur demande de révocation, que la femme Lemaire conclut au procès à ce que le Tribunal juge qu'Octave de Lopès n'a pas droit à réserve, *ce qui ne peut se faire qu'en déclarant Octave de Lopès enfant incestueux !*

» Attendu que ces conclusions délient la femme de Lopès de toute obligation vis-à-vis la femme Lemaire, etc. »

On reproduit alors les imputations injurieuses exprimées dans les termes crus et violents qu'on a constamment employés dans cette procédure. On dit que Julie Clerisse *s'est prostituée à M. de Lopès ;* on rappelle le recel de la grossesse, l'accouchement clandestin, etc.

Je n'insisterai pas plus longtemps sur cet exposé chronologique de la procédure, qui avait, je crois, son utilité.

Après tant de bruit, d'articulations scandaleuses, d'incriminations violentes, la cause se réduit au fond à une question de chiffres. La discussion n'existe plus sérieusement que sur la rédaction des libéralités à la quotité disponible, et sur l'effet de la renonciation de madame de Lopès à son usufruit contractuel.

Vous êtes néanmoins saisi par les conclusions de deux autres questions : la contestation sur l'état d'Octave de Lopès ; la révocation des libéralités pour cause d'ingratitude.

L'état civil d'Octave de Lopès tient la plus grande place dans toute cette affaire. Si la situation était intacte, c'est-à-dire telle qu'au lendemain du décès ; s'il s'agissait de l'interprétation des testaments et de la dévolution des biens de la succession, sans qu'aucun arrangement fût intervenu entre les parties, sans que leurs qualités respectives eussent été encore vérifiées, la qualité d'enfant légitime d'Octave de Lopès serait plus que contestable. Vous la lui refuseriez, Messieurs, en présence de la loi.

J'aborde ici rapidement cette discussion, qui a eu beaucoup de retentissement dans les assemblées législatives et dans les travaux des jurisconsultes de notre époque (1).

L'art. 331 du Code Napoléon est tellement précis, que je m'étonne qu'on ait pu en discuter l'application. Voici ce texte :

« Art. 331. Les enfants nés hors mariage, autres que ceux nés d'un commerce incestueux ou adultérin, pourront être légitimés par le mariage subséquent de leurs père et mère, lorsque ceux-ci les auront légalement reconnus avant leur mariage, ou qu'ils les reconnaîtront dans l'acte même de célébration. »

Où trouver, s'écrient tous les auteurs qui se sont prononcés contre la légitimation des enfants nés hors mariage du commerce de l'oncle et de la nièce, de la tante et du neveu, où trouver une disposition plus claire et plus positive ?

La loi du 16 avril 1832, qui a permis avec des dispenses le mariage précédemment prohibé entre le beau-frère et la belle-sœur, se taît sur la question de la légitimation des enfants nés avant le mariage.

Il faut donc consulter exclusivement l'art. 331 Code Nap.

Antérieurement à la loi du 16 avril 1832, la prohibition de l'art. 331 C. N., n'était applicable qu'aux enfants nés du commerce incestueux de l'oncle et de la nièce, de la tante et du neveu, les seuls parents au degré prohibé auxquels il fût permis alors de contracter mariage avec des dispenses.

Depuis la loi de 1832, il y a une seconde catégorie de parents au degré prohibé qui peuvent contracter mariage avec des dispenses : le beau-frère et la belle-sœur. Mais l'effet de ce mariage, quant à la légitimation des enfants nés antérieurement du commerce incestueux du beau-frère et de la belle-sœur, ne

---

(1) La question de savoir si la légitimation peut être acquise aux enfants nés du mariage de l'oncle et de la nièce, de la tante et du neveu, et, depuis la loi du 16 avril 1832, du beau-frère et de la belle-sœur, a soulevé parmi les auteurs une vive controverse.

Voy. pour l'affirmative, Toullier, t. II, 933. — Loiseau, Traité des enfants naturels, p. 261 et 262. — Malleville, Analyse du code civil sur l'art. 331. — Richefort, t. II, n° 25. — Allemand, *Du mariage*, n°˙ 651, 654. — Pont, Revue de législation, t. VIII, p. 150. — Voy. également les Discours de M. Dupin à la Chambre des Députés des 29 janvier 1833 et 3 mars 1838. — Arr. Bourges, 17 mars 1809. — Cas., 22 janvier 1812. — Grenoble, 8 mars 1838.

Pour la négative. Merlin, Répertoire, v° Légitimation, section II, § 2, n° 9. — Favard, Répertoire, v légitimation, § 1er, n° 4. — Delvincourt, t. I, p. 374, n° 12. — Duranton, t. II, n° 176. — Marcadé, sur l'art, 331, n° 2. — Zachariæ, t. III, n° 672. — Ducauroy, t. Ier, n° 475. — Dalloz, v° Filiation, p. 665. — Proudhon et Valette, sur Proudhon, t. II, p. 165 et 166. — Valette, Revue de législation, t. VIII, p. 37. — Thierret, Revue de législation, t. VIII, p. 455. — Cabantours, Sirey, 1838. — Observations sur l'arrêt de la cour de Grenoble du 8 mars 1838. — Duvergier, sur Toullier, t. II, n° 933. — Demolombe, t. Ier, n°˙ 352 et suiv. — Discours de M. Barthe à la Chambre des Députés du 29 janvier 1833. — Arr. Orléans, 25 avril 1833. — Jugement du tribunal de Prades, du 5 mai 1847.

peut être réglé évidemment que par l'art. 331 C. N., qui comprend désormais deux catégories au lieu de s'appliquer à une seule.

C'est là ce qu'il faut poser bien nettement pour éviter toute confusion sur la portée de la loi du 16 avril 1832.

La question n'est pas nouvelle, elle s'agitait, avant 1832, pour les enfants nés du commerce incestueux de l'oncle et de la nièce, de la tante et du neveu, qui avaient obtenu plus tard des dispenses et contracté mariage.

Or, cette question ne faisait pas l'objet d'un doute pour nos plus célèbres jurisconsultes : Merlin, Proudhon, etc. Parmi les jurisconsultes et les auteurs les plus récents, la plupart se sont rangés à leur opinion.

Il est évident que les seuls enfants qu'ait pu avoir en vue l'art. 331 C. N., lorsqu'il exclut certains enfants du bénéfice de la légitimation par le mariage subséquent du père et de la mère, sont ceux de l'oncle et de la nièce, de la tante et du neveu, du beau-frère et de la belle-sœur, sinon la loi aurait dit un *non-sens*.

« Croyez-vous, s'écrie avec infiniment de sagacité un savant auteur (1), croyez-
» vous qu'on ait voulu dire que les enfants du frère et de la sœur ne peuvent pas
» être légitimés, parce qu'ils sont incestueux ? Il y a bien un autre motif, vraiment!
» c'est que le mariage de leurs père et mère est impossible ! »

Cette observation si simple mais si concluante devrait, ce me semble, trancher le débat.

On peut faire encore ce syllogisme, dont vous me pardonnerez la forme rigoureuse ;

L'art. 335 défend la reconnaissance de ses enfants incestueux. Or, d'après l'art. 331, la reconnaissance de l'enfant est la condition préalable de la légitimation ; donc les enfants incestueux ne pouvant être reconnus, ne peuvent être légitimés.

Mais je ne crois pas devoir insister plus longuement sur les arguments juridiques qui ont été invoqués dans cette discussion.

Vous les trouverez résumés avec force et clarté dans l'arrêt de la Cour d'Orléans du 25 avril 1833, dont voici le texte :

« La Cour,
» Considérant que la loi du 16 avril 1832 ne fait que régler les conditions du
» mariage entre beaux-frères et belles-sœurs et ne s'occupe nullement des effets
» de ce mariage par rapport à la légitimation des enfants nés du commerce anté-
» rieur des deux époux ;
» Considérant qu'aux termes de l'art. 331 du Code civil, les enfants nés d'un
» commerce adultérin ou incestueux ne peuvent être légitimés par le mariage sub-
» séquent de leurs père et mère ;
» Considérant que d'après l'art. 162 le mariage est prohibé entre beau-frère et
» belle-sœur ;
» Considérant que si, aux termes de la loi du 16 avril 1832, il est permis au roi
» de lever cette prohibition, la dispense qui est accordée à cet égard a bien pour

---

(1) M. Demolombe. De la paternité et de la filiation, n°° 362 et suivants.

» objet de faire cesser l'obstacle qui s'opposait au mariage, *mais non d'effacer la*
» *tache que la naissance incestueuse a imprimée sur les enfants nés antérieure-*
» *ment du commerce desdits beaux-frères et belles-sœurs ;*

» Considérant que cela résulte expressément du Code qui par l'art. 164, tout en
» permettant le mariage avec dispense entre l'oncle et la nièce, la tante et le neveu,
» seul cas possible avant la loi précitée, d'une union possible entre les père et mère
» d'enfants incestueux, leur interdit, par l'art. 331, la faculté de les légitimer. »

La légitimation est du droit civil. Il appartient au législateur de la régler.
C'est ainsi que la loi anglaise interdit la légitimation des enfants nés du simple
concubinage. Quand le législateur a parlé aussi clairement que l'ont fait les
auteurs du Code Napoléon dans l'art. 334 du Code Nap., la controverse de-
vient presque une attaque à la loi.

Aussi bien, les adversaires de cette opinion en sont-ils réduits à combattre
le texte de l'art. 331 avec l'esprit de cet article du Code, interprété par eux.

Un très savant jurisconsulte, l'un de vos collègues, Messieurs (1), reconnaît
que, dans son opinion, la prohibition de l'art. 331 serait sans objet. « Mais
qu'est-ce à dire, répond-il, la loi peut-elle être parfaite à ce point que pas une
de ses expressions ne soit inutile. »

M. Duranton confesse « que le refus de légitimation ne résulte que trop évi-
demment de la lettre de la loi ; » mais il invoque les considérations extra-lé-
gales favorables à la légitimation.

D'autres auteurs ont prétendu que lors de la discussion de cet article au
conseil d'État, il y avait eu sur ce point malentendu, confusion.

Laissons l'auteur que je citais à l'instant réfuter encore cette objection avec
toute l'autorité de sa doctrine. Il s'étonne qu'on ait prétendu que la prohibi-
tion dont s'agit ne résultait que de la lettre de l'article 331, et poursuit
ainsi :

« De la lettre !... Oh ! non pas seulement, et deux motifs puissants ne permettent
» pas de penser que cet article 331 ne soit, comme l'a dit Mᵉ Janvier, plaidant de-
» vant la Cour d'Orléans, qu'une *étourderie législative,* c'est que : 1° cette ques-
» tion était très connue et depuis longtemps fort agitée, et que, par conséquent,
» on ne doit pas penser que les nouveaux législateurs l'aient ainsi résolue sans le
» savoir ; que la solution conservée par notre Code, loin d'être une énormité, peut
» être défendue elle-même par les considérations les plus respectables.

» Les auteurs du Code civil ont pu craindre d'encourager, dans le sein de la
» famille, des espérances coupables ; ils ont pu craindre le funeste exemple de la
» passion et du désordre trouvant leurs moyens de succès et leur récompense dans
» la violation même des plus saints devoirs. Ils ont pu vouloir surtout réprimer le
» calcul immoral des personnes qui, pour obtenir des dispenses, présenteraient
» comme une cause grave et comme un titre de faveur leurs relations inces-
» tueuses. »

Cette discussion s'est compliquée des plus savantes dissertations sur l'état
de l'ancienne jurisprudence, notamment de la jurisprudence canonique rela-

---

(1) M. Pont, juge au tribunal de la Seine. Revue de législation; t. VIII, p. 150.

tivement à l'effet des mariages avec dispenses, quant à la légitimation des enfants nés antérieurement.

En présence du texte si net et si formel de l'art. 331 C. N., une pareille discussion ne peut avoir qu'un intérêt historique et serait inopportune devant vous.

Les partisans passionnés de la légitimation ont invoqué surtout les considérations morales. Vous vous rappelez, Messieurs, les deux discours qu'à cinq ans d'intervalle M. Dupin aîné a fait entendre à la Chambre des députés pour cette cause. Il est impossible de traiter cette question sans mentionner l'opinion de l'illustre orateur. Mais il faut rappeler aussi qu'elle a été l'objet des plus vives critiques au point de vue juridique (1).

Les considérations morales, fondées principalement sur ce qu'il y aura dans la famille deux catégories d'enfants : les uns admis à toutes les prérogatives, à tous les avantages de la légitimité ; les autres voués à l'opprobre et à la misère résultant de la tache d'inceste ; et sur ce que les coupables seuls auront les honneurs de la réhabilitation, tandis que les enfants innocents de la faute de leurs auteurs seront sacrifiés et livrés à une honte indélébile ; ces considérations morales, dis-je, sont de nature à faire impression : elles expliquent l'entraînement de plusieurs esprits d'élite vers l'opinion de M. Dupin. Elles ont inspiré un arrêt de la Cour de Grenoble du 28 mars 1838, rendu dans une espèce où il s'agissait de l'enfant né du commerce de l'oncle et de la nièce avant leur mariage avec dispenses, question complétement étrangère, on le voit, à la loi du 16 avril 1832, qui ne s'occupe que du beau-frère et de la belle-sœur (2).

Tous ces arguments, fussent-ils fondés, ne pourraient lutter contre la loi.

Mais la loi ne mérite pas tant de reproches. Lorsqu'on y réfléchit, on voit que l'intérêt des bonnes mœurs et des familles est bien évidemment du côté de la prohibition.

Ce grand intérêt d'ordre public, Messieurs, vous le trouverez sainement et fortement interprété dans la circulaire que le garde des sceaux a adressée, le 29 avril 1832, aux procureurs généraux pour l'exécution de la loi qui venait d'être votée :

« J'appelle aussi votre attention sur la nature des causes qui peuvent motiver les dis-
» penses. Trop souvent, jusqu'à ce jour, on a cru pouvoir invoquer comme un titre
» l'existence antérieure d'un commerce scandaleux. La faveur accordée à de pareils
» motifs serait un encouragement donné à la corruption des mœurs. Il importe,
» au contraire, de maintenir dans l'exécution de la loi dont il s'agit une sévérité de
» principes qui, laissant au scandale sa flétrissure, conserve à la morale publique
» tous ses droits, et au bon ordre des familles toutes ses garanties.

» *Les causes qui méritent d'être prises en considération sont surtout celles qui*
» *doivent rendre les mariages profitables aux familles.*

» Il faut placer en première ligne l'intérêt des enfants légitimes qui retrouve-

---

(1) Voy. surtout une dissertation pleine de force et de logique de M. le professeur Valette. Revue de législation, t. VIII, p. 38.

(2) Voy. à la suite de cet arrêt Sirey, 38. Les observations critiques de M. Cabantous.

» raient dans un oncle la protection d'un père, dans une tante les soins d'une mère.
» Il convient aussi de faciliter le mariage qui aurait pour résultat de conserver un
» établissement ou exploitation dont la ruine blesserait des intérêts importants à
» ménager, etc. »

Tels sont les motifs qui ont fait adopter la loi de 1832, porté le législateur à permettre le mariage entre beaux-frères et belles-sœurs, avec des dispenses qui ne doivent être accordées que comme un remède extrême dans certaines situations. S'il en était autrement, si les dispenses étaient la sanction de l'immoralité et du désordre dans les familles, il aurait mieux valu maintenir la prohibition !

En résumé, je puis dire, avec les jurisconsultes dont j'invoque l'opinion, qu'il n'y a pas dans nos codes de disposition plus claire et plus positive que celle de l'art. 331.

En théorie pure, d'après cet article, Octave de Lopès ne peut invoquer la qualité d'enfant légitime. Je le déclare hautement, sans craindre d'être accusé de donner l'éveil à des collatéraux, c'est-à-dire aux représentants de la ligne de M. Charles de Bernard, le frère de madame de Lopès, s'il en existe. Cette question, au surplus, a été débattue assez haut à trois de vos audiences pour que cet avertissement leur soit déjà parvenu.

Le malheur, le tort des demandeurs a été de s'exposer à des discussions de cette nature ; le devoir du ministère public est de faire entendre à tous la vérité, et il semble que ce devoir soit encore plus impérieux dans les matières qui touchent si essentiellement à l'ordre public !

Mais qu'Octave de Lopès, que madame de Lopès se rassurent. Le ministère public n'est pas partie principale dans l'instance qu'ils ont eux-mêmes provoquée. L'intérêt de la loi, l'intérêt de la morale, il ne les soutient que pour l'honneur des principes, mais sans sanction ; une fin de non-recevoir, que le ministère public ne peut faire échouer, protégera sans doute la qualité d'Octave de Lopès.

C'est ici que j'aborde la seconde branche de la question. La dame Lemaire a-t-elle qualité pour contester l'état d'Octave de Lopès qu'elle a reconnu dans les actes du mois de décembre 1850 ?

Il est de jurisprudence invariable, je m'empresse de le reconnaître, que celui qui n'a qu'un intérêt d'argent à contester l'état civil d'une personne, s'est rendu non-recevable à élever la contestation dès qu'il a reconnu cet état civil.

Je crois, toutefois, qu'il ne faudrait pas aller au delà dans cette voie où la jurisprudence fait déjà singulièrement fléchir les principes. Le principe, c'est que les lois qui règlent l'état des citoyens sont d'ordre public, et qu'il n'est pas permis d'y déroger par des conventions particulières, c'est que l'état des personnes n'est pas dans le commerce. Néanmoins les jurisconsultes modernes, moins rigoureux en cette matière que leurs devanciers, ont fait une distinction (1). La transaction ne saurait subsister si elle tend à détruire l'état

____

(1) Voy. M. Troplong. Traité des transactions, n° 63 et suivants.

d'une personne; elle est valable, au contraire, si elle est favorable à l'état de la personne.

Cette distinction est elle-même susceptible de certaines restrictions.

Voici celles que propose M. Troplong en matière de mariage :

« ..... Si le mariage n'existe pas, si aucun acte de célébration n'est représenté,
» nous disons qu'une transaction par laquelle un homme et une femme consentent
» à se regarder comme époux n'a pas de valeur. Le mariage requiert essentielle-
» ment le concours de l'autorité publique. Sans ce concours, il n'y a que concubi-
» nage ; la société ne reconnaît pas l'indissolubilité du contrat. »

« Si le mariage existe, si un acte de célébration est représenté, une sous-distinc-
» tion est nécessaire : ou l'acte de mariage constate la preuve d'un de ces vices qui
» font rougir la morale, ou bien il n'est entaché que de vices qui ne blessent en
» rien l'honnêteté. Dans le premier cas, la transaction pour valider le mariage sera
» nulle ; dans le second, elle sera valable.

» *Supposons qu'un mariage incestueux soit contracté. Quel serait l'effet de la*
» *transaction qui le validerait, si ce n'est de perpétuer l'outrage fait à la morale*
» *et d'aggraver l'attentat par une récidive?*

» Mais s'il s'agit d'un vice tenant au consentement ou au défaut de publicité, ou
» à une violation de formes requises, aucun motif d'honnêteté ne s'oppose à une
» ratification. »

L'illustre auteur est peu favorable, on en conviendra, à la ratification ou reconnaissance de l'état d'enfant légitime en faveur d'un enfant incestueux frappé d'ostracisme par l'art. 331 du Code Nap.

Mais il faut remarquer que la ratification dont parle M. Troplong émane des parties elles-mêmes, et, à ce point de vue, pas de difficultés. Il est bien évident, en effet, qu'un beau-frère et une belle-sœur qui n'ont pu, par l'ob-tention de dispenses et par un mariage subséquent, légitimer l'enfant issu an-térieurement de leur commerce incestueux, ne pourront le légitimer ou lui reconnaître l'état d'enfant légitime à aucune époque, par aucune transaction, par aucune reconnaissance. Ce serait faire fraude à la loi, qui se défend per-pétuellement contre la fraude.

Il en est autrement des tiers qui n'ont qu'un intérêt pécuniaire à contester l'état civil en litige. Ils ne peuvent introduire cette contestation que pour sauvegarder leur intérêt. S'ils l'ont éteint, s'ils ont obtenu satisfaction par un acte antérieur, à quel titre exerceraient-ils leur action ? Mais pour leur dénier l'exercice de cette action, il est impossible d'invoquer un autre motif que cet axiome de droit : *l'intérêt est la mesure des actions.*

Ceci bien compris, la théorie proposée par M. Demolombe (1), et que M. Marie invoquait dans l'intérêt de sa cause, paraîtra sans doute fondée en raison, en équité et en droit.

Cette théorie consiste à dire, vous vous le rappelez, qu'une partie peut, en ce qui la concerne, renoncer à ses intérêts privés et pécuniaires, mais que la fin de non-recevoir ne doit être accueillie que s'il y a eu réellement transac-

---

(1) Voy. M. Demolombe. De la paternité et de la filiation, n°° 332 et suivants.

tion sur des intérêts déjà ouverts, qu'elle doit être repoussée, au contraire, si la transaction a eu lieu indépendamment de tout intérêt né et actuel, car la renonciation est nulle dans ce cas.

   « Il n'y a rien à induire contre la partie, dit cet auteur, si elle s'est comportée
» envers l'individu comme si l'état qu'il s'attribuait alors lui appartenait ; elle ne
» pouvait agir autrement sans manquer aux bons procédés, et ce n'est là de sa part,
» comme le dit Merlin, qu'un acte de *courtoisie* sans conséquence. (*Rép.*, t. XIV,
» v° Mariage, sect. 5, § 2, n° 10.)
   » Cette observation me paraît particulièrement importante ; car l'expérience
» prouve que les fins de non-recevoir forment, en quelque sorte, le cortége obligé
» de toute action en contestation d'état, et cela doit être, en effet. C'est là la consé-
» quence presque toujours inévitable des habitudes de famille et des relations de
» société. J'en conclus que si elles étaient trop facilement admises, le droit y péri-
» rait toujours. (Orléans, 10 août 1843; Cb. Reumy, 1843, 11, 399. — Douai,
» 8 mars 1845 ; 1845, 2, 321, et 6 juin 1851.)
   » Remarquons encore que *supposer* une qualité n'est pas la reconnaître, ni par
» conséquent renoncer au droit de la contester. (L. 37, ff, Famil. ereisc. Merlin ,
» *Rép.*, ibidem.)

Incontestablement, la jurisprudence est favorable, dans les dernières limites, au maintien d'un état civil basé sur des actes de l'état civil et une possession d'état contestables, lorsque celui de qui émane la contestation a reconnu antérieurement cet état civil. Les arrêts de cassation des 13 avril 1820, 24 juillet 1825, 27 décembre 1831, 18 avril 1840 et 28 décembre 1849, et de nombreux arrêts des cours impériales , témoignent assez de cette faveur si étendue.

Il n'en faut pas moins, en cette matière comme dans tous les litiges, interpréter les actions des parties avec le bon sens et l'équité.

Eh bien ! nul ne prétendra que la reconnaissance à laquelle la Cour suprême et les cours souveraines ont attaché cette fin de non-recevoir si absolue, qui a pour effet de faire périr un droit important, puisse être cette reconnaissance insignifiante, bénévole, de courtoisie, dont parle M. Demolombe dans sa seconde hypothèse. Évidemment il ne s'agit que d'une reconnaissance réfléchie, sérieuse, et surtout intéressée.

   Appliquons ces règles d'interprétation au procès actuel. Quel est le caractère des actes qu'invoquent les demandeurs ? Y a-t-il, de la part de Julie Clerisse, une reconnaissance purement bénévole et désintéressée de la qualité d'Octave de Lopès ? Y a-t-il eu, au contraire, une reconnaissance sérieuse et intéressée ?

Ainsi que le rappellent les conseils d'Octave de Lopès dans leur mémoire (page 13), madame Lemaire, simple légataire de M. de Lopès, a , dans des actes authentiques et sous seing privé, reconnu la légitimité d'Octave de Lopès, alors que son droit et son intérêt à la contester étaient nés et connus.

En effet, le 17 décembre 1850, madame Lemaire a demandé à madame de Lopès, alors tutrice d'Octave, fils et seul héritier de M. de Lopès, et a reçu d'elle la délivrance de son legs de 100,000 francs.

Le même jour, et pour alléger les charges de la succession, elle a pris, dans un acte sous seing privé, où elle reconnaissait formellement la légitimité d'Octave, l'obligation de supporter seule les droits de mutation, c'est-à-dire non-seulement ceux qui étaient à la charge de son legs, mais encore ceux à la charge tant d'Octave en qualité de fils et de seul héritier, que de madame de Lopès, comme légataire de son mari.

Ces droits montant en totalité à 16,182 fr. 40 c., ceux à la charge du legs de madame Lemaire et dus par elle personnellement s'élevaient à 7,792 fr. 40 c., ceux à la charge de la succession à 8,392 fr. 03 c.

Madame Lemaire faisait donc un sacrifice de 8,392 fr. 03 c.

Je crois que ces faits constituent, de la part de madame Lemaire, la reconnaissance de l'état civil d'Octave de Lopès dans le sens de la jurisprudence, c'est-à-dire dans des conditions qui rendent aujourd'hui sa contestation non recevable.

Mais si la reconnaissance de la qualité d'Octave de Lopès n'a pas été un acte sans intérêt, un acte banal et de pure courtoisie, que faut-il en conclure? que les parties ont entendu, par cette amiable composition, régler réciproquement leurs intérêts; qu'elles ont entendu apparemment le faire de bonne foi et d'une manière sérieuse et définitive.

Je me vois ramené de la sorte au point de départ de ces observations.

Le lendemain du décès de M. de Lopès, une situation des plus critiques existait pour la famille de Lopès. La fortune, l'honneur, le nom d'Octave étaient gravement menacés. La moindre contestation de sa part ou de la part de sa mère sur l'exécution du testament l'exposait à une attaque immédiate, dans laquelle il eût succombé. C'est dans cette position que madame de Lopès a résolûment exécuté le testament; de son côté, Julie Clerisse, qui obtenait ce qu'elle demandait et qui ne pouvait croire qu'on lui tendît un piége, a reconnu Octave pour le fils légitime et l'unique héritier de M. de Lopès; et pour donner précisément à cet arrangement qui rassurait tous les intérêts, le caractère et la portée d'une transaction, Julie Clerisse s'est imposé de son côté un sacrifice par l'acte relatif au payement des droits de mutation.

La transaction est, en effet, un contrat commutatif. Les parties n'agissent pas dans un esprit de libéralité. Elles pourvoient à leur intérêt propre; le sacrifice qu'elles s'imposent doit être mutuel. Mais les auteurs enseignent que l'une des parties peut abandonner beaucoup pour peu recevoir, et réciproquement, sans que pour cela l'acte perde son caractère commutatif.

« Ce ne sont pas, dit M. Troplong (n° 20), les valeurs pécuniaires qu'il faut con-
» sidérer exclusivement ici ; il faut tenir compte de cet autre intérêt que procure la
» transaction, savoir : le rétablissement de la concorde, l'affranchissement d'un
» procès, la cessation des inquiétudes ! »

Ici, Messieurs, je dois insister de toute l'énergie de ma conviction sur un dilemme qui me paraît insurmontable ; cet argument me saisit si vivement que je crains de ne pas l'exprimer avec assez de force ! Comment, dirais-je à Octave de Lopès et à sa mère, comment pouvez-vous élever la prétention de vous faire des actes de novembre et de décembre 1850 une arme à deux tranchants ? Suivant votre intérêt, selon votre caprice, ils seront bons et mauvais tour à tour ; ils seront bons, si vous les invoquez : ils seront nuls, si on les invoque contre vous ! Ils vaudront comme transaction pour vous assurer à vous, Octave, la paisible possession du patrimoine, de l'état, du nom de fils légitime de M. de Lopès : ils ne vaudront rien pour assurer à Julie Clerisse les libéralités dont la délivrance ou la ratification a été le prix de son silence et de son adhésion ! Est-ce là de l'équité et de la bonne foi ? Retranchez-vous derrière les actes de 1850 ; qu'ils soient votre sauvegarde. Insistez pour les faire respecter ; mais sachez aussi les respecter. Ne violez pas votre parole ; ne vous abritez pas derrière des arguties de droit et de prétendus vices de forme.

C'est là, Messieurs, en quelque sorte le point culminant de la cause. Je ne reviendrai pas d'ailleurs sur ce que j'ai dit à cet égard dans l'exposé des faits.

Je me résume sur cette question.

L'état civil d'Octave, quels qu'en soient les vices, ne peut être utilement contesté par la dame Lemaire, par suite d'une fin de non-recevoir, tirée de ce qu'elle l'a elle-même reconnu et ratifié.

Ainsi se trouvent écartés les deux chefs de conclusion relatifs à la légitimation.

J'ai déjà cherché à vous démontrer, en retraçant les faits et les actes de la procédure, que le débat relatif à cette question d'état ne pouvait être considéré comme constituant, de la part de la dame Lemaire, une injure pour la mémoire du défunt de nature à entraîner la révocation pour cause d'ingratitude des libéralités qu'elle a reçues. Cette demande n'est nullement fondée en fait ; elle n'est pas soutenable en droit. Faut-il vous répéter que les conclusions des époux Lemaire ne contiennent aucun terme blessant, aucune imputation flétrissante, et que le mot d'inceste n'est écrit que dans les conclusions de leurs adversaires ? En droit, la discussion de principes aussi controversés que ceux dont il s'agit, ne saurait assurément constituer une injure. Le tribunal ne peut donc s'arrêter sérieusement à la demande de révocation pour cause d'ingratitude.

J'arrive à la partie des conclusions sur laquelle se sont définitivement concentrés tous les efforts des parties.

Les demandeurs, Messieurs, font cette objection : En admettant qu'il y ait eu, dans les actes de 1850, une transaction ayant pour but de maintenir l'état civil d'Octave, sa mère et tutrice légale, madame de Lopès, n'a pas entendu abandonner autre chose que la quotité disponible. Elle ne pouvait point, d'après la loi, aller au delà.

Les faits sont peu favorables à cette interprétation. Il est constant que la situation créée par madame de Lopès a été ratifiée en parfaite connaissance de cause, que tous les actes qu'elle a consentis ont été exécutés ; qu'ils l'ont été jusqu'au mois de juillet 1853 ; qu'ils l'ont été après la majorité d'Octave et avant la nomination du conseil judiciaire. Octave acceptait peut-être alors avec reconnaissance la position que sa mère lui avait créée. La réserve, quelque favorable qu'elle soit, n'est pas d'ordre public ; on peut, par des conventions particulières, l'entamer et même y renoncer.

Cependant si l'on consulte strictement la rigueur du droit, on peut arriver à d'autres conséquences.

Aux termes de l'art. 466, Code Nap., la tutrice d'Octave, qui n'aurait pas eu qualité pour provoquer une demande en partage, n'avait pas qualité non plus pour consentir la délivrance d'un legs de nature à compromettre la réserve du pupille.

La ratification des actes qu'elle a faits sans l'autorisation du conseil de famille, même en supposant que le mineur, devenu majeur, ait connu et approuvé le payement de deux termes d'intérêt, n'a peut-être pas tous les caractères de la ratification telle que l'a définie l'art. 1336, Code Nap.

A une époque si rapprochée de la majorité, on peut douter que cette ratification ait été réfléchie, volontaire, donnée, comme le veut la loi, en connaissance de cause et dans le but de purger les vices de l'acte nul.

Si telle est votre impression, Messieurs, vous déciderez que les libéralités faites à Julie Clerisse seront réduites à la quotité disponible. Les défendeurs s'en rapportent d'ailleurs sur ce point à votre sagesse.

Aussi bien, le débat n'est-il sérieusement engagé que sur la manière de constituer la réserve et la quotité disponible.

Toutes ces questions semblent avoir été renvoyées, par les jugements de juillet et décembre 1853, à la liquidation. Vous pourriez les réserver. Mais les parties sont d'accord pour vous demander de statuer, dès à présent, sur le compte de tutelle et la liquidation de 1837. Il faut donc aborder ces contestations.

Vous vous rappelez, Messieurs, ce qui s'est passé en 1837.

Le fils du premier lit, Alexandre-Armand-Louis, est devenu majeur le 15 janvier 1837.

Par une lettre missive émanée de lui et portant le timbre de la poste, il reconnaît avoir reçu de son père son compte de tutelle et les pièces à l'appui, et annonce qu'il les examinera. Dix jours après le compte de tutelle est apuré, définitivement accepté, et la communauté ayant existé entre M. et madame de Lopès, ainsi que la succession de cette dernière, sont l'objet d'une liquidation sous seing privé entre le père et le fils.

Les demandeurs attaquent tous ces actes comme nuls en la forme, simulés au fond et même frauduleux. Ils en demandent le redressement ou la rectification.

Quant au compte de tutelle, il serait nul, d'après le système qu'on a présenté, parce que le récépissé du fils n'énonce pas la nature et le nombre des pièces justificatives, qu'il n'en contient pas, en un mot, l'inventaire, et parce que ce récépissé n'aurait pas date certaine et serait antidaté.

Quant à la liquidation, elle aurait causé à la succession de madame de Lopès, première femme, un préjudice de 292,000 francs environ, provenant de ce que le prix de la terre de Bizay a été porté à l'actif de la communauté comme conquêt, tandis que Bizay était un propre de la femme. Cette liquidation devrait donc être rectifiée pour cause de lésion, en vertu de l'article 887 Code Nap.; elle devrait aussi être redressée pour erreur ou faux emploi, conformément à l'art. 541 du Code de procédure civile.

J'examine d'abord ce qui concerne le compte de tutelle.

D'après la loi, le compte de tutelle rendu à l'amiable n'est soumis à aucune condition ou formalité spéciale autres que celles qui sont écrites dans l'art. 472

du Code Napoléon. Il peut être rendu d'ailleurs en tel lieu et en telle forme qu'il plaît aux parties d'adopter ; par acte sous seing privé, tout aussi bien que par-devant notaire. Ces propositions sont incontestables.

Les rédacteurs du Code civil avaient proposé dans le projet un mode particulier pour la reddition amiable du compte de tutelle. Le compte appuyé des pièces justificatives devait être présenté au mineur devenu majeur dans un conseil de famille convoqué devant le juge de paix. S'il y avait contestation, elles devaient être renvoyées aux tribunaux.

Dans le cas contraire, le conseil de famille devait nommer un conseil spécial pris, autant que faire se pourrait, parmi les jurisconsultes et les hommes de loi, lequel examinerait particulièrement le compte et toutes les pièces y relatives, et recevrait tous les renseignements qui lui seraient fournis.

L'art. 472 n'exige plus que la reddition de ce compte détaillé et la remise des pièces justificatives, le tout constaté par un récépissé de l'ayant-compte dix jours avant le traité.

Le législateur, en renonçant à sa première rédaction, a montré qu'il entendait que le droit commun fût suivi. On peut regretter que ces précautions aient été abandonnées ; en effet, la réception de son compte de tutelle, pour le mineur devenu majeur, est l'un des actes les plus importants qu'il puisse faire. Il le fait lorsqu'il est encore plein d'inexpérience et de passions, dans l'entraînement et *quelquefois* dans l'égarement des premières séductions de la liberté. Il le fait avec son ancien tuteur, dont l'ascendant moral survit à la tutelle. Mais la loi s'est confiée à l'honneur du tuteur, et l'art. 472 n'a pas prescrit d'autres conditions que celles que j'ai rappelées.

Il faut rechercher maintenant si cet article a pris quelques précautions exceptionnelles pour assurer la communication sérieuse et réelle des pièces justificatives.

Toullier enseigne (1) que le récépissé doit contenir l'inventaire des pièces communiquées. Mais la plupart des auteurs qui ont traité cette matière à une époque plus rapprochée de nous font remarquer que l'art. 472 n'exige pas cette condition, et qu'il n'est pas permis de suppléer au silence de la loi et de considérer ce défaut d'inventaire comme une cause de nullité (2).

Les mêmes auteurs font remarquer que l'art. 472 du Code Napoléon n'exige pas que le récépissé ait une date certaine, ni, par conséquent, qu'il soit enregistré. On peut d'autant moins suppléer à son silence qu'il s'agit d'une disposition exceptionnelle, et que le récépissé fait foi par lui-même de sa date entre l'ex-tuteur et l'ex-mineur, d'après la règle générale que les actes sous seing privé ont la même foi que l'acte authentique entre ceux qui les ont souscrits et entre leurs héritiers et ayants cause.

Il n'y aurait donc, disent-ils, pour l'ex-mineur ou pour ses représentants, d'autre ressource, si l'art. 472 n'avait pas été loyalement observé, que de *prouver l'antidate* ou plus généralement la fraude ou même la collusion concertée par suite desquelles la prévoyance de la loi aurait été trompée.

---

(1) T. Ier, n° 1250.
(2) Voy. Valette sur Proudhon, t. II, p. 415. — Duvergier sur Toullier, t. Ier, n° 1150 à la note. — Demolombe. De la minorité, de la tutelle et de l'émancipation, t. II, n°s 51 et suivants.

Les deux moyens sur lesquels on se fonde pour attaquer le compte de tutelle de 1837 ne sont donc pas fondés en droit.

La fraude ne se présume pas ; il faudrait la prouver.

Alexandre de Lopès a été trouvé mort dans un torrent, à Saint-Laurent-du-Pont (Isère), le 3 mai 1837. On a constaté les objets qui étaient en sa possession. Il n'y avait aucun papier. Un inventaire a été fait à son domicile, rue de la Madeleine, séparé de celui de son père, qui demeurait rue Miromesnil. Là non plus on n'a trouvé aucun papier ; d'où l'on induit que les pièces du compte de tutelle dont le défunt avait donné récépissé trois mois auparavant ne lui ont pas été communiquées. Est-il nécessaire de faire remarquer combien cette conclusion est conjecturale et forcée ? Comment établit-on, en effet, que le défunt n'a pas gardé ces pièces pendant dix jours pour les examiner, et ne les a pas restituées à son père ou à l'homme d'affaires de celui-ci après la reddition du compte de tutelle et la signature de la liquidation ?

Quant à la lettre qui porte la date du 16 janvier 1837, je dois faire remarquer que le timbre de la poste, quoique effacé, oblitéré, ne l'est pas à ce point qu'on ne voie très distinctement le chiffre, qui ne peut appartenir qu'au millésime 1837. Or, comme la lettre est du mois de janvier, il n'y a pas de probabilité d'antidate.

Je ne m'étendrai pas sur les détails de la liquidation de 1837, qui ont occupé la plus large place dans la discussion. Vous vous rappelez, Messieurs, tout ce qu'on a plaidé de part et d'autre relativement à la terre de Bizay, qui a été vendue, le 25 février 1821, par madame de Bernard à M. de Lopès, son gendre, moyennant 200,000 francs environ payés comptant, et qui plus tard, le 17 novembre 1825, a été adjugée moyennant 470,000 francs.

Vous savez aussi que par des actes du 2 août 1824, madame de Bernard a fait à ses deux autres enfants des ventes d'immeubles, moyennant 200,000 fr. énoncés payés comptant.

Toutes ces ventes constituent un de ces partages par ascendants que la loi entoure de la plus grande faveur, et que les familles respectent ordinairement. Les prix attribués aux divers immeubles ne sont pas sérieux, puisque la terre de Bizay notamment a été vendue 470,000 francs au lieu de 200,000 francs, excédant qui était la part de la femme dans cette dévolution de biens. Nous ne voyons pas que de 1824 jusqu'à ce jour, c'est-à-dire pendant une période de trente ans, interrompue il est vrai par des minorités, ces actes de 1821 et de 1824 aient été attaqués et critiqués. Loin de là, madame de Lopès, qui seule de son vivant pouvait s'en plaindre, les a ratifiés expressément.

C'est en cet état qu'au mois de juillet 1825, pendant la minorité d'Alexandre de Lopès, dont la mère était décédée le 28 octobre 1824, et sans aucune opposition ou intervention de la part de son subrogé-tuteur, un jugement du tribunal de la Seine a ordonné la liquidation de la communauté et de la succession, et la licitation de la terre de Bizay, qui est indiquée dans les motifs dudit jugement comme ayant fait partie de la communauté des époux de Lopès.

Dans la liquidation de 1837, cette terre a été considérée aussi comme un conquêt de communauté. Il n'y a point, il est vrai, dans l'observation relative à cet objet, d'explications détaillées. Mais les prétendues ventes de 1821 et de 1824, et le jugement de 1825, existaient et ont pu être communiqués à Alexandre de Lopès. Est-il impossible que ce jeune homme, devenu majeur, ait imité l'exemple de sa mère, de son subrogé-tuteur ; qu'il ait considéré les actes émanés de sa grand'mère, et exécutés par tous ses parents, comme un de ces pactes de famille contre lesquels on ne proteste pas, surtout par les voies judiciaires. Est-ce aujourd'hui qu'on peut soulever toutes ces questions éteintes, et les faits accomplis entre les parties n'ont-ils pas la même autorité qu'aurait la chose jugée ?

On dresse un acte d'accusation en forme contre M. de Lopès : on l'accuse d'avoir ourdi, pendant de longues années, la spoliation de son fils pour enrichir, sans doute, l'enfant adultérin. On semble oublier que la naissance d'Emma Clare est du 5 octobre 1845, c'est-à-dire postérieure de huit ans à la liquidation et au compte de tutelle.

Quoi qu'il en soit, c'est encore sur la simulation, sur la fraude qu'on se fonde ; mais dans les conclusions on invoque d'autres moyens, savoir, la lésion et le faux emploi.

Ces moyens, Messieurs, ne me paraissent pas tenir devant un examen un peu réfléchi.

Je pense avec M⁰ Marie que la demande en rescision pour cause de lésion n'est pas soutenable dans une contestation de cette nature.

La rescision pour cause de lésion est une action particulière, favorable, il est vrai, mais dont l'exercice est en général limité à un délai plus court que celui des autres actions. Pour bien comprendre les fondements de cette action, il faut se reporter surtout au titre de la vente. On y voit que l'action en rescision n'est recevable que lorsqu'il y a eu lésion *dans le prix* de l'immeuble. En matière de vente, la lésion doit être des 7/12ᵉˢ (art. 1674 du code Nap.). Pour savoir s'il y a lésion, on estime l'immeuble (1675). La preuve ne peut se faire que par un rapport de trois experts (1678). Dans le cas où l'action est admise, l'acquéreur a le choix ou de rendre la chose en payant le prix qu'il en a payé, ou de garder le fonds en payant le supplément du juste prix sous la déduction du dixième du prix total (art. 1681).

L'action pour lésion est donc fondée sur ce qu'il y a eu préjudice dans l'estimation, sur ce qu'il n'y a pas eu juste prix.

Cette matière a été l'objet des discussions les plus savantes, les plus éloquentes dans les travaux préparatoires du Code civil.

L'action en rescision pour cause de lésion a été introduite dans d'autres cas. Elle a été admise pour les partages, s'il y a lésion de plus du quart. Mais ici encore il s'agit de l'estimation des objets. Pour juger s'il y a eu lésion, dit l'art. 890 du Code Nap., on estime les objets suivant leur valeur à l'époque du partage.

On ne peut donc attaquer, pour cause de lésion, une liquidation dans laquelle un immeuble a été considéré comme un acquêt de communauté, tandis que cet immeuble aurait été un propre de l'un des époux, puisque cette question ne peut se juger que d'après des titres antérieurs à la liquidation, tels que la vente de 1821 et le jugement de 1825, et non d'après une expertise et une estimation.

Je ne fais qu'énoncer en passant que l'acte de liquidation de 1837 ne peut être redressé, en vertu de l'art. 541 du Code de procédure, pour erreur, omission, faux ou double emploi. La rédaction de cet article indique clairement à quel cas il s'applique, et la jurisprudence a nettement précisé qu'il ne s'agit que d'erreur, omissions, doubles emplois matériels, et non de l'erreur de droit.

J'estime donc que si le tribunal croit devoir, dès à présent, statuer sur cette difficulté, il y a lieu de repousser la demande en rectification de la liquidation et du compte de tutelle de 1837.

Il ne reste plus, Messieurs, que la protestation de madame de Lopès contre la renonciation à son usufruit, renonciation qu'elle maintenait dans ses premières conclusions, qu'elle confirme encore pourvu qu'Octave conserve sa réserve. Seulement madame de Lopès veut que la réserve soit calculée d'après le redressement de la liquidation de 1837. Mais elle ne peut vous dicter vos décisions, et si vous repoussez cette prétention, elle ne reprendra sans doute pas ce qu'elle a accordé.

Quoi qu'il en soit, la demande de madame de Lopès me paraît bien moins favorable que celle de son fils. C'est elle qui a tout fait en 1850 ; elle a tout ratifié depuis, et je la plaindrais de se réfugier dans des nullités de forme pour réparer un sacrifice qu'elle s'est volontairement imposé en sauvant la fortune, l'honneur et jusqu'au nom de son fils !

JUGEMENT.

Le 6 juin 1856, le tribunal a statué en ces termes sur les fins de non-recevoir opposées :

Attendu que l'exécution du testament d'Alexandre de Lopès a été entre les parties l'objet de différents arrangements et reconnaissances qui les ont définitivement liées les unes envers les autres, et les rendent non-recevables à produire plusieurs contestations soumises au tribunal ;

Que parmi les faits inattaquables de la part de la femme Lemaire il faut placer en première ligne la reconnaissance qu'elle a faite des droits et qualités d'Octave de Lopès, reconnaissance qui ne résulte pas seulement de la délivrance qu'elle a demandée et obtenue de la veuve de Lopès comme tutrice de son fils, et de l'engagement pris par elle de payer les droits à la charge de ce dernier, mais surtout de l'acceptation faite par la femme Lemaire des avantages résultant de la renonciation de la veuve de Lopès à son usufruit contractuel ;

Que bien évidemment la veuve de Lopès n'eût jamais fait une semblable renonciation en réservant à celle qui en devait profiter le droit de contester la légitimité de son fils ;

Que si les questions d'état ne peuvent, au point de vue des droits civils et de famille, être l'objet de transactions, il n'en est pas de même des intérêts purement pécuniaires auxquels ces questions peuvent donner lieu ;

Qu'ainsi la femme Lemaire est aujourd'hui non-recevable à contester la qualité d'Octave de Lopès qu'elle a reconnue ;

Attendu que de son côté la veuve de Lopès ne saurait être admise à revenir contre sa renonciation à son usufruit contractuel ;

Que l'importance de cet usufruit était trop bien connue et appréciée par elle pour qu'on puisse considérer l'exonération de quelques droits de mutation à la charge de son fils, comme compensation d'un semblable sacrifice ;

Qu'il était commandé par des motifs d'un ordre plus élevé, et surtout par l'intention de maintenir l'exécution des volontés d'Alexandre de Lopès et d'éloigner toutes les questions de nature à troubler l'harmonie entre les personnes qui avaient été l'objet de ses libéralités et de ses affections ;

Que le tribunal ne saurait s'arrêter aux moyens de forme, tirés de ce que la renonciation n'aurait pas eu lieu au greffe, mais par un simple acte notarié, après les nombreuses ratifications faites par la veuve de cette renonciation, non-seulement dans sa correspondance, mais encore dans ses conclusions du 19 janvier 1856, dans lesquelles elle considère cette renonciation comme valant un abandon spécial et conventionnel de l'usufruit des valeurs données par son mari ;

Que l'acte de délivrance de legs et l'indication des valeurs qui serviront à payer la légataire n'est que l'exécution spontanée de cet abandon conventionnel, et qu'après qu'il a été formellement accepté par la légataire, la dame veuve de Lopès ne saurait revenir sur un acte qui a produit tous ses effets ;

Attendu que les énonciations comprises aux écritures et sur lesquelles on fait porter le grief d'ingratitude ont consisté seulement dans un rapprochement de dates ; que ces allégations étaient motivées par la nécessité de défendre à une demande énonçant des faits de nature à nuire non-seulement aux intérêts, mais même à la réputation de la femme Lemaire ; et qu'ainsi, ni quant à la forme, ni quant au fond le reproche d'illégitimité, bien que la femme Lemaire ne soit pas recevable à le présenter, ne saurait constituer le grief d'ingratitude opposé.

Sur les contestations élevées contre la liquidation faite avec l'enfant du premier lit de la succession de la première femme :

Attendu qu'Alexandre de Lopès n'a pu donner que ce qui lui appartenait, que la liquidation faite avec son fils du premier lit comprend comme immeuble de la communauté la terre de Bizay, qui avait appartenu à la mère de sa première femme ;

Que la donation d'une somme de 100,000 francs par celle-ci à son gendre, et moins encore la vente qu'elle lui aurait faite de cette terre par un arrangement de famille qu'elle paraît avoir rendu commun à ses autres enfants, ne peut changer la nature de cet immeuble propre à sa première femme ;

Que les avantages faits par sa belle-mère au profit de son gendre devaient s'exercer sur l'ensemble de la succession et non vis-à-vis et au préjudice de Anne de Bernard, l'une des héritières ;

Qu'en considérant la terre de Bizay comme un propre de la communauté, Alexandre de Lopès a poussé la méconnaissance des droits de sa femme jusqu'à composer le patrimoine propre à celle-ci uniquement de la reprise de son trousseau, de ses bijoux, pour une somme de 5,788 francs, comme si elle avait été déshéritée et privée de tous droits à l'opulente succession de sa mère ;

Qu'un pareil système ne peut supporter les regards de la justice, et qu'Octave de Lopès trouve dans la qualité qui lui a été reconnue par la femme Lemaire le droit de demander la rescision d'un semblable partage ;

Que cette action n'a pu être couverte par le jugement qui ordonne la vente de la terre de Bizay comme indivise entre le père et le fils, puisque la question de propriété n'avait, à aucune époque, été soumise au tribunal ;

Que d'ailleurs c'est le partage même et la composition de la masse de la succession qui sont attaqués.

Sur le retrait demandé des fonds déposés à la caisse des consignations :

Attendu que le droit de la femme Lemaire à recueillir le legs dont la délivrance lui a été consentie est nécessairement subordonné au résultat des opérations de liquidation, en ce qui concerne l'importance de la succession et la portion dont ledit Alexandre de Lopès a pu disposer ;

Attendu toutefois que cette liquidation, n'ayant d'autre but et d'autre intérêt que l'exécution du testament, le notaire devra d'abord établir la masse de la succession d'Alexandre de Lopès, et que si cette masse s'élève à une somme double des libéralités faites, l'acte de délivrance devra dès lors recevoir son exécution sans que la femme Lemaire soit tenue d'attendre l'examen de la liquidation.

Sur le choix du notaire :

Attendu que la légataire particulière ne saurait s'immiscer dans les actes d'administration de la succession, et qu'à la veuve et à Octave de Lopès en la qualité qui lui est reconnue, appartient le droit de désigner le notaire chargé des actes nécessaires pour parvenir à la liquidation.

En ce qui touche le don manuel de rentes sur l'État de la somme de 5,000 francs remises à Julie Clerisse les 25 janvier et 18 mars 1850 :

Attendu qu'Octave de Lopès a déclaré se désister des conclusions par lui prises, tendantes à la restitution de cette libéralité, que seulement l'importance de ce don manuel devra entrer dans la masse de la succession d'Alexandre de Lopès et être imputé sur la portion dont il a pu disposer.

Par ces motifs :

Déclare la femme de Lopès non-recevable en ses conclusions, afin d'être relevée de sa renonciation à son usufruit contractuel ;

Déboute la veuve et Octave de Lopès de leur demande en révocation de libéralités pour cause d'ingratitude ;

Maintient, en conséquence, ladite renonciation à l'usufruit contractuel et la délivrance du legs fait au profit de la femme Lemaire, sauf les conséquences de la liquidation ci-après ;

Ordonne que devant le notaire choisi par la veuve de Lopès et par son fils Octave il sera procédé, en présence des époux Lemaire ou eux dûment appelés, à la liquidation de la succession de Alexandre de Lopès, lors desquelles opérations il sera procédé à la composition de la succession, à l'effet seulement de chercher s'il n'a pas excédé la moitié de son actif dans le legs par lui fait à a femme Lemaire et dans le don manuel de 5,000 francs de rentes sur l'État, déduction faite des droits successifs que ladite femme Lemaire a payés en l'acquit de la succession ;

Dit que ces opérations devront comprendre la liquidation de la succession de la femme Anne de Bernard, première femme d'Alexandre de Lopès, et celle du fils du premier lit ;

Dit que lors de cette opération, la terre de Bizay sera considérée comme propre à la première femme, sauf les indemnités qui pourraient être dues à Alexandre de Lopès, à raison des impenses et améliorations qui seraient justifiées avoir été faites dans l'immeuble, et des droits qui pourraient résulter à son profit des donations qui lui auraient été faites par la veuve de Bernard et par sa première femme, le tout sans avoir égard au compte de liquidation qui aurait eu lieu entre Alexandre de Lopès et son fils du premier lit pour établir le compte de tutelle de ce dernier, lesquels compte et partage sont en tant que de besoin rescindés ;

Dit néanmoins qu'aussitôt que la liquidation aura établi que la moitié disponible, eu égard aux droits et qualités reconnus à Octave de Lopès, s'élève à une somme double des libéralités faites au profit de la femme Lemaire, tant par le testament que par l'effet du don manuel, lesdits veuve de Lopès et Octave de Lopès devront autoriser la femme Lemaire à toucher à la caisse des consignations le montant des sommes y déposées, et ce nonobstant l'usufruit contractuel auquel la veuve de Lopès a renoncé ;

Et attendu que les parties succombent respectivement sur plusieurs chefs de leurs conclusions, compense les dépens, sauf le coût de l'enregistrement, de la levée et de la signification du présent jugement, qui sera supporté par la veuve et par Octave de Lopès, et qu'ils pourront employer comme frais de liquidation et partage ;

Sur le surplus des demandes et conclusions des parties, les met hors de cause.

Fait en tant que de besoin distraction des dépens au profit des avoués qui l'ont requise aux charges de droit.

Fait et jugé.

VARIÉTÉS.

ÉLOGE DE M. DE GAUJAL

PAR

M. ACHILLE MESTRE,

AVOCAT GÉNÉRAL A LA COUR DE MONTPELLIER.

Le grand nombre de discours d'ouverture que nous avons reçus, au commencement de l'année judiciaire, nous a mis dans l'impossibilité d'en reproduire aucun. Comment choisir, sans s'exposer à être injuste, entre des œuvres toutes remarquables à des titres divers ? Peut-être serait-il tout à la fois curieux et utile de réunir chaque année ces mercuriales et d'en former un volume. Nous attendons à cet égard l'avis de nos souscripteurs. Mais nous croyons pouvoir, sans sortir de la réserve que nous nous sommes imposée, emprunter au discours de M. Achille Mestre, avocat général à la Cour de Montpellier, l'éloge très remarquablement écrit de M. le baron de Gaujal, qui, dans sa longue et double carrière, tour à tour officier supérieur et membre de la Cour de cassation, a laissé de si honorables souvenirs dans l'armée et la magistrature. De trois de ses fils, l'un est conseiller de préfecture à Albi, l'autre lieutenant-colonel d'état-major, l'aîné est avocat général à la 1re Chambre de la Cour impériale de Paris, où sa parole, éloquente souvent, est toujours l'expression d'un jugement sûr et d'une grande indépendance de caractère.

Messieurs,

Deux voies s'ouvraient au magistrat chargé du périllleux honneur d'inaugurer par l'expression de sa pensée la reprise de vos travaux : faire sortir du développement de quelque grand principe un solennel enseignement ; ou bien esquisser le tableau de quelqu'une des vertus de notre état, et produire ainsi, en ces jours de préoccupations héraldiques, vos titres de noblesse, dont l'authenticité n'a jamais trouvé de détracteurs. De ces deux sujets, le premier eût plus volontiers tenté notre ambition. En dépit de l'insuffisance de nos forces, nous eussions voulu aborder, devant vous, un de ces problèmes de notre Droit criminel, dont la solution, objet d'une haute sollicitude, appelle à l'œuvre le concours même des plus obscurs. Mais la mort, en frappant dans sa retraite un vénérable magistrat qui naguère avait l'honneur de vous présider, a réduit le cadre de nos études spéculatives pour nous imposer d'autres devoirs. Aussi bien, le chef d'une Compagnie ne descend pas tout entier dans le tombeau : sa mémoire appartient à ceux dont il fut le collègue, et les Cours ont toujours revendiqué avec un soin jaloux ce précieux héritage. Obéissant à ces pensées, de meilleurs que nous ont, en d'autres solennités, reproduit les traits des magistrats dont les talents ou les vertus ont, de nos jours, rehaussé l'éclat de ce siége. Dans cette galerie de famille, la place de M. le président de Gaujal était marquée. Enfant de notre cité, lié par ses débuts à cette Cour à la tête de laquelle il avait voulu mourir ; mêlé, pendant plus d'un demi-siècle, dans les hautes sphères sociales, aux affaires par ses fonctions, au monde par la distinction de son esprit, à l'armée par son grade d'officier supérieur, à la politique par sa qualité de député, à la science par ses travaux littéraires, quels plus utiles enseignements livrerions-nous à vos méditations que ceux d'une longue carrière si dignement remplie, et quel hommage pourriez-vous mettre au-dessus du souvenir d'un magistrat qui, descendu, pour venir à vous, des rangs de la Cour suprême, n'a pas cru payer trop cher, au prix d'un tel sacrifice, l'honneur de vous appartenir ?

Marc-Antoine-François, baron de Gaujal, naquit à Montpellier le 28 janvier 1772, d'une ancienne famille du Rouergue, dont le nom empruntait à l'armée et à la magistrature un double relief. Il vous appartenait, en quelque façon, par droit d'origine ; car, tandis que la branche aînée de sa maison s'éteignait, au commencement du XVIIIe siècle, sur les champs de bataille, la branche cadette, dont il descendait, occupait déjà un siége dans cette Cour des Aides, votre devancière, qui devait vous léguer, avec les souvenirs de sa juridiction souveraine, jusqu'au sanctuaire dans lequel, après une restauration heureuse, vous rendez encore vos arrêts. M. de Gaujal, résumant en lui le double élément d'illustration de ses pères, a lui-même, tour à tour, ceint l'épée et revêtu la robe, et après lui, fidèles à une tradition héréditaire, deux de ses fils portent avec honneur, l'un sous les drapeaux (1), l'autre au parquet de la première Cour de l'Empire (2), un nom consacré par tous les respects.

Au collége de Rodez, d'où sont sortis les Chaptal, les Frayssinous et d'autres dont les noms ont illustré, comme le sien, ce berceau de leurs études classiques, la supériorité de son application et de son aptitude le plaça bientôt à la tête de ses jeunes émules, et, soixante

---

(1) M. Hippolyte de Gaujal, lieutenant-colonel d'état-major.
(2) M. le baron Charles de Gaujal, avocat-général à la Cour impériale de Paris.

ans plus tard, dans une solennité scolaire, une voix amie rappelait, à titre d'encouragement et d'exemple, les nombreux triomphes par le modeste éclat desquels il semblait dès lors préluder aux succès que lui réservait l'avenir.

Les tendances d'un esprit sérieux le portaient vers l'étude des sciences exactes, et il se destinait d'abord à la marine; mais les événements allaient fermer pour lui la carrière un instant ouverte à ses espérances. C'était en 1792. Aux généreux élans de 89 succédaient les agitations et les angoisses : en proie aux convulsions de sa régénération, le pays s'effrayait des épreuves au prix desquelles il allait acheter la conquête de sa liberté : la royauté était debout, mais la hache du 10 août avait brisé les portes de la demeure royale : le monarque vivait, peut-être régnait-il encore, mais sur son front découronné le hideux bonnet rouge avait, en un jour de deuil, remplacé le bandeau des rois : la Terreur ajournait encore ses sanglantes saturnales, mais les esprits s'agitaient au lugubre pressentiment de l'orage, et la France éperdue frissonnait comme au bruit lointain de l'échafaud qui s'apprêtait pour elle. Triste époque, où le désordre des événements se reflétait dans la confusion des idées ; où les inspirations de la loyauté n'éclairaient que d'une lueur incertaine le chemin du devoir ; où les plus nobles cœurs, se trompant de vertus sous l'impression d'illusions généreuses, crurent voir la patrie là où les poussait le sentiment de la fidélité au malheur ! M. de Gaujal s'imposant, comme tant d'autres, les volontaires rigueurs de l'exil, passa la frontière, que, huit ans plus tard, le jeune vainqueur de Marengo devait rouvrir sous ses pas.

Nous ne suivrons pas dans cette aventureuse période de sa vie le jeune officier aux gardes, tour à tour ingénieur et soldat, toujours Français par le cœur, blessé un jour, demandant, le lendemain, à la science l'oubli des fatigues du champ de bataille; nous le laisserons, à son retour en France, chercher dans la presse un aliment à l'activité de son intelligence, et ne reviendrons à lui que lorsqu'à cette vocation, longtemps incertaine d'elle-même, la réorganisation judiciaire eut enfin indiqué sa voie.

Enchaînée aux splendeurs du premier Empire, la France avait remis aux mains de son glorieux Élu le soin de relever les ruines dont la Révolution avait jonché le sol. Sur les débris et dans les siéges des anciennes juridictions abolies, le génie de l'Empereur avait créé les grands Corps judiciaires, dont les attributions, appropriées aux récentes circonscriptions territoriales et aux exigences de la division des pouvoirs, conservaient, sous de nouveaux titres, le caractère de la souveraineté. A la composition de ses Cours impériales il appela avec bonheur les jeunes héritiers des noms parlemen-

taires, unissant ainsi par la chaîne des traditions les destinées des
deux juridictions confondues désormais dans le respect des peuples,
et vous léguant l'héritage d'un passé qui avait eu sa grandeur.

M. de Gaujal était naturellement désigné au recrutement de la
nouvelle magistrature. Aussi, admis en 1806 à la licence, il abor-
dait, deux ans après, sous la robe de Conseiller-auditeur, la Cour de
Montpellier, à laquelle le rattachaient les souvenirs de sa famille.
Appelé bientôt à la présidence du Tribunal de Lodève, une hono-
rable alliance vint resserrer les liens qui l'unissaient au siége de
céans, et il reprit place, en 1811, avec le titre de substitut de pro-
cureur général. Mais l'activité de son esprit subissait impatiemment
l'obscurité des travaux d'administration intérieure, et le conviait
plus volontiers aux brillantes luttes de la parole. Un an s'est écoulé
à peine, et nous le trouvons remplissant au parquet de Carcassonne
des fonctions de Procureur impérial criminel : important et difficile
ministère qu'il honora de l'éclat d'un talent dont, après bien des an-
nées, il nous a été donné de constater personnellement la trace et de
retrouver le vivant souvenir.

En 1815, la suppression de son emploi le rendit un instant à la
vie privée; mais, à peine sorti des rangs de la magistrature, nous le
voyons figurer dans ceux de l'armée avec le grade de capitaine,
remplacé bientôt par le brevet honorifique de chef de bataillon.
Étrange fortune, dans laquelle se trahit, en dépit d'un apparent an-
tagonisme, la profonde affinité qui unit le magistrat et le soldat ;
personnifiant par la réunion de leurs attributs le mythe allégorique
de la Justice ; l'un et l'autre préparés par les abstractions de l'étude
aux rudes labeurs du métier ; vouant tous deux au service du pays
une vie d'abnégation et de sacrifice; tous deux placés, sans autre
mot d'ordre que l'honneur, sans autre consigne que le devoir, au
poste assigné à leur dévoûment, et l'acceptant sans murmurer, au
prix même de l'abandon de leurs convenances et de leurs intérêts les
plus chers !

Telle fut l'épreuve imposée à M. de Gaujal lorsque, obtenant en
1816 sa réintégration dans une carrière à laquelle le ramenaient ses
vœux, il dut quitter le ressort de Montpellier pour aller occuper, à
la Cour de Pau, un fauteuil de Président de Chambre. Si haute que
fût cette position et si rapidement qu'il l'eût conquise, il ne fit en
quelque sorte qu'y passer, et, en 1821, la Cour de Limoges le voyait
prendre à sa tête le rang que, dès l'abord, semblait lui avoir assuré
l'éclat de son mérite et des services qu'il avait rendus. Là, pendant
seize années, il déploya, dans la direction de l'administration de la
justice, l'activité de cette intelligence à laquelle toute difficulté était
légère, cette pénétration aux lueurs de laquelle s'éclairait toute chose

obscure, et l'élégante facilité qui semblait apporter au siége comme un écho lointain des triomphes que lui avait promis le parquet. On admirait en lui la vaste érudition dont les trésors embrassaient comme couronnement la science du jurisconsulte, et l'on s'étonnait de la part qu'il avait pu faire à cette étude spéciale, dans une vie remplie par tant d'autres travaux. Caractère élevé et ferme sans roideur, portant haut le sentiment du droit, mais affectueux sans faiblesse, tempérant par la bienveillance l'austérité de la fonction, en lui l'aménité de l'homme du monde voilait, sans l'altérer, la dignité du Magistrat et du Chef ; esprit sage et mesuré, il fit de la modération, dans les habitudes de la vie, sa devise ; en politique, son drapeau.

Sous ce drapeau s'ouvrit devant lui, sans qu'il en eût recherché les périls, l'accès de la carrière électorale. L'année 1830 commençait : les élections étaient prochaines et sur tous les points s'organisaient, au milieu d'une fiévreuse agitation, les apprêts de cette lutte suprême de laquelle devait sortir, quelques mois plus tard, la chute du Pouvoir. Sincèrement attaché à une dynastie dont les jours étaient comptés, M. de Gaujal n'entrevoyait pas sans effroi l'abîme où la poussaient d'aveugles dévouements. Appelé le 1er février à présider l'installation du Chef du parquet de la Cour de Limoges, le discours qu'il prononça en cette circonstance fut à la fois un cri d'alarme et un appel à la modération. Sans renier sa foi ni abjurer ses sympathies, il y trouva une solennelle occasion de faire entendre les conseils de la loyauté. Cet acte d'indépendance qui le désignait aux défiances du Pouvoir, groupa autour de son nom une majorité intelligente et sage ; et, resté étranger à la lutte, il conquit, sans l'avoir brigué, un succès dans lequel ses amis avaient pu voir le prélude des plus hautes destinées, sous le gouvernement d'un Prince dont la reconnaissante estime honorait en lui le compagnon de ses malheurs et de son exil. Mais M. de Gaujal n'était pas de ces esprits inquiets qui, le regard fixé sur l'avenir, ne placent le bonheur qu'au terme de l'ambition satisfaite. Il l'avait bien prouvé, lorsqu'en 1829, nommé Conseiller à la Cour de cassation, il déclina un honneur où le poussaient des convenances qui n'étaient pas les siennes. Ce ne fut qu'en 1837 qu'il alla occuper à la Cour suprême le siége laissé vacant par le savant Magistrat qu'un heureux choix mit alors à votre tête, et dont, quelques années plus tard, la mort prématurée devait, une seconde fois, lui ouvrir ici l'héritage. (1)

De 1837 à 1849, nous le voyons prêter aux travaux de la Cour

____

(1) M. le premier président Viger.

régulatrice le concours de ses riches facultés, et puiser, en retour, à ce pur et lumineux foyer, les enseignements de l'expérience, sans lesquels la science des théories semble condamnée à s'agiter dans de stériles indécisions.

Si M. de Gaujal avait d'abord refusé, et enfin accepté à regret, au faîte de la hiérarchie judiciaire, un poste duquel il devait bientôt aspirer à descendre, ce n'était pas qu'il méconnût le prix d'une faveur dont l'éclat suffit à récompenser les plus illustres services, à couronner les plus hautes ambitions : il faut chercher ailleurs le secret de ses résistances. Né sous notre beau ciel, les honneurs du premier rang au sein d'une Cour étrangère et l'hospitalité de la Magistrature suprême pesaient à son cœur comme les chaînes d'un pompeux exil. Qui ne sait le charme du sol natal et les regrets de la patrie absente? Qui de vous n'a rêvé pour ses vieux jours le rayon de soleil qui réchauffa son enfance, pour sa tombe l'ombre du clocher qui abrita son berceau ? Heureux sentiment auquel vous devez l'insigne honneur d'avoir vu successivement à votre tête trois membres de la Cour suprême (1), et qui depuis, enlevant au parquet de Paris, dont il était l'orgueil, un éminent transfuge (2) a doté la Cour de la dernière conquête, à laquelle puisse s'adresser longtemps, sur ce haut siége, l'hommage de notre admiration et de nos respects.

C'est à ces inspirations du cœur que M. de Gaujal obéissait quand il venait, en 1849, prendre à la Cour de céans une place dès longtemps l'objet de ses vœux les plus chers. Ici, près du berceau de sa famille, il était né, il y a quarante-huit ans, à la vie judiciaire ; ici il retrouvait, dans les amis de son enfance, les témoins de ses premiers succès ; si longues qu'eussent été les épreuves de la séparation, il n'avait pas admis la prescription de l'espérance, et vos souvenirs vous rappellent encore, mal contenue par les formules officielles de son installation, la naïve et touchante expression des joies du retour.

Pendant trois ans, il vous a appartenu tout entier et s'est associé à tous vos travaux. A vous donc de nous redire avec quel zèle il aborda son œuvre nouvelle, à l'âge où, pour tant d'autres, a sonné l'heure du repos, et comment le sentiment du devoir, triomphant des atteintes des ans, élevait ses forces à la hauteur du labeur. C'est que l'âge avait, sans l'affaisser, enrichi de ses dons cette vigoureuse vieillesse, et le temps, en le couronnant de cheveux blancs, semblait n'avoir passé que pour donner à son front la noblesse, à son esprit la

---

(1) MM. les premiers présidents de la Trinquelague, Viger et de Gaujal.
(2) M. le premier président Ch. Goirand de La Baume, naguère premier avocat-général à la Cour impériale de Paris.

maturité. Qui de vous n'a admiré les éclairs de cette intelligence si sûre dans l'appréciation de l'ensemble, si vive dans la perception des moindres détails ? Qui n'a , tour à tour, subi l'attrait de sa douce philosophie et le charme de cet esprit dont l'élégante délicatesse, empruntant à sa vaste mémoire d'inépuisables souvenirs, prêtait aux récits d'un passé qui revivait sur ses lèvres un irrésistible intérêt ? Deux fois, une exceptionnelle solennité lui donna l'occasion de prononcer des discours écrits ; et soit que, dans un appel à votre fermeté, il évoquât les grandes figures des Magistrats martyrs dont la sérénité de ses traits semblait refléter les images ; soit que, au nom du Prince libérateur auquel vous enchaînait la reconnaissance, il vous rappelât la sainteté du serment que vous alliez prêter, la voix du noble vieillard sut réveiller dans vos âmes de sympathiques échos.

Dès longtemps, cependant, était passé le terme marqué à sa retraite par un décret rendu pour d'autres que pour lui. Un instant, la fiction de la loi sembla s'arrêter devant cette protestation de la réalité ; et lorsqu'enfin l'inexorable mesure vint, à quatre-vingt-un ans accomplis, l'enlever à l'activité, la Cour, frappée du coup qui atteignait un chef vénéré, voulut consacrer, par leur inscription dans ses archives (1), le témoignage d'une auguste bienveillance et l'expression de ses propres regrets : nobles et touchants adieux, dont votre premier Président emporta, dans sa retraite deux fois honorée, le reconnaissant souvenir !

En dehors de ses fonctions judiciaires, M. de Gaujal avait offert le type de ces existences laborieuses absorbées par d'incessants travaux. Les sciences et les lettres avaient eu le culte de toute sa vie. Voué, dès son enfance, à des habitudes d'étude et de méditation, il n'était pas de ceux de qui l'on a pu dire qu'ils ne savent habiter que les dehors de leur âme, cultiver que la superficie de leur esprit. Il s'était appliqué, par devoir, aux affaires ; par goût, il s'adonnait à ses occupations chéries, entretenant ainsi entre les lettres et le palais cette alliance qui a été, de tous temps, l'un des traits distinctifs et l'une des gloires de la magistrature française. « Délices de l'intel- » ligence, douce et innocente volupté de l'homme de bien », disait le chancelier d'Aguesseau, « la science délasse le magistrat des fati- » gues de son emploi ; elle ranime ses forces abattues par un long tra- » vail ; elle est l'ornement de sa jeunesse, sa force dans un âge » plus mûr, sa consolation dans la vieillesse. » L'étude du Droit revendiquera, sans doute, une place privilégiée dans les veilles du Magistrat ; mais la science, sous quelque forme qu'il s'y dévoue, saura

____

(1) Délibération de la Cour, du 2 novembre 1852.

lui rendre en jouissance et en estime les soins qu'il lui aura donnés. Écoutez ce que mandait, un jour, à l'un des devanciers de M. de Gaujal, un homme qui se connaissait, croyez-le bien, en dignité de la Magistrature : « Faites, écrivait-il à un ami commun, faites mes res-
» pectueux compliments à M. le Premier. La première chose phy-
» sique que j'ai vue en ma vie, est un écrit sur les araignées, fait
» par lui. Je le regarde comme un des plus savants personnages de
» France : il m'a toujours donné de l'émulation, quand j'ai vu qu'il
» joignait tant de connaissances de son métier avec tant de lumières
» sur le métier des autres. » L'auteur de l'écrit sur les araignées était M. Bon, premier président de la Cour des Aides de Montpellier ; celui à qui les travaux scientifiques du Premier Président donnaient de l'émulation, c'était Montesquieu, et cette lettre était peut-être écrite entre deux chapitres de l'*Esprit des lois*.

C'est aux études historiques que M. de Gaujal se consacra. Il appartenait à cette forte génération de travailleurs, héritiers des traditions du moyen âge, qui, sans abjurer sur l'autel du matérialisme les inspirations de la philosophie, demandent à l'examen des faits, et non aux systèmes, la solution des problèmes de la science moderne : infatigables ouvriers de la pensée, dont les investigations arrachent aux ruines des monuments, à la poudre des vieux manuscrits et des chartes inédites, aux naïves fictions des chroniques, les secrets de la vérité. Chacun des pas de sa carrière a été marqué par d'utiles explorations : les collections de Limoges, aussi bien que les archives du château de Pau, se souviennent de ses patientes recherches, et la science s'est enrichie du fruit des veilles de l'infatigable Président. Un grand nombre de mémoires, d'études historiques et biographiques d'un vif intérêt lui ont ouvert, en France et à l'étranger, l'accès des sociétés savantes (1), et valu d'honorables distinctions (2). Les deux volumes de ses *Essais sur le Rouergue* retracent, en les rattachant

---

(1) *Travaux d'érudition et ouvrages publiés par M. le baron de Gaujal.*

1803. Essai sur quelques langues modernes. — 1819. Tableau historique du Rouergue, 1 vol. in-8°.— 1824. Essais historiques sur le Rouergue, t. I.— 1825. Essais historiques sur le Rouergue, t. II.— 1827. Lettres sur l'histoire religieuse de la Russie. — 1832. Mémoire sur l'idole Ruth (Mémoires de la Société des antiquaires). — 1833. Mémoire sur le tombeau du duc d'Aquitaine Waiffre ou Gaiffre. — 1834. Note sur l'amphithéâtre romain de Limoges (Bulletin monumental). — 1835. Mémoire sur le titre de Comtor (Mémoires de la Société des antiquaires). — 1836. Biographies aveyronnaises ; — notice historique sur la maison d'Arpajon. — 1839. Mémoire sur la ville de Corentomag. — 1840. Notice biographique sur M. Despradels ; — notice biographique sur M. Peyrot ; — rapport sur un ouvrage de M. Estrangin sur la ville d'Arles. — 1841. Lettre au Ministre de l'instruction publique (Recueil des documents inédits de l'histoire de France). — 1842. Titres singuliers tombés en désuétude (Mémoires de la Société des antiquaires).— 1844. Coutumes et priviléges des villes de Rouergue (Recueil des documents inédits de l'histoire de France. — 1852, 1854, 1855. M. de Gaujal complète et refond entièrement ses *Essais historiques sur le Rouergue*, qui formeront à l'avenir une histoire complète du Rouergue en 4 vol. in-8°. — 1855. Mémoires ayant pour titre : *Quels furent les habitants primitifs de la Gaule transalpine ?* Ce mémoire a obtenu une mention honorable de l'Académie des inscriptions et belles-lettres.

(2) *Distinctions littéraires :*

1823. Membre correspondant de l'Institut ; — membre de la Société d'agriculture, sciences et arts de à l'histoire générale de France, la série des événements importants de cette belle province, l'un des fleurons de notre ressort. A ce travail bien des fois revu, auquel il consacra, pendant de longues années, les soins pieux d'un fils qui couronne de fleurs l'image de sa mère, il dut une médaille d'or et son admission, comme membre correspondant, à l'Académie des inscriptions et belles-lettres ; et le département de l'Aveyron vient de s'honorer en votant, à ses frais, la publication de l'ouvrage d'un de ses nobles enfants.

Pour lui, le repos de la retraite n'a pas été l'oisiveté. Dans cette jouissance des loisirs honorés, que les anciens regardaient comme le terme le plus heureux des fonctions publiques, il n'a vu que la faculté de refondre ses œuvres, le signal de nouveaux travaux. Enfin, sa quatre-vingt-troisième année accomplie, il a adressé à l'Académie qui l'avait déjà couronné un mémoire sur l'un des points les plus obscurs de nos origines nationales. Sans partager ses appréciations, les juges du concours n'ont pu refuser leur admiration à ces pages, dans lesquelles, au milieu d'ingénieux aperçus et de vues critiques les plus éclairées, l'érudition s'efface sous l'élégante pureté du style ; et leur justice a honoré d'un dernier hommage ces adieux d'une merveilleuse intelligence, dont la virilité semblait se survivre aux approches du tombeau.

C'est au milieu de ces travaux, nobles délassements d'une verte vieillesse, que la mort est venue le frapper sans le surprendre (1). Préparé à cette suprême épreuve, pénétré des lumières de la Foi, source de tout vrai courage, il l'attendait avec le calme du philosophe et la résignation du chrétien. Il avait vécu d'une vie de labeur et de devoir, alliant en lui, par un heureux privilège, les mérites les plus divers, portant avec grâce le fardeau d'une vaste érudition, jurisconsulte sur le siége, savant aimable, littérateur, antiquaire, historien, homme du monde, homme d'esprit, par-dessus tout homme de bien : sa mort a légué aux siens un nom honoré, à la Compagnie les enseignements et l'exemple de ses talents et de ses vertus.

Limoges. — 1824. Médaille d'or décernée par l'Institut pour les *Essais historiques sur le Rouergue.* — 1826. Membre correspondant de la Société royale des antiquaires de France. — 1833. Membre honoraire de l'Académie industrielle, — de la Société de statistique universelle. — 1834. Membre correspondant de la Société royale et centrale d'agriculture, — de la Société des antiquaires de l'Ouest, — de la Société pour la conservation des monuments historiques ; — inspecteur divisionnaire des monuments historiques. — 1835. Membre correspondant de l'Institut historique. — 1836. Membre de la Société des antiquaires du Nord, à Copenhague. — 1837. Médaille conférée par la Société royale et centrale d'agriculture ; membre honoraire de la Société des lettres, sciences et arts de l'Aveyron. — 1838. Membre résidant de la Société royale des antiquaires de France. — 1850. Membre résidant de la Société archéologique de Montpellier.

(1) Le 16 février 1856.

TABLE DES MATIÈRES

CONTENUES DANS LE TOME III.